KRÖNERS TASCHENAUSGABE BAND 317

HANDBUCH
DER HISTORISCHEN STÄTTEN

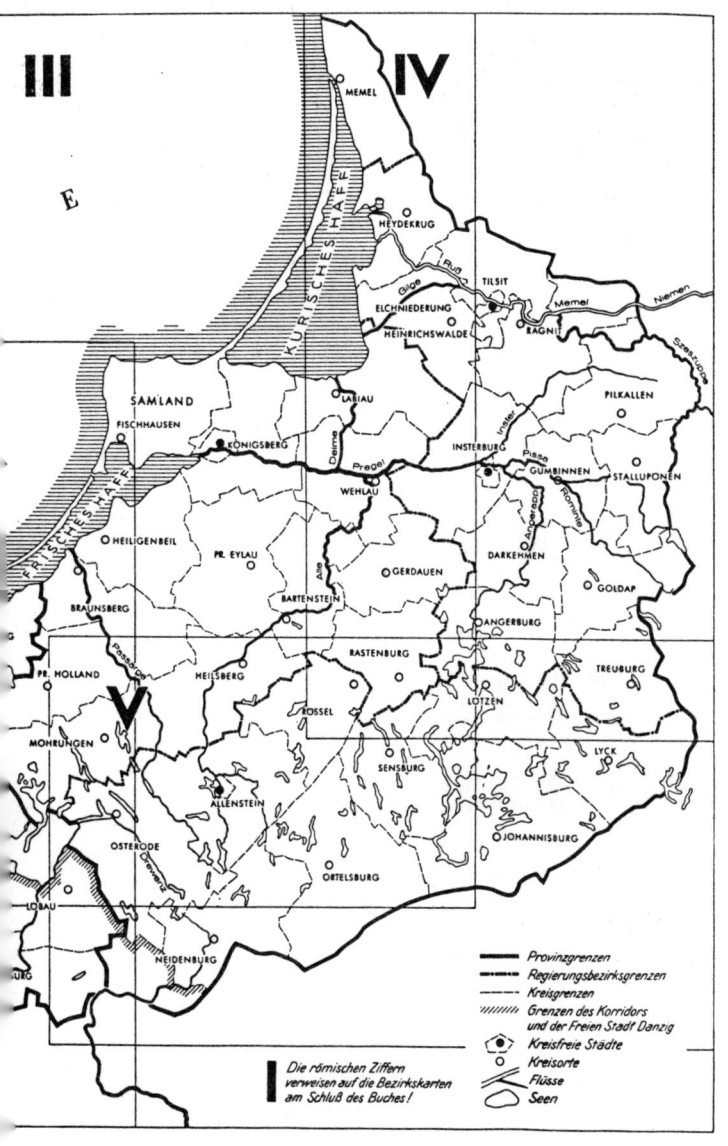

OST- UND WESTPREUSSEN

HERAUSGEGEBEN VON
DR. ERICH WEISE

Staatsarchivdirektor a. D.
Hannover

7 Karten, 12 Stadtpläne

ALFRED KRÖNER VERLAG STUTTGART

CIP-Kurztitelaufnahme der Deutschen Bibliothek

Handbuch der historischen Stätten. – Stuttgart: Kröner
Ost- und Westpreußen / hrsg. von Erich Weise. – [Unveränd. Neudr. d. 1. Aufl. 1966]. – 1981.
  (Kröners Taschenausgabe; Bd. 317)
  ISBN 3-520-31701-X

NE: Weise, Erich [Hrsg.]; GT

© 1966 by Alfred Kröner Verlag Stuttgart
Printed in Germany. Alle Rechte vorbehalten.
Druck: Omnitypie-Gesellschaft Stuttgart

MITARBEITER

Dr. Ernst *Bahr*, Wissenschaftlicher Mitarbeiter am J. G. Herder-Institut, Marburg/Lahn (B)

Dr. Wolfgang *La Baume*, Professor, Ludwigshafen/Bodensee (Ba)

Dr. Kurt *Forstreuter*, Staatsarchivdirektor a. D., Göttingen (F)

Dr. Fritz *Gause*, Oberstudienrat a. D., Essen (G)

Dr. Rudolf *Grieser*, Ministerialrat a. D., Bad Nenndorf (Gri)

Dr. Walter *Grunert*, Oberstudienrat a. D., Bad Pyrmont (Gr)

Emil Johannes *Guttzeit*, Mittelschulkonrektor, Diepholz (Gu)

Robert *Helwig*, Amtsgerichtsrat a. D., Bonn † (He)

Dr. Erich *Keyser*, Professor, Marburg/Lahn (K)

Dr. Hermann *Kownatzki*, Archivdirektor a. D., Köln (Ki)

Dr. Max *Meyhöfer*, Oberstudiendirektor a. D., Göttingen (Mey)

Dr. Klaus-Eberhard *Murawski*, Oberregierungsrat, Bonn (Mu)

Dr. Adolf *Poschmann*, Oberstudiendirektor a. D., Münster/Westfalen (P)

Dr. Hans *Schmauch*, Professor, Münster/Westf. (Sch)

Dr. Anneliese *Triller*, Bonn (T)

Dr. Erich *Weise*, Staatsarchivdirektor a. D., Hannover (W)

INHALT

Übersichtskarte von Ost- und Westpreußen . . .	vor dem Titel
Verzeichnis der Mitarbeiter	VII
Vorwort	IX
Abkürzungen	XII
Abbildungsnachweis	XII
Grundzüge der geschichtlichen Entwicklung	XIII
Historische Stätten von Ost- und Westpreußen	1
Karten: Die großen masurischen Seen	248
Die alten preußischen Landschaften	249
Gang der Besetzung Preußens durch den Deutschen Orden	250
Der Ordensstaat von 1310–1466	251
Grundlegende Literatur	252
Erklärung historischer Fachausdrücke	262
Personenregister	266
Ortsregister	274
Verzeichnis der umbenannten Orte	277
Karten der historischen Stätten	280

Vorbemerkung zum unveränderten Nachdruck 1981

Das Echo nach dem Erscheinen des Bandes 1966 sowie das lebhafte Interesse, das vor allem nach dem Auslaufen der ersten Auflage von verschiedensten Seiten laut wurde, haben den Plan einer überarbeiteten Neuauflage entstehen lassen. Erich Weise und 9 seiner 14 Mitarbeiter sind in der Zwischenzeit verstorben; wir haben ihnen allen für ihre Arbeit an der ersten Auflage zu danken. Doch das macht die Vorbereitung einer Neuauflage, deren Herausgabe ich in Nachfolge von Erich Weise übernommen habe, schwieriger und vor allem zeitraubender.

Wir, der Verlag und ich, haben uns daher entschlossen, den Band, der seit 1975 vergriffen ist, zwischenzeitlich durch einen unveränderten Nachdruck der ersten Auflage wieder vorzulegen.

Prof. Dr. Udo Arnold, Bonn
1. Vorsitzender der Historischen Kommission
für ost- und westpreußische Landesforschung

VORWORT

Das reiche geschichtliche Geschehen in Ost- und Westpreußen hat sich in seinen Auswirkungen nicht auf die beiden Provinzen beschränkt, sondern ist meist auch über die Grenzen des Landes hinaus wirksam geworden, und zwar nicht nur für Deutschland, sondern in hohem Maße ebenso für die Nachbarländer Polen, Litauen, das Baltikum und Rußland. Rein außenpolitisch braucht man nur an die Schwedenkriege im 17. Jahrhundert und den Ausgang der Kämpfe gegen Napoleon in den Jahren 1806/7 zu denken, verfassungsgeschichtlich an die Umgestaltung des brandenburgisch-preußischen Staates, die von hier ihren Ausgang genommen hat und auch anderweitig maßgebend geworden ist, kulturgeschichtlich an die Einführung der Reformation 1525 und die Gründung der Universität Königsberg 1544, die eine starke Ausstrahlung auf das östliche Europa ausgeübt hat.
So darf eine Bearbeitung der »Historischen Stätten« dieses Landes auf Interesse nicht nur bei den alten Ost- und Westpreußen und der jetzt dort lebenden Bevölkerung rechnen, sondern bei jedem, der sich geschichtlich über dieses Gebiet rasch unterrichten will, in Deutschland so gut wie im Ausland. Das Handbuch der deutschen Kunstdenkmäler für das Ordensland Preußen von Dehio-Gall, neu bearbeitet von B. Schmid und G. Tiemann, erfreut sich seit 1952 dankbarer Aufnahme, und, wie die Reihe der »Kunstdenkmäler« anderweitig bereits durch das Handbuch der »Historischen Stätten« ergänzt worden ist, so bestand nicht minder Veranlassung, auch dieser Landschaft eine entsprechende Abrundung nicht schuldig zu bleiben.
Ostpreußen ist heute zweigeteilt, der nördliche Teil wurde im Potsdamer Abkommen von den Vereinigten Staaten und Großbritannien der Sowjetunion überlassen, wogegen die Bundesregierung 1955 einen Grenzvorbehalt angemeldet hat. Der südliche Teil von Ostpreußen, Danzig und diejenigen Teile von Westpreußen, die, wie der Regierungsbezirk Marienwerder und die Kreise Schlochau, Flatow und Dt. Krone, bis 1937 beim Deutschen Reich verblieben sind, stehen jetzt unter polnischer Verwaltung. Über ihr Schicksal soll erst in einem Friedensvertrag endgültig entschieden werden.
Die besondere Eigenart der geschichtlichen Entwicklung im alten Ordenslande machte es notwendig, das Buch bald zu schreiben, solange noch die anerkannten, mit der Landschaft und den örtlichen Verhältnissen vertrauten Kenner zur Verfügung standen.

Mitarbeiter und Herausgeber sind zum großen Teil seit ihrer Schulzeit, also fast 60 Jahre lang, mit der altpreußischen Geschichte verwachsen, alle aber haben diese Landesgeschichte seit über 40 Jahren zu ihrem Spezialfach gewählt. Bei solchen Voraussetzungen darf ihren Aussagen schon einiger Wert beigemessen werden. Aufrichtig dankbar gedenkt der Herausgeber der unbedenklichen Bereitwilligkeit, ja Selbstverständlichkeit, mit der die Fachgenossen der Aufforderung von Verlag und ihm gefolgt sind. So hat sich auch die Zusammenarbeit immer harmonisch und erfreulich gestaltet, was ebenfalls dankbar hervorgehoben zu werden verdient. Für Anregungen und Ergänzungen aus den Kreisen der Leser sind wir immer dankbar, um sie in einer zweiten Auflage zu verwerten.

In technischer Hinsicht sind die bewährten, in den bisher erschienenen Bänden des Handbuches vervollkommneten Richtlinien befolgt worden. Dank der sorgfältigen Registerführung des Deutschen Ordens und des Herzogtums Preußen läßt sich noch heute für fast jeden Ort, mit ganz wenigen Ausnahmen, die Gründungsurkunde ermitteln, nicht nur in Abschrift, sondern vielfach in Ausfertigung, da die älteren zur Herstellung der Erneuerungen der Kanzlei eingereicht worden sind. So wäre es ein Verlust gewesen, sich bei den einzelnen Stätten auf die Behandlung des historischen Ereignisses, das sie zur Aufnahme in das Buch geeignet machte, zu beschränken, zumal ja auch die Siedlung selbst ein historisches Ereignis darstellt, das einiges Interesse beanspruchen darf. Für den Gesamtvorgang bilden die aufgenommenen Orte sozusagen typische Beispiele für ein ganzes Gebiet.

Die historische Einleitung mußte in erster Linie bemüht sein, die im übrigen Deutschland weniger bekannten Einrichtungen zu erklären, weil deren Kenntnis für das Verstehen der Einzelartikel unentbehrlich ist: Verwaltungsaufbau in den verschiedenen Perioden, Siedlungsformen, Nationalitätenverhältnisse, geschichtliche Bezeichnungen usw. Erleichtert wurde der Überblick durch die Einheitlichkeit der Entwicklung von der Ordenszeit an, die zu politischer Zersplitterung keinen Raum gelassen hat. Einheitlich aber ist, besonders in Ostpreußen, ebenso die Vorgeschichte, deren Funde sämtlich in die gleiche Richtung weisen, weshalb sie auch in größerer Zahl mitgeteilt werden. Die Stetigkeit der kulturellen und wirtschaftlichen Weiterbildung geht auch über den Glaubenswechsel von 1525 ohne grundlegende Veränderung hinweg, da diese Umwandlung in langer Vorgeschichte vorbereitet war und die Struktur des Landes außer im Konfessionellen wenig verändert hat. Auch Umfang und Grenzen sind sieben Jahrhunderte hindurch bis auf wenige geringfügige Änderungen die gleichen geblieben. Das geistige Element als tragende Kraft tritt allenthalben stark und bleibend hervor.

Auch der Name Preußen ist einheitlich und immer der gleiche gewesen, von den Ureinwohnern an bis zum Jahre 1701, als die Provinz den Namen Preußen im Königstitel an den brandenburg-preußischen Gesamtstaat abgab. Doch bestand noch 1827 bis 1878 eine vereinigte Provinz »Preußen«, ehe die endgültige Teilung in Ost- und Westpreußen erfolgte. Als Buchtitel freilich war der bloße Name »Preußen« nicht geeignet. Deshalb ist die Bezeichnung »Ost- und Westpreußen« gewählt worden, die auch B. Schumacher für seine Landesgeschichte beibehalten hat, weil darin ein »ein Nebeneinander und ein Miteinander, eine Zweiheit und eine Einheit beschlossen liegen«, die für die Geschichte dieses Landes charakteristisch sind. Weitere Unterscheidungen in bezug auf die Schreibung des Namens zu treffen, besteht keine Notwendigkeit. Falls wirklich einmal Verwechslungen denkbar sind, wird der Name durch einen entsprechenden Zusatz, wie alte Preußen, Stammpreußen, ausreichend gekennzeichnet. Es handelt sich unbestreitbar um den gleichen Namen, der sich aus der älteren Form Prûßen mit langem û bei den deutschen Einwanderern in gesetzmäßiger sprachlicher Weiterbildung zu Preußen entwickelt hat. Gerade diese Namensgleichheit ist ein beachtlicher Ausdruck der Geschlossenheit der Entwicklung, den man nicht unterdrücken darf.

Besonderen Dank schuldet der Herausgeber seinem verehrten Mitarbeiter, Herrn Professor Dr. W. La Baume, für die Unterstützung bei der Redaktion der vorgeschichtlichen Ausführungen in den Stichworten und seinen Beitrag zu Beginn des geschichtlichen Überblicks. Wichtige Einzelauskünfte verdanke ich Herrn Dr. Klaus Eberhard Murawski im Ministerium für gesamtdeutsche Fragen, dem Stadtarchivar der Patenstadt von Marienwerder, Herrn Kollegen Dr. Ricklefs, und Herrn Dr. Waldemar Heym aus Marienwerder, jetzt auch in Celle, ferner Fräulein Anneliese Kapp, Herrn Lehrer Hans Dobbertin zum Stichwort »Sassen« und meinem Schul- und Studienkameraden, Herrn Kammermusiker Hans Schrewe, zum Stichwort »Schaaken«. Der harmonischen Zusammenarbeit mit den Herren des Verlages, Herrn Verleger Arno Klemm, und dem Betreuer der »Historischen Stätten« im besonderen, Herrn Dr. Willi A. Koch, werde ich immer gern und mit aufrichtigem Danke gedenken.

Hannover, im März 1966   Erich Weise

ABKÜRZUNGEN

A. = Anfang
Bf. = Bischof
bischl. = bischöflich
bzw. = beziehungsweise
dt. = deutsch
Dtschl. = Deutschland
E. = Ende
Einw. = Einwohner
erstm. = erstmals
evg. = evangelisch
Fam. = Familie
frz. = französisch
gegr. = gegründet
gen. = genannt
Gesch. = Geschichte
gesch. = geschichtlich
Gf., Gfn. = Graf, Gräfin
Gr. = Große
H. = Hälfte
Hg. = Herausgeber
Hz., Hzn. = Herzog, Herzogin
Jh. = Jahrhundert
Jt. = Jahrtausend
kath. = katholisch
Kf., Kfn. = Kurfürst, Kurfürstin
Kg., Kgn. = König, Königin

Kl. = Kloster
Kr. = Kreis
Ks., Ksn. = Kaiser, Kaiserin
l. = links
LV = Literaturverzeichnis
M. = Mitte
Ma. = Mittelalter
ma. = mittelalterlich
Mgf., Mgfn. = Markgraf, Markgräfin
N = Norden
NW = Nordwesten
n. = nördlich
O = Osten
ö. = östlich
r. = rechts
S = Süden
s. = südlich
sog. = sogenannt
Urk. = Urkunde
urk. = urkundlich
urspr. = ursprünglich
verm. = vermutlich
W = Westen
w. = westlich
wirtschl. = wirtschaftlich

Verdoppelung des letzten Buchstabens = Mehrzahl, z. B. Gff. = Grafen.

Die römische Ziffer vor der Sigle des Verfassers verweist auf die betreffenden Karten im Anhang, Seiten 280—284, aus denen die Lage jeder historischen Stätte zu ersehen ist.

Einzelne geschichtliche Bauwerke sind, soweit feststellbar war, ob sie noch vorhanden sind, in den Texten *kursiv* gedruckt.

GRUNDZÜGE
DER GESCHICHTLICHEN ENTWICKLUNG
VON OST- UND WESTPREUSSEN

Von Erich Weise

I. Landschaft und Vorgeschichte

Das alte Ordensland Ost- und Westpreußen liegt in der Beuge der Ostsee um die Mündungen der beiden großen Ströme Memel und Weichsel herum, die ursprünglich dicht nebeneinander in der Danziger Bucht das Meer erreichten. Da Flußläufe älteste natürliche Handelsstraßen sind, ergibt sich schon aus dieser Lage die Bedeutung des Landes für die Erschließung des Ostens und Südostens bis zum Schwarzen Meer in Fortführung der vom Westen, Norden und Nordwesten kommenden Land- und Seewege.

Zu diesen für Handel und Verkehr besonders günstigen Bedingungen kommt eine stellenweise überdurchschnittliche Fruchtbarkeit. Die Bodengestalt ist seit dem Auftreten des Menschen im wesentlichen die gleiche geblieben. Östlich der Weichsel verläuft die eiszeitlich entstandene Landschwelle, eine Endmoräne, die man den Preußischen Landrücken nennt. Dieser erstreckt sich von Südwesten nach Nordosten, breit hingelagert, aber nicht über 150–200 m Höhe hinausgehend, bedeckt mit mehr als tausend größeren und kleineren Seen. Südlich der Höhen liegen weite Heide-Sandgebiete mit Kiefernwäldern. Nördlich zum Meer hinab senkt sich eine fruchtbare Schwemmlandsiedlung, im Samland und an den Haffen mehrfach Steilufer bildend. Die Küste ist reich aufgegliedert durch Flußmündungen und die beiden ausgedehnten Haffe mit ihren schmalen Nehrungen. Das Land westlich der Weichsel ist durch den Pommerschen Landrücken, der hier viel dichter an das Meer herantritt, von diesem abgeriegelt und zeigt die gleichen Heide-Sandbildungen wie südlich der ostpreußischen Seen, wird aber in west-östlicher Richtung vom fruchtbaren Urstromtal der Netze durchzogen.

Das Gebiet an der Küste hat erst in der Jungsteinzeit (4000–2000 v. Chr.) verbesserte klimatische Voraussetzungen erhalten. Besiedelt wurde es zunächst von Jägern und Fischern, deren spärlich gefundene, primitive Werkzeuge die Merkmale der sogenannten Kammkeramik aufweisen, dann von einer bäuerlichen Bevölkerung mit Kugelflaschen und Trichterbechern. Großsteingräber, die in dieser Kulturstufe in West- und Mitteldeutschland zahlreich erhalten sind, finden sich auf unserem Gebiet nur in Masuren mit wenigen Beispielen. Sonst sind die Toten unter Erdhügeln in Einzelgräbern bestattet worden. Man spricht daher auch von einer Streitaxt- oder Einzelgrabkultur. Diese Gruppe mit einer mehr auf Viehhaltung als auf Ackerbau eingestellten Wirtschaft verbreitete sich über fast ganz Europa und überlagerte die älteren neolithischen Kulturen. An der Südküste der Ostsee entstand so die Mischgruppe der Haffküstenkultur. Am hohen Ufer des Frischen Haffs ist bei Succase eine dorfähnliche Siedlung der Jungsteinzeit mit mehrräumigen Wohnhäusern freigelegt worden, die nach Resten von Wänden aus Holz und Lehm im Bilde rekonstruiert werden konnten.

Die Bronzezeit (etwa 1800–700 v. Chr.) und die frühe Eisenzeit (etwa 700–400 v. Chr.) sind reich an vorgeschichtlichen Denkmälern, weil viele Hügelgräber erhalten sind. Heute nach Hunderten zählend, sind sie ehemals sicher zu Tausenden vorhanden gewesen. Sie enthalten Steinkreise und Steinpackungen verschiedener Art. Wie bei den Großsteingräbern ist ein solcher Grabhügel nicht für *einen* Verstorbenen errichtet worden, sondern für mehrere; d. h. man hat den gleichen Hügel mehrere Generationen hindurch zu Bestattungen benutzt. Man erkennt das an der Verschiedenheit der eingebauten Grabkammern und Beigaben. Hier und da hat sich der Brauch der Hügelbestattung in Ost- und Westpreußen bis in die Zeit nach Christi Geburt erhalten. So liegt bei Odry im Kreise Konitz eine Gruppe von Hügelgräbern mit ostgermanischen Bestattungen aus der Römerzeit, und in die gleiche Periode gehören einige sehr große Grabhügel, die bei Pilgramsdorf im Kreise Niederung liegen und sich als ostgermanische Fürstengräber erwiesen. Aber solche Funde sind selten.

Seit der frühen Eisenzeit hat sich die Bestattung in Flachgräbern (also ohne Grabhügel) eingebürgert. Zeitlich nebeneinander gab es Körperbestattungen (Skelettgräber) und Urnenbestattungen (Brandgräber). Gräberfelder der zweiten Art tragen die Merkmale der früheisenzeitlichen Gesichtsurnenkultur, die in Ostpommern, Westpreußen, im Wartheland, Schlesien und Westpolen anzutreffen ist. Flachgräber sind in Ost- und Westpreußen die nachfolgenden, zeitlich mit zunehmender Genauigkeit bestimmbaren Gräberfelder der vorrömischen Zeit und der nachchristlichen Jahrhunderte bis zum frühen Mittelalter einschließlich. Die Christianisierung begann erst im 13. Jh. Von allen diesen höchst bedeutungsvollen und aufschlußreichen historischen Stätten ist oberirdisch nichts sichtbar, nicht einmal, wie in Dänemark, Erinnerungssteine.

Für Ostpreußen bekunden die vorgeschichtlichen Altertümer, daß die Besiedlung dieses Landes vom Ende der Jungsteinzeit bis zum Mittelalter ohne jede Unterbrechung angedauert hat. Das bedeutet gleichzeitig, daß die altpreußische Bevölkerung hier von jeher, solange hier Menschen gelebt haben, ansässig war. Es gibt nur wenige Gegenden, in denen sich die Siedlungsstetigkeit über Jahrtausende durch Altertumsfunde so klar dokumentiert wie in Ostpreußen.

Das Gebiet der altpreußischen Bevölkerung in Ostpreußen erstreckte sich bei der Ankunft des Deutschen Ordens nach Westen bis an die untere Weichsel, nach Norden bis ins Memelland, nach Osten bis zur Linie Kauen – Grodno die Memel entlang und in südlicher Richtung bis Bialystok und Pultusk.

Nicht so einheitlich ist die frühe Bevölkerungsgeschichte des Weichsellandes verlaufen. Bis zur älteren Bronzezeit saßen im Gebiet der unteren Weichsel die Nachkommen der Träger der Haffküstenkultur. Während der Bronzezeit ist das Gebiet zwischen Oder und Weichsel in den Einfluß und Siedlungsbereich zweier in ihrem Charakter sehr verschiedenen Kulturkreise gelangt. Von Süden her breitete sich die in Ostdeutschland und Westpolen beheimatete »Lausitzer Kultur« (unbekannten Volkstums) mit zwei Gruppen aus, der Odergruppe an der unteren Oder südlich Stettin und der Weichselgruppe im Kulmerland südlich Graudenz, während das Küstengebiet von Südschweden und Dänemark aus über die Ostsee herüber der nordisch-germanischen Kultur angegliedert wurde.

In der frühen Eisenzeit treffen wir im Küstenland nördlich der Netze in der Landschaft Pommerellen auf spätbronzezeitlicher, nordisch-germanischer Grundlage die schon erwähnte Gesichtsurnenkultur, die mit der Lausitzer, außer geringen Einflüssen, nichts gemein hat, vielmehr in südöstlicher Richtung weichselaufwärts in das Gebiet der späten Lausitzer Kultur in Westpolen vordringt. Um 150 v. Chr. entsteht unter erneutem Zustrom aus Skandinavien, für die vorrömische (Latène-) Zeit aus Landschaftsnamen und als Parallele zum Zuge der Kimbern und Teutonen zu erschließen, im Lande zwischen Oder und Weichsel eine ostgermanische Kulturgruppe. Sie wird um Christi Geburt durch die in antiken Quellen überlieferte Zuwanderung von Goten und Gepiden über See aus Schweden zur Weichselniederung vermehrt. Die zusammenhängende Folge der ostgermanischen Gräberfelder der späten Latènezeit (150 v. Chr.) in die römische Kaiserzeit (1.–3. Jh. n. Chr.) bezeugt eine mehrere Jahrhunderte anhaltende Niederlassung dieser Ostgermanen im Weichselland. Erst vom 4. nachchristlichen Jahrhundert an, im Zeichen der beginnenden Weiterwanderung, ist eine Verminderung der Anzahl ihrer Gräber festzustellen. Die Goten zogen nach Südrußland, die Gepiden nach Siebenbürgen, die Vandalen und Burgunder nach Westdeutschland.

Nach der Völkerwanderungszeit (5.–7. Jh.) war das Weichselland nur noch spärlich von ostgermanischen Siedlern bewohnt. Dieser Umstand veranlaßte die Preußen, ihr Gebiet von der Passarge nach Westen bis an die untere Weichsel auszudehnen, während gleichzeitig zu Beginn des Mittelalters die slawischen Wenden aus ihrer im westlichen Rußland gelegenen Urheimat in das Land zwischen Weichsel und Elbe einsickerten. Aus dieser Zeitstufe (8.–10. Jh.) sind wieder sichtbare historische Stätten in größerer Zahl erhalten geblieben, obwohl sie nicht aus Stein, sondern aus Holz und Erde erbaut waren. Von den hölzernen Aufbauten (Wehrgängen, Palisaden, Türmen und Toren) hat sich freilich nichts erhalten, aber die Formen der Wälle und Gräben lassen sie erschließen. Im Volksmund werden sie Burgwälle, Wallburgen, Schloßberge und Schwedenschanzen genannt. Ihre politische Bedeutung als Sitze zentraler Gewalten und als militärische Stützpunkte, schon aus Lage und Bauweise erkennbar, ist in einigen Fällen auch durch schriftliche Quellen überliefert.

In der Zeit vom 9.–11. Jh. erlebten die Küsten Ost- und Westpreußens mehrfach eine letzte Zuwanderung von Nordgermanen. Die Wikinger, deren große Zeit damals blühte, kamen aus Dänemark und Schweden über die Ostsee, um bei den Preußen und Wenden Handelsniederlassungen anzulegen. Die bedeutendste in unserm Gebiet war Truso am Drausensee. Reichere Funde gewährte der Hügelfriedhof zu Wiskiauten unweit Cranz im Samlande. Die Grabstätten wikingischer Männer und Frauen bargen reiche Beigaben an Waffen und Schmuck. Die beiden Plätze trieben wohl vorwiegend Bernsteinhandel, waren aber auch dazu bestimmt, den Handel aus den großen Strömen Memel und Weichsel aufzufangen und Ausgangspunkte für die eigene Binnenschiffahrt abzugeben. Die wikingischen Krieger und Händler nahmen preußische Frauen. Die Blutmischung hat dem preußischen Stamm der Samen ein besonderes Gepräge, vielleicht auch einen im Vergleich zu den übrigen Gauen höheren Kulturzustand verliehen. Der Orden hat mit Vorliebe samländische »Witinge« in seinen Dienst genommen. Wolfgang La Baume

II. Der Deutsche Orden in Preußen

1. Besetzung des Landes

Der Ordenschronist Peter von Dusburg, der um 1324 schrieb, nennt zehn preußische Landschaften: Pomesanien zwischen Ossa, Weichsel und Nogat, ungefähr der spätere, verkleinerte Regierungsbezirk Marienwerder von 1920, Pogesanien um Pr. Holland, Mohrungen herum zu suchen und bei Heilsberg an die Alle reichend, Warmien – ein Dreieck zu beiden Seiten der Passarge, am Haff bis zur Pregelmündung ausgedehnt, keinesfalls dem bischöflichen Territorium Ermland entsprechend, Natangen östlich davon bis zur Alle, Samland – das Rechteck zwischen dem Meer und den beiden Haffen, östlich von der Deime begrenzt, jenseits dieser – Nadrauen, nördlich davon Schalauen, in der Mitte des ganzen Gebietes das Land Barten, südlich davon Galinden und im Osten von beiden bis zur Memel – Sudauen.

Innerhalb dieser größeren Bezirke, die wohl Siedlungs- und Gerichtseinheiten bildeten und führungsmäßig für sich standen, gibt es kleinere Gebietsteile mit besonderen Namen, die z. T. erst in der Ordenszeit aufgekommen sein mögen und sich bis in die Neuzeit erhalten haben. Einen Wohnsitz der Preußen bezeichnet der Orden in den Urkunden als campus (Feld), da die Stammbevölkerung geschlossene Ortschaften kaum gekannt und in Einzelhöfen, vielfach um Wallburgen herum, gesiedelt hat. Ein solches »Feld« hat dann später den Namen für die an gleicher Stelle angelegte dörfliche oder städtische Siedlung des Ordens abgegeben.

Die alten Preußen werden als groß, blond, blauäugig und von frischer Gesichtsfarbe geschildert. Gastlichkeit und Menschenfreundlichkeit werden besonders gerühmt. Der Chronist Adam von Bremen lobt um 1074, von skandinavischen Schiffern unterrichtet, ihre Hilfsbereitschaft für Schiffe in Seenot, an denen sie keinesfalls Strandrecht üben. Ihre Götter sind vorwiegend Sinnbilder feindlicher Naturgewalten, die durch Opfer versöhnt werden müssen. Danksagungen empfängt der freundliche Erntegott Kurche, dessen Gestalt bei der Feier aus Feldfrüchten nachgebildet wird, eine Sitte, die sich bis in die Neuzeit erhalten hat. Stark ausgeprägt ist ihre Freiheitsliebe.

Damit hängt ihre anfängliche Ablehnung der christlichen Mission eines Adalbert von Prag († 997) und Brun von Querfurt († 1009) zusammen. Sie argwöhnten in der Bekehrung die Vorbereitung zu politischer Unterwerfung. Zwei Jahrhunderte lang wurde kein weiterer Versuch dieser Art unternommen. Erst 1206 nahmen deutsche Zisterzienser aus Polen die Mission in Preußen wieder auf, und zwar mit ausdrücklicher Genehmigung und Unterstützung Roms. 1215 wurde der Zisterzienser Christian von Oliva erster Preußenbischof. Einmischungen pommerellischer und polnischer Fürsten erregten jedoch wiederum Befürchtungen der Preußen für ihre Unabhängigkeit. So erfolgte seit 1218 der Rückschlag, und bald mit solcher Gewalt, daß nicht nur alle bisherigen Erfolge der Mission wieder vernichtet, die polnischen Erwerbungen im Kulmerland zurückerobert, sondern auch das angrenzende Herzogtum Masovien angegriffen und in seinem Bestand ernstlich bedroht wurden. Deshalb ist im Winter 1225/26 die Berufung des Deutschen Ordens durch Herzog Konrad von Masovien ergangen.

Der Deutsche Orden war aus einer Spitalbrüderschaft erwachsen, die 1190 von bremischen und lübischen Kaufleuten im Lager vor Akkon gegründet worden war. Herzog Friedrich von Schwaben und Kaiser Heinrich VI. hatten die Stiftung gefördert, deutsche Fürsten sie im Morgen- und Abendlande beschenkt. Es entsprach sicher den staufischen Absichten, wenn nach dem Tode Heinrichs VI. 1198 ein deutscher Ritterorden daraus geschaffen wurde. Die Brüder erhielten eine den Templern und Johannitern entsprechende Ordensregel, als Tracht den weißen Mantel mit dem schwarzen Kreuz und übernahmen die mönchischen Gelübde von Armut, Keuschheit und Gehorsam. Man unterschied Ritter- und Priesterbrüder. Gewohnheitsmäßig wurden, mit ganz wenigen Ausnahmen, nur deutsche Ritter aufgenommen.

Der vierte Hochmeister, Hermann von Salza, ein überragender, weitblickender Staatsmann und denkbar geschickter Diplomat, erkannte sogleich die neue, große Aufgabe, die dem Orden im Lande der Preußen erwuchs. Heidenbekämpfung zum Schutze von Christen und Neubekehrten war die grundlegende Aufgabe des Ordens. Sichere Gewähr gegen weitere Angriffe der Heiden aber konnte nur ihre Unterwerfung bieten. Der Hochmeister hatte ähnliches bereits im Burzenlande versucht; doch war der Orden, nach geschehener Hilfeleistung, von König Bela wieder vertrieben worden. Um einen zweiten Fehlschlag dieser Art zu vermeiden, ließ sich der Hochmeister von seinem kaiserlichen Gönner Friedrich II. im März 1226 durch die Goldene Bulle von Rimini sowohl

das von Herzog Konrad geschenkte Kulmerland als auch alles weitere, noch zu erobernde Gebiet, also das gesamte Land der im Angriff auf die christlichen Länder befindlichen heidnischen Preußen, als unabhängigen Staat garantieren.
Die Mission wurde damit zunächst nicht berührt. Diese war Sache des Papstes und lehnte grundsätzlich jeden Zwang bei der Bekehrung ab. Unter Vermittlung des Hochmeisters hat sich jedoch Gregor IX. im Jahre 1229 zu gemeinsamem Vorgehen mit dem Kaiser bereit erklärt. Es ist das säkulare geschichtliche Verdienst Hermanns von Salza, für sein preußisches Unternehmen die Politik der beiden höchsten christlichen Autoritäten auf die gleiche Linie gebracht zu haben. Die Teilung der Gewalten erfolgte in der Weise, daß der Kaiser in seiner Eigenschaft als weltlicher Arm der Kirche durch die dem Orden übertragene Besetzung des Landes die Voraussetzung schuf, aus der heraus die Kurie die gänzlich zum Erliegen gekommene friedliche Mission wieder aufnehmen konnte. Gregor übertrug ihre Ausführung dem Orden der Predigermönche, den Dominikanern. Das Schwert sollte nur mittelbar der Predigt vorarbeiten. Der Kampf des Ordens war ein indirekter Missionskrieg, keine Schwertmission. Bischof Christian, als Vertriebener in Masovien lebend, verzichtete auf seinen Besitz im Kulmerlande, Herzog Konrad auf seine dortigen landesherrlichen Rechte. Der Papst bestätigte diese Abtretungen und ließ mit einer Bulle vom 17. 9. 1230 das Kreuz gegen die preußischen Heiden predigen. Wer dem Rufe folgte, erhielt den gleichen Ablaß wie bei einem Zuge in das Hl. Land.
So überschritten im Frühjahr 1231 die ersten Ordensritter unter Führung des Landmeisters Hermann Balk, durch Kreuzfahrer unterstützt, von ihrem Waffenplatz Vogelsang bei Nessau aus die Weichsel und errichteten beim späteren Dorfe Alt-Thorn die erste Burg auf preußischem Boden. In den nächsten beiden Jahren wurde das südwestliche Kulmerland besetzt, eine neue Burg Thorn und eine zweite in Kulm erbaut und sogleich städtische Siedlungen dabei errichtet, die im Jahre 1233 ihr Stadtrecht, die sogen. Kulmer Handfeste, erhielten. Sie verlieh den Bürgern Selbstverwaltung und Gerichtsbarkeit und hat für die folgenden Stadtgründungen des Ordens das Muster abgegeben.
Noch im gleichen Jahre stießen die Ordensritter in einer Kreuzfahrt, an der auch die Fürsten von Polen und Pommerellen teilnahmen, weichselabwärts vor und gründeten die dritte Stadt Marienwerder. Anschließend wurde 1234 das westliche Pomesanien durch die Schlacht an der Sorge gewonnen. Durch diese Erfolge beeindruckt, gewährte Papst Gregor dem Orden nunmehr

die wertvollste staatsrechtliche Sicherung, indem er die bisherigen und alle weiteren Eroberungen als geistliches Gebiet in Schutz und Eigen des hl. Peter nahm und sie dem Orden zu ewigem Besitz überließ.

In den nächsten drei Jahren wurde die Ausgangsstellung für die Unterwerfung des übrigen Preußenlandes verbreitert. Mit tatkräftiger Hilfe Markgraf Heinrichs des Erlauchten von Meißen, eines der reichsten Fürsten seiner Zeit, konnte 1237 als erster Seehafen des Ordens die Stadt Elbing gegründet werden. Nun war auch der Nachschub über See von dem befreundeten Lübeck aus gesichert. Meißner und Niedersachsen gemeinsam waren die ersten Bürger der Stadt.

Die Beziehungen des Ordens zu den beiden niedersächsischen Städten Lübeck und Bremen waren schon seit der Gründung 1190 die engsten. Hermann von Salza war bei der Erhebung Lübecks zur freien Reichsstadt im Mai 1226 beteiligt, weil er die zukünftige Zusammenarbeit voraussah. Hier ist auch eine wichtige realpolitische Voraussetzung des preußischen Unternehmens nachzutragen: Erst nachdem Lübeck und seine Verbündeten 1227 bei Bornhöved die dänische Ostseeherrschaft gebrochen hatten, war der Seeweg nach Preußen und Livland wieder frei geworden. Das war auch für Bremen wichtig, das 30 Jahre vorher Livland von der See her aufgesegelt hatte. Den Hansestädten eröffneten sich damit großangelegte Möglichkeiten handelspolitischer Art.

So war es in gewissem Sinne nur folgerichtig, wenn 1237, nach Erreichung der Küste, der Deutsche Orden sich mit den livländischen Schwertbrüdern vereinigte, die Bischof Albert von Riga 1202 ins Leben gerufen hatte. Der kleine, auch aus deutschen Rittern bestehende Orden von Dobrin hatte sich schon 1235 der größeren Bruderschaft angeschlossen. Bischof Christian war 1233 in preußische Gefangenschaft geraten. Er starb 1245.

Planmäßig schob sich die Landnahme nach Nordosten längs des Haffes vor, immer wieder unter einsatzfreudiger Hilfe von deutschen Kreuzfahrern. 1239 wurde gemeinsam mit dem Welfenherzog Otto, dem Gründer von Hannover, die Burg Balga gegenüber der damaligen Einfahrt vom Meer ins Haff erbaut. Die neuen Burgen erhielten einen Komtur als Befehlshaber nebst einem Konvent von zwölf Ritterbrüdern, deren jeder ein besonderes Amt verwaltete. Die Bezirke, die ihnen unterstellt waren, bildeten sich im Laufe der Zeit. Die großen Komtureien hatten ihren Sitz an der Haffküste und zogen sich, fächerartig breiter werdend, bis zur Süd- und Ostgrenze des Ordenslandes: Christburg, Elbing, Balga, Brandenburg und Königsberg. Von

Christburg wurde 1341 Osterode abgetrennt, Ragnit und Memel kamen hinzu. Wesentlich kleiner waren die ältesten Komtureien im zuerst besetzten Kulmerland. Den Komturen unterstanden Pfleger für kleinere Bezirke. Daneben gab es Vögte, die oft größere Gebiete verwalteten als die Komture, z. B. die Neumark oder Szamaiten, nur leiteten sie keine Konvente.

Die kirchliche Einteilung wurde 1243 durch den päpstlichen Legaten Wilhelm von Modena vorgenommen. Er richtete vier Diözesen ein: Kulm, Pomesanien, Ermland und Samland. Zum Unterhalt erhielt der Bischof von Kulm 600 Hufen und den ganzen Zehnten; den anderen drei wurde ein Drittel ihrer Diözese als weltliches Territorium zugesprochen, von dem wiederum ein Drittel dem Domkapitel zufallen sollte. Die Einheitlichkeit des Ordenslandes war dadurch nicht gefährdet, da Verteidigung und Außenpolitik in den Händen des Ordens lagen. Auch wurden die Kapitel von Kulm, Pomesanien und Samland dem Orden inkorporiert, d. h. sie setzten sich ausschließlich aus Priesterbrüdern des Ordens zusammen und sahen im Hochmeister ihren disziplinarischen Vorgesetzten. Metropolit war seit 1246 der Erzbischof von Riga.

In den Landschaften Pomesanien, Ermland und Natangen wurden die letzten Widerstände im Jahre 1248 durch ein Kreuzheer unter den askanischen Markgrafen Otto III., Otto V. und Johann I. beseitigt. In dem gleichzeitig gegründeten Christburg wurde am 7. 2. 1249 durch den Stellvertreter Papst Innocenz' IV., den Archidiakon Jakob von Lüttich, späteren Papst Urban IV., das Urteil in einem Rechtsverfahren gesprochen, das die neubekehrten Preußen der genannten Gebiete schon 1245 durch eine Klage bei der päpstlichen Kurie gegen den Orden angestrengt hatten. Das Urteil bestätigte die persönliche Freiheit der getauften Preußen, wie sie von Beginn der Mission an durch ein päpstliches Manifest zugesichert war. Auch der Orden hatte diesen Grundsatz ausnahmslos respektiert. Grund zur Klage hatte wohl hauptsächlich der zu Kriegszeiten unvermeidliche, mit größter Eile betriebene Burgenbau gegeben, zu dem aus Mangel an Arbeitskräften auch Neubekehrte herangezogen worden waren.

Nun wird der Umfang dieser »Freiheit eines Christenmenschen« genau abgegrenzt, aber auch die christlichen Pflichten festgesetzt: Taufe der Kinder, Bau von 13 Kirchen und Abschwören heidnischer Bräuche. Dementsprechend leisteten die Preußen einen körperlichen Eid, die Interessen des Ordens zu wahren und bei seinen Feldzügen zum Schutz des Landes Heeresfolge zu tun.

Die Besetzung des Samlandes vollzog sich erst 1255, als das

größte der bisherigen Kreuzheere unter Führung König Ottokars II. von Böhmen und seines Schwagers, Markgraf Otto von Brandenburg, den wichtigsten Waffenplatz der Samen bei Rudau erstürmte. Zur Sicherung des Gewonnenen wurde die Burg Königsberg angelegt, bei der sich sogleich eine städtische Siedlung entwickelte. Die Freundschaft zwischen Deutschem Orden, Böhmen und Brandenburg blieb auch weiterhin bestehen. Im Verein mit Meißen haben die Verbündeten auch während des großen Preußenaufstandes von 1260 das Land bis 1272 wieder befriedet und anschließend bis 1283 auch die östlichen Preußengaue besetzt. Viele neue Christen, besonders in Pomesanien und im Samland, waren dem Orden treu geblieben, und die meisten Burgen hatten sich gehalten.

Auch bei der Erwerbung Pommerellens wirkte sich die Freundschaft mit Böhmen und Brandenburg günstig für den Orden aus. Er besaß seit 1276 schon Streubesitz westlich der Weichsel, vornehmlich um Mewe herum. Nach dem Aussterben des einheimischen Fürstengeschlechtes im Jahre 1294 wurde das Land Streitobjekt zwischen den Brandenburgern und Herzog Wladislaw Lokietek von Großpolen und Kujawien, der seine Ansprüche auf die vorübergehende Besetzung Pommerns durch König Boleslaw Chrobry von Polen um das Jahr 1000 stützte. Im Sommer 1300 griff König Wenzel II. von Böhmen ein, besetzte Großpolen und übertrug 1301 den Schutz Pommerellens dem verbündeten Deutschen Orden. Sein Nachfolger Wenzel III. verzichtete 1305 auf das Land gegen Abtretung von Meißen durch die Brandenburger. Lokietek, der sein Spiel noch nicht verloren gab, konnte nach 1306 die herzogliche B u r g zu Danzig in seine Hand bringen, worauf die Markgrafen 1308 die S t a d t besetzten. Nun rief Lokietek den Deutschen Orden zu Hilfe. Dieser veranlaßte die Brandenburger zum Abzug, vertrieb dann aber auch die polnische Besatzung aus der Burg. Anschließend gewann der Landmeister Heinrich von Plotzke Dirschau und Schwetz und wurde damit praktisch Herr über ganz Pommerellen. Die Markgrafen überließen dem Orden im Vertrag von Soldin am 13. 9. 1309 das Land gegen ein Kaufgeld von 10 000 Mark Silber. 1313 bestätigte Kaiser Heinrich VII. die Erwerbung.

Mit dieser Gebietserweiterung erhielt der Orden endgültig die territoriale Grundlage, die seine wirtschaftliche Existenz sicherstellte. Nun konnte er auch den Sitz des Hochmeisters, der nach dem Fall von Akkon 1291 in Venedig gewesen war, nach Preußen verlegen. Im September 1309 hielt der Hochmeister Siegfried von Feuchtwangen seinen Einzug in die Marienburg, deren

Ausbau schon vorher begonnen worden war. Mit ihm kamen die fünf Großgebietiger, seine nächsten Berater: Der Großkomtur als Vertreter des Hochmeisters, und vornehmlich für innere Angelegenheiten zuständig, wohnte ebenfalls im Haupthause, dessen Komtur er gleichzeitig war, ebenso der Treßler als Verwalter der reichen Einkünfte dieses Schlosses und der Überschüsse aus den anderen Komtureien. Der oberste Marschall war zugleich Komtur von Königsberg, dem Waffenplatz gegen Litauen, der oberste Spittler saß in Elbing, wo sich das Hauptspital des Ordens befand, und der oberste Trappier, Leiter des Bekleidungswesens, erhielt in der Regel die Komturei Christburg. Sie wurden, wie der Hochmeister, sämtlich vom Generalkapitel gewählt, das in Marienburg gewöhnlich Mitte September stattfand und zu dem auch der Deutschmeister und der Meister in Livland erschienen. Bis 1441 war das Kapitel, also die Gesamtheit des Ordens, Inhaber der landesherrlichen Gewalt. Der Hochmeister war das Haupt des Ordens, persönlicher Landesherr aber erst seit 1441.

2. Bevölkerung, Wirtschaft und Kultur

Die geschichtlichen, politischen und rechtlichen Grundlagen des Ordensstaates sind etwas ausführlicher beschrieben worden, weil es sich bei diesem Lande um ein staatliches Gebilde von besonderer Eigenart handelt. Von den inneren Verhältnissen sind, zum besseren Verständnis der Einzelartikel, lediglich die Erscheinungen hervorzuheben, die so, wie sie waren, auch nur im Ordenslande anzutreffen sind, nämlich die ständischen Verhältnisse, fremde Volksteile, Finanzwirtschaft und Kultur, besonders die Baukunst.

Es gab in Preußen nur zwei Stände als Vertreter der Regierten: Ritterschaft und große Städte. Die Prälaten als Territorialinhaber gehörten zur Herrschaft. Der eigentliche Hebel ständischen Einflusses aber, das Steuerbewilligungsrecht, kam im 14. Jahrhundert in Preußen nicht zum Zuge, weil der Orden vor 1411 keine Steuern zu erheben brauchte. Zur Beratung wichtiger Neuerungen berief er die Stände einzeln oder auch nur gebietsweise. 1380 tagten zum ersten Male Vertreter der großen Städte gemeinsam mit geladenen Angehörigen der Ritterschaft.

Die anderen sozialen Schichten, auch die kleinen Städte, traten politisch nicht hervor; aber es gab ein blühendes Handwerkertum und eine wohlhabende Bauernschaft. Man erzählte von dem Bauern, der Hochmeister Winrich bei sich zu Hause bewirtete und auf einem Sacke Platz nehmen ließ, dessen Inhalt aus lauter

Goldstücken bestand. Ein bewußtes preußisches Volksgefühl entwickelte sich auf dem Höhepunkt der Blütezeit um 1400 aus dem wachsenden Gemeinschaftsgefühl und Selbstbewußtsein nach den gemeinsamen außenpolitischen Erfolgen und auf Grund der Achtung, die das Ausland den »Preußen«, d. h. Orden und Land, entgegenbrachte.

Dabei machte es nichts aus, ob der »Preuße« ein Deutscher oder ein Stammpreuße war. Die Urbevölkerung war keineswegs ausgerottet. Auch von »Germanisierung« zu sprechen, wäre ein krasser Anachronismus. Die gemäß dem Christburger Urteil von 1249 freien Preußen haben nie hinter den Deutschen zurückgestanden. Die »Prutheni«, die man um 1400 von den Deutschen unterscheidet, sind die unfreien, scharwerkspflichtigen, die nach dem großen Aufstand unterworfen und gefangen worden waren und ihre persönliche Freiheit verloren hatten. Der Abstand ist lediglich ein sozialer. Der Orden will diese billigen Arbeitskräfte seinen Amtsvorwerken und seinen Großgrundbesitzern erhalten. Deshalb sucht er die Landflucht zu verhindern und verbietet ihnen das Wohnen in den Städten. Gegen ihre Unkultur bemüht er sich um Hebung christlicher Frömmigkeit. Vielfach hängen sie noch am Aberglauben ihrer Vorfahren. Diese Bestrebungen sind wirtschaftlicher, sozialer und religiöser Natur und haben mit nationalistischen Zielen nichts zu tun.

Die werbende Kraft von Kultur und Gesittung und die günstigen wirtschaftlichen Lebensbedingungen bewährten sich auch bei der Eingliederung der masovischen und litauischen Einwanderer. Sie kamen hauptsächlich in der Zeit der Gegenreformation, weil sie das protestantische Bekenntnis nicht aufgeben wollten. Aus ihren Eingaben im Staatsarchiv geht hervor, daß sie schon in der zweiten und dritten Generation Wert darauf legen, Preußen genannt zu werden. Sprache und Brauchtum erhielten sich längere Zeit. In der 1. H. 16. Jh. erhielten Preußen, Litauer und Masuren Übersetzungen von Gesangbuch und Katechismus. Aber das Preußische war noch vor Ende des Jh. erloschen. Der Gebrauch des Litauischen und Masurischen fand sich um 1939 vereinzelt bei alten Leuten.

Die Gleichartigkeit der Bevölkerung war z. T. auch durch die einheitlichen Siedlungsmethoden gefördert worden. Die Siedlung bildete die wirtschaftliche und soziale Grundlage des Gemeinwesens. In altpreußischer Zeit hatte sie sich auf die Flußtäler und leichte Böden beschränkt, da die Bauern nur den hölzernen Hakenpflug besaßen. Die ohnehin geringe Dichte der Stammesbevölkerung war durch die Kriege weiter gelichtet worden. Die neuen Menschen kamen aus dem Altreich. Zugleich mit den ersten Ordensbrüdern und Kreuzfahrern erschienen, wie in Livland auch, unternehmende Fernhändler und ritterliche Großgrundbesitzer. Sie halfen die Städte gründen und übernahmen weite Landflächen, um darauf ihrerseits Neusiedler anzusetzen. Unterschied zwischen Edelfreien und Ministerialen wurde nicht gemacht. Es bildete sich ein neuer Leistungsadel.

Was aber das preußische Ordensland vom livländischen unterscheidet, und zwar sehr zu seinem Vorteil, ist die um mehr als ein halbes Jahrhundert später einsetzende deutsche Bauernsiedlung großen Stils. Es hatte vor der Befriedung 1283 wohl schon bäuerliche Hofbesitzer gegeben, aber diese wenigen waren in den Kämpfen fast alle zugrunde gegangen. Erst Mitte der 80er Jahre des 13. Jh. setzte der große Bauerntreck über die Landbrücken durch Pommern, längs der Netze und von Schlesien her ein. Er brachte den eisernen Scharenpflug mit, der auch schweren Boden in Kultur zu nehmen erlaubte. Höhepunkt der Zuwanderung ist das erste Jahrzehnt des 14. Jh. 1320 hat sie bereits ihr Ende erreicht. Die weitere Siedlung geschieht durch Binnenwanderung der nächsten Generation.

Um diese Zeit hatte die Siedlung gerade den Rand der sogen. »Wildnis« erreicht. Diese bedeckte den ganzen Süden und Osten bis weit hinaus mit dichtem Urwald, Sümpfen und Seen. Die Benennung ist nicht im Sinne einer unzugänglichen Wüstenei aufzufassen, sondern bezeichnet ein ertragreiches, nach damaligen Maßstäben sogar in gewissem Sinne gehegtes Wild- und Jagdgebiet. Solange man nicht genug Menschen für die Aufsiedlung besaß, bot der Wald reiche Erträge an Holz, Wildbret, Leder, Fellen, besonders an kostbarem Biberfell, Honig, Teer, Pottasche, Holzkohle, zu eigenem Gebrauch wie für die Ausfuhr. Da die Wildnis nur wenige, wohl bewachte Wege besaß, setzte sie auch feindlichen Einfällen, nicht zuletzt den mongolischen Reiterscharen, ein gewisses Hindernis entgegen; doch war dies nicht ihr eigentlicher Zweck.

Bewohner auf kleinen Rodeflächen waren stammpreußische Bauern und masovische Zuwanderer, anspruchslose, fleißige Arbeiter, die sich vor allem auf die Wildbienen verstanden und deshalb auch »Biener« genannt wurden. Die Aufsiedlung der Wildnis begann gleich nach 1320 und hatte Mitte des 14. Jh. den ganzen Bereich der späteren Provinz Ostpreußen bis auf schmale Randstreifen erfaßt. Auch diese wurden noch vor Ende des Jahrhunderts erschlossen, durch Burgen und feste Häuser geschützt, in deren Nachbarschaft sich sogleich Flecken, in Preußen »Lischken« genannt, oder Städte als Marktorte und Handelsplätze bildeten.

Die Besitzverhältnisse der neu angelegten Dörfer und Güter sind eng mit der Finanzverwaltung des Ordens verknüpft, die schon von den Zeitgenossen sehr anerkennend beurteilt wird. Der Ordensstaat galt als der bestverwaltete seiner Zeit, auch das Böhmen Karls IV. nicht ausgenommen. Der Reichtum der »Herren in Preußen« war bis 1410 sprichwörtlich. Diese Werte kamen hauptsächlich aus der Siedlung. Der Orden nahm von den Neuangesetzten kein Kaufgeld, gab ihnen aber nur ein eingeschränktes Besitzrecht an ihren Höfen und behielt sich das Obereigentum vor. Die Zinse und Abgaben, jeder für sich mäßig, ergaben bei der großen Zahl der Höfe eine stattliche Gesamtsumme.

Dorfgründungen wurden einem »Locator« übertragen, der dafür das Schulzenamt und einige zinsfreie Hufen erhielt, aus denen er sein Unternehmerkapital leicht amortisieren konnte. Über jedes Gut und jedes Dorf wurde ein Vertrag geschlossen, damals »Handfeste« genannt. Sie wurde vom Orden ausgestellt, begründete aber durchaus ein zweiseitiges Rechtsverhältnis. Die Ausfertigung bekam der Siedler; doch wurden die Texte in »Handfestenbücher« eingetragen, die uns erhalten sind, so daß wir, bis auf wenige Ausfälle, Zeit und Art der Gründung für jeden Ort nachweisen können.

Die Gegenleistung des Beliehenen bestand bei den großen Gütern in der Verpflichtung zum Kriegsdienst mit einem oder mehr Reitern, auch bei den freien preußischen Höfen. Zu zahlen war nur ein Anerkennungszins, je ein Scheffel Roggen oder Weizen vom Pfluge (4 Hufen) und ein kulmischer Pfennig. Solche Dienstleihe steht nicht vereinzelt da; wir treffen sie im alten Reiche schon zu fränkischer Zeit bei den Königsfreien und Bargilden, in Bayern Barschalken. In den Dörfern zahlten die deutschen Bauern Geldzins statt des Kriegsdienstes, je $1/2$–1 Mark Silber für die Hufe. Krüger und Müller gaben bedeutend mehr. Zu Scharwerk verpflichtet waren anfangs nur die unfreien Preußen. Dazu kam als einzige echte Steuer das »Wartgeld« oder »Schalwenkorn« zum Unterhalt der Grenzwarten und Burgen in Schalauen (an der Memel). Eine reiche Einnahmequelle war das Bernsteinregal. Das kostbare Harz wurde im Mittelalter für Rosenkränze sehr geschätzt und über Venedig bis in den Orient gehandelt. Dort hatte es der Orden kennen gelernt, und vielleicht hat es ihm das Land der Preußen so anziehend gemacht.

Diese hohen Einnahmen setzten den Orden instand, alle Verluste der Untertanen in den unaufhörlichen Litauereinfällen un-

DIE GESCHICHTLICHE ENTWICKLUNG XXVII

verzüglich und reichlich zu vergüten. Im Vertrauen darauf sind die Siedler immer wieder zu neuem Anfang auf die zerstörten Höfe zurückgekehrt.

Mit dem Überschuß aus den meist in Korn geleisteten Abgaben hat der Orden den vielbesprochenen »Eigenhandel« getrieben, den ihm ein päpstliches Privileg gestattet hat. Seine Organe waren die Großschäffer zu Marienburg und Königsberg, die durch ihre »Lieger«, Handelsvertreter, in den westeuropäischen Seestädten das Getreide mit gutem Gewinn verkauften. Den preußischen Städten machte dieser Wettbewerb wenig aus; sie hatten auch anderweitig Verdienst genug. Als aber die Ernten nach den Verwüstungen von 1410 kaum noch für den Eigenbedarf reichten, gab es Beschwerden und Streit.

Folge des Reichtums war im 14. Jh. ein hoher Kulturstand des Landes. Die Schulen der Zeit werden bei den einzelnen Städten erwähnt werden. Ein sicheres Zeichen für den hohen Bildungsstand ist der Plan von 1386, in Kulm ein Studium generale, eine eigene Landesuniversität zu errichten, also in einer Zeit, wo es in der östlichen Mitte Europas erst drei Universitäten gab: Prag (1348 gegründet), Krakau (1364) und Wien (1365). Das Schrifttum, das der Orden pflegte, war, seinem ritterlich-geistlichen Charakter entsprechend, vorwiegend chronikalischer und religiöser Art, vielfach in Versen von beachtlichem dichterischem Wert.

Den stärksten Ausdruck hat die Ordenskultur in der Backsteingotik gefunden. Hier herrschte ein »Bauwille«, der in seiner »Kraft und Erfülltheit«, wie (der Künstler) Paul *Fechter* schreibt, jeden Landeseinwohner unmittelbar ansprach und ihm als stummer Zeuge einen unabweisbaren Eindruck vom Wesen des Ordens vermittelte. Jedes Schloß, durchweg mit einer Kapelle verbunden, aber auch jede Kirche für sich ist eine »feste Burg« Gottes, auch letzte Zuflucht und Wehr bei feindlichen Einfällen. In solcher Bestimmung nach außen schlicht und stark, aber ausgeglichen in Maßen und Formen, einheitlich nach Gesetzen, die aus dem Baustoff entwickelt sind, aber der Umgebung mit sicherem Gefühl angepaßt, wurden sie auch das Muster für die bürgerlichen Bauten.

Ihrem Grundriß nach entspricht die Ordensburg ihrer dreifachen Bestimmung als Festung, Verwaltungsmittelpunkt und Wohnung des Brüderkonvents. Dieser hat seinen Sitz im Haupthaus, das quadratischen Grundriß zeigt und einen von ein- oder zweistöckigen Kreuzgängen umgebenen Innenhof besitzt. Dieser ist, im Gegensatz zur schmucklosen Außenfläche, mit einfallsreichem Maßwerk, Mauerblenden, Friesen, Profilen und figürlichen Darstellungen ausgestattet. Dieses Hochschloß enthält auch die Kapelle und ist durch Ecktürme und einen beherrschenden Bergfried gesichert. Alle Burgen besaßen zentrale Luftheizung. Die Vorburg ist rechteckig und umschließt Gast- und Wirtschaftsgebäude, bisweilen auch eine Mühle. Stellenweise trifft man mehrere solcher Vorhöfe. Eine Besonderheit ist der »Dansker«, die Abortanlage, auf mächtigen Bogen zum Fluß hinausgebaut, kluge Vorbeugung gegen Seuchengefahr, aber auch ein Wehrturm zur Flankendeckung. Doppelte Ringmauern bildeten einen Zwinger, »Parcham« genannt. Ringsherum lag ein tiefer und breiter Graben, meist der abgeleitete Arm eines Flusses oder Sees. Die Innenräume mit ihren Sterngewölben und schlanken Pfeilern beweisen sicheres Raumgefühl.

Für die Anlage der Städte wird, soweit die Lage es irgend gestattet, das gitterförmige Netz rechtwinklig sich schneidender Straßen verwendet. Das Ordenshaus lag meist an einer Ecke oder Kante dieses Grundrisses. Das Ganze ergab eine künstlerische Einheit, die sich harmonisch in das Landschaftsbild eingliederte.

3. Die europäischen Beziehungen des Ordens

Es ist nicht ohne weiteres verständlich, wie sich diese wirtschaftliche und kulturelle Blüte in einer Zeit ständiger Kriege entfalten konnte, durch die Feldzüge kaum aufgehalten. Doch diese waren letzten Endes immer erfolgreich, und Besetzungen von längerer Dauer gab es im 14. Jh. nicht, nur räuberische Einfälle, die wohl viel Schaden anrichteten, aber den Burgen und befestigten Städten nichts anhaben konnten. Der unaufhörliche Krieg gegen Litauen dauerte 177 Jahre, von 1245–1422. Der Orden führte ihn gemäß seiner Verpflichtung zum Schutz des Christentums gegen heidnische Angriffe. Gleichzeitig mußte er um den Bestand seines Landes kämpfen. Die Art der Kriegführung war durch die Beschaffenheit des feindlichen Landes vorgeschrieben. Die sumpfigen Urwälder Litauens waren nur bei strengem Frost oder im trockenen Sommer passierbar. Angesichts der endlosen Weiten des Ostens mußte eine Entscheidungsschlacht in der Nähe der Grenze gesucht werden. Im übrigen konnte man nur gezielte Vorstöße ins Innere unternehmen, um aufzuklären, Aufmarschstellungen zu zerschlagen oder Angriffen zuvorzukommen. Solche Unternehmungen waren die sogen. »Reisen«, bei denen der Orden stets die Unterstützung ritterlicher und fürstlicher »Gäste« aus dem Reich oder Westeuropa erhielt. Sie kamen als Kreuzfahrer, bewogen in erster Linie von dem Ablaß, der damit verbunden war. Überdies galt es als besondere Ehre, den Ritterschlag in einem Feldzug gegen die Heiden zu erwerben. Besondere Anziehungskraft besaß der »Ehrentisch«, den der Hochmeister bewährten Rittern richten ließ. Die Auszeichnung, dieser Ehrung gewürdigt worden zu sein, wird auch in französischen und englischen Rittergedichten mehrfach erwähnt. Für diese Gäste waren alle Feinde des Ordens noch 1410 »Sarrazenen«, die Litauer, weil die Taufe der Fürsten von 1386 noch keineswegs die Christianisierung des ganzen Landes bedeutete, und auch die mit ihnen vereinigten Polen, bis zum Friedensschluß vom Meldensee 1422.

Unter diesen Kreuzfahrern waren bedeutende Fürsten: König Johann von Böhmen ist dreimal nach Preußen gekommen, sein Sohn, der spätere Kaiser Karl IV., hat ihn zweimal begleitet. Beide, wie auch Markgraf Ludwig von Brandenburg, erneuerten damit die überlieferte Waffenbrüderschaft, die sich durch enge wirtschaftliche Verbindungen noch gefestigt hatte. Ebenso kam König Ludwig von Ungarn 1345 nicht von ungefähr mit ihnen gleichzeitig nach Preußen, sondern auch im Bewußtsein einer alten Freundschaft, die 1211 unter König Andreas II. vor Damiette begonnen und damals zu dem Einsatz des Ordens im Burzenlande geführt hatte. Der Kampf an der ungarischen Grenze sollte die beiden Staaten in der Folgezeit noch mehrfach zusammenführen.

Weiter erschienen Herzöge von Burgund, Lothringen und Bayern, Erzherzog Albrecht III. von Österreich, dessen Zug der Dichter Peter Suchenwirt in Versen beschrieben hat, Graf Wilhelm von Oostervant aus dem Hause Wittelsbach, Graf Wilhelm von Holland, von dem berichtet wird, er habe den Herzogstitel ausgeschlagen, ehe er sich seiner nicht durch einen Zug gegen die Heiden in Litauen würdig erwiesen habe, Graf Wilhelm von Geldern, der es auf fünf Preußenfahrten gebracht hat, Graf Johann von Hennegau, um nur die hervorragendsten zu nennen, ferner weitbekannte Edelleute, wie der Spiegel der Ritterschaft, der französische Marschall Boucicaut, der viermal zum Orden kam, der große Reisende Gilbert von Lannoy, Graf Wilhelm Douglas, Bastard des Archibald und Schwiegersohn des Königs von Schottland, und andere glänzende Namen. Sie alle leiteten gewiß auch politische Überlegungen; denn der Deutsche Orden war eine Macht, die man gerne zum Freunde hatte und von deren Kriegführung und Verwaltung jeder Staatsmann lernen konnte.

Handelspolitische Ziele hat bestimmt der jüngere Derby, auch Bolingbroke genannt, später König Heinrich IV. von England, mit seinem zweimaligen Besuch in den Jahren 1390-92 verfolgt. Er war ein ausgezeichneter Rechner, der ein sorgfältiges Ausgabebuch über die beiden Reisen hat führen lassen, das uns erhalten ist. England und Preußen haben von Anfang an Handelsbeziehungen gepflogen, intensiver seit Mitte 14. Jh. und bis ins 16. Jh. hinein: Englische Tuche wurden gegen Holz zum Schiffbau getauscht, auch Eschenholz für die englischen Langbogen und vor allem Getreide. Der andere wichtige Handelspartner war Holland, und wegen der Fahrt durch den Sund mußte man auch Dänemark am Geschäft beteiligen. Sicher bestand mit den Dänen eine Rivalität in Bezug auf den Ostseehandel, aber zum offenen Krieg kam es deshalb doch nicht. Mit den europäischen Ländern hat der Orden nur ganz selten Differenzen gehabt.

Bezeichnend ist die Haltung des Hochmeisters Winrich von Kniprode im Streit der Hanse mit König Waldemar Atterdag. Die sechs preußischen Seestädte gehörten der Hanse an, mit der der Orden, schon wegen der Freundschaft mit Lübeck und Bremen, immer gute Beziehungen unterhalten hat. Noch im 15. Jh. wird der Hochmeister in England als »Haupt der Hanse« angesprochen. Als König Waldemar 1361 Gotland eroberte und den Sund sperrte, stimmten die Preußen auf dem berühmten Hansetag zu Köln von 1367 für den Krieg, während Hochmeister und Orden neutral blieben. Die günstigen Bedingungen des Stralsunder Friedens von 1370 kamen aber auch dem Ordenslande zugute. Gegen Ende des Jh., 1398, haben Orden und preußische Städte ihrerseits die umstrittene Insel Gotland mit Wisby besetzt, nachdem sie die räuberischen Vitalienbrüder vertrieben hatten. Die Kosten wurden durch einen einmaligen Pfundzoll gedeckt, den die großen Städte mühelos aufbrachten.

Mit dem Orden verbündet waren zuerst auch die polnischen Teilfürsten, zumal sie ihn ja gerufen hatten. Aber schon 1327 kam es zum ersten Kriege: Wladislaw Lokietek, seit 1319 zum König von Polen gekrönt, der in Pommerellen vor der Dreiheit Böhmen, Brandenburg und Orden hatte zurückweichen müssen, hat dies Ziel seiner Ausdehnungspolitik nie aus dem Auge verloren. Er hat auch schon die Verbindung mit Litauen gesucht, die dem Orden schließlich so verhängnisvoll werden sollte. Doch damals konnten die Brüder im Bunde mit den Herzögen von Masovien und Breslau und gestützt auf die Freundschaft König Johanns von Böhmen, die Angriffe Lokieteks und Gedimins von Litauen abweisen. Die einzige Feldschlacht bei Plowcze war verlustreich für beide Teile, aber unentschieden. Lokieteks Nachfolger, König Kasimir der Große, schloß 1343 mit dem Orden

den Frieden zu Kalisch, in dem er ausdrücklich den Ansprüchen auf Pommerellen und Kulmerland entsagte, was auch die polnischen Reichsstände urkundlich bekräftigten.
Die Litauerkämpfe endigten 1398 mit dem Vertrag von Sallinwerder, der dem Orden den Besitz von Szamaiten zusprach. Vier Jahre später erreichte der Ordensstaat seine größte räumliche Ausdehnung durch die Erwerbung der Neumark. Er hatte dieses von Ständekämpfen zerrüttete Land nicht ohne Bedenken angenommen. Wenn diese Erwerbungen auch die ost- und westpreußische Landesgeschichte nur mittelbar berühren, so verdienen sie doch eine Erwähnung als Zeugnisse der führenden Stellung, die der Ordensstaat ein halbes Jahrhundert lang seit Hochmeisters Winrich von Kniprodes Zeit als Ostseemacht innegehabt hat. Aber es zeigte sich schon um die Jahrhundertwende, daß dies äußerlich so glänzende Bild auch seine schweren Belastungen barg. Schon die Verbindung mit Gotland stellte an die Machtmittel des Ordens Anforderungen, die auf die Dauer untragbar waren und zur Wiederaufgabe führten. Szamaiten und die Neumark verlangten behutsame Sonderbehandlung, die nicht immer in den geschicktesten Händen lag.

4. Krise und Weiterbildung

Der Verlust Szamaitens, als des litauischen Stammlandes, hatte nicht den erwarteten Frieden gebracht, sondern bei den litauischen Großfürsten Jagiello und Witold nur das Verlangen nach Wiedergewinnung hinterlassen. Der erste der beiden Vettern war seit 1386 als Wladislaw II. König von Polen. So kam es zu der für den Orden verderblichen Koalition und Umklammerung und dem gemeinsamen Angriff, dem der Hochmeister Ulrich von Jungingen am 15. 7. 1410 bei Tannenberg unterlag.
Retter des Ordensstaates wurde der Komtur von Schwetz, Heinrich von Plauen, der sich auf die Kunde von der verlorenen Schlacht sofort in das Haupthaus warf und es rasch, umsichtig und sachgemäß in Verteidigungszustand setzte, wobei er sogar die Stadt Marienburg abbrennen ließ, um dem Feinde keine Deckung beim Angriff zu lassen. Die neunwöchige Belagerung zermürbte nicht die Verteidiger, sondern das Heer des Königs. Die Litauer und Masovier zogen ab. Seuchen brachen aus. Der König mußte den Rückzug antreten, dicht gefolgt von Plauen, der am 6. 11. zum Hochmeister gewählt wurde. Während er Thorn belagerte, bot ihm der König den Frieden an, dessen Bedingungen Plauen, gedrängt von einer Mehrzahl von Ordensbrüdern,

annehmen mußte. An Landgewinn hatte Polen–Litauen neben dem kleinen Dobrin vor allem Szamaiten, zunächst nur auf Lebenszeit der beiden Fürsten, Wladislaw Jagiello und Witold. Höchst bedenklich war die Auflage einer Kriegsschuld von 100 000 Schock böhmischer Groschen für die Auslösung der Gefangenen bei dem völlig ausgeplünderten Zustand des Landes. Das Ordensgeld verlor zwei Drittel seines Wertes.

Dieser ans Leben greifende finanzielle Aderlaß nach dem militärischen und wirtschaftlichen hat die Krise des Ordensstaates endgültig eingeleitet. Jetzt war der Orden gezwungen, Steuern zu erheben, und das Land war bettelarm geworden. Trotzdem hat die Mittelschicht willig die großen Opfer gebracht, die Privilegierten dagegen, besonders Danzig und Thorn, wollten gegen eine solche Minderung ihrer Kapitalkraft vom Orden die Autonomie einhandeln, die ihnen der König bei der Besetzung bereitwillig zugesagt hatte. Sie wünschten ein eigenes Territorium und eine Stellung wie die Reichsstädte, der Einflußnahme des Landesherrn weitgehend entzogen. Zu solchen Konzessionen aber war der Orden in seiner damaligen Not nicht in der Lage. Da die Reaktion Plauens von Anfang an sehr hart war, verschärften sich die Gegensätze, zeitweise gemildert, aber nicht in ausreichendem Maße, innerhalb von vier Jahrzehnten zum offenen Bürgerkrieg. Persönliche Übergriffe einzelner Ordensbeamten und Lockerung der Sitten dürfen in ihrer Auswirkung auf diese Entwicklung nicht überschätzt werden. Das 15. Jahrhundert war allenthalben eine Zeit der Gärung neu hervortretender Gegensätze, wobei nicht nur in Preußen Zucht und Sitte nachließen. Viele Anschuldigungen können auch heute noch als unbegründet nachgewiesen werden.

Plauen hat versucht, den Staat von innen heraus durch engere Verbindung mit dem Lande zu stärken, und zwar indem er die allgemeine Ständeversammlung durch Heranziehung der kleineren Städte und der freien Hofbesitzer, insbesondere der stammpreußischen, auf eine breitere Grundlage stellte, ihr sogar in einem »Landesrat« eine Art ständigen Arbeitsausschuß geben wollte. Aber ihm blieb nicht genügend Zeit: Als er noch einmal das Waffenglück gegen Polen versuchen wollte, wohlvorbereitet und nicht ohne Erfolgsaussichten, ist er durch die Meuterei der obersten Gebietiger und des ständischen Aufgebots gestürzt worden.

Sein Gegner und Nachfolger Küchmeister konnte durch seine Friedenserklärungen das Land nicht vor zwei neuen verheerenden Einfällen König Jagiellos schützen, sogleich zu Beginn seiner

Regierung 1414 und am Schluß 1422. Den zweiten Kampf mußte schon sein Nachfolger, Paul von Rusdorf, durchfechten, war aber, ganz allein auf sich gestellt, trotz geschickter Verteidigung gezwungen, am 27. 9. 1422 den Vertrag vom Meldensee anzunehmen, der nicht nur die endgültige Rückgabe von Szamaiten enthielt, sondern die gesamte Grenze gegen Litauen bis auf die spätere Reichsgrenze zurückzog, die bis 1945 bestanden hat. Den beiderseitigen Ständen wurde, für die preußischen zum ersten Male, vertraglich ein bedingtes Widerstandsrecht zuerkannt. Sie sollten berechtigt sein, der Landesherrschaft den Gehorsam aufzusagen, wenn diese den Frieden brechen würde. Einsprüche gegen den Vertrag von seiten des Papstes oder Kaisers sollten unwirksam sein. Damit wurde die durch den Küchmeisterschen Putsch eingeleitete Umwandlung des Ordenslandes in einen Ständestaat vollendet, und es kam noch hinzu, daß nach Preisgabe der europäischen Bindung das Land nun ein ganz auf sich gestelltes Territorium wurde. Jetzt erst war auch der Litauerkrieg endgültig beigelegt. Der Zuzug der »Gäste« fiel weg.

Der Hochmeister Rusdorf versuchte, ein knappes Jahrzehnt später, aus dieser Isolierung herauszukommen, indem er sich mit dem litauischen Thronprätendenten Swidrigiello verbündete und damit auch wieder die Zustimmung des Kaisers fand. Aber der Krieg verlief unglücklich, besonders durch den Einfall der Hussiten ins Ordensland. In dieser aussichtslosen Lage erzwangen die preußischen Stände den Friedensschluß auf Grund des Artikels 24 des Vertrages vom Meldensee, indem sie drohten, einen anderen Landesherrn zu wählen, falls der Orden den Krieg fortsetzen würde. Der Friede zu Brest vom 31. 12. 1435 wiederholte und ergänzte die Bestimmungen des voraufgehenden.

Die neuen Kriegsschäden, die Rusdorf nach besten Kräften, aber angesichts der finanziellen Schwierigkeiten nur langsam und unvollkommen ausgleichen konnte, ließen die inneren Unruhen nicht zur Ruhe gelangen. Zudem war das ständische Selbstbewußtsein durch die letzten Erfolge bedeutend gestiegen. Gegen reaktionäre Strömungen innerhalb des Ordens schlossen die großen Städte und ein Teil der Ritterschaft am 14. 3. 1440 zur Wahrung ihrer Vorrechte und der Rechtssicherheit überhaupt den »Bund vor Gewalt«, dem sich ein großer Teil der übrigen Stände, aber keinesfalls alle, anschlossen. Die Bestimmungen des »Bundesbriefes« sind durchaus nicht von vornherein staatsfeindlich oder auch nur ungewöhnlich gewesen. Erst die folgende, unselige Entwicklung hat ein schlechtes Licht darauf geworfen. Rusdorf und sein Nachfolger Konrad von Erlichshausen haben es abgelehnt, die Bundessatzung zu genehmigen: Sie seien bereit, alle Beschwerden, welche die Stände vorbringen würden, abzustellen. Des Bundes bedürfe es nicht. In der Frage der Huldigung nur an die Person des Hochmeisters unter Weglassung des Ordens mußte der neue Herr allerdings nachgeben, wenn er die Huldigung überhaupt erhalten wollte. Damit vollzog sich eine weitere Wandlung zur persönlichen Landesherrschaft, ein bedeutsamer Schritt in Richtung auf das Herzogtum von 1525.

Der Abfall des Bundes kam zum Ausbruch, als auf den klugen und geschickten Konrad sein Vetter Ludwig von Erlichshausen folgte, der, selbst Gegner der ständischen Forderungen, ganz in das Fahrwasser der reaktionären Ordenspartei geriet. Ein von ihm anhängig gemachter Rechtsspruch Kaiser Friedrichs III. vom 6. 12. 1453 erklärte den Bund für ungesetzlich und verurteilte ihn zur Auflösung. Das trieb die Bündner zum Äußersten, weil sie härteste Strafmaßnahmen des Ordens befürchten mußten. Sie sagten dem Hochmeister den Gehorsam auf und beriefen sich dabei auf das Widerstandsrecht, das bei Treubruch von seiten des Herrn die Wahl eines neuen Landesherrn zuließ. Schon in den letzten Jahren vorher, als die Dinge der Entscheidung zutrieben, hatten die Bundesführer bei anderen Herrschern angefragt, ob sie die Landesherrschaft von ihnen annehmen würden: Markgraf Friedrich von Brandenburg, Erzherzog Albrecht von Österreich, König Ladislaus Postumus von Böhmen und vielleicht auch König Christian von Dänemark. Sie hatten sämtlich abgelehnt. So blieb nur der König von Polen. Der Bund hat sich von ihm die Erhaltung der alten Privilegien und dazu die Selbstverwaltung verbriefen lassen. Die Bindung sollte lediglich an die Person des Königs gehen, nicht an das Reich Polen.

Der Orden verlor gleich zu Beginn des Aufstandes im Februar 1454 seine Burgen bis auf drei: das Haupthaus, das der Spittler Heinrich Reuß von Plauen verteidigte, Stuhm und Konitz. Hier, ganz im Westen des Ordensgebietes, sammelten sich die im Reiche angeworbenen Söldner. Als König Kasimir sie dort mit dem großpolnischen Aufgebot angriff, erlitt er am 17. 9. 1454 eine entscheidende Niederlage, die auch die Marienburg von der Belagerung durch die Danziger befreite und die meisten Burgen wieder in die Hand des Ordens brachte.

Da wurden dem Orden wieder einmal seine geldlichen Bedrängnisse zum Schicksal. Ehe noch Geld aus Livland hereinkam, setzte sich der in der Vorburg liegende Söldnerhaufe unter Führung des Tschechen Ulrich Črvenk in den Besitz des Hochschlosses der Marienburg, das mit allen anderen Burgen der Gesamtheit der

Söldner als Sicherheit für die Soldzahlung verpfändet war. Unter tätlichen Bedrohungen verlangten die überwiegend böhmischen Söldner Zahlung und hielten den Hochmeister wie einen Gefangenen. Die deutschen Söldner nahmen in ihrer Mehrzahl unter Führung des Spittlers an der Wiedergewinnung des Kneiphofs-Königsberg teil. Der Verkauf der Marienburg an den König von Polen und die Stände des preußischen Bundes am 16. 8. 1456 erfolgte schließlich nur durch ein Drittel der Söldner, das nicht berechtigt war, allein über die Pfänder zu verfügen. Selbst den gegnerischen Söldnern galt dies Verhalten als Verrat. Črvenk war nachweislich bestochen. Auch weigerte der Orden die Zahlung nicht, bot sogar Abschlagszahlungen an und hat die treugebliebenen Söldner früher bezahlt, als König und Bund die »Verkäufer«.

Für den Orden war dieser Schlag der Anfang vom Ende. Er verlor nicht nur militärisch die Weichselstellung und Verbindung zum Westen, sondern auch sein Ansehen im Abendlande. Der Hochmeister nahm seinen Sitz in Königsberg.

Den Krieg von weiteren neun Jahren beendete der II. Thorner Frieden vom 19. 10. 1466. Dem zur Vermittlung vom Papste entsandten Legaten Rudolf von Rüdesheim, Bischof von Lavant (seit 1468 von Breslau), gelang es, den Ordensstaat etwa im Umfange der späteren Provinz Ostpreußen zu erhalten, indem er die Rechte der Kurie auf dies Gebiet als Eigen des hl. Peter geltend machte. Der Orden mußte in die Abtretung von Pommerellen und Kulmerland willigen und auch die Gebiete von Marienburg, Elbing, Stuhm und Christburg aufgeben. Hochmeister und Großgebietiger sollten die Oberhoheit des Königs von Polen nächst dem Papst anerkennen und bei jedem Meisterwechsel dem König einen persönlichen Eid auf die Einhaltung des Vertrages und als Reichsräte schwören. Ein Lehnseid konnte es nicht sein, weil der Orden das Land vom Papste zu Lehen hielt. Wegen der im Vertrage verlangten Satzungsänderungen, vor allem der Ausschaltung des Deutschmeisters und der Forderung der Aufnahme von Polen in den Orden, wurde im Text eine päpstliche Bestätigung des Vertrages vorgesehen. Diese ist jedoch nie erfolgt, ebensowenig eine Aufnahme von Polen. De facto hat der Vertrag nur bis zum Tode des Hochmeister Hans von Tiefen 1497 in Kraft gestanden. Dann ist er nicht mehr von einem Hochmeister beschworen worden.

Westpreußen hatte nun den König von Polen zum Landesherrn. Rechtsgrundlage für das staatsrechtliche Verhältnis war der Vertrag vom 4. 3. 1454. Praktisch war die Abhängigkeit sehr unterschiedlich. Der Bischof von Ermland, Paul von Logendorf, war

1464–67 Verbündeter des Königs; der Thorner Vertrag hatte die Schirmherrschaft vom Hochmeister auf den König übertragen. Wirklich autonom waren die drei großen Städte Danzig, Elbing und Thorn, weil sie für ihre finanziellen Leistungen im Kriege und beim Kauf der Marienburg den Ergebungsvertrag von 1454 durch weitgehende Privilegien von 1457 ergänzen konnten. Für sie war die Oberhoheit des Königs nahezu rein formeller Art. Ihnen hat diese Unabhängigkeit auch den erwarteten wirtschaftlichen Aufschwung gebracht. Danzig und Elbing, untereinander rivalisierend, traten das Erbe des Ordensstaates im Ostseehandel an, während Königsberg nur ein bescheidener Teil daran zufiel. Das restliche Westpreußen hatte 1454 zwar die gleichen Rechte wie der polnische Adel erhalten, verlor jedoch gleich nach dem Frieden die eigene Landesspitze in der Person des Statthalters. Landtag und Landesrat sowie eingesessene Oberbeamte blieben zunächst bestehen.

Die Verwaltungsformen im »Preußen königlichen Anteils«, wie Westpreußen nun genannt wurde, blieben unter anderem Namen meist die gleichen. Die Komtureien wurden zu Starosteien; doch hießen auch größere Staatsgüter so, obwohl die Inhaber keine Amtsgewalt besaßen. Die Starosten nennen sich anfangs Hauptmann, wie später im Herzogtum Preußen, lateinisch capitaneus. Ein Kastellan ist ursprünglich ein Hilfsbeamter des Palatins (Woiwoden); doch kommen auch hier Gleichsetzungen mit den Starosten vor. Deren Hauptaufgabe war die Verwaltung der früheren Ordensdomänen. Aus diesen wurden »Ökonomien« für die königliche Hofhaltung ausgeschieden, z. B. Marienburg. Auch die Gerichtsverfassung blieb im wesentlichen die gleiche wie zur Ordenszeit, besonders in den Städten. Neu war die Teilung des Landes in drei Palatinate (Woiwodschaften): Marienburg, Kulm und Danzig (Pommerellen). Den Vorsitz im Landesrat und Landtag führte nach 1479 der Bischof von Ermland.

Die westpreußischen Landesritter erhielten seit dem sog. Allodifikationspatent vom 26. 7. 1476 ihre Dienstgüter als Eigentum. Für das platte Land galt nach dem gleichen Gesetz einheitlich nur noch das kulmische Besitzrecht, das auch weibliche Erbfolge zuließ. Die wirtschaftlich schwachen Bauern aber gerieten Ende 17. Jh., besonders auf den adligen Gütern, in den Zustand der Leibeigenschaft nach polnischem Muster. Rein deutsche Dörfer erhielten sich überall da, wo die Wasser- und Bodenverhältnisse besondere Kenntnisse und Anstrengungen erforderten. So kam es seit 1600 sogar zu Neusiedlungen deutscher Einwanderer, auch von Holländern (Mennoniten) in der Weichselniederung. Die klei-

neren Städte verloren an Einwohnerzahl und boten polnischen und gegenreformatorischen Einflüssen mit der Zeit immer weniger Widerstand, besonders da, wo ihnen der Rückhalt an größeren Städten fehlte. Das Ermland wurde durch Bischof Hosius wieder rein katholisch, hat aber in den Städten und bei der alteingesessenen Bauernbevölkerung sein Deutschtum erhalten. In der Umgebung von Allenstein wurden polnische Zuwanderer angesiedelt.
Das staatsrechtliche Verhältnis zum König hat noch eine Wandlung erfahren. Im Jahre 1467, nach dem Tode Bischof Pauls, hat der König einen Polen als Bischof nominiert, obwohl das Kapitel in verbriefter kanonischer Wahl den bisherigen Dekan Nikolaus Tüngen bereits gewählt hatte und dieser vom Papste bestätigt worden war. So kam es zum ermländischen Bischofsstreit, im Volksmunde »Pfaffenkrieg« genannt, in dem sich der Bischof mit dem Hochmeister Heinrich von Richtenberg verbündete und beide die Unterstützung des Ungarnkönigs Mathias Corvinus fanden. Als dieser sich aber 1478 über ihre Köpfe hinweg mit Polen einigte, mußten Hochmeister und Bischof sich unterwerfen. Tüngen wurde vom Könige zwar anerkannt; doch brachte der Friedensvertrag das Ermland nunmehr in eine Abhängigkeit, die der des Ordensstaates entsprach. Auch jeder neue Bischof mußte dem König einen Eid leisten.
Ein heikler Punkt des Thorner Vertrages war die Verpflichtung des Ordens zur Heeresfolge an den König. Für 20 Jahre war sie zunächst wegen der Notlage des Ordenslandes ausgesetzt worden. Seit 1485 wurde der Anspruch jedoch wegen der Türkengefahr mit Nachdruck geltend gemacht. So ist der Hochmeister Hans von Tiefen, volkstümlich einfach »Meister Hans« genannt, getreu den Statuten und seinen vertragsmäßigen Pflichten 1497 nach Podolien aufgebrochen und in Lemberg an der Ruhr verstorben, verbittert durch die Erkenntnis, daß seine Truppe nicht gegen die Türken, sondern in Verfolgung dynastischer Interessen gegen die Moldau eingesetzt werden sollte.
Es war seine Idee, die er durch Verhandlungen auch schon vorbereitet hat, daß zu seinem Nachfolger ein deutscher Reichsfürst gewählt werden sollte, weil dieser den Eid an den König dann grundsätzlich ablehnen und dabei auf die Unterstützung des Reiches rechnen konnte. Die beiden letzten Hochmeister, Friedrich von Sachsen und Albrecht von Brandenburg, haben den Eid auch nicht mehr geleistet.
Aber die Unterstützung des Reiches blieb lediglich eine moralische. Kaiser Maximilian I. hat sich 1515 aus Gründen der Haus-

machtspolitik im Wiener Vertrag mit dem König von Polen geeinigt. Der Hochmeister Albrecht stand allein, als er im sog. »Reiterkrieg« von 1520/21 das Waffenglück gegen den König versuchte. Durch Vermittlung Kaiser Karls V. und König Ludwigs von Ungarn kam es zum Waffenstillstand, in dem festgesetzt wurde, der Streit zwischen Preußen und Polen solle innerhalb von vier Jahren durch ein Schiedsgericht der beiden Herrscher beigelegt werden.

Der Hochmeister ging ins Reich, um noch ein letztes Mal Hilfe zu suchen. Es war alles vergeblich. Doch lernte er 1523 durch Andreas Osiander in Nürnberg die evangelische Lehre kennen und besuchte auch Luther in Wittenberg. Als dann aus Preußen von seinem Statthalter, Bischof Georg von Polenz, die Nachricht von der Einführung des neuen Bekenntnisses zu ihm kam, wagte er die umwälzende Tat. König Sigismund von Polen, sein Oheim von Mutterseite, ließ sich für den Plan gewinnen, den Ordensstaat zu säkularisieren und in ein weltliches Herzogtum umzuwandeln. Albrecht erklärte sich bereit, eine Lehnshoheit des Königs anzuerkennen, und huldigte zu Krakau am 10. 4. 1525. Die Vertragsurkunde ist auf den 8. 4. ausgestellt. Die Mehrheit der Ordensritter und die beiden Bischöfe fügten sich dem Wechsel und blieben Räte des neuen Herzogs. Die eigentliche Stütze seiner Herrschaft aber waren die Stände, die auch die Einführung der Reformation gefordert hatten. Sie bildeten das tragende und überleitende Element. Der entwicklungsgeschichtliche Zusammenhang ist durch diese Veränderung in keiner Weise unterbrochen worden.

III. Das Herzogtum Preußen

Der neue Herzog war 15 Jahre lang, in dem erlebnisstarken Alter von 20 bis 35 Jahren, Hochmeister des Deutschen Ordens gewesen. So hat er die vielen segensreichen Errungenschaften kultureller und wirtschaftlicher Art, die der Orden entwickelt hatte, in den neuen, weltlichen Staat übernommen und sie, besonders auf geistigem Gebiete, zu weiterer Blüte gebracht. Man darf auch bei Albrechts aufrichtiger Frömmigkeit ohne Bedenken sagen, daß seine Regierungshandlungen in erster Linie religiös begründet waren. Eine stattliche Zahl von Kirchen und Schulen sind durch ihn errichtet worden. Aber auch sein Siedlungswerk enthält dieses Moment: Gottesdienst und Erziehung blieben in den neuen Dörfern nie unberücksichtigt. Er hat auch vielfach konfessionell Verfolgte angesiedelt.

Der Verwaltungsaufbau beruht ganz auf den bisherigen Einrichtungen des Ordens. An die Stelle der Großgebietiger traten als nächste Ratgeber des Herzogs die vier Oberräte: Landhofmeister, Oberburggraf, Kanzler und Obermarschall. Diesen engeren Rat ergänzten seit 1542 die Amtshauptleute der vier angesehensten Hauptämter Brandenburg, Fischhausen, Schaaken und Tapiau. Sie waren alle Einheimische, während die gelehrten Räte des Hofgerichts bis zur Gründung der Universität Königsberg von auswärts kamen, wie auch schon früher zur Ordenszeit. Die Komtureien wurden zu Hauptämtern, denen mehrere Kammerämter unterstanden, die wie beim Orden von Kämmerern verwaltet wurden. Mit der Zeit wurden einige Hauptämter bei schwierigen Finanzlagen des Staates gegen größere Summen erblich ausgeliehen. Das entsprach den umfangreichen Güterverleihungen an die Söldnerführer nach 1466. Solche verpfändeten Hauptämter waren Gerdauen, Gilgenburg, Dt. Eylau und Schönberg.

Auf die wichtige Rolle der Stände bei der Umwandlung war schon hingewiesen worden. Da es nur eine große Stadt, Königsberg, gab, überwogen von vornherein die Vertreter des Adels, der sich jedoch nicht zu einem einheitlichen Stand verschmelzen konnte. Es bildeten sich vielmehr zwei Kurien, die »Herren und Landräte« und »Ritterschaft und Adel«, als »Oberstände« zusammengefaßt. Unter Adel im engeren Sinne verstand man den niederen einheimischen, meist stammpreußischen, mit mittelgroßem Landbesitz. Zur ersten Kurie gehörten die Bischöfe, die reichsfreiherrlichen Geschlechter, Nachkommen der Söldnerführer, wie die Dohna, Schlieben, Tettau, Eulenburg, Egloffstein, Truchseß zu Waldburg, Nostiz, Schenk zu Tautenberg u. a., und die vom Herzog berufenen »Herren Landräte«, meist Amtshauptleute. Erst Anfang 17. Jh. wurden die Freiherren aus der ersten Kurie hinausgedrängt. Es blieben nur die Landräte, die sich nun auch aus dem niederen Adel ergänzten.

Diese ständische Verfassung war nichts weniger als eine »Adelsrepublik«, da Initiative und letzte Entscheidung immer beim Herzog lagen. Erst in dessen letzten Lebensjahren, als der greise Herrscher nahezu regierungsunfähig wurde und seine Gunst vorwiegend Auswärtigen, darunter ausgesprochenen Abenteurern, zuwandte, haben die Stände aus eigener Machtvollkommenheit und in dem Glauben, das Interesse des Landes wahren zu müssen, die fremden Räte unter Anklage gestellt, sie zum Tode verurteilt und mit Hilfe herbeigeholter polnischer Kommissare eine Regentschaft der Oberräte für den durch diese Vorgänge vollends seelisch gebrochenen Landesherrn eingesetzt.

Auf die bedrohliche Lage der Bauernschaft war der Herzog gleich nach der Säkularisation sehr nachdrücklich hingewiesen worden, und zwar durch den samländisch-natangischen Bauernaufstand vom September 1525. Die Schuld lag nicht allein bei Albrecht. Schon zur Ordenszeit waren die freien Bauern, insbesondere die stammpreußischen freien Hofbesitzer, die durch ihren Reiterdienst in den langen Kriegen viel zu oft ihrer Wirtschaft ferngehalten worden waren, fast in die Notlage der unfreien Bauern abgesunken. Überdies hatte sich bei den Amtleuten der Mißbrauch eingeschlichen, entgegen den Handfesten auch von den Freien Scharwerk zu verlangen, weil die Arbeitskräfte knapp geworden waren. Viele freie Bauern waren schon damals zu Gutsuntertanen geworden.

Deshalb war die Masse der Teilnehmer am Aufstand von 1525 von den wirtschaftlich schwer bedrohten Preußisch Freien gebildet. Im Grunde loyal gesinnt, wollten sie lediglich demonstrieren und haben auch keine Ausschreitungen verübt. Die unruhigen Elemente mit den Schlagworten des Bauernkriegs im Reich sind als unvermeidliche Begleiterscheinungen jener Zeit zu werten. Ihre für die ostpreußischen Verhältnisse z. T. völlig fremdartigen Forderungen haben nur die berechtigten Wünsche in Mißkredit gebracht. Die überwiegend wirtschaftlich-soziale Seite der Bewegung zeigt sich auch in der Verbindung zwischen den Bauern und den Königsberger Handwerken. Diese konnten jedoch nicht rechtzeitig vom Beginn der Aktion benachrichtigt werden und sind im letzten Augenblick wohl auch vor dem offenen Widerstande zurückgeschreckt. Nur einzelne fragwürdige Gestalten, die nichts zu verlieren hatten, fanden den Anschluß an die Bauernhaufen.

Der Herzog war nicht im Lande. Seine Räte hatten die Unruhen leicht beilegen können, da ein aufgefangener Brief sie frühzeitig vom Aufbruch der Bauern unterrichtet hatte. Er war an die Königsberger Handwerker gerichtet gewesen. Nach seiner beschleunigten Rückkehr konnte der Herzog wählen, ob er den bäuerlichen Mittelstand kräftigen oder dem Großgrundbesitz preisgeben wollte. Einsicht und Rechtsgefühl sprachen für die Bauern; aber der Zorn über die Unbotmäßigkeit, von den adligen Räten geschürt, wirkte dagegen. So entschied sich Albrecht für eine halbe Maßnahme: Die Hinrichtung dreier Rädelsführer war milde im Vergleich zu den grausamen Urteilen im Reiche; aber dieses Blut war das einzige, das damals in Preußen geflossen ist. Daß auch ein Amtmann wegen ungerechten Verhaltens gemaßregelt worden ist, haben die Bauern wohl gar nicht erfahren. Sie fühlten sich verraten und wurden schwankend im Glauben an den Rechtsschutz durch den Landesherrn. Erst die Bauernbefreiung von 1807 hat Abhilfe geschaffen. Einstweilen nahm das Bauernlegen seinen Fortgang.

Die Stellung der Stände war recht einflußreich, wenn auch keineswegs übermächtig. Sie hatten nicht nur die Bewilligung der Steuern, sondern auch die Verwaltung der einkommenden Gelder. Diese wurden in drei »Steuerkasten« für die einzelnen Bezirke gesammelt: den samländischen im Norden, den natangischen im Südosten und den oberländischen im Südwesten. Darüber stand der »Landkasten« als selbständige Behörde neben der herzoglichen »Rentkammer«.

Als oberste Kirchenbeamte wurden die Bischöfe, die auf ihr Territorium verzichtet hatten, bis Ende 16. Jh. beibehalten. Es blieb bei den zwei Bistümern: Samland für den Norden, Pomesanien für den Süden. Die Kirchenordnungen zeigen vielfach Albrechts persönliche Mitarbeit; auch um die Visitation kümmerte er sich. Den Reformator Andreas Osiander, der ihn für Luthers Lehre gewonnen hatte, berief der Herzog 1549 als Pfarrer der Altstadt Königsberg. Die von ihm entfachten »Osiandrischen Streitigkeiten« fanden jedoch keinesfalls die Billigung des friedliebenden Fürsten.

Die »Veränderung« von 1525 leitete auch eine Blüte geistiger Kultur ein. Bildung und Kunstpflege waren humanistisch. Der Gedankenaustausch zwischen Ost- und Westpreußen war rege. In Danzig wurde der neue Geist nicht weniger gepflegt wie zu Königsberg. Die drei ermländischen Bischöfe zwischen 1523 und 1551 stammten aus Danzig: Moritz Ferber, Johannes Dantiscus und Tiedemann Giese. Danticus war befreundet mit dem Ordenshumanisten Eobanus Hessus, der 1509–13 im Dienste Bischof Hiobs von Dobeneck an dessen »Musenhof« in Riesenburg stand. Der große preußische Astronom Nikolaus Coppernicus, Thorner Bürgerssohn und Domherr zu Frauenburg, der die alte Lehre der Pythagoräer von der Umdrehung der Erde um die Sonne, die durch Ptolemäus für fast anderthalb Jahrtausende verschüttet worden war, zu wissenschaftlicher Gewißheit erhoben hat, hat an der Schaffung einer einheitlichen Münze für Ost- und Westpreußen mitgearbeitet und war als Arzt wiederholt in Königsberg, wo er den Herzog kennenlernte, mit dem er in Briefwechsel gestanden hat. Das große Werk, das seine Entdeckung festhielt, »De revolutionibus orbium caelestium libri VI«, erschien erst in seinem Todesjahr 1543 zu Nürnberg. Andreas Osiander hat eine Vorrede dazu geschrieben, welche die naturwissenschaftlichen Erkennt-

nisse mit den Fragen des Glaubens in Einklang bringen sollte.
Andere führende Humanisten waren die beiden Kanzler Apel und Fischer und der Erfurter Crotus Rubeanus, Verfasser der »Epistolae virorum obscurorum«, zeitweise Rat des Herzogs. Bekannte Namen von Klang sind ferner die Holländer Gnaphaeus und Rex Polyphemus, Neffe des Erasmus von Rotterdam, der eine Pädagoge, der andere Bibliothekar. Im Jahre 1540 war die Schloßbibilothek gegründet worden. Weiter sind zu nennen: der herzogliche Leibarzt Aurifaber, der Mathematiker und Kartograph Zell, der 1542 die erste gedruckte Karte Preußens herausgab, der Theologe und Astrolog Chemnitius. Gebürtiger Allensteiner ist der Historiograph Lucas David. Ihren geistigen Mittelpunkt fanden sie schon 1542 in dem sog. »Particular« zu Königsberg, einer Art akademischem Gymnasium.

Zwei Jahre darauf, am 17. 8. 1544, kommt die Gründung der Universität Königsberg zustande, schon längst eine Notwendigkeit für die Heranbildung des Nachwuchses theologischer und juristischer Beamter, aber auch eine Stätte unvoreingenommener freier Forschung. Diese Schöpfung hat Königsberg zu einem zweiten Wittenberg gemacht. Hans Luft, der Buchdrucker, 1549 bis 1551 in Königsberg, brachte in einer Bibel Albrechts Bild neben dem des Kurfürsten Friedrich von Sachsen. Der erste Rektor war Georg Sabinus, ein glänzender lateinischer und griechischer Stilist, Schwiegersohn Melanchthons, der, ebenso wie Luther, dem Herzog sein lebendiges Interesse für die kirchlichen und kulturellen Bestrebungen bewahrt hat. Die Universität wurde ein neuer Anziehungspunkt für ganz Deutschland und sandte ihre Ausstrahlungen weit über die Grenzen hinaus nach Osten.

Die bildende Kunst machte mit einigen Renaissancebauten fränkischer Prägung einen neuen Anfang, da die Backsteingotik des Ordens nun der Vergangenheit angehörte. Schon seit 1410 hatten die unaufhörlichen Kriege die Bautätigkeit so gut wie ganz gelähmt, soweit es sich nicht um Wiederherstellungen handelte.

Herzog Albrecht starb am 20. 3. 1568 zu Tapiau, wo er sich immer gern aufgehalten hat. Am gleichen Tage folgte ihm seine zweite Gemahlin Anna Maria von Braunschweig auf Schloß Neuhausen in den Tod. Sie hinterließen vier Töchter und einen 15jährigen Sohn Albrecht Friedrich, dessen Schwachsinn schon frühzeitig offenbar geworden war.

Auf dem polnischen Reichstage zu Lublin im Jahre 1569 hat der junge Herzog dem Könige von Polen den Lehnseid geleistet; mit ihm wurden die Gesandten seines Vetters Georg Friedrich von Ansbach und Kurfürst Joachim II. von Brandenburg belehnt.

Es war der gleiche Reichstag, auf dem die Autonomie Westpreußens über die Köpfe seiner Stände hinweg beseitigt und die Personalunion mit der Krone Polens in eine Realunion mit dem Reiche Polen umgewandelt wurden. Nun waren die westpreußischen Landtage nur noch vorbereitende Ausschüsse des polnischen Reichstages, von dem die Städte Polens ausgeschlossen waren. Danzig, Elbing und Thorn erhielten das Recht der Teilnahme; doch hat Danzig grundsätzlich davon keinen Gebrauch gemacht, weil es diese sog. »Lubliner Union« nicht anerkannt hat. Die beiden anderen Städte erschienen selten, da sie stets überstimmt wurden. Immerhin haben die westpreußischen Landstände sich einige Besonderheiten bewahren können: Steuerbewilligungsrecht, Steuerverfassung, Entscheidung über Teilnahme an Kriegen und das Landeswappen, den schwarzen Adler mit erhobenem Schwertarm.

Der starke Zuwachs an Einfluß der ostpreußischen Stände, insbesondere die Regentschaft der Oberräte, blieb zunächst bestehen. Doch fand sie bald ein Ende, als Markgraf Georg Friedrich 1577 mit Einwilligung des Königs Stephan Bathory die vormundschaftliche Regierung im Herzogtum übernahm. Er wurde im Jahre darauf auch mit Preußen belehnt und erhielt den Herzogstitel. Seine geschickte und sparsame Verwaltung machte ihn mehr und mehr unabhängig von der Steuerbewilligung der Stände und drängte damit von selbst deren Einfluß zurück. So wurde die wirtschaftliche Grundlage für den neuen Wohlstand geschaffen, vor allem auch die Siedlung tatkräftig gefördert. Wegen der anhaltenden Kriege in Westeuropa blühte besonders der Getreidehandel, an dem Land und Städte verdienten.

Die natürliche Folge war, daß auch das geistige Leben neuen Auftrieb erhielt. Lateinschulen wurden in Tilsit, Saalfeld und Lyck errichtet. 1576 konnte der Pastor Caspar Hennenberger zu Mühlhausen seine berühmte Landkarte mit herzoglicher Unterstützung drucken.

Georg Friedrich hat Preußen 1586 verlassen, weil seine Erblande ihn riefen. Er hat aber bis zu seinem Tode 1603 aus der Ferne weiterhin für Ordnung und Wohlstand gesorgt. Nach 1587 richtete er statt der bischöflichen Verwaltungen zwei Konsistorien zu Königsberg und Saalfeld ein. Die Brandenburger fanden wohlgeordnete Finanzen, als sie die Vormundschaft übernahmen, zuerst Kurfürst Joachim Friedrich, dann Johann Sigismund (1608 bis 1619), beide mit Töchtern Albrecht Friedrichs verheiratet. Als der kranke Herzog 1618 starb, wurde der Kurfürst im Anfangsjahre des 30jährigen Krieges Herzog in Preußen.

IV. Die Vereinigung mit Brandenburg

Der alte Ordensstaat hatte nach 400jähriger Selbständigkeit aufgehört, ein eigenes Land zu sein, und wurde Teil eines größeren Staatsgefüges. Die Eigenart, besonders das reiche kulturelle Erbe, sind jedoch auch der Provinz erhalten geblieben; denn Preußen führte durchaus kein abgeschieden provinzielles Leben. Acht Jahre nach Beginn des großen Krieges wird es zum Brennpunkt der Weltpolitik als Streitobjekt zwischen Schweden und Polen.

Die Beziehung zu Skandinavien bestand schon seit der Zeit der Wikingersiedlungen des Samlandes vom 9.–11. Jh. Nun, da sich Schweden zur nordischen Vormacht entwickelt hatte, entsprach es nur der naturgegebenen Stoßrichtung, daß auch Preußen und Livland Ziele seiner Ausdehnungspolitik wurden. Wenn es gelang, in Preußen gegen Polen festen Fuß zu fassen, konnte König Gustav Adolf als Vorkämpfer der Evangelischen weiteres Vorgehen gegen den Kaiser von hier aus in Betracht ziehen.

Der Augenblick zum Eingreifen war nicht ungünstig gewählt, da bei den Lutherischen ernste Besorgnisse gegenüber polnischen gegenreformatorischen Bestrebungen herrschten. Der Bau der katholischen Kirche im bis dahin rein evangelischen Königsberg 1616 war Ausdruck eines Anspruches auf Gleichberechtigung trotz des ungleichen Zahlenverhältnisses der beiden Bekenntnisse.

So wurde der Schwedenkönig bei seiner Landung in Pillau am 5. 6. 1626 nicht als Eroberer angesehen, sondern wie ein Helfer begrüßt. Man gab sich auch damit zufrieden, daß er Pillau nebst dem Löwenanteil der Seezölle behielt, dazu das Samland und Memel besetzte und dann Elbing zu seinem Standort wählte. Danzig, die Konkurrentin, belagerte der König und erhob den Seezoll am Danziger Haupt. Kriegsschauplatz wurde besonders das Weichselgebiet. Zweimal kamen den Polen wallensteinische Regimenter zu Hilfe.

Als aber entscheidende Erfolge ausblieben, beendete der König das Unternehmen und schloß 1629 zu Altmark bei Christburg mit Polen, Brandenburg und Danzig einen sechsjährigen Waffenstillstand. Brandenburg erhielt die vorläufige Verwaltung von Marienburg und einen Teil der Seezölle am Danziger Haupt. 1630 war die erste schwedische Besetzung zu Ende. Gustav Adolf gewann freie Hand für das Eingreifen im Reich. Nach Ablauf der sechsjährigen Frist wurde zu Stuhmsdorf 1635 ein 26jähriger Friede festgesetzt, wobei Schweden alle Eroberungen in Preußen herausgab.

Das Land erholte sich rasch von den Kriegseinwirkungen und wurde entschieden die einträglichste der drei brandenburgischen Gebietsgruppen. Auch Kunst und Wissenschaft blühten auf dieser friedlichen Insel inmitten des kriegerischen Ozeans. Die Universität zog viele Studierende aus dem Westen des Reiches herüber. Der in Memel geborene Simon Dach (1605–59) hat in Liedern und Operntexten bestes ostpreußisches Menschentum nachgebildet und leitet in seiner aufrichtigen Frömmigkeit zum Pietismus über. In der »Kürbislaube« seines Dichterfreundes Heinrich Albert fand sich besonders in den Jahren 1631–40 ein Kreis von literarisch Schaffenden zusammen, dem auch der weitgereiste, mit Martin Opitz befreundete Robert Robertin angehörte. Christoph Hartknoch schrieb damals seine preußische Kirchengeschichte. Die 1629 gegründete Bibliothek des Kanzlers Martin v. Wallenrodt wurde 1673 der öffentlichen Benutzung freigegeben. Über die englische Handelskompanie in Elbing fanden englische Schauspieler Eingang in Preußen, wie überhaupt von da an Elbing die Entwicklung des Schauspiels maßgebend gefördert hat. Die Rechtswissenschaft brachte im Jahre 1620 das kodifizierte Preußische Landrecht zustande, dem 1616 ein ansehnlicher Band mit den »Privilegien der Stände« vorausgegangen war, der auch die vertraglichen Abmachungen des Preußischen Bundes mit dem König von Polen vom 6. 3. 1454 enthielt. Der zwanzigjährige Friedrich Wilhelm erhielt die Belehnung 1640 von König Wladislav IV. verhältnismäßig leicht, weil dieser sein Vetter und persönlicher Freund war und man den jungen Prinzen für harmlos hielt. Stände und polnische Kommissare in Preußen hätten ihm gern ihre Bedingungen gestellt. Aber es gelang ihm, gestützt auf die Meinung von seiner Ungefährlichkeit, auch ohne Konzessionen mit den Ständen bald in ein erträgliches Verhältnis zu kommen, indem er geschickt an die guten Beziehungen zu seinem Vater anknüpfte.
Überhaupt sind die ostpreußischen Stände dem Landesherrn gegenüber nie grundlos renitent gewesen. Auch ihren Eigennutz darf man nicht zu stark betonen. Es ging ihnen beim Streit mit den Brandenburgern von Anfang an um die Wohlfahrt des Landes. Ihre Einsichten freilich hielten sie für die einzig richtigen und verfolgten sie mit echt ostpreußischer Hartnäckigkeit. In den Friedenszeiten unter den wenig tatkräftigen Kurfürsten Joachim Friedrich und Johann Sigismund hatten die Oberräte ihre Machtbefugnisse ziemlich genau wieder auf den Stand von 1568 bringen können und sich sogar ständig »Regimentsräte« nennen lassen, was ihnen eigentlich nur in Abwesenheit des Herzogs zu-

stand. Im Schwedenkrieg aber hatten sie sehr einsichtig und opferbereit mit dem Kurfürsten Georg Wilhelm zusammengearbeitet, was sie nicht hinderte, nach Friedensschluß die weitere Unterhaltung der Truppen abzulehnen. Den Nutzen eines stehenden Heeres sahen sie nicht.

Als dann 1655 König Karl X. Gustav von Hinterpommern her den zweiten Schwedenkrieg mit Polen in Westpreußen eröffnete, ließen die Stände Friedrich Wilhelm auch nicht in Stich. Der Kurfürst wollte zunächst die Neutralität wahren und schloß zu diesem Zweck am 12. 11. ein Bündnis mit den westpreußischen Ständen. Aber Karl Gustav eroberte Thorn und Elbing und zwang im Januar 1656 den Kurfürsten im Königsberger Vertrag, statt der polnischen die schwedische Lehnshoheit anzunehmen. Dafür überließ er ihm das Ermland. Die Ableistung des Lehnseides wurde für ein Jahr aufgeschoben. Damit war zum ersten Male das Lehnsverhältnis zum König von Polen unterbrochen.

Aber Pillau und Memel und die Hälfte der Seezölle mußten nun wieder den Schweden ausgeliefert werden, denen das ganze Land militärisch offenstand. Erst als der König aus Polen Rückschläge erlitt, ließ er sich herbei, im Vertrage von Marienburg am 25. 6. 1656 die Bedingungen zu verbessern und ein richtiges Bündnis mit dem Kurfürsten zu schließen. Dieser gewann die dreitägige, heiße Schlacht bei Warschau vom 28.–30. 7. In diesem und dem nächsten Jahre fielen tatarische Horden in Ostpreußen ein, verübten Mord und Brand und schleppten die Bevölkerung in die Sklaverei, aus der nur wenige lange Jahre später heimkehrten.

Als sich dann schon bald gegen das erfolgreiche Schweden eine neue Koalition bildete, der auch Dänemark beitrat, war König Karl Gustav bereit, Brandenburg für die Bündnishilfe noch einen höheren Preis zu zahlen: Im Vertrag zu Labiau am 20. 11. 1656 verzichtete er auf die Lehnshoheit über Preußen und erkannte die Souveränität des Kurfürsten an. Dieser ist dann an der Spitze brandenburgischer und schwedischer Truppen bis Jütland vorgedrungen und hat anschließend das langjährige Ziel brandenburgischer Politik, Vorpommern mit der Odermündung, besetzt.

Sehr vorsichtig begann nun Polen unter Vermittlung des Kaisers mit dem Kurfürsten wieder Fühlung zu suchen, um dem schwedischen Gegner seine stärkste Stütze zu entwinden. Es ist größtenteils das Verdienst des kaiserlichen Gesandten Franz Paul Freiherrn v. Lisola, wenn im Vertrag zu Wehlau vom 29. 9. 1657 Polen nun auch seinerseits auf die Lehnshoheit verzichtete und die Souveränität Preußens in vollem Umfang anerkannte. Gleichzeitig wurde ein zehnjähriges Bündnis gegen Schweden geschlossen. Der Kurfürst gab das Ermland wieder heraus und erhielt dafür Elbing, dazu Lauenburg, Bütow und die Starostei Draheim, die vor 1466 dem Orden gehört hatte. Der Friede zu Oliva am 3. 5. 1660 zwischen Kaiser, Brandenburg, Schweden und Polen brachte der preußischen Souveränität die völkerrechtliche Anerkennung. Elbing blieb noch von Polen besetzt und ist erst 1703 mit Preußen vereinigt worden. Vorpommern hat der Kurfürst nicht erhalten.

Die Stände hatten während des Krieges alle Lasten und Mühen getreulich mit der Landesherrschaft geteilt. Nach dem Frieden aber kam es zur letzten Auseinandersetzung zwischen dem Kurfürsten und seinen privilegierten Untertanen, zwischen dem Absolutismus, der sich von Frankreich her ausbreitete, und der ständischen Verfassung, die in Preußen seit 1414 nun fast zweieinhalb Jahrhunderte hindurch bestanden hatte. Auf der Höhe seiner Macht zögerte der Kurfürst nicht, seine souveränen Rechte auch nach innen, den Ständen gegenüber, geltend zu machen.

Auf dem »großen Landtage« von 1661–63 ging der härteste Widerstand von den drei Städten Königsberg aus, und das lag wohl in erster Linie an der Unbeugsamkeit des Schöppenmeisters vom Kneiphof, Hieronymus Roth oder Rohde, der keine der Freiheiten seiner Fernhandelsstadt preiszugeben geneigt war. Der Kurfürst ließ ihn im Oktober 1662 verhaften, wollte ihn aber freilassen, wenn er ein Gnadengesuch einreichen würde. Da Roth dies ablehnte, blieb er bis zu seinem Tode 1678 Gefangener auf der Festung Peitz. Unter der Drohung der 1657 am Westausgang des Pregels angelegten Festung Friedrichsburg, deren Kanonen auf die Stadt gerichtet waren, leisteten die Stände die Huldigung, die am 18. 10. 1663 auf dem Schloßhofe stattfand. Die Oberräte wurden kurfürstliche Beamte.

In den Jahren 1670/71 kam es nochmals zum Konflikt über Geldforderungen für Heereszwecke. Als im Zusammenhange damit der ehemalige Oberst Christian Ludwig v. Kalckstein in Warschau konspirierte, wurde er im Hause des brandenburgischen Residenten aufgehoben, nach Preußen gebracht, wegen Landesverrats abgeurteilt und 1672 in Memel hingerichtet. Damit war der Widerstand endgültig gebrochen. Auch in Preußen begann das Zeitalter des Absolutismus, der sich auf ein stehendes Heer stützte.

Der Kurfürst hatte es schon vorher verstanden, sich geldlich vom ständischen Einfluß zu lösen. Da die ursprünglich herzogliche Rentkammer neben dem »Landkasten« unter ständische Aufsicht geraten war, hatte er beizeiten die schon von Georg Friedrich eingerichtete »Schatulle« wieder aufleben lassen. Hier hinein zinsten die Waldgebiete, die der herzoglichen Verwaltung unterstanden, überhaupt alles Land aus Eigenbesitz des Fürsten, soweit es an Siedler ausgetan war. Diese hießen, je nach Besitzrecht, Schatullkölmer oder Schatullbauern, saßen im Osten und Süden des Landes und unterstanden der Forstverwaltung. Meist waren es Masuren und Litauer.

Dem dritten Schwedeneinfall begegnete der Kurfürst durch die bravouröse Schlittenfahrt seiner Truppen über das Kurische Haff und das Gefecht bei Splitter 1679, mit dem er den überraschten Gegner aus dem Lande vertrieb. Pillau, der immer noch einzige größere Seehafen Brandenburg-Preußens, der nun vor Schweden sicher war, wurde der Ausgangspunkt seines Überseehandels nach der Goldküste, den sein »Generalmarinedirektor«, der Holländer Benjamin Raule, beaufsichtigte.

Die preußische Souveränität bildete die Grundlage für die Gewinnung der Königswürde durch den Sohn des Großen Kurfürsten, Friedrich III. Vorangegangen in solcher Rangerhöhung war Kurfürst August der Starke von Sachsen, als König von Polen, ein Ziel, dem die brandenburgischen Kurfürsten wegen ihrer verwandtschaftlichen Beziehungen zum polnischen Königshause mehr als einmal schon greifbar nahe gewesen waren. Innerhalb des Reiches war die Krone nicht zu erreichen; aber Preußen gehörte formal nicht zum Reiche. Immerhin brauchte man die Anerkennung des Kaisers. Der Kurfürst hat diese mit einer fast zwölfjährigen Unterstützung Österreichs im spanischen Erbfolgekriege erkauft. Trotzdem war die Königskrone damit nicht zu teuer bezahlt. Sie hat dem Gesamtstaat erhöhtes Ansehen eingebracht und – den Namen gegeben. Vom östlichsten Landesteile her übertrug sich die Bezeichnung der alten Stammeseinwohner mit dem Titel des Herrschers auf das ganze übrige Gebiet. Wenn es auch, genau genommen, staatsrechtlich noch »König *in* Preußen« und »preußische Staa*ten*« hieß, es war ein Königreich wie die alten europäischen Staaten Frankreich, Spanien, England und Schweden. König *von* Preußen wurde Friedrich der Große nach der Rückerwerbung Westpreußens im Jahre 1772.

Die Krönung fand zu Königsberg am 18. 1. 1701 im Audienzsaale des Schlosses statt, anschließend die Salbung in der Schloßkirche Vorgenommen wurde sie von den beiden, eigens dazu ernannten evangelischen Bischöfen, womit diese alte Amtsbezeichnung wieder auflebte. Am Tage vorher war das ostpreußische Landeswappen, einst nur im Herzschild über dem Ordenskreuz geführt, zum Staatswappen erklärt und der schwarze Adlerorden gestiftet worden.

In der Stadt erfolgten drei wichtige kulturelle Gründungen am gleichen Tage: Die reformierte Burgkirche wurde als Zeugnis von Toleranz und geistiger Freiheit eingeweiht, die pietistische Privatschule, die 1698 der kurfürstliche Holzkämmerer Theodor Gehr eingerichtet hatte, als Collegium Fridericianum zur königlichen Schule erhoben und das Waisenhaus auf dem Sackheim gegründet. Ein Volksfest mit Ochsen am Spieß und Wein aus Röhrenbrunnen kam den Neigungen der Bevölkerung entgegen. Friedrich, der in Königsberg geboren war, gab sich gern als Landsmann und war ausgesprochen volkstümlich.

Auch die Stände wußte er zu gewinnen: Aus den vier Oberräten wurden 1712 sechs Geheime Räte, nominell Glieder des Geheimen Rates in Berlin, der höchsten Landesbehörde. Sie bildeten die »Regierung«, die bis A. 19. Jh. bestanden hat. Sie behielt die Oberaufsicht über die höchsten Gerichte und die Konsistorien. Neben diesen provinziellen gab es königliche Behörden, wie Kriegskommissariat und Domänenkammer, die nur Durchgangsstellen zu den entsprechenden Berliner Zentralbehörden waren.

Das flache Land hat sich in jenen Jahren nicht glücklich entwickelt. Besonders der Nordosten wurde 1708–11 durch die Pest in unheimlicher Weise entvölkert: Fast eine Viertelmillion Menschen sind ums Leben gekommen, über 10 000 Bauernstellen wurden wüst. Abhilfe wurde aus dem Lande selbst und mit litauischen Einwanderern nur zu zwei Fünfteln erreicht. Überhaupt ging der Bauernstand, der sich im Südosten von den Tatareneinfällen 1656/57 noch nicht hatte erholen können, unter dem hohen Steuerdruck wirtschaftlich weiter zurück. Der selbständige Hofbesitzer wurde vielfach ein Opfer des Bauernlegens. Das um 1600 so wohlhabende Ostpreußen war ein armes Land geworden.

Freundliche Ausnahmen sind die eindrucksvollen Zeugnisse barocker Baukunst auf den Gütern. Namen wie Schlüter, Nehring, Eltester, Collas, setzten sich auch im östlichsten Landesteil Denkmäler durch die Schlösser zu Grünhof, Holstein, Carwinden, Friedrichstein, Dönhoffstädt, Finkenstein (wohl das stilvollste) und das ältere Schlobitten. Joachim Ludwig Schultheiß v. Unfried führte von dem Plan eines neuen Ostflügels des Schlosses zu Königsberg nur die Südostecke aus, im Volksmunde irrtümlich als »Schlüterbau« bezeichnet. Zu Heiligelinde entstand ein wahres Kleinod barocker Kirchenbaukunst.

V. Die Provinz im Königreich Preußen bis 1806

Des Kronprinzen Friedrich Wilhelm Erzieher war ein Ostpreuße gewesen, der Burggraf Alexander zu Dohna. Schon ein Jahr nach seinem Regierungsantritt 1714 wandte sich der König dem Wiederaufbau Ostpreußens zu. Er nannte es »Retablissement«. Sein Helfer war der in Littschen bei Marienwerder ansässige Karl Heinrich Erbtruchseß und Graf zu Waldburg, der in einer ausführlichen Denkschrift vorhandene Mängel schonungslos kritisiert hatte und mit seinen Reformvorschlägen die volle Zustimmung des Königs fand.

So wurde die Generalhufensteuer nach der Güte des Bodens neu berechnet, alle anderen Steuern, die nur den kleinen Mann belasteten, abgeschafft. 35 000 der Steuer verschwiegene adlige Hufen gaben dem König Anlaß, auch mit anderen unzeitgemäßen adligen Vorrechten aufzuräumen. Das Lehnsverhältnis wurde aufgehoben, wie bereits in Westpreußen 1576 durch den König von Polen. Die adligen Güter wurden Eigentum, jedoch erst nach strenger Prüfung der Besitztitel. Zu Unrecht angemaßtes Land wurde eingezogen und der Neusiedlung zugeführt. Die Söhne des Adels sollten in das Kadettenkorps nach Berlin gehen; der Eintritt in fremde Militärdienste wurde verboten.

Der Adel hatte zuerst mit schriftlichen Vorstellungen, besonders gegen den Generalhufenschoß, reagiert; doch trat schon bald wachsende Erkenntnis, daß diese Art Absolutismus fraglos dem Lande zu Gute kam, an die Stelle des früheren Widerstandes. Truchseß zu Waldburg wurde der erste »Oberpräsident« in Ostpreußen. Er verband das Präsidium der Kriegskommissariats mit dem der Domänenkammer. Erst 1724 wurden beide zu *einer* Behörde vereinigt. Truchseß war schon 1721, erst 35jährig, aufgerieben durch eine seine Kräfte übersteigende Arbeitslast, gestorben. Sein Nachfolger wurde Friedrich v. Görne, ein Kurmärker und hervorragender Landwirt, der nun auch die Bodennutzung in den Jahren 1722/23 auf einen Höhepunkt brachte. Dann wurde die Reform der Domänenverwaltung in Angriff genommen, hauptsächlich durch Einführung der Generalpacht großer Komplexe. Der Freund des Königs, Fürst Leopold von Anhalt-Dessau, lieh diesem Werk eine tatkräftige Hilfe, indem er 1721 zwischen Insterburg und Wehlau südlich des Pregels umfangreichen Grundbesitz ankaufte, den er musterhaft bewirtschaftete und der noch in neuester Zeit die »Dessauischen Lande« hieß.

»Preußisch Litthauen«, wie damals die ganze östliche Hälfte der Provinz genannt wurde, erhielt eine eigene Kammerdeputation zu Gumbinnen, die 1736 in eine Kriegs- und Domänenkammer umgewandelt wurde. Später heißt preußisch Litauen nur das stark von litauischen Einwanderern bewohnte Memelland. Die Neusiedlung erhielt hier seit 1732 einen unvergleichlich starken Auftrieb durch die berühmte Aufnahme der wegen ihres Glaubens aus der Heimat vertriebenen evangelischen Salzburger. Rund 15 000 Menschen fanden zwischen Gumbinnen und Goldap neue Heimstätten.

Insgesamt sind im Rahmen des »Retablissements« 40 000 Kolonisten von außerhalb Preußens nach Ostpreußen gekommen, auch Schweizer (im Insterburgischen), Nassauer (hauptsächlich bei Angerburg), Pfälzer und andere Oberdeutsche. Die Bevölkerungsziffer stieg seit 1713 von 400 000 auf 600 000, also um 50 v. H. Neue Städte wurden als Marktorte für die ländlichen Siedler eingerichtet, indem man Lischken, Flecken und großen Dörfern Stadtrecht verlieh. Tapiau, Ragnit, Stallupönen, Bialla und Nikolaiken erhielten es 1722, Willenberg und Rhein 1723, Darkehmen (Angerapp) und Pilkallen 1724, Gumbinnen, Pillau und Schirwindt 1725. Eine gesunde Preiswirtschaft erreichte man durch Errichtung von Kornmagazinen, die bei schlechten Ernten vor Mangel und Teuerung schützten.

Die Sorge für das geistige Wohl der Untertanen, der Wunsch, »Christen zu machen«, war bei alledem das oberste Ziel des Königs. Sein Helfer wurde Heinrich Lysius, Direktor des Friedrichskollegs und Theologieprofessor an der Albertina. Dessen Nachfolger war Franz Albert Schultz. Bis zum Tode des Königs wurden rund 1500 Schulen errichtet. Sogar an eine allgemeine Schulpflicht hat der König schon gedacht, aber nicht genügend Lehrkräfte für die Ausführung dieses Planes gehabt.

Friedrich d. Gr., der sich als Kronprinz mit zunehmender innerer Beteiligung in das Werk seines Vaters einarbeitete, hat an den Grundlagen nichts geändert. Sie haben ihm später die Maßstäbe für die Aufsiedlungen in Westpreußen und im Netzedistrikt gegeben. Auch er fand einen hervorragenden Mitarbeiter in der Person Johann Friedrichs v. Domhardt, eines gebürtigen Ostpreußen, dessen Vater 1732 das berühmte Trakehner Gestüt aufgebaut hatte. Der Sohn war Kammerdirektor in Gumbinnen, als die Russen einrückten. Er blieb pflichtbewußt auf seinem Posten und konnte durch festes, bestimmtes Auftreten und geschickte Verhandlungstaktik manchen Schaden verhüten.

Die einzige Kampfhandlung war 1757 die Schlacht bei Groß-Jägersdorf westlich von Insterburg, wo der tüchtige alte Feldmarschall Hans v. Lehwaldt eine dreifache Übermacht zum Rückzug veranlaßte. Erst nach seiner Abberufung auf ein Kommando in Pommern wurde die Provinz im Jahre 1758 kampflos besetzt. Wenn auch die Russen, z. B. in Pillau und Lochstädt, einige bauliche Verbesserungen schufen, so sind doch die Waldverwüstungen eine recht unheilvolle Schädigung gewesen. Der Biber, das wertvollste Pelztier Ostpreußens, wurde gänzlich ausgerottet. Erst Mitte September 1762 wurde Ostpreußen wieder geräumt. Friedrichs angebliche Abneigung gegen die Provinz hat jedenfalls nicht verhindert, daß insgesamt 15 000 weitere Neusiedler angesetzt wurden und daß ein Kanal von den masurischen Seen zum Pregel angelegt wurde.

Nach 1772 galt allerdings die vordringliche Sorge des Königs dem zurückgewonnenen Westpreußen, das diesen Namen eben damals im Januar 1773, erhielt. Auch von »Ostpreußen« wurde amtlich erst seit diesem Zeitpunkte gesprochen. Domhardt erhielt neben den beiden ostpreußischen Kammern auch die neu eingerichtete zu Marienwerder und führte wieder einmal den Titel »Oberpräsident« beider Landesteile. In Bromberg beaufsichtigte er die Kammerdeputation. Er ist 1781 gestorben.

Die Kreise, die innerhalb der Verwaltungsbezirke der Kammern gebildet wurden, entsprachen vielfach den herzoglichen Amtshauptmannschaften und Ordenskomtureien. An ihrer Spitze standen, seit 1752 in Ostpreußen, später auch in Westpreußen, vom König ohne Mitwirkung der Landschaften ernannte Landräte, denen auch die Aufsicht über die adligen Güter zustand. Als oberste Justizbehörden wurden die Ostpreußische Regierung zu Königsberg und das Hofgericht zu Insterburg begründet, in Westpreußen die Regierung zu Marienwerder und das Hofgericht zu Bromberg. Die bisherige »Regierung« in Königsberg erhielt die Bezeichnung »Ostpreußisches Etatministerium«, war aber allein für Hoheits-, Kirchen- und Schulsachen zuständig. Die zweite polnische Teilung 1793 brachte auch Danzig und Thorn zum alten Ordenslande zurück.

Exponent des geistigen Aufschwunges jener Zeit ist der Philosoph Immanuel Kant. Er hat die Grenzen menschlichen Wissens gefunden, um, wie er selbst sagte, »zum Glauben Platz zu bekommen«. Seine Schulzeit im pietistischen Friedrichskollegium, das Studium seit 1740 und die Lehrtätigkeit (1770 ordentlicher Professor) sind ganz mit Königsberg verknüpft, das sein Andenken immer liebevoll geehrt hat. Die Erfüllung menschlichen Daseins sieht er in der Achtung vor dem Sittengesetz, das im Menschen selbst liegt. »Handle so, daß die Maxime deines Willens jederzeit als Prinzip einer allgemeinen Gesetzgebung gelten

könne«, lautet der kategorische Imperativ. Am 12. 2. 1804 ist Kant 80jährig gestorben. Mit ihm ist, wie Götz von Selle schreibt, »der ostpreußische Geist in europäisches Ausmaß hineingewachsen«.
Johann Georg Hamann hat die religiöse Seite dieser Philosophie noch stärker betont, da ihm das Gefühlsmäßige, auch die dichterische Eingebung näher lag als verstandesmäßige Erkenntnis. Von ihm stammt der Begriff des »praktischen Christentums«. Klassischen Ausdruck für die Überlegenheit innerer Werte vor den materiellen fand Johann Gottfried Herder aus Mohrungen. Er ist auch der Begründer der modernen Geschichtsbetrachtung: Geschichtliche Kulturen sind nur aus sich selbst zu verstehen und dürfen nicht an Werten gemessen werden, die von außen herangebracht werden. So leitet er zu Leopold v. Ranke hinüber, daß jedes Zeitalter »unmittelbar sei zu Gott«, und klärt Hamanns Auffassung vom göttlichen Ursprung alles Menschlichen. Seine Forschungen über Herkunft von Sprache und Dichtung vollenden Hamannsche Anregungen.
Die geistige Produktion läßt in den letzten Jahrzehnten des 18. Jh. nach, aber die neuen Gedanken bleiben lebendig und wirken in den ostpreußischen Menschen. Die Verwaltung zeigt bereits Ansätze zu Reformen. Der Anschluß Westpreußens veranlaßt 1773 die Aufhebung der Leibeigenschaft. Die Erbuntertänigkeit bleibt bestehen. Aber 1804 wird die gesetzliche Freiheit der Bauern festgelegt, worin Preußen allen anderen Provinzen der Monarchie vorangegangen ist. Verbesserungen des Verwaltungsapparates knüpfen sich an den Namen Friedrich Leopolds Freiherrn v. Schrötter (geb. 1743), eines vielseitig gebildeten, mit hervorragendem Organisationstalent begabten, gebürtigen Ostpreußen. Durch ihn lebte 1791–95 wieder einmal der Titel »Oberpräsident« auf, da er die Leitung der ostpreußischen und westpreußischen Kammern in seiner Hand vereinigte. 1804 wird das Etatministerium aufgehoben, seine Funktionen auf die Kammern und Regierungen verteilt. Damit fiel die ursprünglich ständisch bestimmte Landesspitze endgültig fort. Die vier Oberämter wurden als bloße Ehrentitel beibehalten. Den Titel »Kanzler« erhielt jeweils der Präsident des Oberlandesgerichts.
An der Albertina wirkte in diesen Jahren als Vertreter der Staatswissenschaften und der Volkswirtschaft Christian Jakob Kraus, ein Schüler Kants, in seiner liberalen Einstellung auch ein Anhänger der Lehren des Adam Smith, der nicht dem Boden und der Bevölkerungszahl, sondern in erster Linie der Arbeit die entscheidende Wirkung bei wirtschaftlichem Aufstieg zuerkannte.

Mit Hinweisen auf Arbeitsteilung, freien Wettbewerb, Marktpreise bewegte er sich schon ganz in modernen Begriffen. Die Reformer von 1808/10 sind seine Schüler gewesen.

So hat die Geisteshaltung des 18. Jh. bereits selbständiges Denken, unabhängige Meinungsbildung und Mut zur Verantwortung gepflegt. Aber sie blickte nicht nur in die Zukunft, sondern suchte sich ihre Maßstäbe auch in der Vergangenheit. Das Verständnis für die Ordensgeschichte und ihre kulturellen Leistungen regte sich wieder, gewiß nur im Rahmen der damaligen antiquarisch mehr sammelnden als sichtenden Betrachtung, aber doch voller Stolz und Heimatliebe. Der geschichtliche Sinn des Ostpreußen hat sein politisches Denken immer maßgeblich bestimmt. Ludwig v. Baczko schrieb 1792–1800 die erste Geschichte des Ordens, die heute noch mit Nutzen herangezogen wird.

Der Endkampf in der unausbleiblichen Auseinandersetzung Napoleons mit dem Staate Friedrichs d. Gr. wurde in Ostpreußen ausgetragen. General l'Estocq hielt die Weichselübergänge bis zum Dezember 1806. Graudenz behauptete sich weiter als Insel unter dem tapferen Feldmarschall l'Homme de Courbière, wie später auch Pillau unter Oberst v. Hermann, bis zum Kriegsende. Danzig unter v. Kalkreuth mußte Ende Mai kapitulieren. Am 7./8. 2. 1807 konnten die Preußen unter l'Estocq und seinem Stabschef Scharnhorst bei Pr. Eylau Napoleon den sicheren Sieg über die Russen entreißen. Es war die erste Schlacht des Korsen, die er nicht gewonnen hat. Er mußte hinter der Passarge Winterquartiere beziehen. Selbst nahm er seinen Sitz in Schloß Finkenstein. Die königliche Familie flüchtete im Winter über die Nehrung nach Memel.

Der Vertrag zu Bartenstein, den Friedrich Wilhelm III. am 26. April mit dem Zaren Alexander von Rußland schloß, hätte das Geschick wenden können, wenn der erwünschte Beitritt Österreichs und Englands, denen dann Schweden und Dänemark hätten folgen müssen, schon damals hätte verwirklicht werden können. Die Russen vermochten am 10. Juni bei Heilsberg ihre Stellung noch zu halten, wurden aber am 14. bei Friedland vernichtend geschlagen. Zwei Tage darauf zog Napoleon in Königsberg ein. Der Zar trennte sich entmutigt vom König.

Am 7. Juli wurde auf einem Floß in der Memel von Franzosen und Russen der Friede zu Tilsit geschlossen, zwei Tage danach mit den Preußen. Der Staat wurde nach Umfang und Einwohnern halbiert und auf die Provinzen östlich der Elbe beschränkt. Eine weitere Zerreißung durch Angliederung Westpreußens an das Herzogtum Warschau lehnte Napoleon ab. Zunächst freilich, bis Ende 1808, reichte das unbesetzte Preußen im Westen tatsächlich nur bis zur Weichsel. Der Zustand des Landes war völlig verelendet. Verwüstungen, Viehseuchen, die Auswirkungen der Kontinentalsperre auf den Getreide- und Holzhandel und die riesige Kontribution von 8 Millionen Franken hatten allgemeine Verarmung zur Folge. Das Unglück hatte den tiefsten Punkt erreicht.

VI. Erneuerung und Blüte 1807–1914

Die Preußische Regierung hat noch von Memel aus am 9. 10. 1807 das erste große Reformgesetz erlassen, das man schlechthin als die »Bauernbefreiung« zu bezeichnen pflegt, obwohl in Ostpreußen nur die Erbuntertänigkeit aufzuheben und die Besitzverhältnisse der ländlichen Grundstücke zu regeln waren. Die Städteordnung vom 19. 11. 1808 ging bereits von Königsberg aus. Der eigentliche Schöpfer dieser Reformen war der Freiherr vom Stein, aber seine Mitarbeiter waren Ostpreußen, in erster Linie v. Schrötter und v. Schön, von dem noch näher zu berichten sein wird. Von ihnen ist die Bauernbefreiung vorbereitet worden. An der Städteordnung hatte entscheidenden Anteil der Königsberger Polizeidirektor Johann Gottfried Frey, ein Kantschüler, in dessen Haus Stein gewohnt hat, nächst ihm Friedrich August Stägemann, von Geburt Uckermärker. Beim Wehrgesetz Scharnhorsts wirkte der Ostpreuße Hermann v. Boyen aus Kreuzburg mit, indem er die Landwehr in den Mittelpunkt der Heeresverfassung stellte. Die Väter der Schulreform waren Johann Wilhelm Süvern, Professor in Königsberg, und Georg Heinrich Ludwig Nicolovius aus alter Königsberger Familie. Das dritte große Gesetz, von der Neuorganisation der obersten Staatsbehörden, ist auch noch in Königsberg, aber schon nach der am 24. 11. 1808 von Napoleon erzwungenen Entlassung Steins, am 19. Dezember ergangen. Steins Mitarbeiter v. Schön und Nicolovius haben das »Politische Testament« aufgesetzt; Stein hat es unterschrieben. Im Dezember 1809 ist die königliche Familie, mit ihr die Regierung, nach Berlin zurückgekehrt.

Schon drei Jahre danach gab Altpreußen das Zeichen zur Erhebung, indem der preußische General Ludwig v. Yorck am 30. 12. 1812 durch die sog. Konvention von Tauroggen in der Poscheruner Mühle das preußische Hilfskorps, das für den Krieg gegen Rußland hatte gestellt werden müssen, auf eigene Verantwortung für neutral erklärte. Er besetzte den Raum zwischen Kurischem Haff, Memel und Tilsit, war aber schon am 8. Januar in Königsberg und zog am 21. weiter nach Elbing und Marienburg. Offiziell verwarf der König die Konvention und erklärte zum Schein Yorck für abgesetzt. Im zivilen Bereich wirkte der Burggraf Alexander zu Dohna, Minister des Innern nach Steins Abgang, dann als Generallandschaftsdirektor der eigentliche Leiter des ostpreußischen Landtages. Zur Versammlung am 5. Februar, die der Oberpräsident Hans Jakob v. Auerswald einberufen hatte, wurde Yorck eingeladen und rief die ostpreußischen Stände, nun auch im Namen des Königs, in mitreißender Rede zur Verteidigung der Freiheit des Vaterlandes auf. Er fand begeisterten Beifall. Um das Ausmaß solcher Opferwilligkeit würdigen zu können, muß man bedenken, daß dies verarmte Land erst 1812 beim Aufmarsch der Grande Armée aufs neue schonungslos ausgesogen worden war.

Die Landwehrordnung vom 7. Februar geht auf die Gedanken von Scharnhorst und Clausewitz über das freiwillige Aufgebot zurück. Dohna hat sie sich ganz zu eigen gemacht. 20 000 Mann und 10 000 Reserven sollten auf Kosten der Gemeinden und Domänen aufgestellt werden. Der König billigte die Maßnahmen und ernannte Dohna zum Zivilgouverneur von Ost- und Westpreußen. Seine rechte Hand war der Königsberger Oberbürgermeister August Wilhelm Heidemann, Professor an der Albertina. Auch Yorck ergänzte sein Korps durch Aushebungen im Lande.

Am 8. Februar wurden Freiwillige für das »Ostpreußische National-Kavallerie-Regiment« aufgerufen, das 1000 Mann stark werden sollte. Bei der Aufstellung wurden es nur 833 Mann, davon 268 Ostpreußen, der Rest überwiegend Westpreußen. Der eifrige Förderer war der damalige Gumbinner Regierungspräsident v. Schön. Kommandeur wurde Reichsgraf Carl v. Lehndorff-Steinort. Das Regiment konnte schon am 3. Mai zur Blücherschen Armee in Marsch gesetzt werden. Nach dem Kriege wurde es in das Leibgardehusarenregiment umgewandelt. Ostpreußen ging bei allen diesen Maßnahmen voran. Erst am 12. Februar hat der König zu Breslau die allgemeine Mobilmachung angeordnet. Am 28. folgte das Bündnis mit Rußland zu Kalisch, dem diesmal England, Österreich und Schweden wirklich, wenn auch nicht sogleich, beitraten. Die ostpreußische Landwehr hat sich im Kriege großartig geschlagen. Rühmlich bekannt ist die Erstürmung des Grimmaschen Tores von Leipzig am 19. 10. 1813 unter Major Friccius. Das eiserne Kreuz auf dem Galtgarben hat die Erinnerung an diese schlichten Helden wachgehalten.

Das Denkmal ging auf eine Idee des Kriegsrates Johann George Scheffner zurück, der unweit davon auf eigenen Wunsch ein schmuckloses Grab erhalten hat. Seine Person ist ein besonders augenfälliger Beweis, daß auch in dieser stürmisch bewegten Zeit das geistige Leben in Ostpreußen nicht ganz zum Erliegen gekommen ist. Gedankenreich und anregend hat er mit fast allen führenden Männern Ostpreußens regen Verkehr gepflogen. Seine Briefe sind wichtige Quellen für die Kenntnis des damaligen geistigen und gesellschaftlichen Lebens. Die Freiheitslieder des Tilsiters Max v. Schenkendorf trafen genau den Ton, der die ostpreußischen Freiwilligen ansprach. Er hat auch durch seinen Aufruf in der Berliner Zeitung »Der Freimütige« im Jahre 1803 die Wiederherstellung der Marienburg in Gang gebracht. Der Ordensgeschichte verbunden ist auch Zacharias Werner, der um den Tod Adalberts von Prag ein Drama »Kreuz an der Ostsee« schrieb, das E. Th. A. Hoffmann in Musik gesetzt hat. Beide sind Königsberger, einander nahe verwandt in der Stärke des Gefühls, Hoffmann jedoch der glänzendere durch seinen geistreichen Spott und seine blühende Einbildungskraft. Theodor Gottfried v. Hippel aus Gerdauen eröffnet mit seinen klug durchdachten »Lebensläufen«, die Jean Paul besonders schätzte, den biographisch-psychologischen Roman. Er ist auch der Verfasser des »Aufrufs an mein Volk« vom 17. 3. 1813.

Auf die Zeit der Erhebung folgte in Ost- und Westpreußen ein volles Jahrhundert des Friedens. Das alte Ordensland ging nun mehr und mehr im Gesamtstaat auf, dessen Erhaltung und Wiederaufbau es so maßgeblich gefördert hatte. Gerade diese Leistung wurde zur verpflichtenden Überlieferung, alle geistigen und wirtschaftlichen Kräfte in den Dienst des Einheitsgedankens zu stellen. Freilich blieb auch die Erinnerung an die große selbständige Vergangenheit lebendig. Räumliche und klimatische Unterschiede verlangten Berücksichtigung. Noch um 1850 erhält sich das Bewußtsein, daß Altpreußen nicht eine Provinz sei, sondern ein »Land«.

Für diesen Ausgleich wirkte Zeit seines Lebens der schon mehrfach genannte Heinrich Theodor v. Schön, der seine Laufbahn im Berliner Generaldirektorium begonnen hatte, aber doch nur für oder in der Heimat wirken wollte. Er ist 1773 zu Schreitlaugken im Kreise Tilsit geboren und schon jung nach Königsberg gekommen. Kant verkehrte im Hause seiner Eltern, Kraus war sein akademischer Lehrer, der große Organisator v. Schroetter sein Meister im Verwaltungsfach.

Im Jahre 1809 wurde Schön Präsident der neuen Gumbinner Regierung und 1816 Oberpräsident von Westpreußen, das damals den Umfang erhielt, den es bis 1920 behalten hat, mit den beiden Regierungsbezirken Danzig und Marienwerder, wobei jenes Sitz des Oberpräsidenten wurde, während in diesem das Oberlandesgericht verblieb. Der Rücktritt des ostpreußischen Oberpräsidenten Hans Jakob v. Auerswald im Jahre 1824 ermöglichte die von Schön bereits seit 1815 angeregte Vereinigung der beiden preußischen Provinzen. Das Oberpräsidium der neuen »Provinz Preußen« wurde ihm selbst übertragen. Schön trat im Jahre 1842 zurück, die vereinigte Provinz bestand bis 1878.

Die Überzeugung Schöns von der Einheit des alten Ordenslandes war begründet in einem von tiefer Heimatliebe getragenen geschichtlichen Verständnis. Deshalb war er auch um die Erhaltung des geistigen Erbes der Ordenszeit bemüht. Der Wiederaufbau der Marienburg ist eng mit seinem Namen verknüpft. König Friedrich Wilhelm IV. verlieh ihm bei seinem Ausscheiden den romantischen Ehrentitel eines »Burggrafen von Marienburg«. In den Jahren 1827–39 erschien Johannes Voigts neunbändige Geschichte Preußens zur Ordenszeit.

In Westpreußen hat Schön in erster Linie für das vor 1772 arg vernachlässigte Schulwesen gesorgt und für die katholischen Kirchen erreicht, daß sie von ausländischen Kirchenoberen unabhängig wurden. Daß die Reformen der gutsherrlich-bäuerlichen Verhältnisse zu Ende geführt wurden, verstand sich für deren Mitschöpfer von selbst. Die Gemeinheitsteilung und Verkoppelung durch die »Generalkommission« Mitte der 30er Jahre schuf lebensfähige wirtschaftliche Einheiten. Die Nutzfläche stieg in Ostpreußen von 20,5 v. H. im Jahre 1815 auf 44,3 v. H. im Jahre 1840 und war bis 1913 auf rund 55 v. H. angewachsen. Damit entstanden die Grundlagen für die steigende Bedeutung Altpreußens in der Ernährungswirtschaft Deutschlands. Die Bevölkerung vermehrte sich auf dem Lande von 1818–1867 um 85 v. H. Die schon 1806 hoffnungsvoll entwickelten Industriezweige, besonders Eisen, Stahl und Kupfer in Westpreußen, voran die »Maschinenbauanstalt« Ferdinand Schichau in Elbing, und das Mühlengewerbe in beiden Provinzen konnten erfolgverheißend wiederbelebt werden. Im Zusammenhang damit gelang es auch, die schweren Kriegsschäden zu beseitigen und die Verschuldung weitgehend abzulösen.

Die ständische Verfassung wurde behutsam auf der Grundlage der neuen Staatsform entwickelt. 1824 trat in Königsberg der erste Provinziallandtag zusammen, in drei Stände gegliedert, den adligen und bürgerlichen Großgrundbesitz mit 15 Vertretern, die Städte mit 13 und die Bauern mit 7. Er tagte abwechselnd in Königsberg und Danzig.

Die erste gesamtdeutsche Ständeversammlung, der »Vereinigte Landtag« in Berlin vom Jahre 1847 war für Altpreußen insofern bedeutungsvoll, als er die Mittel für die Ostbahn bewilligen sollte. Aber gerade die Vertreter der Ostprovinz ließen es zu keinem Beschluß kommen, weil sie die Einlösung des königlichen Verfassungsversprechens forderten und diesem Landtag die Anerkennung versagten. Die Bahn ist dann doch bald in Angriff genommen worden. Sie erreichte von Berlin aus 1852 Dirschau, 1853 Königsberg, wobei allerdings die Weichsel- und Nogatbrücken und die Strecke in der Niederung erst 1857 fertiggestellt wurden, und 1860 Eydtkuhnen, für die Provinz eine Lebensader, die besonders den Durchgangsverkehr nach Rußland förderte.

Im Jahre 1848 war von einer Volkserhebung in Ost- und Westpreußen wenig zu spüren; aber es ergab sich eine Belebung des nationalen Gedankens im Sinne der politischen Einigung ganz Deutschlands. Bei den Wahlen zur Frankfurter Nationalversammlung hat die vereinigte Provinz Preußen zum ersten Male als Glied des gesamten deutschen Vaterlandes, nicht nur der preußischen Monarchie, mitgewirkt. Der Ostpreuße Professor Eduard v. Simson wurde am 18. 12. 1848 sogar zum Präsidenten gewählt und hat im Auftrage des ersten deutschen Parlamentes am 3. 4. 1849 König Friedrich Wilhelm IV. die deutsche Kaiserkrone angeboten. Am 3. 10. 1851 haben die Gesandten des Deutschen Bundes dem preußischen Antrag zugestimmt, daß die Provinzen Preußen und Posen wieder aus dem Bunde ausschieden.

Innenpolitisch herrschte in der Doppelprovinz weiterhin der gleiche Liberalismus, den Schön und die Abgeordneten von 1847 vertreten hatten. Die Städte, besonders Danzig und Elbing, waren seine Pflegstätten. Die kurzlebige »Fortschrittspartei« von 1861 war eine Gründung west- und ostpreußischer Abgeordneter; sie ging 1866 zur neueren nationalliberalen Partei über, als die Einigkeit zwischen Bismarck und dem Landtage hergestellt war. Unter solchen Umständen weiter starre Prinzipien zu verfechten und womöglich nationale und staatliche Belange aufs Spiel zu setzen, ist nie ostpreußische Art gewesen. So schlug die Stimmung, besonders in den ländlichen Kreisen, um, und die Provinz wurde und blieb eine Hochburg der Konservativen.

Bei Beurteilung der polnischen Minderheit in Westpreußen darf man nicht vergessen, daß es Gründe, wie die der Aufstände von 1830, 1846, 1848 und 1863 in Russisch Polen, hier nicht gab. Deshalb sind auch nur ganz wenige westpreußische Polen zu den Aufständischen gestoßen. Die sichere und feste Hand eines Eduard Heinrich v. Flottwell (1786 zu Insterburg geboren), der bei Schön seit 1812 in Gumbinnen, seit 1816 in Danzig gearbeitet hatte und 1825 Regierungspräsident in Marienwerder wurde, traf wohl gerade die rechte Mitte in der schwierigen Behandlung dieses Bevölkerungsteiles. Er ist dann später 1830–40 Oberpräsident in Posen gewesen. Der deutsche Bevölkerungsanteil betrug im Höchststand fast 70 v. H. Im geeinten Reich von 1871 wurde niemandem Gleichberechtigung versagt, so daß für nationale Sonderwünsche kaum noch Raum übrig blieb.

Schön und unter seinen Nachfolgern besonders Carl v. Horn (seit 1869) haben der Polenfrage in Westpreußen sorgfältige Beachtung geschenkt. Vor allem waren sie bemüht, durch Hebung des Schulwesens die Unbildung zu beseitigen, um dadurch der Bevölkerung zu höherem Lebensstand und wirtschaftlichem Aufschwung zu verhelfen. Von Germanisierungsbestreben und Abneigung gegen die polnischen Bevölkerungsteile konnte bei Schön keine Rede sein. So hoch wie in West- und Süddeutschland allerdings ging die Polenbegeisterung nicht; doch hat der Provinziallandtag von 1831 ernstlich die Doppelsprachigkeit auch in den Schulen erwogen. In der Herren-Kurie waren die Polen durch vier Abgeordnete vertreten, die jedoch mit Sonderwünschen nicht hervorgetreten sind.

Die Wünsche nach verwaltungsmäßiger Trennung der beiden Preußen gingen von den beiden großen Städten Danzig und Elbing aus, die eine stärkere Berücksichtigung der industriellen Erfordernisse verlangten. Doch gelangte auch die westpreußische Landwirtschaft nach 1878 zu einem lebhaften Aufschwung, besonders in der Erzeugung von Zuckerrüben und Getreide. In Kulmsee entstand die größte Zuckerrübenfabrik Europas. 1904 wurde die Technische Hochschule in Danzig eröffnet, bald darauf ein eigenes Staatsarchiv gegründet, 1912 das XX. Armeekorps für Westpreußen aufgestellt. Die Bevölkerung war froh, daß nun die Besonderheiten der beiden Landesteile besser berücksichtigt werden konnten, verlor aber nie das Bewußtsein der Verbundenheit.

Die Ansiedlungskommission von 1886 sollte eine Gegenmaßnahme gegen das Anwachsen des nationalpolnischen Grundbesitzes sein, hat aber in Westpreußen praktisch ganz überwiegend deutsche Güter aufgeteilt und dadurch immerhin die deutsche Bauernsiedlung schon damals gefördert. Das viel angegriffene Enteignungsgesetz von 1908 sollte das sprunghafte Ansteigen der Bodenpreise eindämmen und ist in Westpreußen und Posen nur viermal angewendet worden.

Aus ähnlichen Gründen, wie sie zur Wiedereinrichtung der Provinz Westpreußen geführt haben, ist auch der Regierungsbezirk Allenstein im Jahre 1905 geschaffen worden. Er sollte der kulturellen und wirtschaftlichen Förderung des Südens der Provinz dienen. Der Kreis Oletzko blieb bei Gumbinnen, obwohl er masurische Einwohner hatte. Die Kreise Allenstein und Rößel und der oberländische Kreis Osterode enthielten keine Masuren. Die Regierungshauptstadt Allenstein hatte schon infolge der großen Eisenbahnbauten einen erstaunlichen Aufschwung genommen: Von rund 3500 Einwohnern im Jahre 1852 stieg die Bevölkerungszahl bis 1900 auf 24 000. Allenstein war damit die viertgrößte Stadt der Provinz. Sonst zeigte sich der Nutzen besonders in der Auswertung des Waldreichtums und der Anlage zahlreicher neuer Schulen.

Gleichzeitig wurde die »Ostpreußische Landgesellschaft« ins Leben gerufen, die in der ganzen Provinz die innere Siedlung aufs stärkste gefördert hat. Bis 1914 hat sie auf 35 000 ha ehemaligen Großgrundbesitzes 1600 Siedlerstellen eingerichtet, und zwar vorwiegend bäuerliche Wirtschaften von 15–20 ha, aber auch Handwerker- und Arbeitersiedlungen von 1–2 ha. Die Entschuldung des Altbesitzes wurde durch das Besitzfestigungsgesetz, vornehmlich im Regierungsbezirk Allenstein gefördert. Auch genossenschaftliche Zusammenschlüsse wirkten mit, die ost- und westpreußische Landwirtschaft zu kräftigen.

Man darf diese Zeit vor dem ersten Weltkriege in den auch landschaftlich so reizvollen beiden Provinzen wohl eine Blüte nennen, obwohl sie nicht einmal zur vollen Entfaltung gekommen ist. Kunst und Wissenschaft gediehen in gleicher Weise. Ferdinand Gregorovius, der Historiker der Stadt Rom, ist in Neidenburg geboren, Felix Dahn wirkte 16 Jahre an der Universität Königsberg. Von den Dichtern seien hervorgehoben: die Naturalisten Bogumil Goltz und Arno Holz, der mit seiner schonungslosen Offenheit die neueste Lyrik stark beeinflußt hat. Die Dramatiker Hermann Sudermann und Max Halbe genossen Weltruf zu ihrer Zeit. Mögen die von ihnen behandelten Probleme heute auch der Vergangenheit angehören, so sind ihre Werke noch bleibendes Bild ostdeutschen Volkstums. Die »Litauischen Geschichten« Sudermanns zeigen verständnisvolle Versenkung in die Sinnesart der eingebürgerten andersartigen Volksteile. Warmherziges Ostpreußentum spricht aus den Gedichten von Johanna Ambrosius. Das Werk von Agnes Miegel (1879 zu Königsberg geboren) gehört mehr der Zeit zwischen den Kriegen an, darf aber hier schon vorweggenommen werden. Ihre ausgeglichene Kunst wurzelt ganz in der verinnerlichenden Kraft ostpreußischer

Landschaft und vermag ihr vollendeten Ausdruck zu geben. Von bildenden Künstlern sind zwei fest in der Heimat verankerte zu nennen: Lovis Corinth, der, ganz erdgebunden und vital, mit kräftig leuchtenden Farben ebensogut strotzendes Leben wie zarteste seelische Schwingungen wiederzugeben weiß, und Käthe Kollwitz, die, aus tiefreligiöser Familie kommend, das große menschliche Erbarmen wie keine andere zu wecken versteht.

VII. Die beiden Weltkriege

Bei Ausbruch des ersten Weltkrieges zog sich Generaloberst v. Prittwitz unter ständigen erfolgreichen Gefechten vor der russischen Heereswalze zurück, die nur langsam nachfolgte. Nach drei Wochen griff Paul v. Hindenburg in unerwartetem, kühnem Entschluß nach den Plänen Erich Ludendorffs zuerst die von Süden vordringende russische Narewarmee an und kesselte sie in fünftägiger Schlacht vom 26.–30. August im Raume Hohenstein – Willenberg – Ortelsburg ein. 150 000 Deutsche, vorwiegend ost- und westpreußische Regimenter, fochten gegen 190 000 Russen, über 90 000 Gegner streckten die Waffen. Auf Ludendorffs Vorschlag wurde der Sieg nach dem Orte Tannenberg benannt, obwohl dies westlich außerhalb der Kampfzone liegt.

Nur wenig länger als eine Woche danach stieß Hindenburg von Süden her in die Flanke der bis an die Deime vorgerückten, abwartend gebliebenen Njeman-Armee Rennenkampfs hinein und rollte auch diese Front in der »Schlacht an den masurischen Seen« vom 8.–11. September vollständig auf, so daß die Reste der Russen hinter den Njeman zurückgehen mußten. Der ganze Feldzug hatte drei Wochen gedauert.

Die Zivilbevölkerung war auf Nachrichten von Ausschreitungen russischer Truppen größtenteils geflohen, kehrte aber nach der Räumung sogleich zurück. Sie fand schlimme Verwüstungen. Auch drang der Gegner nochmals in das östliche Grenzgebiet ein und mußte in der »Winterschlacht in Masuren« vom 7.–21. Februar 1915, teilweise in zähem Stellungskampfe, endgültig vom deutschen Boden vertrieben werden. Der Feind wurde in den Wäldern von Augustowo eingeschlossen.

Der Gesamtschaden in der blühenden Provinz betrug 1½ Milliarden. 39 Städte und 1900 ländliche Orte waren ganz oder größtenteils zerstört. Aber schon am Ende des Krieges war mehr als die Hälfte des Wiederaufbaus vollendet. Bis 1925 konnte er als abgeschlossen betrachtet werden. Dank einer wohldurchdachten Planung wurden beim Städtebau durchweg baulich anspre-

chende, in die Landschaft passende Lösungen erzielt. Die Leistung des Oberpräsidenten Adolf v. Batocki-Bledau, aus alter ostpreußischer Familie, kann sich getrost mit dem »Retablissement« Friedrich Wilhelm I. messen. Damals entstanden die ersten Patenschaften westdeutscher Großstädte oder ganzer Provinzen für ostpreußische Städte und Kreise.
Ostpreußen war als einzige deutsche Provinz Kriegsgebiet gewesen. Der Umwälzung vom 9. November 1918 folgte es wohl, aber die neugebildeten Arbeiter- und Soldatenräte waren sich in ihrer Mehrzahl der Verantwortung auf diesem Vorposten bewußt, bemühten sich um die Erhaltung von Ruhe und Ordnung und arbeiteten mit dem Oberpräsidenten v. Batocki zusammen. Die Wahlen zur Nationalversammlung am 19. Januar und zur preußischen Landesversammlung am 26. konnten ohne Störungen stattfinden.
Als sich dann radikale Strömungen des »Spartakusbundes« regten, wurden sie hier schon bald unschädlich gemacht. Das konnte geschehen, weil die beiden preußischen Provinzen wieder einmal eine gemeinsame Spitze erhalten hatten: Am 22. Januar 1919 wurde August Winnig »Reichs- und Staatskommissar für Ost- und Westpreußen«, nachdem er vorher als »Generalbevollmächtigter des Reiches für die Baltischen Lande« die Disziplin der dortigen deutschen Truppen wiederhergestellt und die Verteidigung gegen den Bolschewismus gestärkt hatte, bis die Selbständigkeit der baltischen Staaten von den Sowjets anerkannt wurde. Er besaß weitgehende Vollmachten zur Herstellung der Ordnung und Schaffung eines Grenzschutzes in Verbindung mit den Militärbehörden. Diese Freiwilligenformationen, die in erstaunlich kurzer Zeit einsatzbereit waren, haben dann am 3. März 1919 die Provinz von der »Volksmarinedivision« gesäubert, insbesondere in Königsberg, wo diese, etwa 1500 Köpfe stark, die 560 Mann der mehrheitssozialistischen Sicherheitswehr entwaffnet und sich im Schloß festgesetzt hatten. Von dort aus terrorisierten sie die Stadt. Auch mit der Roten Armee, die 35 km vor der Landesgrenze stand, hatten sie Fühlung genommen.
Winnig, der bei diesem wohlorganisierten, trotzdem für die Spartakisten völlig überraschend durchgeführten Schlage mit Generaloberst v. Seeckt zusammengearbeitet hatte, gewann bald das Vertrauen weiter ostpreußischer Kreise und wußte es sich zu erhalten, obwohl er von Geburt kein Ostpreuße, sondern Thüringer war. Aber seine zupackende Tatkraft entsprach ostpreußischer Art.
Inzwischen war am 8. Mai der Inhalt des Versailler Diktats mit

seinen zerstörenden Bestimmungen für den deutschen Osten bekannt geworden. Grenzenlose Erregung bemächtigte sich der bedrohten Provinz. Die Abgeordneten der Nationalversammlung und der preußischen Landesversammlung traten zu einem Ostparlament zusammen und berieten am 22. Mai Maßnahmen zur Rettung der Ostmark. Sogar der Gedanke an einen selbständigen Oststaat tauchte auf, war aber militärisch undurchführbar. Batocki, der sich stark für diese Pläne eingesetzt hatte, mußte am 26. Juni 1919 als Oberpräsident zurücktreten. Winnig übernahm das Amt am 1. Juli vertretungsweise. Die Bestallungsurkunde hat das Datum des 12. September. Sein größtes Verdienst ist wohl, daß er der Arbeitslosigkeit erfolgreich entgegengewirkt und durch die »Landwirtschaftliche Arbeitsgemeinschaft« geordnete Verhältnisse auf dem Lande geschaffen hat.

Der Versailler Vertrag vom 28. Juni 1919 trat am 10. Januar 1920 in Kraft. Das alte Ordensland wurde aufs neue gespalten: Westpreußen links der Weichsel und das Kulmerland wurden ohne Volksbefragung abgetrennt, dazu von Ostpreußen das anerkanntermaßen überwiegend deutsch, keinesfalls auch nur masurisch bewohnte Gebiet von Soldau, um die Eisenbahn Dt. Eylau–Mlawa ganz in polnische Hand zu bringen. Das Reich mußte auf Danzig und das Gebiet nördlich des Memelstromes verzichten. Danzig wurde »Freie Stadt« unter dem Schutz des Völkerbundes, aber mit starken Einschränkungen seiner Souveränität zugunsten Polens. Zwischen Ostpreußen und dem Mutterlande klaffte der »Korridor«, der an seiner schmalsten Stelle nahe der Küste immerhin 34 km breit war und sich andernorts bis zu 225 km ausdehnte. Für die restlichen Kreise Westpreußens: Stuhm, Rosenberg, Marienburg östlich der Nogat und Marienwerder östlich der Weichsel sowie für den ganzen Regierungsbezirk Allenstein nebst dem Kreise Oletzko war eine Volksabstimmung verfügt worden. Die Kreise Dt. Krone, Flatow und Schlochau blieben beim Reiche und wurden mit dem Kreise Fraustadt zu einer neuen Provinz »Grenzmark Posen–Westpreußen« vereinigt.

Am 10. Januar verließ die Reichswehr das Abstimmungsgebiet, englisches und italienisches Militär rückte ein. Das Memelgebiet wurde durch französische Einheiten besetzt. Einmütig taten sich alle politischen Parteien außer den sogen. »Unabhängigen Sozialisten« zu Arbeitsgemeinschaften zusammen, um die Abstimmung vorzubereiten. In Westpreußen bildeten sich »Deutsche Volksräte« und ein »Heimatdienst«, für Masuren der »Ostpreußische Heimatdienst«. Die Heimatvereine schlossen sich zum »Masuren- und Ermländerbund« zusammen. Reichskommissar

für die Abstimmung wurde in Westpreußen Theodor Graf v.
Baudissin mit dem Sitz in Marienwerder, für Ostpreußen Wilhelm Freiherr v. Gayl. Verdienstvolle Helfer waren hier Max
Worgitzki, dort Pfarrer Lavien als guter Kenner des Kaschubentumes. Von seiten der Alliierten gab es die Interalliierten
Kommissionen in Marienwerder und Allenstein.
Die Berliner Ereignisse vom 13.–15. März 1920 haben auch in
Ostpreußen Unruhe ausgelöst. Wolfgang Kapp war hier Generallandschaftsdirektor gewesen und hatte sich mit Erfolg für Landarbeiterbewegung, Bauernsiedlung und Grundentschuldung eingesetzt. Mit der öffentlich-rechtlichen Lebensversicherung hatte
er, gegen starke Widerstände, eine gemeinnützige Einrichtung
geschaffen, die noch heute in der Bundesrepublik besteht. Während des Krieges war er als Gründer der »Vaterlandspartei« und
Gegner Bethmann-Hollwegs hervorgetreten. In der Sorge vor
der kommunistischen Gefahr inner- und außerhalb Deutschlands
begegnete er sich mit Winnig, der sich, wie der kommandierende
General v. Estorff, auf seine Seite gestellt hatte. Beide mußten
nun zurücktreten, mit ihnen der Regierungspräsident von Gumbinnen, Freiherr v. Braun-Neucken, und eine ganze Anzahl von
Landräten.
Winnigs Nachfolger als Oberpräsident wurde der Insterburger
Rechtsanwalt und Abgeordnete der Fortschrittlichen Volkspartei
Ernst Siehr, seit April vertretungsweise, im August endgültig.
Er hat das Amt bis zum Herbst 1932 geführt. Die Regierung v.
Papen setzte ihn ab. Siehr stammte aus einer alten, angesehenen
Juristenfamilie und verband mit warmer Heimatliebe eine klare
Erkenntnis der Erfordernisse des Augenblicks, vor allem eine
unbeirrbare Zähigkeit bei der Durchführung des als notwendig
Erkannten. In dieser Einstellung fand er volles Verständnis bei
der ostpreußischen Bevölkerung, die ihm, ebenso wie dem konservativen v. Batocki und dem mehrheitssozialistischen Winnig,
ehrliche Mitarbeit zum Wohle der Provinz nicht versagt hat.
Ihm fiel es nun zu, Ostpreußen während der Abstimmungszeit zu
lenken. Als Termin wurde von den interalliierten Kommissionen
der 11. Juli 1920 festgesetzt. Es wurde eine eindrucksvolle Kundgebung, da auch die im Abstimmungsgebiet Geborenen es sich
nicht nehmen ließen, trotz größter Schwierigkeiten in die Heimat
zu kommen, 24 000 nach Westpreußen, 128 000 nach Ostpreußen,
obwohl die überwiegende Mehrheit durch die Einheimischen
ausreichend gesichert war. Sie bildeten später die Vereine der
heimattreuen Ost- und Westpreußen im Reich. Für die Einreise wurde damals der Seedienst Ostpreußen von Swinemünde

nach Pillau eingerichtet, da der Korridor für sie gesperrt wurde. Die Frage lautete, ob man sich für Polen oder Ostpreußen (nicht das Deutsche Reich) entscheiden wolle. Die Antwort fiel, wie erwartet, aus: In den westpreußischen Kreisen stimmten 92,28 v. H. für Ostpreußen, im ostpreußischen Bezirk 97,5, davon im eigentlichen Masuren 99,3 v. H. Selbst die Siedler polnischer Herkunft im Kreise Allenstein waren nur mit 2,1 v. H. für Polen eingetreten. Am 12. August 1920 sprach die Botschafterkonferenz die beiden Abstimmungsbezirke dem Deutschen Reiche zu. Sie wurden am 16./17. August wieder in preußische Verwaltung genommen. Der westpreußische Anteil, 29,26 qkm groß, wurde verwaltungsmäßig als Regierungsbezirk Marienwerder zu Ostpreußen gelegt. Die neue Provinz von 1920–39 umfaßte 36 992 qkm mit 2$^{1}/_{2}$ Millionen Einwohnern. Das alte Ostpreußen hatte 1913 mehr als das, 37 047 qkm mit 2 Millionen, Westpreußen 25 550 qkm mit 1,7 Millionen gehabt.

Die neue Grenzziehung brachte viele Erschwerungen: Tilsit z. B. war von seinem Wasserwerk abgeschnitten, das auf dem andern Memelufer lag, Garnsee und Bischofswerder von ihren Bahnhöfen. Entgegen Art. 28 des Vertrages sollte die Grenze nicht in der Strommitte der Weichsel liegen, sondern 20 m westlich der Flußdeiche auf dem rechten Ufer, wobei sie siebenmal das Deichsystem schnitt und dadurch Schutzmaßnahmen so gut wie unmöglich machte. Der in Art. 97 vorgesehene »Zugang zur Weichsel« bestand in einem 4 m breiten Pflasterweg beim Hofe Kurzebrack und war vor dem Ufer durch Schlagbaum und Grenzposten gesperrt. Die neue Münsterwalder Eisenbahnbrücke, die den dritten Schienenweg nach Berlin hatte aufnehmen sollen, wurde abgetragen und nach Thorn überführt.

Aus Westpreußen sind bis 1930 $^{3}/_{4}$ der eingesessenen, bodenständigen Deutschen abgewandert. Von 65 v. H. sank die deutsche Bevölkerung auf dem Lande damals bis etwa 15 v. H. Der Danziger Hafen kam durch Gründung eines zweiten Seehafens in Gdingen fast zum Erliegen.

Schwer um sein Deutschtum zu kämpfen hatte das Memelgebiet, besonders nachdem es am 10. Januar 1923, gleichzeitig mit der Ruhrbesetzung, von Litauen aus durch angebliche »Freischaren« besetzt worden war. Die alliierten Mächte gaben der vollendeten Tatsache am 18. Februar ihre Zustimmung, machten jedoch die Einschränkung einer autonomen Verwaltung mit eigener Volksvertretung. Von 1926–38 war der Kriegszustand über das geplagte Land verhängt. Wirtschaftlich war es ohnehin ruiniert: U. a. hörte die Flößerei von früher 2 Millionen Festmeter Holz für die ost-

preußische Sägewerkindustrie völlig auf, wie überhaupt der ganze russische Transitverkehr durch Ostpreußen, der eine so wichtige Einnahmequelle gewesen war, nur sehr langsam wieder in Gang kam.
Aber das war nur eine der vielen wirtschaftlichen Sonderbelastungen, zu denen noch die dem Reich als Ganzes auferlegten Reparationen und die Schäden der Geldentwertung kamen. Das Schlimmste war die Marktferne, die durch Verkehrsschwierigkeiten weit gewordenen Zwischenräume zu den alten Absatzgebieten der Landeserzeugnisse. Die hohen Frachtkosten ließen kaum noch einen Verdienst übrig. 19^1/$_2$ Millionen Mark jährlicher Ausfall ergaben sich daraus. Auch der Seeweg bedeutete keine Lösung: Königsberg war der polnischen und litauischen Konkurrenz in Gdingen und Memel ausgesetzt, die weit niedrigere Frachtsätze anbieten konnten.
Hier Abhilfe zu schaffen, war das vornehmste Bestreben des Oberpräsidenten Siehr, der sich erfolgreich für eine Hilfe des Reiches durch bevorzugte Behandlung Ostpreußens eingesetzt hat. 1922 stellte er sein »Ostpreußenprogramm« auf, das sehr wesentlich mitgewirkt hat, die »Insel Ostpreußen« gegen alle wirtschaftlichen, politischen und kulturellen Gefahren zu sichern. Vor allem wurden Frachtermäßigungen gewährt und im Rahmen der »Ostpreußenhilfe« 1928/29 der ostpreußischen Wirtschaft Mittel zur Behebung der Kreditnot zugeführt. Durch die Stabilisierung der Währung 1924 war der Geldmarkt eher noch mehr in Verwirrung geraten, da die Ernte bereits gegen Papiermark verkauft war. Auch als 1930 die Ostpreußenhilfe in die allgemeine »Osthilfe« aufging, ist noch ein Drittel des Ostfonds nach Ostpreußen geflossen. So hat dies keine Benachteiligung erfahren.
Man half sich auch selbst, wo man irgend konnte. Das »Institut für ostdeutsche Wirtschaft«, schon während des Krieges durch v. Batocki geschaffen, lieferte weiter die wissenschaftliche Vorarbeit für die praktische Wirtschaftspolitik. Die Züchtung von wertvollem Vieh wurde auf eine bisher nicht erreichte Höhe gebracht. Das neue »Ostpreußenwerk« bei Friedland an der Alle versorgte die Landwirtschaft mit elektrischem Strom. Die Siedlung, gefördert durch die Landgesellschaft und die staatlichen Kulturämter, schuf von 1919-30, also in zwölf Jahren, 7820 neue Stellen auf 94 000 ha. In mehr als der doppelten Zeit war seit 1891 nur etwas über die Hälfte davon geleistet worden.
Auch die Industrialisierung wurde gefördert, schon um den Absatz der einheimischen Rohstoffe zu erleichtern. Der Königsberger Hafen wurde erweitert. Die Ostmesse seit 1920 wurde ein kräftiger Anziehungspunkt für den europäischen Osten. »Ort der

Begegnung« mit den östlichen Nachbarn auf wissenschaftlichem Gebiet war die Landesuniversität, die ihre Strahlungskraft seit dem 16. Jh. behalten hatte. Das landwirtschaftliche Institut, an der Gelehrte wie Johannes Hansen und Ernst Mitscherlich wirkten, ist wegen seiner hohen Bedeutung für die Praxis ständig erweitert worden und zog Studenten aus dem Reiche und den Randstaaten in großer Zahl an sich. Die Einrichtung des »Ostsemesters« hat ebenfalls die kulturellen Bindungen an das Mutterland verstärkt.

Der Nationalsozialismus war bis 1928 in der Provinz fast gar nicht vertreten. In der Führungsschicht der Partei hat es auch später keinen Ostpreußen gegeben. Aber die Hoffnung auf die Revision des Versailler Vertrages gewann ihr mit der Zeit Anhänger unter denen, die am schwersten darunter gelitten hatten. Erich Koch, der im September 1928 nach Ostpreußen kam und zunächst ein wenig beachtetes Dasein führte, stammte aus Elberfeld. Nach der »Machtübernahme« von 1933 zwang er den Oberpräsidenten Wilhelm Kutscher, der im Herbst 1932 als Fachbeamter an Siehrs Stelle getreten war, zum Rücktritt. Koch wurde Oberpräsident, blieb aber seiner Haltung nach immer nur der revolutionäre Gauleiter, der dem Lande keine ruhige Entwicklung gönnte. Bezeichnend für ihn ist seine »Arbeitsschlacht« von 1933, mit der er angeblich die Arbeitslosigkeit in Ostpreußen beseitigt haben wollte. Da aber die Leute während der Ernte vorwiegend berufsfremd eingesetzt worden waren, gab es schon im Herbst wieder Arbeitslose in großer Zahl, über die jedoch keine Statistiken mehr veröffentlicht wurden.

Am 24. Oktober 1938 hat Hitler die Rückgabe Danzigs von Polen gefordert, wiederholt am 21. März 1939. Am 26. erfolgte die Ablehnung. Das Memelland ist auf friedlichem Wege am 22. März 1939 an das Reich zurückgegeben worden. Litauen erhielt Vorzugsrechte im Memeler Hafen, die seinen wirtschaftlichen Bedürfnissen Genüge leisteten.

Bald nach Ausbruch des 2. Weltkrieges kam der Regierungsbezirk Marienwerder zum neuen Reichsgau Danzig-Westpreußen, und Soltau zu Ostpreußen. Im Januar 1940 wurden die baltischen Staaten von Sowjet-Rußland besetzt. Am 22. Juni 1941 begann der Krieg mit der Sowjet-Union. Die Wolfschanze bei Rastenburg wurde das deutsche Hauptquartier und am 20. Juli 1944 Schauplatz des Attentats auf Hitler.

Unmittelbar danach, Anfang August, erreichte der russische Angriff die Reichsgrenze. Der Bau des Ostwalls erwies sich als unzulänglich. Im Oktober begann die »Schlacht um Ostpreußen«, General der Infanterie Friedrich Hoßbach gelang es, Goldapp am 5. November vorübergehend zu befreien. Am 20. Oktober begann die Evakuierung der Bevölkerung, zunächst nur in die westlichen Teile der Provinz. Nach dem Zusammenbruch der deutschen Weichselfront am 12. Januar 1945 setzte ein neuer sowjetischer Angriff auf Ostpreußen ein. Von Süden her erreichten die sowjetischen Einheiten schon am 26. Januar Tolkemitt am Haff, Elbing fiel am 9. Februar. Damit war Ostpreußen vom Reich abgeschnitten, Durchbruchsversuche Hoßbachs aus dem Wormditter Raum scheiterten, Reste seiner Armee konnten sich bis zur Kapitulation auf der Frischen Nehrung halten.

Am 22. Februar gelang es General der Infanterie Otto Lasch, dem Verteidiger von Königsberg, die bereits gesperrte Verbindung nach Pillau wieder freizukämpfen. 451 000 Menschen sind zu Schiff von Pillau aus evakuiert worden, rund 200 000 gelangten über die Frische Nehrung nach Danzig und von dort zu Land nach Pommern. Danzig und Gotenhafen wurden Fluchthäfen für 900 000 Deutsche. Am 27. März wurde Danzig von den Sowjets eingenommen. Im April konnten sich noch 400 000 Menschen von der Halbinsel Hela aus einschiffen. Die Verteidigung von Königsberg wurde am 9. April aufgegeben. Pillau fiel am 25. April 1945. Nach der Kapitulation sind, besonders aus Gegenden östlich der Oder, viele Trecks nach Ostpreußen zurückgekehrt, aber nur, um sogleich wieder ausgewiesen zu werden, sofern sie nicht schon auf dem Rückwege dem Hunger, den Seuchen und der Gewalt erlagen. Von 110 000 Menschen, die bei der Kapitulation noch in Königsberg lebten, starben bis Oktober 1945 die Hälfte. Im März 1947 waren es nur noch 25 000, die abtransportiert wurden. Seitdem gibt es kaum noch Deutsche im Königsberger Gebiet.

Durch das Potsdamer Abkommen vom 2. August 1945 ist Ostpreußen in zwei Verwaltungsbezirke gespalten worden, den nördlichen, von dem das Memelgebiet zur litauischen Sowjetrepublik geschlagen wurde, und einen südlichen, wobei der nördliche unter sowjetische, der südliche unter polnische Verwaltung gestellt wurde. Die Demarkationslinie verläuft von der Frischen Nehrung zwischen Narmeln und Neukrug über das Haff bis in die Umgebung von Heiligenbeil, dann weiter über Pr. Eylau, Gerdauen und Nordenburg, nördlich an Goldap vorbei quer durch die Rominter Heide bis Szittkehmen (Wehrkirchen) schließlich bis zur ehemaligen Dreiländerecke zwischen Deutschland, Litauen und Polen bei Gromadtschisna. Die Regelung wurde vertraglich als eine vorläufige bis zu einem künftigen Friedensvertrage bezeichnet.

Erich Weise

HISTORISCHE STÄTTEN

Allenburg (Družba, Kr. Wehlau). Bei der Eroberung → Nadrauens nahm der Deutsche Orden die auf dem Zickelberg am w. Alleufer gelegene preuß. Burg ein und baute sie 1256 aus. Sie wurde von den Nadrauern 1260 zerstört. Nach der Niederwerfung des Preußenaufstandes errichtete der Deutsche Orden 1272 auf dem ö. Alleufer die A., die Burg an der Alle, die als Grenzfeste gegen die »Wildnis« dienen sollte. Dies Wildhaus war im W durch die Alle und im SO durch eine Mauer gesichert. Es wurde im 13j. Kriege vom Preuß. Bund zerstört. Das Burggelände hieß bis in die jüngste Zeit der Junkerhofplatz. – Neben der A. entstand auf der Halbinsel zwischen dem Abtfluß, der Alle und der Schwöne die Stadt A. mit rechteckigem Grundriß und gitterförmigem Straßennetz. »Am Ostrand des Wohnsdorfer Siedlungsgebietes« und vor der Wildnis gelegen, ist sie »als Auftakt beabsichtigter bäuerlicher Neusiedlung« anzusehen. Hochmeister Konrad v. Jungingen verlieh ihr i. J. 1400 54 Hufen zu kulmischem Recht und Zinsfreiheit bis 1406. In diesem Jahre war die Kirche erbaut, 1409 wird auch eine Schule erwähnt. Da die Stadt sich dem Preuß. Bund angeschlossen hatte, wurde sie 1455 vom Deutschen Orden überwältigt und zum Teil zerstört. Vor 1491 wurde sie ein Lehen der Fam. v. Kanitz, 1540 der Fam. v. Polenz. 1667 wurde A., dem der Gr. Kf. 1663 das Stadtrecht bestätigt hatte, zum großen Teil durch einen Brand zerstört, dabei wurde das Rathaus vernichtet. 1679 besetzten die Schweden die Stadt, und von 1682–1807 erhielt sie wechselnde Garnisonen. 1683 gründete die Kammerherrin Anna Helene v. Rauschke das nach ihr benannte Frauenstift. Im 18. Jh. war A. Sitz des etwa 1723 eingerichteten Domänenamtes Natangen, das zum Hauptamt Tapiau gehörte. Die Pest von 1711 sollen nur elf Einw. überlebt haben. 1782 waren es schon wieder 1379. 1757–62 hatte A. russ. Besatzung. 1807 besetzten die Franzosen die Stadt und plünderten sie aus. 1867 und 1875 vernichteten größere Brände die Stadt. Die Bevölkerung sank von 2415 (1865) auf 1933 (1880); 1930 betrug sie 2003. 1914 wurde A. durch die Russen zerstört, dabei wurde die Kirche beschädigt und der stattliche Turm gesprengt. 1925 war sie wiederhergestellt. Da die Alle von A. ab schiffbar ist, sollte hier der (unvollendet gebliebene) Masurische Kanal in die Alle geführt werden. A. lag stets abseits der Verkehrswege und hatte daher keine Entwicklungsmöglichkeiten; seine Einwohnerzahl blieb auch nach dem Eisenbahnanschluß gering. Seit 1945 liegt A. im sowjetisch besetzten Teil Ostpreußens. (III) *Gu*

HBonk, Aus A.s Vergangenheit, 1900 — AWormit, Gesch. der Gemeinde A., 1905 — ThWinkler in: LV 50, S. 22

Allenstein (Olsztyn, Stadtkreis). Als im Herbst des J. 1346 das Gebiet der oberen Alle – es bestand aus den preuß. Gauen Gudikus und Bertingen – dem ermländischen Domkapitel als weltl. Territorium zugesprochen war, lag den Domherren daran, zunächst einen Mittelpunkt für die Besiedlung zu schaffen. Hierzu wählte man einen Platz auf einer der vielen Halbinseln zwischen den Windungen der Alle. Hier errichtete man eine Burg, in deren Schutz sich bald dt. Siedler niederließen. Es entstand die »neue Stadt«, die 1348 zum ersten Mal erwähnt wird; am 31. Oktober 1353 erhielt sie die Handfeste. Zugewiesen wurden ihr 78 Hufen Ackerland und 100 Hufen Wald, 1378 kamen noch 4½ Hufen Land und 60 Hufen Wald hinzu. Sehr bald begann man mit dem Ausbau des Schlosses; auch die Pfarrkirche St. Jakobi wurde in der 2. H. 14. Jh. errichtet, »eine der bedeutsamsten Leistungen des Backsteinbaues im östlichen Deutschland«. – In der Burg wohnte der Kapitelsvogt, der oberste weltl. Beamte des Domkapitels, und bald residierte hier auch der Kapitelsadministrator oder Landpropst, den die Domherren aus ihrer Mitte wählten. Nikolaus Coppernicus hat dieses Amt 1516–19, 1521 und 1524 bekleidet. Eine seiner wichtigsten Aufgaben war die Wiederbesiedlung des Kammeramts A.; denn kaum war die Besiedlung des → Ermlandes abgeschlossen, setzten nach der Schlacht von Tannenberg (1410) Verwüstung und wirtschl. Niedergang durch unaufhörliche Kriege ein. Da der Zustrom dt. Siedler aufgehört hatte, zog man Masovier heran, die mit der Einverleibung ihres Herzogtums in das Königreich Polen nicht zufrieden waren. Einzelne wurden auch städtische Bürger; doch bewahrte die Stadt ihren dt. Charakter. Die Lehrer der Pfarrschule waren stets Deutsche, die Tuchmacher forderten 1671 von ihren Zunftmitgliedern, daß sie dt. Abstammung sein mußten, ähnlich war es bei den anderen Gewerken. Im Rat und in der Schöppenbank überwogen immer die Deutschen, die städtische Verwaltung war ein fester Damm gegen das Vordringen des Slawentums. Als Friedrich d. Gr. 1772 das Fürstbistum Ermland in den preuß. Staat einverleibte, stellten seine Kommissare fest, daß in A. wie in allen anderen ermländischen Städten nach wie vor das magdeburgisch-kulmische Recht galt. Bei der Besitznahme von 1772 zählte die Stadt 1770 Einw. 1817 wurde ein Kr. A. gebildet. A. wurde Kreisstadt, hatte aber nur 2100 Einw.

Eine neue Zeit begann mit dem Bau der Eisenbahnen. Am 1. Dezember 1872 wurde eine Teilstrecke der Thorn-Insterburger Bahn eröffnet, ein Jahrzehnt später war A. der bedeutendste Eisenbahnknotenpunkt im südlichen Ostpreußen. Es folgte die Gründung des Gymnasiums (1877), die Errichtung des Landgerichts (1878), 1884 rückte das ostpreuß. Jägerbataillon ein, ein Regiment folgte dem andern, bald war A. die zweitstärkste Garnison der Provinz, seit 1912 Sitz des 20. Armeekorps. Die Einwohnerzahl stieg erstaunlich schnell: Nachdem 1895 die Zahl 20 000 überschritten war, wurde der Kreis in einen Stadtkreis und einen Landkreis geteilt, 1905 wurde ein neuer Regierungsbezirk mit dem Sitz in A. gebildet. Er sollte Masuren und das südliche Ermland zu einer Einheit zusammenfassen und wirtschl. sowie kulturell betreuen. – Zu Anfang des ersten Weltkriegs war A. kurze Zeit von den Russen besetzt – einige Reliefs am neuen Rathaus erinnerten daran –, die Schlacht bei Tannenberg brachte die Befreiung. Bei der Abstimmung am 11. Juli 1920 war A. das dt. Hauptquartier: 97,8 %o der Stimmen wurden für Deutschland abgegeben; daran erinnerte ein Denkmal am Jakobsberg. Am Schluß des zweiten Weltkriegs, Ende Januar 1945, wurde A. von den Russen besetzt. (III) P

HBonk, Gesch. d. Stadt A., A. 1903—1914 — AFunk, Gesch. d. Stadt A. von 1348—1943, Gelsenkirchen 1955 — HFredrichs in: LV 50, S. 22 (wo statt „Domkapitel von Pomesanien" jedesmal „von Ermland" einzusetzen ist)

Althausen (Starogród, Kr. Kulm). Der Ort wird in ma. Quellen auch Alt-Culm gen. und war nach Alt-→ Thorn der zweite feste Platz, den der Deutsche Orden 1232 im → Kulmerland anlegte. An der gleichen Stelle hatte sich zuvor eine Befestigung der heidnischen Preußen befunden. Die Ordensburg lag am Rande des steil zur Weichselniederung abfallenden Geländes, beherrschte weithin das breite Tal des Stromes und nahm unter den Ordensburgen des Kulmerlandes anfangs eine hervorragende Stellung ein. Hier wurde auch das 1242 bei Erstürmung der pommerell. Burg Sartowitz erbeutete Haupt der hl. Barbara aufbewahrt. Von der großen Anlage ist heute nur noch ein Mauerklotz erhalten. An der Spitze der Landzunge befand sich das Haupthaus, umgeben von einem Parcham, hinter diesem die Vorburg; daran anschließend, wo heute die Gebäude der Domäne, Kirche, Pfarrei und andere Bauten stehen, war eine Fläche von etwa 6 ha ebenfalls durch Wall, Graben und Plankenzäune gesichert. Hier kann jene Stadtsiedlung gelegen haben, die nach Chroniken i. J. 1232 neben der Burg A. angelegt wurde. A. war Vorort einer Ordenskomturei. Ein Bauerndorf A. wird 1319 urk. erwähnt; seine Pfarrei und Kirche waren höchstwahrscheinlich schon 1276 vorhanden. 1454 wurde Burg A. von den Aufständischen besetzt, dann aber durch Bernhard v. Zinnenberg, einem Söldnerführer des Ordens, erobert. 1478 löste Kg. Mathias Corvinus v. Ungarn die Burg nebst → Kulm und → Strasburg aus dem Pfandbesitz der Söldner, trat alle drei aber 1479 an die Krone von Polen ab. 1505 wurde A. dem Bf. v. Kulm geschenkt, dem das Schloß mehrere Jahrzehnte als Residenz diente. A. blieb auch nach der Säkularisation der bischl. Güter in dessen Besitz. 1777 wurde das

Schloß wegen Baufälligkeit abgebrochen, die Materialien nach
→ Graudenz zum Festungsbau geschafft. (II) *B*
LV 163, ₅

Altmark (Stary Targ, Kr. Stuhm). Das Dorf wurde von dem
Christburger Komtur Hermann v. Schönberg (1271–76) mit 60
Hufen zu kulmischem Recht gegr., die 1905 bis auf den Turm
abgebrochene Ordenskirche St. Simonis und Judae verm. bald
nach 1320 errichtet. A. hatte 1596/97 einen evg. Prediger, der
wegen Verfolgung 1597 nach dem benachbarten Altfelde zog. Am
26. September 1629 wurde hier für sechs Jahre ein Waffenstillstand zwischen Schweden, Polen und Brandenburg geschlossen,
der Kg. Gustav Adolf die Möglichkeit zum Eingreifen in Dtschl.
gab. Vor Ausbruch des zweiten schwed.-poln. Krieges waren in
A. 19 Bauern, sechs Gärtner, zwei Krüger, ein Müller und ein
Schulze vorhanden, 1664 nur noch drei Bauern, Müller, Schule
und ein Krüger. 1674 wird bei A. ein »Schloßgrund« erwähnt. Um
1820 zählte das Dorf 422 Seelen, 1905: 1047 (darunter 933 Kath.),
1939: 1283. A. gehörte zu den wenigen Ortschaften des westpreuß. Abstimmungsgebietes, in denen mehr als die Hälfte der
Abstimmungsberechtigten für den Anschluß an Polen stimmten
(von 780 abgegebenen Stimmen entfielen 391 auf Polen).
LV 112, 163, ₁₃ (II) *B*

Altwartenburg (Barczewko, Kr. Allenstein). Im altpreuß. Gau
Gunelauken, auf einer Anhöhe am Wadangsee, wo heute die
Mühle Orzechowo steht, legte der Bistumsvogt Friedrich v. Liebenzelle ein Wacht- und Wildhaus an; von hier drangen die
Wartleute als Späher und Kundschafter in die großen Wälder
vor, um die Litauer zu beobachten. Im Schutze der Burg erwuchs
bald die Stadt Wartenburg, die zuerst in einer Urk. des Bf. Hein-
richs II. Wogenap vom 26. Dezember 1329 erwähnt wird. Schon
im Winter 1353/54 erlag die junge Stadt dem Ansturm der
Litauer, die unter ihren Großfürsten Olgierd und Kynstut ins
Bistum eindrangen und unmenschlich hausten. Nach ihrem Abzug wurde die Stadt wieder aufgebaut, aber nicht an der alten
Stelle, sondern eine Meile weiter ostwärts. Am Wadangsee aber
entstand bald das Kirchdorf A., erstm. am 5. Februar 1369 gen.
Die verlorene Handfeste erneuerte Bf. Heinrich III. Sorbom dem
Schulzen Heinrich v. Blankensee am 9. Juli 1376. Die Pfarrkirche
St. Katharina wurde 1582 von Bf. Martin Kromer geweiht und
1893 mit romanisierenden Formen umgebaut. (V) *P*
LV 114, S. 107 u. 157 — LV 164, S. 249

Angerburg (Węgorzewo, Kr. Angerburg). Am Nordende der großen masurischen Seenkette überquert eine uralte Ost-West-
Straße von → Sudauen ins Bartener Land den Nordausfluß, die
Angerapp, wie mehrere vorzeitl. Gräberfelder anzeigen. Der Ritterorden errichtete um 1335 unter dem Hochmeister Dietrich v.

Altenburg hier auf einer Flußinsel ein Wildhaus, das die Litauer unter Kynstut 1365 zerstörten. Der erneute Aufbau in Stein erfolgte 1398 etwas weiter landeinwärts. Um 1450 war neben der Burg eine kleine Ansiedlung entstanden, die nach Rückschlägen 1514 eine neue Verschreibung unter dem Namen Neudorf erhielt. 1528 wurde die erste Kirche in Holz erbaut, um 1560 der Mauersee für die Schloßmühle zu seiner jetzigen Höhe aufgestaut, und am 4. April 1571 A. zur Stadt erhoben. Seit 1611 zählt der steinerne Ausbau der später mehrfach vergrößerten Kirche. Im 17. und 18. Jh. hinderten Kriege, Pestseuchen und verheerende Brände das Gedeihen der Stadt. Der 1703 formierten Bürgerkompanie folgten 1718 Kürassiere vom Regt. v. Katte. Der herrische General bedrückte Rat und Bürger, sorgte aber für einen neuen Markt, Kasernen und die sog. Wasserkunst, die fließendes Wasser lieferte. Das 19. Jh. brachte Städteordnung und Gewerbefreiheit, doch hemmten 1831 Cholera und danach Teuerungsjahre den Fortschritt. Nachdem mehrere Versuche, die Angerapp schiffbar zu machen, fehlgeschlagen waren, wurde 1845 der Plan, eine Verbindung von Johannisburg nach A. zu schaffen, wieder aufgenommen und bis 1857 durchgeführt. Am. 3. September 1856 legte das Dampfschiff »Masovia« von Lötzen kommend zum ersten Male in A. an. Der Masurische Kanal, der den Mauersee mit der unteren Alle verbinden sollte, ist trotz wiederholter Bauansätze nie fertig geworden. 1908 regelte man den Wasserstand der großen Seenkette einheitlich auf 116 m über NN. Die Stadt A. erwarb sich durch das seit 1880 entstandene Siechen- und Krüppelheim, die »Wohltätigkeitsanstalten Bethesda«, einen guten Ruf. In der Schlacht an den masurischen Seen vom 8.–11. September 1914 spielten sich im Raum westlich und östlich von A. harte Kämpfe ab. Zum Gedenken entstand einer der würdigsten Gefallenfriedhöfe in Jägerhöhe, oberhalb des Schwenzaitsees mit beherrschendem Fernblick. Der Schwenzaitsee selbst entwickelte sich nach 1920 zum Hauptplatz für den aufblühenden Eissegelsport. – Im zweiten Weltkrieg ging A. am 25. Januar 1945 an die Russen verloren und liegt heute im polnisch verwalteten Gebiet. Die Einwohnerzahl betrug 1756 ohne Militär 1779, im Jahre 1937 fast 10 000, genau 9577. – A.s bekanntester Sohn, der Probst Georg Andreas Helwing (1666–1748), wurde als Heimatschriftsteller und anerkannter Botaniker Mitglied der Berliner Akademie der Wissenschaften. In A. begraben ist der Amtshauptmann Hans Georg v. Auer, der 1636 während des Tatareneinfalls mit seinen Dragonern erfolgreichen Widerstand leistete. (IV) *Gr*

GAHelwing, Lithographia Angerburgica, 1717–1720. — HSchmidt, Der Angerburger Kreis in geschichtl., statistischer u. topographischer Beziehung, A. 1860 — JZachau, Chronik der Stadt A., A. 1921 — HFrederichs in: LV 50, S. 24

Arnau (Kr. Samland). Am r. Pregelufer 10 km oberhalb von Königsberg auf zwei Hügeln gelegen, wird A. 1304 zuerst erwähnt,

1322 als festes Haus des Deutschen Ordens. Von diesem ist nichts erhalten. Die gleichzeitig erwähnte Kirche war der Hl. Katharina geweiht und eine von den schönsten Dorfkirchen der Ordenszeit. 1349–1636 gehörte sie dem Nonnenkloster bzw. dessen Nachfolger, dem Großen Hospital in → Königsberg-Löbenicht. Das Gut A. besaß von 1826 bis zu seinem Tode der Staatsminister und Oberpräsident Theodor v. Schön, der den Park anlegte. Er ist auf dem Dorffriedhof begraben. (III) G

Arnsdorf (Łubomino, Kr. Heilsberg). An demselben 12. August 1308, an dem Bf. Eberhard v. Neiße der Stadt → Heilsberg die Handfeste ausstellte, verbriefte er seinem Bruder Arnold 120 Hufen zu kulmischem Recht zur Gründung eines Dorfes. Nach diesem Lokator erhielt es den Namen Arnoldsdorf oder A. Außer den zehn Schulzenhufen wies der Bf. seinem Bruder noch zehn Freihufen zu, so daß dieser innerhalb der Feldmark ein ansehnliches Gut von 20 Hufen besaß, das nach Arnolds Tode seine Söhne Dietrich und Heinrich erbten. Später schmolzen die Schulzenhufen arg zusammen; als Fürstbischof Mauritius Ferber am 28. Mai 1527 die Handfeste des Dorfes erneuerte, besaßen die beiden Schulzen zusammen nur noch 3½ Hufen, daher überließ ihnen der Bf. noch vier ehem. Zinshufen. Die Feldmark des Dorfes wurde durch neun Hufen Übermaß, 20 Hufen Wald und einen See vergrößert, so daß sie 149 Hufen oder 2540 Hektar maß; damit wurde A. das größte Dorf des Ermlandes, 1939 zählte es 1365 Einw. – Die Pfarrkirche St. Katharina ist ein chorloser Backsteinbau des 14. Jh., der Turm mit achteckigem Oberbau reich gegliedert. Die Rochuskapelle ließ der Braunsberger Kaufmann Joh. Maier, ein gebürtiger Schotte, 1617 errichten; er hatte in jungen Jahren in A. und Lauterwalde als Knecht gedient und wollte Gott danken für die günstige Wendung seiner Lebensgeschicke. (III) P
LV 172, Bd. 14, S. 301 — LV 164, S. 188

Arys (Orzysz, Kr. Johannisburg). Das Ufergebiet des Sees, an dem A. entstand, ist schon in vorgesch. Zeit besiedelt worden. Bei der künstlichen Senkung des A.er Sees 1895 kamen Reste von Ufersiedlungen mit Packwerkunterbau aus Pfählen, Baumstämmen und Faschinen (sog. Pfahlbauten) zum Vorschein, die nach den Forschungen von Rossius der jüngeren Bronze- und frühen Eisenzeit (1000–300) angehören. Nach der erhaltenen Gründungsurk. von 1443 wurde A. vom Hochmeister Konrad v. Erlichshausen als Zinsdorf angelegt und erhielt den Namen »Neudorf«. In den Rechnungen des Hauptamtes Rhein E. 16. Jh. wird 'A. als Kammeramt bezeichnet. Wahrscheinlich ist A. das älteste Kammeramt Masurens. Für eine günstige Entwicklung der an der alten Handelsstraße Rastenburg-Rhein-Eckersberg-Warschau gelegenen Siedlung spricht die Tatsache, daß Kg. Friedrich Wilhelm I. dem Ort am 3. März 1725 das Stadtrecht verlieh. Der 7j.

Krieg brachte der Stadt vier Jahre lang russ. Besetzung. Auch 1806/07 lagen zeitweise in der 1000 Einwohner zählenden Stadt 16 000 Mann im Quartier. 1812/13 hatte A. ebenfalls unter Truppendurchzügen und Einquartierungen sehr zu leiden. Zu allem Unglück vernichtete eine Feuersbrunst 1826 die ganze Stadt. Von diesen Schicksalsschlägen hat sich A. nie wieder völlig erholen können, obwohl die Errichtung eines Truppenübungsplatzes (1890) und der Anschluß an das Eisenbahnnetz der Provinz (1925) vorübergehend einen gewissen Auftrieb brachten. Immerhin ist die Einwohnerzahl seit 1782 von 90 bis 1924 auf 2848 gestiegen. Im ersten Weltkrieg war die Stadt 20 Tage in den Händen der Russen und nahezu völlig zerstört. Der Wiederaufbau wurde dank der Hilfe der Provinz Sachsen, die die Patenschaft übernommen hatte, noch während des Krieges durchgeführt. Am Abstimmungstage (11. Juli 1920) wurde für Polen keine Stimme abgegeben. (V) *Mey*

FBrack, Aus der A.er Stadtchronik, Johannisburg 1925 — HFrederichs in: LV 50, S. 25

Auglitten (Kr. Bartenstein). Die Siedlung hat nach Bodenfunden schon vom 9.–13. Jh. bestanden. Das Kirchdorf A. trägt seinen Namen nach der preuß. Feste Ochtolite auf dem nördlichen Alleufer in der preuß. Landschaft Wohnsdorf. Der Deutsche Orden nahm die Burg 1256 ein und baute sie für seine Zwecke aus. Neben dem kleinen Ordenshause Auclithen (1368) oder Auctoliten (1375) entstand das Dorf Aucolliten (1406) mit Schule (1406), Mühle (1423) und Krug (1446). Die Kirche ist innerhalb des alten runden Burgwalls, der nach dem Steilufer der Alle geöffnet ist, als Wehrkirche erbaut worden; bereits um 1420 amtierte ein Pfarrer in A. 1525 wurde der Hof A. zusammen mit dem Schloß Wohnsdorf Adelsbesitz. In jüngster Zeit war A. ein Vorwerk des Ritterguts Althof. (III) *Gu*

Baldenburg (Biały Bór, Kr. Schlochau). Das Städtchen liegt am Abfall des Baltischen Höhenrückens in der Rinne zwischen Labessee und Bölzigsee, die durch das Ballfließ verbunden sind. Hier überschritt eine alte Handelsstraße von SO (Konitz) in Richtung Bublitz-Kolberg den Seepaß. Der Deutsche Ritterorden sicherte diesen wichtigen Übergang zunächst durch ein sog. Wildhaus, in dessen Nähe er verm. noch in den 70er Jahren des 14. Jh. die Stadt B. planmäßig anlegte, deren Gründung einen gewissen Abschluß fand, als die Bürger 1382 mit der Handfeste kulmisches Recht und eine Stadtfreiheit erhielten. Von der Ordensburg ist nichts erhalten, von der Stadtbefestigung nur noch Fundamente und einzelne mit den Häusern an der Stadtmauer verwachsene Reste. Die älteste kath. Pfarrkirche lag am Mühlenfließ, sie wurde 1640 in Brand gesteckt, danach wiederaufgebaut, 1796 als baufällig abgetragen, 1878 aus Backsteinen erbaut. Die evg. Kirche wurde 1768 in der Mitte des Marktplatzes errichtet, wo

zuvor das Rathaus gestanden hatte. Fischerei (Muränen im Tessentinsee), Landwirtschaft, Handwerk, Handel bildeten bis zur Gegenwart die wirtschl. Grundlagen der kleinen Stadt. Seit dem 16. Jh. entwickelte sich eine verhältnismäßig bedeutende Tuchmacherei, neben den Gewerken der Breit- und Schmaltuchmacher mit ihren drei Walkmühlen gab es ein ansehnliches Schuhmachergewerk. Beide Gewerbe fielen der industriellen Entwicklung des 19. Jh. zum Opfer, und B. sank zu einer stillen Ackerbürgerstadt herab. 1878 erhielt es Eisenbahnanschluß. Ein Sägewerk, Mühle, Großböttcherei werden zwischen den beiden Weltkriegen als wichtigste Gewerbebetriebe genannt. 1939 hatte B. 2292 meist evg. Einw. Aus B. stammt der Ornithologe Karl Ruß (1833–1900). (I) *B*
LV 50, 163, $_4$, 179

Balga (Weselnoje, Kr. Heiligenbeil). Das Kirchdorf B. liegt auf dem Steilufer der diluvialen Halbinsel, die zungenförmig ins Frische Haff hineinragt. Vor Jtt. wurde sie von einem Arm des Urpregels umflossen, der später verlandete und bis ins Ma. hinein einen Sumpfgürtel bildete, der die Höhen von B., Kahlholz und Schneckenberg umzog. Sie waren von der Jungsteinzeit bis zur Preußenzeit besiedelt, wie zahlreiche urgesch. Funde beweisen. Unmittelbar auf dem etwa 30 m hohen Haffufer lag eine starke Preußenfeste, deren Name Honeda nicht gesichert ist. Sie fiel 1239 in die Hände des Deutschen Ordens, der sie nach dem damaligen Nehrungstief oder Balge (Wasserrinne) B. nannte. Mehrere Versuche der Preußen, die strategisch und militärisch bedeutsame Burg zurückzuerobern oder sie durch zwei neue Festen, Schrangenberg bei Groß Hoppenbruch und Partegal bei Partheinen, abzuriegeln, schlugen fehl. Hz. Otto (d. Kind) zu Braunschweig und Lüneburg zerstörte die Preußenburgen und entsetzte B. Der Orden blieb auch während der Aufstände des 13. Jh. im Besitz von B. Er hat die Burg zwischen 1270 und 1290 in Stein ausbauen lassen; das unregelmäßige Sechseck des Haupthauses ist aus der urspr. Form der Preußenfeste zu erklären. Die später errichtete Vorburg zeigt regelmäßigere und gradlinigere Formen. Die Bauweise leitet in der Entwicklung der Ordensbaukunst einen bedeutsamen Wandel ein.
In B. saß während der Ordenszeit ein Ritterkonvent (1250–1499), dem ein Komtur vorstand; er war seit mindestens 1308 gleichzeitig Vogt von →Natangen und von 1451–99 auch Obertrapier. Die Komturei B. erstreckte sich in schmalem, nach SO verbreitertem Streifen vom Frischen Haff bis zur poln. Grenze. Das Gebiet wurde im 13. Jh. in zahlreichen Eroberungszügen besetzt und anschließend nach 1320 besiedelt. Von B. aus wurden in der großen Wildnis 1325 die Burg Barten, 1326 die Leunenburg, etwa 1329 die Rastenburg, 1345 die Johannisburg, um 1350 die Burg Seehesten, kurz vor 1376 Burg Rhein und 1398 Burg Lyck erbaut. Die Städte Heiligenbeil, Zinten, Kreuzburg, Bartenstein.

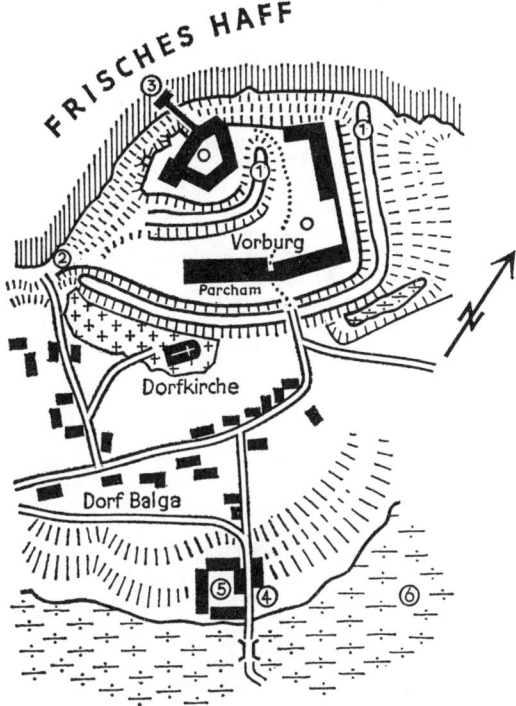

Wiederherstellung von Schloß Balga zur Ordenszeit
(Entwurf von E. J. Guttzeit)

1 Burggraben
2 Parcham-Mauer
3 Danzker
4 Amtshaus
5 Amtsvorwerk
6 Moor

Preuß. Eylau, Landsberg, Schippenbeil, Rhein, Sensburg, Lyck u. a. sind von B. aus neu gegr. bzw. neu beliehen worden. Die Befestigungen der Burg B. wurden um 1457 und auch 1518 gründlich ausgebessert; 1516 wurden die Mauern zum Schutz gegen Feuerwaffen von Wällen umschüttet, die sich 1520 bewährten, als die Polen B. belagerten. 1627 wurde B. für kurze Zeit schwed. Stützpunkt. Der Verfall setzt im 16. Jh. unter Bf. Georg v. Polenz ein, dem das Amt B. 1525 verliehen war und der bis 1550 gelegentlich im Schloß wohnte. E. 17. Jh. war das Haupthaus stark verfallen; von 1701 ab ließ Kg. Friedrich I. in

B. Steine zum Festungsbau in Pillau brechen. Bis E. 18. Jh. war das Haupthaus bis auf die Fundamentreste abgetragen. Von der Vorburg blieben ein Wartturm und ein verfallener Flügel erhalten. Von 1525–1752 wohnten in der Burg Amtshauptleute bzw. -verweser und deren Amtsschreiber, die das Hauptamt B. verwalteten. Der Turm der Ruine erhielt 1836 ein neues Dach. Er wurde 1929 in alter Form wiederhergestellt. Seine Stockwerke enthielten von 1931–45 ein Heimatmuseum, das die Kreisverwaltung → Heiligenbeil unterhielt. – Aus dem Hof B., der in der Ordenszeit bedeutende Pferde-, Vieh- und Schafzucht hatte, entstand die Domäne, die 1849 an die Fam. v. Glasow verkauft wurde und bis 1945 als Rittergut in ihrem Besitz blieb. Neben Burg und Hof B. entwickelte sich der Flecken B. mit Gärtnern, Kleinbauern und Fischern, später auch Seefahrerfamm. Die Kirche hat ein eigenartiges Portal aus dem 1. Drittel des 14. Jh. Zur 700-Jahr-Feier wurde vor dem Pfarrhaus ein Gedenkstein mit den Jahreszahlen »1239–1939« errichtet. Im März 1945 war B. letzter Brückenkopf dt. Heereseinheiten am östlichen Haffufer. Dorf und Ruine wurden zerstört. Der Ort liegt jetzt im sowjetisch verwalteten Teil von Ostpreußen. (III) *Gu*

EJGuttzeit, Die Ordensburg B. 1925 — Ders., 700 Jahre B, 1939 — Ders., Ein Kleinod am Frischen Haff. B. und seine Ordensburg, in: Der redliche Ostpreuße, 1955 — RHelwig, Die Burg B. und ihre Schicksale, 1925

Barten (Landschaft). Der preuß. Gau B. erstreckte sich östlich des Alletals zwischen Natangen, Wohnsdorf, Nadrauen, Galinden und Warmien, etwa den Krr. Rastenburg und Gerdauen entsprechend. Seine Grenzen sind in einer Urk. von 1326 festgelegt. In diesem Jahr wurde das Land B. unter die drei Komtureien → Balga (Schippenbeil, Leunenburg und Rastenburg), → Brandenburg (Barten und Drengfurt) und → Königsberg (Gerdauen und Nordenburg) aufgeteilt. Das Bistum Ermland hatte Klein Barten mit Rößel, Santoppen, Schellen u. a. erhalten, das ein bischl. Kämmerer verwaltete. Die Gaubezeichnung B. blieb in dem Namen der Burg und der Stadt → Barten erhalten. (III) *Gu*

LWeber, Über die Gränzen von B. (in: LV 10, Bd. 13)

Barten (Barciany, Kr. Rastenburg). Die Stadt B. liegt auf einer aus dem Flachland sich erhebenden Geschiebemergelinsel. Urgesch. Funde aus dem 1.–6. Jh. lassen auf eine preuß. Siedlung schließen. Der alte Schloß- und Wallberg zwischen Schloß und Stadt soll zur preuß. Zeit der Mittelpunkt des Gaues → Barten gewesen sein. Der »Bartensche Rekel«, eine im Burggarten stehende Steinfigur, gehört der Vorordenszeit an (jedenfalls 10. bis 12. Jh.). 1325 gründete der Komtur von Brandenburg die Ordensburg B. (auch Bartenburg genannt) als Grenzfestung. Sie war als großes Konventshaus vorgesehen und wurde deshalb großzügig mit Haupt- und Vorburg angelegt. Hochmeister Winrich v. Kniprode ließ sie 1377 ausbauen und verstärken. Vor der

Nordostecke steht ein niedriger Rundturm als Streichwehr für Hakenbüchsen; er beherrschte die östlichen Anmarschstraßen; auf den anderen Seiten sicherten Mühlenteiche das Vorgelände. An der Spitze der Burg stand ein Vogt (1349), später, von 1361–1525,

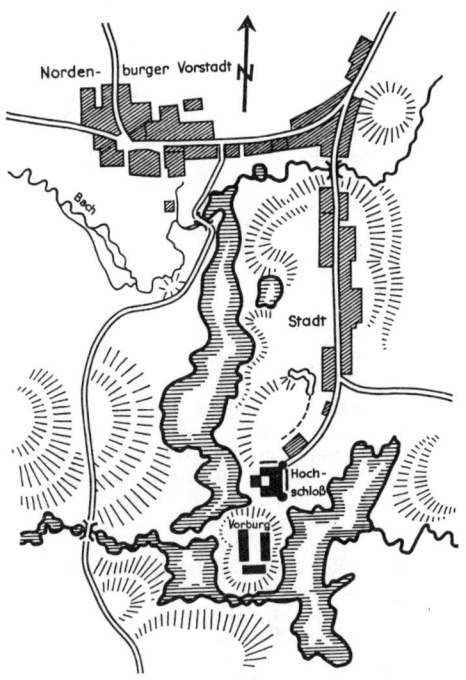

Burg und Stadt Barten
(Nach J. M. Guise, 1826/28, Entwurf von E. J. Guttzeit)

ein Pfleger. Das Siedlungsgebiet der Burg B. erstreckte sich nach O und SO bis zum Mauer- und Dobensee, nach S bis kurz vor Rastenburg. 1402–06 war der spätere Hochmeister Heinrich v. Plauen Pfleger in B. Im 13j. Kriege wurde die Burg 1455 teilweise zerstört. Der breite Nordflügel des Schlosses brannte 1915 aus. Der Hof B. wird 1380 erstmalig erwähnt.

Die Burg war Mittelpunkt des Kammeramts B., das 1420: 806 Zinshufen, 120 Freie und 158 Bauernhaken umfaßte. 1441 lagen 49 Hufen wegen einer Seuche wüst (»das machit die sterbunge«). 1525 verschrieb Hz. Albrecht das Amt B. nebst den Dörfern Wilkendorf (Amt Rastenburg), Pohlen und Polkitten (Amt Preuß.

Eylau) dem letzten Pfleger in B., Heinrich v. Miltitz, der diplomatisch tätig war und sich als Dichter der Reformationszeit einen Namen gemacht hat. Er legte 1533 die Verwaltung des Amts nieder, bezog aber dessen Einkünfte bis zum Lebensende (um 1545). Im Schutze der Burg entwickelte sich aus Krügern und Gärtnern eine Lischke, die bereits 1389 eine Kirche hatte. 1422 und 1437 waren in der Lischke neun Krüger vorhanden. 1473 wird B. »Städtlein« gen., um 1480 wurde es vom Deutschen Orden verpfändet. 1497 soll die Schützengilde ein Privileg erhalten haben. Kf. Georg Wilhelm verlieh B. 1628 das Stadtrecht. 1692 war die Stadt »ganz offen«; urspr. soll sie eine Mauer und drei Tore gehabt haben. Bis um 1770 betrug die Einwohnerzahl weniger als 1000. Schon vor dem Bau der Kleinbahn 1898 nach Rastenburg und 1917 nach Gerdauen stieg die Einwohnerzahl 1890 bis auf 1613. 1937 betrug sie 1551. 1918 wurde eine Mittelschule eröffnet. Seit 1945 liegt B. im polnisch verwalteten Teil Ostpreußens. (III) *Gu*

OMüller, B. und seine Vergangenheit, 1911 — HFrederichs in: LV 50, S. 25

Bartenstein (Bartoszyce, Kr. Bartenstein). In B. sind zwei in der Nähe gefundene *Steinfiguren* aufgestellt, die im Volksmund Bartel und Gustebalda heißen. Ein ähnliches Steinbild steht in Barten (Bartenscher Rekel), weitere stammen aus Jelitken (Kr. Treuburg) und Hussehnen (Kreis Preuß. Eylau). Es sind ziemlich roh aus eiszeitl. Granitgeschiebeblöcken gemeißelte Figuren von Männern (z. T. mit Spitzbart) in langen Röcken, mehrere mit Trinkhorn in der Hand. Die ostpreuß. Steinfiguren sind die westlichsten einer Gruppe von »Steinmütterchen« (Steinbaben, kamiennie baby), die auch in Rußland und Zentralasien bis in die Mongolei verbreitet sind. Da die ostpreuß. und westpreuß. (→ Rosenberg) nach den auf einigen Figuren dargestellten Schwertern in das frühe Ma. (10.–12. Jh.) zu datieren sind, ist es möglich, daß sie mit Vorstößen östlicher Nomadenstämme in Zusammenhang stehen.

Die Burg B. wurde vom Deutschen Orden um 1241 auf einer Anhöhe am l. Alle-Ufer in einer Flußschleife zunächst als Holzerdebefestigung, später in Backsteinausführung errichtet. Sie wurde im Preußenaufstand von 1260 vier Jahre lang belagert; den gesch. Sachverlauf hat die Sage («Das Totenglöcklein v. B.«) ausgeschmückt. Die im 14./15. Jh. von einem dem Komtur in Balga unterstellten Pfleger verwaltete Burg wurde im Februar 1454 beim Abfall der preuß. Stände zerstört. Auf den Fundamentresten wurde 1902 das Kreishaus erbaut (1945 abgebrannt). – Aus einer Lischke in Burgnähe, später auf dem r. Alle-Ufer, entwickelte sich die Stadt B., die zuerst 1326 erwähnt ist und am 17. Februar 1332 durch den Hochmeister Luther v. Braunschweig für ein Areal von 70 Hufen (ca. 1175 Hektar) mit Kulmer Stadtrecht bewidmet wurde. Zu der etwa 1354–59 errichteten Stadtbefestigung gehörten wohl schon urspr. drei Stadttore, von denen nur das im 15. Jh. ausgebaute *Heilsberger Tor* erhalten ist. – Die bald nach 1332 begonnene, zwischen 1360–80 und im 15. Jh. ausgebaute *Pfarrkirche*, die Johannes d. Evang. geweiht war, hat als eine in Ostpr. seltene Backstein-Basilika kunstgesch. Rang; aus dem Ma. (1404 und 1484) stammt auch die vor der Stadt, in Nähe der ehem. Ordensburg gelegene backsteinerne *Johanniskirche;* die anderen ma. Kirchen (Hospitalkirche, St. Georgskirche, St. Katharinenkirche) sind nach der Ref. (1525) verfallen bzw. im 17./18. Jh. abgebrochen worden. Das Stadtbild B.s ist durch den ausgedehnten *Marktplatz* geprägt, der 1850 nach dem Brand des nordwestlichen Stadtteiles entstanden ist. – B. war im Laufe der Jhh. mehrfach Kriegsschauplatz: Im 13j. Krieg griffen 1458 Ordenstruppen vergeblich die 1454 abgefallene Stadt an, die später (1460) zur Ordensherrschaft zurückkehrte. Im »Reiterkrieg« von 1519 fanden vor den Toren der zeitweilig von den Polen eingeschlossenen Stadt Gefechte statt. Dagegen blieb B. von den Wirren der 30j. Krieges und der Jahre 1656–59, abgesehen von einem poln. Angriff auf die von den Schweden besetzte Stadt (1628) und von den wirtschaftlich sehr fühlbaren Einquartierungen, verschont; von 1758–62 war B. – wie ganz Ostpr. – von russ. Truppen besetzt. In napoleonischer Zeit befand sich B. wiederholt einige Zeit in Besitz frz. und russ. Truppen (1807 und 1812/1813) und war auch ein Mittelpunkt des politischen Geschehens: Hier trafen sich v. 18. April bis 20. Mai 1807 die verbündeten Monarchen Preußens, Kg. Friedrich Wilhelm III., und Rußlands, Zar Alexander I.; die in B. abgeschlossenen Verträge – der preuß.-schwed. Vertrag vom 20. April 1807 über die Befreiung Pommerns und der preuß.-russ. Vertrag vom 26. April 1807 über die Neuordnung Europas – blieben jedoch ohne praktische Bedeutung. In B. war 1698–1704, 1716–1888 und 1935–45 eine Garnison stationiert. Zur Kreisstadt wurde es 1902 erhoben, nachdem bereits 1879 dort ein Landgericht eingerichtet worden war. Die Einwohnerzahl betrug 1729 bereits 2000 Seelen und ist in stetigem Wachstum bis 1937 auf 10 486 gestiegen. B. wurde am 4. Februar 1945 von der Roten Armee besetzt; die Zerstörungen in den Kriegs- und Nachkriegswirren betrugen 60 %.

(III) *Ba/Mu*

WLaBaume, Bildsteine des frühen Mittelalters aus Ost- u. Westpr. (in: Bll. f. dt. Vorgesch. 5, 1927) — JGBehnisch, Versuch einer Gesch. der Stadt B., Königsberg 1836 — MHein, B. 1332—1932, B. 1932 — Ders. in: LV 50, S. 39 — WPiehl, Heimat B., Rendsburg 1951 — LV 164, S. 320—25

Basien (Bażyny, Kr. Braunsberg). Der Ortsname, urspr. Baysen, ist allgemein bekannt geworden durch eine der berühmtesten Familien Altpreußens, die sich nach dem Ort benannte, durch die Herren v. Baysen. Bf. Heinrich I. v. Ermland (1274–1300) aus der Lübecker Ratsfam. Fleming, von der einzelne Glieder schon 1246 nach Pr. gekommen waren, verlieh seinem Bruder Albrecht 1289 u. a. das Feld Baysen, auf dem das gleichnamige Dorf, später

Basien, von dt. Bauern gegr. wurde. Bis 1609 verblieb die Fam. v. Baysen im Besitz des Dorfes; dann verkaufte es der letzte männl. Sproß des Geschlechts an den Braunsberger Bürger Jakob Bartsch, der das gleiche Zeichen wie die Baysen, ein sitzendes Eichhörnchen, im Wappen führte, so daß eine Verwandschaft mit den Baysen angenommen werden darf. – Fast ein Jh., nachdem sich die Fam. im Ermlande angesiedelt hatte, tauchen zwei ihrer Glieder im eigentlichen Ordensgebiet auf. 1377 erscheint ein Lorenz v. Baysen als Ordensbruder im Amte eines Pflegers von Tapiau. 1382 wird ein Peter v. Baysen als Schöffe des Gilgenburger Landgerichts gen. Peter war ansässig innerhalb des mächtigen Gebiets der 1440 Hufen, die 60 Jahre zuvor der Orden dem großen Kolonisator Peter v. Heselicht und seinen Verwandten im S der Komturei Osterode verliehen hatte. Peter v. Baysen war anscheinend zweimal vermählt. Seiner zweiten Ehe, so muß man annehmen, sind vier Söhne entsprossen: Hans, Sander, Stibor und Gabriel v. Baysen. Mit diesen vier Männern, vor allem mit Hans und Stibor, trat die Fam. in das volle Licht der Gesch. Die Erinnerung an Hans v. Baysen bewahrte sich in B. in besonderer Weise. Noch 1890 fanden sich im Herrenhause zu B. zwei Bilder, die eine sagenhafte Episode aus dem Leben Hans v. Baysens festhielten, der von 1419 bis etwa 1422 als junger Ritter an den Kämpfen der Portugiesen gegen die Mauren in Ceuta teilgenommen hatte. Das eine Bild stellte Hans v. Baysen dar, wie er den Fuß auf die maurischen Waffen setzt, mit der Unterschrift: »Die Göttin des Gelicks hat meine Hand beglickt, diesen affrikanischen Printz vor meine Füße gebückt.« Das zweite zeigte den besiegten maurischen Fürsten mit der Unterschrift: »Joan de Beisen glick Helden Mut und Macht / hat durch uns zwei Kampff mich zum Schlav gebracht. / Da Mauritania nicht mit Aragon sich kennt vergleichen, / so mußt Maurus durch mein Fall Tribut den Christen reichen.« – Hans v. Baysen, der nach seiner Rückkehr in die Heimat zunächst Diener des Ordens und einflußreicher Berater der Hochmeister war, ging bei dem Zerwürfnis des Preußischen Bundes mit dem Orden schließlich zu dessen Gegnern über. Bei Ausbruch der Revolution von 1454 wurde er der Führer der Aufständischen und vom Kg. v. Polen zum Statthalter (Gubernator) Preußens ernannt. Von seinen Brüdern, zunächst gleichfalls Diener des Ordens, ergriffen auch Stibor und Gabriel die Partei des aufständischen Bundes. Nur Sander, anfangs Bündner, trat entschieden auf die Seite des Ordens zurück, als er die revolutionären Absichten des Bundes erkannte. Als Hans v. Baysen 1459 starb, wurde sein Bruder Stibor von den Aufständischen zu seinem Nachfolger gewählt.

LV 147 (III) *Gri*

Bäslack (Kr. Rastenburg). Die kleine Ordensburg B. ist als Wildhaus am l. Deineufer zwischen B. und Rehstall im Gebiet Rhein zum Schutz gegen die Litauereinfälle im 14. Jh. erbaut worden.

Sie lag auf einem nur von N her zugänglichen Hügel und war an drei Seiten von Sumpf umgeben. Das zweigeschossige Wildhaus wurde 1583 zur evg. Kirche ausgebaut, vor deren Südseite 1726-28 der Turm errichtet wurde. 1884 wurde das Innere der Kirche vollständig neu gestaltet. Neben dem Ordenshaus B. lag eine Wassermühle, die wahrscheinlich schon 1356 vorhanden war. (III) *Gu*

Baumgart (Bągart, Kr. Stuhm). Das aus Schwemmland bestehende → Weichsel—→ Nogat-Delta erstreckt sich mit einem Ausläufer weit nach S ins Binnenland; durch die talartige, sumpfige Niederung fließt, von S kommend, der Sorgefluß in den → Drausensee bei Elbing. Ein uralter Weg von Pommerellen nach Ostpreußen querte dieses Tal bei B. auf zwei sog. Moorbrücken, die parallel zueinander in 3 km Entfernung über die Sorgeniederung von W nach O verliefen; die eine von 1230 m Länge, die andere 640 m lang. Es handelt sich um Bohlwege, die aus behauenen Längs- und Querhölzern bestehen und heute im Torf liegen. Nach den gefundenen Tonscherben (andere Gegenstände wurden nicht entdeckt) haben die Moorbrücken in der Zeit um Chr. Geburt bestanden. Ein unweit von B. etwa 10 km südlich des Drausensees gefundenes, 12 m langes Boot aus Eichenholz mit 6 Planken in Klinkerbau, 11 Spanten (Rippen) und einem Segelmast stimmt in den Einzelheiten des Baues weitgehend mit den aus Skandinavien bekannten Wikingerbooten überein. (II) *B/Ba*

HConwentz, Die Moorbrücken im Tal der Sorge, Danzig 1897 — EReitan, Die Neuaufstellung des Wikingerbootes aus B. (in: Bll. f. dt. Vorgesch. 5, 1927) — LV 202, S. 207/8, Abb. 155, Tafel VII und VIII

Beisleiden (Bezledy, Kr. Preuß. Eylau). Ur- und frühgesch. Funde erweisen die ununterbrochene Besiedlung B.s während der nachchristl. Zeit. Der »Schloßberg« s. des Vorwerks Groß Wolla ist der Rest der preuß. Burg Beselede, die 1274 von den Preußen gegen die Sudauer verteidigt wurde. B. war in der Ordenszeit ein preuß. Freiendorf im Kammeramt Preuß. Eylau, das 1338 urk. erwähnt wird. Von 1801–1945 war B., 1932: 2050 ha groß, im Besitz der Fam. v. Oldenburg-Januschau. Ihr bekanntester Vertreter ist der konservative Politiker Elard Kurt Maria Fürchtegott v. O.-J. In B. lebte bis 1945 die Sagen- und Märchensammlerin Hertha Grudde. (III) *Gu*

HGrudde, Schicksale um Beselede (in: Natanger Heimatkalender 1940) — EJGuttzeit, B. Kr. Pr. Eylau (ebenda 1935) — LV 191, S. 480

Beistern (Kr. Heiligenbeil): → Büsterwalde.

Berent (Kościerzyna, Kr. Berent). Der Vorort der alten pommerell. Landschaft Pirsna erhielt 1346 als Dorf Costerina dt. Recht und wurde wenige Jahre später (um 1350) zur Stadt erhoben, die den Namen Bern bzw. B. bekam. Verm. bildeten die

60 Hufen des nun zum Stadtdorf gewordenen Costerin zusammen mit 20 Freihufen das landwirtschl. Rückgrat des jungen städt. Gemeinwesens. Der unmittelbar neben der Stadt gelegene Ordenshof Bern zeichnete sich in den Berichten der Ordensverwaltung durch Lieferung von Bauholz aus; außerdem hatte der Orden hier wahrscheinlich neben einer Mühle auch einen Eisenhammer, die beide verm. während des 13j. Krieges mit der Stadt niedergebrannt sind. Ihre »Stätten« werden 1526 gen., als B. aus Barbierstuben, Fleisch- und Brotbänken jährlich 30 Mark preuß. Münze zinste. Nach dem zweiten schwed.-poln. Krieg wurde B. wieder als »durch den Krieg völlig zerstört« bezeichnet. 1664 nutzten die Bürger nur mehr 36 Hufen; aus den sechs Schulzenhufen und weiteren 32 Hufen der Stadt war inzwischen das Starosteivorwerk Neuhöfel gebildet worden; außerdem suchten die Starosten die Bürger selbst zu Scharwerksdiensten heranzuziehen. Die kath. Pfarrkirche St. Albert und St. Georg (heute St. Trinitatis), 1583 noch ein Holzbau, fiel verm. 1708 einem Brand zum Opfer und wurde 1725 massiv gebaut. Die evg. Kirche wurde 1819–23 zunächst auf dem Markt erbaut, 1894 abgetragen, nachdem 1892–94 die neue Kirche im NW der Stadt fertiggestellt worden war. Um 1772 waren Ackerbau und Bierbrauerei die wichtigsten Erwerbszweige der Stadt, die 1805 erst 956 Einw. zählte. Ihre Erhebung zur Kreisstadt (1818) und der Ausbau ihrer Verkehrslinien bewirkten einen wirtschl. Aufschwung, so daß es 1865 in B. neben zwei Mühlen, zwei angesehenen Brauereien, einer Druckerei und Buchbinderei, 32 größeren und 33 kleineren Kaufleuten, 16 Gasthäusern und fünf Fuhrleuten mehr als hundert Handwerker und andere Gewerbetreibende gab. Die günstige gewerbliche Entwicklung wurde 1920 durch die Angliederung → Pommerellens an den neugebildeten poln. Staat unterbrochen; zu erwähnen ist die Gründung der Bacon-Schlachterei zwischen den beiden Weltkriegen. 1772 hatte B. 602, 1943 8385 Einw.

LV 109, 111, 112, 179

(II) *B*

Beynuhnen (Kr. Darkehmen). In dem waldartigen Park seines großen, ererbten Besitzes B. ließ Fritz v. Fahrenheid (1815–88) das aus dem 17. Jh. stammende *Gutshaus* 1862–64 durch Albert Wolff zu einem Schloß in klassischen Formen umbauen, um darin seine Kunstsammlungen unterzubringen. Etwa 250 Abgüsse antiker Plastiken und Originale aus der röm. Kaiserzeit waren hier vereint mit 270 Gemälden, unter denen sich wiederum 60 Originale des 16. bis 18. Jh. befanden. Den Park zierte reicher Figurenschmuck und ein dorischer Tempel. Noch vor seinem Tode wandelte der Besitzer das Ganze in eine öffentliche Stiftung um, die bis zuletzt der Allgemeinheit zugänglich blieb.

(IV) *Gr*

AHorn, Culturbilder aus Altpreußen, Lpz. 1886, S. 299 — MHecht, Führer durch B., Gumbinnen 1904

Bialla (Gehlenburg, Biała Piskka, Kr. Johannisburg). Auf einem schon in vorgesch. Zeit besiedelten Gelände wurde B. (vor M. 17. Jh. Gayle, Gelau, Gehlen gen.) von dem Komtur zu Balga und Vogt von Natangen Jobst v. Strupperg als Zins- und Scharwerksdorf gegr. Die Urk. ist am 9. Oktober 1428 ausgestellt. Die günstige Lage des Ortes zur poln. Grenze scheint schon A. 16. Jh. die Einrichtung von Wochenmärkten gefördert zu haben. Um 1650 wird B. in einer Urk. als »Flecken« bezeichnet. Obwohl der Ort in der 1. H. 17. Jh. von Einfällen der Polen heimgesucht wurde, machten Besiedlung und Wirtschaft des Dorfes stetige Fortschritte, bis der Raubzug der Tataren 1656/57 diesen Aufstieg unterbrach. Der ganze Ort wurde niedergebrannt, Hunderte von Bewohnern wurden getötet oder in die Gefangenschaft geschleppt. Ein neues Unglück brachten die Pestjahre 1708–10. Dann folgten 80 Jahre friedlicher Entwicklung. Kg. Friedrich Wilhelm I. verlieh am 26. März 1722 dem Marktflecken Stadtrechte unter Zusicherung von Baufreiheiten und Lieferung von Baumaterialien. Der Zuzug zahlreicher Handwerker trug zum Aufstieg bei, der während der Besetzung des Ortes durch russ. Truppen im 7j. Kriege nicht wesentlich beeinträchtigt wurde. 1782 hatte B. fast 800 Einw. Eine besondere Förderung erfuhr diese Entwicklung in den letzten Jahren des 18. Jh., als der Verkehr mit Neuostpreußen einsetzte und die Einrichtung verschiedener Industrien einleitete. Den Jahren des Aufstiegs folgten Zeiten des Stillstandes und Rückschritts. In den Kriegsjahren 1806/07 erreichte die Not ihren Höhepunkt, als nach der Schlacht bei → Friedland Franzosen und Polen einrückten und der Stadt schwere Requisitionen auferlegten. Nach dem Friedensschluß verlor die Stadt eine ihrer besten Einnahmequellen, den Handel mit Polen. Am 1. Januar 1823 wurde die poln. Grenze für den vorher üblichen freien Grenzverkehr gesperrt. Von großer wirtschl. Bedeutung war 1885 der Anschluß an die Eisenbahn Johannisburg-Lyck. Die günstige Entwicklung hielt nicht lange an. Zweimal wurde die Stadt im ersten Weltkriege von russ. Truppen besetzt und völlig ausgeplündert. Schon nach dem Siege in der »Winterschlacht« (7.–21. Februar 1915) begannen die Bewohner mit dem Wiederaufbau. Bei der Abstimmung am 11. Juli 1920 wurden nur Stimmen für Dtschl. abgegeben. 1925 zählte B. 2228 Einwohner. 1938 wurde der Name in Gehlenburg geändert. (V) *Mey*

HFrederichts in: LV 50, S. 54 — Festschr. z. Feier des 500j. Bestehens von B. 1428—1928

Birglau (Bierzgłowo, Kr. Thorn). Dies Ordenshaus am sw. Höhenrande des Kulmerlandes war anscheinend schon 1251 vorhanden; es wurde 1263 von einfallenden Litauern bis auf einen Turm erobert, in dem sich die Ordensritter hielten. Seit 1270 sind die Namen der Komture von B. bekannt, seit 1416 saßen nach Aufteilung des Kompureibezirks hier nur Ordenspfleger. 1454 wurde

B. bald nach Ausbruch des Aufstandes von den Bündischen besetzt und sollte nach dem Sieg des Ritterordens bei → Konitz im September 1454 niedergerissen werden. Nach 1466 wurde B. zunächst von poln. Starosten verwaltet: 1520 kam es im Austausch für Thorner Ansprüche auf die Hälfte des Schlosses Schwetz und der dazugehörigen Einkünfte an die Stadt → Thorn als Kämmereibesitz. Schloß B. wird bereits 1571 als verfallen bezeichnet. Unter den heute noch erhaltenen Resten ist das sorgfältig ausgeführte Tor zum Haupthause hervorzuheben. (II) *B*
LV 163, 6

Bischdorf (Sątopy-Samulewo, Kr. Rößel). Als in der M. 14. Jh. die Gegend um Rößel besiedelt wurde, entstand auf dem fetten Marschboden des Zainetales ein bischl. Tafelgut (allodium) von etwa 50 Hufen. Bf. Heinrich III. Sorbom (1373–1401) aber setzte hier Bauern an und beauftragte die Brüder Joh. und Michael Bercow mit der Gründung eines Dorfes. 1587 saßen hier zwei Schulzen und 16 Bauern, aber schon 1594 ist B. wieder in ein bischl. Vorwerk umgewandelt. Wegen seiner anmutigen Lage am Zainsee inmitten von Äckern und Wiesen wurde es ein bevorzugter Sommeraufenthalt der ermländischen Bischöfe im 17. Jh., die von hier aus oft zur Jagd ritten. Bf. Wenzeslaus Leszczynski (1644–59) legte einen großen Garten an und begann mit dem Bau eines Lustschlosses, das noch nicht ganz fertig war, als 1656 die Brandenburger das → Ermland besetzten; damals wurde bei der Bestandsaufnahme ein »schöner Baumgarten und ein zierlicher Hopfengarten« erwähnt; auch der hervorragende Viehbestand und die Schweinezucht mit holländischen Zuchttieren wurde hervorgehoben. Vor allem aber hatte B. ein bischl. Landgestüt; 1656 standen hier 136 Pferde, darunter 18 Hengste und 71 Stuten. – Nachdem das Ermland 1772 in den preuß. Staat einverleibt war, wurde B. Sitz des Domänenamts Rößel, das Gut wurde als staatl. Domäne bewirtschaftet. Dann wurde ein Teil der Feldmark abgezweigt und daraus das Gut Niederhof gebildet. Vor 1825 wurden B. und Niederhof in Erbpacht vergeben und sind seitdem Güter in Privatbesitz. (V) *P*
GuKMatern, Burg und Amt Rößel, 1925

Bischofsburg (Biskupiec; Kr. Rößel). B. ist die jüngste der zwölf ermländischen Städte; die Handfeste von Bisch. Heinrich III. Sorbom stammt vom 17. Oktober 1395. Die Stadt lehnte sich an eine Burg an, die zuerst 1389 erwähnt wird; schon vorher aber war hier ein Wach- und Wildhaus, das die alte Handelsstraße Königsberg–Warschau gegen die Einfälle der Litauer schützen sollte. Im Städtekrieg (1454–66) wurden Burg und Stadt völlig zerstört, die Burg aber nicht wieder aufgebaut, so daß Reste kaum nachweisbar sind. Nur im Namen und im Wappen blieb die Burg erhalten. Die Stadtanlage zeigt das übliche dt. Siedlungsschema mit Straßen in Gitterform, in der Mitte der viereckige Markt. Hier stand das Rathaus, das 1633 noch erwähnt wird, 1772 aber nicht mehr vorhanden ist; damals hatte die Stadt 1064 Einw. Nach dem Brande von 1824 bauten mehrere Kaufleute größere Geschäftshäuser auf den Markt, für die Stadtverwaltung wurde ein Bürgerhaus in der Hauptstraße erworben. Wie in den meisten ermländischen Städten hatten auch hier die Häuser am Markt Laubengänge, die noch im 18. Jh. erwähnt werden, dann aber wahrscheinlich einem Brand zum Opfer fielen. Im 16. Jh. entvölkerten Kriege und Seuchen die Stadt, so daß Masovier herangeholt werden mußten, doch blieb der vorwiegend dt. Charakter gewahrt, was die Abstimmung vom 11. Juli 1920 durch den vollständigen Sieg des Deutschtums bewies.

Nach dem Verlust der Burg war die Stadt nicht mehr Sitz eines Burggrafens und nicht mehr Mittelpunkt eines Kammeramts, sondern gehörte zum Kammeramt → Seeburg. Daher blieb sie hinter den anderen ermländischen Städten zurück, zumal die Umgebung sandigen, wenig fruchtbaren Boden hat. Erst im 19. Jh. erfolgte ein wirtschl. Aufstieg. 1862 wurde das Landratsamt von → Rößel hierher verlegt, 1898 erhielt B. als erste von den vier Städten des Kreises eine Eisenbahn, schon im folgenden Jahre rückte ein Bataillon Infanterie ein, und wegen der günstigen Verkehrslage siedelten auch die andern Kreisbehörden nach und nach von Rößel nach B. über. Der Kreis behielt jedoch den Namen Rößel. Als Kreis- und Garnisonstadt überflügelte B. die drei anderen Städte des Kreises. 1939 zählte sie 8463 Einw. Die Pfarrkirche zu St. Johann, im Ma. einschiffig erbaut, wurde nach dem großen Stadtbrand 1766 dreischiffig wiederhergestellt, aber seit 1881 durch romanisierende Bauformen stark verändert. Nach 1772 bildete sich eine evg. Gemeinde, die 1791 den ersten Geistlichen und Lehrer erhielt. Die evg. Kirche wurde 1842–46 nach Plänen von K. F. Schinkel als Basilika erbaut, der freistehende Turm erst 1872 fertiggestellt. (V) *P*

RTeichert, Gesch. d. Stadt B., 1936 — Ders. in: LV 50, S. 27 — LV 164, S. 233

Bischofstein (Bisztynek, Kr. Rößel). B. ist die einzige Stadt des → Ermlandes, die sich aus einem Dorf entwickelt hat. Der Vogt von Pogesanien, Bruno v. Luter, legte auf einer Landzunge des Rohrdommelteiches ein preuß. Dorf an, dem er am 21. November 1346 die Handfeste erteilte; er gab ihm den Namen Schönfließ, doch setzte sich der preuß. Name Strowangen durch. Da die Entfernung zwischen den Städten Heilsberg und Rößel zu groß war, gründete Bf. Heinrich III. Sorbom hier eine Stadt, in die Strowangen als Stadtdorf einbezogen wurde (Handfeste vom 30. April 1385). Ein erratischer Block von seltener Größe, Griffstein gen., und die Erinnerung an den bischl. Landesherrn gaben ihr den Namen B. und das redende Wappen: einen aufrecht stehenden Hirtenstab auf einem Felsen. — Die neue Stadt erhielt keine Burg, sondern nur ein bischl. Amtshaus, später Gerichts-

oder Richthof gen.; sie wurde aber mit einer festen Mauer umgeben, das Stadtdorf Strowangen blieb außerhalb der Ringmauer. Von den drei Toren blieb das Heilsberger Tor bis auf unsere Tage erhalten. Die Stadtanlage bildet ein gestrecktes Rechteck in nord-südlicher Richtung, mit Straßen in Gitterform. In der Mitte liegt der rechteckige Markt mit dem Rathaus, das nach einem Brand von 1589 völlig umgebaut wurde; es war von Hakenbuden umgeben, die es fast erdrückten; im Obergeschoß wurde später das Amtsgericht untergebracht. Am 13. November 1939 fiel es einem Brand zum Opfer, wobei zwischen den Ruinen der ma. Kern freigelegt wurde. Die Häuser am Markt hatten urspr. Laubengänge, die indessen nach einem Brand von 1908 nicht erneuert wurden; die Einwohnerzahl blieb seit 1871 etwa konstant bei 3200–3500 (1939). – Die Pfarrkirche St. Matthias in der SOEcke der Stadt ist ein Findlingsbau, verkleidet mit Backsteinen, geweiht 1400; der Glockenturm wurde erst 1509 vollendet. Im 18. Jh. wurde die Kirche durch zwei Seitenschiffe erweitert, weil sie von vielen Wallfahrern besucht wurden, die das hl. Blut verehrten (Blutwunder i. J. 1400). Das Stadtdorf Strowangen besaß eine eigene Pfarrkirche zu St. Martha; nach deren Verfall wurde hier die Friedhofskapelle St. Michael errichtet. Unter den Handwerkern waren die Töpfer besonders stark vertreten, die am Ziegelberg guten Ton fanden; sie hatten indessen unter der Konkurrenz der → Seeburger zu leiden, so daß auf den Jahrmärkten oft Streit entstand. (V) *P*
LV 172 Bd. 21, S. 318 — LV 114, S. 142 — LV 164 — EBrachvogel in: LV 50, S. 29

Bischofswerder (Biskupiec, Kr. Rosenberg). Die an einem günstigen Übergang über die Ossa gelegene Stadt wurde 1325 gegr. und erhielt 1331 von Bf. Rudolf v. Pomesanien als ihrem Landesherrn die erste Handfeste. 1346 wird »her Arnold« als Pfarrer zu B. erwähnt. Die ältesten Teile der Pfarrkirche (Altarhaus) hat man verm. noch 1331 zu erbauen begonnen, Schiff und Turm etwas später, jedoch auch noch im 14. Jh. Brot-, Fleisch- und Schuhbänke waren bereits 1331 vorhanden. Das ma. B. war mit Mauern und Gräben versehen. 1527 wurde es Immediatstadt, 1533 erhielt es das wüste Dorf Stangenwalde; 1540 wurde die Ref. durchgeführt, doch 1625 wird B. noch als »halb kath.« bezeichnet. 1871 erhielt B. mit der Thorn-Insterburger Bahn Eisenbahnanschluß. 1920 wurde der l. der Ossa gelegene Bahnhof zu Polen geschlagen, die Stadt aber blieb beim Deutschen Reich; 1925 wurde die Eisenbahnstrecke nach Freystadt fertiggestellt. 1543 hatte B. 350 Einw., 1740: 278, 1801: 1133, 1840: 1895, 1905: 2060 (darunter 616 Kath., 95 Juden), 1943: 1975. Bei der Abstimmung vom J. 1920 wurden von 1509 Stimmen nur 227 für Polen abgegeben. (II) *B*
KJKaufmann, Gesch. d. Stadt B., B. 1928 — LV 50

Boyen (Niegocin, Kr. Lötzen). Die Feste B. (nach dem preuß. Kriegsminister General Hermann v. B. benannt, der 1844 den Grundstein legte) ist w. von Lötzen auf einer Landenge zwischen Mauer- und Löwentinsee erbaut. Sie war das einzige Fort im masurischen Seengebiet und wirkte schon durch die Lage als Sperre gegen die Entwicklung feindlicher Heere. Auch die Russen waren 1914 bei ihrem Anmarsch genötigt, mit dem Gros ihrer Armee die masurischen Seenkette n. und sw. zu umgehen. Sie schätzten die Bedeutung und Stärke der Besatzung Lötzen höher ein, als sie in Wirklichkeit war, und ließen sich in ihren Entscheidungen erheblich durch das kleine Bollwerk beeinflussen, das sie als Ausfalltor für einen dt. Angriff ansahen. Die Festung blieb angewiesen auf ihre schwache Kriegsbesatzung und wenige Landwehr- und Landsturmbataillone. Der Kommandant, Oberst Busse, tat alles, um durch eifrige Tätigkeit im Vorgelände den Gefechtswert des Sperrforts zu stärken. Die Russen unternahmen mehrfach den Versuch, sich Lötzens zu bemächtigen, um damit neben der Festung auch einen wichtigen Eisenbahn- und Wegeknotenpunkt in die Hand zu bekommen. Ein überraschender Angriff am Abend des 26. August gegen 22 Uhr wurde im Scheinwerferlicht durch schnelles Eingreifen der Artillerie und Maschinengewehre zurückgeschlagen. Die Aufforderung des russ. Generals Kondratjew, die Festung zu übergeben, wurde zurückgewiesen. Der Kommandant griff später mit seiner kleinen Besatzung in die Schlacht ein, die auf den Sieg von → Tannenberg folgte.

Busse, Aus der belagerten Feste B., 1919 (V) *Mey*

Brahe (l. Nebenfluß der Weichsel, 195 km lang). Die B. entspringt 15 km ö. Rummelsburg in Pommern bei Großschwessin, durchfließt den Ziethener, Müskendorfer, Karschin-See, tritt dann in die Tucheler Heide ein, gelangt bei Bromberg in das Thorn-Eberswalder Urstromtal und mündet oberhalb Fordon in die → Weichsel. In der Tucheler Heide wird das Wasser der B. in der Gegend von Rittel zu ausgedehnten Rieselanlagen genutzt. Mit dem Bau der Hauptanlage wurde 1845 begonnen. Bei Mühlhof wurde der Fluß um etwa 10 m angestaut; ein etwa 25 km langer Kanal führt das Wasser großen Wiesenflächen zu, die zuvor unfruchtbares Sandland waren. Die B. ist 121 km flößbar und ab Bromberg (15 km) schiffbar. Durch den Bromberger Kanal ist die B. mit der Netze und zugleich mit der Oder verbunden. Die B. bildete seit dem 12. Jh. die w. Grenze der Diözese Leslau, zu der auch das Gebiet zwischen B. und Weichsel gehörte. – 1288 bestätigte der Bf. von Leslau dem Zist.-Kl. Bischewo (später in Krone a. d. B.) das Recht des Biberfanges in der B. von ihrer Mündung bis zur pommerschen Grenze. (I/II) *B*
LV 109

Brandenburg (Uschakowo, Kr. Heiligenbeil). Die Ordensburg B., an der Mündung des Frisching ins Frische Haff gelegen, ist durch

Markgraf Otto III. v. Brandenburg 1266 bei seinem 3. Kreuzzug nach Preuß. errichtet worden. Als sie kurz danach von den Warmiern zerstört wurde, erbaute sie Otto III. 1267 von neuem. Sie blieb auch während des Preußenaufstandes im Besitze des Deutschen Ordens. Danach, von etwa 1275-90, ist sie in Stein ausgebaut worden. Die Burg war von 1266-1499 Sitz eines Ritterkonvents; der Komtur war von 1467-99 gleichzeitig Oberster Spittler. Die Komturei B. erstreckte sich von B. in sö. Richtung in schmalem, ö. der Seenkette nach O verbreitertem Streifen bis an die poln.-litauische Grenze. In ihr lagen fünf Kammerämter, die Burgen bzw. Städte Kreuzburg, Domnau, Friedland, Drengfurt, Lötzen, dazu das Waldamt B., dessen Waldmeister im 15. Jh. in Neuendorf im s. Pregeltal saß. Der B.er Komtur Günther v. Hohenstein († 1380) bewährte sich als diplomatischer Unterhändler mit Litauen und als Gründer der Burgen Hohenstein und Osterode. Ks. Karl IV. schenkte ihm 1379 eine Reliquie der hl. Katharina, die in der Burgkapelle aufbewahrt wurde und Wallfahrten nach B. veranlaßte. Hohensteins Grabstein liegt in der Kirche von B. 1415-22 saß der amtsenthobene Hochmeister Heinrich v. Plauen als Gefangener im Schloß B. Es hat die Stürme des Städtekrieges trotz der Zerstörungen in den Jahren 1454 und 1456 überstanden. 1499-1525 dienten die Einkünfte der Vogtei B. der Hofhaltung des Hochmeisters. Im Kriegsjahr 1520 brannte die Burg aus. Nach der Wiederherstellung war sie 1525-1752 Sitz eines Amtshauptmanns. Im 17. Jh. war sie noch gut erhalten; während des Pestjahres 1629 verlegte Kurfürst Georg Wilhelm sein Hoflager in Schloß, und 1655 holte Friedrich Wilhelm d. Gr. Kurfürst seine Gemahlin in B. ab. Das um 1740 noch stattliche Schloß verfiel nach 1750 zusehends, besonders seit 1776; es wurde abgetragen. Von der Hauptburg ruhen Kellerfundamente im »Schloßberg«; die Reste der Vorburg wurden bis 1945 als Wohn- und Wirtschaftsgebäude der Domäne benutzt.

Im Schutze der Burg entwickelte sich aus den zahlreichen Krügern, Handwerkern und Gärtnern eine Lischke; Hochmeister Albrecht erneuerte ihr 1513 die Handfeste. Die Kirche wurde im 14. Jh. mit einem halbrunden Chor (1320-40), der hohe, spitze Turm 1648 erbaut. Eine Schule bestand 1408. 1422 waren zwei, 1425 drei Mühlen vorhanden. Während der Kriege erlitt die Lischke schwere Brandschäden, besonders 1454, 1456 und 1520, auch 1676. Im 16. und 17. Jh. wuchs sie zum Marktflecken, in dem Gärtner, Fischer, Schiffer, Fuhrleute und Kleinbauern (Nachbarn gen.) seßhaft waren. 1604 wurden in der 14 Hufen großen Lischke 50 Hofstellen und sieben Krüger gezählt. Die günstige Lage an der verkehrsreichen Landstraße, an Haff und Frisching förderte das Wachstum des Ortes und die in ihm abgehaltenen Märkte. 1652 erscheint B. als »offnes Stättlein«, und Kg. Friedrich Wilhelm I. beabsichtigte, B. zur Stadt zu erheben. Es kam nicht dazu, obgleich B. von 1716-32 Standort von Teilen des Kürassier-Regiment 12 war. 1736 wurde B.s großer Jahrmarkt

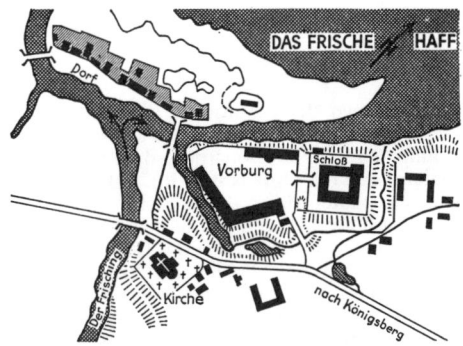

Schloß Brandenburg zur Ordenszeit
(*Entwurf von E. J. Guttzeit*)

nach → Kreuzburg verlegt; es blieben nur Flachs-, Tongeschirr- und Pferdemärkte bis um 1900 erhalten. 1807 und 1812 hatte der Ort unter den durchmarschierenden und einquartierten Truppen Napoleons zu leiden. Seine Bedeutung ging zurück, weil die 1853 eröffnete Ostbahn es nicht berührte. Erst im Zeitalter des Kraftverkehrs wuchs B. nach 1925 von 1251 auf knapp 1600 (1939) Einw. Der 1729 vorhandene »galante Haven« wurde um 1884 neu ausgebaut. 1945 lag B. im Kampfgebiet und wurde teilweise zerstört; seitdem gehört es zum sowjetisch besetzten Teil von Ostpreußen. (III) *Gu*

EJGuttzeit, Der Marktflecken B. am Frischen Haff. (In: Natanger Heimatkalender 1930)

Brattian (Kr. Löbau). Hier wird 1343 ein Ordenshof erwähnt. Bald danach scheint B. Sitz des Ordensvogtes geworden zu sein, der zuvor in → Neumark wohnte. 1351 erwählte Hochmeister Heinrich Dusemer B. zu seinem Ruhesitz; seit 1359 sind die Namen der Ordensvögte bekannt. Zwischen 1343 und 1351 ist verm. das an der Mündung der Welle in die → Drewenz gelegene Schloß entstanden. Nach 1466 wurde B. Sitz eines Starosten. 1644 war dies, von einigen Schäden aus den vorangegangenen schwed.-poln. Kriegen abgesehen, im ganzen gut erhalten, hatte auf der Vorburg zehn von den Schloßbedienten bewohnte Hütten, einen Krug, eine Mahlmühle mit drei Gängen, eine Sägemühle und eine Walkmühle für die Neumärker Tuchmacher; nahebei lag der Wirtschaftshof. Noch 1765 soll das Haupthaus in gutem Zustande gewesen sein, der Eckturm jedoch ohne Dach. 1772–1829 war B. Sitz eines Domänenamtes. 1785 brachen die Mönche von Lonk Ziegel für den Neubau ihrer Kirche; heute sind von der Burganlage nur noch wenige Reste vorhanden. 1905 war B. eine

Landgemeinde mit 1167 Einw. (103 Evg., 1058 Kath., 6 Juden), 1943 mit 1316 Einw. (II) B
LV 163, 10, 112

Braunsberg (Braniewo, Kr. Braunsberg). Die alte Handelsstraße längs des Frischen Haffes kreuzte die Passarge eine Meile vor ihrer Mündung; hier lag Brusebergue, d. h. preuß. Lager oder Preußensiedlung. Als die Ordensritter i. J. 1240 in den Gau Warmien eindrangen, bauten sie an dieser Stelle die Burg Brunsberg, die aber schon nach zwei Jahren von den Preußen zerstört wurde. Nach der Niederwerfung des Aufstandes (1249) ließen sich neben der wiederhergestellten Burg Siedler aus Lübeck unter Führung des Ratsherrensohnes Joh. Fleming nieder; 1254 gab der erste ermländische Bf. Anselm ihrem Gemeinwesen das lübische Stadtrecht. Stadt und Burg fielen aber wiederum dem zweiten großen Aufstand der Preußen 1260 zum Opfer, entstanden indessen von neuem, und zwar etwas oberhalb der alten Stelle. Am 1. April 1284 erhielt die Altstadt von Bf. Heinrich I. Fleming aus Lübeck, dem Bruder des Lokators, die Handfeste. Um 1342 legte Bf. Hermann v. Prag auf dem r. Ufer der Passarge die Neustadt an, die ebenfalls lübisches Recht erhielt, aber unbefestigt blieb. Die Altstadt hat einen fast viereckigen Grundriß, das Straßennetz ist in Leiterform angelegt. Zwischen den beiden Hauptstraßen liegt der Marktplatz mit dem Rathaus, erbaut um 1350, 1739–41 barock umgestaltet, 1797/98 und 1821 weiter umgebaut. Der Grundriß der Neustadt ist ebenfalls viereckig, das Straßennetz in Rippenform. An der breiten Hauptstraße, die zugleich als Markt benutzt wurde, lag das Rathaus, das wiederholt niederbrannte und 1900 abgebrochen wurde, nachdem es zuletzt als Theater gedient hatte. Das bischl. Schloß lag im SO der Altstadt, von ihr aber durch Mauern und Türme getrennt; hier wohnte der Burggraf, der das Kammeramt verwaltete. Im 19. Jh. wurde es bis auf einen Turm abgebrochen; im Neubau errichtete man das Lehrerseminar, die spätere Aufbauschule. Von der Stadtmauer sind ansehnliche Reste erhalten, vor allem der Pfaffen- und der Roßmühlenturm.
1626 erschien Gustav Adolf mit einer Kriegsflotte im Hafen, nahm die Stadt ein und hielt sie fast zehn Jahre besetzt. Unter der Beute war die wertvolle Bibliothek des Jesuitenkollegs, die sich noch heute in Schweden befindet, der größte Teil in der Universitätsbibliothek zu Uppsala. Während des zweiten Schwedenkrieges (1654–60) war B. längere Zeit im Besitz des Großen Kurfürsten, die kommissarische Regierung leitete vom Schloß aus Graf Fabian v. Dohna-Lauck. Im Nordischen Krieg (1700–21) wurde die Stadt bald von schwed., bald von poln.-sächs. Truppen ausgesogen. In allen drei Kriegen folgte den plündernden Soldaten die Pest. Mit dem Bau der massiven altstädt. Pfarrkirche St. Katharina wurde 1343 begonnen, vollendet E. 14. Jh.; neben dem → Frauenburger Dom ist sie die einzige ermländische Hallenkirche mit Chor. Der Glockenturm mit rechteckigem Grundriß hat sechs verschie-

den hohen Geschosse und ist der großartigste des Ermlandes. Die kleine Pfarrkirche der Neustadt (St. Trinitatis) lag an der Marktstraße, erbaut im 15. Jh. – Schon 1296 wurde am Stadtrand ein Franziskanerkl. gegr., das 1330 in die Stadt verlegt wurde. Während der Ref. wurde es verlassen, 1565 übergab der Bf., Kardinal Stanislaus Hosius, die Baulichkeiten den Jesuiten, die hier ein Kolleg gründeten, dem ein ermländisches Priesterseminar (das sog. Steinhaus) und ein päpstliches Missionsseminar angegliedert wurden; darin wurden Missionspriester für die nordischen Länder herangebildet. Nach Aufhebung des Jesuitenordens entwickelten sich nach 1780 aus dem Kolleg das Staatl. Gymnasium und das Lyceum Hosianum mit einer philosophischen und einer theologischen Fakultät; seit 1912 führte die Hochschule den Namen Staatl. Akademie, an der nach 1920 auch Theologen aus Danzig und Schneidemühl studierten. In allen Zeiten war B. der geistige Mittelpunkt des → Ermlandes.

1571 gründete Regina Protmann, Tochter eines angesehenen Bürgers, die Kongregation der Schwestern von der hl. Katharina, die sich der Krankenpflege und schon bald der Mädchenerziehung widmeten. In neuester Zeit hatte die Kongregation Krankenhäuser, Waisenhäuser, Altersheime in allen ermländischen Städten sowie zahlreiche Niederlassungen in ermländischen Dörfern, aber auch große Anstalten verschiedenster Art in Königsberg und Berlin sowie in England, Brasilien und Litauen, neuerdings in Westdeutschland. Die Kreuzkirche, um 1730 erbaut zur Sühnung eines Frevels schwed. Soldaten, lag einen Kilometer flußabwärts an der Passarge; es war die einzige ermländische Kirche mit kreuzförmigem Grundriß. – Eine evg. Gemeinde bildete sich erst nach 1772. Die evg. Kirche wurde 1830–37 nach einem Entwurf aus der Schule von K. F. Schinkel gebaut.

Seit dem 14. Jh. war B. Mitglied der Hansa. Es war der einzige Fernhandelsplatz des Ermlandes und hatte das Stapelrecht für die Erzeugnisse des Fürstbistums (Getreide, Flachs, Garn und Leinwand), die nach den nordischen Ländern und nach England ausgeführt wurden. Den bescheidenen Seglern der alten Zeit genügte der Unterlauf der Passarge, doch war B. der Konkurrenz von Elbing, Danzig und Königsberg nicht gewachsen. Im 17. Jh. brachte das Handelshaus Schorn, im 18. Jh. das Haus Östreich eine neue Blütezeit; 1797 hatte die Ausfuhr den Wert von einer Million Talern. Durch die Eisenbahn (1852/53) wurde der Handel mehr und mehr nach → Königsberg gelenkt, doch blieb B. Garnisonsstadt. Von gewerblichen Betrieben sind die Bergschlößchen-Brauerei, eine Zigarrenfabrik und einige Gerbereien zu nennen, 1890 wurde ein Landgestüt eingerichtet. Die Einwohnerzahl betrug im Jahr 1939: 21 142 gegen 4244 i. J. 1782. (III) *P*

FBuchholz, B. im Wandel des Jahrh., 1934 — Ders. in: LV 50, S. 31—33 — Vgl. LV 1, Nr. 7505—7508, 7521, 7534

Braunswalde-Willenberg (Kr. Stuhm). In den Gemarkungen der beiden gen. Orte s. von Marienburg liegt am ö. Weichsel-Nogat-Ufer ein großes ostgerm. Gräberfeld aus den ersten vier Jhh. n. Chr. von mehr als 2000 Gräbern. Wie auf allen Friedhöfen der got.-gepidischen »Weichselmündungskultur« finden sich hier Skelettgräber und Brandgräber gleichzeitig nebeneinander. Neben germ. Schmucksachen (die Männergräber sind waffenlos) bestehen die Beigaben aus Bronzegeschirr, Trinkgläsern, Münzen und Terra sigillata-Keramik aus provinzialröm. Werkstätten, Zeugnisse regen Handels zwischen Germanen und Römern. Das Gräberfeld, eins der größten im Weichsellande, bestand noch, als ein Teil der Goten nach Südrußland, ein Teil der Gepiden in das Donaugebiet abgewandert war. (II) *B/Ba*

RSchindler, Die Besiedlungsgesch. der Goten und Gepiden (in: LV 20, 1940) — LV 205, S. 134—140

Briesen (Wąbrzeźno, Kr. Briesen). Die Landenge zwischen Friedeck- und Schloß-See bei B. war schon im Altertum, wie Münzfunde zeigen, Übergang eines Handelsweges. Hier lag um 1200 eine altpreuß. Befestigung, an deren Stelle später eine dt. Anlage getreten ist. Der Ort wird 1246 zuerst als Wambrez erwähnt und 1251 (nun Wambresin gen.) zum Bau einer Stiftskirche ausersehen. Mit dieser Kirche ist verm. die Stadt B. am hohen OUfer des Friedeck-Sees entstanden, die zur Ordenszeit und auch später, vor allem in kirchl. Verzeichnissen, Friedeck gen. wird. Das bischl. Schloß nw. der Stadt A. 14. Jh. erbaut, brannte im 13j. Städtekrieg aus und wurde danach als Wohnsitz des Bf. v. Kulm neu hergerichtet; nach der M. 17. Jh. muß es in Verfall geraten sein. Seine Ruinen wurden im 18. Jh. zum Wiederaufbau der teilweise abgebrannten Stadt benutzt. Die Simon und Juda geweihte Pfarrkirche wurde um 1300 in Stein gebaut und 1881 sorgfältig renoviert, die evg. Kirche 1835/36 errichtet. 1772 zählte B. nur 502 Einw., meist Ackerbürger und Bierbrauer, 1943: 10 051. Mit dem Ausbau der Kunststraßen (seit 1848) und dem Anschluß an das Eisenbahnnetz nahm B. einen wirtschl. Aufschwung: bis 1900 entstanden eine Zement- und Kunstsandsteinfabrik, Maschinenbauanstalt, Wagenfabrik, Dampfmahlmühle, Dampfbrauerei, Molkerei, drei Ziegeleien. Aus B. stammt Walther Nernst (1864–1941), einer der Begründer der physikalischen Chemie, der 1920 den Nobelpreis erhielt. (II) *B*

BHeym, Gesch. d. Kr. B. und seiner Ortschaften, B. 1902 — WHeym, in Gothiskandza, Bll. f. Danz. Vorgesch. 3, 1941, S. 57; 4, 1942, S. 45

Büsterwalde (Kr. Heiligenbeil). Der Ordenshof Beistern (1308 Byester) lag südwestlich des Dorfs Leisuhnen »am Wege nach Braunsberg« und hat von mindestens 1308 bis 1522 bestanden; er diente dem Komtur von → Balga und anderen Ordensbeamten, auch Ordensgästen, besonders bei Reisen, als Aufenthalt und war Gestüt und Wirtschaftshof, der von einem Hofmeister verwaltet wurde. 1441 war in B. eine »Kirche«, wohl Kapelle, vorhanden.

Im Kriegsjahr 1520 zerstörten die Polen den Hof, 1522 wurde er aufgelöst. Auf dem Schulland von Leisuhnen wurden Mauerreste gefunden, und die Schulwiese, Faringk gen., soll der alte Schloßteich gewesen sein. – Beim Hof B. lag am Haff der 1469 erstm. erwähnte Wald »Beistern«, jetzt B. 1515 war in dem Walde B. ein Bild der hl. Anna aufgestellt, zu dem eine Zeitlang Gläubige aus Braunsberg, Heiligenbeil und anderen Orten wallfahrteten. Am Rande des B. entstanden die Schatullorte Büsterwalde (ab 1628), Ruhnenberg (vor 1638), Wachtbude (vor 1685). (III) *Gu*

EJGuttzeit, Beistern, Büsterwald, B. (In: Natanger Heimatkalender 1935) — Kiupel, Der goldene Sarg am Faringk von Leysuhnen. (In: Natanger Heimatkalender 1936)

Cadinen (Kadyny, Kr. Elbing). In der Nähe einer altpreuß. Wallburg auf altem Kulturgebiet schenkte der Landmeister Dietrich v. Grüningen 1255 dem Elbinger Heilig-Geist-Hospital 40 Hufen. Der Orden unterhielt in C. einen Hof, in dem der Komtur von Elbing über die dortigen Ordensuntertanen zu Gericht saß, und in den der Waldmeister des Ordens 1410 von → Mühlhausen übersiedelte. 1431 verpfändete der Orden das Gut C. für eine große Schuld der Fam. Baisen, die später dem erbittertsten Feind des Ordens, dem Preuß. Bund, in Hans, Stibor und Gabriel v. B. (→ Basien) Wortführer stellte. Im Februar 1454 gehörte Hans v. B. zu der Gesandtschaft des Bundes an den Kg. von Polen, die ihm die Landesherrschaft über das Ordensland anbieten sollte. Er wurde im gleichen Jahre von ihm zum Statthalter über die dem Orden entrissenen Landesteile ernannt. 1459 folgte ihm sein Bruder Stibor v. B. in diesem Amt. Das Gut war später in der Hand verschiedener Famm. 1683 gründete der zur kath. Kirche übergetretene Gf. v. Schlieben in C. ein Franziskanerkloster an der Stätte der altpreuß. Wallburg, dessen 1745 errichtete massive Gebäude aber bereits im 19. Jh. verfielen. 1898 erwarb Ks. Wilhelm II. das Gut C. und gestaltete es zu einem Musterbetrieb mit vorbildlichen sozialen Verhältnissen für die Gutsarbeiter. Eine von ihm im Ordensstil erbaute Kirche wurde 1920 eingeweiht. Die an der Haffküste von C. angelegte Majolikafabrik war wegen ihrer künstlerisch hochwertigen Erzeugnisse weithin bekannt. Der letzte Besitzer von C., Prinz Louis Ferdinand v. Preuß., entkam von dort mit seiner Fam. am 25. Januar 1945, eine halbe Stunde vor dem Eintreffen der Russen, über das Eis des Frischen Haffs. (II) *He*

WZiesemer, Wirtschaftsordnung des Elb. Ordenshauses. (In: Sonderber. d. Altertumsges. Prussia 1923) — CKerstan, Gesch. des Landkr. Elbing, 1925, S. 155 — Prinz Louis Ferdinand v. Pr., Als Kaiserenkel durch die Welt, 1952 — LV 143, S. 155

Christburg (Dzierzgón, Kr. Stuhm). Der »Schloßberg« läßt noch die Erdwälle einer vorgesch. Burganlage erkennen, urspr. hat sich auf den Wällen ein Wehrgang (»Mauer« aus Holzkonstruktion mit Erdfüllung) befunden. Wie bei Ausgrabungen festgestellt ist, stammt die älteste Wehranlage aus der frühen Eisenzeit (7.-6. Jh. v. Chr.). Viel später, in der Ordenszeit (13. Jh.), errichteten die Altpreußen auf den vorgesch. Fundamenten eine neue Burg, die dann von den Ordensrittern in Besitz genommen wurde. Das Städtchen liegt am Fuße eines Hügels, von drei Seiten vom Sorge-Fluß eingeschlossen. Hier wurde nach Aufgabe des 11 km flußaufwärts gelegenen Alt-Ch. 1248 eine Ordensburg errichtet. Eine Steinfigur von 1,20 m Höhe, die urspr. in der Nähe der Stadt auf einer Anhöhe gestanden hatte, war (nach 1720) in das Kl. eingemauert worden; sie kam 1896 in die vorgesch. Sammlung des Westpreuß. Provinzialmuseums. Die aus einem Granitblock gemeißelte Steinsäule zeigt ein Gesicht, die Andeutung des r. Armes mit großem Trinkhorn und an der l. Seite einen Schwertgriff. Nach dessen Form ist der *Bildstein* in das hohe Ma. (10./ 12. Jh.) zu datieren. – Ein ähnlicher Stein mit Darstellung des Gesichtes, eines Trinkhorns und eines Schwertes hat sich in einer Mauer des ehem. Kl. Lonk, Kreis Löbau, befunden (jetzt im Thorner Museum). Zur Bedeutung dieser Steinbilder s. → Bartenstein. Am 7. Februar 1249 wurde durch Entscheidung des bevollmächtigten päpstl. Richters Jakob von Lüttich in Ch. den zum Christentum bekehrten Preußen persönliche Freiheit und ungestörter Besitz zugesichert. Neben der Burg, die zwischen 1260–73 zerstört, aber wieder aufgebaut worden ist, entwickelte sich eine Siedlung, 1254 als oppidum, 1260 als civitas erwähnt. 1288 wurde in Ch. das Schulzenamt eingerichtet, 1290 verlieh der Landmeister Meinhard v. Querfurt den Bewohnern von Ch. Magdeburger Recht »nach Vorbild des Kulmer Landes«, freie Überfahrt über den Drausensee und auf ihm gewisse Fischereirechte. Die Ch. galt als der Schlüssel zum Oberland. Sie war 1250–1410 Sitz eines Komturs, der seit 1309 zugleich Oberster Trappier des Deutschen Ritterordens war. Besonders der Komtur Hz. Luther v. Braunschweig hat seit 1314 von Ch. aus die dt. Siedlung in → Pomesanien und im Lande Sassen gefördert, bis er 1331 Hochmeister wurde. Durch den zweiten Thorner Frieden wurde Ch. 1466 vom Ordenslande abgetrennt und blieb bis 1772 Vorort einer westpreuß. Starostei. R. der Sorge auf der Stelle des ehem. Ordenshospitals wurde das 1678 gegr. Franziskaner-Reformatenkloster errichtet, wobei auch Ziegel aus dem Abbruch der Schloßruine verwandt wurden. Das 1832 aufgelöste Kl. wurde zunächst Stadtschule, 1928 Altersheim. 1793 hatte die Stadt 1595 Einw., 1939: 3604. Bei der Abstimmung von 1920 wurden in Ch. von 2589 Stimmen nur 13 für Polen abgegeben. (II) B/*Ba*

FHassenstein, Chronik der Stadt Ch., Ch. 1920 — WLaBaume, Bildsteine des frühen Ma. in Ost- u. Westpreußen. (In: Bll. f. dt. Vorgesch. 5, 1927) — JWiesner, Die Herkunft ostpr. Bildsteine. (In: LV 210, Bd. 8, 3, 1942) — OPiepkorn, Die Heimatchronik der westpr. Stadt Ch. u. des Landes am Sorgefluß, 1962

Cranz (Selenogradsk, Kr. Samland). Als im 9.–11. Jh. die Wikinger an ihrem Handelsplatz bei → Wiskiauten saßen, reichte das Kurische Haff wohl bis dahin, wo die moorige Niederung an die diluviale Hochfläche stößt, also ungefähr bis zur Ostseite der Eisenbahn nach Königsberg, und die Düne, auf der später C. entstand, war noch eine Halbinsel oder der Beginn der → Kurischen Nehrung, die in der Nähe wohl ein Tief gehabt hat. Der Name kommt vom preuß. kràntas, Uferabhang. Der Orden hat hier für den Reiseverkehr über die Nehrung einen Krug angelegt. Später entstand daneben das Dorf Cranzkuhren. Die kleine Fischersiedlung wurde seit 1816 das erste Seebad der Samlandküste, in den 20er Jahren tatkräftig gefördert durch den Medizinalrat Kessel. Die Heilwirkung der See ist an dieser Stelle besonders kräftig, der Wellenschlag der stärkste an der ganzen Ostsee. Schon 1817 wurde ein Warmbadehaus eingerichtet. 1855 erhielt C. ein eigenes Bethaus. Das erste Geläut versah eine aus Rudau überwiesene kleine Betglocke. Erst 1877 wurde ein eigenes Kirchspiel gebildet. Am 8. Juli 1885 ist die Königsberg-Cranzer Eisenbahn fertiggestellt worden. Die Lokomotiven hatten Namen von Seevögeln, und die Passagiere wußten immer, mit welchem Vogel sie reisten. Vor dem zweiten Weltkriege betrug die Fahrtdauer nur eine halbe Stunde, so daß die Königsberger den Strand gleichsam dicht vor der Haustüre hatten. (III) W

LGoldstein, Die erste Anregung zu einem ostpr. Seebade (Grenzland 1921) — LV 126, Bd. 2, S. 292

Danzig (Gdańsk). Der Name D. geht wahrscheinlich auf den got. Gaunamen Gothiscandza zurück, der von dem Geschichtsschreiber der Goten Jordanes A. 6. Jh. erwähnt wird; er wurde später durch die slawischen Bewohner des Landes in Gdańsk und durch die Deutschen in D. umgewandelt und wird zuerst in der Lebensbeschreibung des Bf. Adalbert von Prag erwähnt. Er hat 997 auf seiner Missionsfahrt zu den heidnischen Preußen den Fürsten von D. besucht und dort zahlreiche Heiden getauft. An der Mottlau, die unweit von D. in die Weichsel mündet, befand sich wohl schon seit dem 10. und 11. Jh. eine Burgsiedlung, in der später die Fürsten des Landes, Fischer und Handwerker wohnten; sie wurde später westwärts ausgedehnt (Hakelwerk).

An ihrem Rande wurde wohl schon E. 12. Jh. als älteste Kirche des Burgbezirks, St. Katharinen, erbaut. Gleichzeitig erfolgte der erste Zuzug von Deutschen. Durch Unterstützung des damaligen Landesherrn, des Fürsten Sambor, ließen sich kurz vor 1178 dt. Mönche aus dem Kl. Kolbatz bei Stettin in dem benachbarten Orte → Oliva nieder, und erhielten Anteil an den Einkünften in der entstehenden Marktsiedlung in D. In ihr wurden dt. Kaufleute ansässig und erbauten die kleine Kapelle St. Nicolai, die 1227 dem Dominikanerorden überlassen wurde.

Als der Deutsche Ritterorden seit 1231 auf dem r. Ufer der Weichsel Burgen, Städte und Dörfer begründete, entstand auf dem

Boden der späteren Rechtstadt am Langen Markt eine selbständige dt. Stadtgemeinde; sie erhielt um 1240 durch Hz. Swantopolk von Pommerellen dt. Stadtrecht und eine eigene Kirche St. Marien. Nach Lübeck und anderen dt. Handelsstädten wurden wirtschl. Beziehungen unterhalten. In den Bruderkämpfen der pommerell. Herzöge, deren Gebiet von der Küste der Ostsee bis fast zur Netze reichte und in mehrere Fürstentümer aufgeteilt war, versuchten i. J. 1271 die Markgff. v. Brandenburg vergeblich, D. zu erwerben. Nach dem Aussterben des einheimischen Herzogshauses (1294) entbrannten Kämpfe um das Erbe zwischen Brandenburg, Böhmen und Hz. Wladislaw Lokietek v. Großpolen und Kujawien. Dieser rief 1308 den Deutschen Orden zu Hilfe, der schließlich 1309 im Vertrage von Soldin das Land für 10 000 Mark Silber von Brandenburg kaufte und so auch in den Besitz von D. kam. Der dt. Ks. und der Papst stimmten diesem Wechsel in der Landesherrschaft zu; auch Kg. Kasimir von Polen erkannte 1343 die Erwerbung an. Seitdem war die Stadt für ein Jh. lang gegen weitere außenpolitische Wirren gesichert. Ihr Handel dehnte sich die Weichsel aufwärts nach Polen aus, über das Frische und Kurische Haff und die Memel nach Kauen (Kowno) und über die Ostsee nach Riga, Reval, Finnland und Schweden. Im W wurden Dänemark, Flandern und England, später auch die Küsten Frankreichs, Portugals, Spaniens und Italiens aufgesucht. In großer Zahl wanderten jährlich Handwerker und Kaufleute ein, aus den Hansestädten und ihrem Hinterlande, aus Schlesien, Brandenburg, Obersachsen und Thüringen, auch aus Niedersachsen, Westfalen, dem Rheinland und den Niederlanden. Während die Hälfte der Neubürger in D. selbst gebürtig war, kamen von den übrigen ein Drittel aus Alt-Dtschl. westlich der Elbe und zwei Drittel aus den Gebieten zwischen Elbe, Oder und Weichsel und aus dem Ordensland. Es wurden nur Deutsche als Bürger aufgenommen. An Stelle des vorher geltenden lübischen Rechtes wurde seit 1343 das im Ordensstaate übliche Kulmische Recht eingeführt. Die Zunahme der Bevölkerung machte die Erweiterung der städt. Ansiedlungen nötig. Zu der Rechtstadt, die seit 1378 Ratsverfassung besaß und 1380 das Rathaus am Langen Markt erbaut hatte, traten die Neustadt um St. Johann (seit 1350), die aus Hakelwerk und ältester Marktsiedlung gegen 1377 vereinigte Altstadt, die Jungstadt an der Weichsel (seit 1380) und die Vorstadt mit St. Peter und Paul (seit E. 14. Jh.). Die älteren Kirchen wurden weiträumig ausgebaut, die Marienkirche seit 1343, die Nicolaikirche seit etwa 1348, die Katharinenkirche seit 1326. An der Mottlau, welche die Stadt durchquert, wurden lange Speicherreihen errichtet. Eine starke Mauer mit Toren und Türmen schloß die Rechtstadt seit 1343 ein. Schon 1295 hatte sich D. unter den Städten befunden, die der Verlegung des Oberhofes für Nowgorod von Wisby nach Lübeck zugestimmt hatten. Seit 1361 war es an den Beratungen der Hansestädte beteiligt und wurde zum Vorort des preuß. Quartiers. Getreide, Holz und Pech, auch Bernstein wurden gegen engl. Wolle und flandrische Tuche, Wein und Salz ausgetauscht. Der Deutsche Orden, der an der Mottlau nach 1340 eine mächtige Burg erbaute, mischte sich zunächst in die inneren Angelegenheiten der Stadt nicht ein. Erst nachdem durch den Sieg der vereinigten poln. und lit. Heere bei → Tannenberg 1410 und durch die späteren Kämpfe das politische Gefüge des Ordensstaates erschüttert war, wurde die Stadt zu stärkeren Dienstleistungen an den Orden herangezogen. Sie suchte sich diesen zu entziehen und erstrebte territoriale Unabhängigkeit. Trotzdem war D. in den folgenden Jahrzehnten bei den immer heftiger werdenden Auseinandersetzungen zwischen dem Orden und den Ständen, dem Landadel und den übrigen Städten, bereit, den Hochmeister weiter als Landesherrn anzuerkennen. Erst als Kg. Kasimir von Polen sich in den inneren Streit einmischte und das Ende der Ordensherrschaft bevorzustehen schien, erkannte D. 1454 die Schutzhoheit des poln. Kg.s an. Nachdem sie diesem 1457 gehuldigt hatte, war die Stadt durch Personalunion mit dem Reiche Polen verbunden, gehörte diesem aber völkerrechtlich nicht an. Die Bürgerschaft vermochte die politische Selbständigkeit zu erhalten. Der Kg. von Polen mußte gegen das Zugeständnis geringer Hoheitsrechte an die Krone den Besitz eines ausgedehnten Territoriums auf der D.er Höhe und in den Weichselniederungen, die unbeschränkte Führung der auswärtigen und der inneren Politik und die Regelung der wirtschl. Angelegenheiten zubilligen. Die Stadt hat sich an auswärtigen Kriegen beteiligt und selbständig Verträge mit fremden Mächten, deren Vertreter in D. residierten, abgeschlossen. Auch hat sie eigene Wehrhoheit innerhalb ihrer Grenzen ausgeübt. Ausländischen Truppen, auch den poln., war der Eintritt in die Stadt untersagt. Diese konnte auch über den Hafen uneingeschränkt verfügen, auf ihren Schiffen eine eigene Flagge führen, Steuern und Zölle erheben, Münzen prägen, Gesetze geben und Recht sprechen.

Der Orden mußte im Frieden von Thorn 1466 auf die Herrschaft im Weichsellande und im Ermlande verzichten. Diese beiden Landesteile bildeten fortan jedes einen Ständestaat für sich und wurden 1569 durch den poln. Reichstag zu Lublin für zum Reiche Polen gehörig erklärt. Nur D., → Elbing und → Thorn hielten an ihrer bisherigen völkerrechtlichen Unabhängigkeit fest. D. erlangte erneut ihre Bestätigung, nachdem Kg. Stephan Bathory die Stadt 1577 auch durch eine Belagerung sich nicht unterwerfen konnte.

Der Reichtum, der D. durch seinen Handel und seinen Gewerbefleiß zuströmte, ermöglichte die Vollendung der zur Ordenszeit begonnenen Bauten. Das Rathaus der Rechtstadt erhielt ein Obergeschoß und einen Prunkgiebel; auch wurde sein Turm 1486–92 erhöht und 1556–61 mit einer kunstvollen Spitze und einem Glockenspiel ausgestattet. In der Altstadt wurde 1595 ein eigenes Rathaus erbaut, der Artushof nach einem Brande 1477–81 erneuert und diente seitdem als Börse und Festhalle der Bürgerschaft. Die Marienkirche wurde, nachdem der Glockenturm schon 1452–66 um zwei Geschosse erhöht worden war, bis 1502 zu einer Hallenkirche umgebaut, der Langemarkt zur Mottlau hin seit 1568 durch das Grüne Tor und auch die Langgasse seit 1612 durch ein neues Tor abgeschlossen. Im Zuge einer großen neuen Umwallung wurde 1588 das Hohe Tor errichtet. Den starken Rüstungen diente das Große Zeughaus (1602–05). Die wohlhabenden Bürger wohnten in langgestreckten und hochgiebeligen Häusern. Die Verbindung zu den Künsten und Wissenschaften im Mutterlande wurde eifrig gepflegt. Hans Kramer aus Dresden, Anthony van Obbergen aus Mecheln und Wilhelm und Abraham vom Blocke errichteten großartige Bauten im Stil der niederdt. und niederländischen Renaissance. Die Maler Anton Möller († 1611) und Daniel Schultz († 1683) schufen ihre Werke im Geist des Barocks. Die Ref. hatte schon seit 1522 Aufnahme gefunden. Trotz heftiger Bedrückungen durch die poln. Kgg. und Bff. hielt der größte Teil der Bürgerschaft an dem neuen Bekenntnis fest; es wurde 1557 durch Kg. Sigismund August anerkannt, doch wurden die kath. Einwohner nicht verdrängt und die früheren Klosterkirchen für ihren Gottesdienst freigegeben. Johannes Hevelke (1611–87) stellte neuartige Fernrohre her und verfaßte eine Beschreibung des Mondes. Daniel Fahrenheit (geb. 1686) verfertigte das noch heute in den angelsächs. Ländern gebräuchliche Thermometer. Gottfried Lengnich (1689–1774) war einer der hervorragendsten Vertreter der dt. Landesgeschichtsschreibung. Auch der Baumeister und Bildhauer Andreas Schlüter (1661–1714) und der Kupferstecher Daniel Chodowiecki (1726–1801), die beide später in Berlin wirkten, stammten aus D.

Seit A. 17. Jh. konnte sich D. nur mit Mühe der Angriffe der Schweden in ihren Kriegen gegen Polen erwehren. Trotzdem wahrte die Stadt ihre Neutralität; sie wurde auch durch den Austausch von Gesandten und diplomatischen Urkk. mit den europäischen Großmächten, besonders Dänemark, den Niederlanden, England und Frankreich anerkannt. Die Bevölkerung wuchs bis 1570 auf 40 000, bis 1600 auf 50 000 und bis 1650 auf 77 000 Einw. an und sank erst infolge der Kriege seit E. 17. Jh. bis auf 50 000 und bis zur M. 18. Jh. auf 47 000 Einw. ab. Sie gehörte in allen Jhh. dem dt. Volkstum an, wenn auch Fremde vorübergehend in geringer Zahl in der Stadt weilten. Außer den Polen haben Engländer und Holländer wiederholt versucht, Bürgerrecht und Handelsfreiheit zu erlangen. Die Bürgerschaft hat jedoch trotz aller Lockungen und Bedrängnisse an dem schon im Ma. geübten Herkommen festgehalten, den Fremden wohl den Aufenthalt und einen beschränkten Handel zu gestatten, ihnen aber die Anerkennung voller Gleichberechtigung zu versagen. Nur dem einheimischen Kaufmann war es vorbehalten, den Warenaustausch zwischen den Fremden zu vermitteln. Nur der Bürger, der seine dt. Herkunft und Muttersprache nachwies und

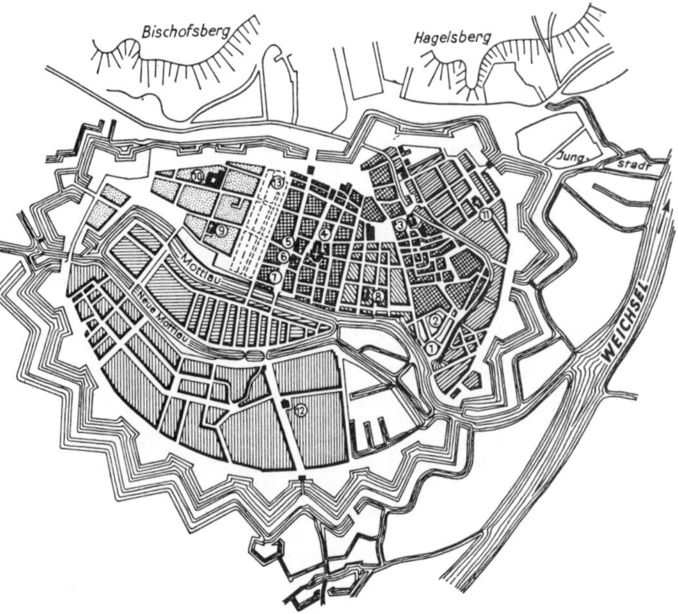

DANZIG

Danzig in der 1. H. 17. Jh.

- Altstadt
- Hakelwerk
- Rechtstadt
- Neustadt
- Vorstadt
- Niederstadt
- Speicherinsel

1 Hochschloß des Ordens
2 Vorburg
3 St. Katherinen
4 St. Marien
5 Rechtstädt. Rathaus
6 Artushof
7 Langer Markt
8 St. Johann
9 St. Peter und Paul
10 Franziskanerkloster
11 St. Bartholomäus
12 St. Barbara
13 alter Wallgraben der Rechtstadt

—·—· spätere Grenze zwischen Rechtstadt und Vorstadt

zu Wehrdienst verpflichtet war, durfte Grundbesitz erwerben. Die Stadt geriet in große Gefahren, als der schwed.-poln. Krieg 1656 bis 1660 auf ihr Gebiet übergriff; er wurde durch den Friedensschluß im Kl. Oliva beendet, ohne daß die Rechtsstellung der Stadt verändert wurde. Auch in dem Nordischen Kriege (1701–21) wurde D. durch schwed. und russ. Truppen bedroht und suchte im geheimen Schutz bei Brandenburg-Preußen. Auch die Seemächte traten weiter für die ihnen wirtschl. günstige politische Unabhängigkeit der Stadt ein. Peter d. Große suchte dagegen, persönlich die Bürgerschaft für sich zu gewinnen; ihre Lage blieb jedoch unverändert. Das gleiche war der Fall im russ.-poln. Kriege, obwohl die Stadt 1734 durch russ. und sächs. Truppen belagert wurde. Bei der Aufteilung Polens unter Rußland, Preußen und Österreich fiel das Weichselland 1772, D. dagegen erst 1793 an den preuß. Staat. Die Zahl der Einwohner und der Handel nahmen wieder zu. Bald brachten jedoch die Eroberungskriege Napoleons einen erneuten, noch viel stärkeren Niedergang. D. wurde mit einem erweiterten Territorium zu einer »Freien«, tatsächlich von einem Gouverneur Napoleons beherrschten Stadt (1807–13). Nach der Wiedervereinigung mit Preußen (1814) dauerte es lange Jahrzehnte, bis die Schäden der Belagerungen und die Verschuldungen durch die Kriegsjahre beseitigt waren. Auch mußte sich der D.er Handel damit abfinden, daß die hergebrachten wirtschl. Beziehungen zu Polen durch die russ. Wirtschaftspolitik gehemmt wurden und die westeuropäischen Länder die Rohstoffe nicht mehr aus Osteuropa, sondern von Übersee bezogen. Der Anschluß an das Wirtschaftsleben des Preuß. Staates und seit 1871 des Deutschen Reiches wurde trotz anfänglicher Schwierigkeiten seit den letzten Jahrzehnten des 19. Jh. erfolgreich hergestellt. Neue Industrien wie Werften, Zuckerraffinerien, Ölfabriken, Brauereien und staatliche Betriebe wie eine Gewehrfabrik und eine Artilleriewerkstatt brachten einen neuen Aufschwung. Die Einwohnerzahl nahm bis 1880 auf 108 000, bis 1900 auf 139 000 und bis 1920 auf 194 000 zu; auch sie waren nur Deutsche. Außer vielfältigen Schulen und wissenschaftl. und kulturellen Vereinigungen sorgte die 1904 begründete Technische Hochschule für die Förderung des geistigen Lebens.

Gegen den Willen der Bevölkerung, die trotz der Zusicherungen, unter denen im Herbst 1918 der Waffenstillstand abgeschlossen war, um ihre Meinung nicht gefragt wurde, ist die Stadt durch den Vertrag von Versailles mit dem 10. Januar 1920 vom Deutschen Reich abgetrennt worden und wurde zu einer »Freien Stadt« unter dem Schutz des Völkerbundes gemacht. Das Staatsgebiet, das 1939 in Stadt und Land etwa 400 000 Einwohner zählte, umfaßte mit etwa 1900 qkm das Weichsel-Nogat-Delta mit der vorliegenden Küste und ausgedehnte Ländereien im bergigen Hinterland der D.er Bucht. Es grenzte im W und S an die dem poln. Staate ebenfalls ohne Abstimmung der Bevölkerung zugewiesenen Teile der früheren Provinz Westpreußen und im O an die beim Deutschen Reich verbliebenen Provinz Ostpreußen. Die politische Selbständigkeit der »Freien Stadt« wurde zwar völkerrechtlich anerkannt, aber durch die Zuteilung wichtiger politischer und wirtschl. Rechte an die Republik Polen zum Schaden der Bevölkerung eingeschränkt. Der Völkerbund, der durch einen Hohen Kommissar (zuletzt Carl J. Burckhardt 1937–39) vertreten war, vermochte die unablässigen Streitigkeiten kaum zu schlichten. Denn Polen versuchte, durch einseitige Auslegung der Verträge den Handel und Verkehr D.s mit seinem Hinterlande einzuengen und sich ständig größere politische Rechte auf dem Gebiet der Freien Stadt anzueignen. Die Bevölkerung erstrebte daher, je länger desto eifriger, einen Anschluß an das Deutsche Reich. Er erfolgte mit ihrer Zustimmung, wenn auch ohne völkerrechtlich wirksame Abstimmung, am 1. September 1939. Die Schüsse, die das dt. Kriegsschiff Schleswig-Holstein auf die poln. Schanzen auf der Westerplatte (→ Neufahrwasser) am Morgen dieses Tages richtete, eröffneten den 2. Weltkrieg. Die Ereignisse in den ersten Kriegsjahren ließen zwar eine Besserung der durch den Vertrag von Versailles geschaffenen Lage erhoffen; doch führte das Ende des Krieges zu einer Vernichtung des dt. D. Die Stadt wurde, auch nachdem die dt. Verteidiger sie verlassen hatten, durch russ. Truppen planmäßig zerstört und durch poln. Truppen besetzt. Soweit die dt. Bevölkerung nicht schon vorher geflüchtet war, wurde sie durch die neuen poln. Machthaber 1945 und 1946 fast restlos vertrieben. Die poln. Verwaltung ist um den Wiederaufbau der Stadt und ihrer Bauwerke bemüht und sucht diese entgegen der gesch. Wahrheit auf poln. Ursprung zurückzuführen. Wenn auch weite Flächen der alten Stadt noch wüst und leer liegen, wurde ein Teil der Kirchen und der öffentlichen Gebäude wiederhergestellt. Die *Marienkirche*, die völlig ausgebrannt war und deren Gewölbe zum größeren Teil eingestürzt waren, ist im Außenbau wieder errichtet. Ihre innere Ausstattung ist vernichtet; einige Altäre, wie das »Jüngste Gericht« (1467) von Hans Memling befinden sich an anderen Stellen. Auch die *Rathäuser* der Rechtstadt und der Altstadt, der *Artushof* und das *Große Zeughaus* zeigen wieder ihre frühere Gestalt; ebenso sind die Fassaden der *Bürgerhäuser* in den Hauptstraßen unter Angleichung an ihre früheren Formen wieder aufgebaut. (→ Neufahrwasser, → Ohra, → Oliva, → St. Albrecht). (II) *K*

PSimson, Gesch. der Stadt D. I, 1913; IV (Urkunden), 1918 — EKeyser, Die Stadt D., 1925 — Ders., D.s Gesch., 1929 — Ders., D. (Abb.), 1942

Danziger Haupt. Das D. H. ist eine spitzwinklige, schmale Landzunge an der Abzweigung der → Nogat von der → Weichsel. Da von dort aus der Schiffsverkehr auf der Weichsel beherrscht werden konnte, besetzten die Schweden in dem Kriege gegen Polen (1654–60) dort gelegene ältere → Danziger Verschanzungen, bauten sie aus und störten seitdem erheblich den Danziger

Handel. Die Danziger schlossen daher 1659 die schwed. Befestigungen ein und zwangen sie nach dreimonatiger Belagerung zur Übergabe. Zur Feier dieses Sieges beauftragte der Danziger Rat den Joh. Höhn, eine goldene Medaille zu prägen; sie zeigte auf der Vorderseite die Lage und den Aufriß der Schanzen mit ihren Laufgräben, auf der Rückseite enthielt sie Ruhmesworte über den Sieg. (II) *K*

Darkehmen (Angerapp, Ozersk, Kr. Darkehmen). Das in vielen Windungen eingeschnittene Tal der Angerapp ist auf seinen Uferhöhen von zahlreichen vorgesch. Fliehburgen und Siedlungsflächen der Nadrauer begleitet. Während die dt. Besiedlung von Gerdauen her noch im Ma. im S des späteren Kreises D. die Angerapp bei Sobrost 1388 erreichte, ist der Ort D. erstm. 1539 als Darkyem (Darkeim) erwähnt. Die erste Kirche stand 1615. Obwohl die Mühle mit dem Wehr und der Straßenübergang nicht unbedeutend waren, blieb D. ein Dorf, bis Friedrich Wilhelm es am 10. September 1725 mit Stadtrecht begabte. Schultheiß v. Unfried hatte den regelmäßigen Stadtplan um den 13 Morgen großen Marktplatz schon vorher entworfen. Lebhafte Einwanderung von Handwerkern aller Art brachte besonders Lederverarbeitung und Tuchmacherei zum Aufblühen. Unter 742 Einw. i. J. 1725 waren bereits 103 Salzburger. 1763 waren es schon 1072 Einwohner, 1937 dann 4221. Die handwerklichen Betriebe des 18. Jh. konnten sich nach den Befreiungskriegen gegenüber der westdeutschen Entwicklung nicht behaupten. Im Kreis herrschte Großgrundbesitz vor, der weitbekannte private Pferdezuchten erlaubte. Durch das Mühlenwehr wurde in der Stadt frühzeitig Elektrizität gewonnen, und D. rühmte sich, bereits 1880 elektrische Straßenbeleuchtung zu besitzen. Im ersten Weltkrieg lag D. vom Herbst 1914 bis zum 10. Februar 1915 in der Angerappfront. Die arg zerstörte Stadt erstand noch im Kriege unter Mithilfe der Patenstadt Dresden als aufgelockerte Gartenstadt neu. 1938 wurde die Stadt in A. umbenannt. Gegen Ende des zweiten Weltkrieges verließen nach den Greueltaten der Russen im benachbarten Nemmersdorf im Oktober 1944 die meisten Einwohner D., das die Truppe am 21. Januar 1945 aufgab. Es liegt grenznah im russ. Verwaltungsbezirk. (IV) *Gr*

KStortz, D., 1925 — ARogge, Gesch. d. Kr. u. d. Diözese D. 1873 — HFrederichs in: LV 50, S. 23 f.

Daumen (Kr. Allenstein). Die bei D. und in der Nachbargemarkung Kellaren ausgegrabenen beiden Gräberfelder sind kennzeichnend für die späte Völkerwanderungszeit (= Merowingerzeit, 6.–8. Jh. n. Chr.) und dadurch besonders auffällig, daß die reichen Beigaben eine Mischung von altpreuß. und germ. Schmucksachen zeigen. Darunter sind in den Frauengräbern Prachtfibeln (Spangen) mit Tierkopfverzierung aus Silber, z. T. vergoldet, und Bronze, zierliche Schnallen und Riemenbeschläge

sowie bunte Perlen. Die waffenlosen Männergräber kommen mit Pferdebestattungen zusammen vor, die Zaumzeug, z. T. mit Silberauflagen verziert, enthalten; dieses, wie auch die Fibeln der Männergräber, sind altpreuß. Wegen der großen Anzahl germ. Schmucksachen ist die westmasurische Gruppe dieser Zeit (s. oben) als »masurgermanische Kultur« bezeichnet worden. Ihre völkische Zugehörigkeit ist schwer zu bestimmen. Vielleicht ist der germ. Schmuck durch lebhaften Handel in das altpreuß. Gebiet gekommen; oder es kann auch eine altpreuß.-germ. Mischbevölkerung vorliegen. Auch wäre daran zu denken, daß es sich um zurückgebliebene Ostgermanenfrauen mit altpreuß. Männern handelt, oder daß sich eine Rückwanderung von Germ. (wie z. B. von den Herulern überliefert) ereignet hat. (V) *Ba*
LV 205, S. 176

Dessauische Lande (Kr. Insterburg). Das Gebiet zwischen Wehlau und Insterburg südlich des Pregels hieß im Volke die D. L. 1721 erwarb Fürst Leopold v. Dessau auf Wunsch Friedrich Wilhelms I. eine Reihe verarmter Güter und Dörfer, Bubainen, Schwägerau, Norkitten, und in der Folge bis 1726 Puschdorf, Stablacken, Piaten u. a., einen weiten Landstreifen von etwa 25 km Länge und 5 km Breite. Die Bewirtschaftung wurde bald weithin vorbildlich, da der Fürst erfahrene Landwirte zur Aufsicht über die Pächter und anhaltische Bauernfamm. für die kleineren Grundstücke herbeiführte. Forst- und Mühlenbetrieb wurden gebessert, die Kirchen in Puschdorf und Norkitten erneuert. 1734–37 ließ Fürst Leopold ein ausgedehntes Schloß in schöner Lage oberhalb von Bubainen erbauen, das 1757 während des Russeneinfalls abbrannte und nur in den Grundmauern erhalten blieb. Wohnsitz und Verwaltungsmittelpunkt wurde → Norkitten und bis in die Gegenwart beibehalten, wobei die einzelnen Besitzungen teils verpachtet, teils selbst bewirtschaftet wurden.
HPolenz, Chron. der Norkittenschen Güter, Insterburg 1885 (IV) *Gr*

Deutsch Eylau (Iława, Kr. Rosenberg). Die auf einer Halbinsel am Geserichsee gelegene Stadt ist 1305 als gewerblicher Mittelpunkt für die umliegenden Dörfer angelegt worden. Der im ersten Viertel des 14. Jh. angefangene Bau der Pfarrkirche (seit der Ref. evg.) gehört zu den anziehendsten Bildern der Umgebung. Das Rathaus war 1317 geplant; es ist wohl dem großen Brande von 1706 zum Opfer gefallen. Seit 1320 werden Pfleger des Deutschen Orden in D. E. erwähnt; das Ordenshaus stand verm. zwischen dem Löbauer Tor und der Pfarrkirche. Es wurde 1457 von böhm. Söldnern rechtswidrig an den Preuß. Bund und den Kg. von Polen verkauft; wenige Monate später gelang es den Bürgern, die poln. Besatzung zu vertreiben. Seit 1522 war D. E. verschiedenen Herren verpfändet, 1758–62 von Russen besetzt. 1783 hatte D. E. mit seiner Vorstadt 147 Feuerstellen. Der Ausbau der Verkehrswege begünstigte seine industrielle Entwicklung. Seit 1860 besteht über den Oberländischen Kanal Schiffahrtsverbindung mit Elbing, seit 1872 Eisenbahnanschluß. 1540 zählte D. E. 450, 1782: 1045, 1943: 13 691 Einw. Bei der Abstimmung von 1920 wurden in D. E. von 4991 Stimmen nur 235 für Polen abgegeben. Als hartumkämpfter Verkehrsknotenpunkt wurde D. E. im zweiten Weltkriege weitgehend zerstört.

JKaufmann, Gesch. d. Stadt Dt. E. Danzig 1905 — LV 163, $_{12}$ (II) *B*

Deutsch Krone (Wałcz, Kr. Deutsch Krone). Die Kreisstadt liegt zwischen dem Schlossee und dem langgestreckten Radunsee (Stadtsee) an der alten Poststraße Berlin–Königsberg. 1249 wird eine villa Cron im Besitz des Templerordens erwähnt, der hier eine Curie einrichtete; daneben befand sich verm. die alte slawische Fischersiedlung Wałcz (auch Wolcz, Welcz). 1303 ermächtigten die Markgff. v. Brandenburg die Edelleute Ulrich Schöning und Rudolf v. Lebendal, am Volzensee eine Stadt zu gründen, die den Namen Arnescrone tragen sollte (später »Die Theutzsche Krone« oder einfach »Chrone« gen.). – Vor der Altstadt entstand auf Amtsgrund in der Gegend der Amtsstraße und Brückenstraße die Neustadt, die 1612 als selbständige Gemeinde auftritt, 1658 mit der Altstadt vereinigt wurde. Auf der in den Schlossee hineinragenden Halbinsel soll das alte Dorf gestanden haben; später lagen dort Burg und Vorwerk, »das Amt«, in dem zu poln. Zeit (seit 1368) die Starosten wohnten. Das im 15. Jh. erwähnte Schloß war nur aus Holz gebaut. Die kath. Kirche an der Südseite des Marktplatzes wurde 1865 in got. Stil an der gleichen Stelle errichtet, an der ihre Vorgängerin von 1624 erbaut worden war. Eine evg. Kirche entstand 1824 am Amt; sie wurde 1904 durch einen Neubau ersetzt. Die 1618 hier auf dem Mönchberge geplante Jesuitenresidenz wurde erst 1671 mit der Schule auf dem Bürgermeisterberge ostwärts der Altstadt eingerichtet. An ihre Stelle trat später das staatliche Gymnasium. 1632 gab es in der Altstadt 36, in der Neustadt 34 Handwerker, ferner 14 Krämer und 52 Einlieger. Nach der Angliederung an Preußen bestand die Stadtgemeinde 1773 aus »177 Ackersleuten und 50 Professionisten«, wobei auch die Handwerker »etwas Ackerbau« trieben. Außerdem spielten Branntweinbrennen und Bierbrauen eine gewisse Rolle. Dt. K. hatte ein eigenes »Croner Maß«: der Scheffel nach Alt-Croner Maß (auch sächsisches Maß genannt) enthielt $13^{1}/_{3}$ Berliner Metzen, nach Neu-Croner Maß $10^{2}/_{3}$ Metzen. Die Garnweber rechneten nach Soldiner Elle oder »Arnswaldischer Länge«. In neuer Zeit vermochte sich Dt. K. dank seiner Lage inmitten eines fruchtbaren Ackerbaugebietes zu einem regen landwirtschl. Austauschplatz zu entwickeln. 1772 hatte Dt. K. 1155 Einw., 1939: 13 359. Von hier stammt Max Schasler, der bekannte Aesthetiker (1819–1903). (I) *B*

FWFSchmitt, Gesch. d. Dt. Croner Kr., 1867 — FSchultz, Gesch. d. Kr. Dt. Krone, 1902 — LV 50; 110; 163, $_{4}$

Dibau (Dybowo, Kr. Thorn). Auf das Hilfegesuch Konrads v. Masowien an den Deutschen Orden i. J. 1226 wurde zunächst Konrad v. Landsberg mit einem Begleiter zur Erkundung der Lage an die Weichsel gesandt, wo ihnen der Hz. auf einer Anhöhe gegenüber dem heutigen → Thorn eine Burg errichtete, die den Namen Vogelsang erhielt. Sie lag wahrscheinlich bei dem heutigen Podgorz. Als Hermann Balk und seine Ritter an der Weichsel angekommen waren, erbauten sie auf den Rat des Hz. und seiner Krieger etwa fünf km flußabwärts ein neues Haus, die Burg Nessau (an der Stelle des Hofes »Schloß N. im heutigen Dorfe Ober-N). Von dort setzten die Ritter im Frühjahr 1231 über den Strom und gründeten am gegenüberliegenden Ufer Alt-Thorn. Nach dem Frieden vom Melno-See (1422) mußte die Burg N. geschleift und das dazugehörige Gebiet an Polen abgetreten werden. Wenig später errichtete der Kg. von Polen Thorn gegenüber an der Fähre ein festes Haus und gründete dabei eine Stadt, die zunächst ebenso wie die Burg N. hieß; seit 1437 begegnet dafür auch der Name Dibau. 1431 zerstörten die Thorner Burg und Stadt N. 1454 versprach der Kg. den Thornern die Aufhebung von N., wonach etwa 30 km flußaufwärts 1460 Neu-N. (heute Nieszawa) entstand. Im »alten N.« (so 1489) waren jedoch noch Gebäude und Speicher stehengeblieben. Um die M. 16. Jh. sahen die Thorner sich wieder veranlaßt, über die Konkurrenz dieses alten N. zu beklagen. Daraufhin ordnete der Kg. seine Verlegung aus der Niederung auf die Höhe an. So entstand das heutige Podgorz. (I) *B*

LV 163, 6

Dirschau (Tczew, Kr. Dirschau). Zur besseren Überwachung des Weichselverkehrs verlegte Hz. Sambor II. seine Residenz von → Liebschau nach D., wo er 1252 eine Burg errichtete. Nahebei entstand eine dt. Kaufmannssiedlung, an deren Spitze seit 1256 Johannes v. Wittenborg als Schulze erwähnt wird, 1258 Alardus v. Lübeck und Heinrich Scilder als Ratmannen; 1260 erhielt D. lübisches Recht. 1289 ließen sich hier die Dominikaner nieder. E. 1308 eroberte der Deutsche Orden die Stadt, entzog ihr das lübische Recht, erteilte ihr mit der Handfeste von 1364 kulmisches Recht und stellte so D. allen andern Ordensstädten gleich. Die erhaltene *Dominikanerkirche* stammt aus der M. 14. Jh., aus derselben Zeit auch die Pfarrkirche zum Hl. Kreuz. Das Schloß wurde während des 13j. Städtekrieges abgetragen. 1570 hatte D. 25 Häuser am Markt, 111 in den Straßen, sieben Häuser und 34 Gärtner vor der Stadt, etwa 40 Verkaufsbuden, 90 Handwerker, 38 Gesellen und 15 Fischer, vor der Stadt lagen die große Kornmühle und eine Schneidemühle. Landwirtschaft, Brauerei, Handwerk, Handel und Fischerei gehörten also zu den wichtigsten Gewerbezweigen. Der Brand von 1577 und die schwed.-poln. Kriege des 17. Jh. führten zur Verarmung. 1772 hatte D.

181 Häuser mit Einschluß der Malz- und Brauhäuser, Krüge, Pfarrwohnung, Buden und Katen, darunter 101 Bürgerhäuser. 1820 gab es hier 37 Kaufleute und 94 Handwerker, Kornmühle und Lohmühle. Nach Fertigstellung der Weichselbrücke (1857) stieg D. zu einem der wichtigsten Verkehrsknotenpunkte auf, der bald Industrie heranzog; Dampfgroßmühle (seit 1856), Maschinenfabriken, Eisenbahnausbesserungswerk, zwei Zuckerfabriken, Gasmesserfabrik u. a. D. zählte 1772: 1442 Einw., 1905: 14 184 (darunter 6451 Evg., 7376 Kath., 269 Juden), 1943: 25 869. Von hier stammt der Forschungsreisende Joh. Reinhold Forster 1729–98). (II) *B*

FSchultz, Gesch. d. Kr. Dirschau, 1907 — LV 110; 111; 163, 5, 8, 9, 14; 179

Dollkeim (Kr. Samland). Das große Gräberfeld von D. mit Brandgräbern und Körperbestattungen ist, wie aus den Beigaben hervorgeht, während des ganzen ersten Jt. n. Chr. belegt worden. Bei Germau–Kirpehnen (Kr. Samland) schließt sich das dortige Gräberfeld, welches wie das von D. von der röm. Kaiserzeit bis ins Ma. als Bestattungsplatz diente, an die älteren Hügelgräber der frühen Eisenzeit und Bronzezeit an. Eine sehr lange Belegungszeit weisen auch die Gräberfelder bei Rauschen–Kobjeiten (Kr. Samland) auf. Dies sind nur einzelne Beispiele von altpreuß. Gräberfeldern im Samland, die beweisen, daß die urgesch. Besiedlung an vielen Stellen in Ostpreußen durch Jhh. ohne Unterbrechung angedauert hat und besonders dicht gewesen ist; dies war durch die Nähe der Ostsee und durch reiches Vorkommen von Bernstein, verbunden mit regem Handel und Verkehr, bedingt. Der Reichtum der Gräber an Waffen, Geräten und an Schmuck beweist, daß das → Samland im Altertum ein Zentrum der altpreuß. Kultur war. Häufig vorkommende Pferdegräber lassen überdies auf eine sehr frühe Pferdezucht der Altpreußen schließen. (III) *Ba*

LV 205

Domnau (Domnowo Kr. Bartenstein). Die Stadt D. liegt auf zwei Hügeln am Nordrande eines ehem. von Sumpf umgebenen Höhenzuges und an der Gertlack, Graben gen. In diesem natürlich geschützten Gelände, wahrscheinlich in dem 1249 gen. Gebiet Tummonis, wo nach dem Christburger Vertrage eine Kirche erbaut werden sollte, legte der Deutsche Orden um 1300 eine Burg an zum Schutze der sich hier kreuzenden Landstraßen von Königsberg nach Schippenbeil und der von Friedland nach Preuß. Eylau. Der preuß. Name bedeutet »mooriger Grund und Boden«; seines merkwürdigen Klanges wegen wurden die Bewohner der Stadt später als Schildbürger bezeichnet. Die Burg D. war in der 1. H. 14. Jh. Sitz eines Pflegers (1335–49) und Mittelpunkt des Kammeramts D., das sich von 1334 bis zum Ausgang der Ordenszeit nachweisen läßt. Das Ordenshaus D. wurde vermutlich 1458 zum größten Teil zerstört, 1474 ist es teilweise noch bewohnt

gewesen. Die Kellergewölbe sind im 19. Jh. auf dem Schloßberg gegenüber der Kirche aufgefunden worden.
Im Schutze der Ordensburg D. entwickelte sich im 14. Jh. eine Lischke, die 1400 Stadtrecht erhalten haben soll; sie blieb stets ein offener Ort. Die Kirche (1319 schon vorhanden) wurde 1406 vom Hochmeister beschenkt, auch eine Schule war in diesem Jahr vorhanden. 1437 war D. tatsächlich Stadt. 1469 wurde sie im Zuge der Güterabfindungen der Söldnerführer im 13j. Kriege ein Lehn des fränkischen Ritters Konrad v. Egloffstein, der auf einer Insel im künstlich aufgestauten See südlich der Stadt ein Schloß erbaute, das im 17. Jh. und 1778 umgebaut wurde. K. v. Egloffstein erneuerte 1480 die Stadthandfeste D. über 86 Hufen. 1554 bis 1560 war einer der beiden Prediger der Heimatkartograph und Chronist Kaspar Hennenberger. 1590 wurde in D. der Kirchenliederdichter Georg Weissel geboren. Die Stadt litt 1520, 1571, 1659, 1681 und 1776 unter vernichtenden Bränden. Von 1844–1902 war D. Sitz des Landrats des Kreises Friedland. Bis 1780 hatte es stets weniger als 1000 Einw.; nach Anschluß an die Eisenbahnstrecke Königsberg–Gerdauen (1902) stieg die Bewohnerzahl bis 1937 auf 2902. 1914 wurde die Stadt zu 65 v. H. zerstört, bis 1916 aber mit Hilfe der Patenstadt Berlin-Schöneberg wieder aufgebaut. Der letzte Besitzer des Schlosses D. war Eckart Gf. Kalnein. Seit 1945 liegt D. im sowjetischbesetzten Gebiet von Ostpreußen. (III) *Gu*
HFrederichs in: LV 50, S. 40 — CAFunk, Gesch. d. Stadt D., 1900

Drausensee. Am Rande des verlandenden, teils im Kreise Preuß. Holland, teils im Kreise Elbing gelegenen Sees mit seiner reichen Tierwelt, lag, später wohl teilweise von der Hansestadt Elbing überbaut, der frühgesch. Handelsort Truso, eine Mischsiedlung von schwed. Wikingern und Preußen, der alteingesessenen Urbevölkerung des Landes. In der Nähe von Elbing, insbesondere auf dem nach dem D. zu gelegenen Bahnhofsgelände wurden zahlreiche Gräber altpreuß. und nordgerm. Herkunft gefunden. Die Beigaben der Wikingergräber gleichen in ihren Formen frühgesch. Funden in Gotland und Südschweden. – Gegen E. 9. Jh. segelte der nordische Seefahrer Wulfstan von dem Wikingerhafen Haithabu in Schleswig aus nach dem Preußenland. Er gelangte durch die Mündung eines Weichselarmes (Wisle mudhan) und durch den »Ilfing«, den Elbingfluß, in den als Ästenmeer bezeichneten D., an dessen Ufer er bei dem Orte »Truso« anlegte. Er hatte dort ausgiebig Gelegenheit, die Gastfreundschaft der Preußen, die er wie Tacitus »Ästen« nennt, kennenzulernen. Wulfstans Bericht, daß es im Ästenlande viele Burgen und auf jeder derselben einen Kg. gebe, trifft gerade auf die Randgebiete des D., z. B. bei → Wöklitz, Meislatein und → Preuß. Holland, zu. – Sicherlich ist Truso, dessen Name wohl nordischen Ursprungs ist, einer der ältesten urk. bezeugten Orte im ostdt. Raum. Jedenfalls kann kein Zweifel bestehen, daß der

D. (stagnum Drusine 1244) den Namen des berühmten, von Wulfstan besuchten alten Handelsortes fortführt. – Der See war im 13. Jh., wie der Ordenschronist Peter v. Dusburg berichtet, in gleicher Weise befahrbar wie zu Wulfstans Zeit. Noch ein Ölbild von 1733 zeigt den D. als ein mächtiges, von großen Segelschiffen befahrenes Gewässer, dessen Fläche bis an die Grundmühle von → Hohendorf reicht. Große, allmählich zugewachsene Teile des Sees wurden seitdem in Fortsetzung der vom Orden und den ins Land gekommenen holländ. Mennoniten im Weichselmündungsgebiet geleisteten Kulturarbeit eingedeicht und in fruchtbares Acker- und Weideland verwandelt. (II) *He*

MEbert, Truso, Königsberg 1926 (mit ausführl. Quellenangaben) — ECarstenn, Zur Gesch. der Trusoforschung (LV 10, 1911, S. 37) — GSkirl, Kolonisation am D., Königsberg 1913

Drengfurt (Srokowo, Kr. Rastenburg). Die Stadt D. liegt im Staubeckenraum ö. der Alle, am Flüßchen Omet und am Fuße des 154 m hohen Fürstenauer Berges. Sie wurde neben dem vor 1397 gegr. Dorf D. mit rechteckigem Grundriß angelegt und erhielt 1405 vom Hochmeister Konrad v. Jungingen kulmisches Stadtrecht. Sie war durch Pfahlwerk, Gräben und drei Tore gesichert. Die 1405 dotierte und jedenfalls 1409 vollendete *Kirche* liegt am Stadtrande außerhalb des alten Stadtkerns. In der 1. H. 15. Jh. wird D. stets Dringenfort gen. Nach dem 13j. Kriege war D. von 1469 ab ein Lehen des Peter Siegelvoith. 1577 wurde die baufällige Kirche erneuert; die Schule ist vor 1592 als Kirchschule gegr. worden. 1618 erhielt die Stadt ein Schützenprivileg von Kurfürst Johann Sigismund; sein Wappen ist am 1775/78 erbauten Rathaus angebracht. Im Kriegsjahr 1635 mußten viele Bürger Haus und Hof verlassen; die Stadt war »halb wüst undt öde«. Beim Tatareneinfall wurde D. am 13. Februar 1657 fast vollständig niedergebrannt; die Stadt erhielt bis 1679 Steuerfreiheit. 1595 hatten die Pocken geherrscht; 1710 starben in Stadt und Dorf D. 81 Menschen an der Pest. Die ungünstige Lage D.s verhinderte sein Aufblühen; es blieb im 18. und 19. Jh. eine Acker- und Handwerkerstadt mit 810 (1740) bis 1857 (1880) Einw. 1897 erhielt es Kleinbahnanschluß nach Rastenburg. 1939 erreichte es 2289 Einw. Seit 1945 liegt das stark zerstörte D. im poln. besetzten Teil von Ostpreußen. (III) *Gu*

HBonk, Gesch. der Stadt D., 1905 — ACzyborra, Das Kirchspiel D. während der Leidens- und Ruhmeszeit vor 100 Jahren, 1913 — HFrederichs in: LV 50, S. 41

Drewenz (Drwęca, r. Nebenfluß der Weichsel, 238 km lang, davon 135 km flößbar). Die D. entspringt am OAbhang der Kernsdorfer Höhe, durchströmt den Großen Drewenzsee bei Osterode, eilt dann südwestwärts in zahlreichen Windungen durch ein ansehnliches Erosionstal an Brattian, Neumark, Kauernick, Strasburg, Gollub vorbei der → Weichsel zu und mündet bei Zlotterie süd-

lich Thorn. Seit alters ist sie in ihrem Unterlauf Grenze zwischen Preuß. und Polen, seit 1466 zwischen Königlich Preuß. und Polen gewesen; 1772–1919 zwischen Deutschland und Rußland. Vor der Ankunft des Deutschen Ritterordens hatten die Polen zeitweise die D. nach N überschritten, zeitweise waren die Preuß. in ihren Gegenschlägen weit nach S vorgedrungen. Auch der Staat des Deutschen Ritterordens griff mehrfach über den Fluß hinaus; dt. Bauern haben die fruchtbaren Gefilde des Dobriner Landes s. der D. urbar gemacht. Im Sommer 1579 haben Schuten und Leichter von → Brattian und → Strasburg Holz, Teer, Asche, Mehl und Getreide flußabwärts, auf dem Rückwege Salz, Heringe, Wein und Tuch flußaufwärts gebracht. In jüngerer Zeit beschränkte sich die Schiffahrt auf den unteren Flußteil. Von Strasburg aufwärts sind die Höhen an den Ufern des D. vielfach mit Wald bestanden. Ein großer Teil des eingeschlagenen Holzes aus den Forsten von → Löbau und Strasburg nahm noch vor dem ersten Weltkriege, in kurze, schmale Traften gebunden, seinen Weg flußabwärts. Der Oberländische Kanal verbindet die D. vom Drewenzsee mit → Elbing. (II) *B*
LV 109, 111

Dröbnitz (Drwęck, Kr. Osterode). Hier wurde 1939 eine sog. Moorleiche im Torfmoor gefunden. Ein junges Mädchen, ausgestreckt auf dem Rücken liegend, war in einen kurzen, aus vier Schaffellen zusammengenähten Schultermantel eingehüllt; am Mantel war mit einer Schnur ein Holzkamm befestigt. Nach der Form des Kammes und den Ergebnissen der moorgeologischen Untersuchung stammt der Fund aus der frühen Eisenzeit (etwa aus dem fünften Jh. v. Chr.). Bestattung im Moor ist im Altertum vielfach üblich gewesen; die Motive dazu wurzeln z. T. im Rechtsbrauch, z. T. in kultischen Vorstellungen. Aus Ostpreuß. ist außer dem Fund von D. nur noch ein zweiter (Moorleiche eines Mannes ohne Beigaben) bekannt geworden. (V) *Ba*
WLaBaume, Der Moorleichenfund von D. (in: LV 210, Bd. 5, 1940)

Eckersberg (Okartowo, Kr. Johannisburg). Auf einer Anhöhe an der Vereinigung des Tirklo- und Spirdingsees errichtete der Komtur von Balga um 1340 die »Eckersburg«. Die 18 km n. Johannisburg gelegene Feste war ein wichtiges Bindeglied zu den gesicherten Räumen des älteren Siedlungsgebietes. Daher fanden hier häufig blutige Kämpfe zwischen dem Orden und den Litauern statt. So berichtet der Chronist Wigand v. Marburg 1361 von der Zerstörung der Feste durch den lit. Großfürsten Kynstut. Kurze Zeit später wurde Kynstut von dem Pfleger Hauke von E. gefangengenommen und nach der Marienburg gebracht, von wo er jedoch entfliehen konnte. 1378 wurde die wiederaufgebaute Burg erneut von Kynstut zerstört. Seit dieser Zeit gab der Orden den festen Platz auf, und das Pflegeamt E. erlosch. Nach der Säkularisation 1525 wurde das Burggelände Staatsdomäne, ein

Teil 1805 einigen Besitzern in Erbpacht gegeben. Bei der Separation 1847/48 erhielt die Kirche das Gelände als Eigentum. – Über die erste Besiedlung der Umgebung der Burg liegen keine Nachrichten vor. Es ist jedoch sehr wahrscheinlich, daß sich schon bei Errichtung der Feste Leute in der näheren Umgebung niederließen, um den Bauten an der Burg Dienste zu leisten. Die erste sichere Nachricht über das Bestehen einer Siedlung stammt aus dem Jahre 1492, als der Komtur von Rhein, Rudolf von Diepolskirchen, dem Nikolaus Garnmeister Land zu kölmischem Recht verschrieb. Die Gesch. von E. berichtet von den gleichen Schicksalsschlägen, die auch die anderen masurischen Städte trafen: Tatareneinfall, Pest, russische Besetzung im 7j. Krieg. 1724 wurde das Hauptamt Rhein und damit auch E. der Kriegs- und Domänenkammer Gumbinnen unterstellt. Seit der neuen Kreiseinteilung 1752 gehörte E. mit dem Hauptamte Rhein zum Kreis Seehesten und hatte 1782 121 Einw. 1815 kam es zum Kreis Johannisburg. (V) *Mey*

KAMaczkowski, Kirchdorf E. (in: LV 17, H, 5)

Eckertsdorf (Wojnowo, Kr. Sensburg). Das in der Johannisburger Heide gelegene Dorf E. zählt zu den Siedlungen, die von Philipponen, einer Sekte der griechisch-kath. Kirche, angelegt sind. Von den russ. Behörden verfolgt, sind sie in den Jahren 1828–32 ausgewandert und haben in Masuren eine neue Heimat gefunden. Die aus elf Dörfern bestehende Philipponenkolonie in der Johannnisburger Heide zählte A. 19. Jh. etwa 600 Seelen. Unweit E. am Dußsee lag ein Nonnenkl., das einzige russ. Kl. auf dt. Boden. (V) *Mey*

Einsiedel (Siedlisko, Kr. Heiligenbeil). Unmittelbar an der uralten Landstraße von den Weichselübergängen zum Pregeltal und an der Grenze zum Bst. Ermland errichtete der Deutsche Orden den Hof E., der 1330 vorhanden war (Heremita, 1372 Eynsedil). Er diente den reisenden Ordensgebietigern, Rittern und Gästen als Unterkunft. Mehrfach fanden in E. Tagfahrten und Zusammenkünfte statt. 1374 kamen hier die Schiedsrichter zur Festlegung der Grenze zwischen Ordens- und Bischofsland zusammen. Auch als Grenzposten hat E. eine Rolle gespielt. Im Kriegsjahr 1520 wurden der Ordenshof und der Krug zerstört. 1538 entstand das Gasthaus neu, das bis 1945 bestanden hat. (III) *Gu*

EJGuttzeit, Der Ordenshof und Grenzkrug E. (in: LV 24, H. 6, 1931) — Ders., E. in: Natanger Heimatkalender 1939

Eisenberg (Żelazna Góra, Kr. Heiligenbeil). Das Dorf E. ist von dem Balgaer Komtur Heinrich v. Isenberg gegr. worden, der ihm 1308 Namen und Handfeste verliehen hat. Auf einem Hügel entstand im 1. Drittel 14. Jh. die Kirche und unmittelbar neben ihr der Ordenshof E., der zum Verwaltungsmittelpunkt des Waldamts E. wurde. Zu diesem gehörten 42 deutsche Zinsdörfer, je

20 und mehr Hufen groß, dazu mehrere kleinere Dörfer, die von den Balgaer Komturen hauptsächlich zwischen 1320 und 1340 in einem geschlossenen Gebiet auf Waldboden gegr. wurden. An der Spitze des Waldamts standen Waldmeister, die von 1330 bis 1445 namentlich bekannt sind und im Ordenshof E. saßen, der im 13j. Kriege, wahrscheinlich 1461, zerstört worden ist. Fundamentreste und ein später zugeschütteter Graben im Pfarrgarten bezeichneten die Stätte des Ordenshofes. Das Waldamt E. wurde nach 1470 in Kammeramt Pellen umbenannt. Im März 1945 lag das Dorf E. im Kampfgebiet und wurde fast vollständig zerstört. Es liegt im poln. verwalteten Teil von Ostpreußen. (III) *Gu*

EJGuttzeit, Das Waldamt E. und seine Waldmeister (in: LV 24, H. 7, 1932) — Ders., Die Gründung des Dorfes E. vor 650 Jahren als Siedlungsmittelpunkt (in: Heimatbl. d. Kr. Heiligenbeil, 1958, Folge 5)

Elbing (Elbląg, Stadtkr.). E. ist der ö. Brückenkopf der alten Straße aus der Mark ins Baltikum bei deren Überquerung der Weichsel-Nogat-Niederung. Zwischen dem früher viel größeren → Drausensee und der Küste ragt hier die E.er Höhe, ein Teil des preuß. Landrückens, am weitesten nach W in die Niederung hinein. Dieser Platz bietet dadurch zugleich den Zugang zur nord-südlichen Wasserstraße der → Weichsel und ist außerdem durch das Frische Haff und den Elbingfluß von der See her erreichbar. Die Gunst dieser Lage hat hier schon in frühgesch. Zeit einen Handelsplatz Truso entstehen lassen. – Als der Deutsche Ritterorden, gerufen von Hz. Konrad v. Masovien, 1231 den Kampf gegen die heidnischen Preußen aufnahm, nachdem er sich seine staatliche Selbständigkeit in den künftigen Eroberungen durch ksl. und päpstl. Privileg gesichert hatte, stieß er zunächst weichselabwärts zur See vor, zum Einflußgebiet seiner Mitbegründerin Lübeck, die ihm eine von den slawischen Fürsten unabhängige Rückverbindung zum Reich verschaffte. Auf dem geschilderten ö. Brückenkopf vollzog sich 1237 die Vereinigung zwischen der Landmacht des Ritterordens unter Hermann Balk, dem Landmeister für Preußen, und der lübischen Seemacht. Auf diesem Platz bauten s. die Ordensritter ihre Burg, n. lübische Kaufleute die Stadt E. Zwischen Burg und Stadt gründeten 1242 Orden und Bürgerschaft gemeinsam ein Heilig-Geist-Hospital, das nach dem Fall von Akkon 1291 das Hauptspital des Deutschen Ordens wurde. Durch eine Urk. des Hochmeisters Heinrich v. Hohenlohe vom 10. April 1246 wurde der Tochterstadt Lübecks als Stadtrecht das lübische Recht mit einigen Einschränkungen bestätigt, wurden die Grenzen der Stadt verbrieft und ihr ein Landgebiet ungewöhnlicher Größe, rund 200 qkm, verliehen. 1288 erreichte der Rat der Stadt von Hochmeister Burkhard v. Schwanden das Recht, an Stelle des bis dahin vom Orden eingesetzten Erbrichters jährlich selbst den Richter zu wählen, und zugleich die niedere Gerichtsbarkeit im Landgebiet; 1339 trat Hochmeister Dietrich v. Altenburg der Stadt dann auch noch die hohe Gerichtsbarkeit in ihrem Landgebiet ab. Endlich bewilligte Hochmeister Ludolf König 1343 die Apellation nach Lübeck, so daß seitdem Berufungen gegen Urteile des E.er Gerichtes nicht mehr durch ein maßgebliches Rechtsgutachten (consilium) des Ordens im Gericht der vier Bänke als dritter Instanz entschieden wurden, sondern an den Rat der Mutterstadt als Oberhof gingen. So gewann E. in rund 100 Jahren eine durchaus mit den dt. Reichsstädten vergleichbare Stellung; der Rat wurde Territorialherr des städt. Landgebietes. Diesen raschen Ausbau ihrer politischen Stellung verdankte die Stadt zunächst ihrer Lage, dann der Entwicklung ihrer Wirtschaft. – Da sich das Landgebiet von der Stadt aus nach N erstreckte, konnte der Orden auch hier den Versuch machen, das Wachsen der städt. Bevölkerung und damit der städt. Macht durch die Gründung einer selbständigen Neustadt zu begrenzen. Um 1337 wurde im SO der Altstadt die Neustadt E. angelegt; 1347 erhielt sie ihre erste Stadtrechtsurkunde.

Bis der Hochmeister 1309 seinen Sitz von Venedig in die → Marienburg verlegte, residierte der Landmeister in der E.er Burg; sie blieb dann Amtssitz eines der fünf Großgebietiger des Ordens, des Spittlers. Aber nicht auf dem Rang der Ordensverwaltung in der Burg, sondern auf der eigenen wirtschl. Stellung beruhte die Bedeutung E.s; es war der erste Seehafen Preußens und rund 150 Jahre lang seine führende Handelsmacht. Nicht nur in die dt. Ostseehäfen, auch nach Dänemark und Skandinavien, nach England, Flandern und Spanien fuhren E.er Schiffer und Kaufleute. Sie exportierten Getreide, Schiffsholz, Eibenholz für die Bogen der engl. Schützen, Teer, Pech, Holzasche, Kupfer aus den Karpathen und importierten flandrische Tuche, Leinwand, Salz, Öl, Seife, Feigen, Rosinen, Mandeln und Reis. Sie fuhren und handelten norweg. Stockfisch nach England und engl. Wolle nach Flandern. 1309 war mit → Pomerellen → Danzig an den Orden gekommen. Dieser näher an der See gelegene Hafen überflügelte allmählich den weiter landeinwärts gelegenen Platz; aber bis weit ins letzte Viertel des 14. Jh. blieb E. bedeutender, wirtschl. und politisch. Seine Bürgermeister Joh. Vollmerstein und Hartwig Bedeke gehörten in den 60er und 70er Jahren zu den führenden Politikern der Hanse. Der große Hansetag zu Köln von 1367, auf dem der Krieg gegen Waldemar Atterdag beschlossen wurde – jener Krieg, der die Hanse auf dem Gipfel ihrer politischen Macht zeigte –, kam durch den Beschluß einer Tagfahrt zu E. zustande. Von der Besonderheit E.s unter den preuß. Städten zeugt sein Grundriß. Nordsüdlich 600 m am Elbingfluß entlang, 400 m westöstlich landeinwärts erstreckte sich die Altstadt. Ihre Hauptaufteilung bildeten sechs auf den Elbing führende Parallelstraßen von 18–20 m Breite, die zu Beginn des ö. Drittels durch die 24 m breite Querachse des Marktes verbunden waren. Örtliche Gegebenheiten und Bedürfnisse erklären diesen Plan nur teilweise; der Markt von Lübeck, der Mutterstadt, stand den Gründern vor Augen, und dahinter die Kaufmannssiedlung der Kölner Rheinvorstadt. Die Neustadt zeigte den üblichen Plan der Ordensstädte als – rechteckige – Zentralanlage. Nach einem großen Brande i. J. 1288 war man in der Altstadt zum Steinbau übergegangen. Die got. Bürgerhäuser des 14. Jh. mit Mauerstärken von 90 cm und 1,20 m in der Erdgeschoßfront waren später zwar meistens umgebaut worden, in etlichen Beispielen in verschiedenen Straßen aber noch erhalten. Diese Bürgerhäuser, das 1319 errichtete Markttor, die aus der got. Zeit stammenden Bauteile der Pfarrkirche St. Nikolai und die Bestandteile der Dominikanerkirche St. Marien aus dem 13. und 14. Jh., weiter die Anlage der Speicherinsel an der WSeite des Elbingflusses im 14. Jh. gaben bis zuletzt eine Anschauung vom Reichtum der Stadt vor 1400. Für ihre hygienischen Verhältnisse sprach die Wasserversorgung. Neben einem mit Bachwasser gespeisten Laufbrunnensystem aus dem 13. Jh. bestand eine seit dem 14. Jh. nachweisbare Quellwasserleitung; ihr letzter Pfeifenbrunnen Ecke Alter Markt/Fischerstraße wurde in den 30er Jahren beseitigt, ihr Wasser aber auch weiterhin benutzt, z. B. in einer Molkerei. Der poln.-preuß. Krieg von 1410/11 hat E. durch die Menschenverluste in der Schlacht von → Tannenberg und die Schwächung auch der städt. Finanzkraft infolge der großen Niederlage des Ordensstaates erheblich geschädigt. Das Verhältnis der beiden Weichselhäfen verschob sich weiter zugunsten Danzigs.

Nach dem Sturz Heinrichs v. Plauen im Herbst 1413 begann das Ringen des Ordens mit den Ständen; 1440 schlossen diese in E. den Preuß. Bund. Als die Gegensätze zum 13j. Ständekrieg (1454 bis 1467) führten, durch den schließlich der Kg. v. Polen in Personalunion Herzog eines Teiles von Preußen wurde, zerstörten die E.er 1454 die Ordensburg bald nach der Einnahme, um dem künftigen Oberherrn hier keinen Stützpunkt zu lassen. In zähen Verhandlungen sicherte Bürgermeister Georg Räuber E. die Stellung einer autonomen Republik unter der Oberhoheit des Kg. v. Polen. Durch den abschließenden Staatsvertrag, das neue Hauptprivileg Kg. Kasimirs vom 24. August 1457, wurden alle früheren Rechte der Stadt bestätigt, ihr Territorium durch Teile der bisherigen Komturei E. auf rund 500 qkm erweitert. Die Funktionen des Komturs in der Stadt und ihrem Territorium gingen auf das neugeschaffene Amt des Burggrafen über, den der König jährlich aus vier vom E.er Rat aus seiner Mitte Vorgeschlagenen ernannte. Der Burggraf war im wesentlichen Verwalter der Sicherheitspolizei; Stadtregent war und blieb der ganz unabhängig im Rat erkorene Präsidierende Bürgermeister. Der König bekam von E. einen jährl. Anerkennungszins von 400 ungarischen Gulden. Die staatsrechtliche Stellung E.s, die sich durch die Lubliner Union von 1569 – die vom poln. Reichstag dekretierte Umwandlung der Personalunion in eine Realunion – nicht änderte, ist auch dadurch gekennzeichnet, daß die Stadt z. B. in der dt. Reichsmatrikel von 1521 unten den Freien und

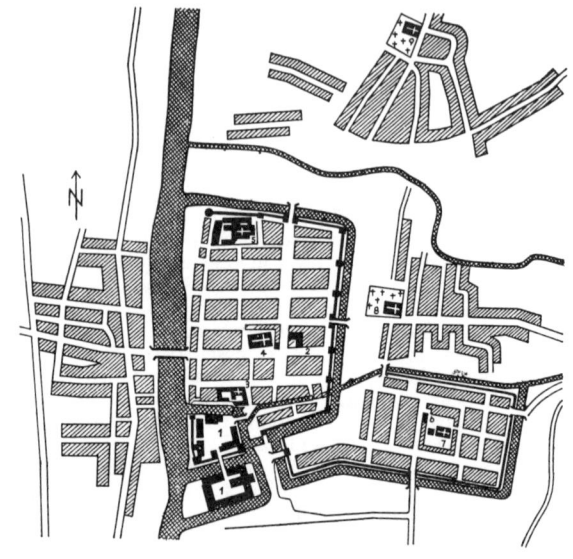

Elbing um 1400
(Nach O. Bolz ergänzt von H. Kownatzki)

1 Ordensburg
2 Rathaus
3 Heilig-Geist-Hospital
4 St. Nikolai
5 Dominikanerkloster St. Marien
6 Neustädt. Rathaus
7. Hl. Drei Könige
8 St. Jakob
9 Hl. Leichnam (vor 1405 Altstädt. St.-Georgen-Kapelle)

Reichsstädten aufgeführt ist und 1645 von Ks. Ferdinand III. zu den Friedensverhandlungen eingeladen wurde, die den 30j. Krieg beenden sollten. An dieser – wenn auch nicht souveränen – Eigenstaatlichkeit mußten Kolonisierungsversuche scheitern. Im J. 1478 konnte E. die von Kasimir schon 1457 zugesicherte Inkorporation der Neustadt vornehmen, die eine eigene Gemeinde blieb, aber fortan dem Rat der Altstadt unterstand. – Zur Verminderung der jährl. Hochwasserschäden, besonders der Versandung des Elbingflusses, ließ der Rat den nach E. führenden Arm des Weichseldeltas, die sog. alte Nogat, abdämmen und 1495 n. der Stadt zwischen Elbingfluß und Nogat den Kraffohlkanal bauen, so gen. nach dem Mündungsarm, der dafür benutzt wurde. – Zwischen 1504 und 1513 konnten die Dominikaner noch das Langhaus von St. Marien zu einer eindrucksvollen Hallenkirche umbauen; 1542 übergaben die beiden letzten Mönche gegen eine lebenslängliche Versorgung Kirche und Kl. dem Rat, der hier die evg. Haupt-

pfarrkirche einrichtete, nachdem er schon 1535 das erste protestantische Gymnasium in Preußen errichtet hatte.
Eine neue Handelsblüte erlebte E., als der Rat – wie vorher vorübergehend schon Hamburg – entgegen dem hansischen Recht den Engländern freien Handel von Gast zu Gast einräumte; von 1579–1628 hatte die Eastland Company ihren Sitz in E. Von den bis rund 250 Seeschiffen, die damals jährl. ein- und ausliefen, entfiel ein Drittel auf den Verkehr mit England, hauptsächlich mit London, Hull, Newcastle, Ipswich. Tuche, Kanin-, Lamm- und Fuchsfelle, gestrickte Strümpfe, Weißleder, Zinn, Blei, Steinkohlen, Schleif- und Wetzsteine, Salz, Wein, Rosinen, Mandeln, Feigen, Anis, Indisch Blau kamen aus oder über England. Getreide, verschiedene Holzsorten, Teer, Pech, Kupfer, Osemund, Schiffseisen, Wachs, Hanf, Garn, Seile, Riemen, preuß., schles. und krakauische Leinwand, Flachs, Leinsamen, Wolle, Federn, Pottasche, Pulver, Alaun, Bernstein wurden dorthin verschifft. Zweige einer Reihe engl., bzw. schottischer Famm. wurden dauernd in E. ansässig, z. B. die Achenwall (Auchinvole), Ramsey, Wilmson.
Im Kampf der großen Mächte mußte die kleine Stadtrepublik wiederholt diesen ihre Tore öffnen, zuerst 1626 Kg. Gustav Adolf, der ihre Festungswerke – um Altstadt, Neustadt, Speicherinsel und einen Teil der Vorstädte – ausbaute und sie zu seinem Hauptstützpunkt machte. In dieser ersten, 10j. Schwedenzeit wurde der Stadtstaat geschont und als solcher respektiert. Evg. Flüchtlinge, darunter Fürsten und Grafen, sammelten sich damals in E. unter dem Schutz Gustav Adolfs. Schlimm erging es dagegen der Stadt in späteren Besatzungszeiten; so erpreßte der schwed. General v. Stenbock 1703 eine Kontribution von 312 000 Talern. Bei dem poln. Schutzherrn fand E. nie Hilfe; im Gegenteil, der poln. König verpfändete das Territorium der Stadt an Preußen, das es endgültig 1703 besetzte. Zahlreiche Renaissance- und Barockumbauten der got. Bürgerhäuser aus dem 16. und 17. Jh. führten den damaligen Wohlstand bis zuletzt vor Augen. Das kulturelle Verständnis des Rates ließ ihn u. a. 1644 Joh. Amos Comenius für sein Gymnasium gewinnen, und 1737 holte er Händel nach E., der die Festkantate zum 500j. Stadtjubiläum komponierte und selbst einstudierte.
Die Wiedervereinigung Altpreußens durch Friedrich d. Gr. im J. 1772 bedeutete das Ende des selbständigen Stadtstaates. Nach einem kurzen wirtschl. Aufschwung bürdeten die napoleonischen Kriege der Stadt eine Schuldenlast auf, an der sie über 100 Jahre zu tragen hatte. Langsam erholte sich das Wirtschaftsleben seit den 1820er Jahren durch eine Reihe wagemutiger Kaufleute. Der bedeutendste von ihnen, Ignatz Grunau, trug durch seine Unternehmungen auch zur Industrialisierung bei. So war seine 1849 von der Mitzlaffschen Werft und der Schichauschen Maschinenfabrik erbaute »James Watt« der erste ganz an einem Ort hergestellte Dampfer in Preußen. Sein Sohn George Grunau ließ 1854 mit der »Borussia« den ersten eisernen Seedampfer in Preu-

ßen bauen. Aus der 1837 von Ferdinand Schichau gegr. Maschinenfabrik entwickelte sich die Werft von Weltruf und eine große Lokomotivfabrik. Seit 1900 baute Franz Komnick eine Maschinenfabrik, später noch eine Automobilfabrik auf. Die Tabakfabrik Loeser & Wolff war die größte ihrer Branche in Deutschland. Durch die unglücklichen Grenzziehungen nach dem ersten Weltkrieg litt die E.er Wirtschaft sehr. Die Stadt versuchte durch Förderung von Handel und Schiffahrt – Bau eines Getreidesilos, Vertiefung des Fahrwassers: 1937 Seeverkehr 257 787 t – eine gewisse Krisenfestigkeit gegen ihre zu einseitige Abhängigkeit von der Schwerindustrie zu gewinnen; richtige Maßnahmen, die aber nicht schnell genug helfen konnten. A. 1933 hatte E. die prozentual höchste Arbeitslosigkeit in Preußen.

Die Erinnerung an die freistaatliche Zeit trug dazu bei, einen demokratischen Geist wachzuhalten. Als sich Jakob van Riesen nach der Absetzung der »Göttinger Sieben« für den aus E. stammenden Juristen Albrecht einsetzte, brachte ihm das unter dem 15. Januar 1838 eine scharfe Zurückweisung durch den Innenminister v. Rochow ein, in der von der »beschränkten Einsicht« des »Untertanen« die Rede war; die E. nannten ihren Wortführer darauf den Großmeister vom »beschränkten Untertanenverstand« – von hier dieses berühmte Spottwort. Als 1873 E. eine kreisfreie Stadt wurde, gewann städt. Eigenleben wieder mehr Raum. – Theatervorstellungen von berufsständischen Wandertruppen sind seit 1605 bekannt; eine Schauspielhaus-AG. E.er Bürger erbaute ein eigenes Theatergebäude, das 1846 eröffnet wurde und mit kleinen Erweiterungen bis zuletzt als Stadttheater diente. Unter Oberbürgermeister Dr. Friedrich Merten bekam die aus der Gymnasialbibliothek hervorgegangene Stadtbibliothek 1913 eine eigene Verwaltung, die später neben der wissenschaftlichen Bibliothek zwei Volksbüchereien und eine Jugendbücherei entwickelte. Merten berief 1927 auch einen Facharchivar zur Reorganisation des Stadtarchivs. Neben dem Städt. Museum, dessen wertvollster Teil seine prähist. Abteilung war, bestand ein Heimatmuseum im ehem. Kramerzunfthaus, nach dem Begründer Carl-Pudor-Museum benannt. Drei höhere Schulen und seit 1926 die erste Pädagogische Akademie Preußens, ferner die 1873 gegr. »Elbinger Altertumsgesellschaft«, Symphoniekonzerte des städt. Orchesters, bemerkenswerte Chorkonzerte und verschiedene künstlerische und wissenschaftliche Vereine trugen weiter zu einem eigenen Geistesleben der Stadt bei.

Bei dem durch die nationalsozialistische Gewaltherrschaft herbeigeführten Zusammenbruch Deutschlands wurde E. in der Nacht vom 9./10. Februar 1945 von den Russen erobert, nachdem vor allem die Altstadt mit ihren reichen Baudenkmälern in den Kämpfen seit dem 23. Januar fast vollständig zerstört worden war. In den ersten Kampftagen flüchtete die Bevölkerung von annähernd 100 000 Menschen bis auf ca. 20 000. (II) *Ki*

ECarstenn, Gesch. der Hansestadt E., E. 1937 — HKownatzki, Brückenkopf E., E. 1936 (in: LV 40, H. 6) — Vorträge z. 700-Jahr-Feier der Deutschordens- und Hansestadt E., hg. v. HKownatzki, E. 1937 — AGrunau, Ignatz und GGrunau, E. 1937 — EWestphal, Ferdinand Schichau, Essen 1957 — MRendschmidt, Das alte E.er Bürgerhaus, E. 1933 — KHauke, HStobbe, Die Baugesch. und die Baudenkmäler von E., Stuttgart 1964 — BThSatori-Neumann, Dreihundert Jahre berufsständisches Theater in E., 1. Bd. Danzig 1936, 2. Bd.· Marburg 1961, 3. Bd. aus dem Nachlaß in Vorbereitung — E.er Jahrbuch, hg. v. BEhrlich, 1—16 / 1920—41

Engelsburg (Pokrzywno, Kr. Graudenz). Dieser alte Burgplatz an der Straße zwischen → Graudenz und → Rheden, 1222 als Copriven erwähnt, wurde vor 1242 auch vom Deutschen Orden befestigt. Der Schloßbau in Stein ist gegen E. 13. Jh. ausgeführt worden. E. war von 1278 bis zur Auflösung der Komturei (1416) Sitz eines Komturs; 1413/14 war der abgesetzte Hochmeister Heinrich v. Plauen Komtur von E. Nach 1466 saßen hier westpreuß. Starosten. 1611 haben Schloß und Kapelle schwer durch Brand gelitten, 1657 wurde E. von Schweden besetzt. 1789 stürzte die Kapelle ein. Auf der Vorburg wurde der Hof der Domäne eingerichtet; beim Ausbau der Wirtschaftsgebäude benutzte man das Schloß als Steinbruch, ebenso später beim Chausseebau. 1905 hatte E. 288 Einw. (97 Evg., 191 Kath.). (II) *B* XFrölich, Gesch. d. Graudenzer Kr., 1884/5 [2] (2 Bde.) — LV 112; 163, 9

Ermland. Der Name ist vom altpreuß. Gau Warmien abgeleitet, der sich fast über die ganze sö. Küste des Frischen Haffs erstreckte, im Landinnern aber als ein Dreieck mit einer stumpfen Ecke bis zur Alle reichte, begrenzt im S von → Pogesanien, im O von → Natangen und → Barten. Davon zu unterscheiden ist die im Auftrage Papst Innocenz IV. vom 29. Juli 1243 durch den Legaten Wilhelm v. Modena bei der kirchlichen Einteilung des Ordenslandes gebildete Diözese Warmien, die auch den gen. Nachbargaue nebst dem n. Teil Galindiens einschloß, vor allem bis an das SUfer des Pregels reichte, später also auch die s. Vorstädte Königsbergs einschloß. Das ärmelförmige Gebilde, das wir heute als E. kennen und das, ähnlich wie die ältesten Komtureien, sich von einem schmalen Zugang zum Haff gegen das Innere zu bis an die masurische Seenplatte verbreiterte, ist das Territorium, der dritte Teil der Diözese, in den sich Bf. und Domkapitel wiederum im Verhältnis 2 : 1 teilten. Im Gebiet des Kapitels lagen die Städte → Frauenburg und → Allenstein, Sitz des Bf. war zuerst → Braunsberg, dann → Wormditt, schließlich Schloß → Heilsberg, weshalb das Bst. oft auch den Namen Heilsberg, neben Warmia und E., trägt. Im 19. Jh. wurde die Residenz auch nach Frauenburg verlegt. Seit 1245 ist das gesamte Ordensgebiet kirchlich dem Erzbst. Riga unterstellt. Die Exemtion, d. h. die unmittelbare Unterstellung der Diözese unter den Papst hat das Bst. erst erlangt, als 1566 das Erzb. Riga zu bestehen aufhörte. Die seit 1458 durch Papst Pius II. (Enea Silvio Piccolomini,

1457–58 auch Bf. von Ermland) geprägte Formel, das Stift sei Sedi Apostolicae immediate subiectum (dem Apostolischen Stuhl unmittelbar unterstellt), bezieht sich praktisch nur auf das Territorium. Aber eine gewisse Sonderstellung hat dieses größte und wichtigste unter den preuß. Bstt. von Anfang an eingenommen. Während die drei anderen Domkapitel dem Orden inkorporiert waren, d. h. nur Priesterbrüder des Ordens aufnahmen und somit regulierte Stifter waren, blieb das ermländische ein weltliches. Doch hatte der Hochmeister das Nominationsrecht für einige Domherrnstellen und war der Schirmherr des Stiftes. Eine Stellung wie ein Reichsfürst nahm auf Grund der Goldenen Bulle von Rimini von 1226 in Preußen nur der Orden ein, nicht die einzelnen Bischöfe, vor allem war er in der äußeren Politik allein maßgebend. In seiner Blütezeit hat der Orden, von vorübergehenden Spannungen abgesehen, seinen Einfluß auch im E., besonders bei der Bischofswahl, zu wahren verstanden. Von Selbständigkeit des E. kann man vor 1464 nicht sprechen. Die Bezeichnung »Fürstbistum« dürfte erst seit 1800 aufgekommen sein.

Die Besiedlung mit dt. Kolonisten begann schon M. 13. Jh. Die beiden Haffstädte des E. wurden von Lübeck aus gegr. und behielten das sonst nur in Elbing und Memel geltende lübische Recht. Auch die ländlichen Siedler des n. Teils des E. waren niedersächs. Herkunft und haben die niederdt. Mundart bis zuletzt bewahrt, die Bauform der Häuser z. T. noch bis ins 20. Jh. Ebenso haben im mittleren Teile die schlesischen Bauern ihre heimatliche Sprechweise beibehalten. Der S wurde erst 1336–42 auf Einwirkung des Ordens unter dem Bischofsvogt Heinrich v. Lutter, einem Ordensritter, aufgesiedelt. Die dt. Kolonisten waren damals schon Nachkommen der ersten Einwanderer. Das preuß. Element blieb weitgehend erhalten; die Preußisch Freien des E. haben ihre Rechte dem Territorialherrn gegenüber nachdrücklich gewahrt. Dem aufständischen Preuß. Bund hat sich 1454 nur das Domkapitel für kurze Zeit angeschlossen, Bf. Franz Kuhschmalz blieb dem Orden treu und wählte lieber das Exil. Dem 1461 neu eingesetzten Bf. Paul v. Logendorf (Lehndorf) kam es vor allem darauf an, seine Städte und Schlösser aus den Händen der beiderseitigen Söldnerführer zurückzugewinnen. So schloß er 1461 einen Neutralitätsvertrag mit dem bedrängten Hochmeister, ein Zeichen für seine faktische Unabhängigkeit vom Orden. Aber die 1464 vom Kg. v. Polen anerkannte Selbständigkeit wurde durch den Zweiten Thorner Frieden von 1466 schon wieder eingeschränkt infolge einer rechtsförmlichen Abtretung der oberherrlichen Rechte vom Hochmeister an den Kg. Als dieser 1467, nach dem Tode Logendorfs, die freie Bischofswahl des Domkapitels, die er mit anderen Privilegien zu schützen versprochen hatte, durch Nomination eines Polen zu verletzen versuchte, kam es 1478 zum offenen Kriege, dem Ermländ. Bischofsstreit oder Pfaffenkrieg, in dem der rechtmäßig gewählte und vom Papst bestätigte Bf. Nikolaus v. Tüngen und der Hochmeister Martin

Truchseß v. Wetzhausen im Bunde mit Kg. Mathias Corvinus von Ungarn gegen Polen zusammenstanden. Der Petrikauer Vertrag von 1479 jedoch brachte Bst. und Territorium in das gleiche Abhängigkeitsverhältnis wie den restlichen Ordensstaat: Jeder neue Bf. war verpflichtet, dem Kg. v. Polen einen persönlichen Treueid zu leisten, der aber keine Lehnshuldigung bedeutete. Bf. Lukas Watzenrode, der Oheim des Coppernicus, wurde wegen der Diözesangrenzen ein Gegner des Ordens, strebte aber die Wiedervereinigung Preußens an. Hochgebildete Humanisten und dt. Abstammung waren auch noch die nächsten Nachfolger, vor allem der als Gelehrter und Diplomat gleichermaßen bedeutende Johannes Dantiscus (Flachsbinder) und der vornehmlich durch seine Reform- und Unionsbestrebungen bekannte Kardinal Stanislaus Hosius (Hose), später wurden vorwiegend Polen ernannt. Die Bff. führten bis 1569 den Vorsitz im autonomen westpreuß. Landtag. Die Bevölkerung blieb rein dt. 1772 kam das Gebiet an Preußen zurück. Bis nach dem ersten Weltkrieg blieb E. das kath. Bst. für Ostpreußen. 1945 wurde Bf. M. Kaller mit dem größten Teil seiner Geistlichkeit vertrieben; die oberste Verwaltung des im poln. Bereich gebliebenen Teiles liegt heute in den Händen eines poln. Generalvikars und Weihbischofs mit dem Sitz in → Allenstein. (III) W

HSchmauch, Das staatsrechtl. Verhältnis des E. zu Polen (in: LV 23, Bd. 11, 1934) — Ders., Die kirchenpolitischen Beziehungen des Fürstbist. E. zu Polen (in: LV 11, Bd. 26, 1937) — Ders., Die kirchenrechtliche Stellung der Diözese E. (in: LV 23, Bd. 15, 1938) — LV 63; 77; 114; 142; 143

Eydtkuhnen (Eydtkau, Tschkalow, dann Tschernyschewskoje,- Kr. Stallupönen). 1539 hatte sich ein Siedlungskern am Grenzflüßchen Lepone gebildet, aus dem bis 1557 die Dörfer Stärken, Kinderweitschen und Eittkau hervorgingen, das letzte nach dem Bauern gleichen Namens benannt. Um 1600 kommt der Name Eidtkuhnen auf. Eine Verkehrsstraße Insterburg – E. – Kauen entwickelte sich im 17. Jh., doch wurde nicht E., sondern das benachbarte → Stallupönen Hauptumschlagsplatz. Ein 1708 in E. genehmigter Krug ging während der Pestzeit 1709/11 wieder ein und wurde erst 1735 erneuert. 1785 zählte man 40 Einwohner. Der Anstoß zum Aufblühen kam im 19. Jh. Die Chaussee erreichte 1837 den Ort; doch erst die Vollendung der Ostbahn Berlin – Königsberg – E. am 15. August 1860 und der Anschluß an das russ. Bahnnetz am 11. April 1861 bei Wirballen schuf raschen Aufstieg durch den lebhaften Speditions- und Grenzhandel. Das Umladen von der russ. Breitspur bedingte umfangreiche Anlagen, die zuletzt über 40 ha umfaßten. Die Zahl der Auswanderer aus Rußland über E. erreichte 20 000 im Jahr. Für den Warenaustausch gab es 1914 im Ort 46 Speditionsgeschäfte. Im Spätsommer mußten bis zu 5000 lebende Gänse aus Rußland in großen Gänsebuchten täglich gefüttert werden. Die Einwohnerzahl war auf fast 7000 gestiegen; 1923 betrug sie 7619. 1887 ist eine Kirche erbaut worden. In den Grenzkämpfen 1914 wurde E. zerstört, aber unter der Patenschaft von Wiesbaden noch während des Krieges wieder aufgebaut. Nach kurzer Scheinblüte – E. wurde 1922 zur Stadt erklärt – erlosch das rege Leben durch die Nachkriegswirren gegen Litauen und den unterbundenen Fernverkehr mit dem weiteren O. 1936 war die Einwohnerzahl auf 5220 gesunken. 1938 wurde der Name in Eydtkau geändert. Im Herbst 1944 wurde E. von den einrückenden Russen wiederum zerstört.

(IV) *Gr*

HKirinnis, E., Grenzstadt an der Ostbahn, Jahrb. d. Alb. Univ. 1958 — OHitzigrath in LV: 50, S. 47

Finckenstein (Kamieniec, Kr. Rosenberg). In dem schon seit dem 16. Jh. bekannten Dorf wurde 1716—20 für den Feldmarschall Albrecht, Grafen v. Finckenstein ein neues Schloß mit reicher Ausstattung erbaut. Es war mit dem umliegenden Park und den ausgedehnten Waldungen 1782–1945 im Besitze der Gff. Dohna. Im Frühjahr 1807 hielt sich Napoleon zwischen den Schlachten bei Preuß. Eylau und Friedland in F. auf, wo ihn die poln. Gfn. Walewska besuchte. Bekannt ist sein Ausspruch: »Enfin un château!« (II) *K*
LV 163, 12

Fischhausen (Primorsk, Kr. Samland). 1264 tauschte der zweite Bf. von Samland, Heinrich v. Strittberg, vom Orden gegen das Gebiet bei Lochstädt den Platz im Scheitel der weitgebuchteten NKüste des Frischen Haffs und nannte ihn Schonewic. Wiek hat hier, wie auch sonst an der Ostsee, die Bedeutung von flacher Bucht. Schon zwischen 1266 und 68 begann der Bf. hier eine Burg anzulegen, offenbar zunächst einen schlichten Holz-Erdebau. 1268 erfolgte die Ausgabe der ersten fünf Burglehen an »Bürger«, in Niedersachsen Burgmannen, mit der Verpflichtung, bei der Burg zu wohnen und sie im Ernstfalle verteidigen zu helfen. Vielleicht wurde der massive Ausbau schon unter Bf. Christian v. Mühlhausen (1271–94) begonnen. Auch das 1292 gegr. Domkapitel wurde 1294 hierher verlegt, kehrte aber 1302 wieder nach Königsberg/Kneiphof zurück, weil der Raum zu eng wurde. Schönewik blieb bischl. Residenz. 1297 wurde die Schloßmühle angelegt. Schon damals bestand ein bischl. Kammeramt. Am 7. April 1299 schloß Bf. Siegfried v. Regenstein einen Vertrag mit vier Unternehmern aus Stralsund und gab ihnen in einer zweiten Urk. Richtlinien für die Stadtgründung zu kulmischem Recht. Der Orden hatte damals noch gar nicht im Samland gesiedelt. Sechs Jahre dauerte es, bis das Werk vollendet war; dann stellte der Bf. die endgültige Handfeste vom 19. August 1305 aus. Einer der Unternehmer, Bernhard v. Barth, wurde der erste Schulze. Der Name wurde im 14. Jh. in Bischoveshusen umgewandelt und lautet seit spätestens 1436 abgekürzt Vischhausen. Die Stadtkirche ist wohl um 1315 begonnen; 1321 wird zuerst ein

Pfarrer Johannes erwähnt. Die wichtigsten Erwerbszweige waren Ackerbau und Fischerei; der Handel beschränkte sich auf den örtlichen Getreidemarkt; die Jahrmärkte blieben von untergeordneter Bedeutung. Als Hauptort des Samlandes hielt F. im 13j. Ständekrieg unentwegt beim Orden aus und wurde deshalb mehrfach von den Danzigern, die sich in Besitz der → Frischen Nehrung gesetzt hatten, angegriffen, 1456 geplündert und 1458 fast ganz niedergebrannt, wobei das Rathaus vernichtet wurde. Kirche und Schloß blieben verschont. 1475 erneuerte Bf. Johannes Rehwinkel die städt. Handfeste. Als der letzte Bf. Georg v. Polenz zum evg. Bekenntnis übertrat, verlegte er seinen Sitz nach Schloß Neuhausen n. Königsberg; die bisherige Residenz wurde hzl. Sommerschloß, die Vogtei F. hzl. Hauptamt. Der Hauptmann zu F. gehörte mit denen von Brandenburg, Tapiau und Schaaken zum obersten Landesrat. Von 1525–1809 war F. Immediatstadt, seit 1688 auch Sitz eines steuerrätlichen Kreises. 1627–35 war die Stadt von den Schweden besetzt. Kg. Gustav Adolf schloß hier am 31. Oktober 1629 mit Kf. Georg Wilhelm einen 6j. Waffenstillstand. 1701 wurde das freilich schon baufällige Schloß gegen lebhafte Einwände der Bürgerschaft auf Befehl Kg. Friedrichs I. abgerissen, um Material für den Festungsbau in Pillau zu gewinnen. Im 7j. Kriege besetzten die Russen F., im Juni 1807 die Franzosen. Seit 1818 gibt es den Kreis F., der 1939 in Kr. Samland umbenannt wurde. Die Stadt zählte 1782 1110 Einw; 1930 waren es 3560. (III) W

GAScheiba, Gesch. d. Stadt F., 1905 — HFrederichs, Die Gründung der Stadt F. (in: LV 24, 138) — LV 126, Bd. 1, S. 17 — ThWinkler in: LV 50, S. 48

Flatow (Złotów, Kr. Flatow). Die Kreisstadt an der Ostbahn liegt zwischen vier Seen auf einer Landenge, durch die mehrere wichtige Straßen führen. Die Reste einer slawischen Burganlage sind heute noch auf dem Judenberg (jüdischer Friedhof) erkennbar. 1370 war F. bereits Stadt. Nach dem Stadtprivileg von 1665 hatte es magdeburgisches Recht. Der alte Stadtkern, um den ehem. Großen oder Hauptmarkt herum gelegen, zeigt ziemlich deutlich die regelmäßige dt. Gitterform. Nw. erhebt sich, etwas höher gelegen, am E. des Stadtsees außerhalb der eigentlichen Altstadt die 1664 gebaute kath. Pfarrkirche (Assumptionis B. Mariae V.), ein hoher, umfriedeter turmloser Barockbau mit wertvollen Kunstschätzen und prächtigen Altären. An dieser Stelle soll zuvor eine Holzkirche gestanden haben. Unweit der Kirche in der Niederung, urspr. auf einem Werder durch zwei Brücken mit der Stadt verbunden, lag das Schloß der Grundherrschaft; 1657 wurde es von den Schweden zerstört. Das heutige Schloß n. der Seeschlenke ist ein einfacher Bau, dessen Turm und Südflügel von Schinkel stammen. Es war der Mittelpunkt der Herrschaft F.-Krojanke, die einem Zweig des Hohenzollernhauses gehörte. Auf dem zur Herrschaft gehörigen Gute Gresonse lebte

1774–80 der spätere Feldmarschall Leberecht v. Blücher als Rittmeister a. D. und Pächter der Güter Gresonse und Stewnitz. Die erste evg. Kirche (von 1642) stand an der Wilhelmstraße neben dem evg. Friedhof. 1784 wurde eine evg. Fachwerkkirche auf dem Großen Markt errichtet, an deren Stelle 1829–31 ein Bau von Schinkel getreten ist. 1783 bestand F. aus 291 Häusern mit 1597 Seelen, darunter 600 Evg., 300 Kath. und 714 Juden. 1792 gab es hier 40 Tuchfabrikanten und 302 Tuchouvriers, daneben blühten Tuchfärberei, Spitzen- und Kantenklöppelei und die Schuhmacherei. 1939 hatte F. 7457 Einw. Von hier stammt Adalbert v. Tobold, der berühmte Kehlkopfarzt (1827–1907). (I) B

FWFSchmitt, Der Kr. F., 1867 — OGeerke, Der Kr. F., 1918 — LV 50; 110; 163, 4

Frauenburg (Frombork, Kr. Braunsberg). Zwischen 1270 und 1280 begann das 1260 mit dem Sitz in Braunsberg gegr. ermländische Domkapitel auf einer an zwei Seiten durch Schluchten geschützten Anhöhe am Ufer des Frischen Haffes die Errichtung der Domburg F. (Castrum Dominae Nostrae), die fortan bis in die jüngste Vergangenheit seine Residenz gewesen ist. Wahrscheinlich stand hier vorher eine altpreuß. Feste. Am Fuße des Domberges entwickelte sich von da ab die vom Lokator Gerhard Fleming aus Lübeck geleitete gleichnamige Stadtsiedlung (später auch: civitas Warmiensis gen.). Sie wird urk. zuerst 1278 erwähnt und hatte zunächst meist niederdt., vor allem Lübecker Kolonisten als Einwohner. In späteren Jhh. kamen durch die Dienerschaft der von auswärts zuziehenden Domherren fremder Nationalität in geringem Ausmaß auch noch andere Bevölkerungselemente hinzu. Die Stadt wurde in rechteckigem Grundriß mit gitterförmigem Straßennetz entlang dem A. 14. Jh. angelegten Baudekanal errichtet. M. 15. Jh. baute man am Ausfluß dieses Kanals ins Frische Haff einen Hafen, der 1675 und 1898 erweitert wurde. Da die Besitzverteilung zwischen dem Domkapitel und der Stadt sich schwierig gestaltete, erfolgte die Verleihung der städt. Handfeste zu Lübischem Recht an F. durch den ermländischen Landesherrn, Bf. Eberhard v. Neiße, erst am 8. Juli 1310. Noch vor 1320 gelangte die Stadt indessen aus der Oberhoheit des Bf. unter die des Domkapitels, zu dessen Landesdrittel das Kammeramt F. gehörte. Bis 1772 wurden die Bürgermeister jeweils vom Domkapitel ernannt. Der Stadt zinspflichtig war das s. angrenzende Stadtdorf Rahnenfeld mit 16 Hufen. Der Domberg mit seiner Umgebung bildete lange Zeit verwaltungsmäßig einen eigenen Gutsbezirk und wurde erst 1927 mit der Stadt zu einer Verwaltungseinheit zusammengeschlossen. Der verhältnismäßig geringe städt. Grundbesitz hatte zur Folge, daß die Bürger von F. schon früh von dem ihnen verliehenen Fischereirecht im Frischen Haff Gebrauch machten sowie Schiffahrt und Handel (vor allem mit Salz und Garn) betrieben. Doch gab es neben den Fischern und Schiffern in dem Landstädtchen, das nie zu rechtem Wohlstand gelangte, stets auch Ackerbürger und Handwerker. Nach dem Übergang des → Ermlandes an Preußen wurde F. 1818 dem neugegr. Landkr. Braunsberg unterstellt. Seit 1837 hatten die ermländischen Bischöfe ihre Residenz in F., wodurch die gesamte Diözesenverwaltung dorthin gelangte. Die Haffuferbahn verband seit 1899 F. mit Braunsberg und Elbing; dadurch wurde die Stadt wegen ihrer hervorragenden Bauten allmählich zu einem Ziel des Fremdenverkehrs.

Weil die Stadt arm war und die Domburg in Kriegsfällen hinreichend Schutz bot, verzichtete man auf die Anlage von eigenen Befestigungen. Nur die den Ort durchquerende Hauptstraße (Langgasse) war an beiden Enden durch das Mühlen- und das Schmiedetor abgeschlossen (seit der Neuzeit nicht mehr vorhanden). In der Mitte des quadratischen Marktplatzes mit kleinen Giebelhäusern stand wie in fast allen ostdt. Städten das Rathaus. Als es dem großen Stadtbrand von 1703 zum Opfer fiel, ersetzte man es durch ein anderes, am Rande des Marktes gelegenes Gebäude. An seiner NOEcke entstand 1340–55 die Pfarrkirche zu St. Nikolaus als dreischiffige Hallenkirche in Backstein. Ihr abseits stehender hölzerner Glockenturm mit massivem Untergeschoß aus dem E. 15. Jh. wurde später mehrfach erneuert. Der steinerne Wasserturm w. des Marktes an der vom Baudekanal getriebenen Kornmühle stammt von 1571 und enthielt früher eine irrtümlich dem Nikolaus Coppernicus zugeschriebene »Wasserkunst«, das ist ein Werk zur Hebung des Wassers aus dem Kanal und zu seiner Weiterleitung auf den Domberg. Das Pfründnerheim St.-Annen-Hospital an der Braunsberger Chaussee, eine Gründung des ermländischen Domkapitels aus der 1. H. 15. Jh., war 1507–19 im Besitz der aus Tempzin in Mecklenburg herbeigerufenen Antonitermönche. Der 1686 erweiterte Bau stellte eine eigenartige Verbindung von Spital und Kirche dar und weist in seiner Apsis noch Wandmalereien von 1430 auf. Ein im 14. Jh. errichtetes St.-Georgs-Aussätzigenspital vor der Stadt wurde 1580 erneuert, aber A. 19. Jh. abgebrochen. Das heutige St. Josefskrankenhaus an der Braunsberger Chaussee entstand 1716, wurde 1802 erneuert und später erheblich erweitert. Das eindrucksvollste Bauwerk F., die weithin sichtbare Domburg, wurde im 14. Jh. vollendet und im folgenden Jh. ergänzt. Innerhalb der Wehranlagen entstand der heutige Dom während der Jahre 1329–88 an Stelle einer älteren, kleineren Holzkirche. Der Baumeister dieses bedeutendsten Werkes kirchlicher Baukunst in Ostpreußen ist unbekannt. Im 14. und 15. Jh. unterhielt das Domkapitel bei seiner Kathedrale auch eine Schule für stammpreuß. Knaben. In den Kriegen des 15. Jh. wurde der Dom mehrfach stark in Mitleidenschaft gezogen. 1551 richtete ein Blitz schweren Brandschaden an; bei der Wiederherstellung des Dachstuhls wurde der mit Arkaden geschmückte WGiebel erniedrigt. Die schwersten Verheerungen erlitt die Kathedrale im schwed.-poln. Kriege von 1626. Damals fiel der Plünderung durch die Schweden fast die gesamte reiche got. Inneneinrichtung zum Opfer. An der SWand des Domes fügte man dem Chor in der 1. H. 16. Jh. die St. Georgskapelle (noch im got. Stil) und 1732–35 eine barocke Kuppelkapelle als Grabstätte der ermländischen Bischöfe an.

Der stark befestigte Domhof enthält im Zuge seines Mauerrings mehrere kleine Türme und zwei ma. Tore; an der Innenseite befinden sich die ältesten Domherrenkurien. Der Befestigungsturm an der NWEcke diente 1510–43 mit kurzen Unterbrechungen dem Astronomen und ermländischen Domherren Nikolaus Coppernicus als Wohn- und Arbeitsstätte. Hier vollendete er sein Hauptwerk »De revolutionibus orbium coelestium«. Er starb hier am 24. Mai 1543 und wurde gemäß der Sitte der Zeit im Fußboden des Doms beigesetzt, ohne daß man bisher das Grab hat identifizieren können. – Das unbefestigte Städtchen F. hat während der Kriege des öfteren Plünderungen und Zerstörungen erlitten. So wurde es 1414 von poln. Söldnern, im Städtekrieg (1454–66) von Truppen bald des Preuß. Bundes, bald des Deutschen Ordens, im Reiterkrieg (1520) durch die Söldnerhaufen des letzten Hochmeisters erobert und ausgeraubt. 1626 plünderten es die von Braunsberg her anrückenden Schweden. Auch der Krieg von 1807 brachte F. große Heimsuchungen. – Von der Ref. blieb F. unberührt. Eine evg. Gemeinde entstand erst nach 1772. Ihre Pfarrkirche am Fuße des Domberges wurde erst nach der M. 19. Jh. erbaut. F. ist – neben Coppernicus – die Heimat des ermländischen Dichters und Kalenderschreibers, des Domherrn Julius Pohl (1830–1909). (III) *T*

GMatern, Festschr. z. 600. Jubiläum der Stadt F., Braunschweig 1910 — EBrachvogel, Der Dom in F. (in: LV 40, H. 1) — ABirch-Hirschfeld, F. in: LV 50, S. 50 — LV 164, S. 195

Freystadt (Kisielice, Kr. Rosenberg). Dies Städtchen ist eine Gründung der angesehenen Fam. Stange; es tritt uns bereits 1331 als entwickeltes Gemeinwesen mit Pfarrer entgegen. Der Bau der Pfarrkirche in Stein begann in der 1. H. 14. Jh. 1397 kam F. durch Kauf in den Besitz des Bf. von → Pomesanien, bald nach 1525 an Hz. Albrecht. Das Rathaus wird 1406 erwähnt, wurde nach dem Brande von 1860 nicht wiederaufgebaut. 1789 hatte F. 134 Feuerstellen mit 719 Seelen, meist Ackerbürger, wenig Handwerker. 1899 erhielt es Eisenbahnanschluß. 1928 waren rund 50 % der Berufstätigen Gewerbetreibende, 20 % Arbeiter, 13 % Beamte, Angestellte, Rentner u. a. Die Stadt zählte 1576: 525 Einw., 1905: 2425 (darunter 2196 Evg., 71 Kath., 150 Juden), 1943: 3313. Bei der Abstimmung von 1920 fielen 1915 Stimmen auf Deutschland, nur 36 auf Polen. (II) *B*

LV 50, 163, $_{12}$; 178

Friedenau (Kr. Neustadt). Hier wurde ein Gräberfeld der frühen

Eisenzeit (7./6. Jh. v. Chr.) ausgegraben; es zeigt die typischen Merkmale der Hochstufe der »Gesichtsurnenkultur«: Kistenförmige Steinkammern (»Steinkisten«), in denen meist mehrere Urnen stehen, darunter solche mit einem menschlichen Gesicht (oder einer Andeutung davon). Gesichtsurnen, die als weiblich gekennzeichnet sind, haben in den aus Ton gebildeten Ohren Gehänge aus Bronzeringen mit Perlen aus Glas oder Bernstein. Auf »männlichen« Urnen finden sich eingeritzte Zeichnungen von Pferden, Reitern, Wagen und Waffen. (II) *B/Ba*

EPetersen in: Vorgesch. d. dt. Stämme, Bd. 3, 1940, S. 867—942 — WLaBaume in: LV 203, S. 44—85

Friedland (Prawdinsk, Kr. Bartenstein). Auf dem Wollberg w. der Stadt bestand eine preuß. Siedlung, verm. mit einem Heiligtum. Der Komtur zu Brandenburg Heinrich Dusemer legte mit Zustimmung des Hochmeisters Luther v. Braunschweig wahrscheinlich 1335 auf dem l. Alleufer die Stadt F. an, die durch Mühlenfließ und -teich eine Halbinsellage erhielt. Die mit 28 Hufen zu kulmischem Recht begabte Stadt wurde planmäßig mit quadratischem Grundriß angelegt. Bei dem Litauereinfall 1347 wurde sie samt der in der Nordwestecke entstandenen Kirche St. Georg zerstört. Die Kirche konnte erst von der 2. H. 14. Jh. in Stein aufgebaut werden. Das St.-Georgs-Hospital muß vor 1406 gegr. worden sein. F. schloß sich 1441 dem Preuß. Bund an und fiel im 13j. Kriege wiederholt vom Deutschen Orden ab. 1466 wurde es zurückerobert und bis auf die Kirche zerstört. In den Bauernunruhen in → Natangen 1525 spielte der Kaplan Gregor Frenzel eine führende Rolle. 1553 brannte die Stadt bis auf die Kirche ab. 1584 wurde der Wollberg abgetragen und in einen Friedhof verwandelt. Als die Schweden 1656 die Stadt brandschatzten, war sie gerade auf 300 Hofstätten angewachsen. 1701 wurde ihr der vierte Jahrmarkt genehmigt. In den Pestjahren 1709/10 forderte die Seuche zahlreiche Opfer, und im 7j. Kriege steckten die Russen die Stadt an. Die Einwohnerzahl betrug schon 1736, wohl mit Militär, 1680 und hat sich im stetigen Steigen bis 1936 auf 4400 erhöht. 1795 wütete wieder eine Feuersbrunst in der Stadt. Nach der Schlacht bei F. am 14. Juni 1807 zwischen Russen und Franzosen ließ Napoleon die Stadt plündern. Von 1819–44 war F. Kreisstadt des gleichnamigen Kreises. 1877 brannte das got. Rathaus ab; in jener Zeit wurden auch die Tore beseitigt. 1914 besetzten die Russen die Stadt, schonten sie aber, weil das auf dem Lorenzfriedhof gelegene Grab des in der Schlacht bei F. 1807 gefallenen russ. Generals Matkowski von der Stadt mit einem Denkmal versehen und gepflegt worden war. Durch Stauung der Alle wurde 1921–23 das Kraftwerk F. geschaffen, das einen großen Teil Ostpreußens mit elektr. Licht- und Kraftstrom versorgte. 1939 waren in F., das 4500 meist evg. Einwohner hatte, mehrere Laubenhäuser und Teile der Stadtmauer erhalten. Im zweiten Weltkrieg hat F. sehr gelitten; es liegt seit 1945 im sowjet. verwalteten Teil Ostpreußens. (III) *Gu*

WSahm, Gesch. der Stadt F. in Ostpr., 1913 – Ders., F. in: LV 50, S. 52

Frische Nehrung. Die schmale Landzunge zwischen Meer und Haff hat sich in urgesch. Zeit durch gegeneinander wirkende Strömungen auf festem Lehmgrunde aus angeschwemmter Erde und Sand gebildet. Die älteste bekannte Verbindung vom Haff zum Meere wird in Wulfstans Reisebericht von etwa 890 erwähnt: Sie lag gegenüber der damaligen Weichselmündung, ziemlich dicht nach Danzig hin. Das Haff erstreckte sich damals weiter nach W als heute. Später hören wir nichts mehr von ihr. Die Lage der zeitlich folgenden Tiefe ist in einer Periode fehlender Strandbefestigungen sicher wechselnd gewesen. Manche haben nur kurze Zeit bestanden. Von den jüngeren weiß man die Dauer, von den älteren nicht. So darf das Vorhandensein eines Tiefs auf dem nördl. Teil der Nehrung zur Zeit der Gründung der Burg → Balga im Jahre 1239 angenommen werden, wobei es unerheblich ist, ob es das bei Alttief, bei Lochstädt oder ein anderes war. Balge war im Preußen des 13. und 15. Jh. die Bezeichnung für eine solche Durchfahrt; Tief heißt sie seit dem 16. Jh. vorwiegend, heute ausschließlich. Seit A. 14. Jh. ist das Balgaer Tief einwandfrei belegt. Die Stelle wurde noch im 16. Jh. als »das alte Tief« kenntlich gemacht. Es lag 1–2 km nördlich des Gehöftes Alttief, das uns den Namen erhalten hat. Nehrung (Nergia oder Nerige) ist wohl ein preuß. Wort. Das Stück südlich des Tiefs hieß 1322 und 1366 die »Nehrung, welche sich gegen Danzig hin erstreckt«.

1376 entstand ein Durchbruch bei Neutief, ungefähr an der Stelle des späteren Pillauer Tiefs. Es wurde mehrfach untersucht und schließlich nach 1448 wieder zugedämmt, da man befürchtete, das Meer werde bei starkem Sturm die Insel zwischen den beiden Durchlässen wegreißen. Im 13j. Ständekrieg haben die Danziger 1456 das Balgaer Tief »verpfählt«, d. h. sie wollten es für den Orden unpassierbar machen und den Zugang zur See blockieren. Tatsächlich ist der Schiffsverkehr während des Krieges über Memel geleitet worden. Danzig hielt die Nehrung damals in ihrer ganzen Ausdehnung besetzt und hat von hier aus die Südküste des Samlandes, Pregelmündung und die Burg Brandenburg gebrandschatzt. Im zweiten Thorner Frieden sollte es die Nehrung herausgeben und dafür mit der Halbinsel Hela entschädigt werden. Dagegen hat es mit Gewalt und Recht gestritten. Elbing suchte seinen 1457 erworbenen Anteil, der dem früheren Elbinger Fischamt des Ordens um Vogelsang, Pröbbernau und → Kahlberg entsprach, zu behaupten, mußte ihn aber 1509 an Danzig abtreten und behielt nur das Holzungsrecht für sein Bollwerk. Der Orden blieb 1466 im Besitz der Störfischerei und des Zolles im Balgaer Tief nebst dessen südlichem Ufer bis über ein seit 1594 nicht mehr bestehendes Dorf Scheite hinaus, das eine halbe

Meile nördlich von Narmeln lag. Die Grenze entsprach also der neuzeitlichen zwischen Ost- und Westpreußen. Das Stück der Nehrung zwischen dem Elbinger und Ordensgebiet mit Vöglers, Neukrug und Narmeln stand dem Bf. von → Ermland zu. Dieser hat seine Ansprüche 1496 gegenüber Danzig nachdrücklich vertreten und sich 1503 mit dem Orden geeinigt. 1497 bildete sich bei einem Sturm ein neues Tief bei Wogram, einem Dorfe, das in der Stadt → Pillau aufgegangen ist. Es ist das Pillauer Tief, das 1510 schiffbar wurde. Gleichzeitig wird das alte Tief zugedämmt. Damit dehnte sich der Name Nehrung auf den Teil bis zum neuen Tief und schließlich auf die ganze Landzunge aus. Vielleicht hatte er sich schon früher auf die → Kurische Nehrung übertragen. Im Winter 1945 war die Frische Nehrung der Fluchtweg für viele Trecks und Fußgänger, die zu Schiff von Pillau nicht mehr fortkamen. (III) *W*

KPanzer, Die Verbindung des Frischen Haffs mit der Ostsee in geschl. Zeit (in: LV 10, 1889) — LV 126, Bd. 1, S. 277, mit Karte des ostpr. Anteils — EKeyser, Die Tiefe in der Frischen Nehrung (in: LV 21, 1938)

Galinden. Der Gau der Galinder, die schon 180 n. Chr. bei Ptolemaeus erwähnt werden, erstreckte sich urspr. etwa von der Alle bis zum Lyckfluß, von dem Baltischen Höhenrücken bis zum Narew. Die Südgrenze wurde in Verträgen zwischen dem Orden und Masowien mehrfach geändert. 1340 wurde sie an den Bober zurückverlegt. Im Frieden am Meldensee (27. September 1422) wurde die Grenze so festgelegt, wie sie bis 1945 bestand. Nach der ältesten poln. und russ. Überlieferung herrschte zwischen Galindern und Polen eine erbitterte Feindschaft. Bei Ankunft des Ordens war G. fast menschenleerer Urwald und wurde im Laufe der folgenden Jhh. vom Orden aufgesiedelt. (V) *Mey*

Galtgarben (Berg, Kr. Samland). Der »Gailtegarbo«, 111 m überm Meer und 46 m über dem östlich angrenzenden Torfmoor, ist die höchste Erhebung des Alkgebirges, eines mäßigen Höhenrückens, der das westliche Samland diagonal von Königsberg bis Brüsterort durchzieht. Die Landschaft um den G. hieß bei den alten Preußen Ereyno oder Erino, woraus der Orden den Ortsnamen Rinau gebildet hat. Der auffallend große und gut erhaltene Burgwall auf dem Gipfel stammt noch aus preuß. Zeit. Die längliche, nahezu ovale Wehranlage hat doppelte Erdwälle, die wohl Wehrgänge aus Holz und Erde getragen haben und durch tiefe Gräben dazwischen und davor gesichert waren. Sie sind noch heute deutlich erkennbar. Solche Burgwälle, oft Schloßberge oder Schwedenschanzen gen., hat es in Ostpreußen in großer Zahl, besonders aber im Samland gegeben, und viele von ihnen sind erhalten, meist in beherrschender strategischer Lage. Wirksamen Schutz boten auch Gewässer und Sümpfe wie bei Jesiorken (Kr. Lötzen). In ähnlicher Umgebung liegt der Doppelwall der »Schwedenschanze« bei Lablacken (Kr. Labiau). Oft wird ein alleiniger Zugang durch einen Abschnittswall abgeriegelt, wie an der Alle bei Bergfriede (Kr. Allenstein). Wie meist, z. B. beim Kl. Hausen im Samland, ist auch der Burgwall auf dem G. von den deutschen Eroberern übernommen worden, in diesem Falle durch den Bf. von Samland, der 1264, ohne große Veränderungen, eine Fliehburg für die Landbevölkerung dort eingerichtet hat. Noch 1278 bestand sie aus Holz und Erde.

Als Bf. Johannes Clare 1329 den Verkauf des unterhalb des Berges gelegenen Kruges genehmigte, war das castrum nostrum Rinow schon ein massiver Steinbau; 1399 bestand es nicht mehr, aber die Erinnerung hatte sich noch 1539 erhalten, daß auf dem »Berg etwan das schloß Rynau gebauet« war. 1384 legte Ludeke Gysilbrecht das dt. Zinsdorf Rinau an; es ist später mit Pojerstiten vereinigt worden und hat dessen Namen angenommen. Die Neuzeit hat sich des weithin sichtbaren Bergkegels mit dem großartigen Rundblick bis nach Königsberg und ans Meer mit pfleglicher Sorgfalt angenommen. Der Kriegs- und Domänenrat Joh. George Scheffner (1736–1820), ein Mann, der neben den führenden Köpfen des 18. Jh. Hamann, v. Hippel, Kant und Kraus gen. zu werden verdient und zu den Reformern des neuen preuß. Staates gehört, hat 1816 die Errichtung eines hohen, eisernen Landwehrkreuzes zur Erinnerung an die Befreiungskriege angeregt. Es ist am 27. September 1818 gestiftet worden. Auf eisernen Tafeln am Unterbau von Granitquadern wird der Schlachten, Einzüge und Friedensschlüsse der Jahre 1813–15 gedacht; auf der Rückseite des Kreuzes im W stehen die großen Namen Scharnhorst, Yorck, Gneisenau. Auf halber Höhe des Südabhanges ist, von Eichen beschattet, ein Holzkreuz mit Tafel davor zum Andenken an die Gefallenen der beiden Kriege errichtet. Nördlich vom Denkmal, unter alten Birken, liegt das schmucklose Grab Scheffners, dessen Platz er sich selbst gewählt hat. 1906 wurde an der höchsten Stelle des Berges ein formschöner Bismarckturm eingeweiht, der auf der Plattform Pechpfannen für das Gedenkfeuer zum Geburtstage des Kanzlers erhielt. Die heimischen Granitfindlinge, aus denen der Turm gebaut ist, sind teilweise Geschenke von Grundbesitzern des Samlandes, die sie auch selbst herangebracht haben. Die Königsberger Studenten feierten hier alle Jahre das Galtgarbenfest. Kurz vor dem ersten Weltkriege wurde vor dem Turmeingang ein Festplatz mit erhöhten Seitenrampen und umschließenden Pfeilern angelegt.

(III) *Ba/W*

GKrause, Das Landwehrkreuz auf dem Rinauer Berge (in: LV 10, 1889) — FAScheffel, Der G. und das Rinauer Schloß (in: LV 24, 1934) — LV 162, $_1$; LV 201, S. 37

Garnsee (Gardeja, Kr. Marienwerder). Die Stadt liegt auf alter preuß. Wohnstätte zwischen zwei Seen an der Straße von → Marienwerder nach → Graudenz. 1285 schenkte der Ritter Dietrich, gen. Stange, 200 kulmische Hufen (in Klösterchen, Plowenz, Ottlau, Tromnau bei G.) zur Gründung eines Zisterzienserkl., dessen Einrichtung das Kl. → Pelplin übernehmen sollte. Zur Durchführung dieses Plans ist es nicht gekommen. 1323 wird das Dorf G. gen., neben diesem ist wenig später durch den Bf. von → Pomesanien die Stadt G. gegr. worden, die 1334 ihre älteste Handfeste erhielt. Die Hauptstraße erweitert sich in ihrem südlichen Teile zum Marktplatze, an dessen Südostecke die Pfarrkirche steht; ihre erste Erbauung wird um 1330–40 angenommen, das Schiff der 1527 evg. gewordenen Kirche wurde 1729–31 neu gebaut. Nach dem Brande von 1554 wurde G. 1559 neu gegr. – 1783 waren in G. 104 Feuerstellen vorhanden, deren Bewohner meist von Ackerbau, Bierbrauen und Handwerk lebten. Bei der Abstimmung von 1920 fielen 797 Stimmen auf Deutschland, nur 18 auf Polen. 1927 wurde der neue Bahnhof eingerichtet. Einwohner: 1740: 379, 1905: 984 (davon 911 Evg., 59 Kath., 15 Juden), 1943: 2196. (II) *B*

LV 50; 52; 163, ₁₁; 178

Gdingen (Gdynia, Gotenhafen). Bis 1921 war G. ein Fischerdorf, 1924–39 → Danzigs Konkurrenzhafen, der während des zweiten Weltkrieges und zeitweise auch danach mit Danzig eine Hafengemeinschaft bildete. Der Ort erhielt 1365 dt. Recht, kam 1381 in den Besitz des Kl. → Karthaus. 1570 waren von seinen 34 Hufen nur 18 besetzt, außerdem gab es in dem Dorfe noch einen Krug, vier Gärtner und vier Einlieger. 1783 hatte es 21 Feuerstellen, 1921 132 Wohngebäude mit 1268 Einw. Der Bau des Hafens wurde seit 1921 vorbereitet und bald danach mit frz. Finanzhilfe durchgeführt; 1924 begann der Seeverkehr. Wenig später folgte, ebenfalls mit Hilfe frz. Kapitals, der Bau der Kohlenmagistrale Kattowitz–Gdingen. Der Hafenumschlag, größtenteils Kohle und Erz, erreichte 1937 rund 9 Mill. t. Daneben entstand eine Reihe ansehnlicher Industriebetriebe. 1943 hatte G. 105 117 Einwohner. (II) *B*

LV 52, 111, 179

Georgenburg (Kr. Insterburg). Noch als die Eroberung des Preußenlandes durch den Ritterorden im Gange war, hat der Legat Wilhelm v. Modena im Auftrage des Papstes Innocenz IV. am 29. Juli 1243 die preuß. Bistümer abgegrenzt. → Nadrauen wurde als letztes Stück erst am 20. November 1352 zwischen Hochmeister Winrich v. Kniprode und Bf. Jacob v. Samland geteilt. Der Anteil des Bf. erstreckte sich vom oberen Pregel und der Inster tief in den Graudenwald. Bereits vorher hatte der Bf. mit dem Bau der G. an der Stelle begonnen, an der sich Angerapp und Inster vereinigen, auch schon Land verliehen und Dörfer ausgegeben. Die junge Burg wurde 1364 von Kynstut überfallen, 1385 wiederum gebrandschatzt und 1403 nochmals von den Litauern arg mitgenommen. Auch die Besiedlung schritt nur langsam voran. Mit der Ref. 1525 machte der Hz. Albrecht G. zum Kammeramt, mußte es aber wiederholt verpfänden. 1547 entstand neben der Burg die Kirche. Kaspar v. Nostitz, der die günstige Lage des Ortes frühzeitig erkannte, schlug vergeblich die Anlage eines Gestüts vor. 1656 beim Tatareneinfall wurde G. hart mitgenommen und viele Leute in die Sklaverei verschleppt. 1679 besetzte der schwed. General v. Horn G. Nach den Pestzeiten von 1709 verpachtete Friedrich Wilhelm I. G. als Domäne; die verödeten Dörfer nördlich G. wurden nach 1732 vorwiegend mit Salzburgern besiedelt. Unter den Amtsräten v. Keudell, Vater und Sohn (1752–99) begann in G. erfolgreiche Pferdezucht; Hengste wurden nach → Trakehnen verkauft. Im August 1757 diente G. dem russ. Feldmarschall Apraxin, im Sommer 1812 dem frz. Marschall Davoust als Quartier. 1814 ging G. in Privatbesitz über und wurde 1828 von Wilhelm Simpson erworben, der das weithin anerkannte Vollblutgestüt entwickelte. Das gegenwärtige Aussehen verdankte die G. den v. Simpsons, deren Schicksale in dem Roman: »Die Barrings« frei geschildert werden. 1899 übernahm wiederum der Staat G. und legte das alte Landgestüt von → Insterburg nach G. Nachdem 1944 ein erheblicher Bestand der Pferde gerettet werden konnte, benutzten die Russen 1945 die G. als großes Gefangenenlager. (IV) *Gr*

FZschokke, Über G. bei Insterburg (in: LV 9, 1948) — WGrunert, G., Burg und Amt (in Arbeit)

Gerdauen (Shelesnodoroshnyj, Kr. Gerdauen). Das Gebiet um G. gehörte zum preuß. Gau → Barten und war schon im 9.–12. Jh. besiedelt. Die Burg am Omet war nach dem preuß. Edlen Girdaw benannt, der ein treuer Anhänger des Deutschen Ordens blieb, auch als er im Großen Aufstand von seinen Landsleuten hart bedrängt wurde. Er steckte seine Burg in Brand und flüchtete nach Königsberg (1262–73). Später errichtete der Orden auf dem Boden der ehem. Feste Girdaw eine Ordensburg, die wahrscheinlich als großes Konventshaus vorgesehen war; denn für 1315 ist ein Komtur in G. bezeugt. 1325 ist der Burgbau durch den Königsberger Komtur Heinrich v. Isenberg vollendet worden. Das Haus G. wurde von Pflegern verwaltet, die von 1339–1453 namentlich bekannt sind. Neben der Burg lag das Ordensvorwerk, aus ihm ist das Vorwerk Kinderhof hervorgegangen. Im 13j. Kriege dürfte die Burg G., die 1455 vom Orden erobert wurde, zum Teil zerstört worden sein. Der Orden verpfändete 1469 Schloß und Stadt G. an die Söldnerführer Gebrüder v. Schlieben. Seit 1672 war die Burg nicht mehr bewohnt und verfiel. 1874 wurde auf der Ruine ein Wohnhaus erbaut; dabei blieben die mächtigen Burgkeller und ein Erdgeschoßraum erhalten. Zum Kammeramt G. gehörten um 1420 $97^{1}/_{2}$ bäuerl. Haken, 56 preuß. Freie und 30 kölm. Güter.

Westlich der Burg bildete sich eine Lischke, die 1336, 1347 und 1366 bei den Litauereinfällen gen. wird. Hochmeister Konrad v.

Jungingen erhob die Lischke 1398 zur Stadt und verlieh ihr 120 Hufen zu kulm. Recht. Der Omet wurde wohl damals zum Banktinsee aufgestaut, so daß die Stadt auf einer Landzunge im See lag, die von der Burg abgeriegelt war. 1404 hatte G. etwa 60 Hofstätten. Die Stadtmauer wurde um 1406 erbaut. Unmittelbar an sie angelehnt waren die Ordensburg und die Kirche. Auf der Feldmark wurde 1398–1407 das 66 Hufen große Stadtdorf Neuendorf gegr. 1409 war eine Schule vorhanden. Als die Predigermönche 1428 von → Nordenburg nach G. übersiedelten, erbauten sie ihr Kl. am Südende der Stadt. 1454 sagte sich die Stadt vorübergehend vom Orden los. Seit 1469 blieb sie Jhh. lang bei der Fam. v. Schlieben, die ein neues Schloß erbaute. Der 1485 durch die Polen verursachte Stadtbrand zerstörte große Teile der Stadt, die erst 1493 aufgebaut worden waren. Bei der Ref. wurde das Dominikanerkl. aufgehoben. Die Brände von 1585 und 1665 zerstörten fast die ganze Stadt. Kg. Friedrich I. verlieh ihr 1708 den vierten Jahrmarkt. 1729 zählte man 813 Einwohner. 1809 wurde G. von der Lehnsherrschaft befreit. Infolge der Verwaltungsreform wurde es 1818 Kreisstadt. Im Jahr darauf wurde der westliche Teil des Banktinsees abgelassen und in eine Wiese verwandelt. 1871 und 1872 erhielt G. Eisenbahnanschluß nach Rotfließ und nach Allenstein. In jener Zeit kam Schloß G. durch Erbschaft an die Fam. v. Janson und blieb es bis 1945. Die Eisenbahnverbindung nach Nordenburg wurde 1898, die nach Löwenhagen 1901 geschaffen. Infolge des Gefechts bei G. am 9. September 1914 wurden 75 Wohnhäuser und ebenso viele Nebengebäude der Stadt zerstört; die Kirche, die erst 1913 durch einen Brand gelitten hatte, wurde beschädigt, und die Abbauten Hochheim, Gerdauenhöfchen, Abbau Mühle brannten vollständig nieder. 1915 bezog das Johanniterkrankenhaus einen Neubau an der Straße nach Barten; 1917 erhielt G. Kleinbahnanschluß nach Rastenburg. Zum Wiederaufbau G.s, der 1921 vollendet wurde, haben die Städte Wilmersdorf und Budapest beigetragen. Die Einwohnerzahl G.s, das einen Ruf durch seine Malzfabrik und große Brauerei (Kinderhofer Bier) genoß, war 1937 auf 5152 gestiegen. Seit 1945 liegt G. im sowjet. verwalteten Teil von Ostpreußen. (III) *Gu*

HFrederichs, G. in: LV 50, S. 54 — 550 Jahre Stadt G., hg. v. EPaap und RWill, 1948

Gerdin (Gorzędziej, Kr. Dirschau). Zwischen 1233 und 1236 verstärkte Sambor II. mit Hilfe des Deutschen Ordens die dortige Burg, die sein Bruder Swantopolk II. hernach eroberte. 1282 schenkte Hz. Mestwin G. dem Bf. v. Plock, der hier eine Stadt anzulegen beabsichtigte. 1287, als in G. die Burg und ein bischl. Hof vorhanden waren, verlieh der Bf. dem Nikolaus v. Wildenberg das Schulzenamt für die mit 60 Hufen anzulegende Stadt mit den üblichen 10 Freijahren. 1288 bestätigte Hz. Mestwin die Gründung mit der Maßgabe, daß die Ansiedler nicht aus dem eigenen Lande, sondern aus dem Auslande geholt würden. Doch das Unternehmen schlug fehl. Als Dorf ging G. 1312 durch Kauf in den Besitz des Deutschen Ordens über. Um 1570 waren alle Hufen besetzt. Nach dem zweiten schwed.-poln. Kriege waren in G. nur noch der Schulze, ein Gärtner und die Kirche vorhanden; die zuvor bestehenden elf Bauernhöfe waren zerstört und ohne Menschen. 1789 hatte G. wieder 27 Feuerstellen. Wiederholt waren Dorf und Kirche durch Unterspülung der → Weichsel bedroht, bis 1850 die Ufer durch Buhnen gesichert wurden. Um 1907 waren etwa ³/₄ der Markung durch das Schulzengut angekauft worden. 1905 hatte G. 436 Einw. (69 Evg., 367 Kath.), 1943: 435. (II) *B*

FSchultz, Gesch. d. Kr. Dirschau, 1907 — LV 52, 112, 179

Germau (Russkoje, Kr. Samland). Die alte Preußenburg »Girmowe« war verm. der Hauptwaffenplatz des westlichen Samlandes, wie Rudau im O. Der Chronist hält es jedenfalls für ein gefährliches Unternehmen, wenn der Christburger Komtur Heinrich Stange im Winter 1252/53, quasi leo intrepidus, von → Balga aus über das gefrorene Haff gegen sie vorging; er hat dann auch vor der vereinigten Kriegsmacht der Samländer zurückweichen müssen. Beim Decken des Rückzuges ist er mit seinem Bruder Hermann gefallen. Durch die Teilung von 1258 kam »Gyrme« an den Orden. Er wird die alte Befestigung übernommen haben; doch erfahren wir von einem Bau erst 1270, d. h. nach dem Aufstand, als auch die Burgen zu Wargen, Pobethen und Rudau im Holz-Erdebau wiederhergestellt wurden. In der Liste von 1299 werden drei treugebliebene samländische Adlige in G. aufgeführt, darunter Lunkite, der vielleicht mit dem ersten, 1301 erwähnten Kämmerer Leykaute identisch ist. 1321 ist ein Pfarrer Reynher belegt. Die noch 1945 erhaltene Kirche lag innerhalb der Burg und zeigt die gleichen Formen wie der 1325 begonnene Königsberger Dom. Auch sie besitzt über den Fenstern Wehrgänge wie der Chor des Domes. Zuerst ist wohl nur der Chor als Schloßkapelle benutzt worden, während das Kirchenschiff der Remter war. Der Turm ist ein ausgesprochener Wehrturm. Der spätere Kirchhof war Vorburg. In einer Zeichnung des Leutnants Joh. Mich. Giese von 1826-28 erkennt man, daß die Kirche über Resten der Burgmauer herausragt. Die Burg war 1507 nicht mehr verteidigungsfähig und wird 1580 als verfallen bezeichnet. 1581 wurde der Sitz des Bernsteinmeisters und der Bernsteinkammer von Lochstädt nach G. verlegt, 1644 ein Bernsteingericht eingesetzt, das 1693 nach Palmnicken kam. Seitdem ist G. abseits gesch. Ereignisse geblieben. (III) *W*

KEGebauer, Über die Kirche zu G. im Samland (in: LV 9, 1837) — LV 162, ₁ S. 47 — LV 164, S. 431

Gilge, Dorf und Fluß (Kr. Elchniederung). Das Fischerdorf wird schon zur Ordenszeit erwähnt. Die G. (Name wohl altpreuß.) ist heute der südlichste → Memel-Arm. Die Verhältnisse im südlichen Teil des Memel-Deltas sind weitgehend durch den Menschen, nicht durch die Natur geschaffen. Urspr. war die Schalteik, die bei Schanzenkrug die Memel verließ und bei der vorgesch. interessanten Siedlung → Linkuhnen vorbeifloß, der südlichste Memel-Arm. Sie war breit und flach und wurde um 1630 von der Memel abgeriegelt. Ihr Mündungsarm Nemonien (dt. früher Memmellin gen.) bezeugt durch den Namen, daß hier urspr. eine Mündung der Memel war. Vom Deutschen Orden wurde noch die Schalteik, meist aber die G. als Zufahrt zur Memel benutzt. Um das stürmische Kurische Haff zu umgehen, wurde 1409–18 der Bau eines Kanals aus der Deime zur Wiep, dem südlichsten Mündungsarm der Schalteik, begonnen; der Bau scheiterte aber an den Bodenverhältnissen. Er hätte gerade in jener unruhigen Zeit (Schlacht bei → Tannenberg 1410) die Verbindung mit den Memelburgen → Tilsit und → Ragnit erleichtert. Erst viel später, 1689–97, wurde durch Freifrau Luise Katharina v. Truchseß-Waldburg der Große Friedrichsgraben als Verbindung zwischen der Deime und dem Nemonien, ferner der Kleine Friedrichsgraben von dem Nemonien zur G. angelegt. Die G. selbst erhielt 1613–16 zwischen Sköpen und Lappienen ein neues Bett, um ihren windungsreichen Lauf abzukürzen. Der Kleine Friedrichsgraben wurde später (1833–35) durch den Seckenburger Kanal ersetzt. Diese Wasserstraße zur Memel war vor dem Eisenbahnzeitalter der wichtigste Zubringer für den Königsberger Hafen. Auch abgesehen von diesen großen Strombauten hat der Mensch das Landschaftsbild der Memelniederung verändert. Deiche und Gräben schufen fruchtbares Weideland; der W ist noch stark bewaldet (→ Ibenhorst). An der G. liegt Alt Lappinien (Rauterskirch, → Rautenburg). Das Dorf G. hatte 1939 1154 Einw. (III) *F*

GSchickert, Wasserwege und Deichwesen in der Memelniederung, 1901 — KForstreuter, Die Memel als Handelsstraße, 1931

Gilgenburg (Dąbrówno, Kr. Osterode). G. (in der Ordenszeit Ilienburg, Ilgenburg gen.) lag auf einem schon in vorgesch. Zeit besiedelten Boden. Die Anlage eines »festen Hauses« auf der Landenge zwischen dem Großen und Kleinen Damerauer See erfolgte im Zuge der Aufsiedlung, die der Orden zu Beginn des 14. Jh. am Westrand der Landschaft Sassen einleitete. Das Gründungsjahr ist nicht bekannt. In einer Christburger Urk. von 1316 erscheint unter den Zeugen ein Ordensritter Beringer v. Meldungen als provisor domus Ilienburg. Er ist der erste nachweisbare Pfleger des »Hauses G.« Unter dem Schutze der Ordensburg siedelten die ersten dt. Einzöglinge. Bereits 1326 verlieh nach einer vom Ordenschronisten Peter v. Dusburg überlieferten Nachricht der Christburger Komtur Hz. Luther v. Braunschweig (1316–31) der Gemeinde das Stadtrecht. Ein unregelmäßiges Viereck von Mauern umschloß die Stadt. G. war in den Kriegen des Ordens mit Polen ein vielumstrittener Platz. 1410 wurde es von Kg. Jagiello erstürmt. Stadt und Ordenshaus wurden ausgeplündert und verwüstet. Bei einem neuen Einfall 1414 wurde es wiederum zerstört. Die Vogtei ging ein, das Kammeramt wurde nach dem Ordenshof Vierzighuben verlegt. 1440 hatte sich G. dem Preuß. Bund angeschlossen; während des 13j. Ständekrieges trat die Stadt jedoch wieder auf die Seite des Ordens. Kämpfe zwischen Ordenssöldnern und Bundestruppen brachten der Stadt in den folgenden Jahren viele Heimsuchungen. Infolge Geldmangels konnte der Orden die hohen Lohnforderungen seiner Söldnerführer nur durch Landesverleihungen begleichen. So verpfändete er 1475 auch die Stadt G. »mit allen Gerechtigkeiten, Nutzungen und Zinsen« dem Söldnerführer Georg v. Löben. 1488 überließ dieser seinen Pfandbesitz dem poln. Magnaten Niklas Wilko. Bereits nach sieben Jahren verzichtete Wilko gegen eine einmalige Abfindung von 500 Mark auf die ihm verpfändete Stadt. Am 11. August verlieh Hz. Albrecht seinem Rate Hans von der Gablenz Amt und Stadt G. als »Lebtagslehen«. Ein für das weitere Schicksal der Stadt bedeutsames Ereignis war 1544 der Verzicht Hz. Albrechts, für die Verwaltung des Amtes G. einen Beamten zu bestellen. Nach dem Tode Hans v. d. Gablenz verschrieb Albrecht dem Ordensmarschall und Hauptmann von Hohenstein, Friedrich v. d. Oelsnitz, das Amt G. mit der Stadt zu magdeburgischem Recht. Damit wurde das Amt G. Erbhauptamt, die Stadt Mediatstadt. Am 24. April 1572 verkaufte Quirin v. d. Oelsnitz das Erbhauptamt an den Hauptmann von Soldau, Felix Finck v. Finkenstein. Im 7j. Krieg hatte die Bevölkerung große Mengen Getreide, Mehl, Heu und Schlachtvieh zur Verproviantierung der russ. Armee aufzubringen. – Im Januar 1807 lagen in und um G. 6000 Mann unter dem Befehl des Marschalls Ney und plünderten die Stadt aus. Erst 1832 hat sie ihre Kriegsschulden begleichen können. Im 19. Jh. hat G. bei der verkehrsfernen Lage der Stadt (erst 1910 erhielt der Ort Anschluß an das Eisenbahnnetz)ein bescheidenes Dasein geführt. Im Weltkrieg blieb G. zwar von feindlicher Besetzung verschont; von folgenschwerer Bedeutung für die Stadt wurde jedoch die ohne Abstimmung erfolgte Lostrennung des Soldauer Gebietes, wodurch sie ihres südlichen Hinterlandes beraubt wurde. Seitdem ruhten Handel und Wandel. G. machte den Eindruck einer sterbenden Stadt. Die Einwohnerzahl betrug 1925 nur 1514 gegen 900 im Jahre 1782. Das Treuegelöbnis der Bürger von G. war um so ergreifender: Für Dtschl. stimmten 1203, für Polen 40. (V) *Mey*

HMeye, Gesch. der Stadt G. zur Feier des 600j. Jubiläums, 1926 — Ders. in: LV 50, S. 55 f.

Glottau (Głotowo, Kr. Heilsberg). Die Gegend um G. war vor Beginn der dt. Besiedelung ein Mittelpunkt politischen und religiösen Lebens der heidnischen Preußen. Wahrscheinlich befand sich auf dem Hügel über dem Tal des Quehlbaches, der der Alle zufließt, eine Fliehburg und eine Götteropferstätte. Darum hat sich gerade dort schon früh eine christliche Wallfahrtsstätte entwickelt, um die sich eine Hostienlegende bildete. Bereits 1312 wird ein Pfarrer von G. gen.; 1313 erhielt das Dorf die Handfeste. 1343–47 war es Sitz des zwei Jahre zuvor in → Pettelkau gegr. Kollegiatstiftes. Als dies in das nahe → Guttstadt verlegt wurde, blieb die Pfarrei G. weiterhin der Präpositur des Kollegiatkapitels inkorporiert. Bei dem während des 17. Jh. zunehmenden Wallfahrtsbetrieb, vor allem während der Fronleichnamsoktav, reichte die alte Kirche in G. nicht mehr aus. Sie wich 1722–26 einem kunstvolleren Neubau in Backstein mit geschweiftem Giebel und Turm. Baumeister war wahrscheinlich Maurermeister Christo Reimers aus Wormditt. 1825 verstarb als Pfarrer von G. der letzte Stiftspropst des 1811 aufgehobenen Guttstädter Kollegiatkapitels Rochus Krämer, 1878 begann man mit der Anlage eines ausgedehnten Kalvarienberges mit 14 Stationskapellen in dem zur Kirche aufsteigenden Talgrund des Quehlbaches.

(III) *T*

ABirch-Hirschfeld, Gesch. d. Kollegiatstiftes Guttstadt, 1341–1811 (in: LV 11, Bd. 24) — ATriller, Zur Entstehung und Gesch. der ermländischen Wallfahrtsorte (in: LV 11, Bd. 29, S. 314) — LV 164, S. 239

Gohra-Worle (Kr. Neustadt). In dem breiten, von der Rheda durchflossenen Urstromtal hatte einst ein See gelegen, in dem sich am Grunde eine mehrere Meter dicke Schicht aus Seekreide (Wiesenmergel) gebildet hatte; später war in dem verlandenden See eine 1,5–2 m dicke Torfschicht darübergewachsen. Als eine Zementfabrik den Seekalk abbaute, fanden sich in der obersten Schicht der Seekreide Geräte aus Knochen und Hirschgeweih (Harpunenspitzen, Pfriemen, Geweihäxte u. a. m.), die für Funde aus der Mittelsteinzeit (etwa 9.–8. Jt. v. Chr.) kennzeichnend sind. Hier hatten damals steinzeitliche Fischer und Jäger gewohnt. Reste von Holzpfählen gehören zu Häusern einer erheblich jüngeren Ufersiedlung der frühen Eisenzeit (etwa 700–600 v. Chr.). Es handelt sich um eine Siedlung der sog. Gesichtsurnenkultur (→ Friedenau und → Grabau), die man auf der Oberfläche der trocken und fest gewordenen Seekreideschicht errichtet hatte.

(II) *B/Ba*

WLaBaume, KLangenheim, Die Steinzeit im Gebiet der unteren Weichsel (in: Bll. f. dt. Vorgesch., 9/10, 1936) — LV 203, S. 14/15

Goldap (Gołdap, Kr. Goldap). Das Grenzgebiet der Kreise G. und Treuburg südlich der Rominter Heide ist die alte sudauische Teillandschaft Meruniske, deren Name in Mierunsken erhalten blieb. Es ist der Ostabhang der Seesker Höhe, die im Seesker Berg auf 309 m Meereshöhe ansteigt. Zu Füßen des nördlichen stattlichen Ausläufers, dem G.er Berg, liegt die Stadt G. am Goldapfluß, dessen Uferhöhen in dichter Folge von vorgesch. Siedlungs- und Gräberfeldern begleitet sind. 1277 begann der

Landmeister Konrad v. Thierberg die langwierige Eroberung → Sudauens mit diesem volksstarken Gau, der noch 1422 bei der Grenzziehung nach dem Frieden am Meldensee gen. wurde. Seit dem Beginn des 16. Jh. entstanden hier neue Dörfer und Güter. 1551 wohnte ein hzl. Wildschütz, d. i. Förster, im Hof G. Eine Schäferei lag im Dorf Schileiten (Saleiden) benachbart. Der Kammerrat Kaspar v. Nostitz riet 1565 zur Anlage einer Stadt auf diesem Gelände, wo der Goldapfluß aus dem See Romitten, später G.er See gen., austritt. Bis 1570 dauerte die Besiedlung, so daß die Handfeste zu kulmischem Recht erst am 14. Mai 1570 ausgestellt wurde. Die planmäßig angelegte Stadt erhielt einen großen Marktplatz, den Ring, in dessen Mitte das Rathaus sich erhob. Die erste Kirche wurde 1580 auf einer Anhöhe etwas abgesetzt noch in Ordensbauweise begonnen. Die grenznahe Stadt erduldete schwere Schicksalsschläge: 1656 Einäscherung durch die Tataren, zahlreiche Brände, 1709 Verlust fast der halben Bevölkerung durch die Pest. Im 18. Jh. begann unter Friedrich Wilhelm I. neues Leben. Seit 1719 war G. ständig Garnison. Der Zustrom der Einwanderer aus dt. und schweizer Gauen wurde 1732 durch die Salzburger abgeschlossen, von denen 1744 bereits 81 vom Lande in die Stadt gezogen waren. 1757 zählte man 2700 Einw., 1933 bereits 9380. Außer anderen Erzeugnissen des Gewerbefleißes schätzte man im 18. Jh. weithin die Brezeln aus G. An der allgemeinen Entwicklung Ostpreußens im 19. Jh. nahm G. in ruhigem Wachstum teil. Während des ersten Weltkrieges war G. vom 8. August bis 11. September und vom 5. November 1914 bis 15. Februar 1915 von den Russen besetzt. 14 Kriegerfriedhöfe im Kreis G. zeugen von der Härte der Kämpfe. Der Aufbau danach verschönte die Stadt; doch zerstörte das Ende des zweiten Weltkrieges G. wiederum. Zwar blieb es nicht beim ersten Einbruch der Russen nach dem 18. Oktober 1944, sondern in zweitägigem Häuserkampf eroberten dt. Truppen Anfang November die Stadt zurück und konnten sie bis zum endgültigen Verlust am 21. Januar 1945 halten. (IV) *Gr*

DWSchröder, Chronik der Stadt G. (in: LV 9, 1832) — Der Kreis G. (Wiss. Dienst VII/1957, Herder-Institut Marburg) — HFrederichs in: LV 50, S. 56

Gollub (Golau, poln. Golub, Kr. Briesen). Der bei einem wichtigen Übergang nördlich der Drewenz gelegene Ort wurde 1254 vom Deutschen Ritterorden dem Bf. von Leslau zu kulmischem Recht übergeben, gelangte 1293 durch Tausch wieder in den Besitz des Ordens, der hier eine Befestigung anlegte (1296 erwähnt). Die Erbauung des Ordensschlosses (oberhalb der Stadt auf einer weit vorspringenden Landzunge) wie auch der Stadt wird Landmeister Konrad Sack († 1309 in G.) zugeschrieben. Die kath. Pfarrkirche (St. Catharinae, Baubeginn E. 13. Jh.) steht etwas abseits vom Marktplatz und nimmt mit ihrem Kirchhofe eine Ecke der Stadtmauer ein. Von den Vorlaubenhäusern, die einst den geräumigen Markt umgeben haben, waren E. 19. Jh. noch

Reste erhalten. In der Ordenszeit war G. Mittelpunkt einer Komturei, 1466–1772 einer Starostei, die im 17. Jh. von der Prinzessin Anna v. Schweden, einer Schwester Kg. Sigismunds III. Wasa, verwaltet wurde. Nach den schwed.-poln. Kriegen sank G. zu einem Flecken herab, behielt aber als Durchgangsplatz eine gewisse Bedeutung; 1733 waren Bier- und Branntweinausschank Haupterwerb seiner Bürger. Die Gewerbeförderung der preuß. Kgg. kam auch G. zugute; bis zur völligen Absperrung der russ. Zollgrenze lieferten die Golluber Handwerker einen großen Teil ihrer Erzeugnisse in das angrenzende Kongreßpolen. (II) *B*

BHeym, Gesch. d. Kr. Briesen und seiner Ortschaften, 1902 — LV 119; 163, 8

Grabau (Kr. Preuß. Stargard). Aus einem früheisenzeitl. Steinkistengrab (7. Jh. v. Chr.) stammt eine der schönsten und kulturgesch. interessantesten Gesichtsurnen, die in Größe und Form drei in Kehrwalde gefundenen Urnen äußerst ähnlich ist. Auf der glatten schwarzen Oberfläche des Schulterteiles ist, durch weiße Kalkeinlagen gut sichtbar gemacht, eine bildliche Darstellung eingeritzt: auf einem vierrädrigen Wagen mit zwei Pferden davor steht ein Mann, der die langen Zügel in der Hand hält; neben dem Wagen gehen zwei andere Männer, ein dritter dahinter; an der linken Seite sieht man einen verzierten Schild. Das Gesicht und die sorgfältig modellierten Ohren entsprechen völlig denen auf den Urnen aus Kehrwalde, ebenso auch die Form und Verzierung der Mütze. (II) *B/Ba*
LV 203, S. 84

Graudenz (Grudziądz). Der hart am Ostufer der Weichsel gelegene Ort, 1222 als ehem. Burgplatz erwähnt, wurde um 1234 vom Deutschen Ritterorden wieder befestigt. Um die M. 13. Jh. lag der Baubeginn der Burg in Stein, zwischen 1267 und 1270 tritt der erste urk. beglaubigte Komtur von G. auf. Im Schutze der Burg entstand die Stadt. Bei dem Einfall der Sudauer von 1277 wurden »Stadt und Burg« hart belagert. 1286 ließ der Orden die Stadt auf das Gerücht vom Herannahen der Tataren hin räumen. Der Inhalt der G.er Handfeste von 1292 setzt augenscheinlich eine ältere Handfeste voraus. Die ältesten Bauteile der kath. Pfarrkirche St. Nikolai stammen vom E. 13. Jh. Die wohl schon im 13. Jh. gegründete Heil.-Geist-Kirche wird 1345 erstm. zusammen mit dem Hospital gen. Das 1313 erwähnte, seiner urspr. Bestimmung damals aber nicht mehr entsprechende Kaufhaus ist verm. das alte Rathaus. Von dem Ausbau des städt. Gemeinwesens zeugen Bestimmungen über Kaufhaus, Baderstube, Fleisch-, Tuch- und Krambänke (1313), die städt. Speicher und die Stadtmorgen (1365), der Bau einer Wasserleitung und einer Wasserkunst und die Anlage eines Ratskellers (1380). So hatte sich G. in der Ordenszeit zu einem ansehnlichen Gewerbeplatz, besonders für Tuch- und Getreidehandel, entwickelt, der 1454 in der Reihe der westpreuß. Städte nach → Danzig, → Elbing,

→ Thorn, → Marienburg, → Kulm und → Konitz mit → Neumark und → Preuß. Stargard etwa auf gleicher Höhe stand. Beim Beginn des 13j. Städtekrieges zwangen die Bürger von G. die Ordensbesatzung zur Herausgabe der Burg. Stadt und Burg blieben während des ganzen Krieges im Besitz der Bündischen, obwohl es in der Stadt eine starke Ordenspartei gab. 1466 kam auch G. unter die Schutzherrschaft der Krone Polen. Nach der großen Not des Städtekrieges wird erst von der M. 16. Jh. in G. ein neuer wirtschl. Aufschwung erkennbar. Ihm machten jedoch die Religionskämpfe und die schwed.-poln. Kriege des 17. Jh. zunichte. E. 1655 fielen Stadt und Schloß in die Hände der Schweden, die G. vier Jahre hindurch hielten, bis sie 1659 nach mehrtägiger Belagerung, wobei ein Teil der Stadt in Flammen aufging, zur Übergabe gezwungen wurden. Spuren luth. Glaubens sind in G. bereits in den 20er Jahren des 16. Jh. erkennbar. 1569 wurde die Heil.-Geist-Kirche den Evg. geöffnet; 1572 schien der Katholizismus in G. nahezu erloschen. 1597 verfügte Kg. Sigismund III. die Herausgabe der von den Evg. übernommenen Kirchen mit allem Zubehör an die Katholiken. Den Evg. verblieb danach nur die St. Georgskapelle, bis diese 1618, von der → Weichsel unterspült, vollständig abgerissen werden mußte. Vorübergehend bedienten sie sich noch einmal der leerstehenden Heil.-Geist-Kirche, bis diese 1624 mit dem Hospital den Benediktinerinnen zur Gründung einer Niederlassung übergeben werden mußte. Seit 1622 unterhielten die Thorner Jesuiten in G. eine Station, die 1640 bereits so stark war, daß sie trotz Einspruchs der Stadt eine Residenz zu bilden vermochte. 1648 wurde der Bau der Jesuitenkirche begonnen. Bei diesen Verfolgungen zogen sich die Evg. zunächst auf den 1598 errichteten Löwenspeicher zurück, seit der M. 17. Jh. in die Räume des Rathauses, das ihnen bis zur Erbauung einer eigenen Kirche (1783–85) als Gotteshaus und Schule diente.

1772 fiel G. an das Kgr. Preußen. 1773 hatte es nur 2172 Einw. Zur Belebung der städt. Gewerbe siedelte Friedrich d. Gr. 44 Kolonistenfamilien in G. an. Besonders günstig wirkte sich für das wirtschl. Aufblühen der Stadt der 1776 angeordnete Bau der Festung aus, die sich 1806/07 unter ihrem tapferen Verteidiger General Wilhelm de l'Homme de Courbière gegen die Napoleonischen Heere behauptete. Mit zunehmender Verbesserung des Verkehrsnetzes verlor G. zunächst an Bedeutung als Getreidehandelsplatz, vermochte aber bald den Anschluß an die moderne Industrieentwicklung zu finden, die die Stadt schnell wachsen ließ. 1878 wurde die Eisenbahn Goßlershausen–Graudenz dem Verkehr übergeben. 1879 folgte die Eröffnung der Linie Graudenz-Laskowitz mit der eben fertiggestellten großen Graudenzer Weichselbrücke, der zweitlängsten Eisenbahnbrücke im Deutschen Reiche; 1883 wurde auch die »Weichselstädtebahn« Thorn-Graudenz-Marienburg in Betrieb genommen. 1899 wurde die Graudenzer Handelskammer gegründet. Die von dem Buchhändler Roethe 1826 begründete Zeitung »Der Gesellige« gehörte bis zum E. des ersten Weltkrieges zu den meistverbreiteten Tageszeitungen Ostdeutschlands. An der Wende des 20. Jh. entwickelte sich G. zu einem Mittelpunkt ostdt. Geisteslebens mit zahlreichen Schulen, Stadtarchiv und Stadtmuseum. 1837 hatte es 5918 Einw., 1910: 40 325 (darunter 33 496 Dt., 5034 Polen, 9 Kaschuben), 1943: 55 336. Von G. stammt Joh. Stobaeus (1580–1646), der zu den Begründern des norddt. Choralgesanges gehört. (II) *B*

XFrölich, Gesch. d. Graudenzer Kr., 1884/5 [2] (2 Bde.) — PFischer, G. und Feste Coubière, Graudenz 1914 [3] — HBMeyer, G. Eine Stadtgesch. in Bildern, Danzig 1911 — LV 163, [9]

Gr. Holstein (Stadt Königsberg). Das am r. Ufer der Pregelmündung gelegene Dorf Kasebalg mit dem Langerfeldkrug kaufte Kf. Friedrich III. von der Witwe des kneiphöfschen Bürgermeisters Joh. Schimmelpfennig und baute dort 1697 ein »Friedrichshof« gen. Jagdschloß gleichzeitig mit den Jagdschlössern Friedrichsberg und Friedrichswalde bei Juditten und Metgethen, die bis 1945 als Güter bestanden haben. Den Bauplan für Friedrichshof fertigte Joh. Arnold Nehring nach dem Vorbild des Schlosses Niederschönhausen bei Berlin. Friedrich Wilhelm I. schenkte das Schloß 1719 dem Prinzen Friedrich Wilhelm v. Holstein-Beck, der es in Form eines H ausbaute. Nach ihm wurde es Holstein benannt. Seit 1787 hatte es wechselnde Besitzer. 1927/28 wurden Gr. H. und Friedrichswalde in Königsberg eingemeindet. (III) *G*

Groß Jägersdorf (Kr. Insterburg). Im 7j. Krieg übergab Friedrich II. die Verteidigung Ostpreußens dem bewährten Feldmarschall Joh. v. Lehwaldt. Dieser griff das unter Graf Apraxin eingedrungene, an Zahl weit überlegene russ. Heer am 30. August 1757 bei Gr. J. an. Die Preußen erzielten zwar Anfangserfolge, doch ging die Schlacht bei hohen blutigen Verlusten verloren. Von der Heftigkeit des Kampfes zeugten bis in die Gegenwart Funde von Waffen und Kanonenkugeln im Ackerboden. Apraxin folgte überraschenderweise dem Gegner nicht, sondern zog sich wegen des schlechten Zustandes seiner Streitmacht über Insterburg und Tilsit' nach der Grenze zurück. Lehwaldt folgte und blieb dem Gegner, der in und nach der Schlacht fast die Hälfte seines Bestandes verloren hatte, auf den Fersen. Erst als Friedrich das ostpreuß. Korps nach dem W abberufen hatte, konnten die Russen unter Fermor im Januar 1758 kampflos Ostpreußen besetzen. (IV) *Gr*

JOlmes, Die Schlacht bei Gr. J. (in: „Die Heimat", Krefeld 1957, S. 106)

Groß Waldeck (Kr. Preuß Eylau). G. gehört zu den ältesten Orten Natangens; es war schon im 1. Jh. n. Chr. besiedelt. Die preuß. Orte Dripsitten und Patollen lagen in der Feldmark G. Mehrere Chronisten berichten von einer heiligen Eiche und preuß. Götterbildern in Patollen, vielleicht dem Romowe Natangens. Der Besitzer des Guts, Peter Nagel, gründete dort 1400 ein Kl. der Augustiner-Eremiten, das später den Namen »Zur hl. Dreifaltigkeit« annahm. Die Mönche hatten die Seelsorge in den Kirchen zu Abschwangen und Almenhausen. 1414 töteten die Polen den Prior und zerschlugen den Hochaltar in der Kirche. In der 2. H. 15. Jh., bes. nach dem 13j. Kriege, wurde das verarmte Kl. reich beschenkt. Die Mönche terminierten im Samland und auf der Fr. Nehrung, besaßen das Fischereirecht im Munkensee, das Braurecht und hielten jährlich zu Trinitatis einen Jahrmarkt ab. 1524 wurde das Kl. infolge der Ref. aufgehoben. Hz. Albrecht verlieh es mit seinen Gütern an Heinrich v. Kittlitz; G. W. – jetzt erst bürgerte sich dieser Name ein – blieb bis 1779 in dieser Fam. Die Grundmauern des Kl. sind im Gutspark festgestellt worden. Lange erinnerten der Klosterkrug und die Klostermühle an den gesch. Ort. 1945 war das Gutshaus ein russ. Offizierskasino, danach ein Gefangenenlager. G. liegt im sowjetisch besetzten Teil Ostpreußens. (III) *Gu*

HEysenblätter, Die Klöster der Augustiner-Eremiten im Nordosten Deutschlands (in: LV 10, Bd. 35, 1898) — EJGuttzeit, Das Kloster Patollen (in: LV 145, 1963, S. 195)

Groß Wohnsdorf (Kr. Bartenstein). Das preuß. Ländchen W. lag beiderseits des Unterlaufs der Alle im NO Natangens an den Grenzen Bartens und Nadrauens. Auf dem r. Alleufer stand auf dem Schloßberg die Feste Capostete; 1255 wurde sie von dem Königsberger Komtur zerstört. An ihrer Stelle errichtete der Orden ein Wildhaus, das 1319 und 1347 von den Litauern zerstört, aber E. 14. Jh. aufgebaut wurde. Dieser Zeit gehört auch der im Park stehende dreigeschossige Torturm in seinen Grundformen an. Ein Kammeramt W. ist seit 1348 bekannt und unterstand dem Pfleger in Insterburg; es hatte um 1420 65 Hufen, 90 preuß. Freie und 8 kölm. Güter. – Vor dem Ordenshaus entstand eine Lischke mit mehreren Krügen. Nach dem 13j. Kriege mußte der Orden wegen Soldforderungen Schloß und Hof W. nebst der Kirche Auglitten an Hans v. Weyer abtreten. 1922/23 wurde bei G. W. die Talsperre erbaut, um das Kraftwerk bei Friedland zu entlasten. (III) *Gu*

CvLorck, Ostpr. Gutshäuser, 1953 — LV 47

Großendorf (Kr. Putzig). Die »Gesichtsurnen-Kultur« der frühen Eisenzeit in Pommerellen ist in G. und in der Nachbargemarkung Schwarzau durch ein großes Gräberfeld vertreten, das überwiegend der Frühstufe dieser Kultur angehört. Danach ist diese Anfangsstufe als »Großendorfer Kultur« benannt worden.
LV 203, S. 22 (II) *B/Ba*

Grotken (Kr. Neidenburg). Ein hier ausgegrabener Friedhof mit Brandgräbern der vorröm. Zeit (aus dem letzten Jh. v. Chr.) ist kennzeichnend für die Soldau-Neidenburger Gruppe der ostgerm.

Kultur. Ein sehr ähnliches Gräberfeld liegt bei Taubendorf (Kr. Neidenburg). Manche dieser Gräber zeigen an der Erdoberfläche kreisförmige Steinsetzungen, die sonst in Ost- und Westpreußen nur selten noch gefunden werden, weil man die Steine zum Haus- und Wegebau verwendet hat. (V) *Ba*

DBohnsack, Die Germanen im Kr. Neidenburg (in: LV 210, Bd. 3, 3, 1938)

Grunenberg (Gronkowo, Kr. Braunsberg). Am WRand der Feldmark des Dorfes Gr. (n. des Kirchdorfes Schalmey) lag einst unmittelbar an der Passarge, das Flußtal um 40 m überragend, auf einer nach drei Seiten durch tiefe Schluchten gesicherten Anhöhe eine alte Preußenburg. In dieser Gegend verlieh der ermländische Bf. Heinrich Fleming, als er nach der Niederwerfung der heidnischen Preußen die Erschließung seines Herrschaftsbereiches in Angriff nahm, im Juli 1289 seinen Brüdern Albert und Johann sowie seinem Schwager Konrad Wendepfaffe das ganze um diesen Schloßberg liegende Land in einer Größe von rd. 100 Hufen und gestattete ihnen auf jener Anhöhe die Anlage einer Burg, die im Jahre 1305 urk. erwähnt wird. Ausgrabungen des J. 1927 haben gezeigt, daß es sich hier um eine typische Abschnittsbefestigung handelt, bei der man durch zwei tief einschneidende Quergräben mit dahinterliegenden Holz-Erde-Wällen die Vorburg wie die Hauptburg gesichert hatte. In der Hauptburg konnte man dicht an der Spitze der Bergzunge, quer von Abhang zu Abhang laufend, das unterkellerte Haupthaus in einer Größe von 13 × 7 m als einen Saalbau mit Mittelstützen feststellen, dessen Wände in Fachwerk aus Holz und Lehm errichtet waren. Diese Burganlage, eine der wenigen nachgeprüften Befestigungen aus der Frühzeit des Ordenslandes, hat nur wenige Jahrzehnte ihrem Zweck gedient und wurde, als schon bald der Massivbau der Befestigungen üblich wurde, als überflüssig aufgegeben. 1330 wird die Burg nicht mehr erwähnt, als der damalige ermländische Bf. dem neubegründeten dt. Dorf Gr. die Handfeste ausstellte. (III) *Sch*

FBuchholz, Burg G. (in: LV 11, Bd. 11, S. 172) — LV 164, S. 189

Grünhof (Kr. Samland). Der Ordenshof zu G. ist als Gestüt berühmt gewesen, wohl schon seit der Zeit um 1322, als die Pferde des Ordens auf dem heiligen Felde im NW des → Samlandes weideten. Die Ämterrechnungen nennen stets zwei Arten, die großen Streitrosse des Ordens und die kleinen Pferdchen der Preußen, die als Arbeitstiere gut verwendbar, anspruchslos und ausdauernd waren. 1422, also in einer Zeit beginnenden Niederganges waren noch 57 große Zuchtstuten, 18 Fohlen, dazu 35 kleine Stuten (Kobeln gen.) mit 11 Fohlen vorhanden; 1447, in einer Zeit vorübergehenden Aufschwungs, wurden nur noch 35 große Stuten, 19 Fohlen und 25 »Pflugkobeln« gezählt. Trotz des allgemeinen Rückschrittes blieb G. ein bedeutendes Kammeramt und besaß seit 1433 und noch 1513 einen Pfleger. Die Kirche stammt aus dem 16. Jh. 1623 heißt G. »kurfürstliches Haus« und wird später ein Jagdschloß des Gr. Kurfürsten. 1700 erfolgte ein Erweiterungsbau unter Leitung des Potsdamer Baumeisters Christian Eltester. Kg. Friedrich Wilhelm III. schenkte die Domäne zusammen mit → Neuhausen 1814 dem Feldmarschall Gf. Bülow v. Dennewitz, der dort in einem schlichten Mausoleum begraben ist. (IV) W

LV 83, S. 53 — LV 162, ₁, S. 109 — LV 164, S. 435

Grünwalde (Kr. Heiligenbeil). Im schluchtenreichen, gewundenen Jarfttal ö. Heiligenbeil liegt der Lateinerberg. Ein hoher, langer Wall zwischen der Jarft und einem in sie mündenden Bach, Schwedenschanze gen., schloß in preuß. Zeit eine der größten Fliehburgen Ostpreuß. ab, die 1664 Plettinenberg hieß. Sie schützte gleichzeitig den unmittelbar vor ihr liegenden »Kirchberg« und den »Kranzberg« in einer fast geschlossenen Jarftschleife. Der Kirchberg war sicherlich ein preuß. Kultort. Aus dem preuß. Plettinenberg ist der Name Lateinerberg geworden. (III) *Gu*

EJGuttzeit, Der Lateinerberg (Plettinenberg) bei Heiligenbeil (in: LV 24, H. 12, 1913)

Grünwalde (Zielenica, Kr. Preuß. Eylau). Das bei Landsberg gelegene Dorf G. ist durch den »Messerschlucker« bekanntgeworden. Der Bauer Andreas Grünheid verschluckte am 29. Mai 1635 ein 17,5 cm langes und 1,3 cm breites Messer, das ihm der Königsberger Chirurg David Schwabe am 29. Juli durch eine Operation entfernte. Es war die erste operative Öffnung des Magens, so daß sich der Ruhm der Königsberger medizinischen Fakultät überall verbreitete. Fürsten und Bischöfe wollten das Messer sehen, selbst der Polenkönig Wladislaus IV. erbat es sich zur Ansicht. Das Bild des Messerschluckers A. Grünheid und sein Messer waren im Stadtgesch. Museum in Königsberg zu sehen. Über die geglückte Magenoperation erschienen mehrere Schriften, Abhandlungen und Gegenschriften, sogar ein dt. Bänkelsängerlied. (III) *Gu*

OEhrhardt, Ein fliegendes Blatt über die erste operative Eröffnung des Magens (in: LV 10, Bd. 38, 1901) — EJGuttzeit, Der Messerschlucker von Grünwalde (in: Natanger Heimatkal. 1935)

Gumbinnen (Gussew, Kr. Gumbinnen). Am Zusammenfluß von Pissa und Rominte hat der Mensch nach den Bodenfunden schon in der abklingenden Eiszeit – 9000 v. Chr. – als Jäger, und später, wie Gräberfelder und Burgberge erweisen, in bäuerl. Siedlungen gelebt. Vor Ankunft der Ordensritter im 13. Jh. war durch Klimaverschlechterung die altpreuß. Nadrauerbevölkerung erheblich zurückgegangen. Im 14. Jh. bestanden nur einige, durch Leitsleute des Ordens festgelegte Wege nach O. Erst zur Herzogszeit wird 1539 ein Siedlungskern Kulligkehmen erwähnt, von dem sich 1558 Pisserkeim abzweigte, das bald Kirchdorf wurde und seit 1580 G. (d. i. Krummdorf, an der Flußschleife gelegen) heißt. Gegen E. 17. Jh. waren die Bauern in gedrückte Lage abgesunken, so daß Pestseuchen, zuletzt 1709/10, die Gegend weithin verödeten. Unmittelbar danach begann der Aufstieg. Schon 1710 wanderten ref. Schweizer ein, die eigene Prediger und 1739 eine eigene Kirche erhielten. Ihnen folgten 1712 und später Pfälzer, Magdeburger und Nassauer, die den überlebenden Einheimischen bessere Wirtschaftsformen brachten. Als letzte Welle kamen 1732 die protest. Salzburger. Sie wahrten durch das Salzburgerhospital lange ihren Zusammenhalt; ihre Kirche datiert von 1752. Inzwischen hatte 1721 Friedrich Wilhelm I. Anweisung gegeben, G. zur Stadt zu erheben. Der 24. Mai 1724 gilt als Gründungstag der Altstadt G., an die sich 1727 die Neustadt auf der SSeite der durch Dämme eingehegten Rominte anschloß, beide preuß. straff geordnet nach den Plänen von Joachim Ludwig Schultheiss v. Unfried. Ab 1723 legte der Kg. neue Behörden nach G., aus denen am 19. August 1736 die Kriegs- und Domänenkammer hervorging, die ab 1816 Kgl. Preuß. Regierung genannt wurde. Die Einwohnerzahl stieg seit Gründung der Kammer von 2082 im Jahre 1738 auf 21 588 im Jahre 1937 nach den Eingemeindungen. Als bedeutende Präsidenten wirkten Joh. Fr. v. Domhardt ab 1757, der Stadt und Bezirk G. ohne große Verluste über die Russenzeit 1757–62 hinwegbrachte, und Theodor v. Schön 1809–16, der maßgebend die Erhebung gegen Napoleon mit vorbereitete, neuzeitliches Schulwesen förderte und Schöpfer der 1812 gegr. Zeitung »Intelligenzblatt für Litauen« war. Seit 1832 erschien in G. die Zeitschrift »Georgine«, das Organ des 1821 gegr. Landwirtschl. Zentralvereins. Nach dem Anschluß an das Eisenbahnnetz am 4. Juni 1860 entwickelte sich der Behördensitz G. weiter zur Schul- und Garnisonstadt mit den erforderlichen Industriebetrieben. G. galt als »Salzburgerstadt«, weil der Salzburger Menschenschlag Aussehen und Art der Bevölkerung weitgehend bestimmte. – Im Kriege 1914 wurde im Raume G. am 18./19. August die erste größere Schlacht im O geschlagen, die trotz örtlicher Erfolge gegen russ. Übermacht abgebrochen werden mußte. Der ernste Heldenfriedhof bei Mattischkehmen zeugte von den Opfern. Auch im zweiten Weltkrieg war die Umgebung von G. Schauplatz erbitterter Kämpfe, die ihren Brennpunkt vom 21.–23. Oktober 1944 in der Panzerabwehrschlacht s. der Stadt hatten. Der Einbruch der Russen in Ostpreußen wurde dadurch gehemmt, so daß bis Januar 1945 eine Schutzfront gehalten werden konnte. Am 21. Januar ging das erheblich zerstörte G. nach hartem Kampf verloren.

(IV) *Gr*

OGebauer, G.er Heimatbuch, Leer/Ostfr. 1958 — HFrederichs in: LV 50, S. 57

Güttland (Koźliny, Kr. Danzig-Land). Im Zuge des fortschreitenden Ausbaus der Deichanlagen im Stüblauer Werder erhielt G.

1353 eine neue Handfeste und 60 Bruchhufen zugewiesen. Die ältesten Teile seiner Kirche stammen ebenfalls aus dem 14. Jh. Seit dem 15. Jh. gehörte G. zum Territorium der Stadt → Danzig. 1793 hatte G. 59 Hufen und 482 Einw. Am 4. Oktober 1865 wurde hier der Dramatiker Max Halbe geboren. Seine Familie besaß in G. einen stattlichen Werderhof. (II) *B*

MHalbe, Scholle u. Schicksal, Salzburg 1944 — LV 163, ₂, 179

Guttstadt (Dobre Miasto, Kr. Heilsberg). Der Plan zur Gründung der Stadt G. (Guthinstat = Bona Civitas, wahrscheinlich abzuleiten von altpreuß. gudde = Gebüsch) geht bereits auf den ermländischen Bf. Eberhard v. Neiße (1301–26) zurück. 1325 wird die Ansiedlung erstm. erwähnt. Sie liegt höchstwahrscheinlich an der Stelle einer altpreuß. Fliehburg auf einer Insel der Alle im breiten Wiesental zwischen Hügeln und Wäldern. Ihr Lokator und erster Schultheiß war Wilhelm, der Gründer von → Wormditt, wohl ein Verwandter des Bischofs. Die neuen Ansiedler waren vor allem schlesischer Herkunft; ihre Mundart, das sog. »Breslauische«, hat sich bis in die Gegenwart erhalten. Bf. Heinrich II. Wogenap verlieh G. am 26. Dezember 1329 die Handfeste zu kulmischem Recht samt einem Landgebiet von 113 Hufen; davon wurden 29 bald zu dem Stadtdorf Neuendorf ausgetan, das allerdings A. 16. Jh. an die Landesherrschaft zurückgelangte. Die Stadt hatte den üblichen rechteckigen Grundriß. Von der im 14. Jh. erbauten Befestigung sind noch Mauerreste sowie der Storchenturm erhalten, während die alten Stadttore 1858 bis auf das Mühlentor abgerissen wurden. Das von Hakenbuden umgebene, schon 1398 erwähnte Rathaus lag wie üblich in der Mitte des quadratischen, mit Lauben umgebenen Marktplatzes. Es wurde 1731 neu errichtet, fiel aber 1932 einem Brand zum Opfer, nach dem es nicht mehr aufgebaut wurde.

Bedeutungsvoll für G. war es, daß hier das einzige Kollegiatskapitel des Ordenslandes, das »Stift zum Heiligsten Erlöser und allen Heiligen« (1341 in → Pettelkau bei Braunsberg begründet und 1343 zunächst nach → Glottau verlegt) seinen Sitz hatte. Daher war die Pfarrkirche (1357–92 an Stelle eines älteren Holzbaues errichtet) besonders aufwendig erbaut, so daß sie (als »Dom« oder auch als »halber Dom« bezeichnet) alle anderen ermländischen Pfarrkirchen an Größe übertrifft.

Die von 1357–92 an Stelle eines älteren Holzbaues in Backsteingotik chorlose, dreischiffige Hallenkirche bewahrt noch Teile ihrer ma. Ausstattung und das Gestühl für den Chordienst der Kanoniker. An das Kirchenhaus schließt sich südwärts, um einen rechteckigen Hof geordnet, ein dreiflügeliger Backsteinbau an; die W- und SFlügel enthielten die Wohnräume der Stiftsherren, während der OFlügel einst das bischl. Palatium bildete und dem bischl. Burggrafen als dem Leiter des Kammeramtes zur Wohnung diente, bis dieser nach der Verwüstung des Bischofshauses

durch die Schweden 1626 seinen Amts- und Wohnsitz nach → Schmolainen verlegte.
Etwa in der Mitte des Fürstbistums gelegen, war G. früher ein wichtiger Verkehrsknotenpunkt, der zum großen Teil Handel und Verkehr vom s. → Ermland und Polen her bis nach → Elbing vermittelte. Neben Tuchmacherei und Bierbrauerei blühte hier einst auch das Goldschmiedehandwerk. Infolge ihrer zentralen Lage wurde die Stadt fast in alle Kriegswirren hineingezogen. 1414 erlebte sie durch den Einfall des poln. Heeres Plünderung und Verwüstung. Während des 13j. Städtekrieges stand die Stadt auf Seiten des Preuß. Bundes, zerstörte 1455 das Schloß des ordensfreundlichen ermländischen Bf. Franz Kuhschmalz in Schmolainen und beteiligte sich auch an der Zerstörung von Mehlsack. Im Reiterkrieg wurde G. 1520 nach hartnäckiger Verteidigung von dem Söldnerheer des letzten Hochmeisters von Preußen eingenommen und bis 1525 besetzt gehalten. Den anrückenden Truppen Gustav Adolfs öffnete die Stadt 1626 kampflos die Tore und gab der Soldateska das Stiftsgebäude zur Plünderung preis, um diese von sich abzulenken, mußte aber 3 Jahre lang die schwed. Besatzung ertragen. Auch während des Nordischen Krieges und während der Napoleonischen Kriege erlebte G. immer wieder Truppendurchmärsche, Requisitionen und feindliche Besetzungen. Im Jahre 1818 wurde die Stadt dem damals neugebildeten Landkr. Heilsberg zugewiesen. Seit 1884 besteht Eisenbahnverbindung mit Allenstein und Wormditt. Die Einwohnerzahl betrug i. J. 1831 1772, i. J. 1939 fast 6000. G. ist der Geburtsort des Historikers Carl Peter Wölky (1882–91) und des ermländischen Bf. Augustinus Bladau (1862–1930). T

GBeckmann, Gesch. d. Stadt G., 1929 — ABirch-Hirschfeld, Gesch. d. Kollegiatstiftes G. 1341—1811 (in: LV 11, Bd. 24, 1930/31) — LV 50, S. 50 — LV 164, S. 237

Hammersdorf (Młoteczno, Kr. Heiligenbeil). In H. wurde der schönste germ. Goldschmuck Ostpreußens gefunden: ein Goldschatz des 5. Jh. n. Chr., der in der Erde vergraben worden war. Das Hauptstück ist eine 12 cm lange Spangenfibel mit halbkreisförmiger Kopfplatte und drei knopfartigen Ansätzen daran; die Oberfläche der ganzen Spange ist in Filigrantechnik reich verziert und mit Almandingranaten besetzt. Zugehörig ist ein Goldmedaillon mit Bildnis des ostrom. Ks. Constantius II., ferner eine zierliche Goldkette aus achtförmigen Gliedern sowie zwei goldene Anhänger in Eimerform. Provinzialröm. Herkunft sind zwei Bruchstücke eines Silbertellers mit Figurenfries. Der Schatz von H. stammt aus einer ostgot. Goldschmiedewerkstatt in Südrußland, von wo er mit dem sog. »gotischen Kulturstrom« nach Ostgermanien gelangte.

Über die Gründung des ma. H. ist nichts bekannt. 1348 fiel es an Otto v. Russen auf Rossen und blieb Jhh. mit Rossen verbunden. Nach dem 13j. Kriege setzte Mattis Rabe seine Ansprüche auf

Rossen und H. durch; seine Fam. blieb bis A. 17. Jh. im Besitz
der beiden Güter. Noch im 18. Jh. saßen in H. adlige Freie, bis
sie vom Gut Rossen nacheinander aufgekauft wurden. Bei H.
und seinem Vorwerk Einsiedel fand 1807 ein Gefecht zwischen
Preußen und Franzosen statt. (III) *Gu*
LV 202, Abb. 157, 218, 250, 251 — EJGuttzeit, Die Goldfibel von H. (in: Der
redliche Ostpr., 1958) — LV 203, S. 150 f. mit Abb.

Hammerstein (Czarne, Kr. Schlochau). Die Stadt liegt in sandiger,
waldreicher Umgebung an der Zahne, einem Zufluß der Küddow,
wo alte Straßen in Richtung Neustettin und Bublitz bzw. Kolberg
den Fluß überschreiten. Hierher wurde noch in den 80er
Jahren des 14. Jh. der Ordenshof von Falkenwalde verlegt und
der Übergang durch ein sog. Wildhaus gesichert. 1388 und 1389
haben in H. bereits Verhandlungen zwischen dem Deutschen
Ritterorden und den Hzz. v. Pommern stattgefunden. Für die »zu
besetzende Stadt« wurde am 19. Juni 1395 durch Hochmeister
Konrad v. Jungingen eine Handfeste ausgestellt. Das bei der
Stadt gelegene alte Ordensschloß war noch 1664 mit einer altertümlichen
Mauer aus Steinen und Ziegeln versehen; davon sind
heute nur noch wenige Mauerreste an der Zahne zu finden. An
seiner Stelle wurde 1850 das Schloß der adligen Herrschaft H.
errichtet, die zuletzt ein Besitz der Fam. v. Livonius war. Die
kath. Kirche wurde 1645 von der evg. Bürgerschaft verwüstet
und mußte danach auf Befehl der Regierung wiederhergestellt
werden; 1653 und 1755 wurde sie durch Brände vernichtet, 1757
wiederaufgebaut. 1676 wurde die evg. Kirche errichtet; sie
mußte 1716, 1755 und zuletzt 1819 neu erbaut werden. Um 1570
zinsten von H. 42 Häuser am Markt, 36 in den Straßen, drei
Schuhmacher, zwei Schneider, sieben Tuchmacher, zwei Schmiede,
ein Tischler, vier Mühlen, darunter eine Schneidemühle. 1754
werden 54 Tuchmacher gen., um 1850 etwa 200 Schuhmacher.
So hatten sich Tuch- und Schuhmacherei zu den wichtigsten Gewerken
der Stadt entwickelt, bis ihnen auch hier im 19. Jh. die
Industrie den Boden entzog. 1878 erhielt H. Eisenbahnanschluß.
Neuen Auftrieb erhielt das wirtschl. Leben der Stadt mit Anlage
des Truppenübungsplatzes; nun wandelte die Stadt ihr Gesicht.
1939 hatte H. 4363 Einw., die meist evg. waren. (I) *B*
ABlanke, Aus vergangenen Tagen d. Kr. Schlochau. Gesch. der Ortschaften,
1936 — HAdam, Kirchengesch. d. evg. Gemeinden H. und Wehnersdorf,
Braunschweig 1937 — LV 50, 110, 163, 4, 179

Hansdorf (Ławice, Kr. Rosenberg). Der Ort bildete noch 1864
mit dem benachbarten Raudnitz einen Gutsbezirk und zählte
234 Einw., 1871 war H. eine Landgemeinde mit 57 Haushaltungen
und 276 Einw. Hier wurde am 15. März 1854 als Lehrerssohn
Emil v. Behring, der Hygieniker und Nobelpreisträger der
Medizin (von 1901), geboren. Bei der Abstimmung von 1920 entfielen
in H. alle (107) abgegebenen Stimmen auf Deutschland.
HZeiß, RBieling, Behring, Gestalt und Werk, Berlin 1940 (II) *B*

Heiligelinde (Święta Lipka, Kr. Rastenburg). Obwohl auf dem Boden des Hzt. Preußen gelegen und zum Kr. Rastenburg gehörig, ist H. wegen seiner Gesch. immer zum → Ermland gerechnet worden. — Es ist anzunehmen, daß sich an der Stelle der chr. Wallfahrtsstätte H. schon ein älteres, preuß. Baumheiligtum befand. Es gab deren noch mehr, wo man bis in die Neuzeit die »Unterirdischen« verehrte. Wahrscheinlich enthält die Entstehungslegende von der Befreiung der beim Litauereinfall 1311 verschleppten und an diesem Ort befreiten Christen einen hist. Kern. 1482 wird eine Wallfahrtskapelle H. mit einem Marienbild auf einem Lindenstumpf zum ersten Male erwähnt, doch geht die Kapelle sicher schon in die 1. H. 14. Jh. zurück. Sie lag wie die ihr später folgenden Neubauten in einem Talgrund zwischen Deinowo- und Wirbel-See am Schnittpunkt der Landschaften Ermland, Barten und Masuren. Auch nach Zerstörung der kleinen Kapelle im Verlaufe der Ref. 1524 hörten trotz aller Verbote seitens der hzl. Behörden die Wallfahrten hierhin nicht auf. Daher gelang es schließlich dem Sekretär des poln. Kg. Sigismund III., Stephan Sadorski, 1617 das Gut Linde käuflich zu erwerben und eine neue Wallfahrtskapelle auf den alten Fundamenten in Form eines einfachen, rechteckigen Saales mit geschwungenen Giebeln zu errichten. 1636 übertrug der Stifter das Eigentumsrecht an Land und Gebäuden dem ermländischen Domkapitel, die Seelsorge und das Nutznießungsrecht an den zur Kirche gehörigen Gütern den Rößeler Jesuiten.
Bei den zunehmenden Wallfahrten, deren Teilnehmer aus dem gesamten Altpreußen und weither aus Polen und Litauen zusammenströmten, mußte man schon nach einigen Jahrzehnten an einen umfangreicheren Neubau der Kirche von H. denken. So entstand nach und nach 1687—1730 das noch heute erhaltene Gotteshaus mit seinen Anbauten, das wegen seiner baulichen Gestaltung und ausgezeichneten Lage am See vor dem bewaldeten Hintergrund die großartigste Wallfahrtskirche Altpreußens ist. Baumeister Ertly aus Wilna erbaute die Kirche in italisierendem Barock mit zweitürmiger, reich mit Statuen verzierter Fassade; sie erhielt einen Kapellenumgang und reiche Innenausstattung. Zur Ausgestaltung der Gottesdienste und Feiern gründeten die Jesuiten 1722 in H. eine Musikschule und ein Freilichttheater. Für diese Bursa wurde ein eigenes Gebäude errichtet, wie auch schon von Ertly ein an den SFlügel des Umganges anstoßendes zweigeschossiges Priesterhaus errichtet worden war. Außer der Betreuung der Pilger missionierten die Jesuiten von H. aus die zerstreuten Katholiken im protestantischen Altpreußen. Nach der Aufhebung des Jesuitenordens gelang es dem ermländischen Bf. Josef v. Hohenzollern 1812 zu verhindern, daß die Wallfahrtskirche in die Hand des Staates überging. Sie wurde Pfarrkirche für den Ort H., der sich im Verlauf der Jhh. rings um sie gebildet hatte. Im 19. Jh. nahmen die Wallfahrten einen neuen Aufschwung, wenn sie auch nicht die des 17. und 18. Jh.

erreichten. Für das Ermland wichtig wurden die großen Kriegs- und Diözesanwallfahrten nach H. in den letzten Jahrzehnten, ebenso die Tatsache, daß der Jesuitenorden in Anknüpfung an die alte Tradition seit 1930 die Betreuung der Wallfahrtsstätte wieder übernahm. (III) T

AKolberg, Gesch. der H. (in: LV 11, Bd. 3) — Der Wallfahrtsort H. in der Diözese Ermland, 1934 4 — ATriller, Zur Entstehung und Gesch. der erm- ländischen Wallfahrtsorte (in: LV 11, Bd. 29, S. 314)

Heiligenbeil (Mamonowo, Kr. Heiligenbeil). Die Stadt H. liegt an der Jarft, nicht weit von deren Mündung in die Bahnau, von dem durch den Faulen Teich verbreiterten Jarfttal im S und von dem sumpfigen Mockertal im NW und N umschlossen. In preuß. Zeit bestand hier eine Kultstätte, Swentomest (= Heilige Stätte), die verm. auch als Schutzwehr für den s. davon gelegenen hl. Wald zwischen Jarft, Bahnau und Omaza diente. Nach dem → Christburger Vertrag von 1249 war in diesem Gebiet der Bau einer Kirche vorgesehen. Der ermländische Bf. Anselm soll die hl. Eiche zerstört haben. Als der Orden an der »Heiligen Stätte«, wahrscheinlich 1301, eine dt. Stadt mit kulm. Recht gründete, gab er ihr den Namen Heiligenstadt, der 1330 urk. überliefert ist (Heylgenstat) und als »sancta civitas« im ältesten Stadtsiegel erscheint. Die durch Mauer und Graben umwehrte Stadt hatte bis ins 16. Jh. 88 Hofstätten. Die 1330 erwähnte Pfarrkirche war mit einem ähnlichen Portal wie die in → Balga (1320-30) aus- gestattet; sie lag in der SOEcke der Stadt. Unter dem Einfluß der umwohnenden Preußen wurde 1344 der Name zu Heiligen- bil (bil = Burg). Im 14. Jh. ist das H.er Stadtdorf, 63 Hufen groß, mit einer Kirche gegr. worden. Die Ordensmühle entstand eben- falls im 14. Jh. Hochmeister Winrich v. Kniprode stiftete 1372 das Kl. der Augustiner-Eremiten. Eine 1409 gen. Schule und der 1416 vorhandene St. Georgshof sind ebenfalls im 14. Jh. gegr. worden. H. wurde 1440 Mitglied des Preuß. Bundes und 1455 vom Deut- schen Orden besetzt. 1462 vernichtete Jan Waldstein (Wallen- stein), sonst Schalski gen., das Stadtdorf vollständig; 1463 brannte er die Stadt samt Kirche nieder. 1464 hatte H. eine livländische Besatzung. 1510 wählten Bischöfe und Gebietiger des Ordens in H. Markgraf Albrecht zum Hochmeister. 1519 vernichtete eine Feuersbrunst fast die ganze Stadt und 1520 eroberten sie die Polen, zerstörten das Kl. und das Beginenhaus. 1522 erhielt H. eine Handfeste, die ihre Besitztümer und Rechte festlegte, 1560 wurde sie erneuert. 1563 stiftete Hz. Albrecht das St.-Georgs- Hospital und verlieh ihm die ehemaligen Klosterländereien. 1629 forderte die Pest zahlreiche Opfer, und 1677 brannte fast die ganze Stadt mit Kirche, Schule und Rathaus ab. Im Januar 1679 weilte der Gr. Kurfürst in H. und unternahm von Karben aus den Winterfeldzug über die Eisdecke des Frischen Haffs gegen die Schweden. 1710 forderte die Pest 1147 Bewohner; 1750 waren es bereits wieder 1443.

1736 wurde der Bladiauer Jahrmarkt nach H. verlegt, so daß die Stadt nun drei Jahrmärkte hatte. Die Drechsler in H. stellten u. a. die H.er Spielzeugbüchse her, die bis in die Gegenwart weithin bekannt war. Das H.er Bier hatte vom 15.–19. Jh. einen guten Ruf und Absatz. Auch das H.er Weißbrot war berühmt. 1758/62 hatte die Stadt russ. Besatzung. 1807 vernichtete ein großer Brand 421 Wohn- und Hintergebäude wie zwölf Scheunen, darunter die letzten Laubenhäuser am Markt, die Tore und das Rathaus. Seit 1819 ist H. Kreisstadt des gleichnamigen Kreises. 1821/24 wurde das Rathaus erbaut, 1826 erhielt die Stadt Anschluß an die Berliner Chaussee, 1853 an die Ostbahn. 1891 erbaute die kath. Kirchengemeinde eine eigene Kirche. 1935 wurde das Fischerdorf Rosenberg mit dem Hafen in H. eingemeindet. 1938 wurde der Bahnbau H.–Zinten beendet. Die Einwohnerzahl H. war 1939 auf 12 100 gestiegen. Im Frühjahr 1945 war H. Ausgangsort für Vertriebene und Flüchtlinge und Brückenort dt. Truppen, bis es Ende März in die Hände der Russen fiel. Die Innenstadt wurde fast ganz zerstört; nur einige Außenbezirke blieben zum Teil erhalten. Seit 1945 liegt H. im sowjetischbesetzten Gebiet von Ostpreußen. (III) *Gu*

HEysenblätter, Gesch. d. Stadt H., 1896 — EJGuttzeit, Ein Sühnevergleich a. d. J. 1330 u. d. Gründung d. Stadt H. (in: Natanger Heimatkalender 1933) — Ders., H. und sein Bürgerbuch von 1770–1918 (Einzelschrr. d. Ver. f. Familienforschung in Ost- und Westpr., 1939) — Ders., H. als Soldatenstadt in sechs Jhh., 1936 — HKWinkler, H. in: LV 50, S. 59

Heiligenkreuz (Krasnotorowka, Kr. Samland). Das Land Bethen, ungefähr den beiden Kirchspielen H. und St. Lorenz entsprechend, also das Land hinter der malerischen Steilküste des → Samlandes, war nach der Befriedung des Preußenaufstandes nur dünn bevölkert, weil hier bis 1260 am härtesten gekämpft worden war. So hat der Landmeister Konrad v. Thierberg der Jüng. um 1283 nach der endgültigen Unterwerfung der → Sudauer hier einer Gruppe von 1600 Menschen unter Führung des zum Christentum bekehrten Edlen Kantegerde neue Wohnplätze angewiesen. Zur besseren Pflege des neuen Glaubens trennt Bf. Jakob von Samland 1352 die »Kirche zum hl. Kreuz bei den Sudauern« als besonderes Kirchspiel von dem etwas entlegenen Thierenberg. Vom ältesten Bau war noch 1945 die n. Langhauswand und das w. Chorjoch mit Sterngewölbe erhalten. St. Lorenz wurde erst bei zunehmender Ausbreitung der umgesiedelten Sudauer als eine der jüngsten Kirchengründungen des Ordens i. J. 1450 gestiftet und vom Baumeister Klaus Gall erbaut. Die Sudauer hingen zäh an ihrem alten Brauchtum und bewahrten auch als eng mit der Natur verbundene primitive Menschen den Dämonenglauben ihrer Vorväter. Noch 1551 berichtet der erste evg. Drucker Ostpreußens und Erzpriester in Lyck, Johannes Maletius (Malecki), unter Beifügung einer Zeichnung über die damalige »Bockheiligung«, ein Opfer, mit dem sich die sonst

durchaus frommen Christen den Naturgewalten gegenüber gleichsam rückversichern wollten. Auch die Mundart dieses »Sudauer Winkels« enthält noch Spuren der alten Abstammung. (III) W
MTöppen, Etwas über das Ksp. H. (in: LV 9, 1850) — LV 162, $_1$, S. 59 — KBink, Auf den Spuren der alten Sudauer (Ostpr. Erzieher 1935) — LV 164, S. 432

Heilsberg (Lidzbark). Im altpreuß. Gau Pogesanien liegt an der mittleren Alle unweit der Einmündung der von S herankommenden Simser die Stadt H. An Stelle einer altpreuß. Burg hatte der Deutsche Orden hier bereits 1241 eine Befestigung angelegt, die indessen sehr bald an die heidnischen Preußen verlorenging. Das gleiche Schicksal traf das vom ermländischen Bf. Anselm kurz vor 1260 an der gleichen Stelle errichtete Kastell. Erst E. 13. Jh. konnte man an die Erschließung dieser Gegend gehen. Am 12. August 1308 stellte der ermländische Bf. Eberhard v. Neiße dem Lokator Johannes aus dem Dorf Köln bei Brieg (Schlesien), dem Mann seiner Nichte, für die Stadt H. die Handfeste zu kulmischem Recht mit einem Grundbesitz von 140 Hufen aus. Die Neubürger kamen vor allem aus Schlesien, und ihre Mundart, das sog. Breslauische, hat sich bis in die Gegenwart erhalten. Der Name H. ist wahrscheinlich aus einer ähnlich klingenden altpreuß. Bezeichnung des Ortes von den Neusiedlern umgeformt worden. Einen großen Aufschwung nahm der Ort, als Bf. Joh. v. Meißen 1350 die *Burg* in massiver Form auszubauen begann. Seit dieser Zeit blieb sie (um 1400 vollendet) bis 1795 die Residenz der ermländischen Bischöfe. Hier lebte auch Nikolaus Coppernicus 1504–10 als Leibarzt seines bischl. Oheims Lukas Watzenrode. – Das bischl. Schloß ist nächst der → Marienburg das bedeutendste erhaltene Profanbauwerk des ma. Preußen. Die Hauptburg, ein hochragender quadratischer Backsteinbau hat an der NOEcke einen achteckigen Bergfried, während die anderen drei Ecken durch zierliche quadratische Türmchen belebt sind. Der Innenhof ist mit einem massiven zweigeschossigen Umgang ausgestattet. Im Hauptgeschoß finden sich prächtige Remter und eine geräumige Kapelle (Rokokoausstattung). Im SFlügel führt ein hoher spitzbogiger Eingang ins Innere. Dieser Seite vorgelagert ist die geräumige Vorburg in Hufeisenform; im OFlügel wurde im 17. Jh. das Landvogteigericht eingerichtet, die SOEcke sicherte ein wuchtiger niedriger Geschützturm. Die im 17. und 18. Jh. an der Außenseite der Hauptburg geschaffenen barocken Anbauten sind vor und nach 1800 abgetragen worden.

Zur Burg gehörte auch im SW der Stadt das alte Preußendorf Pilnik, wo man nach 1430 eine bischl. Domäne einrichtete (Neuvorwerk, später Neuhof gen.). Die gewaltige Festungsanlage hat dem Ansturm der Feinde im Hungerkrieg 1414, im Pfaffenkrieg 1478/79, im Reiterkrieg 1520/21 und 1627 den Truppen Gustav Adolfs erfolgreich getrotzt. Im Nordischen Krieg fiel die Burg allerdings in die Hand Karls XII. v. Schweden, der hier im Winter 1703/04 Wohnung nahm und die große Bibliothek sowie zahlreiche Kunstschätze nach Schweden entführen ließ. Nach dem Abgang des letzten souveränen Fürstbischofs Krasicki 1795 stand das Schloß meistens leer; 1836 verlegten die Bischöfe ihre Residenz endgültig nach → Frauenburg. So geriet das Schloß allmählich in Verfall, so daß man 1838 ernstlich an seinen Abbruch dachte, den jedoch Kg. Friedrich Wilhelm IV. glücklicherweise verhinderte. 1859 wurde vom damaligen Bf. in der Hauptburg ein Waisenhaus untergebracht, das erst 1932 in ein eigenes Gebäude (St.-Josephi-Stift) außerhalb der Stadt übersiedeln konnte. Inzwischen kamen seit 1927, gefördert durch einen eigens geschaffenen Schloßbauverein, umfassende Renovierungsarbeiten in Gang. Im Dachgeschoß fand das ermländische Heimatmuseum mit seinen reichen Sammlungen eine Unterkunft. – In der Stadt H. wurden seit dem 2. Drittel 14. Jh. die öffentl. Gebäude massiv ausgebaut. Von der Stadtbefestigung (1357 vollendet) sind nur noch kleine Reste der Stadtmauer und von den drei Toren nur das äußere *Hohe Tor* (von zwei mächtigen Rundtürmen flankiert wie beim Krantor in Danzig) erhalten geblieben. Das in der Mitte des Marktplatzes errichtete Rathaus, ein got. Backsteinbau, der stark dem → Wormditter Rathaus ähnelte, ist 1865 abgebrannt und nicht wieder aufgebaut worden. Der Marktplatz war bis zuletzt auf drei Seiten mit Laubenhäusern umgeben. An das Gefecht bei H. am 10. Juni 1807 gegen Napoleon erinnert das Denkmal auf dem Markt.

Im S der Stadt liegt unweit der Alle die Pfarrkirche zu St. Peter und Paul als chorlose, dreischiffige Basilika mit einem mächtigen Turm vor der WFront in Backsteingotik (gegen 1400 vollendet, aber nach dem Stadtbrande von 1497 zur Hallenkirche umgestaltet). Im Frühjahr 1698 brannte der Turm bei einem Gewitter aus und erhielt dann die sog. welsche Haube mit drei sich verjüngenden Laternen; der ö. Choranbau stammt erst von 1891 bis 1893. Der Kirchhof erhielt auf der Stadtseite 1770 einen einfach gegliederten Torbau, der die Totenglocke aufnahm. S. des Kirchhofes liegt die sog. Röhrenbrücke, auf der die in hölzernen Röhren verlegte Wasserleitung seit ungefähr 1350–1904 das Trinkwasser von dem benachbarten Eckertsberg über die Alle in die Stadt leitete. Vor dem Hohen Tor hat die evg. Pfarrkirche ihren Platz gefunden, ein bretterverschalter Fachwerkbau mit zweitürmiger WFassade nach Plänen K. Fr. Schinkels 1821–23 erbaut). – 1818 wurde H. Sitz eines Landkreises; doch wurde das Landratsamt, als → Guttstadt schon 1884 Eisenbahnverbindung erhielt, dorthin verlegt, kehrte aber 1899 nach H. zurück, das nun durch die Bahnlinie Zinten-Rothfließ an das Eisenbahnnetz angeschlossen wurde. Nach 1900 kamen noch die Bahnlinien nach Wormditt, nach Bischdorf und nach Bartenstein hinzu, so daß H. schließlich zu einem nicht unbedeutenden Eisenbahnknotenpunkt wurde. Nach 1935 wurde H., wie schon einmal früher, Garnisonstadt. Infolge der zentralen Lage der Stadt inmitten der Provinz Ostpreußen legte man um 1930 am n. Stadtrand den großen Sendeturm des Ostpreuß. Rundfunks an. All das hatte eine erhebliche Vergrößerung der Einwohnerzahl zur Folge; während sie anfangs ziemlich konstant blieb (3126 i. J. 1772 gegen 3520 i. J. 1822), erreichte sie 1922 bereits 6850 und stieg 1939 auf 11 787 an. (III) *Sch*

GWolf, Führer durch die Stadt H., 1928 — LV 164, S. 205 — LV 172, Bd. 14, S. 134 — AHeintz in: LV 50, S. 61

Heinrikau (Henrykowo, Kr. Braunsberg). Nachdem das ermländische Domkapitel durch Schiedsspruch vom 2. September 1288 den Gau Wewa als landesherrlichen Besitz zugewiesen erhalten hatte, begann es sofort mit der Erschließung des Gebietes. Man schritt von N nach S vor und erreichte bald den Gau Pogesanien. An der Grenze der beiden Gaue sollte ein großes Dorf angelegt und mit Schlesiern besetzt werden, denn seitdem Eberhard v. Neiße 1301 den bischl. Stuhl des → Ermlandes innehatte, wurden seine Landsleute in größerer Zahl herangezogen. Heinrich v. Labenyk war der Lokator, nach ihm oder nach der schlesischen Ortschaft Heinrichau wurde das Dorf H. gen. Wegen mancherlei Mißgeschick – vielleicht gelang es ihm nicht, genug Siedler für ein so großes Dorf herbeizuholen – verkaufte Heinrich das Schulzenamt mit allen seinen Rechten an einen Gerhard, dem das Domkapitel am 28. Oktober 1326 eine neue Handfeste ausstellte.

Die Pfarrkirche St. Katharina, dotiert mit sechs Hufen, ist ein chorloser Backsteinbau; sie wurde nach einem Brand von 1414 erneuert und 1501 geweiht. (III) *P*

APoschmann, Aus der Gesch. d. Kirchspiels H., Braunsberg 1926 — LV 164, S. 181 — LV 172, Bd. 13, S. 893

Hela (Hel, Kr. Putzig). Das auf der gleichnamigen Halbinsel gelegene Städtchen wird in seiner Handfeste von 1378 »stat zu Heyle« gen. Diese Handfeste und die darin erwähnte Verleihung lübischen Rechts bestätigt jedoch einen schon länger bestehenden Zustand. Der einst sehr ergiebige Heringsfang an der preuß. Küste macht die Niederlassung von Fischern und Kaufleuten hier schon für das 12. und 13. Jh. wahrscheinlich. Vermutlich ist die Stadt Alt-Hela als Kaufmannssiedlung mit lübischem Recht schon im 13. Jh. entstanden. Alt-Hela lag auf der Innenseite der Halbinsel ungefähr auf halbem Wege zwischen dem heutigen H. und Heisternest an einem vorspringenden Haken, wo das Seeufer zur Tiefe abfällt und so einen günstigen Anlegeplatz bietet. Nach dem Ausbleiben der Heringsfänge sahen sich die Fischer genötigt, »auf den Vorstrand« zu ziehen, um vor den Toren der Handelsstadt an der heutigen Stelle die Fischersiedlung Neu-Hela zu gründen. 1572 wurde Alt-Hela durch Feuer zerstört. Seine Kirche zu »Unsèr lieben Frauen« stand 1702 mit teilweise eingestürzten Pfeilern und Wänden auf freiem Felde. Die Geltung lübischem Rechts wurde 1454 auch auf Neu-Hela übertragen. Die Kirche zu Neu-Hela geht in ihrem ältesten Teil vermutlich in das 14. Jh. züruck. Seit 1454 gehörte H. zum Gebiet der Stadt → Danzig. 1857 hörten die Rechte Danzigs über H. auf; 1872 hörte H. auf, Stadt zu sein. – Als die H.er Kaufleute nach 1466 versuchten, sich auf Überseehandel umzustellen, trat Danzig hindernd dazwischen und verbot schließlich derartige Geschäfte. Nachdem Danzig Schutz und Versorgung von H. übernommen hatte, durfte H. nur noch Güter für den Hausbedarf einführen. Zwar erwähnt eine Zinsliste von 1526 neben 266 Fischern noch zahlreiche Handwerker, Höker und Krämer in H., doch seine Blüte als Handelsplatz war dahin. – Seit der Erbauung des H.er Hafens (1894) entwickelte sich die Hochseefischerei. 1896 wurde das Ostseebad H. eröffnet. Nach dem 1937 in Polen H. zum Festungsbereich erklärt hatte, mußten die überwiegend dt. Fischer H. verlassen. Ein Teil wurde bei Danzig angesiedelt. Im Oktober 1939 kamen die meisten ausgesiedelten Fischer wieder nach H. zurück. 1943 hatte H. 995 Einw. (II) *B*

SRühle, Die Stadt H. im Mittelalter (in: LV 14, Bd. 69, 1929)

Heydekrug (Šilute, Kr. Heydekrug). Der Krug auf der Heide, am 23. Februar 1511 durch den Deutschordenskomtur von Memel verliehen, während ringsum die »Wildnis« noch unbesiedelt war, erlangte bald als Marktflecken Bedeutung; denn es gab auf der langen Strecke zwischen → Tilsit und → Ragnit (ca. 90 km) keine Stadt. Die Kirche (16. Jh.) lag im benachbarten Werden. Die Verwaltungsreform unter Friedrich Wilhelm I. machte H. zum Sitz eines Domänenamtes. Der Plan, H. um 1725 zur Stadt zu erheben (wie Darkehmen, Ragnit, Pillkallen, Schirwindt, Gumbinnen, Stallupönen) wurde nicht ausgeführt. Seit 1815 war H. Sitz eines Landratsamtes und wirtschl. Mittelpunkt des Kreises H. Erst 1913 erhielt es eine evg. Kirche; eine kath. Kirche bestand bereits seit 1850. Mit dem → Memelland wurde H. durch den Vertrag von Versailles abgetreten, behielt jedoch auch unter lit. Herrschaft seinen dt. Charakter. Erst nach der Wiedervereinigung mit Dtschl. (1939) wurde H. 1941 eine von dessen jüngsten Städten. 1945 wurde es der Sowjetrepublik Litauen zugeteilt. H. hat nach den spärlichen Nachrichten, die vorliegen, außer zahlreichen fremden Einwanderern noch einen Rest von dt. Bewohnern. In der Nähe von H. (in Matzicken) wurde der Schriftsteller Hermann Sudermann geboren (1857; † 1928 in Berlin). Sein Roman »Frau Sorge« spielt in und um H. Auch einzelne seiner Erzählungen (»Litauische Geschichten«, darunter »Die Reise nach Tilsit«) haben die Landschaft der unteren Memel zum Schauplatz. 1925 besaß H. 4836 Einwohner. (IV) *F*

JSembritzki u. ABittens, Gesch. d. Kr. H., 1920 — HKirrinis, H. die jüngste Stadt Ostpreußens (Zs. f. Erdkunde X, 1942, S. 398)

Hohendorf (Wysoka, Kr. Preuß. Holland). Am 12. Mai 1244 übertrug der Ordenslandmeister Heinrich v. Wida einen am → Drausensee gelegenen, bereits vorher von einem Gebhard besiedelten Hof, zu dem auch ein preuß. Dorf gehörte, dem Dietrich v. Brandeisz. In einem späteren Aussetzungsprivileg von 1321, das auch den Bau einer Wassermühle vorsieht, erscheint für diese Örtlichkeit der Name »Hoendorf«. Die »Grundmühle« H. wurde noch bis 1945 genutzt. – 1843 wurde Alexander v. Below Eigentümer des Gutes. Er war einer der führenden Köpfe der preuß. Konservativen und mit Bismarck befreundet. Als Bismarck 1859 zum preuß. Gesandten in Petersburg ernannt wurde, erkrankte er auf der Reise und blieb A. 1860 längere Zeit in H. Er wurde damals von dem Preuß. Holländer Kreisphysikus Dr. Beeck behandelt.

(III) *He*

GConrad in: LV 18, 1900, S. 104 — RHelwig, Gesch. d. Stadt Pr. Holland, 1960, S. 283

Hohenstein (Olsztynek, Kr. Osterode). H., an dem aus dem Mispelsee kommenden Amlingflüßchen gelegen, erhielt seinen Namen nach dem Erbauer der Burg Günther v. H., der 1349–70 das Komturamt von Osterode verwaltete. 1351 wird die Feste urk. zum ersten Male erwähnt. 1359 verlieh Hochmeister Winrich v. Kniprode der an der Burg gelegenen Siedlung mit dem Stadtrecht 30 abgabenfreie Hufen und die Fischerei in dem Mispel- und Plautziger See. Die Stadt war Mittelpunkt eines Kammeramtes. Während der ersten Zeit seines Bestehens erfreute sich H. des Friedens. Daher erlebten Handel und Gewerbe (vor allem das Tuchmachergewerbe) eine günstige Entwicklung. Als es zwischen dem Orden und Polen zu Kämpfen kam, wurde H. wiederholt von feindlichen Angriffen heimgesucht. 1414 wurde die Stadt von Jagiello und Witold erobert und völlig zerstört. Dank der Unterstützung des Komturs Wolf v. Saunsheim konnten die Bürger ihre Stadt aber bald wiederaufbauen. Neues Unglück brachte der 13j. Krieg. H., das sich 1440 dem Preuß. Bunde angeschlossen hatte, trat bereits ein Jahr später wieder auf die Seite des alten Landesherrn. Es dauerte lange, bis sich die Stadt nach dem Friedensschluß wirtschl. erholte. Während des »Reiterkrieges« 1520/21 wurde H. von den Polen erobert und blieb bis 1525 in ihrer Hand. Nach der Säkularisation des Ordensstaates wurde es Hauptamt. Der erste Amtshauptmann war Friedrich von der Oelsnitz, dem Hz. Albrecht auch das Hauptamt verpfändete. Ihm folgten als Amtshauptleute Dietrich und Wolf v. Wernsdorf. Die Ref. in Stadt und Amt führte Erzpriester Matthias Bienwald, einer der bedeutendsten Geistlichen Preußens, durch. – 1610 wurde H. mit dem Hauptamte Osterode unter einem Schloßhauptmann vereinigt. In der 2. H. 17. Jh. waren der kfl. Rat Joh. Frh. v. Hoverbeck und nach ihm seine Söhne Dietrich und Ludwig Pfandinhaber des Amtes. 1704 hörte die Pfandschaft auf, und das Kammeramt H. wurde wieder mit dem Hauptamte Osterode vereinigt. Friedrich von der Gröben verwaltete A. 18. Jh. beide Ämter. – Wie die anderen masurischen Städte blieb auch H. von den Kriegsnöten 1806/07 nicht verschont. Einquartierungen und Kriegskontributionen belasteten die Stadt schwer, die ihre Kriegsschuld erst 1832 abzutragen vermochte. Bei der neuen Kreiseinteilung 1818 wurde H. dem Kr. Osterode zugeschlagen. Während des 19. Jh. blieb H. eine bescheidene Ackerbürgerstadt. In der → Tannenbergschlacht stand H. 3 Tage (27.–29. August 1914) im Brennpunkt des Kampfes. 189 Gebäude und das Rathaus sanken in Schutt und Asche. Dank der Unterstützung der Patenstadt Leipzig wurde der Wiederaufbau noch während des Krieges in Angriff genommen und 1923 mit dem Bau des Rathauses abgeschlossen. 1925 hatte die Stadt bereits wieder 2784 Einw., gegen 1100 i. J. 1782. Die Abstimmung am 11. Juli 1920 brachte ein überwältigendes Bekenntnis der Bevölkerung zu Deutschland. Nur zwei Personen stimmten für den Anschluß an Polen.

HFrederichs in: LV 50, S. 64 (V) *Mey*

Ibenhorst, Oberförsterei (Kr. Elchniederung; bis 1920 Kr. Heydekrug). I., in einem sumpfigen Gebiet zwischen Russtrom und Kurischem Haff gelegen, war Mittelpunkt eines Elchschutzgebietes. Der Elch (früher Elen, Elent gen.) war um das Jahr 1000 auch in Westdeutschland weit verbreitet. In den folgenden Jhh. ging der Elchbestand zurück, und im 19. Jh. wurde Ostpreußen seine einzige Zufluchtstätte in Deutschland. I. J. 1938 gab es dort noch etwa 1100 Elche, davon 30 % in der Memelniederung. Der Abschuß wurde gesetzlich beschränkt (Elchabschußerlaß von 1905). Eine Kabinettsorder vom 26. September 1906 bestimmte die Forstämter I., Nemonien und Tawellningken als Elchgehege. Etwas s. von I., schon in der Oberförsterei Tawellningken (Tawellenbruch) lag das ehem. ksl. Jagdschlößchen Pait. (IV) *F*

FMager Wildbahn u. Jagd Altpr. im Wandel d. Jhh., 1941

Insterburg (Tschernjachowsk, Stadtkreis). Wo die dem Pregeltal folgende Heerstraße sich am Zusammenfluß von Inster und Angerapp gabelt, liegt altbesiedeltes Land, wie Gräberfelder und Funde aller Vorgeschichtsstufen bezeugen. Als der Ritterorden 1275/76 → Nadrauen eroberte, fand er zuerst in der Preußenburg Nettienen (Lethowis) einen Rückhalt, verlegte jedoch bald seinen Sitz auf die gegenüberliegende SSeite des Pregels. Obwohl schon 1311 das Fähnlein eines Pflegers von I. gen. wird, begann der Bau der I. erst 1336 unter Dietrich v. Altenburg. Der urspr. Plan einer Komturburg als Verwaltungs- und Siedlungsmittelpunkt mußte fallen gelassen werden, weil die I. in die auflebenden Litauerkämpfe geriet. Die wachsende Pflegerburg wurde mehrfach überfallen, 1376 verbrannt, aber verstärkt erneuert, da sie ein wichtiger Ausgangspunkt für die Litauerreisen des Ordens war. Vor 1370 gründete der Ordensmarschall Henning Schindekop den Krug an der Angerappbrücke, die Pangerwitz. Mit dem kriegerischen Pfleger Wigand v. Baldersheim zogen fast alljährlich dt., franz. und engl. Ritter und Grafen von I. aus nach O, unter ihnen Heinrich v. Derby, der spätere engl. König Heinrich IV. In dieser gefährdeten Zeit saßen erst »wenige Leute vorm Huse«. Nach der Schlacht bei → Tannenberg (1410) sank im 15. Jh. der Kampfwert der schlecht ausgerüsteten Burg. Die letzten Pfleger nutzten die riesigen Waldungen durch Holzflößen und Aschebrennen. Nach 1525 gewann die I. erneut an Bedeutung, als Hz. Albrecht dort ein Hauptamt einrichtete. Der erste Amtshauptmann Joh. Pein teilte das weite, bis zur Landesgrenze reichende Amt in 13 Schulzenämter ein. Durch ihn und seine Nachfolger, bzw. deren Burggrafen, wurden von I. aus Hunderte von Landverschreibungen ausgestellt, Dörfer und Kirchen gegr. Aus drei Siedlungskernen, der Freiheit um die Burg, dem Hakelwerk mit den Krügen auf der SSeite des Mühlenteiches und dem Preußendorf Sparge auf dem Hochufer der Angerapp wuchs die Stadt I. nach und nach zusammen. Vor 1537 bestand bereits eine Kirche mit evg. Pfarrer. Hz. Albrecht gewährte auf Betreiben Peins am 12. März 1541 einen »Zulaß zum Stetlein Inster« noch ohne Stadtprivileg. Unter Albrecht Friedrich erfolgte ein erneuter Abschied am 25. Juli 1572 »die Stadtfreiheit betreffend«. Das vollständige Privileg erließ am 10. Oktober 1583 der Markgraf Georg Friedrich. Am 1. August 1600 kam die Vorstadt unter der Gerechtsame des Amtshauptmanns dazu. Die Stadt blühte durch Marktverkehr und Getreidehandel rasch auf, begründete eine gute Lateinschule und erbaute die alte Kirche 1608–10 in Stein neu. Den reichen innern Schmuck stifteten die wohlhabenden Bürger (Taufkapelle von Isaac Arentz, Deckengemälde von Michel Zeigermann). 1643–48 wohnte Kgn. Maria Eleonore, die Witwe Gustav Adolfs v. Schweden, in der dafür etwas umgebauten I., 1678 fielen Burg und Stadt kurze Zeit den Schweden unter General Horn zu. Zwei vernichtende Brände von 1590 und 1690 hemmten die Stadt nur vorübergehend. Im Laufe des 17. Jh. überließen die Amtshauptleute mehr und mehr die Verwaltung ihren Burggrafen oder Hausvögten. Im Zuge der Neuordnung durch Friedrich Wilhelm I. verblieb in der I. nur das Hofgericht, das als Landgericht bis 1945 den Hauptteil der Räume innehatte. Daneben diente das Haupthaus wechselnden Zwecken, als Salzmagazin, Kaserne und zuletzt Heimatmuseum. – Nach den Pestjahren 1709/10 wanderten 1711 ref. Schweizer ein, die ihre Kirche 1735 erhielten. Es folgten Handwerker aller Art, vorwiegend aus der Magdeburger und Halberstädter Gegend. 1723 wurden Neustadt, Freiheit und I. zu einer Stadt vereint, im gleichen Jahre ein Kanal gegraben, der den Schiffahrtsweg von der Angerapp zum Pregel verkürzte. Zunftleben und Handel blieben während der russ. Besetzung 1757–62 ungestört. Das spiegelt sich auch im ständigen Wachstum der Einwohnerzahl, die von 3477 in den Jahren 1753–1937 auf 43 491 (ohne Militär) angewachsen ist. Unter mancherlei Bestrebungen nach den Freiheitskriegen ragt der 1821 gegr. »Landwirtschaftliche Zentralverein I.« hervor, der vielseitig wirkte. Rasches Wachstum begann nach der Eröffnung der Eisenbahn Berlin-Eydtkuhnen am 4. Juni 1860, da I. ein wirtschl. und militärisch wichtiger Bahnknotenpunkt wurde. Im Krieg 1914 hatten die Russen I. vom 24. August bis zum 11. September besetzt, ohne große Schäden zu hinterlassen. Nach dem Kriege bildete sich ein Gürtel von Randsiedlungen, ausgedehnten Kasernenbauten samt großem Flugplatz und vorbildlich in die Landschaft eingefügten Sport- und Turnierplätzen (Georgenhorst). Während des zweiten Weltkrieges erlitt I. am 27. Juli 1944 den ersten schweren Luftangriff. Am 21. Januar 1945 eroberten die Russen die planmäßig von der Bevölkerung verlassene Stadt und machten sie zu einem militärischen Mittelpunkt von ihnen verwalteten Nordostpreußens.

Ännchen (Anke) von → Tharau starb als Pfarrwitwe Beilstein in I. – Wilhelm Jordan wurde in I. am 8. Februar 1819 geboren; er war Mitglied des Parlamentes von 1848 und wurde als Dichter und wandernder Rhapsode (Die Nibelungen) bekannt; am 25. September 1904 starb er in Frankfurt a. M. Ernst Wichert, der am 11. März 1831 in I. geboren wurde, schrieb als Kammergerichtsrat u. a. historische Romane. Seine Lebensbeschreibung (Richter und Dichter) erschien drei Jahre vor seinem Tode am 21. Januar 1902 in Berlin. – Frieda Jung (geb. in Kiaulkehmen [Jungort] am 4. Juni 1865, † in I. am 14. Dezember 1929) war als feinsinnige Heimatdichterin bekannt. (IV) *Gr*

JAKossmann, Hist.-statist. Notizen über die Stadt I., I. 1844 — HToews, Kurze Chron. der Stadt I., I. 1883. — KWiederholt, Gesch. d. Lateinschule zu I. (Progr. Gymnas. I. 1876—78) — GFedtke, Die Lutherkirche, I. 1913 — DrHimmel, Festschr. z. 100-Jahrfeier d. Landw. Zentralvereins I., I. 1921 — LV 16, 26

Jastrow (Jastrowie, Kr. Deutsch Krone). Der Ort liegt im äußersten Nordostzipfel des Kreises, wo die alte Poststraße Berlin–Königsberg von der Straße Flatow–Tempelburg gekreuzt wird. J., 1363 als kgl. Dorf erwähnt, war urspr. eine slawische Kossätensiedlung, die später als sog. »Oekonomie« zur Starostei Schneidemühl-Usch gehörte. Die Ökonomie wurde 1560 in ein deutschrechtliches Bauerndorf umgewandelt; das alte Ökonomiegebäude wurde Rathaus. 1602 erhielt J. magdeburgisches Stadtrecht. Der Stadtgrundriß gleicht einem H mit zwei langen, sich zu Marktplätzen erweiternden Hauptstraßen, die durch eine Straße in der Mitte und zwei Nebenwege verbunden sind. Die dabei entstehenden vier Viertel wurden das Kälber-Ende, Hunde-Ende, Kirchen-Ende, Pepper-Ende (auch Kruden-Ende oder Kroydenviertel) gen. 1772 war J. größer als Schneidemühl und als Deutsch Krone. In J. blühten Tuchmacherei (1789 123 Tuchmacher) und Schuhmacherei, auch Äxte, Sensen u. dgl. wurden hergestellt; bedeutend waren die J.er Pferdemärkte. 1784 und 1786 bewilligte Friedrich d. Gr. Retablissementsgelder zum Aufbau der Häuser und einer Färberei. 1896 waren 123 Schuhmacher mit 500 Gesellen vorhanden. Ein Teil des Handwerks fand auch den Übergang zur Industrie. In neuerer Zeit werden modern eingerichtete Schuhfabriken, Zigarren- und Schnupftabakfabrikation, Holzindustrie und auch etwas Tuchindustrie gen.; im Stadtwald bei Bethkenhammer liegen die Küddow-Werke. – 1846 entstand das Anton von Ostensche Waisenhaus. 1925 hatte J. 4164 Einw. (darunter 2221 Evg., 1672 Kath., 268 Juden), 1939: 5693. (II) B

FWFSchmitt, Gesch. d. Dt. Croner Kr., 1867 — FSchultz, Gesch. d. Kr. Dt. Krone, 1902 — LV 50, 163, 4, 110

Johannisburg (Pisz, Kr. Johannisburg). Das »feste Haus Johanspurgk«, nach Johannes dem Täufer benannt, wurde vom Hochmeister Heinrich Dusemer am Ausfluß des Pissekflusses aus dem Warschausee zur Sicherung des Flußüberganges und als Riegel am s. Einfalltor zur Seenkette der masurischen Senke errichtet. Ob schon seit dieser Zeit hier eine dörfliche Anlage bestand, ist urk. nicht festzustellen. Fest steht, daß der Komtur von Balga, Ulrich Fricke, am 10. November 1367 den aus Jägern, Beutnern und Fischern bestehenden Ansiedlern freie Jagd in den umliegenden Wäldern und freie Fischerei in einigen Seen mit gewissen Einschränkungen zugestand. Die früheste Gesch. der Feste, in der ein Pfleger wohnte, berichtet von Belagerungen durch die lit. Großfürsten Olgierd und Kynstut. 1366/67 wurde das »Haus« völlig zerstört und dann als befestigte Jagdbude wieder aufgebaut. Für die wachsende Bedeutung der Wildnisfeste spricht die Tatsache, daß hier 1392 in Gegenwart einer großen Anzahl von Ordensrittern und Pilgern die Feier des »Ehrentisches« (einer Tafelrunde, an der berühmte Ordenskämpfer geehrt wurden) stattfand. Jahrzehnte hindurch blieb die Siedlung vor dem Ordenshause die einzige Ortschaft im Pflegeamt. Erst 1428 begann der Orden mit der planmäßigen Besiedlung des Gebietes. Als diese mit der Neugründung von 35 Dörfern beträchtliche Fortschritte erzielt hatte, beschloß Hochmeister Ludwig v. Erlichhausen die Umwandlung des Dorfes in eine Stadt. In der Urk. vom 15. Mai 1451 wurden der Stadt 200 Hufen zu kulmischem Recht verliehen. Jedoch wurde die Ausführung dieser Anordnung durch die unsicheren politischen Verhältnisse dieser Zeit verhindert. 1520 bemächtigten sich die Polen vorübergehend des Schlosses und verbrannten das Dorf. – Die Regierung Hz. Albrechts brachte J. neben einer bedeutsamen wirtschl. Förderung die Ref. In J. wurde sie vor allem durch den aus Polen vertriebenen Martin Glossa verbreitet. Im 16. Jh. war die Entwicklung der Stadt durch einen stetigen Aufschwung gekennzeichnet, der zu einem großen Teil auf dem Grenzverkehr mit Polen beruhte. Die auf wirtschl. Gebiete erzielten Erfolge scheinen die Dorfgemeinde bestimmt zu haben, den Markgrafen Georg Friedrich 1594 um das Stadtrecht zu bitten. Erst der Große Kurfürst gab

ihnen am 6. September 1645 die ersehnte städt. Handfeste. Beim Tatareneinfall blieb die Stadt dank der Haltung der kfstl. Truppen unter Oberstleutnant Friedrich v. Arnheim verschont; allerdings wurden aus dem Amt 2177 Menschen entführt. Die Pest von 1709 hatte verheerende Auswirkungen auf Volkswohlstand und Bevölkerungszahl. – Am 13. August 1725 ist J.s berühmtester Sohn Christoph Pisanski geb., der vor allem durch seine »Preuß. Literärgeschichte« bekanntgeworden ist. – Im 7j. Krieg wurde die Stadt von russ. Truppen unter dem Obersten v. Selebrikow besetzt. 1797–99 weilte Yorck als Kommandeur eines Füsilier-Batl. in J. Der unglückliche Krieg brachte der Stadt schwere Kontributionen und Plünderungen. – Bei der Verwaltungsreform von 1818 wurde aus der Grenzhandelsstadt eine Kreisstadt. M. 19. Jh. setzte eine neue Aufwärtsentwicklung ein. Vor allem nahm die Holzindustrie einen beachtlichen Aufschwung. Von 1141 Einw. im Jahre 1782 stieg die Zahl bis 1925 auf 5186. Im ersten Weltkrieg wurde die Stadt mehrfach von russ. Truppen besetzt. Zahlreiche Häuser wurden zerstört. Nach dem Wiederaufbau nahm die Nachkriegszeit mit ihren politischen Wandlungen der Stadt ihre gewinnbringende Grundlage, den Handel über die Grenze. Der Abstimmungstag am 11. Juli 1920 brachte J. wie allen masurischen Städten einen überwältigenden Sieg: 34 036 stimmten im Kreis für Dtschl., 14 für Polen. (V) *Mey*
HFrederichs in: LV 50, S. 67

Juditten (Stadt Königsberg) Ob das 1288 erwähnte Gaudithin mit J. gleichzusetzen ist, ist zweifelhaft. J. ist aber sicher älter als das 1402 gen. Judynkirchen. Der Ort bestand anfangs aus einer befestigten Anlage, aus der sich ein Gut entwickelt hat, und der Wallfahrtskirche aus der Zeit um 1300 mit wertvollen Wandmalereien. Joh. Christoph Gottsched ist dort als Sohn des Pfarrers Christoph G. am 2. Februar 1700 geboren. Das Gut kaufte um 1760 der Königsberger Weinhändler Balthasar Schindelmeißer, der Inhaber des berühmten »Blutgerichts« (seit 1827) im Schloß. Nach ihm übernahm es sein Nachfolger Richter, der dort 1808 mehrmals die kgl. Fam. empfing. Zum Andenken an die Kgn. Luise benannte er das Gut 1814 Luisenthal, wie auch das dort um 1855 erbaute Fort »Königin Luise« hieß. J. entwickelte sich zu einem Villenvorort von → Königsberg und wurde 1927 in die Stadt eingemeindet. Im April 1945 war es heftig umkämpft, doch soll die Kirche nur geplündert, baulich aber erhalten geblieben sein. (III) *G*

Judtschen (Kanthausen, Kr. Gumbinnen). Das zuerst 1559 nach dem Bauern Jotze benannte Dorf verödete in der Pestzeit 1709; doch schon 1710 und 1711 zogen unter den ersten Einwanderern frz. und dt. Schweizer ref. Bekenntnisses ins Land. Die frz. Reformierten, kenntlich an ihren Namen, häuften sich in den Dörfern an der Angerapp ö. von → Insterburg und besetzten auch

J. Sie wahrten gegenüber der rein luth. Umgebung ihren Glauben. 1713 erwirkte der »Kolonistenvater« Burggraf Alexander v. Dohna die Berufung eines frz. Predigers David Clarene (1713–29) sowie den Bau einer eigenen Kirche in J., die allerdings erst 1727 eingeweiht werden konnte. Predigt und Schrift im Kirchenbuch blieben auch unter dem Nachfolger Clarenes, dem Pfarrer Andersch, noch lange teilweise frz. trotz der verstreut wohnenden Gemeindemitglieder. Als nach 1800 die Eindeutschung sich vollendete, hatten sich vielfach die Namen gewandelt, z. B. wurde aus Huguenin Igney u. a. 1748–50 lebte der damals 24j. Immanuel Kant als Hauslehrer bei Pfarrer Andersch und erscheint im Kirchenbuch als Taufzeuge mit der Berufsangabe studiosus philosophiae. (IV) *Gr*

BMoritz, Gesch. d. reform. Gemeinde Gumbinnen 1939 — FSchütz, Französ. Familiennamen in Ostpr., 1933 — BHaagen, Auf den Spuren Kants in J. (in: LV 10, Bd. 48, 1911)

Kahlberg (LKr. Elbing). Im Jahre 1424 bekam Niklas Wildenberg vom Deutschen Orden ein Privileg zur Erbauung eines Kruges in K.; 1509 verlor → Elbing seinen 1457 gewonnenen Anteil an der → Frischen Nehrung an → Danzig. Die preuß. Postlinie über die alte Nehrungsstraße hatte in K. eine Pferdewechselstelle. Seit Beginn des 19. Jh. kamen Badelustige aus Elbing und Braunsberg mit Segelschiffen übers Haff zum K.er Post- und Gasthaus, um in der See zu baden. – 1793 hatte Friedrich Franz v. Mecklenburg in Heiligendamm bei Doberan das erste dt. Seebad gegr. – Der erste Besuch der Nehrung mit dem Elbinger Dampfboot »Copernikus« am 24. August 1828 blieb eine Episode. Seit dem 1. Juli 1841 ließen die Elbinger Kaufleute George Wilhelm und Friedrich Wilhelm Haertel, Ignaz Grunau (→ Elbing), August v. Roy und Levin Samuel Hirsch regelmäßig ihre zwischen Elbing und Königsberg verkehrenden Dampfer K. anlaufen. 1842 kaufte das Fünferkonsortium von der Stadt Danzig ein größeres Forstgrundstück in der Nähe der Poststation, ließ das Kurhaus Belvedere erbauen und legte davor Gartenterrassen und eine Orangerie an. Am 1. Juli 1843 wurde das Belvedere mit dem schönen Ausblick über das Haff auf die Steilküste der Elbinger Höhe eröffnet. Das eigentliche Seebad war an der Ostsee angelegt. Schon 1844 kauften die Unternehmer weiteres Gelände. Der Ausbau wurde 1871 von der unter Führung von Max v. Forkenbeck – damals noch Rechtsanwalt in Elbing – und Ferdinand Schichau (→ Elbing) gebildeten Aktiengesellschaft »Seebad K.« übernommen. 1905 und 1907 wurden zwei Molen ins Haff gebaut, die das Ausbooten und schwankende Stege ersetzten. Frau Elisabeth Carlson, eine Enkelin Schichaus, schenkte der Stadt Elbing 1920 die Aktienmehrheit. Durch den Badedirektor Zickhardt wurden die Einrichtungen des Kurortes verständnisvoll ausgebaut. Die Zahl der Kurgäste betrug 1847: 528, 1929: 4944. Der Blick von der hohen Mitteldüne über die drei bewaldeten Dünenketten, den endlosen Seestrand, die Ostsee, das weite Haff und die ferne Küste zeigte ein »Märchenland zwischen zwei Meeren«. (II) *Ki* HKownatzki, Zur Gesch. des Ostseebades K. (in: Ostdt. Monatshefte 12, 1931, S. 42) — AGrunau, Dampfschiffe erschließen K., Essen 1951

Kaimen (Saretschje, Kr. Labiau). Das Gebiet »Caym« gehörte zu denen, die im Januar 1255 vom Kreuzheere Kg. Ottokars II. von Böhmen durchzogen wurden. 1258 fiel »Cayme« bei der Teilung des → Samlandes an den Orden. 1261 wurde die Burg »anders gebaut«, was wohl dem üblichen Vorgang entspricht, daß ein von den Preußen übernommener Burgbau vom Orden instandgesetzt und erweitert worden ist. Damals begann die Siedlung mit Verleihungen an ordenstreue samländische Edle, unter ihnen Geidute oder Gedute, der 1299 auch unter vier treu gebliebenen Preußen zu Kaimen gen. wird; zwei von ihnen tragen bereits christliche Namen: Philippus und Theodricus. 1320 wird der Pfarrer Conradus erwähnt. Die Burg wurde schon 1308 von Kynstut vorübergehend besetzt und nach der Zerstörung von 1352 in Stein ausgebaut. Das Kammeramt K. gehörte zur Komturei Königsberg; 1424 wird ein Kämmerer erwähnt; namentlich bekannt ist ein vom Orden eingesetzter, v. d. Trenk, ein geborener Preuße, wie überhaupt der Orden diesen Posten immer dort mit Angehörigen der Stammbevölkerung besetzte, wo noch die preuß. Sprache zur Verständigung unentbehrlich war. So ist es kein Zufall, wenn gerade dieser Ort neben Schaaken einer der beiden Herde des Bauernaufstandes von 1525 geworden ist, dessen Träger die preuß. Freien waren, weil sie entgegen ihren verbrieften Rechten über Gebühr zum Hofdienst der Ämter (Scharwerk) herangezogen wurden. Zudem besaß der Rädelsführer, der Müller Kaspar, alle Voraussetzungen für einen Volksaufwiegler, spielte sogar den Propheten mit Gesichten vom Himmel. Auf der andern Seite war der damalige Verwalter des Amtes, Andreas Rippe, Nachkomme eines Söldnerführers aus dem 13j. Kriege, ein übler Leuteschinder. So überfielen sie ihn in der Nacht zum 3. September im Schloß und schleppten den notdürftig Bekleideten mit sich fort. Seine Absetzung durch den Herzog nach Beendigung des Aufstandes war ein Akt der Gerechtigkeit. Das Schloß wurde 1782/83 durch den fränkischen Baumeister Blasius Berwart erweitert und später vom Gr. Kurfürsten 1668 umgebaut. Es ist eine der wenigen in der Gesamtanlage erhaltenen Wasserburgen Ostpreußens. Dorf und Kirche liegen 1 km n. des Schlosses und heißen seit der 2. H. 19. Jh. Bothenen. (III) *W*
LV 162, 1, S. 28 — LV 164, S. 404 — LV 185

Kalgen (Kr. Samland). Das sw. Königsberg, ehem. im preuß. Gau Warmien gelegene Gut K. wird 1249 unter dem preuß. Namen Slinia erwähnt, als die Warmier sich im → Christburger Vertrage verpflichteten, in Slinia eine Kirche zu erbauen. Während des Großen Aufstandes, als die Preußen → Königsberg eingeschlossen

hatten, unternahm die Besatzung einen Ausfall, geriet bei K. in einen Hinterhalt, konnte aber mit Hilfe der herbeigerufenen gesamten Besatzung Königsbergs über die Feinde am 22. Januar 1262 einen Sieg erringen. Er war vor allem zwei Grafen von Jülich und von der Mark zu danken. (III) *Gu*
LV 136, S. 130

Kamin in Westpreußen (Kamień Krajeński, Kr. Zempelburg). Am NRande des von Polen und Pommern umstrittenen Gebietes der Kraina zwischen der Netze und der Dobrinka/Kamionka schenkte der pommerell. Hz. Swantopolk II. 1236 dem Erzbf. v. Gnesen ein Gebiet, in dem dieser nach dem Frieden von Kalisch (1343) eine umfassende Siedlungstätigkeit zu dt. Recht entfaltete. Dieses Siedlungswerk fand 1359 mit der Gründung der Stadt K. auf dem Boden des Dorfes Wavriszkovo hart an der Grenze des Deutschordensstaates seine Krönung. Die Burg, »des Erzbischofs hus von Gnesen«, das 1409 zerstört wurde, lag vermutlich auf der Anhöhe unmittelbar vor der Stadt, auf der 1789 das neu erbaute Amtshaus stand und wo sich jetzt das Vorwerk Kamin befindet. Die kath. Pfarrkirche ist wohl bald nach der Stadtgründung errichtet worden. 1578 wurde in K. ein Kollegiatsstift errichtet, an dessen Spitze der jeweilige Archidiakon von K. stand. Dabei wurde die Pfarrkirche zur Kollegiatskirche bestimmt. Das Stift wurde 1832 aufgehoben. Als die Ref. in einigen, »seit langem eingedeutschten Gegenden des Archidiakonats Kamin« bedeutende Fortschritte gemacht hatte, entschloß sich der Erzbischof zur Stiftung eines Priesterseminars in K., in dem die Seminaristen vor allem ihre Kenntnisse der dt. Sprache verbessern sollten. Die Bildung einer evg. Gemeinde wurde bis 1780 vom Archidiakonat nicht zugelassen. 1862/63 wurde ein evg. Bethaus errichtet, 1897/98 eine Kirche in got. Stil. 1910 hatte K. 1647 Einw. (darunter 1312 Deutsche), 1921: 1501, 1943: 1622. (I) *B*
LV 163, 179, 52, 110

Kamswykus (Gem. Tammau-Tammowischken, Kr. Insterburg). Eine Wegstunde ö. der Stadt Insterburg liegt auf steiler Bergnase in einer engen Flußschleife 40 m über der Angerapp der K., eine vorzeitliche- und ordenszeitliche Burganlage. Sie befindet sich auf der Flur des Dorfes Tammau-Tammowischken und wird auch unter dem Namen Tammow erwähnt. Bodenfunde beweisen eine Besiedlung von der Bronzezeit an. Die Wälle sind an den nach dem Fluß abstürzenden Rändern verschwunden; doch läßt sich hinter dem über 6 m hohen, an die 50 m langen Stirnwall mit Graben davor heute noch die Hauptburg und die durch einen weiteren Graben abgetrennte Vorburg erkennen. Der neuzeitlich am Ostende angelegte Fahrweg schneidet den Wall derart, daß man mehrere Bauabschnitte übereinander sieht. Der Landmeister Konrad v. Thierberg nennt die 1275 eroberte Burg Kameniswike. Später nach dem Baubeginn der → Insterburg (1336) verstand der

Orden die günstige Lage des gut erhaltenen K. zu nutzen und baute die Feste als Wildhaus Tammow zum vorgeschobenen Posten gegen die Litauer aus. Mauerwerk, Waffen und Wirtschaftsgerät haben sich im Schutt erhalten. Durch feindliche Überfälle ist 1371, 1376 und 1381 das Haus verbrannt, so daß es 1384 stärker ausgerüstet wurde. Nach erneuter Zerstörung 1409 ist es nicht wiederaufgebaut worden. Sagen rankten sich um die zerfallenden Reste. Im 19. Jh. beging man auf dem Burgplatz nationale Feiern; zuletzt war der K. ein beliebter Ausflugsort. (IV) *Gr*

MLoebell, Ist Cameniswike als Vorgängerin von Tammow zu betrachten? (in: LV 16, H. 6, 1900) — AHorn, das Haus Tammow und die Kamswykusburg, 1887 — WGrunert, Kamswykusfunde (in: LV 25, 1938)

Karalene (Luisenberg, Kr. Insterburg). 10 km ö. Insterburg quert eine ordenszeitl. Landwehr, der Hagen, das tief eingeschnittene Pissatal. Dort verlieh 1533 Hz. Albrecht dem Burggrafen Hans Rückerling den Hof Hagen. Benachbart entstand das Dorf Kummetschen. Am 17. November 1811 eröffnete hier in dem ansehnlichen Gutshause der Pestalozzischüler K. A. Zeller eine Erziehungs- und Lehrerbildungsanstalt, die der Kgn. Luise von Preußen zu Ehren den Namen K. (Königin) erhielt. Am 5. Juli 1819 wurde daneben das Lehrerseminar eingerichtet, das sich in der Folge zu einer Besonderheit entwickelte, weil in der rein ländlichen Umgebung Obstbau und Bienenzucht vorbildlich gelehrt wurden. Beim 100j. Bestehen 1911 lebten über 1000 Lehrer, die in K. Zöglinge gewesen waren. Als die Lehrerbildung auf die Pädagogischen Akademien überging, schloß auch K. am 22. April 1924 seine Pforten. Die Gebäude dienten danach Zwecken der Wohlfahrt und Jugendpflege. (IV) *Gr*

Karthaus (Kartuzy, Kr. Karthaus). 1380/81 stiftete der Adlige Johannes v. Russoschin (Russoczin) nö. des Turmberges eine Niederlassung des Karthäuserordens, gen. Marienparadies. Auch der Deutsche Ritterorden bedachte die Niederlassung mit größeren Zuwendungen und befreite die Klosterdörfer von fast allen Abgaben und Diensten, die ihm als Landesherrn zu leisten waren. An der Errichtung der Klosterbauten mit seinen 16 Klausen, deren Anlage durch die Ordensregel vorgeschrieben war, hatten Danziger Bürger einen großen Anteil. Anderweitige Schenkungen, Aufnahme von Präbendarien und Käufe erweiterten den Klosterbesitz in der Folge beträchtlich. Diesen verstanden trotz wiederholter Rückschläge in Notzeiten die Mönche mit hervorragendem Geschick zu nutzen und zu mehren. Ein Fischermeister sorgte für die Pflege der Fischerei; die ausgedehnten Waldungen wurden zunächst durch Teerschwelereien, Glashütten und Köhlerei gewerblich, später durch Ansetzung von Zinsbauern landwirtschaftlich genutzt. Dabei hat es die frommen Brüder nicht allzu sehr gestört, daß die nach der Ref. meist aus Pommern gekommenen Siedler evg. waren. – Während der Ref. war die Zahl der Mönche 1541 auf vier gesunken; von vielen Seiten trachtete man nach dem reichen Klosterbesitz. 1565 der Aufsicht des → Olivaer Abtes unterstellt, bestand 1580–89 eine zwangsweise Vereinigung beider Klöster. 1826 wurde Kl. K. aufgehoben; seine Gebäude dienten danach zunächst als Eremitenanstalt für kath. Geistliche, 1849 wurden sie der neugegr. kath. Kirchengemeinde K. zur Benutzung übergeben. Das Refektorium benutzte 1842–87 die evg. Gemeinde als Andachtraum, bis sie am 2. Oktober 1887 ihre fertiggestellte neue Kirche am Markt einweihen konnte. Von den Klostergebäuden haben sich bis heute erhalten: die *Kirche* (mit reichgeschnitztem Chorgestühl), ein Stück des großen *Kreuzganges* auf der SSeite, ein Stück des kleinen Kreuzganges auf der NSeite, der *Klosterbrunnen* und einige Gebäude des inneren *Klosterhofes*. – In der Nähe des Klosterkruges, 1418 mit kulmischem Recht ausgestattet, entstand das Gärtnerdorf K., das am E. 18. Jh. mit dem Klostervorwerk nur 28 Feuerstellen zählte. 1818 zum Sitz des Landrats erhoben, war es 1845 noch ein unscheinbarer Marktflecken, der sich erst in den folgenden Jahrzehnten zum gewerblichen Mittelpunkt des Kreises entwickelte und den seiner Umgebung wegen zahlreiche Pensionäre und Rentner als Ruhesitz wählten. 1869 hatte K. 1765 Einw., 1943: 6024.

(II) *B*

ThHirsch, Gesch. d. Karthäuser Kreises bis zum Aufhören der Ordensherrschaft (in: LV 14, Bd. 6, 1882) — LV 110, 163, $_1$, 179

Kaschubei. Der ö. Teil der pommerschen Seenplatten heißt die K. Sie wird von dem slawischen Volksstamm der Kaschuben bewohnt, deren Sprache kein Dialekt des Polnischen ist, sondern zur pomoranischen Sprache gehört, die einst an der Ostseeküste zwischen Weichsel und Oder n. der Linie Warthe-Netze gesprochen wurde. Zum Sprachgebiet des Kaschubischen gehörten noch zwischen den beiden Weltkriegen die Kreise Putzig, Neustadt, Karthaus, der w. Teil des Kr. Berent, der sö. Teil des Kr. Bütow und einige Ortschaften der Kreise Stolp und Lauenburg. Die Zahl der Kaschuben wurde 1926 auf 140 000–150 000 geschätzt; sie waren bis auf wenige Ausnahmen in den Kreisen Lauenburg und Stolp kath. Urkunden des 13. Jh. bezeichnen die heutigen Kaschuben als Pomorani, dagegen das Land um Belgard an der Persante als Cassubia. Es ist das Gebiet, das im pomm. Herzogstitel erscheint. Vereinzelt wird der Name Kaschuben für die Bewohner der heutigen K. im 14. Jh. gebraucht, im 15. und 16. Jh. bereits allgemein. *B*

FLorentz, Gesch. der Kaschuben, Berlin 1926

Kauernick (Kurzętnik, Kr. Neumark). 1291 verlieh Bf. Werner v. Kulm seinem Domkapitel für die dem Bf. v. Plock in der Löbau abgetretenen Ländereien 300 Hufen zusammen mit dem Berg »Cornichium«, auf dem um 1300 eine Burg errichtet wurde.

Neben dem steilaufragenden Hügel entstand die Stadt K., deren Pfarrkirche (St. Mariae Magdalenae) vermutlich seit dem 1. Jahrzehnt des 14. Jh. zu bauen begonnen wurde. 1331 verwüsteten die Litauer bei ihrem Einfall in das Kulmerland auch die »terra Kurnig«. 1361 werden neben dem Pfarrer zu K. der Schulze und der Hauskomtur Heinrich v. Thymaw erwähnt, 1367 auch ein Kastellan. – 1414 und 1454 wurden Stadt und Schloß zerstört; damit scheint K. seine Bedeutung als fester Platz verloren zu haben. Im 16. Jh. lag die Burg in Trümmern; die noch vorhandenen Mauern und Gebäude wurden im 19. Jh. bis auf geringe Reste abgetragen. 1659 wurde die Stadt von den Schweden verbrannt. 1772 gab es in K. 58 brauberechtigte Bürgerhäuser, acht Eigenkätner, zwei Katen in der Erde und eine Hirtenkate vor der Stadt mit 204 Einw. 1905 nahm K. die Landgemeindeordnung an. 1867 wurden 997 Einw. gezählt, 1910: 793 (darunter 90 Deutsche, sieben Kaschuben, 696 Polen), 1943: 1250. (II) *B*
LV 163, 110

Kelpin (Kr. Danzig). Die wenigen spätgerm. Grabfunde, die aus der Zeit nach 400 n. Chr. stammen, werden durch einige Schatzfunde ergänzt, unter denen der aus K. (5. Jh.) einer der reichsten ist; er enthält zwei große, reich verzierte und vergoldete Silberfibeln sowie viele Bernsteinperlen, Glas- und Edelsteinperlen und silberne, z. T. vergoldete Hohlperlen. (II) *B/Ba*
LV 203, S. 148

Kiauten (Zellmühle, Kr. Goldap). Die Gegend w. der Rominter Heide bietet in der rasch fließenden Rominte und ihren klaren Zuflüssen gute Möglichkeiten zur Anlage von Mühlen aller Art, wie schon Kaspar v. Nostitz, der treue Hauswalter Hz. Albrechts, vorschlug. Auf Empfehlung der Kriegs- und Domänenkammer in Gumbinnen erbaute in K. i. J. 1734 Ludwig Zieser unweit der schon bestehenden Eisenhütte eine Papiermühle, die 150 Jahre im Besitz der Fam. blieb. Sie lieferte nicht nur für den einheimischen Bedarf verschiedene Papiersorten, sondern führte ihre Erzeugnisse auch bis nach Grodno und Wilna aus. 1785 wurde die Leistung durch ein Hilfswerk an der Rominte gesteigert, und als 1843 die Tilsiter Papierfabrik in neuzeitl. Form entstand, stellte sich K. sofort auf Maschinenbetrieb um, vergrößerte sich, und beschäftigte z. B. 1858 fast 200 Arbeiter. Wenn auch K. 1871 in andere Hände gelangte, so blieb dort neben den großen Zellstoffwerken die einzige Papierfabrik Ostpreußens, die im Privatbesitz bis zur Gegenwart arbeitete und aus der handwerklichen Vergangenheit sich erhielt. Erst im Herbst 1944 vor dem Russeneinfall wurde K. endgültig stillgelegt. (IV) *Gr*
HKohtz, Ostpr. Papierfabrikation, Stallupönen, o. J.

Klein Stärkenau (Kr. Rosenberg). Hier wurden die Reste einer dorfähnlichen Anlage der frühen Eisenzeit aus kleinen Holz-

häusern (z. T. mit Fundamenten aus Feldsteinen) aufgedeckt, die von einem Palisadenzaun umgeben war. Ein derart geschützter Wohnplatz ist bisher nur hier nachgewiesen worden. (II) *B/Ba*
WHeym, Ein früheisenzeitl. Dorf bei Kl. St. (in: Nachr.-Bl. f. dt. Vorzeit 7, S. 18)

Knauten (Kr. Preuß. Eylau). Inmitten eines dichten preuß. Siedlungskerns lag das preuß. Feld K., in dem der Deutsche Orden in der 1. H. 14. Jh. einen Ordenshof errichtete. Er war Mittelpunkt des Kammeramts K., zu dem 1425 161 Bauernhaken und 85 Freie gehörten. Das Dorf K. bestand 1425 aus 15 bäuerl. Haken und 2 Freigütern. Nach dem 13j. Kriege verlieh der Orden Daniel v. Kunheim, der dem Orden seit 1454 wertvolle Dienste geleistet hatte, den Hof K.; das Dorf Mühlhausen mit Mühle und Kirche und das Gut Schultitten waren ihm bereits vorher verliehen worden. Sein Enkel Georg v. K. war seit 1555 mit Margarete, der jüngsten Tochter Martin Luthers vermählt. 1563/64 hielt sich Johannes Luther bei seiner Schwester in K. auf. 1643 ging K. an die Fam. v. Kalckstein über. Christian Ludwig v. Kalckstein wurde wegen übler Nachreden, Flucht nach Warschau und Agitation gegen den Gr. Kurfürsten zum Tode verurteilt und 1672 in Memel hingerichtet. Zwei weitere Vertreter des Geschlechts und Herren auf K., Christoph Wilhelm v. K. und Ludwig Karl v. K., Vater und Sohn, wurden preuß. Generalfeldmarschälle unter Friedrich d. Gr. (III) *Gu*
ANietzki, Chronik der evg. Kirchengem. in Mühlhausen, 1910

Königsberg (Stadtkreis). Einige km oberhalb der Mündung des Pregels in das Frische Haff engen diluviale Höhen das Urstromtal ein, im N der Steilabfall des samländischen Hügellandes, im S der Haberberg. Zwischen ihnen fließt der Pregel in zwei Armen, die, durch Querarme verbunden, mehrere Inseln umschließen, deren mittelste Kneiphof heißt. Bäche und Schluchten haben den n. Höhenrand zertalt und aus ihm Kuppen herausgeschnitten. Hier hat es schon zur Jungsteinzeit (etwa 3 Jahrtausende v. Chr.) menschliche Siedlungen von Jägern und Fischern (ohne Feldbau) gegeben, wie kammkeramische Funde der sog. Nordeuropäischen Kultur beweisen. Die höchste der Kuppen hieß Tuwangste und trug eine preuß. Fliehburg. In ihrem Schutz lagen ein Fischerdorf Lipnick und ein Ankerplatz (portus Lipze), der auch von Wikingern und später von lübischen Kaufleuten aufgesucht wurde. Hier mündeten, von S kommend, zwei Handelsstraßen, eine aus Natangen (durch das spätere Friedländer Tor), die andere von der Weichsel am Haff entlang (Brandenburger Tor). Nach Überschreiten des Pregels verzweigten sie sich in drei Straßen: die Bernsteinstraße (Steindammer Tor) zur Bernsteinküste, die kurische (Roßgärter Tor) über die Nehrung nach Kurland, die lit. (über die Langgasse und den Sackheim) am n. Pregelufer entlang nach Litauen. Trotz der Gunst der Lage war hier, anders als in → Danzig oder → Elbing, keine größere preuß. Ansiedlung entstanden, weder ein Häuptlingssitz noch ein Marktort. Die dt. Stadt K. setzte also nicht eine vordt. Siedlung fort, sondern ist eine Gründung des Landesherrn, des Deutschen Ordens. Die Lübecker beabsichtigten schon 1242, am Pregelhafen eine Tochterstadt zu gründen; doch setzte der Orden seinen eigenen Plan durch, ohne das befreundete Lübeck auszuschalten. Den Anfang bildete eine *Burg* auf dem Tuwangste, die anläßlich eines Kreuzzuges in das → Samland 1255 erbaut und zu Ehren des Böhmenkönigs Ottokar II., des vornehmsten und mächtigsten Kreuzfahrers, K. genannt wurde. Die Stadt hat ihren Namenspatron immer in Ehren gehalten. Die Statue am Königstor (1852) war sein einziges Denkmal auf dt. Boden. Die älteste bürgerl. Siedlung, die in der Gegend des Steindamms entstand, noch ohne feste Form, ging im Preußenaufstand 1262 zugrunde, während die Burg sich hielt. Nachdem der Friede hergestellt war, entstanden in rascher Folge drei Städte zu kulmischem Recht, die Altstadt zwischen der Burg und dem Fluß (Handfeste 1286), der Löbenicht (eigentlich Neustadt) ö. von ihr (1300), der Kneiphof auf der Insel (1327), jede mit eigener Verfassung, Befestigung, Markt und Kirche. Die Altstadt war und blieb die größte und mächtigste, der Löbenicht war eine kleine Handwerker- und Ackerbürgerstadt, der Kneiphof wurde die Stadt der Fernkaufleute. Erst 1724 sind die drei Städte vereinigt worden. K. war von Anfang an Sitz des Domkapitels des Bst. Samland. Geistl. Bezirk war seit 1322 der OTeil der Kneiphofinsel, auf der 1330 bis 1380 der *Dom*, eine große Hallenkirche in Backsteingotik, erbaut wurde. Sie war zugleich Pfarrkirche des Kneiphofs. Die K.er Klöster waren unbedeutend, mit Ausnahme vielleicht des 1349 gegr. Nonnenklosters im Löbenicht. – Zur Burg gehörten die Burgfreiheit, die alten Preußendörfer Tragheim und Sackheim und zwischen ihnen der Roßgarten und die Neue Sorge (Königstraße), zur Altstadt die Lomse, der Steindamm, die Laak, der neue Roßgarten und die Hufen, das einzige Stadtdorf K., zum Kneiphof die vordere und die hintere Vorstadt und der Haberberg. Sie alle sind mit wachsender Ausdehnung K.s Stadtteile geworden. Die Speicher waren wegen der Feuergefahr in eigenen Vierteln, Lastadien (lastagium = Schiffsballast), zusammengebaut. Die Lastadien der Altstadt und des Kneiphofs lagen am Pregel außerhalb der Stadtmauern und bildeten bis zur Gegenwart mit ihren meist aus dem 17. und 18. Jh. stammenden hochgiebligen Fachwerkspeichern ein für norddt. Handelsstädte charakteristisches Bild. Die kleinen Speicher der löbenichtschen Ackerbürger lagen auf dem Anger. – Der Dreiklang Burg, Stadt und Dom hat die Gesch. K.s fast 700 Jahre bestimmt, wenn auch von ma. Bauten nur Teile der Burg, der Dom und die Steindammer Kirche, von der Stadtbefestigung nur der Gelbe Turm der Altstadt und der Blaue des Kneiphofs bis 1945 erhalten geblieben waren.

Die Burg war Sitz des Ordensmarschalls, seit 1457 auch des Hochmeisters, hier sammelten sich die ritterlichen Kreuzfahrer aus vielen Ländern Europas zu den »Reisen« gegen Litauen. Hz. Albrecht, der den OFlügel neu baute, und Hz. Georg Friedrich, der von seinem Baumeister Blasius Berwart den gewaltigen WFlügel mit der Schloßkirche neu errichten ließ, machten die Burg zum Sitz einer Hofhaltung im Stil der Renaissance. Wenn auch seit dem Gr. Kurfürsten der Landesherr nicht mehr in K. residierte, lebte doch die nie ganz erloschene höfische Tradition in den Königskrönungen von 1701 und 1861 wieder auf. An die erste erinnerte das 1697 von Andreas Schlüter geschaffene, aber erst 1802 gegenüber dem Schloß aufgestellte Denkmal des Königs, an die zweite das große Gemälde von Menzel. Nach 1701 sollte die OFront vom Oberbaudirektor Schultheiß v. Unfriedt im Stile des preuß. Barock umgebaut werden; doch wurde nur der STeil fertiggestellt. Im übrigen blieb der Albrechtsbau erhalten. Die letzte größere Veränderung war der Umbau eines Teiles des NFlügels für das Oberlandesgericht 1810. Hauptstadt des preuß. Staates war K. noch einmal zwei Jahre lang, als sich Hof und Regierung 1808/09 in der Stadt aufhielten. Die wichtigsten Reformgesetze sind damals in K. erlassen worden. Die Erhebung Deutschlands gegen Napoleon hat von dem K.er Landtag im Februar 1813 ihren Ausgang genommen. Stätten der Erinnerung an diese Zeiten waren das Luisenhäuschen im Park von Luisenwahl auf den Hufen, in dem die kgl. Fam. gewohnt hat, und der Saal im Hause der Landschaft, in dem General Yorck v. Wartenburg die Deputierten des Landtages zur Volksbewaffnung aufgerufen hatte. Künstlerisch wertvoll sind besonders die ref. Kirchen, die 1690/99 erbaute Burgkirche für die dt.-ref. Gemeinde nach einem Entwurf von Joh. Arnold Nehring, und die 1736 für die Frz.-ref. (Hugenotten) nach einem Plan von Unfriedt errichtete. Die altstädtische Kirche wurde 1826/28 abgebrochen, die neue an andrer Stelle 1838 nach einem Entwurf von Schinkel erbaut.
Eine wehrhafte Stadt ist K. immer geblieben. Nach dem Zerfall der ma. Stadtbefestigung wurde im Schwedenkrieg 1626/28 ein Wallring um die gesamte Stadt gelegt und 1843–64 eine neue Befestigung errichtet, deren Tore und Bastionen zum großen Teil bis 1945 erhalten geblieben sind, wenn sie auch nach der Verlegung der Verteidigung auf einen Kranz von Außenforts keinen militärischen Wert mehr hatten. Als Baudenkmäler bildeten sie mit den baumreichen Grünanlagen einen Schmuck der Stadt, wie man ihn selten trifft. K. hat auch stets eine starke Garnison gehabt und war Sitz des Generalkommandos des I. Korps, das so bedeutende Heerführer wie v. d. Goltz, v. Kluck und v. Brauchitsch kommandiert haben. – Das Herz der Stadt war der Hafen, ein reiner Flußhafen, der erst nach dem ersten Weltkriege durch die Anlage von drei Hafenbecken erweitert wurde. K. gehörte der Hanse an und nahm an ihrem Handel nach Flandern, England und Lissabon auf der einen, nach Stockholm,

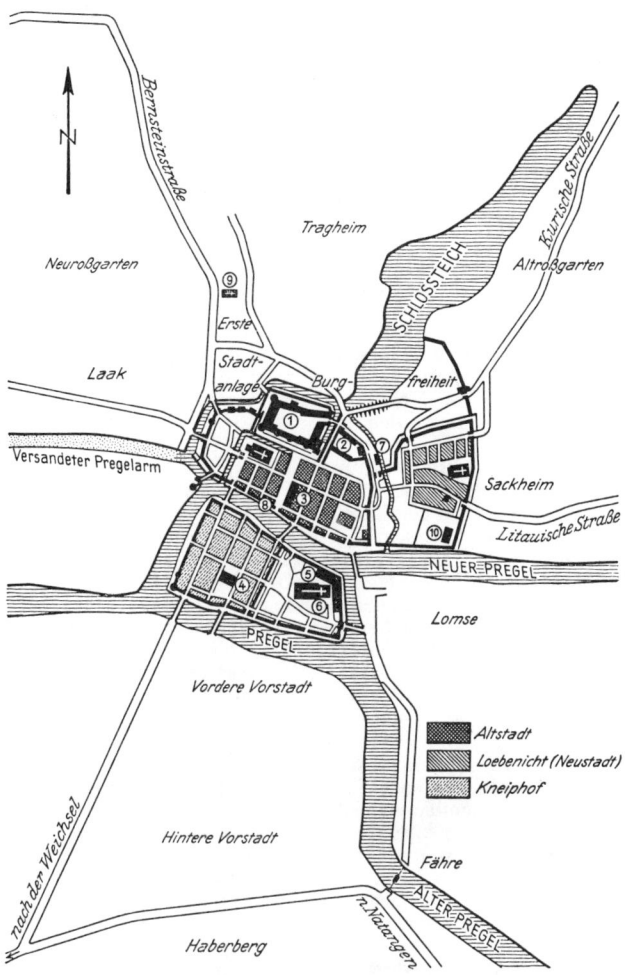

Die drei Städte Königsberg um 1600
(Nach Angaben von F. Gause)

1 Ordensschloß
2 Alte Preußenburg Tuwangste
3 Altstädtisches Rathaus
4 Kneiphöfisches Rathaus
5 Domkurien (seit 1544 Universität)
6 Domfreiheit
7 Schloßmühle am Mühlenfließ (Katzbach)
8 Portus Lipze
9 St. Nikolai (erste Stadtanlage)
10 Kloster St. Marien

Reval und Nowgorod auf der andern Seite teil. Der merkantilistischen Handelspolitik der brandenburg. Kurfürsten folgte die wenig unternehmungsfreudige Bürgerschaft nur zögernd. Führend waren hier Holländer, Franzosen und Engländer, die teils als Glaubensflüchtlinge, teils als Agenten ihrer Firmen nach K. gekommen waren. Der Umfang des Handels hing von der Zollpolitik der Partnerländer ab, am meisten von der Rußlands, doch war K. ein bedeutender Handelsplatz für Heringe, Holz, Flachs und Linsen. Mit dem Anschluß der Stadt an das Eisenbahnnetz – 1853 wurde durch die Ostbahn die Verbindung mit Berlin, in den folgenden Jahren der Anschluß an das russ. Bahnnetz hergestellt – nahm auch der Landhandel einen größeren Umfang an und überflügelte schließlich den Handel zu Wasser. Die »Korporation der Kaufmannschaft«, seit 1918 Industrie- und Handelskammer, hatte ihren Sitz in der Börse am s. Pregelufer. Sie ist 1870/75 von Heinrich Müller, dem Architekten der Bremer Börse, erbaut worden und ersetzte die alte sog. Sommerbörse an der Grünen Brücke, die seit 1624 diesem Zweck gedient hatte. Die Industrie trat hinter dem Handel zurück, doch säumten Fabriken beide Ufer des Pregels, von denen zwei Zellstoffwerke, die 1828 gegr. Waggonfabrik Union und einige Großmühlen die bedeutendsten waren.

Wissenschaft und Bildung sind schon im Ma. von den Priesterbrüdern des Ordens, den Domherren und in den drei Stadtschulen gepflegt worden, gegen Ende dieser Zeit auch von Humanisten am Hofe der letzten beiden Hochmeister. Zu einem Vorort humanistischer Wissenschaft und protestantischer Theologie wurde aber erst die 1544 von Hz. Albrecht gegr. Universität, die *Albertina*. Sie befand sich 300 Jahre lang in zwei kleinen Kollegiengebäuden am Dom und erhielt 1862 einen Neubau im Stile der Florentiner Renaissance nach den Plänen des Schinkelschülers Friedrich August Stüler. Ein großer Anbau von 1927 störte nicht die geordnete Schönheit dieses im nordischen K. zunächst fremd anmutenden Gebäudes. Neben die drei alten Stadtschulen trat das 1698 im Geiste des Pietismus gegründete Friedrichskollegium, dessen größter Schüler Kant war und an dem der Student Herder eine Zeitlang unterrichtete. Kant hat der Universität fast 50 Jahre lang angehört, Gipfel und Überwinder der Aufklärung. Sein Geburtshaus ist nicht erhalten, sein Wohnhaus 1893 abgerissen worden; sein Grabmal am Dom wurde 1924 von dem Architekten Friedrich Lahrs in würdiger Form erneuert. Gelehrte von Weltruf waren auch der Naturforscher v. Baer, die Philosophen Herbart und Rosenkranz, Carl Gottfried Hagen, der Begründer der wissenschaftlichen Pharmazie, und sein Sohn, der Kunsthistoriker August H. sowie seine Schwiegersöhne, der Astronom Bessel, für den 1811/12 die Sternwarte erbaut wurde, und der Physiker Franz Neumann, ferner die Mediziner Ernst Burdach, Bernhard Naunyn und Joachim Schönborn, der Philologe Lobeck, der Mathematiker Richelot, der Rechtshistoriker Felix

Dahn, der hier 1878 seinen »Kampf um Rom« schrieb, und der Sprachforscher Adalbert Bezzenberger. Die Künste traten hinter den Wissenschaften zurück. Universitätsprofessoren waren so bedeutende Dichter wie der erste Rektor Georg Sabinus, ein glänzender Lateiner, und Simon Dach, der bewußt deutsch dichtete. Bürgermeister waren der Barockdichter Michael Kongehl und der geistvolle Schriftsteller Theodor Gottfried v. Hippel. Die bildende Kunst sank ab, nachdem es keine Hofhaltung mehr gab, doch hat es an tüchtigen Goldschmieden und Bernsteinschnitzern in K. nie gefehlt. Eine Pflegestätte fand die bildende Kunst in der 1845 auf Betreiben Theodor v. Schöns gegr. Kunstakademie (Neubau 1916 von Lahrs in Ratshof), von deren Lehrern nur der Maler Ludwig Dettmann gen. sei. Eine Theater- und Musikstadt ist K. stets gewesen. 1745 errichtete Conrad Ernst Ackermann ein ständiges Theater, das erste in Preußen. Als der bescheidene Bau den Ansprüchen nicht mehr genügte, wurde 1808 nach einem Plan von Valerian Müller ein für die Zeit großartiges *Theater* am Paradeplatz erbaut, das, vielfach umgebaut und erweitert, bis 1945 als Stadttheater, nach der Gründung eines Schauspielhauses auf den Hufen nur als Opernhaus gedient hat.

Die politische Gesch. K.s zeichnet sich durch ihre Gradlinigkeit aus. Seit ihrer Gründung ist die Stadt, ob im Ordensstaat, in der Hohenzollernmonarchie oder in der Republik, die Hauptstadt des Preußenlandes geblieben. Daran haben auch Kriege nichts geändert. Der Versuch des altstädtischen Bürgermeisters Andreas Brunau 1455, K. zu einem Freistaat zu machen wie Danzig und Riga, scheiterte an dem Widerstand der Handwerker, die dem Ratsregiment mißtrauten und dem Orden treu blieben. Litauer, Polen und Schweden sind in mehreren Kriegen in die Nähe der Stadt gekommen, haben sie aber nicht belagert. Im 30j. Kriege erlebte sie eine Blütezeit, da Preußen von ihm verschont blieb. Erst im 7j. Kriege haben die Russen 3½ Jahre K. besetzt gehabt und die Bürgerschaft gezwungen, der Zarin zu huldigen. Die Franzosen haben sie 1807 fünf Wochen drangsaliert und ausgesogen. Vor der Belagerung 1914 bewahrte sie der Sieg Hindenburgs bei → Tannenberg. – Verlief die äußere politische Gesch. bis 1945 stetig, machte K. doch im Innern eine Wandlung durch, von der Hauptstadt eines Herzogtums zu der einer Provinz. Die Einordnung in den preuß. Staat ist der selbstbewußten Bürgerschaft nicht leicht gefallen, zumal sie mit der Aufgabe mancher Eigenrechte und wirtschl. Vorteile verbunden war. Sie mußte vom Gr. Kurfürsten durch einen heilsamen Gewaltakt erzwungen werden, und auch solche Fortschritte von einschneidender Bedeutung wie die Vereinigung der drei Städte 1724 – Sitz der gemeinsamen Stadtverwaltung wurde das E. 17. Jh. im Stil der holländischen Renaissance ausgebaute kneiphöfsche Rathaus –, und die Städteordnung 1809 gingen nicht von der Bürgerschaft, sondern von der Staatsführung aus. Erst im Liberalismus des Vormärz regte sich wieder kräftig der Geist bürger-

licher Selbstverantwortung. Führer der Liberalen waren zwei voneinander so verschiedene Männer wie der Arzt Joh. Jacoby und der Jurist Prof. Eduard Simson, der erste Präsident des Reichsgerichts. K. blieb eine liberale Stadt, bis der nationale Liberalismus seinen Frieden mit Bismarck machte und später die Sozialdemokratie an Einfluß gewann. Ihre bedeutendsten Politiker waren Otto Braun, der 1920–33 preuß. Ministerpräsident war, und der sehr viel radikalere Rechtsanwalt Hugo Haase, einer der sechs Volksbeauftragten der Revolution von 1918.
Die Bevölkerung K.s war lange Zeit sprachlich gemischt. Die eigentliche Bürgerschaft war immer rein deutsch, vorwiegend nieder- und mitteldt. Herkunft. In der Unterschicht wurde aber im 16. Jh. noch viel preuß., poln. und lit. gesprochen. Die Einwohnerschaft war ein Spiegelbild der sprachlichen Verhältnisse des Landes. Außer den preuß. Masowiern und Litauern hielten sich viele Polen und Litauer als Handelsleute und Flößer zeitweilig in der Stadt auf. Sie alle sind, sofern sie seßhaft waren oder wurden, ohne Zwang im Deutschtum aufgegangen, ebenso wie die holländischen, engl. und frz. Kaufleute, obgleich sie alle ihre Sprache frei gebrauchen konnten und für sie bis ins 19. Jh. hinein Gottesdienste in poln., lit. und frz. Sprache gehalten wurden. Als im Zeitalter des Nationalismus die Verschiedenheit der Sprachen ein nationales Problem wurde, war die Einwohnerschaft längst einheitlich deutsch. Eine nationale Minderheit im politischen Sinne hat es also in K. nie gegeben.
An dem wirtschl. Aufschwung des Reichs nahm K. gemessenen Anteil. Die Einwohnerzahl stieg auf 385 000, und auch der Flächenraum nahm durch die Eingemeindung von Vororten und Villenkolonien stark zu. Die hemmenden Auswirkungen des Versailler Friedens wurden durch den Selbstbehauptungswillen der Bürgerschaft und mit tatkräftiger Hilfe von Reich und Staat überwunden, nachdem die Willkürherrschaft der sog. Volksmarinedivision durch den vom Oberpräsidenten August Winnnig veranlaßten Einsatz von Freiwilligenverbänden am 4. März 1919 beseitigt worden war. Bis 1918 hatte Siegfried Körte, einer der größten dt. Oberbürgermeister, mit Energie und Geschick seine Stadt geleitet; von 1920–33 steuerte sie Hans Lohmeyer erfolgreich durch alle Schwierigkeiten der Inflations- und Nachkriegszeit, unterstützt von Bürgermeister Carl Gördeler, bis dieser 1930 als Oberbürgermeister nach Leipzig ging. Der Ausbau des Hafens, die Einrichtung der Ostmesse, des Flughafens, des Ostmarkenrundfunks, die Erneuerung der Bahnanlagen, die neuen Gebäude für die Stadtverwaltung, die Oberpostdirektion, die Polizei, die Gerichtsbehörden, das alles waren Beweise eines wirtschl. Gedeihens, das den Nährboden für ein reiches kulturelles Leben abgab. – Von dem Kriegsgeschehen des zweiten Weltkrieges wurde K. lange Zeit unmittelbar wenig betroffen, bis zwei furchtbare nächtliche Angriffe westlicher Flieger am 26./27. und 29./30. August 1944 die ganze Innenstadt und einen Teil der

n. Außenstadt mit tausenden von Spreng- und Brandbomben vernichteten. Sämtliche hist. Gebäude wurden zerstört, der Dom und zwölf weitere Kirchen, die alte und die neue Universität, das kneiphöfsche Rathaus (seit 1927 Stadtgesch. Museum), das Schloß, dazu die Börse, das Opernhaus, die Staatsbibliothek, viele Universitätsinstitute und Kliniken, Zeitungsgebäude, die altberühmte, seit 1722 bestehende Buchhandlung von Gräfe und Unzer und etwa die Hälfte aller Schulen. Vernichtet wurden auch die Geburtshäuser von I. G. Hamann, E. Th. Hoffmann, Eduard Simson und Hermann Götz und das Haus in der Löbenichtschen Langgasse, in dem Kleist 1805/07 gewohnt und den »Zerbrochenen Krug« vollendet hat. Dem Schrecken aus dem W folgte nach wenigen Monaten der aus dem O. Vom 28. Januar 1945 ab wurde K. belagert, von General Otto Lasch mit zusammengewürfelten Verbänden abgekämpfter Truppen bis zum 10. April gegen eine gewaltige sowjetische Übermacht gehalten. Von den rund 110 000 Zivilisten, die während der Kämpfe in der Stadt waren, sind in den folgenden Monaten 85 000 durch Mord und Verschleppung, Hunger und Seuchen zugrunde gegangen. Der Rest wurde 1947/ 1948 nach Deutschland entlassen. – Über den heutigen Zustand K.s liegen keine sicheren Nachrichten vor. Soweit man weiß, ist die Innenstadt mit ihren hist. Bauwerken nicht wiederaufgebaut, zumal den neuen Herren von »Kaliningrad« jede Beziehung zur Gesch. der Stadt fehlt. Das Denkmal Friedrichs I. und das 1864 errichtete Kantdenkmal von Rauch sind verschollen; auf dessen Sockel soll eine Thälmannbüste stehen. Kants Grabmal am ausgebrannten Dom wird erhalten, da er als fortschrittlicher Philosoph gilt (→ Gr. Holstein, → Juditten). (III) G

FGause, Gesch. der Stadt K. (in Vorbereitung) — PRhode, K.s Stadtverwaltung einst u. jetzt, K. 1908 — ARhode, K. (als Kunststadt), Leipz. 1929 — WFranz, Gesch. d. Stadt K., K. 1934 — FLahrs, Das K.er Schloß, Stuttgart 1956 — LV 97, $_5$; 162, $_7$

Konitz (Chojnice, Kr. Konitz). »Die allzeit getreue Stadt« des Deutschen Ordens entstand neben einer alten Ortschaft, die vor der Ordenszeit Mittelpunkt einer ausgedehnten Grundherrschaft war. Ihre Entwicklung zur Stadt hatte 1323 einen gewissen Abschluß erreicht. Der Bau der Pfarrkirche zu St. Johann in Stein stammt aus der M. 14. Jh. Um die gleiche Zeit ließen sich Augustiner aus Stargard in Pommern hier nieder, die 1365 für ihr Kl. eine Handfeste erhielten. Schon im 14. Jh. blühte die Tuchmacherei. 1440 trat K. zunächst dem Preuß. Bunde bei, zog 1450 aber Unterschrift und Siegel zurück, als der Bund seine Tätigkeit gegen den Orden richtete. Am 18. September 1454 erlitten die Polen vor K. eine vernichtende Niederlage. Erst 1466 hat sich auch K. mit seinem tapferen Verteidiger, dem Söldnerführer Kaspar v. Nostiz, ergeben und damit den Krieg entschieden, weil nun jede Verbindung mit dem Reiche abriß. 1570 zinste K. von 33 Häusern am Markt, 141 in den Straßen, 42 in der Neustadt, einer Kornmühle mit zwei Gängen, einer Walkmühle und rund 150 Handwerkern (darunter 55 Tuchmacher, 19 Schuster, 16 Leineweber, 13 Schmiede, 12 Schneider). 1555 war der erste evg. Prediger nach K. gekommen, wo sich die Reformation inzwischen durchgesetzt hatte. Die Evg. blieben bis 1599 in ungestörtem Besitz der Pfarrkirche und beider Hospitalkirchen. 1616 wurde ihnen die Pfarrkirche, 1618 die St.-Georgs-Kapelle abgenommen. Die inzwischen auf städt. Grunde neu errichtete Heil.-Geist-Kirche behielten sie, verlegten aber, da sie zu klein war, ihre Gottesdienste ins Rathaus, das sie zu einer Kirche umbauten. 1620 kamen die ersten Jesuiten nach K., bauten 1664 zunächst eine hölzerne Kirche, nach deren Zerstörung durch Feuer seit 1718 die heute noch vorhandene massive. Während des zweiten schwed.-poln. Krieges hatte K. sehr durch Belagerung, Plünderung und Feuer zu leiden, besonders 1657. Neue Brände traten 1733 und 1740 auf, doch vermochte die Stadt sich immer wieder bald zu erholen. E. 18. Jh. gehörte die Stadt zu den wohlhabendsten kleineren Städten Westpreußens. Der Anschluß an das Eisenbahnnetz (1868) kam der industriellen Entwicklung zugute. 1783 zählte K. 2040, i. J. 1905: 11 014 Einw. (darunter 9876 Deutsche), 1921: 10 409, 1943: 18 881. (I) *B*

BBorowka, Die allzeit getreue Stadt K., K. 1919 — LV 110, 111, 112, 163, 4, 179

Koschneiderei. Der Name K. bezeichnet einen landschaftlichen Begriff, der in der Literatur erst im 19. Jh. auftaucht. Die eigentliche K. umfaßte zunächst sieben Dörfer im südöstlichen Teil des Kreises Konitz, Lichtnau, Granau, Osterwick, Frankenhagen, Petztin, Deutsch, Zekzin und Schlagentin. Ihre Bewohner nannten sich Koschnaewjer und zeichneten sich u. a. dadurch aus, daß sie bis zur Vertreibung im Jahre 1945 dt. und kath. geblieben waren. Mundart und Brauchtum wiesen auf Niedersachsen als Herkunftslandschaft hin. 1749 wurde Abrau von Leuten aus den gen. Dörfern besetzt. Mundartlich mit den Koschnaewjerdörfern verwandt waren auch die Bewohner der südlich davon gelegenen vier Dörfer des Erzbf. v. Gnesen: Gersdorf, Gr. Zirkwitz und Obkass (= ehem. Neu Zirckwitz). Der Besetzer von Klein Zirkwirtz kam 1345 aus Abrau. Während des Kulturkampfes trat der 1872 gegr. »Kath. Volksverein für die Koschneiderei und Umgebung« mit dem Sitz in Osterwik in den Vordergrund und machte weitere Kreise der Öffentlichkeit durch Berichte und Aufsätze im »Westpreuß. Volksblatt« (Danzig) unter der Überschrift »Aus der Koschneiderei« mit den dortigen Verhältnissen bekannt, ohne sich auf die sieben bzw. acht eigentlichen Koschnaewjerdörfer zu beschränken. Seit 1920 wurden ähnliche Presseberichte auch auf die südwestlich anschließenden deutschsprachigen Dörfer Hennigsdorf, Mosnitz, Döringsdorf, Harmsdorf, Jakobsdorf, Blumfelde und Annafeld ausgedehnt; der Begriff K. wurde also auch auf diese erweitert. Diese Begriffserweiterungen haben die eigentlichen Koschnaewjer nie gelten lassen wollen.

(I) *B*

PPanske, Deutungsversuch des Namens Koschnaewjer (in: LV 15, Bd. 41, 1933) — JRink, Die Gesch. der K., ihre Bevölkerung i. J. 1772 und Ende 1919 (in: LV 80, Bd. 16, 1932)

Kreuzburg (Slawskoje, Kr. Preuß. Eylau). Im N des Stablack, unweit der Mündung des Keyster in den Pasmar, lag auf dem ins Keystertal vorspringenden Schloßberg verm. die Preußenfeste Witige im natangischen Gebiet Solidow (Sollau). Um 1240 wurde die Feste vom Deutschen Orden unter Führung Hz. Ottos v. Braunschweig erobert und nach der gleichnamigen Gründung des Ordens im Burzenlande castrum Cruzeburg (1212) benannt. Nach der Zerstörung durch die Preußen setzte sich der Orden 1253 wieder auf der Burg fest und baute sie von neuem aus. Im großen Aufstand wurde sie drei Jahre lang durch den Natangerhäuptling Herkus Monte belagert und 1263 eingenommen, um 1270 aber vom Orden zurückgewonnen und im 14. Jh. in Stein ausgebaut. Die K. war bis 1274 Amtssitz des Vogts von Natangen, danach der eines Pflegers. 1414 steckten die Polen das Haus, die Vorburg und den Viehhof in Brand. Nach dem 13j. Kriege wurden Burg und Stadt K. an die Söldnerführer v. Tettau und Gräusing verpfändet. Um 1500 verfiel die Burg, 1520 erstürmten sie die Polen. Seit 1531 wurde die Burg als Steinbruch benutzt, war aber 1566 noch teilweise bewohnt. Um 1580 war sie fast ganz abgetragen. Jetzt sind nur noch Reste der westlichen Ring- und Futtermauer und ein Mauerbogen der Südseite erhalten. In der Ordenszeit war K. Verwaltungsmittelpunkt des Kammeramts K., zu dem 1417: 700 Zinshufen (einschl. der Krüge und Mühlen) und 210 Haken gehörten.

Landmeister Heinrich v. Plotzke gründete 1315 »aufs neue« nördlich der Burg die Stadt K. und verlieh ihr 70 Hufen zu kulm. Recht. Die im SW des Stadtkerns erbaute Wehrkirche war mit 4 Hufen dotiert. Um 1400 gehörte zu K. eine Wassermühle am Pasmar, der 1402 gen. St-Georgs-Hof und eine Schule, die unter der Leitung des Kaplans stand. 1414 ließen die Polen 71 Höfe in Flammen aufgehen und raubten die Kirche aus. 1412 tagte in K. ein Landding für das Gebiet Brandenburg und 1423 der Preuß. Städtebund. 1437 herrschte in K. die »große Krankheit«, wohl die Lepra. 1439 setzte der Komtur zu Brandenburg den widerspenstigen Bürgermeister und Rat gefangen. Im Jahr darauf schloß sich K. dem Preuß. Bund an, fiel 1454 vom Orden ab, ergab sich ihm aber im nächsten Jahr. Nach dem 13j. Kriege wurden Stadt und Schloß K. an die Söldnerführer v. Tettau und Gräusing verpfändet. Der Bf. v. Pomesanien löste K. 1496 ein, dafür verschrieb ihm der Orden 1497, seinem Nachfolger 1505 K. Die im S der Stadt erbaute Leonhardskapelle war in kath. Zeit ein besuchter Wallfahrtsort. 1495 belegte Bf. Lukas v. Ermland die Kapelle mit dem Interdikt wegen der Eingriffe des Komturs v. Brandenburg und verhängte über die Priesterbrüder des Ordens die Exkommunikation. 1505 herrschte in K. die Pest. 1520 brannten die Polen die Stadt aus. Bei der Ref. ging die Leonhardskapelle ein und verfiel. Schloß und Stadt K. waren 1564–66 im Besitz des Hochstaplers Paul Skalich (»Dynast von C.«). 1593 brannte ein Teil, 1634 fast die ganze Stadt ab, und 1650 zerstörte ein Hochwasser des Keyster die 1568 erbaute Papiermühle; 1668 ging sie ein. In den Pestjahren 1709–11 forderte die Seuche zahlreiche Opfer, und ein Hochwasser vernichtete 1710 die Walkmühle, so daß das Tuchmachergewerbe, das seit Jhh. geblüht hatte, einging. Von 1740–96 hatte K. wechselnde Garnisonen, von 1758–62 eine russ. Besatzung. 1771 wurde der Generalfeldmarschall Hermann v. Boyen in K. geboren.

Im Kriegsjahr 1807 besetzten die Franzosen die Stadt; 1814 mußte das alte Rathaus wegen Baufälligkeit abgerissen werden. Vier Jahre später vernichtete ein großer Brand die ganze Stadt bis auf Kirche, Schule und Pfarre. Nach dem Brande gewann die Zwirnfabrikation für die verarmten Bewohner große Bedeutung. Der Zwirnhandel erstreckte sich über die ganze Provinz bis nach Pommern. 1818/19 war K. Kreisstadt des gleichnamigen Kreises. 1876 erreichte K. mit 2123 Seelen seine höchste Einwohnerzahl. Um 1885 begründete G. Reichermann ein Wollspinnerei- und Webereiunternehmen mit großem Absatzgebiet. 1894 entstand das Sägewerk. Die abseitige Lage von K. brachte es mit sich, daß es eine kleine Ackerbürgerstadt blieb, auch nach dem Kleinbahnanschluß nach Wittenberg. 1930 hatte K. 1853 Einw. Seit 1945 liegt es im sowjet. besetzten Teil von Ostpreußen.

WSahm, Gesch. d. Stadt K. 1901 — ThWinkler in: LV 50, S. 73 (III)   *Gu*

Krojanke (Krajenka; Kr. Flatow). Dieser Ort war eine Mediatstadt, deren Grundherr 1420 die Erlaubnis erhielt, an der Stelle des östlich vom Schloß zu beiden Seiten der Glumia gelegenen Dorfes Kraina eine Stadt anzulegen. Die Wohnstätten westlich des Flusses gingen ein; hier war später ein Vorwerk. Hart an der Glumia, an der Südwestecke der Stadt, lag das Schloß, dessen Ausdehnung heute noch in der Geländebildung erkennbar ist. Bei der Stadtgründung wurde auch, 150 Fuß vom Schloß entfernt, eine Kirche errichtet. Die vorhandene kath. Kirche zu St. Nikolaus wurde 1774 in dem erhalten gebliebenen Westflügel des Schlosses durch die damalige Besitzerin, die Fstn. Anna Sulkowska, eingerichtet. Die evg. Kirche auf dem geräumigen Markt ist ein Bau von Schinkel, 1846/47 errichtet, 1910/11 erweitert. 1839 erwarb Kg. Friedrich Wilhelm III. die Herrschaft K. (5742 ha) von den Wolffschen Erben. – 1783 hatte K. neben 65 wüsten Baustellen 209 »schlechtgebaute, mit Stroh gedeckte Häuser«, 848 Einwohner, darunter über 400 Evg., 205 Juden, die übrigen waren kath. Unter den Handwerkern waren die Tuchmacher verhältnismäßig zahlreich. 1874 werden neben etwa 100

Handwerkern eine Tuchfabrik mit Walkmühle, Färberei, Brauerei, Dampfschneidemühle gen. 1939 hatte K. 3180 Einwohner.

(I) *B*

FWFSchmitt, Der Kr. Flatow, 1867 — OGoerke, Der Kr. Flatow, 1918 — LV 50, 163, 4

Krossen (Krosno, Kr. Braunsberg). Das am r. Drewenzufer oberhalb der Stadt → Wormditt um 1350 gegr. Lehngut K. (gen. nach einem seiner ersten Besitzer) kaufte E. 16. Jh. der Braunsberger Bürgermeister Jakob Bartsch und erneuerte hier die schon seit ungefähr 1400 bezeugte, inzwischen recht verfallene Marienkapelle, in der eine kleine Madonnenstatue aus Alabaster verehrt wurde, die der Legende nach trotz mehrfacher Sicherstellung in der Wormditter Pfarrkirche stets auf den alten Platz zurückkehrte. Um 1710 brachte der Wormditter Erzpriester Kaspar Simonis das ganze Gut mit schließlich 25 Hufen in den Besitz der Kapelle, errichtete neben ihr für die Versorgung von Weltgeistlichen eine Stiftung, die bis in die Gegenwart bestanden hat, und ließ 1715 bis 1720 durch den Wormditter Baumeister Joh. Christoph Reimers die jetzige barocke Wallfahrtskirche (Mariä Heimsuchung) erbauen. Das Gotteshaus ähnelt in der ganzen Anlage, Westfassade und rechteckigem Umgang mit seinen vier kleinen Kuppelkapellen und dem schmiedeeisernen Eingangstor, stark der Wallfahrtskirche in → Heiligelinde, nur ist sie nicht entfernt so leicht und formschön, sondern viel breiter und schwerer gestaltet. Im ersten Weltkrieg wurde die Kirche zusammen mit dem anschließenden, ungefähr 1740 erbauten Stiftsgebäude im August 1914 schwer beschädigt, aber schon bald umfassend erneuert.

LV 172, Bd. 20, S. 47 — LV 164, S. 182 (III) *Sch*

Krücken (Kr. Preuß. Eylau). Bei dem Ort K., s. der Stadt Kreuzburg gelegen, wurde ein Ordensheer, das in Natangen eingedrungen war, am 29. November 1249 von den Preußen fast vollständig aufgerieben. Es sollen mehr als 1000 Ordenskrieger, darunter 54 Ordensritter, gefallen sein. Der Marschall Heinrich Botel und der Hauskomtur Johann v. Balga befanden sich unter den Toten.

LV 136, S. 106 (III) *Gu*

Kulm (Chełmno, Kr. Kulm). Am Höhenrand des r. Weichselufers an einem wichtigen Übergang gelegen, war K. schon vor der Ankunft des Deutschen Ordens ein wichtiger Platz, wovon u. a. zahlreiche Funde von arabischen und europäischen Münzen zeugen. Bis dahin waren anscheinend die Polen einmal erobernd, christianisierend und kolonisierend vorgedrungen, als die Erhebung der heidnischen Preußen (1216) das Erreichte zerstörte. So vermochte Konrad v. Masowien, als er im Winter 1225/26 dem Deutschen Orden für seinen Beistand gegen die heidnischen Preußen das Kulmer Land anbot, nur einen Anspruch auf dieses Gebiet überlassen. Die vom Deutschen Ritterorden 1232 angelegte Siedlung erhielt am 18. Dezember 1233 die dem Magdeburger Stadtrecht nachgebildete »Kulmische Handfeste«. Auch ein bestimmtes Güterrecht wurde später als »Kulmisches Recht« bezeichnet und 1294 in den fünf Büchern des »Alten Kulm« aufgezeichnet. Dies Recht blieb für die preuß. Stadt- und Dorfsiedlungen vorbildlich und wurde so zum Grundgesetz des Ordensstaates. Der Schöffenstuhl von K. wurde oberste Instanz für die Auslegung dieses Rechtes, und K. selbst galt lange Zeit als die Hauptstadt des Deutschordensstaates. 1233 dotierte der Deutsche Orden die Pfarrkirche St. Marien, die A. 14. Jh. in Stein als dreischiffiger Hallenbau aufgeführt wurde. Bei der Gründung legte der Orden am äußersten Südwestabhang der Stadt ein Ordenshaus mit Wehrturm an, die beide später in den Bereich des Zisterzienser- bzw. Benediktiner-Nonnenklosters einbezogen wurden. Die Gründung des Dominikanerkl. fällt bereits in die Jahre 1228–38; wenig später folgte der Massivbau der Dominikanerkirche zu St. Peter und Paul. 1258 wurde das Franziskanerkl. gegr. Der 1567 begonnene Bau des Rathauses hat in der Mitte einen Turm, der oben eine Galerie mit barocker Spitze trägt. Wesentliche Teile der mit 30 Türmen bewehrten Stadtmauer waren bis in die jüngste Vergangenheit erhalten geblieben. 1397 gab Papst Urban IV. auf Wunsch des Deutschen Ordens die Erlaubnis zur Errichtung einer Universität nach dem Vorbild von Bologna, doch ist es wegen der bald folgenden kriegerischen und politischen Wirren nicht zur Durchführung dieses Vorhabens gekommen. Vor Ausbruch des 13j. Städtekrieges soll K. mit seinen Vorstädten etwa 15 000 Einw. gehabt haben. Zu den wichtigsten Erwerbszweigen gehörten im Ma. hier auch Flußschiffahrt und Fernhandel. 1360–70 vertrat der Bürgermeister Ertmar v. Herken allein die Interessen der preuß. Städte auf den Hansetagen. Das um 1400 entstandene, 1779 abgebrochene engl. Packhaus gehörte zu den hervorragendsten Gebäuden am Markt; außerdem gab es hier ein holländisches und ein dänisches Packhaus. Mit dem Aufstieg Danzigs zur wirtschl. führenden preuß. Stadt ging der seewärtige Handel K.s zurück; 1437 trat es aus der Hanse aus. Der 13j. Städtekrieg zerstörte seinen Wohlstand und nahm seinem Gericht die Stellung eines Oberhofs. 1458 nahm Bernhard v. Zinnenberg mit 2000 Söldnern K. im Handstreich und behauptete es mit → Althausen und → Strasburg bis zu seinem Tode am 7. Januar 1470 wie eine eigene Herrschaft. Erst 1479 kam die Stadt in den Besitz der Krone Polen, die sie dem Bf. v. Kulm schenkte. Trotz mancherlei Bemühungen um eine Vermehrung der Bürgerschaft blieb nach dem Kriege ein großer Teil der städt. Hofstellen unbesetzt. 1772 gab es in K. 257 Feuerstellen mit 1644 Einw., von 40 Häusern am Markt waren 28 baufällig. K. war in den vergangenen drei Jhh. zu einer Ackerbürgerstadt herabgesunken, in der sich einige Bürger »vom Schanke« nährten, wenige Handel trieben, die meisten aber »aus der Ackerwirtschaft« lebten. Friedrich d. Gr. genehmigte für den Wiederaufbau der Stadt bedeutende Geldsummen. Mit deren Hilfe wurden ihre ma. Bauformen zum großen Teile erhalten, und neues Leben entfaltete sich in der im Ersterben gewesenen ehrwürdigen Deutschordensstadt. Sie zählte 1837: 5394 Einw., war Kreisstadt, hatte seit 1775 eine Kadettenanstalt (1890 nach Köslin verlegt) und betrieb neben den üblichen Gewerben zur Versorgung seiner Umgebung besonders Tuchweberei und Strumpfwirkerei. 1890 wurden 9762 Einw. gezählt, 1905: 11 665 (darunter 3845 Evg. und 284 Juden), 1921 (nach Angliederung an Polen) 10 425, 1943: 13 117. In K. wurde 1866 Hermann Löns geboren (gef. 1914); von hier stammen auch der Rechtslehrer Adolf Wach (1843–1926) und Generaloberst Heinz Guderian (1888–1954). (II) *B*

FSchultz, Die Stadt K. im Mittelalter (in: LV 14, Bd. 23, 1888) — LV 110, 163, ₅

Kulmsee (Chełmża, Kr. Thorn). In fruchtbarer Umgebung auf dem höchsten Punkt einer halbinselartig in den gleichnamigen See einspringenden Bodenerhebung gelegen, wird der Ort 1222 unter dem vermutlich preuß. Namen Loza erwähnt. 1243 wurde das »Dorf« mit dem See und 600 Hufen dem Bischof Heidenreich v. → Kulm übertragen, 1251 bei der Stiftung der Domkirche und des Domkapitels bereits als »Stadt« Culmensee bezeichnet. Der Bau der auf zwei Türme in der Vorderfront angelegten Domkirche wurde vermutlich bald nach 1251 begonnen, nach dem Brande von 1286, bei dem die ganze junge Stadt zerstört wurde, weitergebaut und bis 1359 im wesentlichen vollendet. Der Bau der Pfarrkirche zu St. Jakob, ebenfalls 1251 begründet, stammt aus dem E. 13. Jh. 1256 kam die Mystikerin Jutta v. Sangershausen nach K., ließ sich in einer Hütte an der Wand einer zerstörten Kirche unweit der Stadt nieder und richtete das St.-Georgen-Hospital vor dem Kulmer Tor ein, wo sich bald Helferinnen einfanden, von denen einige ihr aus Deutschland nachgefolgt sein mögen, die sie Schwester und Mutter nannten. 1625 wurde das Franziskanerkloster gegr. 1773 gab es in K. nur 52 Häuser mit 359 Einw., Ackerbau und Bierbrauen waren die wichtigsten Erwerbszweige. Seit 1781 residierten die Kulmer Bischöfe wieder in K. Langsam hob sich unter der Fürsorge der preuß. Könige auch die Zahl der Bevölkerung von K., seit Verlegung des Bischofssitzes nach → Pelpin (1824) trat ein Stillstand in der Entwicklung ein. Neuen Auftrieb brachte die Begründung der Zuckerfabrik (1881), die nach dem Brande von 1904 zur größten Zuckerfabrik Europas ausgebaut wurde. Im W der Stadt nach der Eisenbahn (1882) zu entstand nun das Fabrikviertel, das K. das Gepräge einer Arbeiterstadt gab. 1871 hatte K. erst 2982 Einw., 1943: 12 277. (II) *B*

HWestphal, Jutta v. Sangershausen, Meitingen 1938 — HMaercker, Gesch d. ländlichen Ortschaften und der drei kleinen Städte des Kr. Thorn, 1899/1900 — LV 110, 163, ₆

Kurische Nehrung. Die K. N. ist ein etwa 97 km langer und ½–4 km breiter Dünenstreifen zwischen der Ostsee und dem Kurischen Haff. Sie hängt als Halbinsel nur im S mit dem Samland zusammen und wird im N durch das »Memeler Tief« vom Festland getrennt. Sie zeigt Siedlungsspuren schon aus der Jungsteinzeit (3.–2. Jahrtausend v. Chr.). Erhalten sind an den »Scherbenplätzen« nur Bruchstücke von Tongefäßen und Steingeräte; alle Werkzeuge aus organischen Stoffen, auch Überreste von Holzhäusern, sind im Sande völlig vergangen. Die Steinzeitmenschen haben sich wohl überwiegend vom Fischfang in Meer und Haff ernährt. Die K. N. wird 1258 mit dem Namen »Nestland« bezeichnet. Der Name »Neria« (wohl altpreuß.) wurde zuerst für die Frische Nehrung gebraucht, bald aber auf die K. N. übertragen. Das Beiwort »kurisch« rührt von dem baltischen Stamm der Kuren her, der in frühgesch. Zeit zum großen Teil die Küsten des Kurischen Haffs bewohnte. In die dt. Gesch. tritt die K. N. mit der Gründung von Burg und Stadt → Memel (1252) vor ihrer Nordspitze ein. Gegen Memel unternahmen die Samländer, wohl 1253, einen Kriegszug. Damit erscheint zum ersten Male die K. N. als Heeresstraße. Sie blieb es in der Folgezeit, denn auch für den Deutschen Orden war sie die kürzeste und sicherste Verbindung zwischen Preußen und Livland. Zum Schutze dieser Straße legte der Deutsche Orden Burgen an, 1283 Neuhaus, im 14. Jh. → Rossitten. Auch der private Reiseverkehr bediente sich dieser Straße. Zur Förderung des Verkehrs wurden zahlreiche Krüge angelegt: Sarkau, Kunzen, → Rossitten, → Nidden, Negeln, Karwaiten, Schwarzort, Sandkrug. Ein Teil dieser Orte ist durch Wanderdünen verschüttet, andere sind neu gegr. worden. Über die Bewegung der Dünen gibt es zahlreiche Nachrichten seit dem 16. Jh. In mühevoller Arbeit hat die preuß. Verwaltung im 19. und 20. Jh. die Dünen festgelegt und weiterer Versandung vorgebeugt. Der im Ma. befürchtete Durchbruch der See an der schmalsten Stelle bei Sarkau (angebliches Sarkauer Tief) ist nicht eingetreten.

Die K. N. hat ihre Funktion als Straße durch die Jahrhunderte behalten und noch gesteigert, seitdem im 18. Jh. auch der wesentliche Landverkehr nach der neuen russ. Hauptstadt St. Petersburg über sie ging. Nicht nur Kaufleute, auch Gesandte, Fürsten und Gelehrte haben die K. N. kennengelernt. Kgn. Luise v. Preußen benutzte diesen Weg 1807 auf ihrer Flucht nach Memel. Einer der letzten prominenten Reisenden war Alexander v. Humboldt (1829) auf der Reise nach St. Petersburg und weiter zu seiner großen Expedition nach Innerasien. Er wurde am Memeler Tief zwei Tage lang wegen des Eisgangs festgehalten. Auch Wilhelm v. Humboldt hat die K. N. kennengelernt und schreibt (1809): »Die K. N. ist so merkwürdig, daß man sie eigentlich ebenso gut wie Spanien und Italien gesehen haben muß, wenn einem nicht ein wunderbares Bild in der Seele fehlen soll.« Bereits vor dem Eisenbahnzeitalter, mit der Vollendung der Chaussee Tilsit-Tauroggen 1826 und der Herstellung einer besseren Straßenverbindung zwischen Berlin und St. Petersburg war die große Zeit der K. N. als Straße vorbei; auch die Hauptpost Berlin-Königsberg–St. Petersburg wurde 1833 über → Tilsit verlegt. Dafür setzte im Zeitalter der Touristik der Strom der Reisenden nach der K. N. ein, die zu Schiff über das Kurische Haff anreisten. Der geplante Bau einer Eisenbahn die K. N. entlang kam nicht zustande. Die Siedlungen der K. N. liegen alle an der Haffseite. Die Bevölkerung lebte vom Fischfang. Die Krüger und Beamten waren meistens Deutsche; die Fischer auf der Südhälfte wohl meist altpreuß. Stammes, auf der Nordhälfte meistens »Kuren«, die vielleicht z. T. noch von den alten Kuren abstammten, aber sich mit neu eingewanderten Letten aus dem unterdessen lettisierten Kurland vermischt und die lettische Sprache angenommen hatten. Litauer gab es auf der K. N. nur wenige, doch wurde in den Kirchen außer dt. auch lit. gepredigt. Verwaltungsmäßig war die K. N. nie eine Einheit. Die Südhälfte gehörte zum Samland und unterstand im Ma. dem Deutschordensmarschall in Königsberg, später dem Hauptamte Schaaken; die Nordhälfte gehörte zur Komturei, später zum Hauptamte Memel, dann zum Kr. Memel und wurde daher auch nach dem ersten Weltkrieg mit dem Memelgebiet vom Dt. Reiche abgetrennt. – Ein Sohn der K. N. ist Ludwig Rhesa (geb. 1777, † 1840 in Königsberg), ein Sammler lit. Volkslieder. Auf der K. N. spielt E. Th. A. Hoffmanns Erzählung »Das Majorat«. Zahlreiche Dichter haben die K. N. besungen, Maler sie gemalt. (III) *F*

ABezzenberger, Die K. N. und ihre Bewohner, 1889 — OSchlicht, Die K. N. in Wort und Bild, 1927 — KForstreuter, Die Entwicklung der Nationalitätenverhältnisse auf der K. N. (in: LV 23, Bd. 8, 1931) — Ou.HStallbaum, Die Wunder der K. N., 1926 — Die K. N. Eine Monographie, 1930

Kurzebrack (Korzeniewo, Kr. Marienwerder). Am Weichselufer bei K. befindet sich der älteste Pegel, an dem seit 1809 regelmäßig der Wasserstand des Stromes beobachtet worden ist. 1840–42 wurde hier ein Schutzhafen ausgebaut, der besonders dem Verkehr nach → Marienwerder zugute kam. Obwohl bei der Volksabstimmung von 1920 in K. von 452 abgegebenen Stimmen nur elf für Polen abgegeben worden waren, sprach die Grenzfestsetzungskommission 1922 neben dem Brückenkopf von Grabau, dem Grabauer Polder und einigen Kämpen, auch den Hafen K. Polen zu, so daß über den Versailler Vertrag hinausgehend hier beide Weichselufer unter poln. Herrschaft kamen. Die am 31. August 1909 nach 3j. Bauzeit dem Verkehr übergebene Weichselbrücke zwischen Münsterwalde und Grabau wurde in den 20er Jahren von Polen abgetragen, um die Eisenteile an anderer Stelle zu verwenden. (II) *B*

EWernicke, Marienwerder, 1933. S. 317 — „Die Weichsel", hg. von Richard Winkel, Leipzig 1939, S. 325

Labiau (Polessk, Kr. Labiau). »Labegowe« war eine alte Preußenfeste am w. Ufer der Deime, 2 km vor ihrer Mündung ins Kurische Haff. 1258 wird der Name zum ersten Male in der Teilungsurk. des → Samlandes zwischen dem Vicelandmeister Gerhard v. Hirzberg und Bf. Heinrich von Samland erwähnt. Damals schon wurde anstelle der preuß. Anlage eine Ordensburg zur Sicherung gegen die Litauer erbaut. 1277 wurde sie von den Schalauern zerstört, aber 1280 neu errichtet. 1288 wird ein Komtur von L. erwähnt; später gibt es nur noch Pfleger, die der 1289 gegr. Komturei Ragnit unterstellt waren. Die ländliche Aufsiedlung der Umgegend war seit 1261 im Gange. L. ist zur Ordenszeit, wie das ebenfalls an der Deime gelegene → Tapiau, der typische Nachschubort für die Litauerkämpfe. In L. zog der Orden die Schiffe für die Überfahrten seiner Streitkräfte über das Haff zusammen. Die Siedlung vor der Burg, gebildet aus Krügern, Fischern, Handwerkern und Gärtnern, wird schon im 13. und 14. Jh. als Lischke bezeichnet. Die wirtschl. Bedeutung des Ortes erhöhte sich durch den Ausbau der Deime als Schiffahrtsweg in den Jahren der Blüte des Ordens 1395–1405. Hier ging der gesamte Handel von Danzig und Elbing nach Litauen hindurch. 1430 erfahren wir von einer Schleuse bei L. Damals spätestens wurde auch ein Zoll erhoben, der als Wasserzoll erst 1638 aufgehoben worden ist. Der Gewinn für den Ort selbst hielt sich jedoch in mäßigen Grenzen, weil nur einzelne Kaufleute zum Handel mit Polen-Litauen berechtigt waren. Sie vermittelten hauptsächlich die Einkäufe der auswärtigen Gäste bei der Bevölkerung des umliegenden Marktgebietes. 1462 ist in L. bereits von einem Schulzen und Schöffen die Rede. – In der Vorburg stand die ma. Kirche St. Georg; die Pfarrkirche ist wohl erst A. 16. Jh. erbaut worden. Einen evg. Prediger gibt es seit 1549. Zur hzl. Zeit war L. ein Hauptamt. Schon 1626 wird es als Stadt bezeichnet. Vor 1641 wurde ein Jahrmarkt bewilligt. Am 28. Juli 1642 erhielt L. vom Gr. Kurfürst das Stadtrecht. Im Privileg wird das Marktrecht besonders hervorgehoben. E. 15. Jh. hatte die Lischke acht bis neun Krüge zu kulmischem Recht besessen, 1725 zählte die Stadt deren 18. Krämer und Krüger galten als »Vollbürger« und bildeten die »Oberzunft«. Auch der Fischfang wurde weiter betrieben, die Brauerei neu aufgenommen. 1656 ließ der Gr. Kurfürst eine Wallbefestigung im W und S der Stadt anlegen. Am 20. November gleichen Jahres gewann er vom Schwedenkönig Karl X. Gustav die Zusicherung der Souveränität für Preußen, die 1525 an Polen verlorengegangen war. 1679–89 wurden der Gr. und Kl. Friedrichsgraben ausgebaut, um den schwierigeren Weg über das Haff zu vermeiden. Gleichzeitig wurde die Deime begradigt. L. war bis 1809 eine Immediatstadt. Die Einwohnerzahl betrug um 1400 rd. 500, 1782 waren es 2129 und 1930 zählte man 5411. Der Rückgang des Schiffsverkehrs zugunsten der Eisenbahn ließ L. Bedeutung schwinden; doch lag es an der Strecke Königsberg–Tilsit und blieb eine ansehnliche Kreisstadt. (III) W

AHorn, Zur Gesch. L. (Sitz.-Ber. d. Prussia 1889) — ThWinkler in: LV 50, S. 75 — LV 95, S. 515 — LV 105

Landeck (Lędyczek, Kr. Schlochau). Der Ort liegt am Einfluß der Dobrinka in die Küddow. Seine Gemarkung bildete die äußerste Südwestecke des Ordensstaates. Hier führte der alte Markgrafenweg (via marchionis), die einst bedeutendste Straße zwischen der Mark Brandenburg und Ostpreußen, über die Küddow, die spätere Reichsstraße 1. Gleichsam als Toranlage errichtete der Deutsche Ritterorden hier ein sog. Wildhaus. 1379 wird in L. ein Pfleger gen. 1437 wurden Pflegeramt und »Schloß« dem Seiffridt v. Melen auf Lebenszeit zugleich mit der Herrschaft über das vor dem Schlosse gelegene Dorf gegen die Verpflichtung verliehen, dem Orden mit drei Pferden und Harnisch zu dienen. Die Burg ist später durch Feuer zerstört worden. 1664 wird sie nicht mehr erwähnt. 1772 werden 42 Tuchmacher, sechs Schuster, drei Krüger und fünf privilegierte jüdische Kaufleute erwähnt. Seit 1775 wurde L. von der Regierung als Stadt behandelt. Nachdem in der 1. H. 19. Jh. durch die russ. Grenzsperre die industrielle Entwicklung das Tuchmachergewerbe auch hier zum Erliegen gekommen war, blieb L. ein kleiner Marktflecken, der 1860 1002 Einw. zählte (854 Evg., 114 Juden, 34 Kath.), 1905 nur 809, 1939 wieder 1010. (I) *B*
LV 50, 110, 112, 179

Landgraben (Kr. Fischhausen). In einer Urk. v. J. 1384 wird zwei Hofbesitzern in »Myntigeite« (→ Metgethen) der Schaden vergütet, der ihnen durch den »Graben nach der Königsberger Mühle« entstanden ist. Spätestens in dieser Zeit also hat der Orden den flußartig breiten Kanal angelegt, der die Trinkwasserversorgung und den Betrieb der Mühle von Königsberg sichern sollte. In elf Stauteichen, von denen der Pilzenteich, Wargener, Philipps- und Fürstenteich die bekanntesten sind, sammelt er, ebenso wie der Wirrgraben und die neuzeitliche Leitung vom Wiekauer Teich, die Wasser des Alkgebirges und führt sie der Großstadt zu, wo sie den Ober- und Schloßteich füllen. Der letzte Ablauf zum Pregel, die Katzbach, betrieb die Ordensmühle. Entsprechend durchfließt der Wirrgraben neun Teiche, angefangen vom Dammteich, und mündet ebenfalls in den Oberteich. Genau 500 Jahre nach der ersten Erwähnung des L., i. J. 1884, veranlaßte der Königsberger Bürgermeister Hermann Hoffmann die Anlage der Stauteiche bei Wiekau s. des → Galtgarbens. Im dortigen Park, der nach ihm benannt ist, hat er einen Gedenkstein mit Bronzeplakette erhalten. Der Fußweg am baumbestandenen Landgraben entlang vom Fürstenteich bis Wargen und um die Wiekauer Teiche herum gehörte zu den reizvollsten Ausflügen der Königsberger. (III) *W*
LV 126, Bd. 2, S. 204

Landsberg (Górowo, Kr. Preuß. Eylau). Die Stadt L. liegt mitten im Stablack am Röhren- oder Mühlenfließ, das sich am Südwestrand des Stadtkerns teichartig verbreitert, an einer Stelle, wo sich wichtige Straßen kreuzten. Der Balgaer Komtur Heinrich v. Muren gründete hier 1335 das »Gemeinwesen Landstras oder Landsberg genannt«. Von den 100 Hufen 10 Morgen waren vier Hufen für die Kirche und 68 für das Stadtdorf bestimmt. Die Polen brandschatzten die Stadt 1414; dabei wurden 54 Menschen getötet bzw. gefangen weggeführt. Die zwischen 1335–70 erbaute Kirche und das 1367 gegründete Hospital »Zum Hl. Geist« wurden beschädigt und zwei Priester getötet.
Die 1417 erstm. gen. Mühle blieb bis zur Gegenwart bestehen. 1440 trat L. dem Preuß. Bund bei und wurde 1456 zerstört. Der Orden verlieh L. 1482 dem Söldnerführer Nikolaus v. Taubenheim. 1509 beschwerten sich die Bürger der Stadt über ihren Lehnsherrn beim Orden wegen Bedrückung. In der 1. H. 16. Jh. war L. so klein und unbedeutend, daß es »Flecken« gen. wurde. 1535 kam es für 275 Jahre unter die Lehnsherrschaft der Fam. Truchseß v. Waldburg, was viele Streitigkeiten zwischen Lehnsherrschaft und Stadt zur Folge hatte. 1566 wurde L. der zweite Jahrmarkt zugebilligt, und 1569 erwarb der Lehnsherr Hans Jakob Truchseß v. Waldburg das Kirchenpatronat; 1586 gründete er in L. eine Schule. Bei dem großen Brande von 1655 wurde die ganze Stadt bis auf die Vorstadt und die Scheunen zerstört. Die Kirche konnte um 1660–65 wiederaufgebaut werden. 1710 forderte die Pest 767 Opfer. 1720 entstand das Heilig-Geist-Hospital neu. 1807 plünderten Franzosen und Russen die Stadt; am 17. und 18. Februar 1807 wohnte Napoleon in L. 1812 durchzog die Große Armee die Stadt, die 1818 dem Kr. Zinten, 1819 dem Kr. Preuß. Eylau zugeteilt wurde. Im ersten Weltkrieg litt L. schwer durch Beschießung und Brand und war vom 20. August bis 3. September 1914 von Russen besetzt. In jüngster Zeit war die Stadt bekannt durch ihre moderne Wollwarenfabrik (Otto Kirstein, Spinnerei GmbH.), die heimische Schafwolle zu reinwollenen Garnen und Strickwaren verarbeitete. Seit 1945 liegt L. im poln. verwalteten Teil von Ostpreußen, ist Kreisstadt und wird von Polen und Ukrainern bewohnt. Die 1927 erbaute Stadtschule ist jetzt staatl. Volks- und Oberschule. Die Bevölkerung ist seit 1768 von rd. 1000 bis 1935 auf rd. 3000 Seelen gestiegen.

(III) *Gu*

AFischer, Gesch. d. Stadt L., 1935 — EJGuttzeit, 600 Jahre L. (in: Natanger Heimatkalender 1935) — ThWinkler in: LV 50, S. 76

Lateinerberg: → Grünwalde (Kr. Heiligenbeil).

Laugszargen (Lauksargiai, Kr. Pogegen; bis 1920 Kr. Tilsit). L. ist ein Dorf und Grenzstation an der Autostraße und Eisenbahnlinie Tilsit–Riga. Jenseits der Grenze, blicknahe, liegt die Mühle von Poscheruny, in der am 30. Dezember 1812 die »Konvention von Tauroggen« zwischen dem preuß. General Yorck v. Wartenburg und dem russ. General v. Diebitsch abgeschlossen wurde. Aus eigener Verantwortung hat Yorck die preuß. Armee, die bisher an der Seite Napoleons gegen Rußland gekämpft hatte, neutralisiert. Damit wurden die Freiheitskriege gegen Napoleon eingeleitet. Über Laugszargen und Tauroggen führte seit 1833 die große Poststraße, die Berlin mit St. Petersburg verband, vor dem Anschluß der Ostbahn an das russ. Bahnsystem (Eydtkuhnen–Wirballen, 1862) die schnellste Verbindung zwischen Deutschland und den russ. Hauptstädten. Dagegen fand die Bahn Tilsit–L. erst im ersten Weltkrieg den Anschluß an das russ. Bahnnetz; sie wurde nach dem Kriege wichtig für den Verkehr nach Riga und Moskau. So ist auch dieser Grenzpunkt eine hist. Stelle für die Begegnung der Völker und Staaten. (IV) *F*

Laukischken (Ssaranskoje, Kr. Labiau). Der Ort wird unter dem Namen »Lowke«, später »Lauken«, bei der Teilung des Samlandes 1258 zuerst urk. erwähnt. Eine Ordensburg wird 1327 gen., seit 1390 ein Kämmerer aufgeführt. Nach 1525 wird L. Jagdbude Hz. Albrechts und 1581/84 unter Markgraf Georg Friedrich vom fränk. Baumeister Blasius Berwart zu einem »schönen, lustigen Schlößchen« ausgebaut und Friedrichsburg gen. Bald darauf hat es einmal zum Empfang einer schwed. Gesandtschaft gedient. Hier erlegte Markgraf Joh. Sigismund 1595 als junger Mensch einen »Haupt-Auer«, der sogar vom Hofmaler, allerdings erst nach dem Tode, porträtiert wurde. Aus dem im Königsberger Staatsarchiv bis 1945 erhaltenen Ölbilde konnte man ersehen, daß es sich um einen Wisent handelte, wie denn dieses seltene, hier allein damals in Ostpreußen noch erhaltene Wild der eigentliche Anlaß des Jagdschlosses gewesen ist. Neuzeitlich überbaut, bestand das Schloß noch am Ende des zweiten Weltkrieges; sein weiteres Schicksal ist unbekannt. (III) *W*

EWeise, Auerochs und Wisent in Ostpr. (in: LV 30, 1956, Folge 46) — LV 162, $_1$, S. 69 — LV 164, S. 458

Lautenburg (Lidzbark, Kr. Löbau a. d. Welle). Die Stadt soll eine Gründung des Kulmer Landkomturs Otto v. Lutterberg (1320–31) sein; sie hatte einen Ordenshof mit einem Vogt aus dem → Strasburger Konvent. Die ältesten erhaltenen Teile der kath. Pfarrkirche sind vermutlich um 1350 entstanden. Bei L. meuterte am 29. September 1413 das ständische Aufgebot des Ordens und brachte damit den Küchmeisterschen Putsch gegen den Hochmeister Heinrich v. Plauen ins Rollen. 1772 gab es in L. 83 hölzerne, meist mit Schindeln gedeckte Häuser und 18 Katen bei 510 Einwohnern, die von Ackerbau, Bierbrauen, Branntweinbrennen und Handwerk lebten. Bis 1789 hatte die preuß. Regierung zur Hebung des Gewerbes hier 41 evg. Kolonistenfamilien angesiedelt. Um 1900 werden an wichtigeren Betrieben Mahl- und Schneidemühlen, Gerbereien, Eisenhammer,

Eisengießerei, Maschinenfabrik, Molkerei, Brennereien und Brauereien gen. Neben den großen Vieh- und Pferdemärkten sowie Holz- und Getreidehandel hatte bis zum Ausbruch des ersten Weltkrieges auch der Grenzverkehr (u. a. Durchgang der poln. Saisonarbeiter in Frühjahr und Herbst) gewisse Bedeutung. 1789 hatte L. 802, 1943 4329 Einw. *B*
LV 163, ₁₀, 178, 110

Lenzenburg (Kr. Heiligenbeil). Auf dem Boden des jetzigen Guts Korschenruh w. Brandenburg unmittelbar am Frischen Haff hatten die Preußen zwischen zwei Schluchten des hohen Steilufers eine Wehranlage errichtet, die 1246 als castrum Lemptenburc überliefert und allgemein als L. bezeichnet wird. Nach der Eroberung benutzte der Deutsche Orden die Burg; 1251 wird ein Pfarrer in der L. erwähnt. Als 1260 auf den Vogt Volrad Mirabilis in der L. zwei Mordanschläge verübt worden waren, ließ er die L. mit einer Anzahl geladener Preußen verbrennen. Die Burgwälle blieben teilweise erhalten. Das hohe Steilufer bei der L eignete sich für den Segelflugsport. (III) *Gu*

Lessen (Łasin, Kr. Graudenz). 1298 erhielt Johannes, gen. vom Haine (de Nemore), ein ausgedehntes Gebiet um den See Lessin zur Besetzung unter Gewährung von 15 Freijahren, wobei der Pfarrkirche »in der Stadt Lessen« wie auch der von Schönau je sechs Freihufen zugewiesen und Bestimmungen über den Zins der Verkaufsbänke und -buden, Krüge, Badstube und Hofstellen getroffen wurden. Aus dem Stadtprivileg von 1306, mit dem L. kulmisches Recht erhielt, ergibt sich, daß neben der Stadt sich ein gleichnamiges Dorf befand, mit dem die Stadt Viehweide und Schulzen gemein hatte. Von den zwölf Mitgliedern des Rates wurden acht aus der Stadt, vier aus dem Dorfe erwählt. Der Massivbau der Pfarrkirche St. Katharinae V. M. (in der nordöstlichen Ecke der Stadtmauer) wurde um 1330 begonnen. 1454 zeichnete sich L. durch besondere Anhänglichkeit an den Deutschen Orden aus. Es war der Ort eines ersten Friedensversuches im Januar 1455. 1628 brannten es die Schweden mit der Kirche nieder, deren Hauptschiff danach infolge Verarmung der Bürger Jahrzehnte hindurch als Ruine stehenblieb. 1772 waren von den 77 Wohnhäusern 76 mit Stroh gedeckt und aus Holz. Unter den 472 Einw. gab es sechs Schuhmacher, drei Schneider, je einen Kürschner, Grobschmied, Schlosser. 1833 verzichtete L. auf seine Stadtrechte, erhielt sie aber 1860 wieder. 1837 hatte L. 1436 Einw., 1880: 2286, 1905: 2720 (darunter 734 Evg., 1852 Kath., 130 Juden), 1921: 2197, 1943: 2803. (II) *B*
XFrölich, Gesch. d. Graudenzer Kr., 1884/5 (2 Bde.) — LV 110, 163, ₉, 178

Leunenburg (Sątoczno, Kr. Rastenburg). Der Balgaer Komtur Dietrich v. Altenburg ließ 1326 inmitten der »Wildnis« an der Mündung der Zaine in die Guber im Lande Barten die Burg L.

errichten. Den Namen trägt sie »von dem velde« Lunen, das Morast bedeuten soll. Sie wurde Mittelpunkt eines Kammer-, bzw. Waldamts. Die kurz vor 1344 gegr. Komturei L. wurde bereits 1347 aufgelöst und das Waldamt L. der Komturei Rhein, später dem Pfleger in → Rastenburg unterstellt. 1437 umfaßte das Waldamt L. 708 Zinshufen, 131 kölm., magdebg. und preuß. Güter. 1468 verlieh der Deutsche Orden die Burg nebst dem Wirtschaftshof und der Lischke L. dem schwäb. Ritter Albrecht Vogt von Ammerthal; von ihm ging L. 1490 an dessen Schwiegersohn Botho zu Eulenburg auf Prassen über. Die Burg L. wurde 1628 im Schwedenkriege zerstört. Nur noch einige Keller- und Fundamentreste wie ein Teil des Burggrabens sind auf dem Burgplatz nördlich L. erhalten. – Die Burgsiedlung, die Lischke L., wurde 1346 von den Litauern teilweise zerstört, danach großzügig auf- und ausgebaut mit mehreren Krügen, einer Mühle und einer Kirche, die 1403 sicherlich vorhanden war; für 1409 kann auf eine Schule in L. geschlossen werden. Trotz verheerender Brände 1580, 1586 und 1593 blieben mehrere Laubenhäuser des Dorfes erhalten. Die Kirche wurde 1839–42 gründlich erneuert; zum Kirchspiel L. gehörten bis zur Einrichtung der Pfarrgemeinde Korschen 34 Ortschaften. Seit 1945 liegt L. im poln. verwalteten Gebiet Ostpreußens. (III) *Gu*

Lichtenhagen (Kr. Königsberg). Das Dorf ist wohl nach seinem Gründer, dem 1304 urk. erwähnten Komtur zu Brandenburg, Konrad v. Lichtenhayn, aus dem Meißener Lande, benannt, entsprechend dem benachbarten Mahnsfeld, das seinen Namen von dem Nachfolger Gebhard v. Mansfeld trägt. Die Endung »hagen« und die Ortslage deuten auf eine Hagensiedlung nach niedersächs. Muster. Die planmäßige Erschließung dieses Gebietes, des Waldamtes Brandenburg, begann erst in den 30er Jahren des 14. Jh. unter dem Hochmeister Heinrich Dusemer. Dieser schenkte 1349 das dt. Zinsdorf L. mit Kirche und Mühle dem zum Andenken an die siegreiche Litauerschlacht an der Strebe neugegr. Benediktinerinnenkloster St. Marien auf dem Löbenicht zu Königsberg. Die Kirche wurde 1350 durch Bf. Jakob von Samland geweiht, was 1363 durch den zuständigen Diözesan, Bf. Joh. Streifrock von Ermland, bestätigt worden ist. Gleichzeitig wurde sie dem Kloster inkorporiert. Das wohlhabende und ansehnliche Dorf scheint zerstört zu sein, da eine russ. Benennung nicht festzustellen ist. (III) *W*

LV 162, ₁, S. 70 — LV 164, S. 412 — LV 178, S. 65, Anm. 231

Liebemühl (Miłomłyn, Kr. Osterode). Wahrscheinlich schon gegen E. 13. Jh. baute der Deutsche Ritterorden auf einer geschützten Halbinsel an dem aus dem Eylingsee kommenden Flüßchen Liebe eine wohl durch Befestigungen gesicherte Wassermühle. Dem sich bald anschließ. Ort »Lyebemole« erteilte der Christburger Komtur Walter Kerskorff 1334 die städt. Handfeste. Das

Stadtwappen zeigt ein Wassermühlenkammrad. Die Pfarrkirche (1431) wurde wehrhaft in die städt. Befestigungsanlage einbezogen. Die bei der Mühle errichtete Ordensburg wurde Ausgangspunkt der um 1322 einsetzenden Aufsiedlung des Landes Sassen. 1567 überwies Hz. Albrecht das Schloß nebst den Einkünften aus der Stadt den pomesanischen Bischöfen als Wohnsitz, die es bis zum Tode des letzten Bischofs (1587) nutzten. – Im Oktober 1628 rückte Gustav Adolf mit zwei Heerhaufen von Dt. Eylau her gegen L. und Osterode vor. Mit dem kleineren Teil, etwa in Regimentsstärke, geriet der Oberst Baudis (Baudissen), einer der bedeutendsten Unterführer des Schwedenkönigs, in einen Hinterhalt des poln. Feldherrn Koniecpolski. 250 Schweden fielen, der Rest geriet mit dem verwundeten Obersten Baudis in poln. Gefangenschaft. Trotzdem kam Gustav Adolf mit der Hauptmacht nach L. und nahm bereits am folgenden Tage (14. Oktober) die Nachbarstadt → Osterode ein, wo ein schwed. Regiment in Quartier gelegt wurde. Ende Oktober bezogen die Schweden auch in L. Winterquartier. Die Einwohnerzahl, die 1782 schon 1100 betragen hatte, war 1937 auf 2444 gestiegen. (V) *He*

Festschrift z. 600j. Stadtjubiläum von RFriedrich u. JUrban, L, 1935 — AGfrörer, Gustav Adolph, 1852, S. 155 — HFrederichs in: LV 50, S. 77

Liebschau (Lubiszewo, Kr. Dirschau). 1198 verlieh Fürst Grimislaw v. Schwetz die Trinitatiskirche zu L., eine der ältesten Kirchen → Pommerellens, den Johannitern. 1229 war L. Burgplatz und Residenz Hz. Sambors II. 1278 wurde auch der Ort den Johannitern übertragen, die hier eine Komturei einrichteten. 1288 erhielt L. zwei Jahrmärkte. 1321 wird Johannes v. Stangenberg als Schulze von L. erwähnt. Neben dem Vorwerk der Johanniter gab es hier auch eine Mühle, Brot- und Fleischbänke. Die ältesten Teile der erhaltenen Kirche stammen aus der 1. H. 14. Jh. 1370 verkauften die Johanniter auch L. an den Deutschen Orden und zogen sich ganz aus Pommerellen zurück. In den Kriegen, die das Land überzogen, wurde L. oft umkämpft. 1577 erlitten die Danziger bei ihrem Ausfall gegen das poln. Belagerungsheer eine empfindliche Niederlage am Liebschauer See. 1664 hatte L. neben dem Schulzenhof nur drei besetzte Bauernstellen; eine vierte war wüst, der Krug während des zweiten schwed.-poln. Krieges verbrannt. 1789 hatte L. 22 Feuerstellen, 1869 fünf Bauern und 16 Kätner mit insgesamt 559 Einw., 1905: 479 (32 Evg., 447 Kath.), 1921: 390, 1943: 832. (II) *B*

FSchultz, Gesch. d. Kr. Dirschau, 1907 — LV 52, 112, 163, 179

Liebstadt (Miłakowo, Kr. Mohrungen). L. liegt an dem Flüßchen Liebe, im W durch ein sumpfiges Tal geschützt. Bereits 1314 wird es erwähnt, aber erst 1423 als Stadt bezeichnet. Eine Ordensburg neben der Stadt wird erstm. 1354 gen. 1579 betrug die Bevölkerung 470 Seelen. Anfang 1807, während der Kämpfe an der Passargelinie, hatte hier der Stab des 4. frz. Korps unter

Marschall Soult sein Hauptquartier. Die Einwohnerzahl war 1782 auf 1200, i. J. 1937 auf 1508 gestiegen. (III) *He*

HFrederichs in: LV 50, S. 78

Linkuhnen (Kr. Elchniederung). Ein hier ausgegrabener Friedhof steht unter den ostpreuß. Gräberfeldern insofern einzig da, als er einen »vierstöckigen« Aufbau zeigt. Die unterste Schicht (6.–8. Jh. n. Chr.) enthält Bestattungen in Baumsärgen; die mittlere Schicht (9. Jh.) und die beiden obersten Schichten (10.–12. Jh.) enthalten Brandgräber. Während in den älteren Gräbern Beigaben altpreuß. Art gefunden wurden, liegt in den jüngeren viel Einfuhrgut aus Skandinavien, darunter häufig Wikingerschwerter sowie nordische Lanzenspitzen und Schmucksachen. Im 10. und 11. Jh. hat demnach ein sehr lebhafter Handel zwischen Dänemark–Skandinavien und dem Memelland bestanden. Vermutlich hat in der Nähe des Bestattungsplatzes (bei Tilsit) eine Wikingerkolonie bestanden, wie es auch für → Wiskiauten und Grobin bei Libau in Kurland anzunehmen ist. (IV) *Ba*

CEngel, Beiträge zur Gliederung des jüngsten heidnischen Zeitalters in Ostpr. Congr. Secund. Arch. Balt. Riga 1930 — Ders., Das vierstöckige Gräberfeld von L. (in: Nachr.-Bl. f. dt. Vorzeit, 1931)

Lippinken (Lipienek, Kr. Kulm). Auf dem Wege von Kulmsee nach Graudenz lag auf einer halbinselförmigen Erhebung am See bei L. die Ordensburg Leipe. Sie wird als Burg um 1277 bei den Kämpfen gegen die eingefallenen Sudauer zuerst erwähnt; 1330 vermochte sie eine mehrtägige harte Belagerung durch Polen zu bestehen. Die Vogtei L. gehörte zu den bevorzugten Amtssitzen des Ordens. Der Vogt zu L. vertrat den Hochmeister in den oft sehr schwierigen ständischen Angelegenheiten des Kulmerlandes. Seit 1450 verwaltete Georg v. Egloffstein dieses Amt, der bei den Auseinandersetzungen mit dem Preuß. Bund insbesondere als Abgesandter des Ordens beim Prozeß gegen den Bund vor dem Kaiser 1452/53, eine maßgebende Rolle spielte. 1664 war in dem Gewölbe des Ordenshauses das Vieh des Starosteivorwerks untergebracht, darüber wurde gedroschen und Korn aufbewahrt, »da es vor dem Schloß keine Scheune gab«. 1772 wird das Schloß nicht mehr gen. (II) *B*

EWeise, Georg von Egloffstein (in: LV 43, Bd. 9, 1958, S. 343) — LV 163, 5

Löbau (Lubawa, Kr. Löbau). Hier stand wahrscheinlich schon 1216 eine Preußenburg; 1260 wird ein »forum Lubavie« erwähnt; 1269 zerstörten Sudauer »Stadt und Burg« des Landes L. Der Wiederaufbau dieser Marktsiedlung scheint erst nach Niederwerfung des letzten großen Preußenaufstandes erfolgt zu sein. 1301 erhielt L. durch Bf. Hermann v. Kulm eine Handfeste. Die ma. Stadt bildete mit dem Schloß, in dem die Bischöfe von → Kulm seit dem 14. Jh. residierten, ein Ganzes, ringsum von Mauern und Gräben umgeben. Der Baubeginn von Schloß und

Pfarrkirche St. Annen (in der Südostecke der Stadtmauer) liegt um 1300. Die wiederhergestellte Kapelle am Schloß wurde 1502 mit den notwendigen Räumlichkeiten von Franziskanern aus Saalfeld besetzt. 1781 verlegten die Bff. v. Kulm ihre Residenz wieder nach → Kulmsee. 1813 wurde das L.er Schloß vom Blitz getroffen und brannte samt Turm aus; die Ruinen wurden hernach zum Abbruch verkauft. 1772 hatte L. 625 Einw., 1789 lagen noch 113 Feuerstellen seit dem Brande von 1724 wüst; 1792 waren erst wenige Bürgerhäuser massiv, alle andern aus Fach- oder Schurzwerk, auch die Laubenhäuser am Markt, die wirtschl. Verhältnisse, recht kümmerlich. 1827 gab es in L. 54 Krämer, sechs Höker, zwei Krüger, 18 Schänker. Der Ausbau der Kunststraßen (seit 1862) und der Eisenbahnlinien brachte eine gewisse Belebung der Geschäfte. 1884 erhielt L. Eisenbahnanschluß. Unter den Handwerkern waren Schuhmacher, Schneider, Kürschner, Gerber und Fleischer besonders betriebsam. 1819 hatte L. 1297 Einw., 1943: 5657. Aus L. stammt der Arzt und Schriftsteller Erwin Liek (1878–1935). (II) *B*

GLiek, Die Stadt L. in Westpr. (in: LV 13, Bd. 25—29, 1890—92) — LV 110; 163, ₁₀; 178

Lochstädt (Kr. Samland). Der Ort hat seinen Namen von dem Samländer Laucstiete. Der Chronist Dusburg meint, der Platz habe zuerst Witlandsort geheißen; doch ist damit die Spitze am Lochstädter Tief gemeint (→ Frische Nehrung). Die Schlüsselstellung bewog den Orden, dies Gelände, das bei der Teilung von 1258 dem Bf. zugefallen war, 1264 gegen den Platz zurückzutauschen, an dem dann die bischl. Residenz Schönewiek (→ Fischhausen) gegr. wurde. Der Plan eines Burgenbaues kam 1270 zur Ausführung, also etwa gleichzeitig mit dem bischl. Schloß. Wir haben hier wieder einmal ein Burgenpaar zweier Parteien, wie es in dt. Landen mehrere gab, besonders an wichtigen Durchlässen, wo eine die andere überwachen sollte. Im Samland ging es um den Bernstein und den Zugang zur Nehrung, aber auch übers Haff nach Königsberg. Ein L.er Tief, das fahrbar war und hätte bewacht werden müssen, hat es im 14. Jh. nicht mehr gegeben. Die Sperre zur Nehrung versah in preuß. Zeit eine Art Landwehr zwischen L. und Fischhausen, die Gardine (→ Tenkitten). Der Ausbau der Burg in Stein wurde vom ersten Baumeister der Marienburg schon 1275–85 begonnen und war bis 1300 vollendet. Die groß angelegte Planung, auch die reiche äußere Gliederung der Gebäude entsprechen der von → Brandenburg und weisen darauf hin, daß urspr. ein Komtursitz vorgesehen war. 1305 wird auch ein Komtur von L. gen., dann, spätestens seit 1327, nur noch Pfleger, die aber bis zum Ende der Ordenszeit gleichzeitig Bernsteinmeister waren. Bis 1581 blieb L. Bernsteinamt und wurde dann von → Germau abgelöst. 1422 wies der neugewählte Hochmeister Paul v. Rusdorf dem von seinem Vorgänger gestürzten Retter der Marienburg, Heinrich v. Plauen, die Burg L. zum

Aufenthalte an, nachdem er ihn aus unwürdiger Haft befreit hatte. Am 28. Mai 1429 wurde Plauen Pfleger, starb aber schon am 28. Dezember gleichen Jahres. Sein Nachfolger war Hz. Konrad v. Oels, wie überhaupt Ordensbrüder hoher Abkunft sich gerne dieses Amt übertragen ließen, später noch Hans und Oswald v. Schaumburg und Gf. Hans v. Gleichen. Der Gottesdienst wurde wohl auch für die Bewohner der Umgegend in der Schloßkapelle abgehalten; eine Kirche wird erst 1507 erwähnt. Am 16. April 1513 wurde das schon baufällige Haus mit Gebiet den Brüdern Leo, dem letzten Pfleger, Adrian und Faustin v. Waiblingen als Altersversorgung auf Lebenszeit verschrieben, und zwar mit der Auflage, es instand zu setzen. Nach der Säkularisation wurde L. Hauptamt.

1626 errichtete Kg. Gustav Adolf von Schweden nach seiner Landung in → Pillau bei L. ein Lager. Es war lange Stützpunkt der Schweden. Die Burg hat dabei sehr gelitten. Am 20. Mai 1627 kam es zur »Begebenheit bei L.«, als der Kg. zurückkehrte und die von den Preußen unter poln. Druck aufgeworfenen Schanzen kampflos wieder geräumt wurden, da die Volksstimmung mehr für die Schweden als für die Polen war. 1664 wird wieder sehr über den schlechten baulichen Zustand des Schlosses geklagt. 1701/02 wurden zwei Flügel nebst Turm und Dansker auf Befehl Kg. Friedrichs I. abgebrochen, um als Baumaterial für die Festung Pillau zu dienen. Die russ. Besetzung im 7j. Kriege hat L. geschont. Der Generalleutnant v. Korff, ein Balte, ließ die Kapelle 1760 im Innern ausgestalten. Die beiden erhaltenen Flügel sind 1937 in umfassender Weise wiederhergestellt worden und enthalten bauliche Kostbarkeiten, die denen der → Marienburg verwandt sind. Die Kapelle ist der besterhaltene Schmuckbau der älteren Ordenszeit. Die Wohnung des Pflegers ist ein vorzügliches Beispiel gut erhaltener Raumdekoration mit Rippenfenstern, Kreuzgewölben, Wandmalereien aus Rankenwerk und mit figürlichen Darstellungen. Auch eine Luftheizung war vorhanden. Da eine russ. Benennung nicht bekannt ist, muß angenommen werden, daß Schloß und Ort nicht mehr bewohnt sind. (III) W

CSteinbrecht, Schloß L. und seine Malereien, 1910 — KHClasen, Die Deutschordensburg L., 1927 — RDethlefsen, Schloß L. (Burgwart 1929) — LV 159, Bd. 3, L. — LV 162, ₁, S. 73 — LV 164, S. 421

Lötzen (Giżycko, Kr. Lötzen). Die auf dem Isthmus zwischen Mauer- und Löwentinsee errichtete »Leczenburg« wird erstm. in einer Urk. erwähnt, die der Hochmeister Dietrich v. Altenburg (1335–41) über die Teilung von → Galinden zwischen → Angerburg und Leczenburg anfertigen ließ. Die Burg lag an der schmalsten Stelle der Landenge, 3 km w. von Lötzen am Kanal bei der Schönberger Chausseebrücke. Als wichtige Sperrfeste in der Kette der von den Komturen von Brandenburg angelegten Burgen war das »feste Haus L.« wiederholt Ziel lit. und poln. Angriffe. So wurde die Burg 1365 von Kynstut erobert und zerstört, um 1390 an die heutige Stelle verlegt und dort als Steinbau errichtet. Ein Erweiterungsbau im Barockstil erfolgte 1613. – Bereits A. 14. Jh. war die Feste Amtssitz eines Pflegers. – Neben der Ordensburg entstand etwa M. 15. Jh. eine Scharwerkssiedlung, »Neuendorff« gen. Die einstige Lage der Wohnhäuser und Wirtschaftsgebäude dieses Dorfes ist in dem neuzeitlichen L. durch die Neuendorfer Straße und das sog. »Dörfchen« bezeichnet. Am Rande der Dorfflur, im Raume des späteren Marktplatzes, kam es sehr bald zur Entstehung einer neuen Siedlung, deren Wachstum entscheidend durch den über die Landenge führenden Durchgangsverkehr bestimmt wurde. Hier hielten die Wagenzüge mit Kaufmannsgut, spannten unter dem Schutze der Burg aus und machten ihre für die Weiterfahrt notwendigen Einkäufe. Allmählich wurde die neue Siedlung – in einer Urk. von 1523 wird sie »Leczen« gen. – das Verkehrs- und Marktzentrum für die gesamte Umgebung und gewann neben dem abseits liegenden »Neuendorff« an Bedeutung. Diese Entwicklung vollzog sich in aller Stille. Äußerlich machte sie sich dadurch bemerkbar, daß der Name »Neuendorff« bereits im ersten Viertel 16. Jh. verschwand und die Bezeichnung »Leczen« für beide Siedlungsteile aufkam. Das Stadtrecht erhielt L. erst am 12. Mai 1612. Im 17. Jh. wurde die wirtschl. Entwicklung durch Brandkatastrophen stark beeinträchtigt. Besonders schlimm erging es L. beim Tatareneinfall. Am 10. Februar 1657 wurde die ganze Stadt mit Ausnahme der Kirche und des Rathauses ein Raub der Flammen. Über 1000 Menschen verloren Leben und Freiheit. Vielleicht war diese schwere Heimsuchung die Veranlassung, daß der Große Kurfürst am 24. August 1669 das Stadtprivileg erneuerte und durch neue Rechte erweiterte. A. 18. Jh. wurden von der Pest 800 Menschen ($2/3$ der Bevölkerung) dahingerafft. Die Einwanderung von Salzburgern half dem wüsten Lande in erfolgreicher Weise wieder auf. – Von dem 1765–72 durchgeführten Bau des Kanals, der Mauer- und Löwentinsee verband, hatte die Stadt vorübergehend wirtschl. Vorteile. Bis M. 19. Jh. blieb L. eine bescheidene Ackerbürgerstadt. Ein wirtschl. Aufschwung bahnte sich durch den Ausbau des Kanalsystems zwischen Löwentin- und Mauersee (1857) an. L. gehört zu den ostpreuß. Städten, die sich seit 1782 (1154 Einw.) auf fast das Zehnfache vergrößert haben: 10 911 im Jahre 1925. Zu dieser günstigen Entwicklung trug auch die wachsende Bedeutung L.s als Garnison-, Beamten- und Fremdenverkehrsstadt bei. Zu Beginn des ersten Weltkrieges wurde L. Brennpunkt schwerer Kämpfe. Nach der Vertreibung des Feindes erfolgte sogleich der Wiederaufbau. Ein denkwürdiger Tag war der Abstimmungssieg am 1. Juli 1920. Im Kreis L. stimmten für Dtschl. 29 378, für Polen nur 9. (V) *Mey*

ETrinker, Chronik der Gem. Lötzen, 1912 — HMeye in: LV 50, S. 79

Ludwigsdorf (Kr. Rosenberg). Auf einer Insel im Krobenest-See (früher auch Gallnauer See gen.) liegt eine altpreuß. Wehranlage

(Burgwall), die nach den dort gefundenen Tonscherben dem 11./12. Jh. angehört. Vom Festland her führten zwei Brücken zur Insel hinüber: die eine beginnt am Westufer am heutigen Schloß, die andere geht vom Ostufer aus. Als 1886 der Krobenestsee abgelassen wurde, kamen auf dem Seeboden Pfahlreihen zutage, die zum Brückenunterbau gehört hatten. (II) *B/Ba*
WLaBaume, Die Pfahlbrücken bei Kl. (in: LV 21, H. 15, 1938, S. 147)

Lyck (Ełk). Die nächste Umgebung von L. weist schon Spuren der Besiedlung während der mittelsteinzeitl. Jäger- und Fischerkultur auf (8.–6. Jh. v. Chr.). Die charakteristischen Feuersteingeräte (Messer, Schaber, Pfeilspitzen) finden sich in den Dünen beim Rennplatze. Die Errichtung eines »festen Hauses« durch den Komtur von Balga, Ulrich v. Jungingen, auf einer Insel im L.er See ist urk. 1398 bezeugt. Durch einen Umbau 1408 erhielt es seine endgültige Gestalt. Wahrscheinlich haben sich bereits damals am gegenüberliegenden Ufer Ansiedler niedergelassen, die beim Bau der Burg Verwendung fanden. Die Entwicklung dieser Siedlung wurde durch Raub- und Verheerungszüge der Polen und Litauer empfindlich gestört. Einen Auftrieb erfuhr die Gemeinde durch Hochmeister Paul v. Rusdorf, der ihr am 27. Februar 1425 ein Dorfprivileg verlieh. Die junge Siedlung erhielt nach dem Fluß die Bezeichnung »zur Licke«. Die unruhigen Zeiten in der 2. H. 15. Jh. haben die Stadtwerdung verhindert. – Bei der Ref. von → Masuren spielte L. dank der Unterstützung Hz. Albrechts eine führende Rolle. Albrecht brauchte für Masuren Geistliche, die die mas.-poln. Sprache beherrschten. Unter den von ihm nach L. berufenen poln. Protestanten befanden sich der aus Krakau vertriebene Joh. Maletius und sein Sohn Hieronymus. Diese richteten bei L. eine Druckerei ein – die dritte in Preußen –, wo die Bibel in poln. Sprache und zahlreiche evg. Lehr- und Erbauungsschriften gedruckt wurden. Joh. Maletius und sein Sohn haben sich auch um den Aufschwung der alten Kirchschule verdient gemacht, die 1587 durch den Markgrafen Georg Friedrich zur Provinzialschule erhoben wurde. Mit der Erfüllung ihrer Aufgabe, masurischsprechende Knaben für das Studium der 1544 in Königsberg gegr. Universität vorzubereiten, wurde die L.er Schule für das evg. Masuren geistiger Mittelpunkt. Dieser Umstand war wiederum von größter Rückwirkung auf die wirtschaftl. Entwicklung des Ortes. Schon damals galt L. als das wirtschl. Zentrum Ostmasurens. Ein wirtschaftsfördernder Faktor war vor allem die Grenznähe des Ortes. Die Erwerbung von Neu-Ostpreußen 1795 schaffte Masuren ein bedeutendes Hinterland, wovon L., an der Hauptstraße nach Polen gelegen, den größten Vorteil hatte. Schwere Schicksalsschläge vermochten seine Stellung nicht wesentlich zu erschüttern. Es überstand im 16. Jh. zweimal, 1635 nochmals die Pest. Durch den Tatareneinfall und die nachfolgende Seuche büßte es $^2/_3$ seiner Bevölkerung ein und ging in Flammen auf. Immer wieder gingen die Bürger mit Er-

folg an den Wiederaufbau der zerstörten Heimat. Am 23. Juli 1669 verlieh der Große Kurfürst das ersehnte Stadtrecht.
Im 18. Jh. hat die Stadt ein ziemlich bescheidenes Dasein geführt. Brandkatastrophen, die Pest 1709/10, die von 2000 Einw. 1300 dahinraffte, die Kriegsunruhen 1758 hatten die Stadt und, was schwerwiegender war, ihr Marktgebiet schwer geschädigt. Trotzdem behielt L. seine Vormachtstellung in Ostmasuren, zumal es seit 1740 in seiner Garnison ein wirtschaftsförderndes Element ersten Ranges besaß. Durch die ständige Anwesenheit von Soldaten, unter denen sich Angehörige aus den verschiedensten Ländern des Dt. Reiches befanden, erfuhr die Stadt auch einen kräftigen Auftrieb in kultureller Hinsicht. Um die Förderung der Bildung der Bürger machte sich besonders der General v. Günther verdient. Auf sein Betreiben wurde auch das Schullehrerseminar – das dritte in Preußen – angelegt. 1782 hatte L. 1810 Einw. – In dieser Epoche kulturellen Aufstiegs lebte der Geschichtsschreiber Ludwig v. Baczko (am 8. Juni 1756 in L. geb.). Das bedeutendste Werk des völlig erblindeten Forschers ist die sechsbändige »Gesch. Preußens« (1792–1800 in Königsberg erschienen). Der A. 19. Jh. brachte der Stadt mit Truppendurchzügen und Einquartierungen viel Leid mit einer ungewöhnlichen Verschuldung im Gefolge. Der Anschluß an das Eisenbahnnetz leitete eine lebhafte Aufwärtsentwicklung ein, der durch den Ausbruch des ersten Weltkrieges unterbrochen wurde. L. wurde Mittelpunkt der Kämpfe im SO der Provinz. Dreimal war es von Feindtruppen besetzt. 165 Gebäude waren zerstört, die verlassenen Wohnungen ausgeplündert. Nach Beendigung des Krieges kam der gewinnbringende Grenzverkehr mit Polen in Fortfall. Auch durch die katastrophale Lage der Landwirtschaft wurde die Stadt in stärkste Mitleidenschaft gezogen. Die Folge war zunehmender Umsatzrückgang bei fast allen Handels- und Gewerbebetrieben, die auf den Käufer vom Lande angewiesen waren. Am 11. Juli 1920 bei der großen Volksabstimmung wurden in der Stadt 8339 Stimmen für Dtschl., 8 Stimmen für Polen, im ganzen Kreis 36 534 für Dtschl., 44 für Polen abgegeben. 1925 betrug die Einwohnerzahl 15 361. (V) *Mey*

Drewello, Statist. Nachrichten über den Kr. L., 1872 — Lyck, 500 Jahre. Festschrift zur Feier des 500j. Bestehens von L., 1925 — HGollub in: LV 50, S. 79 f.

Marienburg (Malbork, Kr. Marienburg). Am r. Ufer der Nogat wurde durch den Ordenslandmeister Konrad v. Thierberg d. Ält. (1274–76 erw.) zu Ehren der Patronin des Deutschen Ordens, der hl. Jungfrau, eine Burg gegr., die Sitz eines Komturs werden und den älteren Verwaltungsmittelpunkt zu Zantir, einst Burg der pommerellischen Hzz., an der Montauer Spitze (→ Montau), ersetzen sollte. Zantir war 1233 eingerichtet, aber während des Preußenaufstandes zerstört worden. Das altpreuß. Gebiet, zu dem auch die jüngere Burg Stuhm gehörte, hieß Aliem, Algent oder

MARIENBURG

Algemin. Der Name wird gelegentlich noch irrtümlich als der einer älteren Siedlung an der Stelle von M. angesehen. Am 27. April 1276 wurde südwestlich der Burg die Stadt angelegt und ebenfalls M. gen. Die erste Handfeste, deren Ausfertigung nicht mehr vorliegt, ist am 6. Juli erneuert worden. Die breite Hauptstraße, gleichzeitig Markt, an deren Ende die St. Johanniskirche, deren Pfarrer Gerhard schon in der Gründungsurk. gen. wird, und das Rathaus in der Mitte sind durch die Jhh. an gleicher Stelle verblieben und bis heute erhalten. Die Geschicke der Stadt lassen sich nicht von denen des Schlosses trennen. Dessen erster massiver Ausbau war 1279/80 abgeschlossen. Die Lage im Scheitelpunkt der nach NW leicht eingezogenen Aufmarschlinie des Ordens gegen das östliche Preußen, an Weichsel und Haffküste entlang, die günstigen rückwärtigen Verbindungen nach Danzig und Pommern wie nach Schlesien und die strategischen Erfahrungen während der Besetzung des Landes bestimmten die Wahl des Platzes, der sogleich neben → Elbing bevorzugter Aufenthalt des Landmeisters und bald als Haupthaus des Ordens in Betracht gezogen wurde. 1309 wurde dann tatsächlich durch den Hochmeister Siegfried v. Feuchtwangen der Sitz der Ordensregierung von Venedig hierher verlegt. Durch die Erwerbung Danzigs und Pommerellens im gleichen Jahre erhielt das Schloß eine zentrale Lage. Von den Großgebietigern saßen hier der Großkomtur als Vertreter des Hochmeisters, gleichzeitig Komtur der Burg, und der Treßler, der die Einkünfte des Schlosses und die Überschüsse sämtlicher Komtureien verwaltete. Die laufenden Geschäfte der Komturei führte in M. der Hauskomtur. Hier fand das große Kapitel des Gesamtordens statt, an dem auch Deutschmeister und Meister in Livland teilnahmen und das vor allem den Hochmeister und die fünf Großgebietiger wählte. Entsprechend war die Stadt nahezu regelmäßiger Versammlungsort der sechs großen preuß. Städte: Danzig, Elbing, Königsberg, Thorn, Kulm und Braunsberg, die auch der Hanse angehörten.

Das Hochschloß war schon vor 1309 ausgebaut worden und enthielt Kapitelsaal, Konventsremter und Dormitorium, also die Versammlungs-, Wohn-, Eß- und Schlafräume des eigentlichen Brüderkonvents, der hier ein gemeinsames Leben führte, dann vor allem die Schloßkirche, nicht zu vergessen die weit gegen den Fluß hinausgebauten sanitären Anlagen des Dansker. Im 14. Jh. wurde durch den Hochmeister Dietrich v. Altenburg die Kirche St. Marien ausgebaut, 1344 der stattliche Hauptturm vollendet, darunter die St. Annenkapelle als Grabstätte der Hochmeister eingerichtet und bis 1449 benutzt. Außen am Chor, gegen Sonnenaufgang, grüßte ein hohes Marienbild weit über die flache Landschaft hinaus. – Auch die Vorburg war 1309 in den Anfängen schon vorhanden. Das große Kornhaus an der Nogatseite hat Hochmeister Dietrich erbaut, ebenso eine Pfahlbrücke über den Fluß. Einzig in seiner Art und ganz auf die europäische Bedeutung des Haupthauses eingestellt, ist das Mittelschloß mit den

Verwaltungsräumen des Großkomturs und der Firmarie (Spital) im Nordflügel. Im westlichen liegt Meisters großer Empfangsremter von drei Säulen gestützt, im östlichen befinden sich die ausgedehnten Gastkammern. Das Kleinod der Backsteinbaukunst des Ordens, der Hochmeisterpalast an der Flußseite, vielleicht das reifste Werk ma. Backsteingotik überhaupt, wurde 1393 durch den Rheinländer Niklaus Fellenstein vollendet. So spiegelt das Haupthaus in unübertroffener Weise das Wesen des Ordensstaates in seiner straffen Organisation, seiner ausgewogenen Politik, seiner Wohlfahrtspflege, seinem Reichtum und seiner Schönheit. Der Baustil ist bedeutend reicher als in anderen Ordenshäusern, aber der auf schlichte Größe abgestimmte Grundzug der Baukunst des Ordens bleibt auch hier maßgebend, und wie diese stummen Zeugen über die Jahrhunderte hinweg Geschmack und Geisteshaltung jedes Ost- und Westpreußen durch ihren ständigen Anblick mehr oder weniger beeinflußt haben, so war ein Besuch der M. weitaus den meisten in gewissen Zeitabständen immer wieder lebhaftes Bedürfnis. Wer von Berlin kam, fühlte sich beim Anblick des großartigen Schlosses beglückt wieder zu Hause. Ein großes Spital zum hl. Geist befand sich bei der Stadt, jedoch außerhalb der Mauern. Die Stadt blieb an Größe hinter anderen Handelsplätzen des Ordens zurück, erfreute sich aber besonderer Fürsorge der Hochmeister. Insbesondere Winrich v. Kniprode, der die Hochblüte des Ordenslandes heraufführte, förderte das Zunftwesen, legte eine Neustadt an und gründete die Lateinschule. Schon 1365 werden die zusammenhängenden, überbauten Vorlauben am Markt erwähnt. 1380 wurde das got. Rathaus errichtet. Im Ordenshaus sammelten sich Gelehrte aus aller Welt, die hier eine Art Rechtsschule entstehen ließen und den Plan einer Universität des Ordenslandes zu Kulm i. J. 1387 einleiteten. Für die europäischen und dt. Ritter und Fürsten, die dem Orden laufend zu seinen Litauerkämpfen zu Hilfe kamen, wurde 1374 auf dem Haupthaus zum ersten Male der Ehrentisch für bewährte und hochgeachtete »Gäste« aufgestellt, der seitdem eine der höchsten Auszeichnungen für die Ritter des Abendlandes geblieben ist. Geistig, politisch und strategisch war M. Mittelpunkt und letzte, sicherste Stütze der Ordensherrschaft: Weder 1410 noch 1454 konnte der poln. Angriff das Land gewinnen, solange das Haupthaus unbezwungen in der Hand des Ordens blieb.

Nach der → Tannenberger Schlacht warf sich der Komtur von Schwetz, Heinrich v. Plauen, eiligst in die Burg, sammelte dort die Versprengten, verstärkte die Befestigungen und gab zur Erleichterung der Verteidigung, um dem Gegner keinen Stützpunkt zu bieten, die Stadt den Flammen preis, denen Rathaus und Kirche allein widerstanden. Die opferwilligen Bürger zogen in das Schloß. Erst zehn Tage nach der Schlacht begann der Kg. v. Polen die Belagerung, die er am 19. September wegen des Abzuges der Litauer und Masovier und wegen herrschender Seuchen angesichts des ungebrochenen Widerstandswillens der Verteidiger aufheben mußte. Sichtbare Zeichen göttlicher Hilfe hat man mit gestärkter Zuversicht in dem mißlungenen Schuß auf das Marienbild erblickt, bei dem der poln. Richtschütze erblindete, und in der fehlgegangenen Kugel auf die einzige Säule in Meisters Remter, die im Gewölbe erhalten blieb. Der Wiederaufbau der Stadt ging erstaunlich schnell vor sich: Schon nach sechs Jahren gab es wieder 400 Bürgerfamilien. Im Jahre des Aufstandes 1454 waren Ende Februar Marienburg, → Stuhm und → Konitz die einzigen Burgen, die der Orden behaupten konnte. Wieder wurde ein Plauen der Verteidiger, der Ordensspittler Heinrich Reuß.

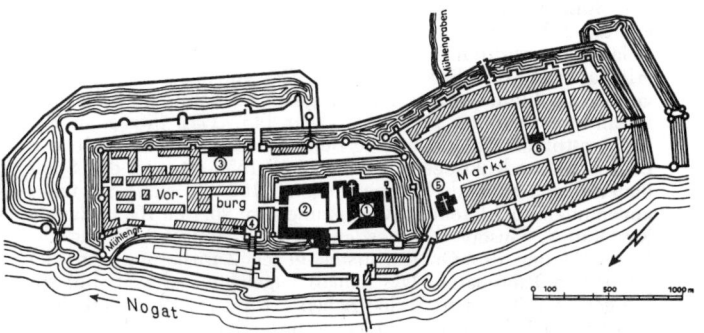

Stadt und Schloß Marienburg im 15. Jahrhundert

1 Hochschloß
2 Mittelschloß
3 Karwan (Zeughaus)
4 St. Lorenz
5 Pfarrkirche St. Johann
6 Rathaus

Belagerer waren hauptsächlich die Danziger, die Söldner des Preuß. Bundes und nur wenige Polen. Kg. Kasimir IV. war mit einem großen Aufgebot gegen Konitz gezogen. Als er dort am 18. September vernichtend geschlagen wurde, mußte auch die Belagerung M.s am 19., nach sieben Monaten abgebrochen werden. Der Verkauf des bereits am 9. Oktober 1454 mit anderen Ordensschlössern an die Söldner zur Befriedigung ihrer Lohnforderungen verpfändeten Hauses durch den Böhmen Ulrich Črvenk von Leditz und seine Rotten, die sich in Besitz des Schlosses gesetzt hatten, war Rechtsbruch und Verrat: Diese »Verkäufer«, wie man sie nannte, bildeten nur ein Drittel aller Ordenssöldner, und nur an deren Gesamtheit waren die Pfänder übertragen worden, so daß die Marienburger kein Recht hatten, allein darüber zu verfügen. Auch bot der Orden ihnen das Geld früher, wenn auch zunächst in Raten, an als der Kg. und der

Preuß. Bund, die dann auch nur in kleinen Posten zahlten. Weiter galt es, selbst bei den zuchtlosen Landsknechten, als ehrloses Verbrechen, sich unter Preisgabe seines Herrn an den Feind zu verkaufen. Črvenk wurde deswegen von seinem Landesherrn, Kg. Georg Podiebrad v. Böhmen, der Ritterwürde entkleidet und in den Kerker geworfen. Der Verrat fand im ganzen Reiche einmütige Verurteilung. Am 7. Juni 1457 zog der Kg. v. Polen in das Schloß ein, das der Hochmeister Ludwig v. Erlichshausen erst am Tage vorher hatte verlassen können, um auf abenteuerlicher Fahrt nach Königsberg zu gelangen. – Die Stadt wurde am 27. September dank der Hilfe ihres ordenstreuen Bürgermeisters Bartholomäus Blume durch den Söldnerführer v. Zinnenberg und den Spittler wiedergewonnen. Fast wäre auch ein Handstreich auf das Schloß geglückt. Als dann die Polen und Bündner zur Belagerung schritten, hielt sich die Stadt bis zum 6. August 1460, erlitt aber schwere Beschädigungen. Der gefangene tapfere Bürgermeister Blume wurde zwei Tage danach mit zweien seiner Freunde enthauptet. Das Schloß war 1457–1772 Sitz eines der drei westpreuß. Palatinate. Die Befestigungen verfielen. – In den beiden Schwedenkriegen 1626–29 und 1656–60 war die Stadt dauernd von schwed. Truppen besetzt. 1629–35 stand sie unter kurbrandenburg. Treuhandverwaltung. Am 26. Mai 1656 erlangte Kg. Karl X. Gustav v. Schweden im Marienburger Vertrag die Unterstützung des Gr. Kurfürsten gegen Zusicherung von vier polnischen Palatinaten. Die damals angelegten schwed. Befestigungen von Stadt und Schloß haben sich bis ins 19. Jh. erhalten, wurden 1807 durch frz. Ingenieure instandgesetzt und verstärkt, 1877/79 abgetragen.
Die preuß. Verwaltung verwendete den Bau 1773 zunächst als Kaserne und Lagerhaus. 1803 veröffentlichte Max v. Schenkendorf als 19j. Student in der Berliner Zeitung »Der Freimütige« seinen Protest gegen weitere Vernachlässigung. Am 13. August befahl Kg. Friedrich Wilhelm III. die Erhaltung. 1806 begannen die Wiederherstellungsarbeiten. 1817 wurden sie auf Betreiben des Oberpräsidenten der damals vereinigten Provinzen Ost- und Westpreußen, Theodor v. Schön, planmäßig wieder aufgenommen. Auch Joseph v. Eichendorff hat sich dafür eingesetzt. 1882 bis 1922 war Konrad Steinbrecht »Baumeister der Marienburg«, seitdem bis 1945 Bernhard Schmid. – Die Stadt hatte 1772 gezählte 3635 Einw., stieg zwei Jahre später bereits um mehr als ein Drittel, auf 4985; 1895 waren es 10 738, 1939 27 300 Einw. Bei der russ. Märzoffensive von 1945 haben Granaten die Stadt zu 45 v. H. zerstört, das Schloß hauptsächlich auf der Landseite schwer mitgenommen: Von der Schloßkirche standen nur noch die seitlichen Mauern, der Chor war völlig eingestürzt, der Turm zerschossen. Der Hochmeisterpalast hatte schwere Treffer erhalten. Der poln. Wiederaufbau beschränkte sich auf notdürftige Erhaltungsarbeiten. Am 9. September 1959 brach in einem als Hotel verwendeten Teil des Mittelschlosses, vermutlich durch

Brandstiftung, Feuer aus, das besonders das Dach des großen Remters verzehrte, das bis dahin verschont geblieben war.

(II) W

JVoigt, Gesch. M.s, der Stadt und des Haupthauses des dt. Ordens in Pr., 1824 — BSchmid, Führer durch das Schloß M. in Pr. 1942 4 — BSchmid u. KHauke, Die M., ihre Baugesch. (Dt. Baukunst im Osten, 1955) — LV 143, S. 117

Marienwerder (Kwidzyn, Kr. Marienwerder). 1233, im dritten Jahre seit Beginn des Kampfes gegen die heidnischen Preußen, erbaute der Deutsche Orden fünf km n. der heutigen Stadt M. auf dem »Unterberg« gegenüber dem von der Weichsel und dem Nogat-Liebe-Flußsystem gebildeten Werder Queden (altpreuß.) die erste Burg. Die Stätte lag auf einer in das Flußtal vorstoßenden Bergnase n. einer tiefen Schlucht und wird heute »Schloßberg« gen. Obwohl auf dem ö. Steilhang der Alten Nogat, keinesfalls auf einer Insel, gelegen, erhielt die Burg nach dem von ihr beherrschten Werder den Namen Insula sanctae Mariae (Marienwerder). Schon nach Jahresfrist jedoch wurde sie an den Südrand der späteren Stadt verlegt, an den Ort einer anderen, vom Orden eroberten Preußenfeste, der sich als strategisch günstiger erwiesen hatte und Raum für eine größere Anlage bot. Die verlassene Burgstelle, nunmehr Kl. Queden geheißen, wurde 1236 dem niedersächs. Edelherrn Dietrich v. Depenow übertragen, der sie nach seinem Heimatort → Tiefenau benannte. – Bald nach der Burg ist auch die Stadt erbaut worden. Nachdem 1243 das Bst. → Pomesanien errichtet war und Bf. Ernst 1254 das s. Drittel der geistl. Diözese als weltl. Territorium gewählt hatte, nahm der Bischof die Burg M. zu seinem Sitze. Er bewohnte den w. Teil der gesamten Anlage, das heute noch teilweise erhaltene »Altschlößchen«. Infolge der Preußenaufstände wurde erst 1284 unter Bf. Albert das Domkapitel begründet, und zwar aus Priesterbrüdern des Ordens. Es war damit dem Orden inkorporiert, ebenso wie das kulmische und samländische. Die Pfarrkirche der Stadt wurde zur Domkirche des Bistums erhoben. Daneben erstand das Kapitelhaus. Seit dem ausgehenden 13. Jh. residierte der Bf. von Pomesanien in seinem neu erbauten Schloß zu Riesenburg; doch diente das »Altschlößchen« auch weiter zu gelegentlichem Aufenthalt. – Der Stadt wurde 1336 ihre Handfeste bestätigt. Sie besaß damals 51 Bürgerhäuser. Die Bedeutung von Thorn und Elbing hat M., das gerade in der Mitte von ihnen liegt, nicht erlangt; aber die Lage an der Kreuzung des Schiffahrtsweges auf der Weichsel und der wichtigsten Ost-Weststraße sicherte ständige Einnahmen aus Handel und Verkehr. Als 1605 die »fahrende und reitende Post« von Berlin nach Königsberg eingerichtet wurde, überschritt sie hier die Weichsel.

Der großartige Neubau von Kapitelschloß und Dom erfolgte in der klassischen Zeit der großen Backsteinbauten des Ordens etwa von 1322 bis um 1360. Mit dem Schloßgebäude wurde begonnen.

Von der Domkirche wurde zunächst der Chor errichtet. Der Dom war der hl. Jungfrau und dem Evangelisten Johannes geweiht. 1343/44 wird unter Bf. Bertold als »Maurermeister« (murorum magister) ein Geistlicher, Bruder Rupert, gen. Um 1400 ließ Bf. Johann I. Mönch die Kirche mit Heiligenfiguren ausmalen. Der schwach verjüngt emporsteigende Glockenturm wirkt durch den vollendeten Gleichklang seiner Ausmaße und den wohlabgewogenen Blendenschmuck der oberen Stockwerke. Leider sind nur Nord- und Westflügel des Hochschlosses erhalten. Vom Westflügel schwingt sich der Dansker in kühnen Wölbungen bis an das Flußufer hinaus. Die bauliche Einheit von Burg und Dom ist hier, wie an kaum einer anderen Stelle, gelungen. In der Krypta des Domes ist der am 18. November 1330 ermordete, bedeutende Hochmeister Werner v. Orseln (Oberursel am Rhein) beigesetzt. Die hl. Dorothea von → Montau, die seit 1391 in M. lebte und am 2. Mai 1393 in einer Klause am Dom auf eigenen Wunsch eingemauert wurde, ist hier nach ihrem Tode am 25. Juli 1394 bestattet und durch einen kostbaren, kunstvollen Reliquienschrein mit Malereien aus ihrem Leben geehrt worden. Das Hochschloß, das auf der Nordseite stark an → Heilsberg erinnert, durch seine Lage am Steilufer jedoch weit malerischer wirkt, war der Wohnsitz der Domherren, die hier gemeinsam, ebenso wie ein Ordenskonvent, nicht in einzelnen Kurien, lebten, entsprechend der Gründungsurk.: Et omnia sint ipsis communia. Die Raumverteilung entspricht der → Marienburg, die auch in anderen Einzelheiten als Vorbild gedient hat. M. seinerseits hat die Kirchenbauten im Bst., besonders Riesenburg und Mohrungen, beeinflußt. Die Beziehungen der pomesanischen Bff. und ihres Kapitels zum Orden sind immer besonders eng gewesen. Vielfach wurden Kapläne und Kanzler der Hochmeister später Bff. Ein Kirchenfürst dieser Art war Bf. Kaspar Linke (1440–63). Nach dem 21. Februar 1440 war er, noch als Kaplan an den Verhandlungen des Hochmeisters Paul v. Rusdorf mit dem Preuß. Bund, der Einung der unzufriedenen großen Städte und der Ritterschaft des Weichselgebiets, beteiligt, auch bei der Besieglung der Satzungen am 14. März zu M. anwesend. Es gelang ihm aber nicht, einen Aufschub zu erreichen, obwohl er im Namen des Hochmeisters Abstellung der Beschwerden zusagte. Das Bst. hat er unter schwierigsten Verhältnissen, vor allem in den ersten Jahren des 13j. Ständekrieges, als treuer Anhänger des Ordens gelenkt. Dom, Schloß und Stadt erlitten bei den Belagerungen 1414 und 1460 nur geringe Beschädigungen, um so schlimmer im ermländischen Bischofsstreit 1478 und im Reiterkriege 1520. An den »eisernen Bf.« Hiob v. Dobeneck († 1521), Humanisten und Ratgeber der beiden letzten Hochmeister, erinnert der von ihm gestiftete, reichgeschnitzte Bischofsstuhl im Chor des Domes, wie Hiob überhaupt dem Lande eine gewisse Blüte vermittelt hat.
Nach der Säkularisation des Ordensstaates wurden Schloß und Amt M. dem nunmehr evg. Bf. Erhard Queis auf Lebenszeit

verliehen, nach seinem Tode 1529 dem Nachfolger Paul Speratus, dem bekannten Liederdichter. 1539 wurde das Schloß mit Ziegeln des »Altschlößchens« instandgesetzt. Nach Speratus Tode am 12. August 1551 wurde es Sitz der hzl. Amtshauptleute. Der bekannteste unter ihnen war Otto Friedrich v. d. Groeben, Erbherr des Majorats Neudörfchen († 1728), 12 km südöstlich

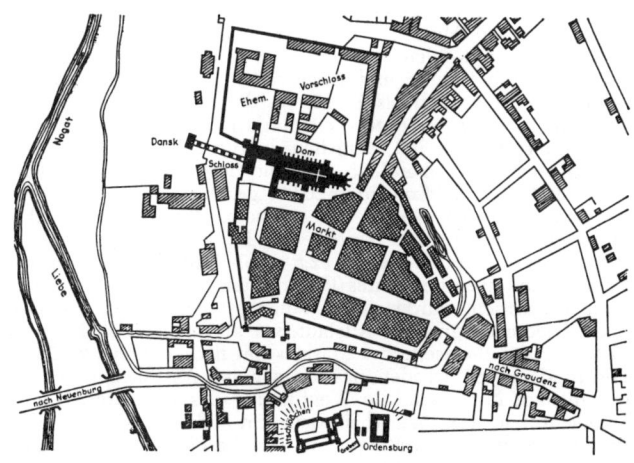

Marienwerder im 18. Jh.
mit Wiederherstellung von Altschlößchen und Ordensburg
(nach Grabungsfunden von W. Heym)

von M., der Gründer der ersten kurbrandenburg. Kolonie an der Goldküste im Jahre 1683. 1703–05 baute er seine Grabkapelle an der Nordwand des Domes. 1709 fand im Schloß eine Zusammenkunft Kg. Friedrichs I. in Preußen mit dem Zaren Peter I. von Rußland statt. Friedrich d. Gr. beließ im Schloß nur das Domänenamt. 1772 wurde die »Regierung« von Westpreußen hineingelegt, damals oberste Gerichtsbehörde der Provinz. Im gleichen Jahre wurde die Kriegs- und Domänenkammer errichtet, die im 19. Jh. Regierung hieß und 1758 ihr Amtsgebäude auf dem Grunde des alten Vorschlosses erhielt, erweitert 1775. Der 7,80 m lange, wertvolle allegorische Fries ist erst 1872/73 angebracht worden. Mit dem für jene Zeit kennzeichnenden Mangel an Sinn für gesch. Kulturgut ließ man 1798 den Süd- und einen Teil des Ostflügels vom Hochschloß abbrechen, um aus den Ziegeln das klassizistische Oberlandesgericht in der Marienstraße zu bauen. Erst 1822 wurden unter dem Einfluß des Oberpräsidenten Theodor v. Schön auch in M. notwendige Instandsetzungsarbeiten vorgenommen. 1775 ist in M. Theodor Gottlieb v. Hippel geboren, einer der preuß. Reformer und Verf. des »Aufrufs an mein Volk«. 1814 wurde er hier Regierungspräsident. 1935 verließ das Amtsgericht seine Diensträume im Schloß, das im folgenden Jahre zur Reichsführerschule der Hitlerjugend umgebaut wurde. Die wirtschl. Verhältnisse blieben stets die gleichen: Die Landwirtschaft bot wichtigen Ausgleich zu Handel und Gewerbe. Schon E. 14. Jh. gab es ein »Stadtdorf«. Im 16. Jh. betrug das Landgebiet 200 Hufen. Wohlstand brachten die Märkte für Getreide, Holz, Kohlen und Pferde. Fernhändler gab es nicht, aber begüterte Krämer und Handwerker. Das Rathaus, gleichzeitig Tuchhaus, blieb bis E. 15. Jh. der einzige Bürgerbau in Stein inmitten des quadratischen Marktplatzes. Die Einwohnerzahl, um 1400 etwa 700 Menschen, betrug noch 1572 nicht wesentlich mehr, war aber 1825 auf rund 5000 gewachsen und ist 1905 mit 11 819, 1936 mit rund 20 000 gezählt worden. Der Kreis M. gehörte zu dem Gebiet, das auf poln. Wunsch einer Volksabstimmung unterworfen wurde. Am 11. Juli 1920 entschieden sich die westpreuß. Kreise mit 92,5 % für Deutschland. – In den Kampfhandlungen des Jahres 1945 erlitten Schloß und Stadt nur geringe Schäden, wurden aber grauenhaft geplündert. Ein Jahr nach Kriegsende ging die Altstadt, vor allem die alten Laubengänge an der Westseite des Marktes mit flachen Kreuzgewölben und rundbogigen Arkaden, in Flammen auf. Anschließend wurde die Altstadt durch radikale Wegführung des Baumaterials zum Wiederaufbau von Warschau dem Erdboden vollends gleichgemacht. Selbst den Straßen nahm man die Pflasterung. Die günstige Lage der Stadt förderte neues Wachstum. 1965 hat man wieder 13 000 Einw. gezählt. Die Domkirche dient heute dem kath. Gottesdienst und ist durch Spenden der Gläubigen im Innern wieder einigermaßen hergerichtet. (II) W

MToeppen, Gesch. d. Stadt M. 1875 — BSchmid, Die Domburg M. (in: LV 40, H. 7) — EWernicke, M. 1933 — WHeym, Castrum parvum Quidin (in: LV 14, 1930) — LV 163, 11, S. 31 — LV 164, S. 103

Märkisch Friedland (Mirosławiec, Kr. Deutsch Krone). Der Ort liegt in einem breiten Talzug, dessen Gewässer dem Körtnitzfließ zuströmen, wo die alte Markgrafenstraße von einer nicht weniger alten Straße geschnitten wird, die, von der Netze herkommend, der Ostsee zustrebt. Eine stadtähnliche Siedlung, »Nova Vredeland« (auch Nigen-Fredeland) war wahrscheinlich schon 1303 vorhanden. Nach dem Stadtprivileg von 1314 der Brüder v. Wedell waren die Brüder Nikolaus und Johannes v. Knobelsdorf die »Fundatoren« oder »Uffleger« dieser Stadt. Der Stadtplan von 1810 zeigt die ausgesprochene dt. Leiterform des Straßenbildes. Später entstanden im N die Neustadt und vorstadtartige Häuserreihen vor Dammtor, Mühlentor und Lobitzer Tor, dazu die Siedlungen am Bahnhof. Im SO der Stadt lag, von Wassergräben umgeben, das grundherrliche Schloß. Nach dem

Brande von 1719 ließ Jochaim v. Blankenburg 1731–45 im Sumpfgelände ein neues Schloß errichten, das 1890 abbrannte. Davon zeugen nur noch der wassergefüllte Wallgraben, überwachsene Steine und der verwilderte Park. 1783 zählte M. F. 170 Wohngebäude und 1305 Seelen, darunter 572 Juden. Diese trieben zum Teil Großhandel und ließen ihre Warenzüge bis Kolberg, Danzig, Posen, Berlin, Stettin, Frankfurt und Leipzig gehen. Gehandelt wurden besonders Wolle, Getreide, Leder, Tuch, Federn, Seilerwaren, Honig. Im 19. Jh. ging das gewerbliche Leben der Stadt zurück. 1939 war M. F. nur ein kleines Ackerbürgerstädtchen mit etwas Holzindustrie und Viehhandel. Es zählte 2707 Einwohner. (I) *B*

FWFSchmitt, Gesch. d. Dt. Croner Kr., 1867 — FSchultz, Gesch. d. Kr. Dt. Krone, 1902 — LV 50; 163, 4; 179

Masuren. Herkunft und Bedeutung des Namens »Masuren« sind ethnographischer Natur. Das polnische Wort »Mazur« bezeichnet urspr. die Bewohner des bis 1526 bestehenden poln. Hzt. Masowien. Mit den masowischen Einwanderern ist der Name auf den südlichen Teil des Preußenlandes übergegangen. Das durch sein Volkstum abgegrenzte Land umfaßte acht Kreise: Treuburg, Lyck, Lötzen, Sensburg, Johannisburg, Ortelsburg, Neidenburg und ein Stück des Osteroder Kreises. Bis M. 19. Jh. war dieses Land unbestrittener Besitz des Deutschen Ordens, dann des preuß. Staates.

In frühgesch. Zeit war es von den preuß. Stämmen der → Galinder und → Sudauer bewohnt. A. 14. Jh. setzte die planmäßige Kolonisation von den westlichen Randgebieten aus ein. Bis A. 15. Jh. war die Hauptmasse der Siedler preuß. und dt. Herkunft. Seit dieser Zeit wurde der gering gewordene Kolonistenstrom aus dem Reich von dem westlichen Gebiet des Ordenslandes aufgesogen und gelangte somit nicht mehr in den östlichen Raum Masurens. Daher war der Orden, um das Gebiet nicht veröden zu lassen, in zunehmendem Maße auf masowische Einwanderer angewiesen. Der Orden nahm diese fremdsprachigen Elemente ohne Bedenken auf. Nationalpolitische Tendenzen lagen ihm fern. Das religiöse Bekenntnis war im Ma. lebendiger im Bewußtsein als die volkliche Zugehörigkeit. – So hat sich in der 2. H. 15. Jh. das Zahlenverhältnis zwischen den drei Stämmen entscheidend zugunsten der Masowier verschoben. Die Zunahme des masowischen Volkstums bedeutete nicht allein eine Verbreitung der masurischen Sprache. Bei der ungewöhnlichen Absorptionskraft des masurischen Volkstums machte sich allmählich eine Aufsaugung der übrigen Volksteile, vor allem der sozial schwachen Preußen, bemerkbar. Der Übergang von einem zum anderen Volkstum vollzog sich in aller Stille und war bei dem generationslangen Nebeneinanderleben ein natürlicher Vorgang. Je mehr die Nachkommen der Kolonisten im Lande heimisch wurden, je erfolgreicher die Arbeit am gemeinsamen Werk der Erschließung des

Landes wurde, um so mehr entwickelte sich ein Gefühl der Zusammengehörigkeit, das Deutsche, Preußen und Masuren umfaßte. Im Zuge dieses Annäherungs- und Verschmelzungsprozesses war am Ende der Ordenszeit ein Volk entstanden, dessen Wesenszüge im sprachlichen Bereich durch den Einfluß der Masuren, im kulturellen Sektor durch die starke Einwirkung dt. Tradition bestimmt waren. Der Zusammenschluß der verschiedenen Volkselemente Masurens erfuhr im Reformationszeitalter eine bedeutsame Förderung. Die Masuren in Preußen wurden Protestanten, zwischen ihnen und den Stammverwandten in Polen bestand fortan glaubensmäßig ein starker Gegensatz. Die Einwanderung aus Masowien hörte nach der Gegenref. auf. Die bisher Eingewanderten wurden durch die Verschiedenheit des Bekenntnisses von ihren Stammesgenossen jenseits der Grenze getrennt und durch die Gemeinsamkeit luth. Bekenntnisses mit der preuß. Bevölkerung noch inniger als bisher verbunden.
Ein weiteres Band umschloß in den folgenden Jhh. alle Masuren: das preuß. Staatsbewußtsein. Die Tradition der Ordnung und Gerechtigkeit, auf der der alte preuß. Staat ruhte, hatte ein Fundament der Treue geschaffen, in das sich die Masuren willig einordneten. Diese Entwicklung wurde durch den im 19. Jh. aufkommenden Nationalismus gestört. Das zum nationalen Selbstbewußtsein erwachte poln. Volk erhob um die M. 19. Jh. – zum ersten Male in seiner Gesch. – Anspruch auf M. mit der Begründung, »daß die Masuren ein bodenständiger polnischer Volksstamm wären«. Die Masuren haben sich aber allen Werbungen der Polen gegenüber verschlossen. Die entscheidende Abwehr gegenüber den poln. Absichten auf Masuren erfolgte durch die unter Kontrolle der Siegermächte durchgeführte Volksabstimmung am 11. Juli 1920. 99,3 % der masurischen Bevölkerung entschieden sich für ein weiteres Verbleiben bei Dtschl. Dieses Bekenntnis hat jedoch keine endgültige Entscheidung gebracht. Am Ende des zweiten Weltkrieges wurde die Bevölkerung aus ihrer Heimat vertrieben. (→ Karte S. 262)   (V) *Mey*
HGollub, M., Königsberg 1934 — LV 115 bis 120

Medenau (Logwino, Kr. Samland). Das Gebiet »Medenowe« zeigt baltische Siedlungsspuren schon in der jüng. Bronzezeit um 1000 v. Chr. und war von Preußen stark bevölkert, als das Kreuzheer Kg. Ottokars II. v. Böhmen im Januar 1255 hier die Eroberung des → Samlandes begann. Der Name ist preuß. und bedeutet Waldort. Der sog. Wallberg am Mühlenteich war eine preuß. Befestigung und wurde von den samländischen Bff. als Burg übernommen und ausgebaut, als der Landstrich 1258 an das Bst. gefallen war. 1263 wurde dem Deutschen Heinrich Stubeck von Bf. Heinrich die Hälfte des Platzes nördlich vor dem »burchstadel« nebst 40 Hufen und 20 preuß. Familien im Gebiet M. verliehen. Er erhielt auch das Schulzenamt mit der niederen Gerichtsbarkeit. Dieser Hof ist der spätere Richthof, das eigentliche

Kammergut; denn M. war von Anfang an ein Kammeramt und blieb es bis 1619. Der Name Richthof hat sich bis in die jüngste Zeit für das Vorwerk des Gutes erhalten. Eine besondere Burg namens Burgstadel gab es nicht. Die Preußen wurden also in M. nach dt. Recht gerichtet. Der Richtplatz, noch jetzt von vier Linden umstanden, lag nördlich des Hofes. Die Aufzählung der im Aufstande treu gebliebenen Samländer von 1299 nennt bei M. die meisten, nämlich 18 Namen, darunter zwei dt. Vornamen. Der preuß. Name Meynote hat sich als moderne Form Minuth erhalten. Ein Pfarrer Syffridus wird 1321 erwähnt, die Kirche 1355 zum ersten Male. Sie ist sicher älter, da die Bff. im Gegensatz zum Orden, sogleich bei Anlage eines Dorfes die Kirche erbauten und nicht den Gottesdienst in der Burgkapelle abhielten. Der Bau ist aus riesigen Findlingsblöcken mit Backsteinecken aufgeführt, hat einen stattlichen Wehrturm und besitzt fünf Joch prächtige Sterngewölbe. Am 10. Januar 1326 erhielten 20 Hofbesitzer eine Bestätigung der Handfeste zu dt. Recht, in das die Preußen ausdrücklich einbezogen waren. Der Schulzenkrug und die Wassermühle gehörten zum Richthof. Das Dorf erhielt zwischen 1335 und 1365 noch einen oder zwei Krüge. Das Schloß wird im 2. Thorner Vertrag von 1466, der alle Burgen Preußens aufführt, nicht mehr genannt. 1840 wurden noch große Kellerräume zugeschüttet. Der verdiente Heimatforscher Dr. Karl Emil Gebauer war 1847–83 Pfarrer in M., vorher, seit 1831 in St. Lorenz (→ Heiligenkreutz). Auf dem Pfarrfelde erhebt sich das 1881 errichtete Kaiserdenkmal zur Erinnerung an den Manöverbesuch Ks. Wilhelms I. von 1879, der schon 1809 den Geburtstag seines Vaters bei dem damaligen Gutsbesitzer Barclay verlebt hatte. Auch das Gutshaus erhielt 1909 eine Erinnerungstafel. Sechs km westlich von M. lag die bischl. Burg Ziegenberg, ebenfalls vorher eine preuß.; das spätere Gut Z. ist die ehem. Burgmühle. (III) W

LV 125 — LV 126, Bd. 2, S. 164 — LV 162, $_1$, S. 86 — LV 164, S. 417

Mehlsack (Pieniężno, Kr. Braunsberg). An der Walsch, einem Nebenflüßchen der Passarge, breitet sich die zum altpreuß. Gau Warmien gehörende Landschaft Wewa aus, die seit 1288 zum Herrschaftsgebiet des ermländischen Domkapitels gehörte; etwa in ihrer Mitte fand man dicht am Rande des tief eingeschnittenen bewaldeten Walschtals auf einer kleinen Hochebene eine alte Preußenfeste vor, gen. Malcekuke (etwa: Gehölz der Unterirdischen). Diesen Namen formten die dt. Einzöglinge, die das Domkapitel gegen E. 13. Jh. hierher zur Anlage einer dt. Stadt rief – sie sollte der wirtschl. und kulturelle Mittelpunkt der ganzen Gegend werden – in das lautverwandte Wort M. um. Die Leitung dieser Neusiedlung lag zunächst in den Händen eines Dietrich v. Lichtenfeld, von dem sie durch Kauf schließlich an Friedrich, einen Bürger von Preuß. Holland, überging. Dieser erhielt 1312 vom Domkapitel die Handfeste zu kulm. Recht für einen Grundbesitz von 121 Hufen, der M. 14. Jh. um 18 Hufen

Wald vermehrt wurde. In M. herrschte entsprechend der Herkunft der Bürger bis zuletzt niederdt. Mundart, das sog. Käslauische.
In der Nordostecke der Stadt lag unmittelbar am Steilhang über dem Fluß das im 14. Jh. errichtete Kapitelshaus, d. h. die Burg des Domkapitels, von der nur zwei Flügel ausgebaut waren. Wiederholt zerstört, erhielt das Haupthaus im 17. Jh. die heutige Form; es diente zuletzt als Amtsgericht und Heimatmuseum. Unmittelbar daneben steht die Pfarrkirche zu St. Peter und Paul; daher zeigt das Stadtwappen deren Embleme, Schlüssel und Schwert, die sich kreuzen, während sich in den freien Ecken drei Mehlsäcke befinden. Die Kirche wurde als dreischiffige, chorlose, got. Hallenkirche mit hohem Turm nach 1350 erbaut, aber 1893 als baufällig abgebrochen und alsbald im »neuesten got. Stil« fünfschiffig erneuert mit schlechten Proportionen im Innern und übermäßig erhöhtem Turm; immerhin erhielt das Kircheninnere um 1930 eine ansprechende Umgestaltung und Bemalung. Mitten auf dem rechteckigen Marktplatz – von den ehemaligen Laubenhäusern sind nur noch zwei erhalten – steht das Rathaus, im Kern ma. und von Hakenbuden umbaut, nach mehreren Bränden zuletzt 1770 verändert; das barocke Rathaustürmchen stammt von 1723. M. hat bei feindlichen Einfällen wiederholt schwere Zerstörungen und Brände erlebt, so schon im Hungerkrieg 1414, ferner im Reiterkrieg 1520 und in den beiden Schwedenkriegen des 17. Jh. Auch Napoleons Einmarsch 1806/07 brachte der Stadt schwere Verluste und jahrzehntelange finanzielle Lasten. – An der Straße nach Braunsberg lag urspr. das Hl.-Geist-Hospital mit eigener Kapelle; an deren Stelle trat nach 1620 die St.-Jakobi-Kirche, ein schlichter Saalbau, der um 1700 die heutige Form und Ausstattung erhielt. Die evg. Kirchengemeinde, die nach 1772 zunächst den Rathaussaal benutzte und erst 1817 selbständig wurde, erhielt 1854 an der Nordseite des Marktes ein eigenes Gotteshaus (nach Plänen Schinkels). 1945 wurde die Innenstadt außer der kath. Kirche zerstört.
M. erhielt bereits 1884 Eisenbahnverbindung mit Braunsberg, im nächsten Jahre folgten die Linien nach Zinten–Königsberg und nach Wormditt–Allenstein. Seit 1904 befand sich hier die vom ermländischen Bauernverein gegr. Hauptgenossenschaft, und seit 1900 entstand allmählich ein Privatgestüt für das schwere Kaltblutpferd (sog. Ermländer). Die unmittelbar neben der Stadt im Walschtal gelegene Mühle (von Anbeginn bis 1772 im Besitz des Domkapitels) wurde 1921 von der Kreisverwaltung angekauft und zu einem Elektrizitätswerk umgebaut. Die Bevölkerungszahl dieses typischen Landstädtchens wuchs nur sehr langsam: von 1930 im Jahre 1772 stieg sie über 2422 im Jahr 1825 auf 3894 im Jahr 1875, erreichte 4152 im Jahr 1900 und schließlich 4394 im Jahr 1939.

(III) *Sch*

EMaecklenburg, Chronik von M., 1955 — LV 164, S. 180 f. — LV 172 Bd. 13, S. 755 — ABirch-Hirschfeld in: LV 50, S. 84—86

Memel (Klejpeda). M. ist eine der ältesten und schicksalsreichsten Städte des dt. Ostens. 1252 gegr., hat es als Grenzstadt immer wieder Zerstörungen erlitten, so 1325, 1379, 1383, 1402, 1455. Noch 1854 hat ein Brand einen großen Teil der Stadt, darunter auch die bedeutenderen Kirchen, zerstört. Die Stadt ist jedoch immer wieder aus der Asche erstanden, hat aber nur wenige hist. bemerkenswerte Bauwerke. Ansichten von etwa 1535 und 1670 halten ihr Aussehen im Bilde fest. M. liegt auf urspr. kurischem Volksgebiet (→ Memelland) und wurde nicht von Preußen, sondern von Livland aus gegr. Schon vor dem Beginn der Eroberung Preußens wurde Livland über See von den Deutschen »aufgesegelt«. Bf. Albert, 1200 von Bremen kommend, gründete in Riga ein Missionsbistum, später Erzbistum. Der Orden der Schwertbrüder, der in Livland zur Unterstützung des Bf. entstanden war, vereinigte sich 1237 mit dem Deutschen Orden. So war M. zunächst eine livländische Stadt. Erst 1328 kam es an Preußen. Auch die inneren Verhältnisse in M. waren verwickelter als in den meisten anderen preuß. Städten. Hier galt das »Lübische Recht«, das in Preußen sonst nur wenige Städte besaßen. Erst 1475 wurde das »Kulmische Recht« auf M. übertragen. Als Handelsstadt war es im Ma. unbedeutend. Der Handel des Memelstromgebietes ging nach Danzig und Königsberg (→ Memel, Fluß). Die Burg aber war eine der stärksten des Deutschen Ordens, sie sperrte den Eingang zum Kurischen Haff und deckte die Küstenstraße von Preußen nach Livland. Sie wurde im 16. und 17. Jh. mehrfach umgebaut und verstärkt. Hier wurde 1672 der Führer der ständischen Opposition, Christian Ludwig v. Kalckstein, wegen Landesverrats hingerichtet. Seit 1770 wurden die Festungswerke nach und nach abgetragen; sie lagen mit der Altstadt auf dem l. Ufer der Dange. Dort standen auch die beiden alten Kirchen St. Johann (schon im 13. Jh. erwähnt) und St. Jakob. Zur Ordenszeit Sitz eines Komturs, wurde M. 1525 Sitz eines Amtshauptmannes, dessen Gebiet sich ungefähr mit dem der Komturei deckte. Die Besiedlung des Landes durch litauische Bauern besserte auch die wirtschaftliche Lage der Stadt. Der Handel M.s wurde jedoch weiterhin durch die Konkurrenz von Königsberg behindert. 1629—35 war M. von den Schweden besetzt. Erst im 18. Jh. blühte M. auf durch den Holzhandel nach England.
A. 19. Jh. wurde M. Schauplatz bedeutender Ereignisse. Hier trafen sich 1802 das preuß. Königspaar und Zar Alexander I. Wenige Jahre später fand der preuß. Hof mit den Ministerien hier eine letzte Zuflucht vor Napoleon, der M. als einzige Stadt Preußens nicht besetzt hat. Von Anfang 1807 bis Anfang 1808 war M. damit tatsächlich die preuß. Hauptstadt. Hier wurde am 28. Januar 1807 ein Vertrag zwischen Preußen und England geschlossen. Die kgl. Fam. wohnte in dem späteren *Rathaus*. Dieses und andere schöne Bürgerhäuser zeugten von dem damaligen Wohlstand der Stadt. Der Aufschwung der Stadt im 19. Jh. und die Blütezeit ihres Handels während des Krimkrieges (1853—56),

Memel um 1800

1 Altes Schloß
2 St. Johann (luth.)
3 St. Jakob, urspr. St. Nikolaus
4 Lage des neuen Rathauses
5 Lage der Börse
6 Lage des Theaters

Die Festung des 17. Jh. steht an der Stelle der Ordensburg

als der Handel aus dem von den Westmächten blockierten Rußland nach M. auswich, erhielt einen Rückschlag durch den Brand von 1854, der die Altstadt fast zerstörte. Die Kirchen St. Jakob und St. Johann wurden durch Aug. Stüler wiederaufgebaut. M. wurde 1875 an das Eisenbahnnetz angeschlossen, Rußland aber riegelte sich ab und begünstigte den eigenen Hafen Libau. Im ersten Weltkrieg erlitt M. 1915 einen russ. Überfall. Nach dem Kriege wurde es mit dem Memelgebiet von Dtschl. abgetrennt.

Zur Zeit der lit. Herrschaft (bis 1939) wanderten zahlreiche Litauer ein, ohne der Stadt ihr dt. Gesicht nehmen zu können. Im zweiten Weltkrieg hat M. schwer gelitten. Nachdem das Gebiet nördlich der Memel bereits im Oktober 1944 von sowjetischen Truppen besetzt worden war, wurde M. bis Januar 1945 als Brückenkopf gehalten. Seit 1945 besteht die Einwohnerschaft von M. aus Litauern und Russen, nur noch aus wenigen Deutschen, doch sind die dt. Züge im Stadtbild nicht völlig ausgelöscht. Einwohnerzahlen: 1682 ca. 1000, 1782: 5559, 1816: 6000, 1843: 10 026, 1867: 19 003, 1910: 21 470, 1925: 35 745, 1937: 39 056, 1940: 43 285, 1959 ca. 90 000. – M. ist Geburtsort des Dichters Simon Dach (1605, † in Königsberg 1659) und des Astronomen Friedrich Argelander (1799, † in Bonn 1875). Vor dem Theater in M. stand das Denkmal des Ännchen von Tharau; das bekannte Volkslied über sie wird fälschlich (?) Simon Dach zugeschrieben.
(III) F

JSembritzki, Gesch. d. kgl. pr. See- und Handelsstadt M., M. 1900 u. 1926 — Ders., M. im 19. Jh., M. 1902 — JMešys, Klaipeda, Wilna 1963 (Führer in dt. Sprache)

Memel (Fluß). Die M. (lit. Nemunas, poln. und russ. Njemen) wird zuerst in einer Urk. vom 29. Juli 1243 »Flumen Memele« gen. Die Herkunft des Namens ist nicht sicher erklärt; er ist wahrscheinlich kurisch. Mit etwa 900 km ist die M. so lang wie die Oder. Sie entspringt in Weißrußland westlich von Minsk, durchfließt dann Litauen und tritt bei Schmalleningken über die preuß. Grenze. Von hier bis zu ihrer Mündung ins Kurische Haff ist sie noch etwa 111 km lang. Auf dt. Gebiet überspannten sie zwei Brücken bei → Tilsit. Unterhalb von Tilsit bildet die M. ein Delta; Hauptarme sind → Russ und → Gilge. Die M. ist eine der großen hist. Verkehrsstraßen und eine Straße der Begegnungen zwischen dem dt., dem lit. und dem russ. Volke. Schon vor der Ankunft des Deutschen Ordens zeugt das Gräberfeld von → Linkuhnen von dem regen Handelsverkehr des Gebietes an der unteren M. mit den Handelsplätzen der Wikinger an der Küste. Der Deutschordenschronist Peter v. Dusburg berichtet, neun Jahre vor der Ankunft des Deutschen Ordens in Preußen (also etwa 1222) hätten Russen die Schalauerburg → Ragnit belagert. Sie sind wahrscheinlich die M. abwärts aus Grodno gekommen, wo man ebenfalls Spuren der Wikinger gefunden hat. Die Bedeutung der M. für den frühgesch. Verkehr der Wikinger nach Rußland ist noch nicht ausreichend erforscht. Auch der Deutsche Orden ist in die altpreuß. Landschaft Schalauen zuerst auf dem Wasserwege vorgedrungen. Der Vogt des Samlandes, Dietrich v. Liedelau, griff 1275 von der samländischen Haffküste aus auf dem Wasserwege die Preußenburg Ragnit an. Im folgenden Jahre fuhr eine Flotte von 15 Schiffen gegen die Schalauerburg Sassau. Schaaken und Labiau waren die Ausgangshäfen für die Schiffahrt in das Kurische Haff und zur unteren M. An die Unterwerfung Preußens, die 1283 beendet war, schlossen sich die Kreuzfahrten des Deutschen Ordens gegen das noch heidnische Litauen. Auch dabei wurde der Wasserweg der M. immer wieder benutzt, denn er führte in das Herz Litauens nach der Hauptstadt Wilna (Vilnius, an dem Nebenfluß Wilija). Von einer solchen Heerfahrt auf der M. liest man bereits 1290. Besonders imposant war eine Unternehmung des Jahres 1313. Damals wurde eine Schiffbrücke über die M. gebaut. Die Kämpfe mit Litauen wurden erst durch den Frieden von 1422 beendet. Erst danach konnte der Handelsverkehr auf der M. sich voll entfalten.

Auf lit. Seite wurde bereits 1408 Kauen (lit. Kaunas, poln. und russ. Kowno) als eine dt. Stadt gegr. Sie verlor ihren dt. Charakter zwar bald, blieb aber weiterhin ein Stützpunkt des dt. Handels in Litauen. Hier wurde um 1440 ein Kontor der dt. Hanse eingerichtet, das etwa 100 Jahre bestanden hat. Ihm gehörten hauptsächlich → Danziger und → Königsberger Kaufleute an. Der Handel von und nach Litauen ging damals von der M. über die Gilge in das Kurische Haff, über die Deime und den Pregel nach Königsberg und weiter in das Frische Haff und die Weichsel nach Danzig, das auch den Litauenhandel beherrschte, während Königsberg sich erst seit der M. 16. Jh. stärker einschalten konnte. Die M. trug auch den Handel Weißrußlands, der westlichen Ukraine und selbst von einem Teil des Moskauer Reiches nach W. Kanalbauten im Delta verbesserten den Wasserweg (→ Gilge). Der Versuch, das Stromgebiet der M. mit dem Stromgebiet des Dnjepr und damit die Ostsee mit dem Schwarzen Meer zu verbinden, sind bisher nicht geglückt; der sog. Oginski-Kanal, 1768 begonnen, 1804 fertiggestellt, hat nur für die Flößerei Bedeutung. Erst das Zeitalter der Chausseen und Eisenbahnen hat der M. einen großen Teil ihres früheren Verkehrs abgenommen und sie wesentlich auf die Holzflößerei beschränkt. Große Flöße mit seltsamen fremdartigen Schiffern gaben dem Fluß noch im Beginn des 20. Jh. ein eigenartiges Gepräge. Auf einem Floß bei → Tilsit fand am 25. Juni 1807 die weltgesch. erste Begegnung zwischen Napoleon I. und dem Zaren Alexander I. statt. Am 26. Juni wurde auch Kg. Friedrich Wilhelm III. v. Preußen hinzugezogen. Noch einmal erlebte die M. Weltgeschichte, als sie im Frühjahr 1915 zahllose dt. Schiffe und Kähne mit dt. Truppen und Kriegsmaterial zur großen Frühjahrsoffensive nach Rußland trug. Auch im zweiten Weltkrieg hat die M. für den Nachschub eine Rolle gespielt. (IV) *F*

HKeller, Memel-, Pregel- und Weichselstrom, Bd. 2, Berlin 1899. — KForstreuter, Die M. als Handelsstraße Preußens nach Osten, Königsberg 1931

Memelland. Mit diesem Namen bezeichnen wir die Landschaft zu beiden Seiten der unteren → Memel, soweit sie zum Deutschen Reiche gehörte. Sie war in frühgesch. Zeit keine Einheit. Der nördliche Teil, etwa im Umfang der späteren landrätlichen Kreise Memel und → Heydekrug, war von Kuren besiedelt und gehörte zu den kurischen Landschaften Ceclis und Lamotina. Südlich davon saß zu beiden Seiten der unteren Memel der preuß. Stamm der → Schalauer. Vom Nordteil mit der Stadt → Memel ergriff der Deutsche Orden von Livland aus Besitz (1252; → Memel, Stadt). Schalauen wurde 1275/76 von Preußen aus erobert. Erst 1328 wurde Memel von Livland an Preußen abgetreten. Kirchl. gehörte das Gebiet nördlich der Memel weiterhin zum Bst. Kurland und der dortige Bf. hatte bis 1392 auch einen Anteil an der weltl. Herrschaft. Die Grenze Preußens im N nach Livland hin (Verwaltungsgrenze der beiden Ordensländer Preußen und Livland) war 1328–1422 die Heilige Aa, ein Flüßchen nördlich von Polangen, südlich von Libau. Die Grenze in der »Wildnis« nach Litauen hin war vertraglich nicht gesichert. Der Vertrag von 1398, der ganz Samaiten dem Orden zusprach und südlich der Memel ihm noch einen großen Teil von Sudauen ließ, wurde durch die Niederlage des Ordens bei → Tannenberg (1410) erschüttert. Erst der Friede von 1422 hat Bestand gehabt und die Grenze bis zur Gegenwart festgelegt. Der Memelstrom bildet an sich keine Grenze; denn Ströme trennen nicht, sondern verbinden. Die Grenze von 1422 verläuft von der Ostsee nördlich von Memel, wo ein lit. Vorsprung, bei Polangen, Preußen und Livland trennt, in einem schmalen Abstand von der Memel, biegt nördlich von Schmalleningken südlich zur Memel ein, verläuft dann in südlicher Richtung in weitem Abstand von der mittleren Memel. Vor 1422 war das ganze große Gebiet beiderseits der unteren Memel nur sehr dünn besiedelt; außer der kleinen Stadt Memel gab es dort die Ordensburgen → Tilsit und → Ragnit, einzelne wenige bäuerliche Ortschaften sowie Fischer an der Küste des Haffs. Nach 1466 strömten lit. Bauern ein. Diese Wanderung hatte soziale und wirtschl. Ursachen und wurde in Preußen nicht ungern gesehen, da besonders nach 1466 (Abtrennung Westpreußens vom Ordensland) der Orden seine bisher vernachlässigten Wildnisgebiete stärker nutzen wollte. So wurde das nordöstliche Ostpreußen von Litauern unterwandert und deshalb später nach diesem Volksteile als Preußisch-Litauen bezeichnet, obgleich es nie zu Litauen gehörte. Im Laufe der Jhh. fand eine Verschmelzung statt zwischen den lit. Einwanderern und den Deutschen, die früher schon dort wohnten und auch später noch zuwanderten (Salzburger, 1732), und die Litauer nahmen zum großen Teil die dt. Sprache an; doch gab in dem Gebiet nördlich der Memel noch 1910 fast die Hälfte der Bewohner lit. als Muttersprache an.

Verwaltungsmäßig war das Gebiet beiderseits der Memel niemals eine Einheit, auch die Memel selbst niemals eine Grenze der Verwaltungsbezirke. Im Ma. gab es die Komtureien Memel und Ragnit, diese reichte über die Memel hinaus nach N. An der Küste des Haffs griff das Gebiet des Ordensmarschalls (→ Königsberg) zeitweise bis nach → Windenburg und in die Fischerdörfer an der Ostküste des Haffs, im Memeldelta, hinüber. Nach

1525 gab es die Hauptämter Memel, Ragnit und Tilsit, dieses vorher schon Sitz eines Pflegers des Deutschen Ordens. Losgelöst von der Komturei Ragnit wurde ferner das Hauptamt Labiau. Nach der Zersplitterung in viele Domänenämter des 18. Jh. wurden 1815 die Kreise gebildet: Memel, Heydekrug, Tilsit, Elchniederung, Ragnit, Pillkallen. Der Kreis Memel gehörte fortan zum Regierungsbezirk Königsberg, die übrigen Kreise zum Regierungsbezirk Gumbinnen. – Ein nur kurzlebiges politisches Gebilde war das »Memelgebiet«, oft auch »Memelland« gen. Es wurde durch den Vertrag von Versailles 1919 geschaffen und umfaßte die Teile des Deutschen Reiches nördlich von der Memel, ferner die Nordhälfte der → Kurischen Nehrung. Das Memelgebiet wurde 1920 von frz. Truppen, 1923 von Litauern besetzt und erhielt 1924 ein Autonomiestatut unter Aufsicht des Völkerbundes. Danach sollte der von Litauen eingesetzte Gouverneur ein Direktorium berufen, das auf das Vertrauen des Landtages angewiesen war. Der Landtag von 29 Abgeordneten zählte nie mehr als fünf Litauer, meist weniger. Hieraus ergeben sich zahlreiche Konflikte, die vor den Völkerbund kamen. Im März 1939 gab Litauen kampflos, wenn auch unter Druck, das Memelgebiet an Deutschland zurück. Nach dem zweiten Weltkrieg gliederte die Sowjetunion es an die Sowjetrepublik Litauen an, während das Land südlich der Memel zum »Bezirk Kaliningrad« gehört und von der russ. Sowjetrepublik verwaltet wird. Nördlich der Memel sind zahlreiche Einwohner, die nicht mehr fliehen konnten, zurückgeblieben; südlich von Memel gibt es nur noch wenige Deutsche. (IV) *F*

WSchätzel, Das Reich und das Memelland, 1943 — KForstreuter, Memelland, 1939 (in: LV 40, H. 8) — RMeyer, Das Memelland, 1951

Menturren (Kr. Darkehmen). Auf einer Wiese beim Dorf M. nordöstlich von Darkehmen fanden sich beim Torfstechen unter 3 m Torf eine Schicht von Baumstämmen, Haselnüsse und knöcherne Geräte mit eingesetzten Feuersteinstücken. Eine Untersuchung i. J. 1921 stellte hier den bisher einzigen mittelsteinzeitl. Wohnplatz der Kunda-Kultur in Ostpreußen fest. Moorgeologisch wurde 1936 das Alter auf etwa 7500 v. Chr. bestimmt.
(IV) *Gr*

HGross, Auf den ältesten Spuren des Menschen in Ostpr. (in: LV 12, Bd. 32, 1938, S. 88) — LV 204, S. 136

Metgethen (Kr. Königsberg). Die erste urk. Erwähnung von »Myntigeite« stammt von 1278, als der Landmeister Konrad v. Thierberg dem Preußen Regune einen Teil der Äcker in diesem Felde übertrug. 1384 wird M. im Zusammenhang mit der Anlage des → Landgrabens gen.; der Name hat sich in den Besitzern des Gutes bis ins 15. Jh. erhalten. 1482 verheiratete der letzte des Namens seine Tochter an einen Söldnerführer aus dem 13j. Kriege, Christoph v Röder, zu dessen Nachkommen der verdiente preuß. General, Feldmarschall Erhard Ernst v. Röder (1665 bis 1743), gehörte. Am 19. Februar 1945 wurde bei M. in einem letzten, schwungvollen Angriff ostpreuß. Soldaten der 1. ID der Einschließungsring um Königsberg in Richtung Pillau noch einmal geöffnet, bis er sich am 9. April endgültig schloß. Da eine russ. Benennung nicht festzustellen ist, scheinen Gut und Gartenstadt nicht mehr bewohnt zu sein. (III) W

KvPriesdorff, Soldatisches Führertum, I, S. 110, Nr. 183 — OLasch, So fiel Königsberg (1958), S. 68 — LV 126, Bd. 2, S. 208

Mewe (Gniew, Kr. Dirschau). Der Ort kam 1229 mit der gleichnamigen Landschaft an das Kl. → Oliva, dem es 1255 jedoch wieder entzogen und 1276 durch Hz. Sambor II. dem Deutschen Ritterorden verliehen wurde. Dieser kam erst nach längeren Verhandlungen mit Mestwin II., dem letzten pommerell. Hz., 1282 in den Besitz dieser seiner ersten größeren Erwerbung auf dem l. Weichselufer. Unmittelbar danach schritt der Orden sogleich zur Anlage eines festen Platzes; bei der Errichtung der Burg M. wurden die aus dem Abbruch der zwischen Kulm und Althaus gelegenen Potterburg gewonnenen Materialien verwendet. Bald wurden auch dt. Siedler in das für ihn so wichtige Gebiet l. der Weichsel gerufen. Landmeister Meinhard v. Querfurt erteilte M. am 25. September 1297 eine Handfeste, nach der Konrad v. Rheden mit dem Erbschulzenamt und der Besetzung der Stadt nach Kulmer Recht betraut wurde. Eine Pfarrkirche war bereits vorhanden. Die ältesten Teile der späteren St.-Nikolaus-Pfarrkirche sind erst A. 14. Jh. errichtet worden. Das Ordensschloß, einst durch eine künstlich erweiterte Schlucht von der Stadt getrennt, liegt auf dem östlichen Ausläufer des stark zur Ferse und zur Weichsel abfallenden Hangs. 1921 brannte das Schloß zum großen Teil aus. Als M. 1772 wieder zu Preußen kam, hatte es 850 Einwohner (darunter 20 Krämer und Kaufleute, zwei Apotheker, 83 Handwerker), 80 brauberechtigte Häuser, 35 wüste Baustellen, 21 Häuser in der Vorstadt. 1774—86 siedelte Friedrich d. Gr. hier 16 weitere Handwerksfamilien an; M. erhielt 45 500 Taler Wiederaufbaugelder. Drei Seiten des Marktes wurden mit neuen Häusern besetzt. Um 1880 waren etwa 120 Handwerker vorhanden, darunter 51 Schuhmacher. Die 1818—23 auf dem Markt neben dem Rathaus errichtete evg. Kirche wurde, obwohl durch den zweiten Weltkrieg wenig beschädigt, im Herbst 1957 abgebrochen. 1905 hatte M. 4033 Einw. (davon 1728 mit deutscher Muttersprache), 1921: 3131, 1943: 3625. (II) B

PCorrens, Chronik der Stadt M. Mit Nachtrag neu hg. v. WSchultz, Düsseldorf 1959 — LV 110, 163, 179

Mischischewitz (Kr. Karthaus). In der Umgebung von M. und in den benachbarten Gemarkungen Gapowo, Stendsitz und Warschenko liegen zahlreiche Hügelgräber der Bronzezeit und der frühen Eisenzeit. Die älteren enthalten Körpergräber, die jünge-

ren Brandgräber; jedoch sind viele Grabhügel nicht nur einmal zur Bestattung Verstorbener erbaut worden (ihr Aufbau aus Steinen und Erde ist sehr verschieden), vielmehr hat man oft Nachbestattung in schon vorhandene Hügel vorgenommen, was auf jahrhundertelange Belegung des Hügelgräberfeldes (und Dauer der zugehörigen Siedlung) hinweist. So fand sich in einem Grabhügel in M. ein Männergrab des 3. Jh. n. Chr., das mittels eines vier Meter tiefen Schachtes vom Scheitel des Hügels bis unter dessen Sohle eingegraben worden war; die reichen Beigaben weisen auf einen adligen Goten hin. – Ein Gräberfeld der got.-gepidischen Kultur (1.–4. Jh. n. Chr.) ist 1959 bei Wensiorri (Kr. Karthaus) aufgefunden und ausgegraben worden. (I) *B/Ba*
Ber. Westpr. Prov.-Mus. für 1901, S. 40 (Hügelgräber) — LV 203, S. 130 (Grab d. 3. Jh.s n. Chr.)

Mohrungen (Morąg, Kr. Mohrungen). Ältester Überlieferung zufolge soll bereits 1280 am See Maurin eine dreiseitig von Wasser umgebene Burg des Deutschen Ordens bestanden haben, bei der sich verm. aus dem Südharz stammende Siedler niederließen. Der 1320–31 amtierende Oberstspittler Hermann v. Oettingen verlieh dem Ort das Stadtrecht. Die 1331 erneuerte Handfeste verweist auf eine ältere Gründungsurk., für die 1327 als Ausstellungsjahr angenommen wird. Der Name M. hängt wohl mit der gleichnamigen Stadt im Südharz zusammen. – Nach dem Tode Ludwigs v. Erlichshausen (1467) wurde der ehem. Oberstspittler Heinrich Reuß v. Plauen, dessen Kraft der Orden in dem 13j. Ringen mit Polen viel zu verdanken hatte, Hochmeisterstatthalter. Er nahm seinen Sitz in M. Die ihm durch den zweiten Thorner Frieden aufgezwungene Eidesleistung vor dem Kg. v. Polen empfand er als unerträgliche Schmach, die ihm auf der anstrengenden winterlichen Rückreise so zusetzte, daß er am 1. Februar 1470 in M. einem Schlaganfall erlag. Ihm zu Ehren nahm der Kreis M. 1928 den Plauenschen Löwen in seinen Wappenschild auf. Hz. Albrecht verpfändete Amt und Schloß M. dem Burggf. Peter z. Dohna, der den Pfandbesitz als hzl. Amtshauptmann verwaltete. 1595 baute die Fam. Dohna in M. ein stattliches Haus, das als »Schlößchen« in der ihm von Joh. Kaspar Hindersin (→ Schlobitten) 1719 gegebenen Form noch bis 1945 die Stadt zierte.

Besonders verdient machten sich die Dohnas in M. durch eine Stiftung, deren Erträge vielen Studenten das Studium ermöglichten. Der bedeutendste Stipendiat dieser Stiftung war M.s großer Sohn Joh. Gottfr. Herder (geb. 25. August 1744). Das Geburtshaus Herders ist nach dem Kriege abgerissen worden. An seiner Stelle ist nach 1959 ein Neubau entstanden. Der Vater Herders war der Tuchmacher, Glöckner und Mädchenschullehrer Gottfried H., seine Mutter entstammte der ebenfalls in M. ansässigen Handwerkerfamilie Peltz. Pfarrer Willamovius in M. erkannte als erster die Begabung des jungen H. Rektor Grimm unterrichtete ihn sodann an der von ihm geleiteten Stadtschule. Als Pfarrer Trescho 1760 nach M. kam, nahm er den 16j. H. als Famulus in sein Haus. Hauptsächlich dem Umgang mit Trescho verdankt H. seine spätere Entwicklung als Theologe, Philologe und Dichter. – Übrigens hatte H. in seinem Landsmann Calovius (geb. 16. April 1612 als Sohn des Mohrunger Amtmanns Kalau) einen Vorläufer. Calovius, einer der meistgenannten Theologen seiner Zeit, wurde 1637 ao. Prof. an der Univ. Königsberg und 1650 an der Univ. Wittenberg, wo er auch als Generalsuperintendent wirkte, eine Stellung, die Herder bekanntlich in Weimar innehatte. – Am 25. Januar 1807 kam es bei Pfarrersfeldchen in der Nähe von M. zum Gefecht zwischen den Russen und den Truppen des frz. Marschalls Bernadotte. Während Bernadotte sich kurz darauf im Dohnaschen Schlößchen in M. aufhielt, wurde er beinahe von einer überraschend vorstoßenden Abteilung verbündeter Truppen gefangen genommen, aber durch den Pächter des Schlößchenvorwerks gerettet. Bernadotte mußte sich nach Verlust seines gesamten Gepäcks auf Liebemühl und Osterode zurückziehen, und M. wurde vorübergehend von den mit Preußen verbündeten Russen besetzt. Napoleon hob auf die Nachricht von dem Gefecht bei M. seine Winterquartiere sofort auf und stellte sich den Verbündeten in der Schlacht bei → Preuß. Eylau. Die Einwohnerzahl betrug 1782 noch 1753, im Jahre 1937 bereits 6223. (III) *He*

AWeyde, M., 1927 — HFrederichs in: LV 50, S. 86

Montau (Mątowy, Kr. Marienburg). In der Südspitze des Weichsel-Nogatdeltas liegen unmittelbar r. der Weichsel die beiden Dörfer Klein- und Groß-Montau. Klein-M. entstand aus dem Ordenshof M., der wahrscheinlich mit der 1254 erwähnten »curia« in der Insel Zantir identisch ist. 1387 hatte der Ordenshof M. 206 Pferde und 67 Fohlen, 80 Kühe, 630 Schweine und 2931 Schafe. 1726 wurde das Vorwerk mit 38 Hufen und einem Morgen an Hermann Hecker in Erbpacht ausgegeben. 1740 brannten Hofgebäude und Brauerei ab. 1745 saßen neben einem 19 Hufen großen Hauptgut bereits mehrere kleinere Erbpächter. Groß-M. wird 1321 erstm. in der Handfeste für Mielenz erwähnt. Hochmeister Ludolf König (1342–45) verlieh Groß-M. die erste Handfeste, die 1383 erneuert wurde. Damit wurde die schon bestehende kleine slawische Ansiedlung durch deichbaukundige Einwanderer erweitert und ihre Umgebung einer modernen systematischen Nutzung durch eine Bauerngemeinschaft nach dt. (kulmischem) Recht zugeführt. Hier ist 1347 die selige Dorothea v. M. geboren, deren Vater Willam Swarte (Swarz, Swartze) aus Südholland stammte und um 1330 die bereits hier ansässige und auch geborene Agathe geheiratet hatte. Das Haus der Fam. war das vorletzte l. an dem Wege nach N, ein niedersächsischer Fachwerkbau mit Schilfdach, zwei Kübbungen und Diele, zu deren beiden Seiten das Vieh stand; am Ende des Hauses lagen Herd und Wohnräume. Dorothea folgte 1363 dem wohlhabenden Schwertfeger Albrecht aus Danzig in die Ehe. Nach dessen Tode siedelte sie 1391 nach → Marienwerder über, führte dort ein Leben der Gebete und guten Werke und ließ sich dann am 2. Mai 1393 im Dome in eine Seitenkammer einschließen, wo sie bis zum 25. Juni 1394 als Klausnerin lebte. Nach ihrem Tode hörte man von zahlreichen Wundern und Heilungen an ihrem Grabe, das Volk verehrte sie als Heilige, in zahlreichen Kirchen wurden ihr zu Ehren Altäre eingerichtet. Ihre Heiligsprechung wurde eingeleitet, kam aber wegen des Schicksalsschlages von 1410 nicht zustande. Die kath. *Pfarrkirche* zu St. Peter und Paul in Groß-M., in der Dorothea getauft wurde, steht heute noch als eines der ältesten Beispiele dt. Fachwerkbaues. (II) *B*

HWestpfahl, Dorothea von M., Meitingen 1949 — LV 163, 178

Mühlhausen (Gwardejskoje, Kr. Preuß. Eylau). Das Kirchdorf M. gehört zu den ältesten Orten Natangens. Die Kirche soll 1305 erbaut worden sein; 1399 waren zwei Geistliche tätig. 1414 wird M. unter den »kleinen« Städten gen., die der Deutsche Orden beim Poleneinfall räumte. Nach dem 13j. Kriege schenkte der Deutsche Orden 1468 M. dem aus Lothringen stammenden Landrichter Daniel v. Kunheim, der 1492 vom Papst persönlich einen Ablaß für die baufällige Kirche M. erwirkte. Die Fam. v. Kunheim blieb bis 1643 Erb- und Patronatsherr auf M. und → Knauten. 1560–90 wirkte in M. der Pfarrer Kaspar Hennenberger, der 1569–76 das Hzt. Preußen kartographisch aufnahm und zu seiner Karte 1595 die bekannte »Erklärung« schrieb. (III) *Gu*

ANietzki, Chronik d. evg. Kirchengemeinde in M., 1910

Mühlhausen (Młynary, Kr. Preuß. Holland). In der 1338 erneuerten Handfeste heißt es, daß Hermann v. Oettingen (1320–31 ob. Spittler und Komtur von Elbing) die Stadt »Molhusen« gegr. habe, indem er sie dem Erbschulzen Nicolaus v. Kunyn zur Besetzung gab. Ob der Name M. auf die wohl schon vor der Stadtgründung vom Orden an dem Flüßchen Donne angelegte Wassermühle, deren Rad im Wappen von M. erscheint, Bezug nimmt, oder ob die Stadt M. in Thüringen bei der Namensgebung Pate gestanden hat, ist nicht mit Sicherheit zu entscheiden. Die in der nördlichen Ecke der Stadtmauer gelegene kl. Ordensburg, im Volksmunde Schloß »Locken« gen., war bis 1410 der Sitz des Waldmeisters (magister nemorum), des höchsten Forstbeamten der sehr waldreichen Komturei Elbing. Die Stadt hatte schon 1613 rund 1000 Einw., 1760 zur Zeit der russischen Besetzung nur 676, dann 1782 ohne Militär 1400 und 1933 fast das Doppelte, 2672. (III) *He*

GStark, Gesch. d. Stadt M., 1927 — HFredrerichs in: LV 50, S. 87

Nadrauen. Eine der zehn altpreuß. Landschaften ist N. (Nadrowe, Nadrovia), das Gebiet des oberen Pregels und seiner Quellflüsse Inster, Angerapp und Rominte. Es tritt seit den ersten Jhh.

n. Chr. zwischen den Kulturräumen des Samlandes, des kurisch betonten → Memellandes und dem großen Lande → Sudauen nur wenig selbständig hervor, wahrt sich jedoch nach Ausweis der Bodenfunde im Laufe der Zeit zunehmend seine eigenen Gebräuche. Das angesehenste Heiligtum der alten Preußen, Romove, hat, mehrfacher Überlieferung zufolge, in N. gelegen, ohne daß es später gelungen ist, den Ort genau festzustellen. Als 1274 und 1275 der Orden in zwei Zügen das Land eroberte, zerstörte er eine ganze Anzahl wehrhafter und wohlbesetzter Burgen. Die Neubesiedlung erfaßte zuerst von W her das obere Pregeltal, so daß eine Zeitlang der Name nur an diesem kleineren Gebiet haftete. Nach 1525 gehörte der gesamte Raum zum Hauptamt Insterburg und wurde in 13 Schulzenämter aufgeteilt. In neuerer Zeit ist der Name N. wieder gebräuchlich geworden.

Gr

HHarmjanz, Volkskde. und Besiedlungsgesch. Altpr. 1936 — CEngel, N. in vorgeschichtl. Zeit (in: LV 26, 1936, S. 117 f.) — ONatau, Mundart und Siedlung im nö. Ostpr. 1936 (Schriften der Albertus Univ. Bd. 4)

Natangen (Gau). Der preuß. Gau N. (1231 Natangia) lag zwischen den Gauen Samland, Warmien, Barten und Nadrauen und war eine Binnenlandschaft, die weder den Pregel noch das Frische Haff berührte, sie war im O von der Alle, im N von dem breiten Waldgürtel südlich des Pregels und im W von einer Linie begrenzt, die von der Pregelmündung südlich an Kreuzburg vorbei auf Kanditten und die ermländische Grenze hin zur Alle lief. – Nach Errichtung der Burg Kreuzburg (1253) setzte der Orden Komture über N. ein, die für 1257 und 1276 belegt sind. 1260 erscheint ein Vogt von N., der seinen Sitz auf der → Lenzenburg hatte; von 1276–91 sind gleichfalls Vögte von N. bezeugt; ihnen unterstanden die Preußen im Gebiet Brandenburg. Seit mindestens 1308, wahrscheinlich schon seit 1291 mit Heinrich v. Zuckschwert, war das Amt des Komturs von → Balga mit dem des Vogts von N. vereinigt. Ein Archidiakon für N. wird für die Jahre 1280–88 erwähnt; er saß wahrscheinlich in →Kreuzburg wie die Komture und Vögte von N. Vielleicht schon in jener Zeit erweiterte sich der Name N. und wurde auf die nördlichen Gebiete Warmiens übertragen, die bei der Teilung von 1251 und 1254 beim Orden verblieben; der südliche Teil Warmiens kam zum Bst. → Ermland. 1285 bestätigte der Landmeister Konrad v. Thierberg die Güter Pokarben, Pinnau, Huntenau und Maulen, die im »Warmedittischen« Gebiet liegen »und auch von Natangis«. Der Name N. ging somit auf den Ordensanteil Warmiens über. Außerhalb des preuß. Gaues N. lag auf warmischem Boden das urk. gen. »Feld N.«, auf dem 1320 das Gut Haselau (Kr. Heiligenbeil) entstanden ist. Nach ihm und auf Grund des erweiterten Begriffs N. ist das Kammeramt N. benannt worden. Zu ihm gehörten die preuß. Bewohner im westlichen Teil des späteren Kreises Heiligenbeil. Der Verwaltungsmittelpunkt des Kammeramts N. war die seit 1341 überlieferte curia Nathangyn, der Ruschenhof (Reinschenhof) bei Heiligenbeil-Rosenberg. Nach 1466 verlor sich der Name Kammeramt N., dafür bürgerte sich »Reuschen Kammeramt« ein. Der *Kreis* N. (seit 1525) umfaßte die Gebiete der ehem. Komtureien Balga und Brandenburg mit 13 Hauptämtern (Brandenburg, Balga, Preuß. Eylau, Bartenstein, Rastenburg, Oletzko, Barten, Angerburg, Lyck, Johannisburg, Rhein, Lötzen, Seehesten) und zwei Erbämter (Gerdauen, Neuhof). Kreis-Hauptstadt war → Bartenstein. Das Domänenamt N. seit 1725 unterstand dem Hauptamt Tapiau und war nur ein kleiner Bezirk, dessen Beamte in Allenburg saßen; es wurde um 1832 mit Tapiau vereinigt. – Unter der *Landschaft* N. versteht man heute im großen und ganzen die Kreise Heiligenbeil, Preuß. Eylau und Bartenstein sowie die südlich des Pregels gelegenen Teile der Kreise Königsberg und Wehlau, also das Gebiet nördlich des Ermlandes zwischen dem Frischen Haff, der Alle und um den Pregel. (III) *Gu*

EBeckherrn, Die w. Grenze der Landschaft N. (in LV 10, Bd. 23, 1886) — LGimboth, Siedlungsgeographie N.s zur Preußenzeit, Diss. 1923 — ThHurtig, Das Pregel-Deimetal, Diss. 1921 — Morphologie der Krr. Wehlau und Friedland (in: Alle-Pregel-Deime-Gebiet, III, 2) — Kuck, Über die Mundarten unserer Heimat (in: Alle-Pregel-Deime-Gebiet, H. 12) — LV 47

Neidenburg (Nidzica, Kr. Neidenburg). Auf einer steilen Bergkuppe, umgeben von Sumpf und Wasser des Neideflüßchens, erhob sich die »Neidenburg«. Vielleicht ist die erste Anlage der Ordensfeste in die Zeit zwischen 1266 und 1268 zu legen. Im Schutze der Burg ließen sich Handwerker, später auch Kaufleute nieder. Am 7. Dezember 1381 schenkte Hochmeister Winrich v. Kniprode der Gemeinde 40 Hufen abgabenfreies Land und verlieh ihr zugleich das Stadtprivileg. Stadt und Burg mußten sich wiederholt feindlicher Angriffe erwehren. 1331 erschien der Litauerfürst Gedimin vor den Toren der Stadt. Neue Angriffe seiner Söhne Olgierd und Kynstut scheiterten an der Abwehr der Besatzung. Dem 1397 abgeschlossenen Frieden folgte eine Zeit ruhiger Entwicklung, mit dem Zuzug neuer Ansiedler eine Periode wirtschl. Aufstiegs. – Der 1410 ausbrechende Kampf des Ordens mit Polen zog die Stadt wiederholt in Mitleidenschaft. – Im 13j. Kriege hatte sich N. dem Preuß. Bunde angeschlossen und blieb auch während des ganzen Krieges Gegner des Ordens. Dieser Umstand führte zu blutigen Kämpfen mit den beim Orden verbliebenen Städten → Soldau, → Osterode und → Hohenstein. Im 2. Thorner Frieden fiel N. nach 14j. poln. Besetzung wieder an den Orden zurück. 1549 erschienen in der Stadt die »böhmischen Brüder«, die um ihres Glaubens willen aus ihrer Heimat vertrieben waren. Hz. Albrecht nahm sich ihrer an und ließ ihnen Wohnung und Ackerland zuweisen. – Der Tatareneinfall bedrohte auch N. Tausende von Menschen hatten vor den Horden Zuflucht in dem ummauerten N. gefunden. Ein glücklicher Zufall bewahrte die Stadt vor dem Äußersten: Durch eine von der Burg abgefeuerte Kanonenkugel wurde der Führer des feindlichen Heeres getötet, worauf die Truppe auseinanderlief und die Belagerung abgebrochen wurde. Die nach diesen Kämpfen einsetzende Aufwärtsentwicklung der Stadt erfuhr durch die von Friedrich d. Gr. durchgeführten Verwaltungsreformen eine entscheidende Förderung. N. wurde Hauptort eines der zehn neu gegr. Kreise, zugleich Sitz eines Steuerrates, eines Justizkollegiums und eines Domänenjustizamtes. Diese Behörden hoben nicht allein die Bedeutung der Stadt und belebten ihre Wirtschaft, sie beeinflußten auch das kulturelle Leben günstig. 1782 wurden 1554 Einw. gezählt. Aus den Kriegsjahren 1806/07 erwuchs der Stadt eine Schuld von 179 426 Talern. Nach diesen Zeiten der Not ging es mit N. wirtschl. bergan. Fördernd wirkten vor allem der Eisenbahnanschluß 1888 und der Ausbau des Straßennetzes. Die Blütezeit währte ungestört bis zum ersten Weltkrieg. Ein am 22. August 1914 einrückender Kosakentrupp plünderte die Stadt gründlich aus, 200 Häuser brannten nieder, auch die evg. Kirche wurde ein Raub der Flammen. Bei der Volksabstimmung von 1920 im Kreis N. wurden 22 233 Stimmen für Dtschl., 330 für Polen abgegeben. – N. ist die Geburtsstadt des Geschichtsforschers und Dichters Ferdinand Gregorovius (1821 bis 1891), bekannt durch seine »Gesch. der Stadt Rom im Ma.« und »Wanderjahre in Italien« (1856–77). Die Einwohnerzahl betrug 1925 rund 6500. (V) *Mey*

JGregorovius, Die Ordensstadt N. in Ostpr., 1862 — HFrederichs in: LV 50, S. 87

Neudeck (Ogrodzieniec, Kr. Rosenberg). Der Ort erscheint in einer Urk. von 1374 als Nydek; 1543 wohnten hier zwei »Großfreie«, seit 1755 war N. im Besitz der Fam. v. Beneckendorf und v. Hindenburg. Auf seinem Friedhofe ruhen die Großeltern und Eltern des Reichspräsidenten v. Hindenburg, der hier in jungen Jahren und auch später mit Frau und Kindern oft und gern geweilt hatte. Ihm wurde N. zu seinem 80. Geburtstage am 2. Oktober 1928 als Dankesgeschenk der Nation übergeben, und hier ist er auch am 2. August 1934 gestorben. Das 1928 neu errichtete Herrenhaus ist im Sommer 1945 niedergebrannt worden. Bei der Abstimmung von 1920 entfielen in N. alle (139) abgegebenen Stimmen auf Deutschland. (II) *B*

HStieber, Schlösser und Herrensitze in Ost- u. Westpr. Frankfurt/M. 1958 — LV 92, 163, ₁₂

Neuenburg (Nowe, Kr. Schwetz). 1266 wird N. als Burgplatz erwähnt, 1282 zogen hier die Franziskaner ein, 1301 kam es in den Besitz des Peter Swenza und bildete seit 1302 eine dt. Gerichtsgemeinde. 1307 nahm Peter Swenza Stadt und Burg N. von den brandenburg. Markgrafen zu Lehen; 1308 wurde N. zerstört, 1313 an den Deutschen Ritterorden verkauft. 1350 erhielt die Stadt ihre Handfeste. Auf der Nordostecke lag das Schloß, das 1787 – im Verfall begriffen – zur evg. Kirche eingerichtet wurde. Die Südwestecke nahm das Kl. ein, dessen Kirche um 1311 zu bauen begonnen wurde; diese war 1542–1604 und dann seit 1846 evg. Im Nordwesten steht (nahe an der Stadtmauer) der interessante Bau der kath. Pfarrkirche St. Matthaei Ap., ebenfalls aus dem A. 14. Jh. Die Ref. fand in N. früh Eingang, religiöse Streitigkeiten blieben der Gemeinde zunächst erspart, da der Inhaber der Starostei evg. war. Nach der Wegnahme der Klosterkirche wurde sie bis 1772 durch den Prediger von Nebrau betreut. 1415 hatte N. 16 Schuhbänke, 12 Brotbänke und mehrere Fleischer. 1570 gab es am Markt 22 Wohnhäuser, in den Straßen 98, in der Vorstadt 21, ferner 14 Einlieger. Zins zahlten sieben Branntweinschänker, zehn Schuhmacher, elf Schneider, fünf Bäcker, über 30 verschiedene andere Handwerker und 22 Handwerksgesellen. Ferner zinste die Stadt von einem größeren Weichselkahn und einem Leichter. Auf der Schloßfreiheit gab es elf Fischer, 20 Gärtner, eine Kornmühle (mit vier Gängen), eine Schneidemühle und einen Krug. 1772 werden neben Rathaus, Brauhaus, Malzhaus, Magazin, 75 Bürgerhäuser, 25 Buden und Hütten, 41 Häuser auf der Vorstadt und 25 wüste Hofstellen genannt. Sieben Gewerke vereinigten 42 Meister, ein Riemer war dem Gewerk in → Preuß. Stargard angeschlossen, außerdem werden neun Kaufleute gen. Für den Wiederaufbau der wüsten Stellen stellte die preuß. Verwaltung Gelder zur Verfügung, zur Belebung des Gewerbes siedelte sie eine Reihe von Famm. an. Mit der Eröffnung der Bahnlinie Bromberg–Danzig (1852) verlor N. zunächst an Verkehrsbedeutung. Langsam nur folgte es der neuzeitlichen Entwicklung. Die Möbelindustrie entfaltete sich so, daß N. bis 1945 allgemein als die Stadt der Tischler galt. 1773 hatte N. 1079 Einw., 1905: 5142 (darunter 1771 Evg., 3185 Kath., 162 Juden), 1943: 5233 Einwohner. (II) *B*

RWegner, Ein Pommersches Hzt. und eine DO-Ktrei. Culturgesch. des Schwetzer Kr., Bd. I, 1872 — HMaercker, Eine poln. Starostei und ein pr. Landrathkr. Gesch. d. Schwetzer Kr. 1466—1873 (in: LV 14, Bd. 17—19, 1886—88) — LV 110, 111, 163, 4, 179

Neufahrwasser (Stadt Danzig). Durch die Eindeichung der → Weichsel wurden die vom Strom mitgeführten Sinkstoffe bis zur Mündung fortgeschleppt und bildeten dort im seichten Wasser der Küste, besonders seit der Zeit um 1600, Sandbänke und kleine Inseln, die nach und nach zusammenwuchsen und eine neue Strandlinie schufen. Zwischen dieser und der alten Küste entstand auf diese Weise das Neue Fahrwasser, das durch Baggerung tief gehalten wurde und durch Versandung und Zuschüttung der alten zur neuen Weichselmündung wurde. Die ihm vorgelagerte Westerplatte, eine der früheren Inseln, wurde seit A. 20. Jh. zum vielbesuchten Seebad der Danziger Bevölkerung und seit 1925 als Munitionshafen für die poln. Armee, die dort eine kleine Besatzung unterhielt, ausgebaut. Die Beschießung ihrer Unterkünfte und Schanzen durch das Kriegsschiff Schleswig-Holstein am Morgen des 1. September 1939 war die erste Kampfhandlung des zweiten Weltkrieges.

Die Ausfahrt aus dem Neuen Fahrwasser ist seit 1824–38 durch Molen geschützt und 1843 mit einem Leuchtturm ausgestattet. Das Gelände südlich der Hafenrinne gehörte anfangs dem Kl. → Oliva und kam 1772 an Preußen, Friedrich d. Große ließ dort Schuppen, Speicher und Wohnhäuser anlegen. Die auf diese Weise entstehende Ortschaft wurde N. gen. und 1814 in die Stadt → Danzig eingemeindet. Die evg. Himmelfahrtskirche wurde 1841 begründet und 1905 neu erbaut, die kath. Hedwigskirche 1858 errichtet. Seit E. 19. Jh. wurden eine Zuckerraffinerie, eine Brauerei, Spritwerke und andere Fabriken angelegt, auch Kasernen für Teile der Danziger Garnison erbaut. (II) *K*

Neuguth (Kr. Kulm). Ein sehr reich ausgestattetes ostgerm. Frauengrab des 2. Jh. n. Chr. enthielt nicht weniger als 70 Stücke als Beigaben, fünf Gewandnadeln (Fibeln), zwei Armreifen, einen Fingerring, eine Schnalle und fünf Kästchenschlüssel, dies alles aus Bronze; eine verzierte Einstecknadel aus Knochen; viele Perlen aus buntem Glasschmelz, einen Kapselanhänger (Bronze) und einen Spinnwirtel aus gebranntem Ton. (II) *B/Ba*
LV 203, S. 124

Neuhausen (Gurjewsk, Kr. Königsberg). Die Burg zu N. war eine der wenigen des samländischen Domkapitels und ist inmitten eines reichen Jagdgebietes, des Neuhauser Tiergartens, nach Hennenberger 1292 erbaut worden. Südlich des Schlosses, am andern Ende des Mühlenteiches, ist die E. 14. Jh. errichtete Hausmühle des Ordens als einzige in ihrem urspr. Zustand erhalten geblieben, ein stattlicher zweigeschossiger Backsteinbau auf Feldsteinsockel. Aus der gleichen Zeit stammt die Kirche, ebenfalls aus Feldsteinen mit Ziegelbrocken erbaut. Turm und Seitengiebel zeigen Blenden und Staffelgiebel von ausnehmender Feinheit. Am 21. September 1528 bestätigte Hz. Albrecht dem Simon Schwogerig den schon von seinen Vorfahren besessenen Krug vor dem »Neuen Haus«. Es hatte sich auch eine Lischke gebildet, denn am gleichen Tage erhalten drei Handwerker: ein Schneider, ein Schuster und ein Schmied, zusammen eine Hufe Acker, »mit dem Dorfe zugleich zu gebrauchen«. Dorf bedeuten wohl die Gutsbauern des Schlosses, und ein Dorf ist N. dann auch geblieben. Das Schloß war eine Zeitlang nach 1525 Sitz des evg. Bf. Georg v. Polenz. Nach dessen Tode verschrieb es der Hz. seiner zweiten Gemahlin Anna Maria v. Braunschweig 1550 zum Leibgedinge. Der ältere Teil ist auch vom Hz. umgebaut worden. Von N. aus floh 1564 des Hz. Günstling, der begabte Abenteurer Paul Skalich, vor dem Zorn der preuß. Stände und fuhr von dem zwei Kilometer südlich gelegenen Mandeln unter dem Wagensitze seines Freundes, des hzl. Rates Schnell, weiter. Dieser selbst und zwei andere endeten zwei Jahre danach unter dem Beil des Henkers. Anna Maria ist hier am gleichen Tage wie ihr Gemahl, der Hz., dem 20. März 1568 gestorben. Der jagdliebende Kf. Georg

Wilhelm machte N. zu seinem Lieblingsaufenthalt. Die umfangreichen Trinkgeschirre, deren er sich mit seinen Gästen bediente, wurden im Hohenzollernmuseum zu Berlin aufbewahrt. Auch das Gästebuch war dort zu sehen, in dem sich Kg. Friedrich Wilhelm I. am 19. September 1714 mit einem schlichten »Vivat Preußen!« verewigt hat. 1770 wurde in N. ein Justizamt eingerichtet, 1814 verlieh der Kg. Schloß und Domäne dem Feldmarschall Gf. Bülow v. Dennewitz zusammen mit Grünhof. Graf Luckner erwarb das Schloß M. 19. Jh. und baute es in neugot. Stile um. Schloßpark und Forst am Kleinbahnhof N.-Tiergarten waren ein beliebtes Ausflugsziel der Königsberger. (III) W
LV 162, $_1$, S. 94 — LV 164, S, 401

Neumark (Nowemiasto, Kr. Löbau). Der Ort liegt r. der oberen Drewenz auf einer schmalen, hochwasserfreien Erhebung, die sich quer durch das Drewenztal zieht und hier einen bequemen Übergang gestattet. Dieser wichtige Übergang war verm. schon vor 1325, als Otto v. Lutterberg, Landkomtur von Kulm, die Stadt anlegte, durch ein Ordenshaus gesichert. 1334—43 war N. Sitz eines Ordensvogtes. Reste des Ordenshauses glaubt man in den außergewöhnlich festen Grundmauern des Rathauses gefunden zu haben. Die Befestigung der Stadt bestand aus Mauern mit zahlreichen Türmen und einer doppelten Grabenanlage an den nicht von der Drewenz umspülten Teilen. An die Stadtmauer gelehnt steht in der Nordostecke die kath. Pfarrkirche zu St. Thomas, die fast so alt wie N. selbst ist. Die evg. Lehre ist wohl um die M. 16. Jh. in N. eingedrungen; 1581 scheint die Pfarrkirche evg. gewesen zu sein. Obwohl die Evg. noch 1672 als die »Ersten in der Stadt« bezeichnet werden, wurden sie doch unterdrückt, so daß ihre Zahl bis 1772 mehr und mehr zurückging. Die evg. Kirche wurde erst 1824 errichtet. An gewerblichen Anlagen erwähnt die Handfeste von 1444 Malzhäuser, Brot- und Schuhbänke, Schergaden, Badestube und 16 Fleischbänke. 1772 hatte N. 101 bewohnte Bürgerhäuser, 59 wüste Baustellen, 14 Häkerbuden unterm Rathaus, 35 kleine Buden an der Mauer. 1889 hatte N. zwei Brauereien, ein Dampfsägewerk, zwei Ziegeleien, über 50 Handwerker und war Sitz der Kreisverwaltung Löbau. 1910 hatte N. 4144 Einw., 1921: 3721, 1943: 4884. (II) B
ASemrau, Beiträge zu der Gesch. d. Stadt N. (in: LV 13, Bd. 30, 1893) — LV 110, 163, $_{10}$, 178

Neustadt/Westpreußen (Wejherowo, Kr. Neustadt). Der Ort gehört zu den wenigen westpreuß. Städten, die nicht vom Deutschen Ritterorden gegr. wurden. Er ist eine Anlage der Fam. Weiher, deren Anfänge auf das Jahr 1643 zurückgehen. Nach der grundherrlichen Bewidmung von 1655 durften »alle redlichen und frommen Leute« gegen ein Bürgergeld von zehn Gulden aufgenommen werden, »sie seind von Nationen, wie sie wollen«. Die zunächst recht günstige Entwicklung der Stadt wurde gehemmt, als man ihren Bürgern das zugesicherte Recht der freien Religionsübung einschränkte. 1767 wurde das Schloß an seiner heutigen Stelle zu bauen begonnen, 1769 fertiggestellt. Es bestand zunächst aus zwei Flügeln ohne Mittelbau. Nach 1801 wurde es völlig umgebaut, die beiden Seitenflügel brach man ab und errichtete dem Zeitgeschmack entsprechend einen Neubau im Wohnhausstil mit entwickeltem Kellergeschoß und hoher Freitreppe. Die 1646–55 erbauten Stationsbilder und Kapellen am Rande des Stadtwaldes haben N. zur Hauptwallfahrtsstätte der westpreuß. Kath. gemacht und zugleich die Erwerbsgrundlage der Bürger gesteigert. 1789 hatte N. 130 Häuser und rund 700 Einw. 1830 gab es 134 Handwerker, 24 Krämer und Kaufleute, 20 Gastwirte, zwei Lohmühlen, drei Brennereien, eine Brauerei, eine Apotheke. In den 70er Jahren hat N. auch Anschluß an die industrielle Entwicklung gefunden. 1870 wurde N. Bahnstation. 1905 hatte es 8389 Einw. (3044 Evg., 5171 Kath., 26 andere Christen, 148 Juden), 1921: 8786, 1943: 16 490.

(II) *B*

HPrutz, Gesch. d. Kr. N. i. Westpr., 1872 — FSchultz, Gesch. d. Krr. N. u. Putzig, 1907 — LV 52, 163, $_1$, 179

Neuteich (Nowy Staw, Kr. Marienburg). Wohl 1310 entstand hier das Dorf »czum Nuwen Tiche«. Für dieses stellte der Großkomtur Werner dem Niclaus v. Hollant 1316 eine Handfeste aus über 60 Hufen, von denen 52 zinspflichtig, aber nur 38 dammpflichtig waren. Südlich dieses Dorfes (heute Neuteichsdorf) entstand angeblich 1329 die »Stat czum Newentiche«, die urk. 1350 erstm. gen. wird, eine Ackerbürgerstadt und zugleich Marktort für die fruchtbare ländliche Umgebung. Der Baubeginn der massiven Pfarrkirche St. Matthäus fällt in das E. 14. Jh. 1400 brannte die Stadt ab. 1409 ließ der Orden unter Leitung des Ordensherrn Kulman in N. Pulver machen, 1454 wird eine Ölmühle erwähnt, die einigen Danziger Bürgern gehörte. In den schwed.-poln. Kriegen wurde N. wiederholt von Schweden besetzt und hatte sehr unter Plünderungen von beiden Gegnern zu leiden. Zwischen Markt und Schwente entwickelte sich im 18. Jh. die Neustadt. 1772 hatte N. 153 Wohnhäuser (91 in der Stadt, 23 auf der Neustadt, 23 am Stadtgraben, 16 auf den Gärten), eine kath, eine evg. Kirche, ein evg. Hospital, ein Predigerhaus, eine Stadtschule, zwei Mühlenhäuser, eine Hirtenkate, ein Malz- und Brauhaus, 831 Einw., darunter 98 Bürger. Im 19. Jh. breitete sich die Stadt weiter nach S r. der Schwente aus. 1809 hatte N. 1293 Einw., 1943: 4120. (II) *B*

HLettau, N., 1929 — LV 50, 110, 163, $_{14}$

Nidden (litauisch Nida). Das Dorf auf der → Kurischen Nehrung wird im 15. Jh. als Reise-Etappe gen. und war ein Fischerdorf mit Krug. Größere Bedeutung erhielt der Ort wegen seiner besonders schönen Lage in der Nähe großer Dünen erst um 1900.

Er zog Künstler an, so Max Pechstein, Alfred Lichtwark, Schmidt-Rottluff, Alfred Partikel und zahlreiche Königsberger Maler (Julius Freymuth, Ed. Bischoff u. a.), die immer wieder N. aufsuchten. Auch Dichter (Ernst Wiechert, Carl Zuckmayer u. a.) fühlten sich durch die Landschaft angezogen; ganz besonders aber Thomas Mann, der, vor 1933, in N. für sich und seine Fam. ein Ferienhaus baute, dann aber infolge der Zeitereignisse nicht mehr ein ständiger Gast sein konnte. 1939 hatte N. 736 Einw.

(III) *F*

EMelzner, N. u. seine Künstlerkolonie (in: Mannheimer Hefte, 3, 1957)

Nikolaiken (Mikołajki, Kr. Sensburg). N. wird urk. zuerst 1444 erwähnt. Hochmeister Konrad v. Erlichshausen verlieh in diesem Jahre einem Lorenz Preuße 15 Hufen zu magdeburgischem Recht. Urspr. bestand der Ort aus drei Siedlungskernen. Das eigentliche Nickelsdorf (auch St. Niklas, Niklasdorf nach dem Schutzheiligen der Kirche St. Nikolaus gen.) und Koniec (d. h. Ende) wurden durch das Taltergewässer von dem Orte Koslau getrennt. Der Verkehr zwischen dem Ost- und Westufer wurde zunächst durch Kähne, seit 1516 durch eine Holzbrücke vermittelt. Das später aus den drei Teilen zusammengeschlossene Dorf, das in Urkk. von 1515 ein Kirchdorf gen. wird, erhielt 1726 von Kg. Friedrich Wilhelm I. die Rechte einer Stadt. Von wirtschl. Bedeutung für die Bürgerschaft wurde der 1764/65 gebaute Kanal, der den Spirding- und Mauersee miteinander verband und dazu bestimmt war, den Holzreichtum der Johannisburger Heide für holzarme Gegenden nutzbar zu machen. 1789 wurde die Flößerei auf dem Kanal eingestellt. – Unter den Persönlichkeiten des 18. Jh., die sich um Kirche und Schule verdient machten, ist vor allem Dr. Coelestin Kowalewski zu erwähnen. Kowalewski war Professor der Rechte und Beredsamkeit, Vizepräsident des Konsistoriums und Direktor der Königsberger Akademie und hinterließ der akademischen Bibliothek eine stattliche Büchersammlung von 2500 Bänden. – Die Nöte, die → Masuren im 18. und 19. Jh. bedrückten, Pest und Kriegsunruhen, zogen auch N. in Mitleidenschaft. Die Stadt blieb klein, und sein Erwerbsleben, Fischfang (Maränen) und Ackerbau, bescheiden. Die Einwohnerzahl betrug 1925 nur 2440, wenig mehr als das Doppelte gegen das Jahr 1782.

(V) *Mey*

FKoch, Zur Gesch. d. Stadt N. (in: LV 17, H 9, 1895) — HFrederichs in: LV 50, S. 89

Nogat. Der Fluß, heute der östlichste, in das Frische Haff fließende Mündungsarm der → Weichsel, scheint in alter Zeit ein selbständiger Wasserlauf gewesen zu sein. Als »Alte Nogat« bezeichnen wir heute den Flußlauf vom Großen Siele am Weißenberge aufwärts über → Marienwerder hinaus auch noch oberhalb der Einmündung der Liebe in die Weichselniederung, der seinen Ursprung verm. in der Gegend von Garnsee hatte. Seine

Verbindung mit der Weichsel scheint erst in hist. Zeit durch Menschenhand hergestellt worden zu sein, und zwar vermutet man, daß dies A. 14. Jh. geschah, als die → Marienburg zum Sitz des Hochmeisters erhoben und zum Haupthaus des Deutschen Ritterordens ausgebaut wurde. Dafür sprechen u. a. am A. 16. Jh. auftretende Klagen über Wassermangel in den Gräben der Marienburg, als die N. versandete. Seit E. 14. Jh. liegen Nachrichten darüber vor, daß die N. am Weißen Berge mit der Weichsel Verbindung hatte. Im August 1506 wird in → Elbing darüber Klage geführt, daß die Danziger »zu nacht heimlich das Haupt durchstochen und das Wasser aus dem Nogat in die Weissel gewiesen«. Hernach reißen die Streitigkeiten zwischen → Danzig und Elbing über die Wasserführung der N. nicht ab; beide fürchteten die Stillegung ihrer Häfen wegen mangelnden Wassers. 1847–53 wurde die N. an der Montauer Spitze zugedämmt und 4 km unterhalb bei Piekel der Weichsel-Nogat-Kanal angelegt, durch den die der N. zuströmenden Wassermassen auf ein Drittel vermindert werden sollten. 1914 wurde die N. völlig von der Weichsel abgeschlossen. Noch 1483 mündete sie mit ihrem Hauptarm bei Elbing in den Elbingfluß. Nun sahen sich die Elbinger veranlaßt, diese Mündung zu sperren, um den Elbingfluß und damit ihren Hafen vor weiterer Versandung zu retten. Dieser Absperrung zufolge brach die N. durch die Weiße Lache nach N auf einem kürzeren Weg nach dem Frischen Haff durch. 1495 bauten die Elbinger unter Verwendung alter Wasserläufe den Kraffohlkanal zwischen Elbingfluß und N., da für die flachen Weichselkähne die Fahrt über das Frische Haff zu gefährlich war. – Die ersten größeren Deichanlagen entstanden in der Umgebung der Marienburg unter dem Landmeister Meinhard v. Querfurt (1288–99). (II) *B*

HBindemann, Die Abzweigung der N. von der Weichsel, Danzig 1903. (Abh. z. Landesk. d. Prov. Westpr. 12)

Nordenburg (Krylowo, Kr. Gerdauen). N. liegt zwischen Hügeln am Ostufer der Swine und 2,5 km nördlich des N.er Sees. Der nördlich der Stadt gelegene Hexenberg wird ais eine preuß. Feste angesehen. In seiner Nähe legte der Orden etwa 1366 ein Wildhaus an, das von der in zwei Arme geteilten Swine umflossen wurde, die aufgestaut werden konnten. Aus dem Wildhaus entstand eine Burg, die nicht lange bestanden hat; sie ist wahrscheinlich bei den Litauereinfällen vernichtet worden. Von ihr sind keinerlei Reste vorhanden. – Marschall Rüdiger v. Elner (1370–74) siedelte vor dem Hause N. auf 30 Hufen 10 preuß. Freie zu preuß. Recht an. Neben der Burg und der Siedlung gründete Hochmeister Ulrich v. Jungingen 1405 die Stadt N., der er 1407 eine Handfeste über 130 Hufen zu kulm. Recht verlieh. 60 Hufen gab die Stadt an den Orden zurück; auf ihnen entstand um 1445 das Freiendorf Truntlack. Die planmäßig angelegte Stadt wurde 1407 »schloßhaftig« gemacht. 1409 war auch die in der

Westecke abseits des Marktes liegende Kirche im Bau; sie hatte bereits einen Pfarrer. Das 1407 gegr. Dominikanerkl. wurde 1428 nach → Gerdauen verlegt. Eine Elenden-Bruderschaft bestand 1409. Der Zins der Mühle und der der Stadt fielen an den Pfleger in Gerdauen. 1469 wurden Stadt und Mühle N. ein Lehen der Brüder Georg und Christoph v. Schlieben; das Geschlecht hielt sich dort bis nach 1700. Zwei große Brände von 1523 und 1564 zerstörten die Stadt. 1692 war sie ohne Mauern. Ein Brand vernichtete 1705 die Kirche; 1710 starben mehr als die Hälfte der Bewohner an der Pest, so daß der Kirchenbau erst 1726 vollendet werden konnte. 1740 zählte N. 852 Einw. 1757 wurde es von Russen besetzt. In den Jahren 1831 (54), 1852 (200), 1857/58 (150), 1873 (86) forderte die Cholera zahlreiche Opfer. 1898 erhielt N. Anschluß an die Eisenbahnstrecken nach Angerburg und Gerdauen und 1920 Kleinbahn-Verbindung nach Insterburg. 1945 kam N., das 1936: 3196 Einw. hatte, unter sowjet. Verwaltung.

HFrederichs in: LV 50, S. 90 (III) *Gu*

Norkitten (Meshduretschje, Kr. Insterburg). An der Mündung der Auxinne von S her in das Urstromtal des Pregels kreuzen sich zwei alte Handelswege. Der schiffbare Pregel wird hier von einer Straße überschritten, die von den Salzquellen in Ponnau durch das Auxinnetal und durch Wälder z. T. auf Knüppeldämmen ins Bartener Land führt. Unter einem dieser heute vermoorten Knüppeldämme, wie auch im Raum N. selbst, fanden sich zahlreiche Römermünzen. Auffälliger noch sind Spuren aus der Wikingerzeit, in der auf dem Uferhügel, wo heute die Kirche steht, ein Handelsplatz lag, während um Sitz des altpreuß. Reik 1,5 km südlich in Schloßberg zwei hohe Stirnwälle erhalten sind. Diese ansehnliche Feste ist vermutlich 1275 von den Ordensrittern unter Konrad v. Thierberg zerstört worden, wobei Nerwekete für N. gebraucht wurde. Nachdem dann preuß. Freie neben einer kleinen Burganlage angesetzt waren, wurde 1469 dem Söldnerführer F. Waldmann (Walmann) Schloß N. verschrieben. Von 1521–1723 war N. im Besitz der Fam. Gattenhofer, um danach Vorort der → Dessauischen Lande zu werden. Das beherrschend über dem eingeschnittenen Auxinnetal gelegene Schloß ist 1818 bis 1820 auf ordenszeitlichen Fundamenten errichtet. (IV) *Gr*

HPolenz, Chronik d. Norkittenschen Güter, Insterburg 1885 — WGrunert, Wikingerspuren in Nadrauen (in: LV 210, 1937) — LV 72, Heft 12; 24; 25

Oberland. Vor der Ankunft des Deutschen Ritterordens saßen in dem Gebiet der Städte → Elbing, → Preuß. Holland und → Mohrungen die altpreuß. Pogesanier und westlich von ihnen die Pomesanier, deren Name in dem Bst. Pomesanien fortlebte. Die alte Bevölkerung vermischte sich mit den dt. Siedlern und ging so vollständig im dt. Volkstum auf, daß außer einigen Ortsnamen und Resten im Brauchtum nichts mehr an sie erinnerte. Die Sprache war ein dialektisch gefärbtes Mitteldeutsch mit etwas singendem Tonfall. O. ist ein Begriff, der weder politisch noch geographisch mit Sicherheit umgrenzt werden kann. Bereits der Chronist Peter v. Dusburg unterscheidet 1326 zwischen »partes inferiores« und »partes superiores«, deren Grenze die Passargelinie war. O. war danach alles, was westlich dieser Linie lag. Noch 1455 meldet ein ungen. Ordenschronist, daß der Komtur v. Elbing »in das Nyderlandt ghen Konigsperg« zog. In späterer Zeit verstand man unter Niederung das tiefe, unter Deichschutz stehende Mündungsgebiet von → Weichsel und → Nogat im Gegensatz zu der am Rande des → Drausensees beginnenden Diluviallandschaft. Im 16. Jh. (z. B. bei Simon Grunau um 1525) kam der diesen Gegensatz treffend kennzeichnende Name »Hockerland« (höckeriges, hügeliges Land) auf. Auch in der hzl. Zeit griff die alte Bezeichnung O. weit über das hier behandelte Gebiet hinaus; denn der 1525 eingerichtete Oberl. Kreis mit der Hauptstadt → Saalfeld umfaßte die gesamten zum Hzt. Preußen gehörigen Landschaften zwischen Weichsel und Passarge. Keine der oberl. Städte entwickelte sich über den Rahmen einer kleinen Landstadt hinaus. Saalfeld, → Liebemühl, → Liebstadt, → Mühlhausen hatten im Ma. und in der hzl. Zeit kaum 1000 Einw.; sie blieben auch später sehr klein. Saalfeld hatte 1933 etwas mehr als 3000 Einw. Nur die beiden Kreisstädte Preuß. Holland und Mohrungen erreichten bis 1937 eine Einwohnerzahl von mehr als 6000. (III) *He*

ABludau, O., Ermland, Natangen und Barten 1901 (in: LV 97, 4) — LV 162, 3; 164, S. 141; 165

Oberländischer Kanal. Bereits im 14. Jh. gruben die Bürger der Stadt → Saalfeld einen Kanal zwischen dem Ewingsee und dem Geserichsee, um eine Verbindung mit der Stadt → Preuß. Eylau zu gewinnen. Das Ablaufen des Wassers aus dem Ewing in den tieferen Geserich verhinderte eine Schleuse. 1334 erhielt die Stadt Saalfeld ein Privileg, das ihr die alleinige Benutzung dieser Wasserstraße sicherte. Sodann wurde schon 1788/89 auf kgl. Befehl untersucht, inwieweit eine Verbindung des Geserichsees mit den benachbarten Seen möglich sei. Ungeachtet der nach den Franzosenkriegen noch nicht überwundenen Notlage regten 1825 die Landstände der Provinzen Ost- und Westpreußen das Bauvorhaben eines die oberländ. Seen über den → Drausensee mit → Elbing verbindenden Kanals an. Es war ein gewaltiger Plan, betrug doch der Höhenunterschied zwischen der oberländ. Seenplatte und dem Drausensee etwa 100 m. Zudem standen die Seen nicht von Natur miteinander in Verbindung. Auch der ma. Durchstich zwischen dem Geserich- und dem Ewingsee wurde erneuert. Der Liebefluß wurde kanalisiert und der sich ergebende Höhenunterschied durch zwei Schleusen ausgeglichen, von denen die eine bei → Liebemühl, die andere bei Grünort angelegt wurde. Für die Überwindung des mächtigen Abstiegs vom Pinnau- nach dem Drausensee wären nach dem herkömmlichen Schleusensystem 32 Kammern erforderlich gewesen. So gab man der technisch wohl schwierigeren, aber letzten Endes billigeren Anlage von geneigten Ebenen den Vorzug. Mit diesem System waren bereits in Nordamerika am Morriskanal Erfahrungen gemacht worden. Baurat Steenke, an den eine Gedenktafel auf der Ebene Buchwalde erinnerte, wurde die Gesamtleitung übertragen. Er arbeitete nach den von Geh. Oberbaurat Lentze gefertigten, das amerikanische Vorbild etwas verbessernden Plänen. Zunächst wurden vier Ebenen, je von etwa 20 m Gefälle, bei Buchwalde, Kanten, Schönfeld und Hirschfeld (sämtlich im Kr. Preuß. Holland) angelegt, während zwischen Hirschfeld und dem Drausensee zunächst fünf Schleusen gebaut wurden. Jede Ebene, auch Rollberg gen., enthielt zwei Gleise für die ins Wasser fahrenden Schiffswagen. Sobald ein Wagen bergauf gezogen wurde, fuhr gleichzeitig ein zweiter als Zuggewicht talwärts. Beide Wagen waren durch starke Drahtseile, die über gewaltige Räder liefen, miteinander verbunden. Die Antriebskraft lieferte auf jeder Ebene ein Kraftwerk, das mit dem Wasser aus den oberen Seen oder dem eines Baches gespeist wurde. 1860 war der Kanal betriebsfertig. 1874–81 wurden die Kußfelder Schleusen durch eine fünfte Ebene ersetzt. Die Baukosten betrugen 1 350 000 Taler. Der Kanal entsprach mit jährlich 3000–4000 Fahrten zunächst vollständig den an ihn gestellten Erwartungen. Seine wirtschl. Bedeutung nahm erst ab, als die 195 km lange Wasserstraße durch die 1893 eröffnete Eisenbahnstrecke Elbing–Saalfeld–Liebemühl–Osterode abgelöst wurde. Dennoch blieb der Kanal in Betrieb. Er hat den Krieg überdauert und ist noch heute eine europäische Sehenswürdigkeit. *He*

Ztschr. f. Bauwesen, 1861 — ABludau, Oberland, Ermland, Natangen, Barten, 1901 (in: LV 97, $_4$)

Odry (Kr. Konitz). In der Tucheler Heide bei O. liegt ein Hügelgräberfeld, von dem im J. 1915 noch 18 Grabhügel und zehn sog. Steinkreise vorhanden waren (wahrscheinlich sind vorher viele andere durch Steinentnahme zerstört worden). Die sog. Steinkreise sind in Wirklichkeit kreisrunde Einfassungen von sehr flachen Hügelgräbern; denn wie sich bei Ausgrabungen herausstellte, hatten wahrscheinlich alle Hügel einen Steinkranz, der die Hügelaufschüttung aus Steinen und Erde in 1–2 m Entfernung vom Umkreis des Kernes umgibt. Bei einigen Steinkreisen sind Findlingsblöcke in Abständen gesetzt, zwischen denen kleine Steine als Verbindung dienen. Der Durchmesser der Hügel ist verschieden (10–30 m), die Höhe schwankt zwischen 0,5 bis 2 m. Die Grabhügel enthalten sowohl Körpergräber wie Brandgräber, die nach den darin gefundenen Beigaben der Zeit von 1.–3. Jh. n. Chr. angehören; es sind vorwiegend Schmucksachen, die mit denen der gleichzeitigen Flachgräberfelder im Weichselland völlig übereinstimmen, mithin ostgerm. (got.-gepidisch) sind. Die

Lage der Hügelgräber bei O. ist zweimal genau vermessen worden, wobei sich übereinstimmend ergab, daß die Mittelpunkte einiger Hügelreihen nach bestimmten Himmelsrichtungen »geortet« sind; als Ortungslinien sind gesichert eine von O nach W, eine von N nach S, eine auf den Aufgang der Sonne zur Sommersonnenwende und eine desgl. zur Wintersonnenwende. Eine Ortung nach Sternbildern ist nicht nachweisbar. Die gelegentlich der ersten Vermessung geäußerte Vermutung, die Steinkreise mit größeren Steinblöcken hätten kalendarische Bedeutung, ist als irrig erkannt worden. (II) *B/Ba*

WLaBaume, Die Hügelgräber bei O. (in: LV 19, Bd. 35, 1936, S. 53) — Westpreußen-Jahrb. 1957, S. 66 — LV 203, S. 134

Ohra (Stadt Danzig). Als älteste Spuren menschlicher Siedlung, wahrscheinlich aus der Zeit der Wikinger um 1000, wurden in den Jahren 1933 und 1934 in einem Wassergraben Reste von drei Booten und ein Einbaum aufgefunden. Die Boote waren etwa 13 m lang und 2,50 m breit, wurden durch Ruder bewegt und für die Schiffahrt auf dem westlichen Teil des Frischen Haffes, das einst bis an den Rand der Danziger Höhe reichte, benutzt. Sie befanden sich im Landesmuseum zu Oliva. Der Ort am bewaldeten Rande der Danziger Höhe wurde von dem Komtur zu Danzig Albert von Ora († 1331) gegr. und nach ihm benannt. Die älteste Handfeste wurde 1333 ausgestellt. Eine Kirche war bei der ersten Besiedlung vorgesehen. O. wurde in den Kämpfen um die Stadt Danzig öfter zerstört, aber immer wieder aufgebaut und 1814 in die Stadt eingemeindet. Das Dorf enthielt zahlreiche Bauernhöfe und auch Landsitze von Danziger Patriziern.

(II) *K*

EWaage, Ausführliche Gesch. O.s, 1859 — OLienau, Die Bootsfunde von Danzig-O. aus der Wikingerzeit, 1934

Oliva (Stadt Danzig). Deutsche Mönche aus dem Zisterzienserkloster Kolbatz bei Stettin in Pommern ließen sich um 1175 in dem von ihnen O. gen. Orte nieder, um Seelsorge zu betreiben. Fst. Sambor v. Danzig stattete sie 1178 mit Ländereien aus seinem Besitz aus. Die Kirche wurde als Basilika mit Querschiff und langem Chor erbaut und um 1350 um 2 Joche nach W verlängert. Die Westfront wurde 1688 barock umgestaltet; die spitzen Helme der beiden Türme sind 1945 zerstört worden. Die musikalisch hochwertige Orgel wurde 1785 durch Joh. Wulff erbaut und 1934/35 durch Goebel erneuert. Das Chorgestühl stammt von 1606, die meisten Altäre aus dem 17. und 18. Jh. Die Klostergebäude mit Kreuzgang, Refektorium, Kapitelsaal sind seit dem Ma. erhalten. Das Kl. wurde 1831 aufgehoben und die Kirche zur Pfarrkirche der kath. Gemeinde und 1925 zur Kathedrale des Bistums bestimmt, das damals für das Gebiet der Freien Stadt → Danzig begründet wurde; es blieb nach 1945 bestehen. Die ältere Pfarrkirche des Ortes von 1604 wurde 1836 der evg. Gemeinde überlassen.

Außerhalb der Klausur bauten die Äbte, die urspr. ebenso wie die Mönche dt. Herkunft waren, aber seit 1538 Polen sein mußten, eine Abtei. An ihrer Stelle wurde 1754–56 ein Schloß im Rokokostil errichtet. Es wurde zuletzt bis 1836 von dem Abt und Fürstbf. des Ermlandes, Josef v. Hohenzollern-Hechingen, bewohnt und nahm 1927–45 das »Landesmuseum für Danziger Geschichte« auf; es ist bei den Kämpfen im März 1945 zerstört worden. Der umliegende, im frz. und im engl. Stil angelegte Park hat prächtige Alleen, Teiche und seltene Baumbestände. Dem Kl. gehörten ausgedehnte Waldungen in der Nähe des Ortes, Mühlen und Eisenhämmer und auch weiter entfernt zahlreiche Dörfer. Im späten Ma. widmeten sich die Mönche der Seelsorge, der Mission und der Chronistik. Nachdem die 9 km entfernte Stadt Danzig protestantisch geworden war, wurde O. zum Hort der Gegenref. und daher 1577 von den Danzigern teilweise zerstört, aber bald wieder instandgesetzt. Auch in den Kriegen des 17. und 18. Jh. hatte es zu leiden. Am 3. Mai 1660 wurde in seinen Räumen der Friede abgeschlossen, der den seit 1655 geführten Krieg zwischen Schweden und Polen beendete; Schweden erhielt seine Besitzungen, die ihm im Westfälischen Frieden zugesprochen waren, bestätigt und empfing dazu von Polen Livland. Polen bekam die zeitweise von den Schweden eroberten Gebiete an der Weichsel zurück, beide erkannten Kf. Friedrich Wilhelm v. Brandenburg die Souveränität über das Herzogtum Preußen zu. Der dem Kl. benachbarte Marktflecken wurde seit dem E. 19. Jh. zu einem beliebten Wohnvorort der Stadt Danzig und in diese 1926 eingemeindet. (II) K

Die älteren Chroniken von O. in: LV 78, Bd. 1 u. 5 — Fontes Olivenses in: Fontes Poloniae hist. Bd. 6 — Annales Olivenses, hrsg. P. Czaplewski, 1916 bis 1919

Ortelsburg (Szczytno, Kr. Ortelsburg). Im Kreise O. sind an mehreren Stellen, so bei O., Rohmanen, Augusthof, Rheinswein und anderen Orten, oberirdisch sichtbare *Steinkammergräber* der Jüngeren Steinzeit (E. 2. Jh. v. Chr.) vorhanden gewesen, sie sind die einzigen aus Ostpreußen bekannten Großsteingräber. Einige von ihnen sind nach der Ausgrabung (unter den Beigaben Bernsteinschmuck) vor dem Heimatmuseum in O. in urspr. Größe und Form wieder aufgestellt worden. *Ba*

O. verdankt seinen Namen dem obersten Spittler und Komtur von Elbing, Ortolf v. Trier (1349–71), der auf der Landenge zwischen dem Großen und Kleinen Haussee ein »festes Haus«, »die Ortulfsburg« anlegte. Die erste urk. Erwähnung stammt vom 24. September 1360, als Ortolf von Trier masowische Kolonisten am Nordrand des Kleinen Haussees ansetzte; es handelte sich um das spätere »Beutnerdorf«. Bereits zehn Jahre nach der ersten Erwähnung ist die Feste, die wie andere Ordensburgen zuerst aus Holz gebaut war, von dem Litauerfürsten Kynstut zerstört worden. Wahrscheinlich ist das Haus erst jetzt in Stein aufgebaut.

Während des 13j. Ständekrieges fiel die Ordensburg durch Verrat vorübergehend in die Hände der mit den Rebellen verbündeten Polen. Nach der Errichtung des Hzt. Preußen unter poln. Oberhoheit (1525) verlor die Ortulfsburg ihre Bedeutung als Grenzfeste und war dem Verfall geweiht, bis Mgf. Georg Friedrich, der gern in den Wäldern der Umgegend zur Jagd weilte, einen Aus- und Umbau größeren Stils vornahm. Diese Maßnahme war der Anlaß zur Gründung der Gemeinde O. Sie wurde von dt. Handwerkern angelegt, die 1580 zum Ausbau des Schlosses herbeigerufen worden waren. Die tatkräfte Förderung der Gemeinde durch den Amtshauptmann Andreas v. Eulenburg, der ihr das Vorrecht des Bierbrauens und Ausschanks zusicherte, führte zu einem offenen Streit mit dem benachbarten → Passenheim. Der langjährige Kampf endete mit einem Siege von O., das am 23. März 1616 in einem Privileg die rechtl. Selbständigkeit erhielt. Die langsam sich anbahnende Aufwärtsentwicklung wurde durch eine Periode schwerer Heimsuchungen unterbrochen. Vernichtende Brände, auch die Pest, die 1656 besonders schlimm wütete, hemmten die Entwicklung der Stadt. Vor dem Schicksal der Tatarenzeit ist O. durch seine Besatzung bewahrt geblieben.
Auf der Flucht vor den anrückenden Franzosen kam das preuß. Königspaar, Friedrich Wilhelm III. und Luise, am 23. November 1806 nach O., das für einige Tage Sitz der preuß. Regierung war. Am 1. Dezember erließ der Kg. von hier aus das »Publicandum an die Armee und das dt. Volk«. Ferner wurden hier weittragende Personalveränderungen in der Zentralverwaltung entschieden. – Am 31. Dezember 1806 rückten die Franzosen in O. ein und plünderten die Stadt. Das Jahr 1812 brachte der Bürgerschaft ungewöhnliche Einquartierungslasten. In dieser schweren Zeit hat der Kreisdeputierte Ritter von Berg durch seine unermüdliche Fürsorge der Bevölkerung unschätzbare Dienste geleistet. Er wurde 1818, als die Städte O., Willenberg und Passenheim mit den Ämtern O., Mensguth, Friedrichsfelde und Willenberg zum neuen Kreis O. zusammengeschlossen wurden, von den Kreisständen einstimmig zum ersten Landrat gewählt. Eine neue Zeit des Aufstiegs begann mit der Eröffnung der Eisenbahn 1833. Andere Linien folgten schnell aufeinander. Handel und Wandel nahmen zu. Diese Entwicklung fand durch den ersten Weltkrieg ein Ende. Am 30. August 1914 wurde nahezu die ganze Stadt zerstört. Insgesamt wurden 160 Wohn- und 321 Wirtschaftsgebäude ein Raub der Flammen. Der Wiederaufbau ging überraschend schnell vor sich und wurde dank der Unterstützung der beiden Patenstädte Berlin und Wien noch während des Krieges vollendet. Bei der Abstimmung am 11. Juli 1920 wurden 5336 Stimmen für Dtschl., 15 für Polen abgegeben. Seit 1782 mit 1000 Einw. hat sich O. im Jahre 1925 verzehnfacht: 10 357 Einw. (V) *Mey*

vPoser, Beitr. z. Gesch. der Stadt und des Kr. O., 1916 — HGollub, Gesch. der Stadt O., 1926 — vPoser und MMeyhöfer, Der Kr. O. 1957 — HGollub in: LV 50, S. 90

Osterode (Ostróda, Kr. Osterode). Auf einer zwischen drei Drewenzarmen und dem See gelegenen Insel errichtete der Orden zur Sicherung der Enge zwischen Pausen- und Drewenzsee das »feste Haus« O. Das Gründungsjahr ist unbekannt. Für das Jahr 1300 sind ein Hauskomtur Philipp und ein Kellermeister Peter urk. bezeugt. 1303 war auch Hz. Luther v. Braunschweig Ordensritter im Konvent zu Christburg. Beziehungen zum alten Welfenschloß am Harz dürfen vermutet werden, zumal sich in der dortigen Stadt die Überlieferung erhielt, es seien in alten Zeiten Einwohner ostwärts gewandert. 1333 wird ein Pfleger Hermann erwähnt. Im Schutze der Feste, die wie andere Ordensburgen zunächst ein Holzerdewerk war – der massive Ausbau erfolgte erst unter dem Komtur Günther v. Hohenstein zwischen 1349 und 1370 –, ließen sich sächs. Kolonisten, vorwiegend aus der Nähe des Harzes, nieder, wohl auch Bergleute aus der gleichnamigen Harzstadt. Bereits 1329 verlieh der Christburger Komtur Luther v. Braunschweig der Dorfgemeinde das Stadtrecht und zugleich 96 Hufen zu kulmischem Recht. Um 1340 wurde das Pflegeamt O. zur Komturei erhoben, zu deren Verwaltungsbezirk Dt. Eylau, Gilgenburg, Hohenstein, Neidenburg und Soldau gehörten. Als wichtige Sperrfeste des Ordens war O. wiederholt Angriffsziel der Polen und Litauer. So wurden 1376 und 1381 Stadt und Ordenshaus von Kinstut geplündert und zerstört. Eine furchtbare Not kam 1400 über die Stadt. »In diesem jare verbrannte Osterode die Stad«, wie es in einer Urk. hieß, »so gar, das nichts mer blieb wen die Kirche und des Pfarrers Gehöfte.« Der 1410 ausbrechende Kampf des Ordens mit Polen und der 13j. Krieg brachten der Stadt neue Heimsuchungen. Bei der Umwandlung des Ordensstaates in ein weltliches Hzt. wurde O. Hauptamt, erster Amtshauptmann der bisherige Komtur Quirin Schlick. Im 17. Jh. wurde die wirtschl. Entwicklung durch die sich z. T. auf preuß. Boden abspielenden Kämpfe zwischen Schweden und Polen stark beeinträchtigt. 1628 wurde O. von schwed. Truppen unter Führung Gustav Adolfs genommen und beherbergte ein Jahr lang eine schwed. Besatzung. Nach Abzug der Schweden war die Stadt ausgeplündert, die Bevölkerung verarmt. Weitere nachteilige Auswirkungen auf Volkswohlstand und Bevölkerungszahl hatte die Pest, die besonders 1709–10 arg wütete. Im 7j. Kriege war O. mehrere Jahre von Russen besetzt. Auf der Flucht vor den Franzosen wohnten Kg. Friedrich Wilh. III. und die Kgn. Luise eine Woche lang in O. Hier lehnte der preuß. Kg. auf Rat des Freiherrn vom Stein das Waffenstillstandsangebot Napoleons ab. Wenige Tage nach der Schlacht von → Preuß. Eylau bezog Napoleon sein Hauptquartier im Schloß von O. und legte den ausgeplünderten Einwohnern schwere Requisitionen auf. 1812 zogen Teile der »Großen Armee« durch die Stadt und mehrten das Elend der vergangenen Notjahre. Erst 1832 hat O. die Schulden aus dieser Zeit abgetragen. Im Zuge der preuß. Verwaltungsreformen wurde O. 1818 Kreisstadt. Auf die Unglücksjahre der Napoleonischen

»Ära« folgten Zeiten ruhiger Entwicklung und wirtschl. Gesundung. Die Einwohnerzahl hatte 1740 nur 696 betragen, 1787 schon 1539. Von 1830–90 hat sie um 45,5 % zugenommen. von 1880 (6468) bis 1900 (13 171) um 103,5 %. 1936 betrug sie 17 647. Der Aufbau wurde zunächst langsam, mit dem Anschluß an das Eisenbahnnetz der Provinz und dem Bau des → Oberländischen Kanals (1852) schnell vorangetrieben, bis der erste Weltkrieg diese Aufwärtsentwicklung jäh unterbrach. 1914 stand O. im Mittelpunkt der Tannenbergkämpfe. Von O. aus haben Hindenburg und Ludendorff die Schlacht in den entscheidenden Tagen geleitet. – Der Abstimmungstag am 11. Juli 1920 brachte O. einen überwältigenden Sieg. 46 385 stimmten im Kreis für Dtschl., 1643 (2,2 %) für Polen. – O. ist die Geburtsstadt des Nationalökonomen und Kantfreundes Christian Jakob Kraus (am 27. Juli 1753 als Sohn des Stadtchirurgus und Feldschers K. geb.).

(V) *Mey*

JMüller, O. in Ostpr., 1905 — WKowalski, O in Ostpr., 1954 — HFrederichs in: LV 50, S. 91

Palmnicken (Jantarny, Kr. Samland). Die Nordwestecke des → Samlandes ist die weitaus wichtigste Fundstätte des Bernsteins (Brennstein, fossil gewordenes Harz tertiärer Nadelhölzer) und reicht als vorgesch. Stätte bis zu 2000 Jahren v. Chr. zurück, ist aber wohl erst zwischen 1500 und 500 v. Chr., also in der Bronze- und frühen Eisenzeit, in Mittel- und Südeuropa bekannt geworden, damals noch im Wettbewerb mit der Westküste Jütlands, deren Bernsteinvorkommen heute so gut wie ganz versiegt ist. Die Bernsteinstraße über Truso bis zum Weichselknie, dann nach der Oder hinüber durch die Mährische Pforte und über den Semmering nach Aquileja, war einer der bedeutendsten Handelswege des Altertums. So haben auch die alten Preußen die kostbaren Bodenschätze sorgsam bewirtschaftet. Am Rande des großen Erdtrichters, der durch das Bernsteinwerk bei P.-Kraxtepellen entstanden ist, lag ein Burgwall, im Volksmund »Schwedenschanze« gen., der von der vorröm. Zeit (Latènezeit) bis zur Ankunft des Ordens als Wehranlage genutzt worden ist. Von drei Seiten durch Steilabhänge oder sumpfiges Gelände geschützt, bedurfte die Burg nur eines Stirnwalles mit Wehrgang, durch den ein Irrweg hineinführte. Vor dem Wall befand sich eine Holzpalisade; im Innern sind Grundrisse von Holzhäusern gefunden worden. Die aufschlußreichen Reste der Burg haben dem Bergwerk weichen müssen. – Der Orden hat sich das Bernsteinregal vorbehalten: Nur er durfte damit handeln, und das wurde dann auch eine der wichtigsten Quellen seines bis 1410 sprichwörtlichen Reichtums. Noch im Ma. wurde der Bernstein, wie im Altertum, vorwiegend durch Netzfischerei aus der Ostsee gewonnen. Daneben war wohl auch die Gräberei schon bekannt, wenn auch erst 1585 ein urk. Zeugnis dafür erhalten ist, als der Danziger Bernsteinmeister Andreas Meurer die Erlaubnis erhielt, bei →Lochstädt an der Stelle des früheren Tiefs vor A. 14. Jh. nach Bernstein zu graben. Versuche zu planmäßiger bergmännischer Gewinnung sind seit 1781 angestellt worden; aber erst am 20. Mai 1875 wurde von der Regierung die Erlaubnis zur Anlegung eines Bergwerks in P. erteilt, und es mußten noch fast vier Jahrzehnte vergehen, ehe im Januar 1913 der großangelegte Tagebau östlich Kraxtepellen aufgenommen wurde. Dieser in der Welt einmalige Betrieb förderte im Jahre 1934 nicht weniger als 600 t Rohbernstein. Seit 1947 versucht die sowjetische Verwaltung die Bernsteinerzeugung zu forcieren, bis 1959, soweit bekannt geworden ist, mit den Resten der deutschen Einrichtungen. Die Jahreserzeugung dürfte im gen. Jahr, vorsichtig geschätzt, bei 25 bis 30 t gelegen haben. Bessere Ergebnisse soll der Siebenjahresplan bringen. *Ba/W*

KAndrée, Der Bernstein, S. 67 — LV 126, $_1$, S. 389

Papau (Kr. Thorn). Hier ist vor vielen Jahren ein hölzerner Pflughaken (»Hakenpflug«) in einem Torfmoor gefunden worden. Da die Fundumstände nicht bekannt sind, kann das Alter des Pfluges nicht angegeben werden. Der auffällig gut erhaltene »Sohlpflug« aus einem Stück Holz gehört zu einem Typ, der schon aus dem frühen Altertum bekannt ist, der aber als primitives Ackergerät bis in das Ma. benutzt worden ist. In jedem Fall ist der Holzpflug ebenso wie der ganz ähnliche aus Wiewiorken (Kr. Graudenz) einer der ganz wenigen vorgesch. Pflüge, die noch heute existieren, und daher kulturgesch. sehr bedeutsam.

(II) *B/Ba*

WLaBaume, Die vorgesch. Pflüge (in: Bll. f. dt. Vorgesch. 11, 1937)

Passenheim (Pasym, Kr. Ortelsburg). Das auf der Landenge zwischen Kalben- und Lehleskersee gelegene P. ist nicht wie die meisten anderen masurischen Städte aus einer Burgsiedlung hervorgegangen, sondern durch Umwandlung des wahrscheinlich vom →Ermlande aus gegr. Kirchdorfes Heinrichswalde in eine Stadtgemeinde. Am 4. August 1386 erhielt Heinrichswalde vom Hochmeister Konrad Zöllner v. Rothenstein eine städt. Handfeste und einen neuen Namen zu Ehren des obersten Spittlers und Komturs von Elbing, Siegfried Walpot v. Bassenheim. Die Stadt arbeitete sich mit Unterstützung des obersten Spittlers v. Baldersheim bald empor und wurde der wirtschl. Mittelpunkt des ganzen Gebietes. Im 16. und 17. Jh. mußte sie für ihre Gerechtsame harte Kämpfe mit der aufblühenden Gemeinde →Ortelsburg bestehen, die sich der Abhängigkeit von der älteren Stadt zu entziehen und mit Unterstützung des Amtshauptmanns Andreas v. Eulenburg den Handel von P. abzulenken suchte. Der langj. Streit endete damit, daß Ortelsburg als existenzberechtigte Gemeinde neben P. anerkannt wurde. Im Tatarenkrieg fiel P. nach tapferer Abwehr mehrerer Angriffe am 19. November 1656 durch

Verrat. Die Stadt ging in Flammen auf, ihre Bewohner wurden, soweit sie nicht geflüchtet waren, aufs grausamste niedergemetzelt. Zu den wenigen Geretteten, denen die Flucht über das Eis des Kalbensees gelang, gehörte der junge Christoph Hartknoch. Er war später Magister in Königsberg und dann Professor am Gymnasium in Thorn und ist vor allem durch seine Werke »Altes und Neues Preußen« und »Preußische Kirchen-Historie« bekanntgeworden. Seine Landsleute haben ihm in der Kirche von P. ein Epitaph errichtet. Im 17. und 18. Jh. hat P. durch Kriegsnöte, Pest und Brände seine ehem. Bedeutung mehr und mehr eingebüßt. Vor allem wurde es durch den Bau der Chaussee Bischofsburg-Willenberg und noch mehr durch die 3 km südlich der Stadt vorbeiführende Bahn Ortelsburg-Allenstein in seiner wirtschl. Entwicklung schwer beeinträchtigt. Es blieb bis zur Räumung der Ostgebiete 1945 eine Kleinstadt mit ca. 2400 Einw. (gegen 900 im Jahre 1782). (V) *Mey*
AKluge in: LV 50, S. 92

Pelplin (Kr. Dirschau). An diesen von kleinen Hügelketten umgebenen Ort im Tal der Ferse, die bei → Mewe in die Weichsel mündet, verlegten 1276 die vor einigen Jahren aus Doberan in Mecklenburg nach Pogutken (am oberen Lauf der Ferse) gekommenen Zisterziensermönche ihr 1258 dort durch Hz. Sambor II. gegründetes Kloster. Von hier haben die Mönche alsbald durch Einrichtung dt. Dörfer ein umfassendes Siedlungswerk begonnen. Die *Klosterkirche* in P., der Jungfrau Maria, St. Bernhard, St. Benedikt und St. Stanislaus geweiht, nach der Klostertradition noch vor 1294 von Hz. Mestwin II. begonnen, in der 2. H. 14. Jh. fertiggestellt, gehört zu den bedeutendsten kirchl. Bauten des Weichsellandes. Das Kl. schloß sich an die Südseite der Kirche an und wurde in den folgenden Jhh. erheblich ausgebaut; 1823 wurde es aufgehoben. In die baulich umgestalteten Klosterräume wurde 1824 der Sitz des Bf. von Kulm verlegt. P. selbst war bis dahin ein Dorf mit mehreren Krügen geblieben; nach 1824 begann es sich rasch durch die Aufnahme der zahlreichen kirchl. Behörden und geistl. Anstalten zu vergrößern. 1828 wurde das Pelpliner Priesterseminar gegr., seit 1835 befand sich hier auch ein bischl. Progymnasium, das Collegium Marianum. Zum wirtschl. Aufblühen von P. hat namentlich die 1852 eröffnete Ostbahnstrecke Bromberg–Danzig beigetragen; 1893 wurde die neue Ferse-Brücke dem Verkehr übergeben. 1780 hatte P. nur 305 Einwohner, 1867 bereits 1820, 1910: 3969, 1943: 5295. (II) *B*
RFrydrychowicz, Gesch. d. Cistercienserabtei P. u. ihre Bau- u. Kunstdenkmäler, Düsseldorf, 1907 — FSchultz, Gesch. d. Kr. Dirschau, 1907 — LV 163, 179

Pettelkau (Pierzchaly, Kr. Braunsberg). Das Gut P., dessen Name sich von dem altpreuß. Feld Potilkow herleitet, wird bereits 1296 erwähnt. Dort bestand wahrscheinlich zur Zeit der Besiedlung ein Zentrum des altpreuß., heidnischen Kultus. Deshalb schuf oder begünstigte man die Umwandlung des Ortes in einen christlichen Wallfahrtsort zu Ehren der Gottesmutter Maria, der aber als solcher nie zu größerer Bedeutung kam. Das Gut, bzw. Gutsdorf gelangte schon bald in den Besitz der ermländischen Bff. und wurde von Bf. Hermann v. Prag dem daselbst 1341 gestifteten Kollegiatkapitel geschenkt. Dieses Stift wurde jedoch schon i. J. 1343 nach → Glottau und bald danach nach → Guttstadt verlegt. Die Gestalt der Pettelkauer got. Backsteinkirche, ihr auffallend breiter Chor und das vorzeitig abgeschlossene Schiff, die in jenen Jahren entstanden, deuten heute noch auf den urspr. Zweck des Gotteshauses hin. (III) *T*

ABirch-Hirschfeld, Gesch. des Kollegiatstifts Guttstadt 1341—1811 (in: LV 11, Bd. 24, S. 278) — ATriller, Zur Entstehung und Gesch. der ermländischen Wallfahrtsorte (in: LV 11, Bd. 29, S. 314) — LV 164, S. 193

Pilgramsdorf (Pielgrzymowo, Kr. Neidenburg). Hier liegen drei riesige *Grabhügel*. Nach den bei der Untersuchung durch Ausgrabung gefundenen Beigaben handelt es sich um ostgerm. Fürstengräber. In Hügel I war noch die große hölzerne Grabkammer zum Teil erhalten. (V) *Ba*

DBohnsack, Ein ostgerm. Fürstengrab bei P. (in: Germanenerbe 1937, S. 258) — Ders., Die Germanen im Kr. Neidenburg (in: LV 210, Bd. 3, 3, 1938)

Pillau (Baltijsk, Kr. Samland). Die »Pille« oder »Pillaw« (vom preuß. pils, Burg) war urspr. wohl eine Befestigung auf der Anhöhe im Scheitel der Bucht zwischen Nehrung und Haken. Daneben lagen ausgedehnte Weiden und wohl auch ein Störhof, ein Umschlagplatz für den Fischhandel, der nach Bildung des ersten Tiefs zwischen Haff und Meer i. J. 1376 entstanden sein mag und 1430 zuerst urk. erwähnt wird. Dieses Tief hat sich später wieder geschlossen. Zur Ordenszeit gab es im heutigen Stadtgebiet die Fischerdörfer Wogram (eigentlich Name eines Waldes) unmittelbar am Berge mit Handfeste von 1413 und Kamstigall an der Spitze des Hakens, 1476 privilegiert. Auf der Pille stand ein befestigtes Haus, die »Pfundbude«, zur Einziehung des Zolls von den Seefahrern. Sie erhielt 1741 ein Türmchen und wurde 1804 abgebrochen. Das heutige Tief bildete sich 1497 und war seit 1510 schiffbar. Damals entstand an der Bucht westlich von Wogram die Siedlung Alt-P., die dritte Wurzel der späteren Stadt. Sie erhielt 1583 eine Handfeste. Der Haken wurde 1550 durch eine einfache Wallbefestigung gesichert. Bedeutung gewann P. 1626, als Kg. Gustav Adolf v. Schweden hier landete, den Platz besetzte und am Haffeingang des Tiefs eine viereckige Redoute mit Blockhaus anlegte, aus der sich unter dem Gr. Kurfürsten die fünfstrahlige Zitadelle entwickelt hat. Die Bauleitung unter Gustav Adolf hatte ein Holländer namens Wentz. 1636 zogen die Schweden ab; ein zweiter Anschlag 1657 konnte abgewiesen werden. Damals ist der ganze Wald bis → Lochstädt zu abgeholzt worden. Erst in neuerer Zeit wurde die »Plantage« nachgepflanzt. Schon 1673 holte man für den Bau der Mauern und des Zeughauses Quadersteine nicht nur aus Schweden, sondern auch schon vom Schlosse zu → Balga. 1701/02 wurde das halbe Schloß Lochstädt für die Festungsbauten abgerissen. Bei der Zitadelle entwickelte sich eine holländische Kolonie. Der Holländer Benjamin Raule, »Generalmarinedirektor« des Gr. Kurfürsten, erbaute 1680 eine Werftanlage und machte P. 1683 zum Stützpunkt der Kolonialpläne des Kurfürsten an der Guineaküste.

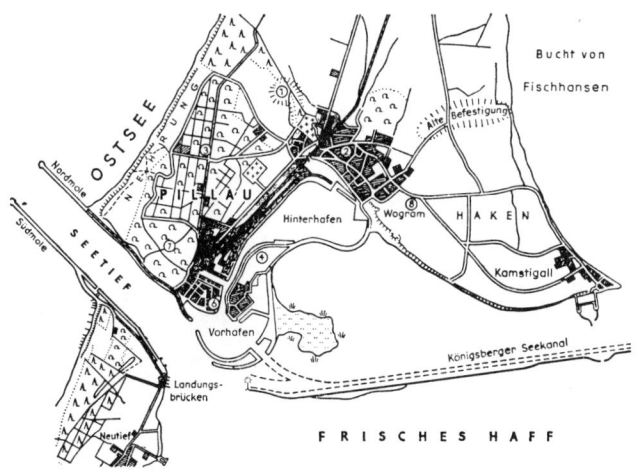

Lage von Pillau auf dem Ende der Frischen Nehrung
(nach dem Meßtischblatt Entw. von E. Weise)

1 Lage der „Pille", später Pfundbude
2 Alt Pillau
3 Plantage
4 Russendamm
5 Lage der Zitadelle seit 1791
6 Lage der alten Schanze
7 Lage der großen sechsstrahligen Zitadelle, versandet
8 Landmarke

1707 wurde das Zeughaus fertig, anschließend Hauptwache und Stockhaus, 1717 die Garnisonkirche, die 1761 abbrannte, aber als Kreuzkirche wiederhergestellt wurde. Weitere Bauten folgten. – Die Siedlung wurde 1701 als Marktflecken bezeichnet und erhielt am 18. Januar 1725 Stadtrecht. 1759/60 nahmen die Russen während der Besetzung eine Hafenverbesserung vor; besonders wurde an der Haffseite der Wehrdamm befestigt und verlängert, der seitdem »Russendamm« heißt. Friedrich d. Gr. wollte die Festung eingehen lassen, sein Nachfolger Friedrich Wilhelm II. ließ die versandeten Werke wieder ausgraben. Gegen den Angriff Napoleons 1807 hat sich P. unter Oberst v. Hermann bis zum Kriegsende gehalten. Zu eigener wirtschl. Blüte hat es P. nie gebracht. Der Großhandel hatte seinen Sitz fest in Königsberg. 1660 wurden nur 250 Einw. gezählt, meist Fischer, Schiffer, Handwerker und kleine Händler, M. 18. Jh. wurden die 1000 überschritten, um 1900 waren es rund 3000. Nachhaltigen Auftrieb erhielt die Stadt durch die Fertigstellung des Seekanals über das Haff nach Königsberg im November 1901, da dieser auch im Winter offengehalten werden konnte. 1910 war die Einwohnerzahl auf 7079 gestiegen. Seit 1920 wurde dann der »Seedienst Ostpreußen« als Verbindung mit Zoppot, Swinemünde und Travemünde unter Umgehung des »Korridors« aus kleinen Anfängen entwickelt und erlangte bald größeren Umfang und wirtschaftliche Bedeutung. Seit 1936 lautete die amtliche Bezeichnung »Seestadt P.«. An Einwohnern wurden mit eingemeindeten Vororten 1939 etwa 10 000 gezählt. – Das große Fassungsvermögen der Hafenanlagen verlieh P. im Winter 1945 die Fähigkeit, einen großen Teil der Bevölkerung und Reste der Armee aus dem ostpreuß. Kessel zu retten. (III) W

KHaberland, Pillau, einst und jetzt, 1925 — Ders. in: LV 50, S. 94 — LV 126, Bd. 1, S. 157 — LV 162, $_1$, S. 101 — LV 164, S. 425

Pillkallen (Schloßberg, Dobrowolsk). Der Raum des Kreises P., des östlichsten in Dtschl., hat aus der Nacheiszeit wichige Funde der Rentierjäger geliefert. Später ist der vorwiegend schwere Boden für den Ackerbauer wenig günstig gewesen. Die neuzeitl. Urbarmachung begann nach 1510, als der letzte Hochmeister Albrecht v. Brandenburg lit. Zuwanderer aufnahm. Das Land gehörte zur Komturei Ragnit und wurde von N her aufgesiedelt. 1516 finden sich Siedler neben einem alten Burghügel, dem »Schloßberg«, wohl einer vor- oder frühgesch. Anlage. Von den neuen lit. Bewohnern wurde der Name Schloßberg ins Lit. übersetzt. Der Name P., mit dem der Ort 400 Jahre lang benannt wurde, darf trotz der Umbenennung von 1938 als der gesch. gelten. Die Kirche ist etwa 1549 errichtet. 1580 hatte der Ort bereits regen Marktverkehr. 1612 dienten schon drei Krüge den Besuchern der vier Jahrmärkte, von denen auch das aufblühende Brauereihandwerk Nutzen zog. Die trinkfeste, derbfrohe Bevölkerung ist für ihren Erfindungsreichtum kräftiger Getränke bekannt. Im Zuge des ostpreuß. »Retablissements« erhob Kg. Friedrich Wilhelm I. P. 1725 zur Stadt, ohne daß ein besonderes Privileg ausgestellt wurde, wie damals häufig. Der Stadtplan wurde durch Schultheiß v. Unfried entworfen, und zwar als Marktsiedlung mit großem rechteckigen Marktplatz. Die ehem. drei Windmühlen auf dem Schloßberg wurden 1911 ins Stadtwappen aufgenommen. P. blieb ohne größere politische und wirtschl. Bedeutung, wurde jedoch 1815 Sitz eines Landratsamtes. Erst 1892 erhielt es Bahnanschluß durch die Strecke Tilsit-Stallupönen. 1772 hatte es 1302 Einw., 1871 erreichte es fast die 3000, bei denen es bis 1933 verblieb; nach Eingemeindungen wurden es 1939 fast doppelt soviel, 5833 Einw. – Die Augustkämpfe des Jahres 1914 zerstörten P. fast völlig; doch begann schon 1915 der Wiederaufbau mit Hilfe der Patenstadt Breslau. Im Herbst 1944 mußte die Stadt von der Zivilbevölkerung geräumt werden, weil dort die dt. Kampffront aufgebaut wurde. Am 18. Januar 1945 erfolgte der russ. Durchbruch bis zur Inster. (IV) *Gr*

JSchnaubert, Statistische Beschreibung des Kr. Pillkallen, 1894 — WKrüger, Stadt P., 1924 — FMietzner, Der Kr. Schloßberg, 1962 — LV 30, 1952, Folge 2; 31, 1952, Nr. 6; 50

Pobethen (Romanowo, Kr. Samland). Bodenfunde deuten auf Besiedlung seit dem frühesten Vorkommen baltischer Menschen in der Bronzezeit, auch in der Umgebung: Im N liegt → Rantau mit seinem ausgedehnten Hügelgräberfeld, nordwestlich → Strobjehnen, Fundort eines goldenen Armringes östlicher Herkunft. »Pobeti« wird urk. 1258 bei der Teilung des → Samlandes erwähnt und besaß sicher eine alte Preußenburg. Der Name hängt mit dem Lande Bethen zusammen, das 1260 nach einem Aufstand der Samen durch ein gemeinsames Unternehmen des Königsberger Komturs und eines Hilfstrupps des livländischen Ordens befriedet wurde, nachdem der Ort »Dramenow« (Gr. Drebnau südlich von P.) zerstört worden war. Einen zweiten Aufstand entfachte der erste namentlich bekannte Kämmerer Bonse, im Grunde aus persönlichen Motiven wegen seiner Doppelehe, gegen die der Bf. eingeschritten war. Hennenberger berichtet von einem Hilfegesuch des Pfarrers zu P. von 1295, der dem Königsberger Komtur von seinen Pfarrkindern ausrichten sollte: »Siehe, bewahr deinen Gott besser! Wir können ihn nicht beschützen!« Die Ordensburg dürfte anstelle der preuß. Burgwalls erst nach den beiden Litauerüberfällen von 1283 und 89 massiv erbaut sein. Sie lag an einer Ecke des Seeufers westlich der Kirche. Ordenstreue Preußen werden 1299 nicht erwähnt; es war ein ausgesprochener Herd der Unruhe. Der erste mit Namen gen. Pfarrer ist Konrad 1320/21; er hat wohl anfangs in der Burgkapelle Gottesdienst gehalten; denn die Kirche stammt aus späteren Jahren des 14. Jh. Sie ist ein ansehnlicher Feldsteinbau mit wenigen Ziegeln vermischt. Der Wehrturm zeigt in drei Stufen nach oben um je eine vermehrte Blenden, wie bei den Fenstern an italien. Glockentürmen. Das Langhaus hat vier Joch Kreuzgewölbe. Altpreuß. Brauchtum und Dämonenglauben hafteten besonders fest in der Bevölkerung. 1510 und 1531 werden Opferungen eines »Waidelers« (preuß. Priesters) ausführlich geschildert. So hat der preuß. Freiheitssinn auch dem Bauernaufstand von 1525 den obersten Hauptmann Hans Gericke geliefert, der von → Schaaken aus nach P. zog und hier das Schloß zerstörte, um an dem Bruder des Bf. Polenz, der die freien Bauern mit Dienstforderungen hart bedrückte, Vergeltung zu üben. Reste der quadratischen Ringmauern und Spuren des Grabens sind erhalten.

In P. wirkte 1540–75 der Pfarrer Abel Will, der auf Veranlassung Hz. Albrechts 1561 das »Enchiridion«, den kleinen Katechismus

Martin Luthers, ins Preuß. übersetzte, eines der wenigen und das einzige gedruckte Zeugnis der damals durchaus noch lebendigen Sprache. Will hatte auch noch einen Kirchentolk, den Paul Megot aus Biegiethen (nordwestlich von P.), der, neben dem Pfarrer stehend, die Predigt satzweise übersetzte, und ihm wohl auch bei dem preuß. Text des Enchiridions geholfen hat. Das Kammeramt wurde 1535 nach → Grünhof verlegt. Damals zählte P. 183 preuß.-kulmische und 35 freie Hofbesitzer nebst neun Krügern. Die sehr geringen Einkünfte der Pfarre wurden vor 1583 durch Schenkung des 1,5 km südwestlich liegenden Pfarrgutes von seiten des Johann Wichert auf Könicken (südwestlich von P.) so verbessert, daß die Wohlhabenheit der Ortsgeistlichen von nun an sprichwörtlich war: »In P. verhungert kein Pfarrer.« 1762 bis 1804 war jener Christian Taege aus Marienwerder Pfarrer in P., der gezwungenermaßen russ. Feldprediger wurde, die Schlacht bei Zorndorf auf russ. Seite mitmachte, in die Peter-Pauls-Festung kam und, freigelassen, als Entschädigung vom Gouverneur Gf. Panin die reiche Pfarre erhielt. Das stattliche Dorf machte in neuester Zeit den Eindruck einer kleinen Stadt. (III) *W*

LV 126, Bd. 2, S. 214 — LV 162, $_1$, S. 104 — LV 164, S. 433 — LV 185 — EWeise, Die alten Preußen (LV 40, 1936 [2])

Pokarben (Kr. Heiligenbeil). Bei P. in der Nähe von Brandenburg wurde am 22. Januar 1261 ein Ordensheer von feindl. Natangern überfallen und erlitt eine empfindliche Niederlage. Dabei fanden die westfäl. Ritter und Kreuzfahrer Stenzel v. Bentheim und v. Reyder den Tod. Der Ritter Hirschhals aus Magdeburg fiel in die Hände der Sieger und wurde den preuß. Göttern zu Ehren auf einem Scheiterhaufen verbrannt, nachdem ihn das Los dreimal hintereinander getroffen hatte. Der Natangerhäuptling Herkus Monte, der Hirschhals verpflichtet war, konnte ihn nicht retten. – Auf dem Felde P., das 1290 von Landmeister Meinhard v. Querfurt den Lübeckern Busse und Hartwig v. P. verliehen wurde, entstanden die Orte P., Tengen, Schoschen, Honigbaum, Schakuhnen, Kamnicken, Albehnen u. a. (III) *Gu*

EJGuttzeit, Der Tag von P. vor 700 Jahren. (Der redliche Ostpreuße, 1961) — ChrKrollmann, Ostpr. Sagenbuch — LV 136, S. 129 — ARogge, Beitr. zu einer Gesch. d. Heiligenbeiler K. (LV 10, Bd. 8, 1871)

Pomesanien. Der Name hat eine doppelte Bedeutung: Die altpreuß. Landschaft P. reichte vor der Ordenszeit von der → Drewenz bis zur → Nogat und dem → Drausensee im N; im O verlief ihre Grenze im Tal der Sorge bis Baumgarth, schloß dann auch Prökelwitz, Königsee, Köllmen und Alt Christburg ein, und war gegenüber der alten Wildnis etwa durch die Linie Pinna-See, Samrodt-See, Röthloff-See, Bärting-See, Gr. Eyling-See und Drewenz-See bestimmt. Im W bildete zwischen Thorn und dem Weißen Berge die → Weichsel die Grenze. Der vor der Ankunft des Deutschen Ritterordens von den Polen bzw. den Hzz. v.

Masowien vorübergehend unterworfene südliche Teil der alten Landschaft P. zwischen der Drewenz und der Ossa ist das Kulmerland. Mit dem Zusammenbruch des letzten Widerstandes der Preußen (1283) setzte im Kulmerland und in P. die planmäßige Dorfsiedlung des Deutschen Ordens ein. – Als Grenzen des 1243 gebildeten Bistums P. werden zunächst die Ossa, die Weichsel, der Drausen-See und die Weske gen. Zugleich aber wird die Bestimmung hinzugesetzt, daß auch das Quidin-Werder und das Zantir-Werder zu dieser Diözese gehören sollten. Damit sind augenscheinlich die Weichselniederung im Raume Marienwerder und das Große Werder rechts der Weichsel gemeint. Im O wurde die Diözese P. noch um die Bezirke Preuß. Holland (Passaluk), Samrodt (Zamroth), Geria (?), Pobuz (?), und Deutsch Eylau (Rudencz) erweitert, so daß nach Aufsiedlung der Wildnis auch Mohrungen, Osterode, Gilgenburg und Neidenburg zur Diözese P. gehörten. Sitz des Bf. war Riesenburg, Sitz des Domkapitels Marienwerder. Nach Einführung der Ref. in P. durch Bf. Erhard Queis nahm der kath. Bf. v. Kulm zunächst die kirchl. Aufsicht über den Teil der Diözese im kgl. Preußen (seit 1526) und später auch den Titel des Bf. v. P. wahr. 1577 genehmigte der Papst die kirchenrechtliche Vereinigung P.s mit der Diözese Kulm. Diese Vereinigung blieb bis 1821 bestehen. *B*

ASemrau in: LV 15, Bd. 41, 1933 — HSchmauch in: LV 19, Bd. 35, 1936

Pommerellen (Pomorze). Das Siedlungsgebiet der Pommern nördlich der Bruchwald- und Sumpfniederungen der Netze und Warthe zwischen Oder und Weichsel zerfiel um die M. 12. Jh. in Westpommern, Niederpommern (Pomorania inferior) und Ostpommern (auch Oberpommern gen.). Eine Abhängigkeit des → Danziger Fürsten von dem Polenhz. ist aus den Quellen nicht zu erkennen. Am E. 11. Jh. befand sich die Burg Nakel an der Netze fest in pommerscher Hand. Sie wurde 1091 und 1092 vergeblich von Polen belagert. Erst Bolesław III. Schiefmund gelang es 1109, Nakel den Pommern zu entreißen, 1112 fiel auch Wyszegrod, die ostpommersche Sperrfestung an der Weichsel (beim heutigen Fordon) in seine Hand. Zu einer vollständigen Unterwerfung Ostpommerns durch Polen scheint es auch bei dieser Gelegenheit nicht gekommen zu sein. Als West- und Mittelpommern durch Bolesław III. Schiefmund unterworfen und missionsreif gemacht waren, erschien 1123 Bf. Ägidius von Tusculum zur Ordnung der kirchl. Verhältnisse in diesem Raum. Er hat augenscheinlich den von Bolesław Schiefmund nicht unterworfenen größeren Teil Ostpommerns bis zur Leba und Brahe dem Bst. Leslau zugeschrieben, den kleineren, südwestlich davon gelegenen Teil dem Erzbst. Gnesen. 1136 bestätigte Papst Innozenz II. dem Erzbst. Gnesen die Zugehörigkeit des von Bolesław Schiefmund eroberten Burgbezirks Nakel, der nun zur Kraina, dem großpolnischen Grenzgebiet nördlich der Netze gezählt wurde. Mestwin I. († 1220) verteilte sein Land unter seine vier Söhne: Swantopolk II., der

älteste, erhielt das Gebiet um Danzig, Sambor II. das um Liebschau und Dirschau, Wartislaw das bei Schwetz und Ratibor das bei Belgard an der Leba. Unter ihnen ragt Swantopolk II. (1220 bis 1266) als wahrhaft bedeutend hervor, der anfängliche Bundesgenosse und spätere Gegner des Deutschen Ordens. Es gelang ihm, sich gegenüber seinen jüngeren Brüdern durchzusetzen und sein Herrschaftsgebiet im S zeitweise bis zur Netze und im W bis zum Gollenberg vor Köslin auszudehnen. Nach 1227 bezeichnet er sich selbst als Hz., um Polen und Dänen gegenüber seine Unabhängigkeit zu betonen. Swantopolks Nachfolger waren seine beiden Söhne Wartislaw (in Danzig) und Mestwin (in Schwetz). In dem Streit mit seinem Bruder Wartislaw suchte Mestwin II. zunächst die Hilfe der Mgff. v. Brandenburg, später auch die Bolesławs von Großpolen und schloß 1273 mit den Brandenburgern einen Lehnsvertrag. Ohne auf die den Brandenburgern gegenüber eingegangenen Verpflichtungen Rücksicht zu nehmen, setzte er Przemysław II. von Großpolen (den Nachfolger des 1279 gestorbenen Bolesław) durch eine Schenkung zu Lebzeiten zu seinem Nachfolger ein und ernannte ihn zu seinem Stellvertreter. Als Mestwin II. im Dezember 1294 söhnelos starb, vermochte sich Przemysław II. auch in P. Anerkennung zu verschaffen, doch nach seiner Ermordung im Februar 1296 brach der Streit um das pommerell. Erbe los, in dem nun neben Władysław Łokietek von Großpolen als Erben Przemysławs auch Leszek von Kujawien, die Brandenburger, die Pommern und auch die Böhmen (als Bewerber um die polnische Krone) Ansprüche erhoben. Dieser langjährige Streit wurde durch das Auftreten des Deutschen Ritterordens entschieden, der (von den Polen zu Hilfe gerufen) das Land besetzte und im Vertrage von Soldin 1309 den Brandenburgern die Burgen Danzig, Dirschau und Schwetz mit ihren Gebieten für 10 000 Mark Silber abkaufte, während die Burgbezirke Stolp und Schlawe in brandenburg. Besitz blieben. Dieser Vertrag wurde 1313 durch den dt. Kg. Heinrich VII. bestätigt. Für das an den Ritterorden gefallene Gebiet kam im 15. Jh. der Name P. (Pomerania parva) auf. *B*
EBahr in: LV 23, Bd. 15, 1938

Popelken (Kr. Labiau). Die ältesten Spuren der Anwesenheit von Menschen in Ostpreußen sind Geräte aus Stein und Knochen, die in die Altsteinzeit zu datieren sind; bisher sind solche allerdings nur aus deren letztem Abschnitt (Magdalénien) bekannt. Ein Fundstück aus P. zeigt eine mit einem Flintspan hergestellte Längsrille, durch deren Vertiefung der Geweihschaft der Länge nach gespalten werden sollte. Auf andere Weise von Menschen bearbeitete Rengeweihstangen oder daraus hergestellte Geräte sind in Rossitten (Kr. Samland), Mitteldorf (Kr. Mohrungen), Grumbkosfelde (Kr. Pillkallen) und Alt Ukta (Kr. Sensburg) gefunden worden; sie alle sind Zeugnisse dafür, daß in der »Eiszeit« (Altsteinzeit) in Ostpreußen Menschen mit dem Ren und anderen eiszeitlichen Tieren zusammengelebt haben. (IV) *Ba*

HGross, Die bearbeiteten Rengeweihe Ostpr. (in: Nachr.-Bl. f. dt. Vorzeit 14, 1938) — Ders., Die Rentierjägerkulturen Ostpr. (in: Prähist. Ztschr. 30, 1939)

Praust (Kr. Danzig). Am Höhenrand des Weichsel-Nogat-Deltas waren im Altertum besonders günstige Bedingungen dauernder Besiedlung gegeben (→ Elbing, → Succase und → Braunswalde); das bezeugen zahlreiche urgesch. und frühgesch. Funde aus allen Zeitstufen von der jüngeren Steinzeit bis ins frühe Ma. Am Westufer des Weichsel-Deltas haben besonders die Fundstellen bei P. und Schönwarling viele Funde geliefert, was sich vor allem daraus erklärt, daß die am Rande der Danziger Höhe liegenden Kiesterrassen weitgehend durch Kies- und Sandabbau ausgebeutet wurden, wodurch die dort liegenden vorgesch. Gräberfelder der Zerstörung anheimfielen. Aus der Jungsteinzeit sind einige Gräber, aus der Bronzezeit sowohl Grab- wie Bronzeschatzfunde aus P. und Schönwarling bekannt, aus der Frühen Eisenzeit Steinkistengräber mit »Gesichtsurnen«. Zahlreiche und ausgedehnte Gräberfelder der Ostgermanen, von der Spätlatènezeit (seit etwa 150 v. Chr.) bis in die röm. Kaiserzeit (1.–4. Jh. n. Chr.) reichend, wurden in beiden Gemarkungen aufgedeckt; in Schönwarling sind Hunderte von Gräbern ausgegraben, weitere hunderte durch den Kiesgrubenbetrieb zerstört worden. Die latènezeitl. Friedhöfe sind vor allem durch ihren Reichtum an Waffen und durch schöne verzierte Urnen bemerkenswert; die Frauengräber der röm. Kaiserzeit lieferten viele Schmucksachen aus Bronze, Silber und Gold. Ein viertes Gräberfeld bei P. und einige Gräber bei Schönwarling sind nach ihren Beigaben ostgerm. Art noch in das 5. und 6. Jh. zu datieren, also in die späte Völkerwanderungszeit. Danach tritt in den Bodenfunden eine zeitl. Lücke auf. Ein slawisches Gräberfeld bei P. gehört dem 9./10. Jh. n. Chr. an.

(II) *B/Ba*

DBohnsack, Die Burgunden (in: Vorgesch. d. dt. Stämme 1940, Bd. 3, S. 1033) — RSchindler, Die Besiedlungsgesch. der Goten und Gepiden im Weichselland, 1940 — LV 203, S. 86

Prenzlawitz (Kr. Graudenz). Unter den westpreuß. Verwahrfunden der späten Bronzezeit ist der aus P. besonders bemerkenswert. Dieser Bronzeschatz besteht aus einem großen zweihenkeligen Bronzekessel, mit Vogelköpfen verziert, in Treibarbeit hergestellt, wahrscheinlich aus Südosteuropa stammend, sowie drei aus Bronze gegossenen, verzierten Trinkhörnern aus einheimischer Werkstatt. (II) *B/Ba*

LV 203, S. 42

Preuß. Eylau (Bagrationowsk, Kr. Preuß. Eylau). Die Stadt E. liegt im Stablackgebiet zwischen Sümpfen und Seen und am Pasmar. Der Deutsche Orden erbaute von → Balga aus etwa 1325 bis 1330 die Burg E. Der preuß. Name E. (1326 Yle, 1342 Yladia,

1400 Prussche Ylow) bedeutet verm. »im Schlamm«. Urspr. war die Burg ganz von Sumpf umgeben, sie wurde von einem Pfleger (1326–1492 bekannt) verwaltet und stellte die Verbindung zwischen den benachbarten Burgen her und hat daher öfter für Zusammenkünfte gedient.

E. war Verwaltungsmittelpunkt des seit 1347 gen. Kammeramts E.; es umfaßte 1437: 127 Hufen, 282 bäuerl. Haken, 75 Freiensitze und 10 kölm. bzw. magdeburg. Güter. Während des 13j. Krieges blieb die Burg E. seit 1455 in der Hand des Ordens, 1455 brannten Söldner des Preuß. Bundes Vorburg und Lischke aus. Der Orden trat 1492 Schloß und Kammeramt E., dazu das Kammeramt Worienen, dem Pfleger Heinrich Reuß v. Plauen auf Lebenszeit gegen Schuldforderungen, 1513 das Amt E. gegen das von → Bartenstein ab. Hochmeister Albrecht verschrieb 1521 Schloß und Amt E. für eine Pfandsumme an Fabian v. Lehndorff (auch v. Maulen gen.) und 1547 an dessen Sohn Kaspar v. L., der 1551–75 Amtshauptmann in E. war. Das Schloß diente vom 16.–18. Jh. Amtshauptleuten, bzw. -verwesern und im 18. Jh. Generalpächtern als Amtssitz und Wohnung. 1811 wurde das Domänenvorwerk E. mit dem Schloß als Rittergut an Amtsrätin Riebensahm verkauft; nach dem Erwerb durch die Fam. Valentini erhielt es 1817 den Namen Heinriettenhof und blieb bis 1945 im Besitz dieser Fam. Vom Haupthaus E. waren Teile des südlichen Flügels und vom Westteil Keller mit steilen Kreuzgewölben auf Pfeilerstümpfen, von der Vorburg ein Speicher mit dem Wehrgeschoß, ebenso Reste der Parchammauer erhalten.

Infolge der günstigen Verkehrslage entwickelte sich im Schutze der Burg eine Lischke mit mehreren Krügen, denen (12) der Komtur zu Balga Ortolf v. Trier 1348 eine Handfeste erteilte, die auch den Handel mit Tuchen für Reisende einschloß. Die abseits gelegene Kirche ist um 1335–50 als Wehrkirche erbaut worden. 1379 erhielten die Einwohner »zur Eylaw« eine neue Verschreibung über 7½ Hufen. 1505 herrschte in E. die Pest. 1514 erhielt die Lischke das Recht zu einem Jahrmarkt. Im Kriegsjahr 1520 verwüsteten die Polen den »Flecken«, der 1575 »Städtlein« gen. wird; 1585 erhandelten die Einwohner von E. das »gewöhnliche Stadtrecht«, das den Wochenmarkt und das Braurecht für Handwerker und Gärtner enthielt. 1669 bekam die Stadt eine Willkür, 1782 hatte sie fast 1500 Einw. 1802 brannte fast die ganze Kirchenstraße mit 58 Wohnhäusern und zahlreichen Scheunen und Ställen ab, auch die Bürgerschule wurde ein Raub der Flammen. Die berühmte, beiderseits sehr verlustreiche Schlacht fand vom 7./8. Februar 1807 statt; Napoleon konnte gegen die verbündeten Preußen und Russen dank des Eingreifens des preuß. Korps unter L'Estocq, dessen Stabschef der Oberst Scharnhorst war, keinen vollen Sieg erringen. Der Ks. wohnte im Hause Landsberger Straße 172/73. Bei den Kämpfen um den E.er Kirchhof brannte die Kirche aus, viele Häuser der Stadt wurden beschädigt und geplündert. 1819 wurde E. Kreisstadt des gleichnamigen Kreises und Sitz des Landrats. 1834 wurden die Lehrerseminare Klein Dexen und Mühlhausen vereinigt und nach E. verlegt. In der 1. H. 19. Jh. blühte in E. die Tuchweberei, 1836 arbeiteten 40 Meister in der Stadt. Zur Erinnerung an die Schlacht bei E. wurde 1856 das L'Estocq-Denkmal errichtet. Das Seminargebäude konnte 1859–61 erbaut werden; es hat beide Weltkriege überdauert. Der Anschluß E.s an die Südbahn 1866 brachte der Stadt erheblichen Zuwachs an Bewohnern, regeren Handel mit Getreide, Vieh und Pferden. Fabriken entstanden (Eisengießerei, Landmaschinenfabrik), dazu bestanden seit alters mehrere Mühlen und Gerbereien. Vom 26. August bis 3. September 1914 war E. von Russen besetzt; dem Superintendenten Ebel ist es zu danken, daß die Stadt nicht zerstört wurde. Seit 1945 liegt E., das 1930: 4338 meist evg. Einw. hatte, im sowjetisch verwalteten Teil Ostpreußens. (IV) *Gu*

RGrieser, Lischke und Stadt (in: LV 12, Bd. 29, 1931) — ASievers, Die Entstehung der Stadt Pr. E. (in: Natanger Heimatkalender 1936) — Ders., Die bauliche Entwicklung der Stadt Pr. E. (ebenda, 1941) — GTolkmitt, Die Preußen bei Pr. E. am 8. Februar 1807 (ebenda, 1931) — ThWinkler in: LV 50, S. 95

Preuß. Friedland (Debrzno, Kr. Schlochau). Das Städtchen liegt in fruchtbarer Umgebung auf dem hohen Nordufer der Dobrinka, die hier seit 1343 die Grenze zwischen dem Ordensland und Polen bildete. Den hier verm. seit alters vorhandenen Flußübergang sicherte der Deutsche Orden nach dem Frieden von Kalisch (1343) durch die Anlage eines Stützpunktes, um anschließend durch die Anlage deutschrechtlicher Dörfer die Aufsiedlung der Umgebung zu betreiben. 1346 wird der Ordensbruder Leykot als Pfleger »in Fredelande« erwähnt; 1354 erhielt die bereits vorhandene Stadt kulmisches Recht. Ihre Besetzung hatte wahrscheinlich schon in den 40er Jahren begonnen. Die Grundfläche der Altstadt maß etwa 150×120 m; sie stieg von Osten her terrassenförmig und schmiegte sich an einen flachen Bergrücken. Um 1570 zählte sie 30 Häuser am Markt, 80 in den Straßen, 15 kleine Häuser außerhalb der Mauern, zehn Handwerker, eine Mühle. Ihr Straßennetz war von großer Regelmäßigkeit, der Markt fast quadratisch. Das Rathaus, lange von den Evg. als Gotteshaus benutzt, wurde später durch eine Fachwerkkirche ersetzt. Von der westlichen Stadtmauer waren noch 1945 ansehnliche Teile erhalten; im Südwesten standen der Hexenturm und das Mühlentor. Dank der Fürsorge der preuß. Verwaltung nahmen Tuchmacherei und Schuhmacherei hier einen besonderen Aufschwung. 1778 werden 54 Tuchmacher, 1796 50 Schuhmacher gen. Da in Flatow nur grobe Tuche hergestellt wurden, kauften die Preuß. F.er Tuchmacher diese auf den Jahrmärkten auf, appretierten sie und verkauften sie weiter bis nach Rußland. Infolge der 1820 verhängten russ. Grenzsperre ging auch die Tuchmacherei erheblich zurück. Preuß. F. sank zu einem Ackerbürgerstädtchen herab, das seit 1864 ein Lehrerseminar, seit 1872 eine Realschule, seit 1887

ein Vollgymnasium, seit 1912 eine Präparandenanstalt und vor dem ersten Weltkriege auch eine höhere Töchterschule hatte. 1939 zählte Preuß. F. 3842 Einwohner. (II) *B*
KGutowski, Grenzfeste Pr. F., Schneidemühl 1937 (in: LV 41, H. 5) — ABlanke, Aus vergangenen Tagen d. Kr. Schlochau, 1936 — LV 50, 163, 4; 179

Preuß. Holland (Pasłęk; Kr. Preuß. Holland). Bereits 1288 hatte Landmstr. Meinhard v. Querfurt mit dem Bau der → Weichseldämme begonnen. Verm. stand er deshalb mit den des Deichbaues und der Entwässerung besonders kundigen Niederländern in Verbindung, die dann auch an dem in den → Drausensee mündenden Flüßchen Weeske eine Stadt bauten. 1297 gab Meinhard v. Querfurt der jungen Siedlung die städt. Handfeste, in der er bestätigte, daß Holländer die »primi locatores« gewesen seien, und daß die Stadt ihnen ihren Namen verdanke. Eine neue bedeutendere niederländ. Einwanderungswelle kam durch die ihres Glaubens wegen auswandernden Mennoniten im 16. und 17. Jh. in das protest. gewordene Ostland. Diese Niederländer wurden zwar überwiegend im Mündungsgebiet der Weichsel und Nogat seßhaft, doch wurde auch die Stadt Preuß. H. erneut zum Mittelpunkt niederländ. Siedlungstätigkeit. In der gleichen Zeit kamen auch viele ihres Glaubens wegen geflüchteten ref. Schotten und Franzosen nach Preuß. H. Die Schotten bildeten sogar eine eigene Gilde, die 1646, 1649 und 1650 als Brüderschaft der Schotten oder Schottsche Nation in den Kirchenbüchern erscheint. 1697 gab Kf. Friedrich III. den Preuß. H.er Reformierten das Recht einer selbständigen Gemeinde, die weiterhin so erstarkte, daß in der 1. H. 18. Jh. 15 oder 16 Namen schottisch-engl. und etwa 85 frz. Ursprungs nachweisbar sind.
Zusammen mit der in den Mauerring einbezogenen Ordensburg war die Stadt, die wegen ihrer Berglage und der gut erhaltenen alten Bauten mit einigem Recht den Beinamen »das ostpreuß. Rothenburg« trug, die stärkste ma. Festung des → Oberlandes und wurde als solche besonders stark vom Kriegsgeschehen betroffen. Im Februar 1454 ging Preuß. H. nach einwöchiger tapferer Verteidigung durch den Oberstspittler Heinrich v. Plauen an den Bund verloren. Am 24. Oktober 1464 machte Plauen den Versuch, Preuß. H. für den Orden zurückzugewinnen, mußte aber nach blutigen Straßenkämpfen der Übermacht weichen. Nach dem Thorner Frieden von 1466 wurde Preuß. H. an Stelle von Elbing Komtursitz des obersten Spittlers. Der erste Preuß. H.er Komtur war der tapfere Plauen. – Zweimal wurde Preuß. H. in der Folgezeit von größeren Heeren belagert. Nachdem Anfang 1520 eine erste Belagerung durch die poln. Hauptmacht von 8000 Mann unter dem Kronfeldherrn v. Dambrowitz an der tapferen Abwehr der Verteidiger gescheitert war, rückte Ende März 1520 ein neues starkes Polenheer mit schwerem Geschütz vor die Stadt, die nun, nachdem eine große Bresche in die Mauer geschossen war, erstürmt wurde. – 1627 und 1628 zog Gustav Adolf kampf-

los in Preuß. H. ein. Als die Schweden aber 1659 erneut mit 5000 Mann erschienen, verteidigten die Bürger von Preuß. H. ihre Stadt so tapfer, daß der Große Kurfürst ihnen 1663 ein neues Krugprivileg gab, in dem er diesen Akt mit den Worten begründete: »...wassmassen wir die vnterthänigste Trewe vnd Mänliche Gegenwehr, so vnsre stadt Hollandt bey jüngstem Kriege in Defendirung ihrer Stadt gehorsamst erwiesen, angesehen.« – Als die Franzosen am 24. Februar 1807 in Preuß. H. einrückten, machte Marschall Bernadotte die Stadt zu seinem Hauptquartier, bis er dieses Anfang März nach → Schlobitten verlegte. Die Stadt hatte 1780 schon 2900 Einw., 1933 deren 5312.

(III) *He*

HFrederichs in: LV 50, S. 96 — RHelwig, Gesch. d. Stadt Pr. Holland, 1960

Preuß. Litauen: → Memelland, → Schalauen.

Preuß. Stargard (Starogard, Kr. Preuß. Stargard). Diese Kreisstadt liegt an der Ferse, wo die 1198 urk. erwähnte »Kaufmannsstraße« den Fluß überschritt. Schon 24 Jahre zuvor soll der pommerell. Fst. Grimislaw die Burg dem Johanniterorden geschenkt haben. Die Johanniterburg lag nördlich der Stadt auf dem l. Ufer der Ferse an der Stelle der 1655 zerstörten St. Johanniskirche. Unmittelbar südlich davon entstand nach 1309 die Stadt Preuß. St. als eine Gründung des Deutschen Ritterordens, die 1348 mit der Handfeste Kulmer Recht erhielt. Ein Stadtsiegel ist von 1339 erhalten. Im Nordwesten erhebt sich über dem Fluß die kath. Pfarrkirche zu St. Marien, später »St. Mathaei Apostoli«, auch Johannes d. Täufer geweiht, eine dreischiffige Basilika mit vornehm gegliedertem Pfeilergiebel aus dem 14. Jh. Die St.-Katharinenkirche wurde 1557 evg. und blieb es auch, als 1599 alle übrigen Kirchen den Kath. ausgeliefert werden mußten. Sie fiel 1792 dem großen Stadtbrande zum Opfer und wurde hernach an ihrer heutigen Stelle wiederaufgebaut. Der Lauf der Ferse bildete bis in die Neuzeit hinein die Nordgrenze der Stadt, obwohl der Johanniterbesitz bereits 1370 vom Deutschen Orden erworben wurde. 1789 hatte Preuß. St. innerhalb der Ringmauer 102 Häuser, »größtenteils nach alter Art mit Vorlauben«, erbaut. Mitten auf dem großen viereckigen Markt stand das 1766 neu erbaute Rathaus »mit einem sehr alten Turme«; an allen vier Ecken des Marktes waren öffentliche Brunnen. (Die Anlage einer Wasserkunst mit kupfernen Röhren wird 1514 erwähnt). 1789 bestand die Bürgerschaft »fast durchgehends aus Deutschen und Protestanten«, die Bewohner der Vorstadt waren größtenteils Polen und Katholiken. 1905 werden 10 485 Einw. gen., davon 6297 mit dt. Muttersprache. Preuß. St. war seit seiner Stadtwerdung ein gewerbefleißiger Ort, in dem sich seit der 2. H. 19. Jh. mehrere Industriebetriebe entwickelten, u. a. die weltbekannte Branntweinbrennerei Winkelhausen. 1921 hatte Preuß. St. 10 466 Einw., 1943: 17 895.

(II) *B*

BStadie, Gesch. der Stadt Pr. St., 1864 — LV 52, 163, $_3$; 179

Putzig (Puck). Der Ort liegt an der fischreichen Putziger Wiek, wo die Nordspitze der Putziger Kämpe an die kleine Bucht heranragt; er wurde E. 12. Jh. dem Kl. → Oliva geschenkt, von den Mönchen aber bald gegen ein anderes Dorf eingetauscht, weil in P. ein Markt eingerichtet werden sollte. Neben Burg und Marktflecken legte der Deutsche Orden ein deutschrechtliches Zinsdorf an und begann wenig später mit der Anlage einer Stadt, deren Besetzung der Schulze des Zinsdorfes leitete. Zinsdorf und Stadt erhielten 1348 gemeinsam eine Handfeste. Die Stadt wurde mit Gräben, Wällen und Planken versehen. Die Pfarrkirche wird urk. bereits 1278 erwähnt. Schloß und Stadt waren in der Ordenszeit durch einen Graben getrennt, über den eine Zugbrücke führte. 1775–1845 diente das Schloß der evg. Gemeinde als Kirche und Predigerwohnung, hernach wurde es Schulhaus. Nach seiner Handfeste hatte P. das Recht der Holzflößerei auf der Rheda. Schiffer und Schutenbesitzer gehörten lange zu den wohlhabendsten Bürgern. Neben Holzhandel und Fischerei spielten Bierbrauerei und Bierversand eine wichtige Rolle im Wirtschaftsleben. P.er Bier erfreute sich weithin großer Beliebtheit, und mehrere Brauordnungen sorgten für Erhaltung seines guten Rufes. Während der schwed.-poln. Kriege wechselte P. mehrfach den Besitzer, geriet gegen E. 17. Jh. völlig in Verfall und wurde nun durch → Neustadt überflügelt. 1789 waren von 107 Feuerstellen nur 58 bebaut. So blieb es ein freundliches Fischerstädtchen, ohne Anschluß an die moderne Industrieentwicklung zu finden, dafür fand es in neuerer Zeit zunehmend lebhafteren Zuspruch als Badeort. 1887 wurde P. Kreisstadt. 1905 hatte P. 2160 Einw. (darunter 587 Evg.), 1943: 4712. Aus P. stammt auch der Politiker und Mitbegründer der Nationalliberalen Partei Heinrich Rickert (1833–1902). (II) *B*

FSchultz, Gesch. d. Krr. Neustadt u. Putzig, 1907 — LV 52, 179

Quednau (Kr. Samland). Q., erstmals 1255 als Gebiet erwähnt, ist ein Kirchdorf am Fuße des Qu.er Berges, der auch Apolloberg gen. wurde, wobei Apollo wohl als Verballhornung des preuß. Gottes Pikollos zu deuten ist. Das Dorf war Besitz des samländischen Bf., der dort auch ein festes Haus unterhielt. Es ist bis 1427 erwähnt. 1320 wird ein Pfarrer Hermann gen. Die Kirche, dem hl. Jakobus d. Ält. geweiht, war Wallfahrtsort für Fischer und Seefahrer. Sie wurde 1507–09 im Stile der ländlichen Ordensgotik neu erbaut und war in dieser Form bis 1945 erhalten. Das Gut Qu. war lange im Besitz der Fam. v. Olfers. Auf dem Qu.er Berg verhandelte am 8. September 1525 der Adel mit den aufständischen Bauern. 1888 wurde auf ihm ein Fort angelegt, das im Endkampf um Königsberg bis zum 7. April 1945 von der 367. I.D. gehalten wurde. (III) *G*

Quittainen (Kwitajny, Kr. Preuß. Holland). Bereits 1281 verschrieb der Landmeister des Deutschen Ordens den Stammpreußen

Poschensche, Germe und Glande in Qu. soviel Land, wie sie mit drei Hakenpflügen bebauen könnten. Von 1525–38 war Ecke (Eckhard) v. Reppichau Amtshauptmann in → Preuß. Holland. Er war als Herr eines Teiles der Ländereien von Qu. der erste des durch den Verfasser des Sachsenspiegels berühmt gewordenen sächs. Geschlechts, der sich in Preußen niederließ. Drei Mitglieder der Familie sind im Kreise Preuß. H. nachgewiesen. – 1573 wurde das Gut Qu. dem Antonius v. Borcke (geb. in Pommern um 1500) verschrieben, der in jungen Jahren nach Preußen gekommen war und dort einer der größten Grundbesitzer wurde. 1630 kam Qu. an den Enkel Fabian v. Borcke, der durch seine Mitwirkung bei der vergeblichen Verteidigung von Pillau und seine Verhandlungen mit dem dort 1626 gelandeten Schwedenkg. Gustav Adolf bekannt wurde. 1629 ernannte ihn der Kf. zum Statthalter der für Brandenburg sequestrierten Gebiete um Marienburg, 1632 zum Obermarschall in Preußen. Am 10. Oktober 1681 wurde Qu. mit seinen Nebengütern dem Feldmarschall Freiherrn Georg v. Derfflinger, dem Sieger von Fehrbellin, verschrieben. In einer Eintragung im Taufregister der Preuß. Holländer Pfarrkirche vom 16. Oktober 1656 wird er als Generalleutnant mit seinem Regiment in Preuß. Holland erwähnt. 1695 erwarb der General und Gouverneur der Festung Spandau, wirkl. Geh. Kriegsrat Joh. Albrecht v. Barfus, den Besitz. Er war mit einer Gfn. v. Dönhoff aus dem Hause Friedrichstein verheiratet. 1744 gingen die Güter sodann in das Eigentum der gfl. Fam. Dönhoff über. Das Hauptgut Qu. gehörte noch 1945 der Dönhoffschen Familienstiftung.

(III) *He*

GConrad (in: LV 18, 1900, S. 42) — GvMülverstedt, die Oberländ. Hauptämter u. Landgerichte nebst ihren Verwaltern (in: LV 18, 1901, S. 1)

Ragnit (russ. Njeman, Kr. Tilsit-Ragnit). Am. südlichen Hochufer der → Memel gelegen, war R. eine Burg des altpreuß. Stammes der Schalauer (→ Schalauen). Etwas memelabwärts erhebt sich am Nordufer der Memel der Berg Rombinus, der, von Sagen umwoben, angeblich eine heidnische Kultstätte ist; Bergrutsche haben im 19. Jh. seine Gestalt verändert. Der Chronist Peter v. Dusburg berichtet, neun Jahre vor Ankunft des Deutschen Ordens sei R. von den Russen belagert worden (→ Memel, Fluß). Diese erfolglose Belagerung zeugt für die Bedeutung der Preußenburg. Dem Deutschen Orden gelang es erst 1275, R. zu erobern. Er legte an der Stelle 1289 eine Burg an, die zunächst den Namen Landshut erhielt, doch wurde der alte Name bald wiederhergestellt. Unterhalb von R. wurde 1293 die Schalauerburg erbaut, deren Name im Dorfe Paskalwen fortlebt. Diese Burgen waren nur vorgeschobene Posten in der »Wildnis«, die bis zum 15. Jh. den ganzen östlichen Teil des Ordenslandes Preußen bedeckte. Sie waren jedoch wichtige Stützpunkte für die Feldzüge des Ordens nach Litauen, die am E. 13. Jh. begannen und erst 1422 aufhörten. Die Schicksale von R. in dieser Zeit der Kämpfe waren wechselvoll. R. und die Schalauerburg wurden 1355 zerstört, 1356 wiederaufgebaut: die Schalauerburg wurde nach einer Zerstörung 1365 nicht mehr wiederhergestellt. Die *Burg R.* wurde 1397–1409 völlig neu erbaut, westlich von dem alten Burgberg an ihrer heutigen Stelle. Sie ist das Wahrzeichen von R. geblieben, war eine der stärksten Festungen des Deutschen Ordens und hat alle Stürme der Zeit überstanden. An ihrem Bau war maßgeblich der Meister Nikolaus Fellenstein beteiligt, der bei der Ausgestaltung der → Marienburg und anderer Burgen mitgewirkt hat; auch Wandmalereien aus der Ordenszeit sind erhalten geblieben. Der Orden plante um 1409 auch die Gründung einer Stadt in R. Unglückliche Ereignisse (→ Tannenberg, 1410) haben diesen Plan vereitelt. Der Burgflecken war jedoch um 1400 eine bedeutende Marktsiedlung. 1390 wurde R. neben Memel als Markt im Grenzverkehr mit Litauen vorgesehen. Eine der großen Heerstraßen des Deutschen Ordens führte über → Insterburg nach R., das Ausgangspunkt mehrerer Wege nach N in die Wildnis und nach Samaiten war. Sie werden in den »Wegeberichten« des Ordens verzeichnet. Dem Komtur von R. unterstanden auch die Burgen → Tilsit und → Labiau mit ihren Gebieten. Nach 1525 blieb R. Sitz eines Amthauptmanns, doch war das Hauptamt wesentlich kleiner als die ehem. Komturei; es umfaßte etwa den späteren Kreis R. und den größten Teil des Kreises Pillkallen. R. wurde von Tilist überflügelt, das 1552 Stadtrecht erhielt, während R. Marktflecken blieb. Erst 1722 wurde R. von Friedrich Wilhelm I. in formloser Weise durch Verwaltungsakt ohne besonderes Privileg zur Stadt erhoben, blieb jedoch im Schatten von Tilsit eine kleine Landstadt. Der Stadtplan beruht auf einem Entwurf von Schultheiß v. Unfried. Im 7j. Kriege wurde R. 1757 von den Russen zerstört. Der Neubau der Kirche erfolgte 1772. Im Kriege von 1807 brannte die Stadt zum großen Teile ab. Als Kreisstadt und Sitz eines Landrats blieb es im 19. Jh. ohne größere Bedeutung. Einen wirtschl. Aufschwung brachte die Holzindustrie durch den Bau einer Zellstoffabrik. Den zweiten Weltkrieg hat R. anscheinend ohne größere Zerstörungen überstanden. – Östlich von R. liegt Obereißeln, die höchste Erhebung in Ostpreußen nördlich vom Pregel, mit einem Bismarckturm. – In R. wurde 1598 der Mathematiker und Baumeister Christian Otter geboren († 1660 in Nymwegen), ferner 1719 der Maler und Kunstschriftsteller Joh. Friedrich Reiffenstein († 1793 in Rom, wo er mit Winckelmann und Goethe verkehrt hat). Einwohnerzahlen: 1782: 1882, 1843: 2791, 1890: 3953, 1925: 7662, 1939: 10 094. (IV) *F*

ThLoeschke, R., 1898 — KClasen-Sandt, Zur Baugesch. der Memelburgen R., Splitter u Tilsit. (In: LV 12, Bd. 29, 1931) — KForstreuter. (In: LV 50, S. 97)

Rantau (Kr. Samland). Dieser Ort wird hier als Beispiel dafür gen., daß in Ostpreußen unter den oberirdisch sichtbaren Denkmalen der urgesch. Zeit nächst den Burgwällen (→ Galtgarben) den *Hügelgräbern* die größte Bedeutung zukommt. Vereinzelt finden sich Grabhügel schon in der Jungsteinzeit (2. Jt. v. Chr., → Wiskiauten). Dann wird zu Beginn der Bronzezeit (um 1800 v. Chr.) dieser Brauch der Bestattung als Ausdruck der Ahnenverehrung allgemein, bleibt in Übung bis in die Zeit um Chr. Geburt und örtlich noch länger (→ Odry). Es wurden nicht nur immer wieder neue Grabhügel errichtet, vielmehr wurden oft schon vorhandene Hügel zu Nachbestattungen benutzt. In vielen Fällen sind daher die Hügelgräber nicht Grabdenkmale für e i n e n Verstorbenen, sondern für mehrere, die man in zeitlichen Abständen in schon vorhandenen Hügeln beisetzte. Sehr viele ostpreußische Hügelgräber sind also eigentliche Friedhöfe, Gräberstätten (Nekropolen) und als solche wichtige Zeugnisse für eine niemals unterbrochene Besiedlung des Landes durch die altpreuß. Bevölkerung (ebenso wie in der späteren, hügellosen nachchristlichen Zeit, → Dollkeim). Obwohl heute noch viele Grabhügel in Ostpreußen vorhanden sind, stellen diese doch nur einen Rest davon dar, weil die meisten Grabhügel zur Steingewinnung gedient haben. Der innere Aufbau der Hügelgräber ist sehr verschieden, es gibt zentrale Körperbestattung innerhalb einer Ringmauer, Brandgräber in Steinkisten, Hügel mit Steinpflaster, viele Hügel mit einem äußeren Steinkreis an der Peripherie und andere Formen der Hügelkonstruktion. (III) *Ba*

WGrunert, Vom Hünenberg bei R. (in: LV 210, Bd. 9, H. 1/2, 1944) — LV 204, Bd. 1

Rastenburg (Kętrzyn, Kr. Rastenburg). Der Deutsche Orden hat die Burg R. an der Guber, einem Nebenfluß der Alle, etwa 1329 von → Balga aus erbaut. Sie wurde 1345 von den Litauern zerstört und um 1360–70 in Stein ausgebaut; sie ist im Ganzen noch erhalten. Vom 14. Jh. bis 1417 unterstand R. und sein Gebiet dem Komtur in Balga, von 1418–22 dem eingesetzten Komtur in → Rhein, danach war es Verwaltungsmittelpunkt für das Waldamt Leunenburg und das Kammeramt R. Die Burg R. wurde 1528/29 umgebaut, 1622 an der inneren Nordwestecke der steinerne sechseckige Turm errichtet. In jüngster Zeit diente die Burg Behörden als Unterkunft. Neben der Burg entwickelte sich aus Krügern und Handwerkern eine Lischke, die 1345 oppidum und Stadt gen., aber 1345 und 1347 von den Litauern zerstört wurde. Nach dem Wiederaufbau verlieh ihr Hennig Schindekop, Komtur zu Balga, 1357 eine Handfeste über 102 Hufen zu kulm. Recht, die 1378 erneuert wurde. In der Südwestecke entstand etwa 1359–70 die Pfarrkirche St. Georg als Wehrkirche mit vorgelegtem Parcham, die im 15. Jh. erweitert und 1515 vollendet worden ist. Der 48 m hohe Wehrturm ist zugleich der Südwestturm der Stadtmauer. In der Südostecke des Parchams wurde 1480 die Georgskapelle erbaut. Die im N um 1370 angelegte Neustadt gruppierte sich um die Katharinenkirche. Zwischen ihr und dem Hohen Tor entstand die Königsberger Vorstadt. Im S und O lag die Burgfreiheit, auf der 1391 die Kapelle des Hauptamt-Hospitals erbaut wurde. 1440 trat R. dem Preuß. Bund bei, und bei Ausbruch des 13j. Krieges überfielen die Bürger 1454 die Burg, 1461 ergaben sie sich dem Orden. Die Polen konnten R. 1520 nicht einnehmen. Im J. 1531 (29./30. Dez.) fand in R. ein Religionsgespräch statt. 1628/29 und 1656/57 war R. Stützpunkt der brandenburg. und schwed. Truppen. Seit dieser Zeit hatte R. ständig eine starke Garnison. 1674 zerstörte ein großer Brand die Stadt; im 7j. Kriege besetzten sie die Russen von 1758–62 und 1807 und 1812 die Franzosen; diese plünderten die Stadt völlig aus. Seit 1818 ist R. Kreisstadt des gleichnamigen Kreises. 1819 wurden die Tore, 1820 die Katharinenkirche abgebrochen, 1831, 1837 und 1857 forderte die Cholera ihre Opfer. Der Aufstieg R.s begann mit der Gründung von Fabriken. 1843 entstanden die Eisen- und Glockengießerei Gebr. Reschke, 1847 die Mühlenwerke, nach dem Anschluß an die Eisenbahnstrecken Königsberg–Prostken (1867) und nach Lyck (1868) die Zuckerfabrik (1882), die Aktienbrauerei und Hefefabrik (1887). Im Ersten Weltkrieg besetzten die Russen die Stadt vom 27. August bis 2. September 1914. 1920 wurde in Klein Neuhof ein Predigerseminar gegr., in Karlshof bei R. entstanden eine Heil- und Pflegeanstalt und eine Arbeiterkolonie und eine Diakonenanstalt; sämtliche Karlshöfer Anstalten wurden im März 1939 von der nationalsozialistischen Regierung enteignet. Die Stadt R. wurde 1931 durch das eingemeindete Krausendorf, im Jahr später durch Neuendorf vergrößert. Während des Zweiten Weltkrieges entstand bei R. das Führerhauptquartier »Wolfsschanze«, wo am 20. Juli 1944 das Attentat auf Adolf Hitler verübt wurde. 1945 wurde R., das 1939: 19 650 meist evg. Einw. zählte, und sich seit 1738 auf mehr als das Zehnfache vergrößert hatte, zur Hälfte zerstört (963 Häuser); es kam unter poln., die Wolfsschanze unter sowjetische Verwaltung. (III) *Gu*

KBeckherrn, R. hist.-topographisch dargestellt, 1878 — Ders., Mitteilungen aus R.s Vergangenheit, 1880 — Ders., Die St. Georgen-Kirche zu R. (in: LV 10, Bd. 20, 1883) — RLuckenbach in: LV 50, S. 97

Rautenberg, Schloß (Kr. Elchniederung). Das Schloß wurde im 17. und 18. Jh. erbaut (1915 umgebaut) und benannt nach der Gründerin, Freifrau Luise Katharina v. Truchsess-Waldburg, geb. v. Rautter, die durch den Bau der Friedrichsgräben bekannt ist (→ Gilge). Es enthielt eine wertvolle Bildersammlung, auch ein Bildnis Kants, der kurze Zeit Hauslehrer bei den Grafen Keyserlingk gewesen sein soll. Durch die Fam. Keyserlingk, die R. i. J. 1744 von den Truchsess-Waldburg übernahm, sind auch Erinnerungsstücke Friedrichs d. Gr. nach R. gelangt. Die »Grafschaft R.« war einer der größten Fideikommisse in Ostpr. (gestiftet 1787). In der Nähe lag das Dorf Rauterskirch (bis 1938: Alt Lappienen). Die Kirche wurde im 17. Jh. durch Philipp v.

Chièze erbaut, dem ersten Gatten der gen. Gfn. Truchsess-Waldburg, nach dem Vorbild der Marckirche in Leiden. Chièze ist auch der Erbauer des Stadtschlosses in Potsdam. (IV) *F*

CvLorck, Ostpr. Gutshäuser, 1953 — JKopp, Beiträge z. Chronik d. ostpr. Gutsbesitzes, 1913 — LV 164, S. 464

Rehden (Radzyn, Kr. Graudenz). Der Ort wurde 1223 von Bf. Christian erworben und 1231 an den Deutschen Orden verkauft, der hier 1234 eine Burg errichtete, in deren Schutz bald eine Siedlung entstand, die zwischen 1234 und 1238, mit 100 Hufen ausgestattet, dt. Stadtrecht erhielt. Während der Kämpfe mit den Preußen wurde die junge Stadt zweimal zerstört. Die um 1300 in Stein errichtete Burg war wohl nächst die → Marienburg das schönste Ordenshaus in Westpreußen und noch z. Z. Heinrichs v. Plauen die bedeutendste Komturei des Kulmerlandes. Von hier aus unternahm 1412 Georg v. Wirsberg seinen mißglückten Anschlag gegen Plauen im Bunde mit Wenzel v. Böhmen. Während des zweiten schwed.-poln. Krieges war das Schloß im Innern großenteils verwüstet worden. Hernach geriet die Anlage in Verfall; um 1800 wurde sie als Steinbruch benutzt. 1837 wurde der erste Schritt zu ihrer Erhaltung getan. Unversehrt ist die kath. Pfarrkirche St. Annae, deren älteste Teile um 1310 erbaut sind. 1772 gab es in R. nur mehr 69 Häuser mit 82 Bürgern, deren Haupterwerb der Ackerbau war. Friedrich d. Gr. siedelte hier vier Handwerkerfamm. an. Trotzdem blieb R. ein Ackerbürgerstädtchen. Die evg. Kirche wurde 1797/98 erbaut, 1856 ein Turm hinzugefügt. 1837 hatte R. 1118 Einw., 1905: 2074 (darunter 770 Evg.), 1943: 1999. (II) *B*

XFrölich, Gesch. d. Graudenzer Kr., 1884/5 (2 Bde.) — LV 110, 163, 9, 178

Rhein (Ryn, Kr. Lötzen). An der schmalen Durchgangsstraße zwischen dem Rheiner und Ollofsee wurde 1377 von Hochmeister Winrich v. Kniprode das »feste Haus zu dem Ryne« auf einer Stätte erbaut, wo einst eine heidnische Feste gestanden hatte. Die Burg war Sitz eines Pflegers und gehörte wie das benachbarte → Seehesten zur Komturei Balga. 1393 wurde in Rhein eine Komturei eingerichtet. Das Ordenshaus hat jedoch die ihm zugedachte führende Stellung als Verwaltungszentrale nicht lange behalten. Nur 1393—97, 1418—22 und 1468 bis zum Ende des Ordensstaates werden in den Urkk. Komture in R. erwähnt. Unter ihnen trat als Kolonisator Rudolf v. Tippelskirch hervor, der 1494—1512 eine große Anzahl von Handfesten für Dörfer ausstellte und damit weite Räume der »Wildnis« in einem planmäßigen Siedlungsvorgange erschloß. Bei der Umbildung der Verwaltung gelegentlich der Säkularisation 1525 wurde R. Sitz eines Amtshauptmanns bis 1752. Über die erste Besiedlung der Umgebung der Burg liegen keine Nachrichten vor. Es ist jedoch sehr wahrscheinlich, daß sich schon bei der Errichtung der Feste Leute in der näheren Umgebung niederließen, um beim Bau der

Burg Dienste zu leisten. Die erste sichere Nachricht über das Bestehen einer Siedlung stammt von 1405. – Am 7. Februar 1657 wurde der »Flecken« Rh. von Tataren überfallen, ausgeplündert und eingeäschert; viele Einwohner wurden verschleppt. Zu allem Unglück gesellte sich 1709–11 die Pest. – Die Bedeutung von R. als Verwaltungsmittelpunkt und Wirtschaftszentrum in einem größeren landwirtschl. orientierten Raum führten wohl dazu, daß Kg. Friedrich Wilhelm I. den Marktflecken zur Stadt erhob. –

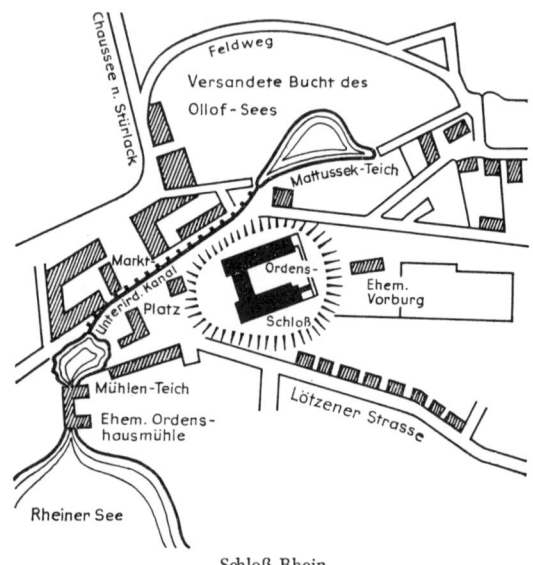

Schloß Rhein
(Nach Plänen von 1853—56 Entw. von M. Meyhöfer)

Wie die anderen masurischen Städte blieb auch R. von den Kriegsnöten 1806/07 nicht verschont. Einquartierungen und Kriegskontributionen belasteten die Stadt schwer. Bei der neuen Kreiseinteilung wurde R. dem Kreis Lötzen zugeschlagen. Im 19. Jh. hat der Ort ein bescheidenes Dasein geführt, da der Anschluß an die staatl. Eisenbahnen fehlte. Nur von einer Kleinbahn (seit 1902) berührt, außer von Landstraßen nur auf den Wasserweg über den Rheiner See angewiesen, ist R. bis in die neueste Zeit ein stiller Ort geblieben. Seit 1782 (etwa 1000 Einw.) hat sich die Bevölkerung 1925 nur verdoppelt (2084 Einw.).

(V) *Mey*

HeßvWichdorff, Beiträge z. Gesch. d. Ordensschlosses Rh. u. d. Stadt Rh. (in: LV 17, H. 31, 1926) — HFrederichs in: LV 50, S. 99

Riesenburg (Prabuty, Kr. Rosenberg). Der Name hängt mit dem Lande Reisen (Resia) zusammen, einem Teil der altpreuß. Landschaft → Pomesanien. In der Nähe finden sich ähnliche Ortsnamen wie Riesenkirch und Riesenwalde. Nördlich der heutigen Stadt, auf dem Schanzenberge, in der Landenge zwischen Schloß- und Sorgensee, die durch den Liebe-Fluß verbunden sind, lag eine Preußenfeste, die 1236 vom Orden zerstört worden ist. 1255 wählte der Bf. von Pomesanien bei der Teilung mit dem Orden das südliche Drittel der Diözese, in dem R. liegt. In dieser landschaftlich reizvollen Gegend erbaute der zweite Bf., Albert, 1276/1277 am hohen Ufer des Schloßsees eine Burg als seinen Wohnsitz. In → Marienwerder, wo er 1285 das Domkapitel errichtete, hielt er sich nur selten auf. Seine Nachfolger werden deshalb oft Bff. von R. gen. Zwischen 1286 und 1321 hat sich bei der Burg wohl schon eine stadtähnliche Siedlung entwickelt, entsprechend der ländlichen Erschließung der Umgebung. Diese ist jedoch anscheinend nicht planmäßig betrieben worden; die städtische Handfeste Bf. Rudolfs von 1330 ist die Bestätigung einer vielleicht ohne besondere Urk. begonnenen früheren Gründung. Der Lokator war ein Bruder des Bf. Ludeko (1306–21). 1330 ist auch das Rathaus (praetorium) erbaut worden, das 1868 abbrannte. Das 1330–40 vergrößerte Schloß war gewiß nicht weniger stattlich als das Heilsberger, teilt aber das Schicksal des Fischhausener, daß nur noch Ruinen davon erhalten sind: Reste der Kreuzgewölbe des Kellers und die starken Stützmauern des Parcham. Schon im 13j. Kriege wurde es vielfach beschädigt, brannte 1698 ab und nach teilweiser Ausbesserung 1787 nochmals. Die *Pfarrkirche* wurde bald nach 1310 begonnen und gleichzeitig mit dem Dom zu Marienwerder in der 1. H. 14. Jh. in Backstein ausgebaut. Der rechteckige, nach oben leicht verjüngte Turm ist einer der wertvollsten des Ordenslandes, 1412 bildete sich die Schloßfreiheit (suburbium). Pomesanien blieb auch nach dem 2. Thorner Frieden ein bischl. Territorium des Ordens; 1527, nach der Säkularisation, kam R. zum Hzt. Preußen und wurde Sitz eines Hauptamtes. Schon vor der Ref. hielt der Humanismus seinen Einzug: Der Landsmann des Hochmeisters Friedrich v. Sachsen, Bf. Hiob v. Dobeneck (seit '1502), hat u. a. den Erfurter Humanisten Helius Eobanus Hessus 1509 als 20j. nach R. geholt. Dieser gab in einer dichterischen Beschreibung Preußens, das ihn stark beeindruckt hatte, auch eine Schilderung des »Musenhofes« in R., deren reale Grundlagen man nicht überschätzen darf. Eoban war lediglich Kanzleibeamter. Schon 1513 hat er Preußen wieder verlassen. Bezeichnend für die geistige Unabhängigkeit und Aufgeschlossenheit jener Zeit ist seine bleibende Freundschaft mit dem kath. Bf. Johannes Dantiscus von Ermland. Bf. Hiob hat auch eine Schule in R. gegr. Die schwed. Besetzung 1628 kostete R. hohe Kontribution und schweren Brandschaden. 1629 wurde der Rheingf. Otto Ludwig von dem wallensteinschen General v. Arnim, der den Polen zu Hilfe geschickt war, bei R. geschlagen. Ein zweiter, schlimmerer Brand vernichtete 1688 fast die ganze Stadt mit der Pfarrkirche. 1725 war das Gotteshaus mit Unterstützung des frommen Kg. Friedrich Wilhelm I. wieder aufgebaut, wie eine Glockeninschrift bezeugt. Die Bevölkerung hat nicht sehr stark zugenommen: 1777 zählte man 1797 Einw., 1900 deren 5032, 1937 nahezu 8000. – Die Abstimmung von 1920 brachte bei 3321 dt. nur 50 polnische Stimmen. (II) W

LSchwalm, Gesch. der Stadt R., 1896 — KJKaufmann, Gesch. der Stadt R., 1928 — HFrederichs in: LV 50, S. 100 —LV 163, $_{12}$, S. 173

Roggenhausen, Schloß (Rogóź, Kr. Graudenz). Das Schloß erhob sich einst auf ziemlich steil abfallendem Hügel an der Mündung der Gardenga in die Ossa. Es ist seit 1285 als Sitz eines Ordenskomturs nachweisbar, seit 1333 als Sitz von Ordensvögten. 1454 brannte es aus und wurde von den Bündischen besetzt, nach 1466 wurde es von Starosten bzw. Ökonomen verwaltet; seit 1590 war es kgl. Tafelgut. – 1564 sah das Schloß »vom Felde her mit seinen zahlreichen Türmen« noch »sehr hübsch« aus, im Innern jedoch wie eine Ruine. 1686 war es in weiterem Verfall begriffen. 1772 wurde es mit seinen Liegenschaften preuß. Domäne. Dazu errichtete man auf dem Gelände der Vorburg den Wirtschaftshof mit großem Garten und das Wohnhaus des Domänenpächters. Das Haupthaus wurde nach und nach bis auf zwei Türme und einige Mauerreste abgebrochen; die dabei gewonnenen Materialien fanden u. a. beim Bau der Festung Graudenz Verwendung. Heute steht außer Mauerzügen der Vorburg inmitten hochgewachsener Bäume nur der 21 m hohe *Torturm*, der einst den Zugang zum Konventshaus schirmte. Etwa 3 km vom Schloßberg entfernt liegt das Dorf R., das die vormals selbständigen Ortschaften Groß und Klein R. vereinigt. (II) B

XFrölich, Gesch. d. Graudenzer Kr., 1884/7 (2 Bde.) — LV 110, 163, $_9$, 178

Rominten (Kr. Goldap). Schon zur Ordenszeit wurden die urtümlichen »Wildnisse«, darunter auch R., im »Waldwerk«, d. h. Eichen als Bauholz, Linden für die Köhlerei und sonstige Laubbäume in den Asch- und Teerbuden sowie für die Beutnerei genutzt. Weiterhin dienten sie der Landesherrschaft als Jagdreviere. Die Jadbuden waren einfache Holzgebäude, in denen das vielseitige Gerät aufbewahrt wurde und Unterkunft für die Jäger vorgesehen war. Die »Bude Romitten« wird 1572 erstm. erwähnt. 1683 hatte der Kf. in R. »die hohen und besten Jagden«. Die R.er Heide war in die beiden Wildnisberitte Warnen und Nassawen eingeteilt; erst 1869 kamen Szittkehmen und Goldap dazu. Nachdem im 18. Jh. der Wildbestand stark zurückgegangen war, begann im 19. Jh. durch das jagdliche Verständnis des Oberförsters Reiff (1850–67) neuzeitliche Hege vornehmlich für Rotwild, als Prinz Friedr. Karl v. Preußen R. wiederentdeckte. 1890 erklärte Ks. Wilhelm II. R. zum ksl. Hofjagdrevier und ließ bereits im nächsten Jahre auf dem Steilufer der Rominte unweit der bisherigen Unterkunft Teerbude das »Jagdhaus R.« in norwegischem Holz und Bauart errichten. Die 1893 erbaute Hubertuskapelle ähnelte der Stabkirche Wang in Schlesien. 1885–90 hatte man 25 000 ha der Heide eingegattert. Nach 1918 blieb R. Staatsjagdrevier und wurde durch formschöne, vielendige Geweihe berühmt. Der 1936 etwa 2 km westlich von R. angelegte »Jägerhof R.« brannte im Oktober 1944 bei den Kämpfen im zweiten Weltkrieg nieder. Gegenwärtig verläuft die Stacheldrahtgrenze zwischen dem russ. und poln. verwalteten Gebiet von O nach W mitten durch die Heide, so daß R. eben noch den Sowjets zufällt.

WFrevert, Rominten, Bonn 1957 (IV) *Gr*

Rondsen (Kr. Graudenz). Ein sehr großes ostgerm. Gräberfeld (urspr. mehr als tausend Gräber umfassend, von denen 873 durch Ausgrabungen untersucht worden sind) ist vor allem durch zahlreiche Waffenbeigaben (Schwerter, Lanzen, Schilde) aus der Spätlatènezeit (dem letzten Jh. v. Chr.) bekanntgeworden. In einer Entfernung von 1/2 km von diesem Friedhof wurden zwei Frauengräber (1. Jh. n. Chr.) gefunden, die neben zwei Silberfibeln, einem zierlichen goldenen Anhänger und sonstigen Schmucksachen einheimischer Arbeit auffallend viel »röm. Import« (zwei Bronzegefäße, darunter eine prachtvolle Weinkanne) enthielten.
(II) *B/Ba*

SAnger, Das Gräberfeld zu R., Danzig 1890 — DBohnsack, Die Burgunder (in: Vorgesch. d. dt. Stämme, Bd. 3, 1940) S. 1033 — LV 203, S. 126

Rosenberg (Susz, Kr. Rosenberg). Die Stadt wurde um 1305 vom pomesanischen Domkapitel gegr., blieb in dessen Besitz bis 1525, war 1532–1817 Mediatstadt und Sitz verschiedener Lehnsherren. Die Pfarrkirche, in der Südostecke der Stadt gelegen, war 1315 schon vorhanden. Ihr Altarhaus erhebt sich auf einem Feldsteinsockel. Außerhalb der Mauern auf der Südseite lag der Hof der Domherren. Die Stadtmauer verlief fast kreisförmig, hatte drei Tore und war noch 1810 mit 18 Türmen besetzt. 1789 hatte R. 155 Feuerstellen, darunter 101 Mälzenbräuerhäuser, die über den städtischen Acker verfügten, und 781 Einw. Diese nährten sich hauptsächlich vom Ackerbau. Unter den wenigen Handwerkern waren die Schuhmacher verhältnismäßig zahlreich. Es mangelte an Verkehr, da die Stadt an keiner Durchgangsstraße lag. 1815 wurde sie zur Kreisstadt erhoben. 1845 wurde mit dem Chausseebau begonnen; 1876 erhielt R. Eisenbahnanschluß. 1829 zählte R. 1570 Einw., 1885: 3055, 1905: 3259 (darunter 2933 Evg., 253 Kath., 65 Juden, 8 andere Christen), 1943: 4440. Bei der Abstimmung von 1920 fielen 2430 Stimmen auf Deutschland, nur 8 auf Polen.
(II) B

KJKaufmann, Gesch. der Stadt R. i. Westpr., R 1937 — LV 50, 163, 12

Rößel (Reszel, Kr. Rößel). Wo die alte Handelsstraße, die vom Frischen Haff über Heilsberg nach Polen führte, in die große

»Wildnis« eintrat, legten die Ritter des Deutschen Ordens 1241 eine Wachtburg an. Ihren Namen erhielt sie von einer Preußensiedlung Resel, die vier Kilometer nördlich lag. Zweimal wurde sie von den aufständischen Preußen zerstört. Die Lage am Steilufer des Eiserbaches war äußerst günstig, der Bach macht eine scharfe Biegung nach SW, steile Abhänge schützten die Burg von zwei Seiten. Nachdem der Orden im Vertrag von 1254 einen Teil des Gaues Barten dem ermländischen Bf. überlassen hatte, wurde die Burg Resel der nordöstlichste Eckpfeiler des Fürstbistums → Ermland. Nach 1300 galt die Gegend als befriedet, und es begann die Besiedlung. Bürger aus der Neustadt → Braunsberg ließen sich neben der Burg nieder, am 12. Juli 1337 erhielt die Stadt ihre Handfeste. Als in der 2. H. 14. Jh. Bf. Joh. v. Meißen (1350–55) den Grund zu dem mächtigen Bischofsschloß in → Heilsberg legte, begann auch der Bau des festen Schlosses in R.; sein Nachfolger Joh. Stryprock (1355–73) setzte ihn fort, und Bf. Heinrich Sorbom (1373–1401) vollendete das Werk. Bis 1772 war die Burg Sitz eines bischl. Burggrafen, der das gleichnamige Kammeramt verwaltete. 1780 richtete die preuß. Regierung im Schloß ein Zuchthaus ein, das bis 1806 bestand. 1822 schenkte Kg. Friedrich Wilhelm III. das Schloß der evg. Kirchengemeinde, die den Südflügel zur Kirche umbaute. Bei der neuen Kreiseinteilung der Provinz Ostpreußen i. J. 1817 wurde ein Kreis R. gebildet; die Landräte wohnten zunächst auf ihren Gütern. Erst 1857 kam das Landratsamt in die Kreisstadt, wurde aber schon 1862 nach. → Bischofsburg verlegt, weil der neue Landrat dort in der Nähe sein Gut hatte; nach und nach siedelten alle Kreisbehörden dorthin über, doch der Kreis behielt den Namen R.

Der Grundriß der Stadt ist gitterförmig, in der Mitte liegt der fast quadratische Markt mit dem Rathaus und dem Brauhaus. Ein großer Brand vernichtete am 27. und 28. Mai 1806 fast die ganze Stadt mitsamt dem Rathaus und dem Gymnasium, auch das Innere der Pfarrkirche und der Schloßturm brannten aus. Die drei Stadttore wurden nicht wiederaufgebaut, das Rathaus 1815/16 ohne Hakenbuden wieder errichtet. Die Pfarrkirche St. Peter und Paul, schon in der Handfeste vorgesehen, wurde 1360–80 als dreischiffige Hallenkirche erbaut, die Innenausstattung nach dem Brand von 1806 im Empirestil erneuert; den wuchtigen Hochaltar schenkte Bf. Josef v. Hohenzollern. 1347 gründeten sächs. Augustiner-Eremiten ein kleines Kl. mit der Johanniskirche; nach der »Verlauffung« der Mönche 1520 standen die Gebäude über 100 Jahre verlassen, teilweise durch Feuer zerstört; 1632 übernahmen sie die Jesuiten, deren Kolleg bis 1780 eine angesehene Bildungsstätte für das südliche Ermland war; daraus entwickelte sich das Staatl. Gymnasium. Unter den Handwerkern waren die Kammacher oder Blattbinder stark vertreten, die bis zum ersten Weltkrieg ganz Ostpreußen und die benachbarten Gebiete von Polen und Litauen mit Webekämmen versorgten. Im 17. und 18. Jh. gab es hier namhafte Kunsttischler, Goldschmiede und

Kunstschlosser. Im 19. Jh. wurde die Stadt beim Bau von Chausseen und Eisenbahnen sehr stiefmütterlich behandelt, lange Zeit war sie die einzige Gymnasialstadt Preußens ohne Eisenbahn; erst 1908 wurde sie an das Schienennetz angeschlossen. Dementsprechend ist auch die Einwohnerzahl von 2838 im Jahre 1782 bis 1939 nur auf 5058 gestiegen. (V) *P*

GuKMatern, Burg und Amt R., 1925 — Ders., Die Pfarrkirche SS. Petri und Pauli, 1930 — Ders., Gesch. der Pfarrgemeinde SS. Petri und Pauli in R., 1935 — APoschmann, 600 Jahre R, Bilder aus alter und neuer Zeit, 1937 — LV 164, S. 221 — JJanosz-Biskupowa, Rozwój przestrzenny miasta Reszla LV 26, 1961, S. 161—182. (Die topographische Entwicklung der Stadt Rößel) — APoschmann in: LV 50, S. 101

Rossitten (Rybatschij). Das Dorf auf der südlichen Hälfte der → Kurischen Nehrung wird erstm. 1372 erwähnt, dann öfter in den Wegeberichten des Deutschen Ordens. Es ersetzte die 1283 gen., weiter südlich gelegene Burg Neuhaus. Von beiden Burgen gibt es keine Reste. Mit dem Ende der Litauerkriege (1422) verlor die Burg R ihre militärische Bedeutung. In der Kriegsordnung von 1507 wird sie nicht mehr gen. In der Folgezeit hatte R. eine gewisse Bedeutung für die Verwaltung als Sitz eines Kammeramtes, dann eines Domänenamtes für die südliche Hälfte der Kurischen Nehrung. Die Kurische Nehrung ist eine Vogelzugstraße erster Ordnung. Falken, die dort gefangen wurden, gingen im Ma. als willkommene Geschenke in alle Länder Westeuopas bis nach Spanien hin. 1901 wurde in R. eine Vogelwarte gegr., die zunächst der Deutschen Ornithologischen Gesellschaft, dann der Universität Königsberg, schließlich der Kaiser-Wilhelm-Gesellschaft zur Förderung der Wissenschaften unterstellt wurde. 1939 hatte R. 691 Einwohner. (III) *F*

JThienemann, R. Drei Jahrzehnte auf der Kurischen Nehrung, 1927

Rudau (Melnikow, Kr. Samland). Das Gebiet »Rudow«, zu beiden Seiten des gleichnamigen Flüßchens, zeigt Siedlungsspuren schon aus dem 1. Jt. v. Chr. und bildet ein Seitenstück zu → Germau und Pobethen (s. a. Dollkeim). Am Mühlenteiche lag nordwestlich der Kirche auf einer noch erkennbaren Anhöhe, dem Amtsberg, eine Wallburg der alten Preußen. Südwestlich von R. liegt die ebenfalls noch sichtbare »Hünenburg« bei Ekritten, wohl eine befestigte Opferstelle. 1274 wird eine »alte Burg« Nagympten erwähnt. Es muß offenbleiben, ob dies oder Rudow der Name jener Burg war, die Kg. Ottokar II. v. Böhmen im Januar 1255 mit seinem Kreuzheer eroberte, worauf sich die Samländer unterwarfen und Geiseln stellten. Das führende preuß. Adelsgeschlecht der Sypaine floh; der Orden schenkte dessen Besitzungen dem Samen Ibute, dazu Kiauten (östlich Laptau). 1274 wird eine weitere Güterschenkung an zwei Samländer bezeugt. Damals oder wenig früher dürfte das Ordenshaus, ebenfalls am Teiche, erbaut worden sein, von dem nur noch Bruchteile der

Mauer und der Graben erhalten sind. Gleichzeitig wurde ein Kammeramt eingerichtet, das durch Jhh. in Händen der Fam. Hundertmark lag. Nach 1525 ist es mit → Grünhof und → Pobethen vereinigt worden. 1291 wurde die Ordensmühle nordwestlich der alten Wallburg errichtet, ebenso der erste Krug, dem drei weitere folgten, noch 1528 einer vor dem Walde Liske bei R. Die umliegenden Güter und Vorwerke sind wohl sämtlich preuß. Dienstlehen gewesen; in dem 1298 verliehenen Sergitten (westlich von R.) hat sich der preuß. Name Surgite erhalten. 1299 werden zehn treu gebliebene Samländer aufgezählt. 1320 ist der Pfarrer Nikolaus urk. nachweisbar. Bald darauf wurde, dicht bei der Burg, die erst 1354 urk. belegte Kirche mit Wehrturm aus Feldsteinen erbaut. Das spätere Pfarrhaus stand auf der Vorburg. Der Teil des Friedhofes südwestlich der Kirche hieß noch um die M. 19. Jh. der Schloßberg.

Am 17. Februar 1370 fand auf dem Felde zwischen Tranßau und Mülsen nördlich R. die berühmte Schlacht statt. Die beiden Litauerfürsten Olgierd und Kynstut hatten sich hier, der eine über das Eis des Haffs, der andere von Ragnit kommend, vereinigt. Sie wurden von einem aus Lochstädt anrückenden Ordensheer unter dem obersten Marschall Henning (Joh.) Schindekop vernichtend geschlagen und erlitten schwere Verluste, die vom Chronisten bis in die 10 000 übertrieben werden. Schindekop selbst wurde tödlich verwundet und starb auf dem Transport nach Königsberg. Der Hochmeister Winrich v. Kniprode ehrte ihn durch eine Gedenksäule, die noch 1870 erneuert worden ist. Die alte Form kennen wir aus mehreren Zeichnungen (Hennenberger und Erleutertes Preußen I). In der Kirche zu R. hing neben der Kanzel am Triumphbogen noch lange Zeit eine Rüstung, die für die seine ausgegeben wurde. Mit der Schlacht verband sich die Sage des Hans von Sagan, Sohn eines Schuhmachers aus dem Kneiphof-Königsberg, der gleich zu Beginn der Schlacht angesichts zurückgehender Kameraden die Ordensfahne ergriff, vorwärtsstürmte und dadurch das übrige Heer zum Siege führte. Den angebotenen Lohn schlug er aus und erbat für sich und seine Mitbürger eine jährliche Bewirtung auf dem Schloß vor Himmelfahrt. Noch Kf. Georg Wilhelm soll diese Herrenpartie als »Schmeckbier« beibehalten haben. Es handelte sich wohl eigentlich um eine Bierprobe der Brauereiberechtigten. Der hist. Kern ist ein Ereignis bei der Belagerung des aufständischen Kneiphof durch den Orden im J. 1455, als ein Handwerker den Söldnern des Herzogs v. Sagan die Fahne entriß. Eine andere Legendenbildung, die sich an R. knüpft, ist das »Blutwunder«, über das der Pfarrer Paul Bieber 1615 berichtet. Der Blutfaden im Abendmahlswein zu Reminiscere läßt aber auch eine natürliche Erklärung zu, über die sogar eine Dissertation von dem Erzpriester Gottfried Albrecht Pauli zu Saalfeld geschrieben worden ist. Das Kirchspiel ist eines der am schwächsten bevölkerten des Samlandes und hätte sich günstiger entwickelt, wenn es 1885 gelungen wäre, den

Bahnhof der Cranzer Bahn, der jetzt bei Mollehnen liegt, näher an den Ort heranzubringen. (III) W

LV 126, Bd. 2, S. 251 — LV 162, ₁, S. 117 — LV 164, S. 396 — WFranz, Hans v. Sagan (in: LV 191, S. 581/2)

Russ, Fluß und Dorf (Rusne, Kr. Heydekrug). Die R. ist der breitere nördliche Mündungsarm der → Memel. Er verzweigt sich weiter in vier Arme: Atmath, Pokallna, Warrus, Skirwieth. Der Name R. hat mit »Russen« wahrscheinlich nichts zu tun, ist eher kurischen oder altpreuß. Ursprungs. An der R., jedenfalls an ihrem Südufer (das Nordufer gehörte zum Bst. Kurland) erbaute Bf. Bartholomäus v. Samland (1358-78) die Burg Wenkisken. Neben → Windenburg wird um 1366 »Varriskin« erwähnt, ein Deutschordenshaus, wohl nach dem Fluß Warruss gen. Die R. war in der Zeit der Kämpfe des Ordens Verkehrsweg und Verteidigungslinie. Abgesehen von kurischen Fischern war die Gegend um R. bis zum 15. Jh. unbevölkert. Seit dem 15. Jh. erfolgte auch hier die lit. Einwanderung. – Der Krug im Fischerdorf R., im Delta unterhalb der Abzweigung gelegen, für den eine Urk. von 1498 vorliegt, hat schon vorher bestanden. Um 1650 saß auf diesem Krug als Pächter Richard Kant, der Urgroßvater von Immanuel Kant. Der Ursprung des Namens Kant ist wahrscheinlich kurisch (nicht schottisch, wie der Philosoph selbst annahm). Richard Kant besaß später den Krug in → Heydekrug. Sein Sohn Hans lebte als Handwerker in Memel, erst dessen Sohn Joh. Georg Kant als Handwerker in Königsberg. – Vom Mündungsgebiet der R. führt die Minge aufwärts, dann durch den 1863–73 erbauten »König-Wilhelm-Kanal« ein Schiffahrtsweg nach Memel unter Umgehung des Kurischen Haffs; er hat Bedeutung nur für die Holzflößerei. 1925 hatte R. 2872 Einw. (IV) F

JSembritzki u. ABittens, Gesch. d. Kr. H., Memel 1920

Rutzau (Kr. Putzig). Bei R. liegt am hohen Ufer der Danziger Bucht ein Wohnplatz der Jungsteinzeit, von dem zahlreiche Altertümer (Keramik, Geräte, Reste von Jagd- und Haustieren) in das Westpreuß. Provinzialmuseum gelangten. Von der poln. Vorgeschichtsforschung sind dort auch Pfostenhausreste festgestellt worden. Der Fundplatz wurde namengebend für die »Rutzauer Kultur« (identisch mit der »Haffküstenkultur«, → Succase).
(II) B/Ba

LKilian, Haffküstenkultur und Ursprung der Balten, Bonn 1955

Saalau (Kamensk, Kr. Insterburg-Land). Das nördlich der großen, altbesiedelten Urstrominsel des Pregltales, dem Siemohner Feld, gelegene Gebiet von S. kam 1275 in die Hand des Ritterordens. Bei der späteren Teilung → Nadrauens 1352 zwischen dem Orden und dem Bf. v. Samland fiel S. an das Domkapitel, das sofort Deutsche zwischen die bestehenden Preußendörfer setzte und mit dem Bau einer Burg mehr für Wirtschaft und Verwaltung als für Kriegszwecke begann. Das Haus wurde schon 1355 benutzt, gelangte aber nach mehrmaliger Brandschatzung durch die Litauer erst gegen E. des Jh. zum vollen Ausbau. Die Lischke, der Wohnplatz bei der Burg, mit Kirche, Teich und Mühle ist vom Ma. an bei zwei Krügen stets dörflich geblieben. Nur an der wichtigen Fähre bei Siemohnen verschrieb Propst Straubich 1491 einen weiteren Krug. Nach der Säkularisation 1525 wurde S. selbständiges Kammeramt, blieb aber für lange Zeit an Geldgeber verpfändet. Später war S. Domäne; der Amtmann wohnte bis zu Beginn des 20. Jh. im Haupthaus der Burg. Da S. etwas abgelegen ist, blieb der ma. Gesamteindruck erhalten. (IV) *Gr*

WGrunert, S. und Umgebung (in: Interburger Brief, 1954, S. 11) — Ders., Kammeramt S. 1680 (in: LV 25, S. 409) — LV 69 Nr. 415

Saalfeld (Zalewo, Kr. Mohrungen). Es ist kein Zufall, daß die am Rande des Ewingsees gelegene Stadt den gleichen Namen trägt wie ihre thüringische Schwesterstadt, stammte doch der Christburger Komtur Sieghart v. Schwarzburg, der diesem ostpreußischen Ort 1305 die Handfeste verlieh, aus Thüringen; wir dürfen es als einigermaßen sicher annehmen, daß auch Jakob, der Lokator von S., und viele der von ihm herbeigeholten Siedler aus der Nähe von S. in Thüringen kamen. S. hatte das einzige Kl. des → Oberlandes. Es wurde 1480 von Franziskanern gegr. und bald nach der Ref. aufgehoben. Die Steine der abgerissenen Gebäude wurden teilweise zur Instandsetzung der in der Nähe von S. gelegenen Ordensburg Preuß. Mark benutzt. - 1525 wurde S. die Hauptstadt des Oberländischen Kreises, und als 1587 die pomesanische Bischofswürde einging, wurde in S. ein pomes. Konsistorium eingerichtet, das dort bis 1751 blieb. Gleichzeitig erhielt die Stadt neben → Lyck und → Tilsit eine der drei Fürstenschulen des Herzogtums, die im Laufe von mehr als zwei Jahrhunderten eine Reihe später bedeutend gewordener Männer für die Königsberger Universität vorbereitete. 1803 wurden die letzten Abiturienten entlassen. – Die Tätigkeit der beiden Zentralbehörden und der Schule blieben nicht ohne Einfluß auf die Entwicklung von S. Noch in der M. 18. Jh. lag die Einwohnerzahl unter 1000; 1937 hatte es 3074 Einw. (III) *He*

EDeegen, Gesch. d. Stadt S., 1905 — Ders., Das ehem. Kloster in S. (in: LV 18, 1904, S. 1) — HFrederichs: in LV 50, 104

Samland (Landschaft). Das Rechteck zwischen Ostsee, Kurischem und Frischem Haff, Deime und Pregel, auch dessen Südufer bis zum Waldgürtel einschließend, ist wohl diejenige Landschaft des alten Preußen, in der sich schon in frühester Zeit gesch. Leben deutlich erkennbar verdichtet hat. Den Reichtum des Landes bildete der Bernstein, der hier in solcher Menge und Güte gewonnen wurde wie sonst nirgends. So kamen die Bewohner frühzeitig in Berührung mit der übrigen Welt, wurden kenntnisreicher und aufgeschlossener als ihre Landsleute im Innern und entsprachen wohl am ehesten dem von wikingischen Gewährsleuten übernommenen Bilde Adams von Bremen als homines humanissimi (sehr menschenfreundliche Leute). Am höchsten rechnet ihnen der Chronist an, daß sie keine Schiffbrüchigen plünderten, vielmehr sogar Schiffen in Seenot zu Hilfe kamen. Von den Dänen wurde der Name Sembi gleichbedeutend mit Pruzzi gebraucht, als seien sie deren führende Schicht. Auch hat wohl dies Gebiet unter den altpreuß. Landschaften die meisten Bewohner gehabt. Für das Interesse der Kulturvölker des Altertums sprechen die vielen Namen, die ihm von den Reisenden beigelegt worden sind: Raunonia, Abalus, Basilia, Osericta. Erst Wulfstan (um 890) hat den einheimischen Namen, Witland, festgestellt, der noch Dusburg (1324) als Weydeland geläufig ist, offenbar ein altpreuß. Stamm, der auch im Fürstennamen Weydewut überliefert ist. Die vom Volksstamm gebildete Bezeichnung Samland (terra Sambiensis) ist wohl mit dem lit. szeme = Erde, Land, gleicher Herkunft und steckt auch im Gebietsnamen Szamaiten.

Schon aus der mittleren Steinzeit haben wir Bodenfunde an der Küste, die jüngere Bronzezeit um 1000 v. Chr. bringt im nordwestlichen Winkel die ältesten baltischen Kulturerzeugnisse, die sich in der frühen Eisenzeit um 500 v. Chr. schon zu häufen beginnen, wie überhaupt die Ausbeute der Grabungen für alle folgenden Perioden hier am reichsten ist. Die Wikinger erscheinen vom 9.–11. Jh. n. Chr. an der Küste wegen des Bernsteins und der Handelsverbindungen auf den großen Flüssen. Ihre Niederlassung an der Wurzel der Kurischen Nehrung (→ Wiskiauten) weist vor allem auf die Memel und entspricht dem Handelsplatz Truso an der Weichselmündung. Auch der Pregel hat schon früh einen Weg zur Memel geboten, nachdem die Deime, zuerst ein Fluß, durch einen Kanal zum Mündungsarm des Pregels geworden war. Dem Deutschen Orden gegenüber nahmen die Samländer ebenfalls eine besondere Stellung ein: Sie verhielten sich zunächst abwartend, und auch der Orden vermied zwei Jahrzehnte lang einen Angriff. 1246 wurden bei den Kämpfen südlich des Pregels gefangene junge Samländer nach Lübeck zu sorgfältiger Bekehrung und Taufe gesandt. Ein erster kriegerischer Vorstoß des Christburger Komturs im Winter 1252/53 gegen → Germau hatte keinen Erfolg. Erst der Feldzug Kg. Ottokars v. Böhmen mit seinem starken Kreuzfahrerheere, ebenfalls über das vereiste Haff, im Januar 1255 durch die Gebiete von Medenau, Rudau, Quednau, Waldau, Kaimen und Tapiau führte zur Unterwerfung, wozu die inzwischen entlassenen, getauften jungen Adligen beigetragen haben werden. Im großen Aufstande von 1260 blieben viele samländische Adlige dem Orden treu – ihre Namen sind urk. erhalten –, so daß hier bereits 1264 Ruhe eintrat, wenn auch noch nicht ohne gelegentliche Widerstände.

Von der preuß. Landschaft ist zu unterscheiden die Diözese Samland, die das ganze Ordensgebiet nördlich des Pregels umfaßte, wie 1246 durch den päpstlichen Legaten Wilhelm v. Modena bestimmt worden war, von dieser wiederum die Territorien des Bf. und des Domkapitels. Die erste Landesteilung zwischen Orden und Bf. hat sich nicht durchgesetzt: Bestand hatte erst die von 1322, die auch weiter nach O auf das inzwischen eroberte → Nadrauen hinübergriff. Das bischl. Territorium zerfiel in drei Stücke, ein westliches mit Fischhausen, einen Streifen, der östlich von Königsberg begann und, das Meer nicht berührend, ans Kurische Haff reichte, und ein östliches im N von Insterburg in dem flachen Bogen, den Inster und Pregel bilden, mit dem Hauptort Georgenburg. In die Frische Nehrung und die Bernsteinküste bis Palmnicken mußte sich der Bf. mit dem Orden teilen. Ein Drittel dieses bischl. Drittels war in Streulage dem Domkapitel zugewiesen. Auch die Kurische Nehrung rechnete bis zum ma. Tief bei Pillkoppen zum Samland. Der Orden hatte zunächst, ebenso wie der Bf. einen besonderen Vogt für das Land, nach 1404 gehörte es unmittelbar zur Komturei Königsberg. Das Waldgebiet in der nordwestlichen Ecke um St. Lorenz und → Heiligkreuz bevölkerte der Orden 1283 mit umgesiedelten Sudauern; es hieß bis in die neueste Zeit der »Sudauer Winkel«. Die samländischen Freien preuß. Abstammung mit ihren zu Kriegsdiensten verpflichteten Gütern waren eine sichere Stütze des Ordens. Der Hochmeister Heinrich v. Plauen verlieh ihnen 1413 freie Fischerei im Kurischen Haff nebst Weide und Holzung in den Ordenswäldern. Das war ein wirksamer wirtschl. Ausgleich für die starke militärische Inanspruchnahme. Erst zu Ende der Ordenszeit hat die unberechtigte Heranziehung der Freien zu bäuerlichen Diensten (Scharwerk) von seiten der Großgrundbesitzer und Amtleute das gute Verhältnis derart verhöhlt, daß sich 1525 offener Aufstand eben dieses Bevölkerungsteiles erhob. Er brach jedoch schnell zusammen, weil die erwartete Beteiligung der Gewerke in Königsberg ausblieb und die Natanger Freien keine rechte Hilfe leisteten. Die Folge dieses Fehlschlages war verstärkte Unterdrückung, die sich zu besonders schroffen Standesunterschieden steigerte, bis 1807 die Erbuntertänigkeit aufgehoben wurde.

Der samländische Kreis nach der Säkularisation von 1525 umfaßte, wie die alte Diözese, nunmehr evg. Bischofssprengel, das ganze Gebiet nördlich des Pregels. Von den neu gebildeten Hauptämtern waren → Fischhausen, → Schaaken und → Tapiau die angesehensten, weil sie nebst Brandenburg die vier Oberräte der Hz. stellten. In der Schwedenzeit 1626—35 stand das S. unter schwed. Sequesterverwaltung. Die Kreiseinteilung des 19. Jh. bildete aus dem westlichen Samland den Kreis Fischhausen, der 1939 in Kreis Samland umgetauft wurde; vom östlichen wurde die anschließende Hälfte der Landkreis Königsberg; in den Rest bis zur Deime teilten sich die Kreise Labiau und Wehlau. Für den Ostpreußen war gefühlsmäßig ohnehin die westliche Hälfte das Samland schlechthin und neben Kurischer Nehrung und masurischen Seen vielleicht das beliebteste Stück landschaftlicher Schönheit in der auch anderswo (Romin-

ter Heide, Oberland, so reizvollen Heimat. Nicht nur die vielgerühmte Steilküste, auch das Innere mit seinen Wäldern, Höhen und Teichen waren unversiegbare Quellen des Naturgenusses, der Lebensfreude und der Heimatliebe. 1945 war das S. das letzte Stück Heimat, um das ostpreuß. Regimenter gekämpft und das ostpreuß. Menschen gesehen haben, ehe sie in Pillau die Schiffe erreichten. (III) W
LV 126 — LV 162, 1, S. 5

Sassen. Das Land S. entspricht ungefähr den beiden Kreisen Osterode und Neidenburg, reichte aber in der frühesten Ordenszeit noch ziemlich weit über die spätere Grenze nach S hinaus. Dieser Teil jenseits der Grenze ist 1343 vom Orden an Masovien abgetreten worden und führte (urk. seit 1384) den Namen Zakrże (sprich Saksche), der somit der mitteldt. Aussprache des Namens Sachsen entspricht, während S. die niederdt. Form ist. Dies Gebiet ist keine altpreuß. Landschaft; es wird beim Ordenschronisten Peter v. Dusburg nicht als solche gen. Der Name ist auch nicht pr. Herkunft, da die versuchten Ableitungen von sause (trocken) und sasins (Hase) für eine wasser- und großwildreiche Gegend durchaus nicht passen. Der Sassenpils an der Westgrenze ist urk. ein vallum, ein Grenzwall, wohl erst aus der Ordenszeit, und hat erst damals den Namen von den preuß. Einwohnern erhalten. Die frühe volkstümliche Übersetzung Hasenberg dürfte auf Mißverständnis beruhen. Sie ist auch in bezug auf die Wiedergabe von pils als Berg (richtig: Burg) verkehrt. Würde sie stimmen, hätte auch der Orden das Land Hasen und nicht S. gen. Es handelt sich um eine Namenswanderung, die wohl auch durch landschaftliche Ähnlichkeit bedingt ist. Die Umgebung der alten Welfenburg Osterode am Harz zeigt viel Übereinstimmung mit der um die gleichnamige Ordensburg von 1302. Offenbar ist nach der Ankunft des Ordens das zwischen dem Orden, Masovien und Kujawien strittige Gebiet östlich des Kulmerlandes und der Löbau so bezeichnet worden, angeregt von den zahlreichen niedersächs. Kreuzfahrern, die sich durch das äußere Bild an ihre Heimat erinnert fühlten. Es setzte sich aus Teilen von drei preuß. Landschaften zusammen: Pomesanien, Pogesanien und Galinden und war deshalb ohne neue Bezeichnung zu umständlich zu umschreiben. S. ist also keine Stammes-, sondern eine Siedlungslandschaft.
Als die intensive Aufsiedlung des Urwaldgebiets 1320 begann, waren wieder niedersächs. Edelleute überwiegend daran beteiligt, insbesondere der Kulmer Landkomtur Gf. Otto v. Lauterberg-Scharzfeld (bei Osterode i. H.). Träger der großangelegten Planung war der Komtur von Christburg, Hz. Luther v. Braunschweig. Im N bei Liebemühl legte er damals drei Hagendörfer nach schaumburg-lippischem Muster an: Gr. Altenhagen, Nikkelshagen und einfach Hagen, später Bienau. 1325 erreichte die Siedlung ihren Höhepunkt. Im folgenden Jahre wurde neben

dem Ordenshaus die Stadt Gilgenburg angelegt; zwischen 1327 und 1330 entstand die Stadt Osterode. 1331, als Luther Hochmeister wurde, war der W des Landes S. bis nach Soldau hinunter in einer Breite von 25-30 km aufgesiedelt. Unter den ritterlichen Siedlungsunternehmern finden sich die niedersächs. Namen v. d. Wense (Wonsin), Ülzen (Ülsen) und Sachse. Noch 1589 kennt der Hamelner Schulrektor Hannibal Nullejus eine »Nova Saxonia«, wohin die Hämelschen Kinder von einem als Rattenfänger in die Sage eingegangenen Werber für die Ostsiedlung entführt sein sollen. An die verfallene Dziergunkenmühle bei Kurken knüpft sich ebenfalls eine Rattenfängersage, die einzige in Ostpreußen. Neben diesem, 1257 urk. zum ersten Male gen., gibt es kein anderes neues Sachsen im Osten, wohl aber bietet sich eine Parallele in der 1338 geplanten Übertragung des Namens Bayern auf ein neu zu errichtendes Erzbst. in Litauen. – Als Ortsname kommt S. ebenfalls vor, nordwestlich der oben gen. Hagendörfer, neben einem gleichnamigen See. Auch bei Tiefenau, nördlich → Marienwerder, wo der niedersächs. Edelherr v. Depenow aus Heeßel östlich Hannover siedelte, gibt es einen Sassensee, ganz außerhalb dieses Gebietes. W

ADöhring, Die Grenzen der altpr. Landschaft S. (in: LV 10, 1907) — ChrKrollmann, Besiedlungsgesch. der Komtureien Christburg, Osterrode und Elbing (in: LV 14, 1924) — EWeise, Niedersachsens Leistung für den deutschen Osten (Stader Jahrb. 1956) — HDobbertin, Der Auszug der Hämelschen Kinder, 1958 — Ders., Westdt. Burg-, Städte- und Ritternamen (Jb. f. Volkskunde d. Heimatvertr. 1959/60)

Schaaken (Kr. Königsberg). Die erste urk. Erwähnung von Sch., altpreuß. schokis, Gras, ist wohl »Soke« in der Teilungsurk. von 1258, sicher »Schokin« 1299 bei Nennung eines im Aufstande treu gebliebenen Samländers mit Namen Muslite. 1320 ist ein Pfarrer Thomas belegt. Die Ordensburg wird 1328 zuerst gen. und ist wohl bald danach in Stein ausgebaut worden. Die achteckige Form paßt sich einer früheren, runden preuß. Wallburg an und entspricht der des benachbarten bischl. Schlosses zu Powunden. Sch. war seit 1397 sicher ein Pflegeamt unter der Komturei Königsberg. Die südöstlich der Burg an der Landstraße entlang entstandene Lischke (Liska-Schaaken) ist wohl wie gewöhnlich, mit dem Schlosse zusammen ins Leben getreten. Die erste erhaltene Urk. für den Krüger Lorenz Kuskau »vor dem Schlosse« von 1370 bezeugt den Besitz als Erbe seiner Vorfahren und verleiht dazu einen Roß- und einen Kohlgarten. Auch die große Zahl der Handwerker (Gärtner) in der Urk. von 1398 deutet auf längeres Bestehen. Gen. werden neben einem zweiten Krüger (Kretschmer): zwei Schuster, ein Bäcker, ein Schmied, ein Fleischer, ein Schneider und andere kölmische Gärtner (also bloße Landarbeiter). Sie erhielten, wie bei einem Dorfe, zusammen eine Hufe acht Morgen Acker. Daneben gab es am Haffufer die ebenfalls zum Schlosse gehörige Vitte (Schaaksvitte), eine halbe Stunde Wegs (knapp 3 km) entfernt. Auch sie ist älter als das

SCHAAKEN

erste urk. Zeugnis von 1424 für zwölf Gärtnerstellen am l. Ufer des Fließes Carina (Schaaksvitter Beek), da die am r. Ufer gelegenen Gärtner schon einen »Hauptbrief« besaßen. Der Orden hatte dort einen Speicher für den Fischhandel. Die Lischke ist eine von denen, die sich nicht zur Stadt entwickelt haben und in neuerer Zeit Dorf gen. werden. Deutlich davon geschieden, unter Grenzbereinigung noch in jüngster Zeit, war der etwa 1425 gegr. Kammerhof, die spätere Domäne, unmittelbar um das Schloß herum; die Grenze zum Dorf bildete die Schaakener Beek. Die Kirche ist zwei Kilometer südöstlich der Burg, ein Kilometer vor den ersten Häusern der Lischke, nach M. 14. Jh. begonnen worden, und zwar mit dem Chor.

Im Bauernaufstand von 1525 war Sch. neben Kaimen einer der beiden Ausgangsherde. Der bewaffnete Haufe, der sich dort bildete und nach Besetzung der Burg gegen Pobethen und von dort nach Alkehmen bei Wargen wandte, stand unter Führung des Kämmerers von Pobethen Hans Gericke oder Gericke Thalau, eines preuß. Freien, der später auch oberster Hauptmann der Bauern wurde. Er war ein Rebell, aber ein verantwortungsbewußter, und hatte sich bereits vorher höheren Ortes so mißliebig gemacht, daß ihn der alte Friedrich v. Heydeck, schon als Ordensritter Rat und Vertrauensmann des Hochmeisters, späteren Hz. Albrecht, »einmal hat hängen lassen wollen«. Die Thalaus werden im 16. Jh. mit den Mericke und Sallet zum schaakenschen Adel gerechnet. Beim Strafgericht wurde Gericke gegen Lösegeld freigelassen und des Landes verwiesen, obwohl mehrere Todesurteile gefällt wurden. Nach 1525 war Sch. Kammeramt. Der Amtshauptmann nannte sich »Landvogt von Samland« und gehörte mit denen von Fischhausen, Brandenburg und Tapiau zu den vier Oberräten des Hz. 1539 sind sieben Bestätigungen für Lischke und Vitte erteilt worden. Die preuß. Sprache erhielt sich lange; noch 1569 wird in einem Visitationsbericht des evg. Bf. Mörlin ein preuß. Volk erwähnt. Die alte Burg wurde 1606 vom Feuer zerstört, während der Amtshauptmann v. d. Gröben mit anderen Angehörigen des dem Kf. widerstrebenden Adels in Warschau beim Kg. v. Polen als damaligem Oberlehnsherrn wegen der Verletzung der ständischen Privilegien Klage führte. Seit 1642 gab es neben dem Hauptamt auch ein bloßes Amt Sch. Die ansehnliche Darstellung des Schlosses bei Hartknoch vom Jahre 1684, die auch Kirche und Vitte aufweist, allerdings sehr zusammengedrängt, zeigt die Wiederherstellung. 1752 wurde aus den Hauptämtern Fischhausen, Sch. und Neuhausen ein steuerrätlicher Kreis Sch. gebildet. 1815–19 war Sch. ein Landratsamt und ging dann in den Kreis Königsberg auf. Die Kleinbahnverbindung Königsberg–Schaaksvitte wurde 1900 in Betrieb genommen; der Bahnhof liegt bei der Kirche. Heute scheint Sch. nicht mehr bewohnt zu sein, da eine russ. Benennung nicht bekannt ist. Schaaksvitte ist Kaschirskoje getauft worden.

(III) W

Staatl. Archl. Göttingen, Urk. Schbl. XXX, Ost Fol 128 u. 129 — LV 162, $_1$, S. 120 — LV 164, S. 399 — LV 185

Schalauen (Landschaft). Die Schalauer, der nordöstliche Stamm der alten Preußen, siedelten, wie der Chronist Peter v. Dusburg bezeugt und die Urkk. bestätigen, zu beiden Seiten der unteren Memel, mit Ragnit als Mittelpunkt. Die Grenzen von Sch. sind nicht genau zu bestimmen; denn schon bei der Ankunft des Deutschen Ordens im 13. Jh. waren Sch. und seine Nachbarlandschaften nur dünn bevölkert, und bloß die Namen weniger Siedlungen sind bekannt. Sch. grenzte im Nordwesten und Westen an die Kuren, die wohl etwa das spätere Hauptamt Memel (Krr. → Memel und → Heydekrug), ferner östlich davon gelegene Teile des später lit. Gebietes einnahmen, ferner als Fischer am Kurischen Haff und in der Memelniederung saßen; im NO stieß Sch. an das lit. Samaiten und an die Landschaft Karschauen, im O an die Sudauer, die ebenfalls bis an die untere Memel heranreichten; im S an Nadrauen. Jedenfalls griff Sch. im O und vielleicht auch im NO über die spätere preuß.-lit. Grenze von 1422 hinaus. An die Schalauer erinnert der Ortsname Paskalwen (Schalauerburg, → Ragnit). Bis zum 15. Jh. war Sch. »Wildnis«. Zur Versorgung der Leute, die in dieser Wildnis wohnten, namentlich der Burgen Ragnit und → Tilsit, wurde zur Ordenszeit in Preußen eine Abgabe erhoben, das »Schalwenkorn«. Für »unsere Schalwen«, die vor den Burgen saßen und wegen des Krieges nicht auf dem Lande angesiedelt werden konnten, gab Hochmeister Winrich v. Kniprode, wohl 1369, ein Privileg, das für die Rechtsgesch. der alten Preußen von großer Bedeutung ist. Den Schalauern wird Zehntfreiheit gewährt und ihr Erbrecht bestimmt. Man besitzt auch eine kleine Anzahl von Verschreibungen des Deutschen Ordens für freie Schalauer vom E. 13. und aus dem 14. Jh. Die hier überlieferten Namen bestätigen, daß die Schalauer zu den alten Preußen, aber nicht zu den Lit. gehörten. Bis zur M. 15. Jh. war Sch. nur ganz dünn bevölkert. Dann begann die lit. Einwanderung. Der Name Sch. verschwand, wird jedoch noch von Hennenberger auf der »Landtafel« von 1595 verzeichnet. Stattdessen kam der Name »Preuß. Litauen« auf (→ Memelland). (IV) *F*
LV 123, Bd. 2

Schippenbeil (Sępopol, Kr. Bartenstein). Der Deutsche Orden legte in einem flachen, sumpfigen Gelände auf einer durch den Lauf der Alle gebildeten Halbinsel, die durch den Mühlengraben zur Insel geworden war, eine Stadt an. Hochmeister Heinrich Dusemer verlieh ihr 1351 eine Handfeste über 112 Hufen zu kulm. Recht. Aus den 70 Zinshufen ist das Dorf Langendorf entstanden, das 1422 als zur Stadt gehörig bezeichnet wird. Der urspr. Name der Stadt Schiffenburg (1351) wurde unter dem Einfluß der umwohnenden Preußen zu Schippenpil (1409 und später) und Sch. Die planmäßig angelegte Stadt lag im Gau → Barten und gehörte zum Waldamt → Leunenburg. An der 1372 erwähnten Stadtmauer ist in der NOEcke abseits des Marktes die Kirche in der 2. H. 14. Jh. in Stein erbaut worden. Das 1402 erwähnte Heilige-Geist-Hospital wurde 1523 abgebrochen; nach ihm hieß der Friedhof. Das 1469 erstm. gen. St. Georgs-Hospital hat verm. in der Bahnhofstraße gelegen. Sch. trat 1440 dem Pr. Bund bei und wurde nach 1454 vom Orden mehrmals vergeblich belagert; erst 1461 hat es sich ergeben. Im Schwedenkrieg belagerte Karl X. Gustav, Kg. v. Schweden, 1655 die Stadt. 1709/10 forderte die Pest ihre Opfer, und bei dem Brande von 1749 wurden 129 Gebäude samt dem Rathaus ein Raub der Flammen. Im nächsten Jahre wurden die beiden Tore abgebrochen und die Neustadt mit dem Neuen Markt (Untermarkt oder Collasplatz gen.) angelegt. Das Rathaus konnte erst 1752/53 neu erbaut werden. 1758–62 hatte die Stadt eine russ. Besatzung; 1796 wurde die Alle bis Wehlau schiffbar gemacht. 1806 besetzten die Russen die Stadt und äscherten sie im nächsten Jahr teilweise ein. Erst durch den Bau der Kleinbahn nach Wöterkeim 1907 erhielt Sch. Anschluß an die Eisenbahnstrecke Königsberg–Prostken. Seit 1945 liegt Sch., das 1937 über 3000 Einw. hatte (gegen 1217 im Jahre 1740), im poln. verwalteten Teil von Ostpreußen. (III) *Gu*

HFrederichs in: LV 50, S. 105 — GLink, Die Stadt Sch. mit Berücksichtigung des Kirchspiels, 1874

Schirwindt (Kutusowo, Kr. Pillkallen). Im Raum westlich Sch. sind in Moorfunden mehrfach auffallende Knochengeräte der Späteiszeit von 11000–7000 v. Chr. zutagegekommen. In der älteren Bronzezeit erweist sich in den Beilformen der weiteren Umgebung eigenes Kulturschaffen. Die neuzeitl. Besiedlung beginnt dagegen erst um 1500 n. Chr. Das 1515 erstm. gen. Sch. wurde 1549 Kirchdorf hart an der Landesgrenze. Nach der Pestzeit erhob Friedrich Wilhelm I. Sch. 1725 zur Stadt mit großem Marktplatz nach den Plänen von Schultheiß v. Unfriedt; doch blieb es ein Ackerstädtchen, dem nur die 1856 von Friedrich Wilhelm IV. aus romantischem Sinn geschenkte, nach dem Entwurf Stülers gebaute, zweitürmige Stadtkirche Ansehen gab. Damals hat Sch. seine höchste Einwohnerzahl erreicht: 1782 waren es 1230, 1852: 1598 und 1930 wieder 1132 Einw. Von 1791–1838 suchte hier die Erziehungs- und Pensionsanstalt von Hassenstein neue Bildungswege. Gegen E. 19. Jh. schrieben in Sch. und Tilsit lit. Schriftsteller in latein. Lettern, da in Rußland nur cyrillische Buchstaben erlaubt waren. Diese Emigranten haben das lit. neuere Schrifttum maßgeblich beeinflußt. – 1914 wurde Sch., die östlichste Stadt Dtschl.s, bis auf die Kirche und zwei Häuser durch die Kampfhandlungen eingeäschert, dann aber nach einheitlichem Plan wieder aufgebaut, wobei Bremen Patenstadt war, 1945 ist es erneut zerstört worden. (IV) *Gr*

AFärber, Gesch. d. Kirchengem. Sch., 1906 — KForstreuter in: LV 50, S. 105

Schlobitten (Słobity, Kr. Preuß. Holland). Die Namenserklärung des Gutes führt auf einen altpreuß. Edlen Slobita oder Slobithe zurück. Die gesch. Bedeutung des Ortes beruht auf seiner Verbindung mit dem gfl. Geschlecht Dohna, das in der ostpreuß. Provinz.Gesch. und darüber hinaus in der preuß. Gesch. eine beachtliche Rolle gespielt hat. Die Fam. stammt aus dem Meißener Lande. Sie besaß dort die Burggfsch. Donin, die ihr 1402 durch den Mgf. v. Meißen verliehen wurde. Schon 1410 kam Wenzel v. D. mit 200 Spießen ins Ordensland. Seit 1469 ist die Fam. Dohna im Kreis Preuß. Holland ansässig, seit 1525 ist Sch. in ihrem Besitz. Der kunstsinnige Burggf. und preuß. Feldmarschall Alexander zu D. (1681–1728) baute das Herrenhaus zu einem Schloß von fürstl. Umfange und Glanz aus. Er zog namhafte Künstler heran wie Joh. Caspar Hindersin, der den großen Festsaal entwarf, und Schultheiß v. Unfried, dessen Name mit dem Ostflügel des Königsberger Schlosses verbunden ist. Der Fam. D. gehörten in verschiedenen Zweigen noch die im Kreis Preuß. Holland gelegenen Güter und Schlösser Lauk, Reichertswalde, Carwinden, Davids, Canthen und Schlodien. Am Schlodier Schloß war als Hauptkünstler der durch seine Arbeiten am Berliner Zeughaus bekannte Baumeister Jean de Bodt (1670–1745) beteiligt. Die 60 000 Bände umfassende Bibliothek in Sch. galt als die größte und wertvollste deutsche Privatsammlung östlich der Elbe.

Abraham z. D.-Sch. leistete dem Hause Brandenburg als Gesandter sehr wichtige Dienste. U. a. förderte er 1611 auf dem poln. Reichstage in Warschau die Belehnung des Gr. Kurfürsten mit dem Herzogtum Preußen und verhandelte, als Gustav Adolf 1626 in Pillau gelandet war, mit den Schweden. Fabian z. D.-Reichertswalde vertrat als brandenburg. Geheimrat und Gesandter sein Land bei den Friedensverhandlungen von Münster und Osnabrück. Alexander z. D.-Sch. machte sich ebenfalls als Soldat, Diplomat und Hofmann hoch verdient. Er weckte als Erzieher des Kronprinzen Friedrich Wilhelm in dem späteren Soldatenkg. den Sinn für Frömmigkeit, Einfachheit, Sauberkeit und Sparsamkeit. Durch die Ansiedlung von Schweizern in Ostpreußen schuf er das Vorbild für die großzügige Ansiedlung der vertriebenen Salzburger. Friedrich Ferdinand Alexander z. D.-Sch. (1771–1831) war einer der rührigsten Politiker seiner Zeit. U. a. verhandelte er 1807 mit Napoleon im Schlosse → Finkenstein und erreichte, daß der Provinz Westpreußen die Kriegskontribution erlassen wurde. Nach dem erzwungenen Abgange des Freiherrn v. Stein wurde er bis 1810 dessen Nachfolger als preuß. Innenminister. Bei der Erhebung gegen die frz. Fremdherrschaft spielte er eine ausschlaggebende Rolle. Sein Bruder Friedrich wurde von Scharnhorst in seinen engsten Mitarbeiterstab gezogen und heiratete dessen Tochter Julie. 1812 gehörte er mit Boyen dem preuß. Corps an, das dem frz. Oberkommando unterstellt war. Er war an der Konvention von Tauroggen maßgeblich beteiligt. Richard z.

D.-Sch. (1843–1916) erhielt als Hofjägermeister bedeutenden Einfluß auf Ks. Wilhelm II., den er in hohem Maße für Ostpreußen zu interessieren verstand. – Marschall Bernadotte, der spätere Kg. von Schweden, verlegte Anfang März 1807 sein Hauptquartier von → Preuß. Holland nach Sch. (III) *He*

GConrad, Entstehung d. Kirchspiels Mühlhausen (in: LV 10, Bd. 33, S. 309) — Ders., Aus den reichsburggräfl. Dohnaschen Majoratsarchiven (LV 18, 1900, S. 23) — Genealogisches Handbuch des Adels. Gräfliche Häuser II, 1952 (in: LV 18) — CvLorck, Ostpr. Gutshäuser, 1953 — ChKrollmann, Schlobitter Erinnerungen aus d. J. 1807 (in: LV 18, 1907, S. 2)

Schlochau (Człuchów, Kr. Schlochau). Die Stadt liegt gegenüber einer schmalen Landenge zwischen den Amtsseen, die gerade noch Raum für die von Südosten kommende Straße läßt, die in Richtung Baldenburg der Ostsee zustrebt und hier die von Südwesten nach Nordosten verlaufende alte Markgrafenstraße schneidet. 1312 verkaufte Gf. Nikolaus v. Ponitz Sch. und das Dorf Brode mit allem Zubehör für 250 Mark dem Deutschen Orden, der hier in den folgenden Jahren seine bedeutendste Wehranlage l. der Weichsel, bestehend aus drei Vorburgen und dem Hochschloß, als Sitz (zumindest seit 1323) eines Komturs erbaute. An der Ostseite der Burg, durch einen Wallgraben getrennt, entstand die Stadt Sch.; ihre Besetzung scheint 1348 bereits abgeschlossen zu sein, als der Hochmeister Heinrich Dusemer seiner »Stadt zu Schlochau und den Bürgern und Einwohnern derselben Stadt« 43 Hufen zu kulmischem Recht verlieh. Um 1570 gab es in Sch. 20 Häuser am Markt, 25 in den Straßen, acht Handwerker, fünf Krämer, drei Einlieger und zwei Gärtner. 1772 waren in der Stadt selbst 95 Häuser vorhanden, 35 auf der Vorstadt, fünf »auf dem geistlichen Grunde«. Nach den großen Bränden von 1786 und 1793 wurde den Bürgern gestattet, ihre Häuser aus Ziegeln der Ordensburg aufzubauen. Danach blieben von dem Schloß nur gewaltige Ruinen und der 46 m hohe Bergfried zurück, an den die 1826–28 auf den Grundmauern der alten Schloßkirche errichtete evg. Kirche lehnt. Ackerwirtschaft und Handwerk blieben in Sch. bis 1945 die wichtigsten Erwerbszweige. An bedeutenderen gewerblichen Anlagen werden 1937 nur vier Sägewerke und eine Dampfmühle gen. 1939 zählte Sch. 6029 Einw. (I) *B*

KKasiske, Ordenskomturei Sch., Schneidemühl 1937 — LV 41, H. 3, 50, 110, 163, 4

Schloppe (Człopa, Kr. Deutsch Krone). Der alte Stadtkern liegt auf morastigem Grunde, von sandigen Hügeln umgeben, am Schnittpunkt der alten Poststraße Berlin–Königsberg und des »alten Polenweges«, der bei Filehne das Netzetal überschreitet und über Tütz auf Kolberg zuführt. Sch. erscheint bereits 1245 als oppidum. Bodenfunde und mehrere Burgwälle zeugen von der Bedeutung des Ortes in frühgesch. Zeit. Der alte Stadtteil zeigt eine regelmäßige Anlage mit großem Marktplatz, in dessen Mitte die 1826 erbaute, 1901 erneuerte evg. Kirche. An der Westseite befindet sich die 1660 errichtete, mit Schindeln gedeckte Holzkirche. Die alte wendische Vorstadt hieß »der Kietz«. Seit 1920 entstand zwischen Altstadt und Bahnhof ein neuer Stadtteil mit kath. Kirche und Schule. Im 17. Jh. war Sch. Sitz einer Zollkammer »für die ganze Straße von Filehne bis in die Runde nach Thorn«. 1783 hatte es 166 Wohnhäuser, die alle bis auf das Haus der Grundherrschaft mit Schindeln gedeckt waren, 1018 Einw., darunter 230 Juden. Die meisten Einw. waren Handwerker, zum Teil Tuchmacher. 1939 hatte Sch. 2986 Einw. (I) *B*

FWFSchmitt, Gesch. d. Dt. Croner Kr., 1867 — FSchultz, Gesch. d. Kr. Dt. Krone, 1902 — LV 50, 112, 163, 4

Schmirtenau (Kr. Flatow). Auf dem sog. »Hexenberg« bei Sch. liegt ein großes Gräberfeld der frühesten Bronzezeit (um 1800 v. Chr.) von urspr. etwa 200–250 Gräbern. Die länglichen Grabgruben haben an der Basis ein wannenförmiges Steinpflaster; über dem körperlich bestatteten Toten befand sich ein Gerüst aus kräftigen Holzknüppeln, darüber eine Steinpackung als Decke (ohne Grabhügel). Als Beigaben bei den schlecht erhaltenen Skeletten fanden sich Dolche, Nadeln und Armreifen aus Bronze sowie viele Tongefäße, hauptsächlich Becher, auch runde Schmuckscheiben aus Bernstein. Von allen Gräberfeldern der ältesten Bronzezeit in Westpreußen ist das von Sch. das größte und wegen der zahlreichen Beigaben für unsere Kenntnis zu dieser Zeitstufe das wichtigste. (I) *B/Ba*

LV 205, S. 65

Schmolainen (Smolajny, Kr. Heilsberg). Das Gut Sch., urspr. Prolitten gen., in einer waldreichen Gegend unterhalb Guttstadts an der Alle gelegen, existierte bereits seit 1303 und gelangte im Laufe des 15. Jh. in den Besitz der Bff. von Ermland, die es als Domäne (66½ Hufen groß), vor allem aber als Sommerresidenz benutzten. Nach der Beschädigung des bischl. Palatiums in → Guttstadt durch die Schweden 1626 siedelten auch die Burggrafen von dort nach Sch. über und verwalteten von Sch. aus das gleichnamige Kammeramt. Das bis heute erhaltene Schloß Sch. wurde um 1765 unter dem ermländischen Bf. Adam Stanislaus Grabowski erbaut, dessen Wappen es trägt. Es ist ein zweigeschossiger Putzbau im Rokokostil mit einem Torturm. Bekannt wurde Sch. als bevorzugter Sommeraufenthalt des ermländischen Bf. und poln. Dichters Ignatius Krasicki (1767–95), der dort ein glänzendes Hofleben einrichtete und die Gärten kultivierte.

(III) *T*

VRöhrich, Die Kolonisation des Ermlandes (in: LV 172, Bd. 13, S. 413) — ATriller, Ignatius Krasicki, poln. Dichter und Fürstbisch. als preußischer Untertan, Braunsberg 1944 — LV 164, S. 236

Schloßberg: → Pillkallen.

Schönberg (Szymbark, Kr. Rosenberg). An der Straße von Rosenberg nach Deutsch Eylau liegt am Nordende des Haussees das Kirchdorf Sch. mit einem Schloß, der einstigen Residenz des pomesanischen Dompropstes und des Kapitels. Der stattliche Schloßhof war von einer 72 m breiten, 97 m langen, mit 12 Türmen besetzten Mauer umgeben, an die sich die Gebäude von innen anlehnten. Die Hauptbauzeit der Anlage scheint 1386 beendet gewesen zu sein. Im 13j. Städtekrieg 1454–66 fiel Sch. vorübergehend in die Hand der Bündnischen, 1520 in die Hand der Polen. Nach Einführung der Ref. trat das Domkapitel 1527 Amt und Schloß Sch. Hz. Albrecht ab, der diese noch in demselben Jahre Bf. Erhard v. Queis zu Lehnsrecht übergab. 1699 kaufte Sch. der Kammerherr Ernst Finck (später zum Gf. Finck v. Finckenstein erhoben); seine Fam. hatte diesen Besitz bis 1945 inne. Der größte Teil des Schlosses soll 1945 durch Polen niedergebrannt worden sein. Bei der Abstimmung von 1920 stimmten in Sch. 591 für Deutschland, nur 3 für Polen. (II) *B*

HStieber, Schlösser und Herrensitze in Ost- und Westpr., Frankfurt a. M. 1958 — LV 92, 163, $_{12}$

Schöneck (Skarszewy, Kr. Berent). Das Städtchen liegt auf dem Rücken eines Höhenzuges, der im Nordwesten steil zur Fietze abfällt, und ist eine Gründung des Johanniter-Ordens. 1323 war Sch. Sitz eines Ordenskonvents. Die Gründung der Stadt Sch. scheint 1320 ihren Abschluß gefunden zu haben, denn nach der Sch.er Handfeste von 1341 waren die Bürger bereits 21 Jahre Besitzer ihrer Hufen zu kulmischem Recht. 1370 gelangte mit den Besitzungen der Johanniter auch Sch. in die Hand des Deutschen Ritterordens. Die kath. Pfarrkirche (dem Erzengel Michael geweiht), 1341 bereits vorhanden, war, wie die ganze Stadt seit der M. 16. Jh. evg., wurde aber 1594 den Evg. abgenommen. Als ihnen 1598 auch die St. Georgskapelle vor dem Konitzer Tor entzogen worden war, wies man ihnen einen der viereckigen Türme der Stadtmauer als Versammlungsraum zu. Das Schloß lag, getrennt durch einen Graben, auf einem Ausläufer des Höhenzuges südwestlich vor der Stadt. Es hatte während des ersten schwed.-poln. Krieges in einem Teil sehr gelitten, in einem andern, in Fachwerk gebauten Teil, waren Gericht und Kanzlei des Wojewoden untergebracht. Später diente das Gebäude lange als Salzspeicher; heute sind nur noch wenige Reste der Burganlage vorhanden. 1789 war Sch. ein »unansehnlicher, wenig nahrhafter« Ort mit 104 »schlecht gebauten Häusern« und 60 wüsten Baustellen. Trotzdem war Sch. bedeutender als Berent, bis dieses, 1818 zur Kreisstadt erhoben, Sch. überflügelte. 1905 zählte Sch. 3379 Einw. (1536 Evg., 1675 Kath., 24 andere Christen, 144 Juden), 1943: 3460. (II) *B*

EWaschinski, Gesch. d. Johanniterkomturei u. Stadt Sch. i. Westpr., Danzig 1904 — PSchmidt, Gesch. d. Stadt Sch. i. Westpr. u. ihrer evg. Kirche, Sch. 1878 — LV 52, 163, $_1$, 179

Schönsee (Kowalewo, Kr. Briesen). 1222 wird zwischen zwei Seen ein zerstörter Burgplatz erwähnt. An dem günstigen Platz hat der Orden bald nach seinem Auftreten im Kulmerland eine Burg errichtet, die 1273 von den Bartern vergeblich belagert wurde; seit 1278 sind Komture von Sch. bekannt. Etwa um 1280 ist die Ordensburg in Stein gebaut. 1275 soll die Stadt errichtet worden sein, die massive Pfarrkirche (St. Nikolaus geweiht) zu A. 14. Jh. 1330 vermochten Stadt und Burg eine mehrtägige Belagerung durch die Polen bereits erfolgreich zu bestehen. Durch Krieg und Brand sank Sch. seit dem 15. Jh. zu einem unbedeutenden Marktflecken herab, blieb aber bis 1772 Sitz des Burggerichts. 1664 war das Schloß verwüstet, am E. 17. Jh. wird über seinen zunehmenden Zerfall geklagt; später wurde es als Steinbruch genutzt. Die 1858 auf dem Burgplatz errichtete evg. Kirche ist vorwiegend aus Steinen der Schloßruine gebaut. 1773 hatte Sch. nur 51 Famm. mit 296 Seelen, darunter 34 Bürger, 13 Kätner, 27 Arbeiter; von 34 Handwerkern waren 13 Schuhmacher, nur einer Tuchmacher. 1900 wurde die Strecke Strasburg–Schönsee in Betrieb genommen. Einwohner: 1826: 512, 1871: 1234, 1905: 2352 (darunter 731 Evg., 1508 Kath., 107 Juden), 1943: 3702. (II) *B*

BHeym, Gesch. d. Kr. Briesen u. seiner Ortschaften, 1902 — HMaercker, Gesch. d. ländlichen Ortschaften und der drei kleineren Städte des Kr. Thorn, 1899/1900 — LV 110, 163, 178

Schwarzort (Kr. Memel). Bei Sch. am Binnenufer des Kurischen Haffes kamen unter vielen bearbeiteten Bernsteinstücken primitiv geformte menschliche Figuren zutage, wahrscheinlich Idole oder Amulette, die in die Jungsteinzeit zu datieren sind. Verm. stammen sie aus Siedlungen dieser frühen Zeit, die am Ufer der → Kurischen Nehrung lagen. Bernstein, der als fossiles Harz an der ganzen Ostseeküste vorkommt, ist seit Jahrtausenden zu Schmuck und Amuletten verwendet worden, weil nach dem Volksglauben ein durchsichtiger, leichter und brennbarer »Stein« (Bernstein = Brennstein) abwehrende und schützende (magische) Bedeutung haben sollte. (III) *Ba*

RKlebs, Der Bernsteinschmuck der Steinzeit von Sch., 1882 — LV 204, Taf. 32 u. 33

Schwetz (Świecie, Kr. Schwetz). Dieser Ort an der Mündung des Schwarzwassers war 1198, als hier die Marienkirche geweiht wurde, Sitz des pommerell. Hz. Grimislaw, zu dessen Herrschaftsbereich auch → Preuß. Stargard, → Liebschau und die Gegend von → Schöneck gehörten. 1310, als der Deutsche Ritterorden von den Markgrafen v. Brandenburg Pommerellen kaufte, wird Sch. bereits als »Civitas« in einer Reihe mit Danzig und Dirschau aufgeführt. Die vom Deutschen Orden vor 1338 mit kulmischem Recht ausgestattete pommerell. Stadt lag noch auf dem hohen Weichselufer. Auf Betreiben des Hochmeisters Dietrich v. Altenburg wurde die Ordensburg an der Stelle der früheren Herzogsburg im Tal auf einer Halbinsel neben der Mündung des Schwarzwassers in Stein ausgebaut. Wahrscheinlich infolge eines Brandes, der die Stadt zerstörte, wurde diese zwischen 1338 und 75 ebenfalls in das Tal verlegt und in unmittelbarer Nähe der Ordensburg aufgeführt. Die ma. Stadt bildete eine regelmäßige dt. Anlage (430 × 250 m) mit einem geräumigen Marktplatz. 1375 bis 1392 wurde die Stadtmauer errichtet, bestehend aus Ziegeln auf einem Feldsteinfundament. Die kath. Pfarrkirche St. Stanislaus der Altstadt stammt in ihrem ältesten Teil aus den Jahren 1400–10.

Sch. war vor der Schlacht von Tannenberg Sitz Heinrichs v. Plauen, der es sorgfältig befestigte. So entging es einer Besetzung durch poln. Truppen, obwohl der Komtur eilends zur Rettung des Haupthauses aufgebrochen war. Auch 1433 blieb Sch. von den Hussiten verschont. Um so größer waren die Leiden während des 13j. Krieges 1454–66. Das Schloß war 1454 nach kurzem Widerstand in die Hand der Verbündeten gefallen, und dem Orden gelang es hernach trotz mehrerer Versuche nicht, sich in Sch. dauernd zu behaupten. 1672 zinste die Stadt für 18 Häuser am Markt, 32 in den Straßen; zehn waren wüst. Neue Verwüstungen brachten die schwed.-poln. Kriege. Noch 1677 war Sch. ein Trümmerfeld. 1772 hatte es 109 »geschworene Bürger«, darunter 53 Bierbrauer und sechs Tuchmacher. Friedrich d. Gr. gewährte 11 900 Taler zum Wiederaufbau und siedelte 13 Handwerkerfamm. an. 1624–1810 bestand in der Neustadt ein Bernhardinerkloster. 1847–79 folgte die Rückverlegung der Stadt auf die Höhe. 1905 hatte Sch. 7747 Einw. (darunter 3046 Evg., 363 Juden), 1943: 11664. Aus Sch. stammt Leopold v. Winter (1823 bis 1893), Danziger Oberbürgermeister, der fast drei Jahrzehnte hindurch auch die führende Persönlichkeit Westpreußens war.

(II) *B*

RWegner, Ein Pommersches Hzt. u. eine DO-Ktrei. Bd. I, 1872 — HMaercker, Eine poln. Starostei und ein pr. Landrathskr. (in: LV 14, Bd. 17—19, 1886 bis 1888) — 110, 112, 163, 4, 179

Seeburg (Jesiorany, Kr. Rößel). Auf einer kleinen Anhöhe am Simserfluß mitten in einer langen Seenkette legte der ermländische Bistumsvogt Heinrich v. Luter A. 14. Jh. die S. an. Sie sollte die Siedler schützen, die sich am Rande der »Wildnis« niedergelassen hatten, und ihnen als Zufluchtsstätte dienen, wenn die Litauer in das südliche Pogesanien einfielen. Da der ermländische Bischofsstuhl unbesetzt war, sorgte der Vogt auch dafür, daß neben der Burg eine Stadt entstand. Zum Träger des Unternehmens bestimmte er Heinrich Wendepfaffe, der die Siedler aus → Wormditt und Umgebung heranholte. Am 5. Februar 1338 stellte der Bistumsverweser und Domherr Nikolaus zusammen mit dem Vogt die Handfeste aus. Nächst dem → Heilsberger Bischofsschloß war die S. die stärkste Burg des → Ermlandes, ihr Turm war der höchste des Fürstbistums. Im 15. und 16. Jh. war die S.

Sitz der ermländischen Landvögte, die zugleich die obersten Befehlshaber des kleinen ermländischen Heeresaufgebots waren. Daher wurde die Burg stets in gutem Zustand erhalten, sie hatte bis zum 17. Jh. ein Zeughaus, und auf dem Wehrgeschoß standen einige Geschütze. Am 7. Juli 1783 fuhr ein Blitz in die Kuppel des Schloßturmes und steckte das ganze Schloß in Brand. Auch der größte Teil der Stadt wurde ein Raub der Flammen. Das Schloß wurde nicht wiederhergestellt, die Ziegel und Steine wurden zum Wiederaufbau der Stadt freigegeben; das zweitgrößte Schloß des Ermlandes endete als Steinbruch, seine Steine stecken noch heute in den Bürgerhäusern der Stadt. Auf den Fundamenten des Westflügels wurde das Rathaus aufgebaut (das alte Rathaus hatte auf dem Markt gestanden, war in der 1. H. 17. Jh. abgebrannt und wegen der schlechten Finanzlage der Stadt nicht wieder errichtet worden). Später wurde auch das Amtsgericht hier untergebracht. – Die Pfarrkirche zu St. Bartholomäus aus E. 14. Jh. ist eine dreischiffige Hallenkirche, 1912 wurde sie nach O erweitert und der Turm erhöht. Der Sockel ist aus massigen Feldsteinen, die Mauern aus Backsteinen errichtet. In der 1. H. 19. Jh. war S. mit weniger als 3000 Einw. die kleinste unter den zwölf ermländischen Städten, dann konnte es wenigstens Frauenburg überholen und stand seitdem an zweitletzter Stelle, hatte aber 1939 auch nur 3022 Einw. Es ist die Heimat des Guttstädter Domherrn Johannes Leo (1572–1635), der eine »Historia Prussiae« schrieb, und des ermländischen Bf. Ambrosius Geritz (1783–1867).

(V) *P*

APoschmann, 600 Jahre S., 1938 — LV 164, S. 230 — BMRosenberg in: LV 50, S. 106 — JJanosz-Biskupowa (in: LV 26, 1965)

Seehesten (Szestno, Kr. Sensburg). Das um 1348 vom Komtur von Balga am Ufer des Juno-Sees zunächst aus Holz errichtete »Haus S.« wurde bereits nach zwei Jahren bei einem Einfall der Litauer zerstört und erst 1367 in Stein erbaut. Die Ordensfeste behauptete sich 1371 bei einem Angriff Kynstuts, überstand die kriegerischen Vorgänge, die der Schlacht bei → Tannenberg folgten, und blieb bis E. 18. Jh. so, wie sie 1367 erbaut war, erhalten. Auf dem Schloß walteten Ordenspfleger (seit 1401 nachweisbar), von der Säkularisation bis zur Verwaltungsreform 1752 Amtshauptleute. Neben dem Ordenshaus befand sich eine Niederlassung von Gärtnern und Handwerkern. Diese Siedlung, zuerst bei Wigand von Marburg erwähnt, erhielt 1401 vom Komtur von Balga, Ulrich v. Jungingen, die Gründungsurk. als Zinsdorf. Im 16. Jh. trat sie unter dem Namen »Freiheit S.« auf und behielt dies bis ins 19. Jh. hinein. Nach 1818 hieß S. in der amtlichen Topographie ein Kirchdorf. (V) *Mey*

FStomber, Haus S. (in: Templin, Unsere mas. Heimat, 1926, S. 117)

Sensburg (Mrągowa, Kr. Sensburg). Der Ort wurde vom Hochmeister Konrad v. Jungingen (1393–1407) gegr. Die Stadt, die

urk. 1397 erstm. erwähnt wird, erhielt bei ihrer Gründung 160 Hufen, von denen 80 freie Stadthufen waren, während 80 Hufen zur Anlage eines Zinsdorfes dienen sollten. Obwohl S. von den Kriegsnöten, unter denen → Masuren am A. 15. Jh. zu leiden hatte, verschont blieb, entwickelte es sich doch nur langsam. Der Grund lag vor allem in der hohen steuerlichen Belastung, die ihm aus der Verpflichtung einer Zinsdorfgründung auferlegt war. Auf Bitten der Bürger nahm Hochmeister Konrad v. Erlichshausen einen Teil des geschenkten Landes wieder zurück. Im 13j. Städtekrieg hielt S. treu zum Landesherrn. Während des »Reiterkrieges« 1520/21, in dem sich Hz. Albrecht von der Oberherrschaft der Polen zu befreien versuchte, wurde S. von den Polen ausgeplündert und verbrannt. Der Frieden von Krakau brachte der Stadt einige Ruhe und schuf damit die Voraussetzung für eine gedeihliche Entwicklung. Neue Siedler kamen ins Land. Die langsame, aber stetige Aufwärtsentwicklung, die bis M. 17. Jh. anhielt, wurde für lange Zeit durch den Tatareneinfall unterbrochen. Zu allem Unglück gesellte sich 1657 die Pest. Im 7j. Krieg war S. vier Jahre in Händen der Russen. Neue Lasten brachten die Jahre des unglücklichen Krieges. Ohne die Kontributionen betrug der gesamte Schaden, den die frz. Armee verursacht hatte, 42 132 Taler. 1818 wurde S. Kreishauptstadt. Von den Zerstörungen des ersten Weltkrieges wurde die Stadt weniger als die Dörfer des Kreises betroffen. Wertvolle Hilfe für den Wiederaufbau der zerstörten Siedlungen leistete der 1915 im Regierungsbezirk Arnsberg gegr. Kriegshilfsverein. – Bei der Abstimmung am 11. Juli 1920 wurden im Kreis S. 34 334 Stimmen für Dtschl., 25 für Polen abgegeben. Die Einwohnerzahl betrug 1925 rund 7412, gegen 1200 im Jahre 1782. (V) *Mey*
KTemplin, Unsere mas. Heimat, 1918 — HFrederichs in: LV 50, S. 107

Skomentnen (Skomanten, Skomętno Wielkie, Kr. Lyck). Ein hier gefundener Silberschatz des 12./13. Jh. n. Chr. enthält eine Halskette aus Hohlperlen und kreuzförmigen Anhängern, zwei Hufeisenfibeln und zwei Armspiralen, gefunden in einem becherartigen Bronzegefäß im Erdboden. Ein ähnlicher Silberhort kam bei Marienhof (Kr. Sensburg) zutage. Derartige Schätze (Horte) aus Silberschmuck (ohne Münzen) kommen außer in Ostpreußen auch im Baltikum vor; aus Ostpreußen sind auch Horte aus Silberbarren bekannt, so aus → Rantau (Kr. Samland) und Eglischken (Kr. Memel). Hacksilberschätze, wie sie im Weichselland vorkommen (ebenfalls dem hohen Ma. angehörig), fehlen in Ostpreußen und im Baltikum. (V) *Ba*
LV 202, S. 209, 355, 366, Abb. 286 A u. 288

Soldau (Dzialdowo, Kr. Neidenburg). Nachdem 1343 die Grenze zwischen dem Ordensland und Masowien so festgelegt worden war, wie sie bis 1920 bestanden hat, gründete Günther v. Hohnstein, Komtur zu Osterode, neben einer vielleicht schon 1306 errichteten Grenzburg 1349 die Stadt S., nachdem eine von seinem

Vorgänger 1344 versuchte Gründung nicht zum Erfolg geführt hatte. Die nach kolonialem Planschema in einem länglichen Viereck mit parallelen Straßen, einem rechteckigen Markt und zwei Haupttoren angelegte kleine Stadt hatte nur durch ihre Lage an der Straße von Königsberg nach Warschau und als Verwaltungssitz und Wirtschaftszentrum des Amtes S. eine bescheidene Bedeutung. Die etwa 6000 Einw. teilten sich in eine dt. Oberschicht und eine masurisch sprechende Unterschicht. Die Ordensburg verfiel zur Ruine, die Stadt wuchs über den urspr. Umfang nur wenig hinaus, da sie durch Brände und Kampfhandlungen mehrmals zerstört wurde, zuletzt im ersten Weltkrieg als ein Brennpunkt der Schlacht bei → Tannenberg. Zum Schicksal wurde ihr, daß sie um 1880 Kreuzungspunkt mehrerer Bahnlinien geworden war; nur damit die Strecke Warschau–Mlawa–Thorn in poln. Hand kam, wurde S. mit dem umliegenden Gebiet (501 qkm, 24 767 Einw.) im Versailler Vertrag ohne Abstimmung und gegen den vielfach bekundeten Willen der weit überwiegend dt. Bewohner von Ostpreußen getrennt. Działdowo gehört heute zur Woiwodschaft → Allenstein. (V) G

FGause, Gesch. d. Amtes u. d. Stadt S., Marburg 1959 (Wiss. Beitr. z. Gesch. u. Landesk. Ost-Mitteleuropas Bd. 38)

Sorge. Das kleine Flüßchen, in den ordenszeitlichen Quellen Sirgune gen., ist der Hauptzufluß des → Drausensees. Die S. war in ältester Zeit bis in die Nähe von → Christburg schiffbar, sie spielte in der Frühgesch. Ost- und Westpreußens eine gewichtige Rolle; denn durch ihr Tal führte vor 2000 Jahren eine besonders für den Bernsteinhandel wichtige Straße, die vom Samlande kommend an der Küste des Frischen Haffes entlanglief, bei Preuß. Holland die Weeske überschritt, den südlichen Drausensee umging und auf zwei parallelen Knüppeldämmen bei → Baumgart bzw. Alt-Dollstädt das Tal der S. querte, um bis zur Weichsel vorzustoßen. Offenbar ging der Seeverkehr der Nordgermanen nicht nur von Truso (→ Drausensee) sondern auch die S. hinauf, denn bei Baumgart wurden die Reste eines Wikingerschiffes gefunden, das zweifellos seetüchtig war. – Nach dem Abzug der Goten benutzten die Preußen ebenfalls die Bernsteinstraße, und es entspricht der Bedeutung dieser Stätte, daß 1234, drei Jahre nach dem Beginn des Kampfes der Ordensritter gegen die Preußen, an der S. die erste größere Schlacht stattfand. Der Orden siegte und erhielt die Möglichkeit, bis zum Frischen Haff vorzurücken und 1237 die Burg → Elbing zu erbauen. Im großen Aufstande der Preußen kam es 1271 noch einmal zu Kämpfen an der S., die damals einige Bedeutung für die Versorgung der von den Preußen belagerten und von den Ordensrittern verteidigten Christburg besaß. In dieser zweiten Sorge-Schlacht siegten zwar die Preußen, doch wurde ihr Aufstand schon 1273 endgültig niedergeworfen. *He*

HConventz, Die Moorbrücken im Thal der S. Danzig, 1897

Splitter, Burg und Dorf (Stadt Tilsit). Über die Deutschordensburg S. gibt es nur wenige Nachrichten. Man erfährt, daß sie 1365 zerstört wurde, ebenso wie die Schalauerburg bei → Ragnit und die Burg Caustriten, deren genaue Lage so wenig bekannt ist wie die der um 1360 von Winrich v. Kniprode errichteten Burg Neuhaus. Alle diese Burgen, die als Stützpunkte im Kampfe gegen die heidnischen Lit. dienten, waren wahrscheinlich nur einfache Holz- und Erdbefestigungen. Auch von den Bauten, die im A. 15. Jh. in S. vorgenommen wurden, gibt es nur dürftige Nachrichten und keine Baureste. S. wurde nach Verfall der Burg ein Dorf. In der Gesch. spielte es nochmals eine Rolle durch ein Gefecht, das dort am 30. Januar 1679 gegen aus Livland nach Preußen eingefallene Schweden stattfand. Damals machte der Gr. Kurfürst Friedrich Wilhelm seine berühmte Fahrt im Schlitten über das Kurische Haff. (IV) *F*

Springborn (Stoczek Klasztorny, Kr. Heilsberg). In dem Dorf Sp. (Handfeste vom 18. November 1349) gab es vielleicht schon im 15., sicher im 16. Jh. eine bescheidene Marienkapelle, die bereits Wallfahrer anzog. An ihrer Stelle errichtete der ermländische Bf. Nikolaus Szyszkowski, als der Krieg mit Schweden sein Ende gefunden hatte, gemäß einem Gelübde 1639–41 ein templum pacis B.M.V., einen Rundbau von 12 m Durchmesser in verputztem Ziegelwerk, und übergab den schnell in Übung kommenden Wallfahrtsort den Bernhardinern (Franziskaner-Observanten) des → Wartenburger Klosters. Die Niederlassung, anfangs nur in hölzernen Bauten untergebracht, wurde 1666 massiv ausgebaut und 1672 zu einem selbständigen Kl. erhoben. 1708–17 wurden Kirche und Kl. im wesentlichen in die heutige äußere Form gebracht. Damals entstand der kreuzgewölbte Umgang mit den vier Eckkapellen und dem Glockenturm an der Ostseite, der alsbald durch einen dreijochigen Toranbau mit dem ersten Rundbau zu einem Ganzen vereinigt wurde (Weihe 1716 durch Bf. Theodor Potocki). Bei der Säkularisation in Preußen 1810 aufgehoben, wurden Kirche und Kl. nach dem Tode des letzten Franziskanerpaters 1826 geschlossen und vom Staat übernommen, aber 1841 an den erml. Bf. zurückgegeben, der im Klosterbau erst 1861 eine Demeritenanstalt einrichten konnte, während die Wallfahrtskirche sofort wieder fleißig besucht wurde. Die 1870 durch Bf. Krementz aus dem Rheinland herbeigerufenen Lazaristen mußten infolge des Kulturkampfes bereits nach drei Jahren wieder abziehen. Der nun wiederum als Demeritenhaus verwendete Bau wandelte sich allmählich mehr und mehr in ein Exerzitienhaus und erhielt dafür 1913 einen besonderen Anbau auf der Gartenseite. 1926 wurde die gesamte Anlage den Franziskanern übergeben. Jetzt betreuen sie poln. Franziskaner.

(III) *Sch*

ABoenigk, Kl. Sp. (in: LV 11, Bd. 20, S. 238) — LV 164, S. 213

St. Albrecht (Stadt Danzig). Der Ort am Rande der Danziger Höhe an der Straße nach Dirschau ist 7 km von Danzig entfernt und nach dem Hl. Adalbert, Bf. von Prag, benannt. Dieser soll dort 997 bei seinem Aufenthalt in Danzig auf der Fahrt zu den alten Preußen gepredigt haben, oder es soll sein Leichnam, nachdem er von den Preußen ausgeliefert war, an dieser Stelle drei Jahre bestattet gewesen sein, bevor er nach Gnesen gebracht wurde. Die Erwähnung einer Eiche deutet auf eine ältere heidnische Opferstätte hin. Im Jahre 1222 befand sich dort bis zum Anfang des 16. Jh. ein Benediktinerkloster. Die Kirche wird 1236 zuerst gen. und ist nach mehrmaliger Zerstörung immer wieder aufgebaut worden; sie wurde 1710 einem neueingerichteten Missionarienkloster überlassen, das 1818 aufgehoben wurde. Nachdem die Ortschaft mehrere Jhh. zum Gebiet des Bf. von Leslau (Włocławek) gehört hatte, wurde sie bei der Wiedergewinnung Westpreußens durch Friedrich d. Großen 1772 mit den benachbarten Ortschaften Alt-Schottland, Stolzenberg und Schidlitz zu einer kgl. Immediatstadt St. Albrecht vereinigt. 1807 kam sie zum Gebiet der Freien Stadt Danzig und wurde 1814 in die Stadtgemeinde Danzig aufgenommen. (II) *K*

lPawlowski, St. Adalbert, Apostel der Preußen, und die Vorstadt St. A. bei Danzig, 1868 — Ders., Populäre Gesch. u. Beschreibung des Danziger Landkreises, 1885

Stallupönen (Ebenrode, Nesterow; Kr. Stallupönen). Der Ortsname weist auf eine heidnische Kultstätte hin. Stalas heißt altpreuß. der Tisch, der aufgerichtete Stein, wie griechisch Stele, Upe oder Appe ist der Fluß; also bedeutet »Stalupenn« den Ort, an dem eine Opferstelle nahe dem Wasser liegt. Urk. wird St. 1539 mit neun Höfen erwähnt und erhielt 1585 die erste Kirche. Doch noch im 18. Jh. wetterten die Geistlichen gegen heidnische Bocksopferungen, die hier heimlich zur Frühlingszeit erfolgten. St. entwickelte sich mit sieben Krügen zum Marktort an der Fernstraße Königsberg–Kauen. Als 1674 Hofjunker v. Brandt eine Gesandtschaft nach Moskau begleitete, schrieb er über St.: »Ein vornehmes Kirchdorf, wo Donnerstags die Bauern von den benachbarten Orten Ochsen ziemlicher Größe, schöne Pferde usw. auftreiben.« So ist es durch die Jhh. geblieben. Friedrich Wilhelm I. erhob im Zuge seines »Retablissements« am 26. April 1722 St. zur Stadt und ließ 1726 ein ansehnliches Gotteshaus mit hohem Turm errichten. Stadtplan von Schultheiß v. Unfriedt. An der Südostecke des alten Marktes stand die Kirche, und die Neustadt mit durchweg gleichartigen Häusern um ihren Markt schloß sich dicht an. Die Neubürger waren überwiegend Zuwanderer aus fast allen Teilen Dtschl.s, nach 1732 besonders aus Salzburg. Die Bevölkerung hat sich seit 1782 von 2357 Einw. bis 1937 kaum verdreifacht auf 6540. Als Garnison diente St. seit 1717 Reitertruppen, zuletzt vom Ulanenregiment Nr. 8 Gf. zu Dohna. Im 18. Jh. werden Lederwaren aus St. gelobt. Am 17. August

1914 war der Raum um St. Schauplatz eines verlustreichen Gefechtes des I. AK. Es mußte trotz Erfolgen wegen weitgreifender Überflügelung im N abgebrochen werden. 1915 nach der Vertreibung der Russen begann man im Februar mit neuzeitl. Aufbau des zerstörten Ortes unter Mithilfe der Patenstadt Kassel. 1938 wurde die Stadt in Ebenrode umbenannt. Im zweiten Weltkrieg verließen am 16. Oktober 1944 vor den anrückenden Russen die letzten Einwohner St., das durch Fliegerangriff zerstört wurde.
(IV) *Gr*

KMoszeik, St., Geschichtliches bis 1914, 1915 — KForstreuter in: LV 50, S. 41

Stegmannsdorf (Chwalęcin, Kr. Braunsberg). Nordwestlich von Wormditt liegt St. (Handfeste des ermländischen Domkapitels von 1349). Veranlaßt durch die Pest von 1709, beschloß das Domkapitel, hier eine eigene Votivkirche zum Hl. Kreuz zu errichten, und ließ den Neubau 1720–28 nach den Plänen des Wormditter Maurermeisters Joh. Christoph Reimers ausführen. In dem dreischiffigen barocken Hallenbau mit halbrundem Chor erhielten die hölzernen Kreuzgewölbe 1748/49 eine überaus reiche Architekturmalerei nach italien. Vorbild durch den Braunsberger Maler Joh. Lossau. Im Hochaltar befindet sich als Gnadenbild ein Kruzifixus von ungefähr 1420; von ihm berichtet die Legende, daß er urspr. an einem Baum im benachbarten Appelauwalde gehangen habe; E. 16. Jh. von einem Nichtkatholiken verunehrt, sei er in der zuständigen Pfarrkirche von Wusen sichergestellt worden, und zwar zu wiederholten Malen, da er stets nach St. zurückgekehrt sei, wo er nun in der neuen Wallfahrtskirche (Juni 1728 durch Bf. Szembek eingeweiht) seine endgültige Bleibe gefunden habe. Westgiebel, Vorhalle und Umgang mit den vier Eckkapellen sind erst um die M. 19. Jh. fertiggestellt worden. (III) *Sch*

LV 164, S. 192 — LV 172 Bd. 13, S. 882

Steinort (Sztynort, Kr. Angerburg). Seit dem 15. Jh. ist das Steinorter Gebiet am Westrand des Mauersees im Besitz der Fam. v. Lehndorff. Das älteste St. lag auf einer im 16. Jh. durch den Stau des Mauersees überfluteten Stelle. Der zweite Bau am heutigen Platz wurde 1689 abgebrochen und durch einen großartigen Neubau in kernhaftem Barock ersetzt. Der Eindruck ist durch die im 19. Jh. hinzugefügten Türme kaum gemindert. Das Innere barg u. a. ein reichhaltiges Archiv des in der Gesch. Preußens wiederholt hervorgetretenen Geschlechtes der Gff. v. Lehndorff. Der seit alters sorglich unveränderte Schloßpark mit seinen Alleen alter Eichen und dem Ausblick auf den Mauersee galt als ein Muster ostpreuß. Landschaftspflege. Die ehemals ertragreichen, ausgedehnten Wirtschaftsanlagen arbeiten gegenwärtig als poln. Staatsgut. (IV) *Gr*

CvLorck, Gr. Steinort, Pillkallen 1937 — Ders., Ostpr. Gutshäuser, 1953

Strasburg (Brodnica, Kr. Strasburg). Die junge Stadt an einem wichtigen Drewenzübergang wurde 1298 von den Sudauern überfallen, nachdem sie kurz zuvor gegr. und besetzt worden war; damals war hier auch schon ein Konvent des Deutschen Ritterordens vorhanden. Das Ordensschloß wurde zwischen 1305–30 erbaut, die Schloßkapelle 1339 feierlich eingeweiht. In dieser Zeit begann man auch die großzügig auf zwei Türme angelegte Pfarrkirche St. Katharinen zu erbauen. Sie und die Baureste des Rathauses zeugen von einer günstigen Entwicklung der an wichtiger Straße gelegenen Stadt. Im Ma. zählte sie 88 Höfe und hatte u. a. 16 Fleischbänke. Am 7. Oktober 1414 wurde hier unter westeuropäischer Vermittlung ein Waffenstillstand zwischen dem Orden und Polen geschlossen, der bis 1421 verlängert werden konnte. Im 13j. Städtekrieg wurde St. 1461 durch den Söldnerführer Bernhard v. Zinnenberg erobert. Er, und nach seinem Tode sein Bruder, behielten die Stadt ebenso wie Kulm und Althausen in Pfandbesitz bis 1478, als sie von Kg. Mathias Corvinus von Ungarn ausgelöst und dem Deutschen Orden überlassen wurde. 1479 wurden diese Plätze vertraglich dem Kg. v. Polen übergeben. 1563–66 wurde St. evg., seine Bürger blieben es auch mit wenigen Ausnahmen, obwohl sie 1598 die Pfarrkirche den Kath. übergeben mußten. 1646 erwirkte die evg. Gem. ein kgl. Religionsprivileg und weihte das »Steinhaus« am Markt zu ihrem Gotteshaus. 1772 hatte St. 228 Feuerstellen und 1283 Einw., 1807: 2113, 1816: 1994, 1826: 2669 Einw. Unter der Fürsorge der preuß. Verwaltung hatten sich insbesondere Tuchmacherei, Schuhmacherei und Gerberei für den Absatz nach Kongreßpolen entwickelt. Diesem Exportgeschäft, das sich während der russ. Grenzsperren als Schmuggel behauptete, machte die russ. Zollpolitik um die M. 19. Jh. ein Ende. Eine Wiederbelebung der Gewerbe brachte erst der Ausbau der Straßen und Eisenbahnen. 1890 hatte St. 6211 Einw. (darunter 2587 Ev., 480 Juden). (II) *B*

HPlehn, Ortsgesch. d. Kr. St. i. Westpr., Leipzig 1900 — LV 110, 163, ₈

Strobjehnen (Kr. Samland). Ein bei S. gefundener massivgoldener Armring (Gewicht 347 g) aus der Zeit des 9./10. Jh. n. Chr. ist durch einen Figurenfries verziert, der drei bewaffnete Reiter, darunter einen Löwenreiter, einen Hirschjäger sowie Schlangen und andere Tierdarstellungen phantastischer Art zeigt. Der byzantinisch-orientalische Charakter der bildlichen Darstellung läßt auf Beziehungen der Altpreußen mit Südosteuropa schließen.

(III) *Ba*

MEbert, Der Goldring von St. (in: Prähist. Zeitschr. 3, 1911) — LV 202, Taf. 13

Stuhm (Sztum, Kr. Stuhm). Auf dem Hügel zwischen dem Barlewitzer und dem Hintersee stand einst eine Preußenfeste, die 1236 zerstört wurde. Dort erbaute der Deutsche Ritterorden zwischen 1326 und 1335 eine Burg. Ein Ordenshof, dessen Feldmark auch das heutige Stuhmsdorf (Sztumska Wieś) einschloß, wird schon 1295 gen. Vor der Burg, durch den »Hausgraben« getrennt, entstand die Stadt, die 1416 ihre Handfeste erhielt. St. gehörte 1454 mit → Marienburg und → Konitz zu den letzten drei Stützpunkten des Ordens in Westpreußen. Es kapitulierte gegen ehrenvollen Abzug am 29. Juli 1454, kam nach der Schlacht bei Konitz an den Orden zurück und wurde erst 1461 wieder von den Bündischen und Polen erstürmt. 1466 kam St. an die Krone Polen und wurde Sitz des Marienburger Landgerichts. 1626-29 war es von schwed., 1629-35 von brandenburg. Truppen besetzt. 1639 wurde hier der 26j. Waffenstillstand geschlossen, in dem Schweden alle Eroberungen in Preußen aufgab und nur Livland behielt. Im zweiten schwed.-poln. Kriege war St. 1656-60 wieder in schwed. Hand. Danach (1664) lag rund ein Drittel seiner Äcker brach, die Verkaufsbuden am Rathaus waren verschwunden, und von den Fleischbänken zinste nur ein Fleischer. 1683 wütete noch einmal ein Brand. Die kath. Pfarrkirche in der südöstlichen Ecke der Stadt war 1478 im Bau; sie wurde während der Ref. evg., aber 1599 den Evg. abgenommen. Danach hielten die Evg. auf dem Rathaus Gottesdienst. 1818 wurde die evg. Kirche auf dem Markt errichtet. Im gleichen Jahr wurde St. Kreisstadt; 1883 erhielt es Eisenbahnanschluß. 1789 zählte es 509 Einw., 1890: 2265, 1943: 7099. Bei der Abstimmung von 1920 fielen 2079 Stimmen auf Deutschland, 751 auf Polen. (II) *B*

FWFSchmitt, Gesch. des St.er Kreises, Thorn 1868 — LV 50, 52, 112, 163, 13

Succase (Kr. Elbing). Am hohen Ufer der Elbinger Höhe haben dort, wo diese an das Frische Haff grenzt, gegen Ende der Jungsteinzeit (etwa um 2000 v. Chr.) mehrere Siedlungen bestanden, deren Bewohner, wie die der gegenüber auf der Frischen Nehrung gelegenen Siedlungen derselben Zeit, den Fischreichtum des Haffes nutzten, aber auch Getreide anbauten und Haustiere hielten. Wie sich bei Ausgrabungen des Städt. Museums Elbing in S. erwies, bestanden die dorfähnlichen Wohnplätze aus länglichrechteckigen Holzhäusern von 8-12 m Länge und 4-5 m Breite. Unter den 20 ausgegrabenen Häusern gibt es ein-, zwei- und dreiräumige; die Wände bestehen aus Doppelreihen von Holzpfosten, das Firstdach wurde von mittelständigen Pfosten getragen. Die dem Haff abgekehrte Giebelseite mit Tür hat in einigen Fällen ein Überdach oder eine Vorhalle. Überschneidungen von Hausgrundrissen beweisen, daß Häuser an derselben Stelle wieder aufgebaut worden sind. Die in Menge gefundenen Steinbeile und andere Geräte sowie die Keramik (Becher, Amphoren, Schalen und Vorratsgefäße) erweisen die Zugehörigkeit zur »Haffküstenkultur«, die eine in West- und Ostpreußen verbreitete Gruppe der neolithischen »Schnurkeramik-Kultur« bildet. Wohnplätze gleicher Art sind auf der Elbinger Höhe, außerdem bei Lärchwalde, Wieck-Luisental und Tolkemit-Schweinelager durch Ausgrabungen untersucht worden (→ Rutzau). (II) *B/Ba*

BEhrlich, Eine steinzeitl. Siedlung der Schnurkeramiker (in: LV 21, H. 12/13, 1936, S. 43)

Sudauen (Jadwingenland). Die östlichste der altpreuß. Landschaften von der großen masurischen Seenkette nach O bis zur mittleren Memel, also tief nach Litauen hinein, tritt bereits um Chr. Geb. volksstark mit Eigenformen hervor, wie die Bodenfunde erweisen. Ihre Bewohner nennt Ptolemäus um 170 n. Chr. Sudini. In den späteren Jhh. werden bei den Nachbarn verschiedene Namen für die wehrhaften S.er gebraucht. Die russ. Chroniken der Waräger sagen Jadwingen oder Jadzwingen, bei den Polen heißt das Land, dem wiederholte Angriffe galten, Pollexia. Die S.er lagen mit Litauern und Polen ständig im Kampf. Bei der Eroberung des Preußenlandes durch den Ritterorden war S. der letzte, erst 1283 unterworfene Gau. Ihr Fürst Skomand drang bei einem Kriegszug bis zur Weichsel vor. Durch wiederholte Einfälle wurde der Widerstand der S.er 1283 gebrochen. Skomand selbst ließ sich taufen und trat in die Dienste des Ordens. Ein Teil der übriggebliebenen S.er siedelte sich in der Nordwestecke des Samlandes an, dem »S.er Winkel«, ein anderer wanderte nach Litauen aus. Seit 1422, dem Frieden am Meldensee, gehörte der Südwestzipfel von S. zum Ordensland, etwa der Raum der späteren Kreise Lyck, Treuburg und teilweise Goldap. *Gr*

EWeise, Die alten Preußen (in: LV 40, H. 3, 1934) — JSembricki, Die Nord- und Westgebiete der Jadwinger (in: LV 10, Bd. 28, 1891) — LV 106

Szieleitschen (Gem. Geswethen, später in Landwehr umbenannt, Kr. Insterburg). Etwa 4 km nordöstlich von → Georgenburg bemerkt man kurz hinter dem Gut S. l. der Straße nach Breitenstein einen von Linden umhegten Grünplatz, in dessen Mitte ein schlanker, gußeiserner *Obelisk* sich erhebt. Bronzetafeln am Sockel berichten in dt. und russ. Sprache, daß hier Fürst Michael Andreas Barclay de Tolly, Oberbefehlshaber der russ. Streitkräfte im Kampf gegen Napoleon, am 25. Mai 1818 auf einer Badereise nach Wiesbaden gestorben ist. Der in Livland 1761 geborene Feldmarschall wurde auf seinem Gut Beckhof (Livland) im Juli 1818 beigesetzt. (IV) *Gr*

LV 164, S. 477 — LV 189, 1934, S. 94

Tannenberg (Stebark, Kr. Osterode). Südlich der Bahnstrecke Osterode–Hohenstein, etwa vier Kilometer von der Grenze entfernt, liegt das Dorf T. 1410 unterlag hier das Ordensritterheer der Übermacht der vereinigten Polen, Litauer und Tataren, welche die Schlacht nach dem Orte Grünwalde, poln. Grunwald, nennen. Auf der Walstatt, wo Hochmeister Ulrich v. Jungingen fiel, ließ dessen Nachfolger Heinrich v. Plauen eine Marienkapelle erbauen zum Seelenheil aller, »dy do geslagin wordin von beyden teylin yn dem stryte«. Diese Kapelle ist 1414 von den Polen zerstört worden. Auf der Altarstätte des ehem. Kirchleins wurde 1901 ein Granitblock errichtet, der die Inschrift trug: »Im Kampfe für deutsches Wesen starb hier der Hochmeister Ulrich v. Jungingen am 15. Juli 1410 den Heldentod.« — Etwa fünf Jhh.

nach der Schlacht vernichtete im Raume zwischen T. und → Ortelsburg die 8. deutsche Armee unter Führung von Hindenburg und Ludendorff vom 26. bis 30. August 1914 die russ. Narew-Armee. Auf Ludendorffs Vorschlag wurde der Namen »Schlacht bei Tannenberg« gewählt. Inmitten einer Landschaft, in der zahlreiche Grabhügel an das gewalige Völkerringen erinnern, erhob sich der burgartige, von sechs Türmen gekrönte Bau des Reichsehrenmals. Hier an dem Ort seines Sieges, umgeben von seinen in der Schlacht gefallenen Soldaten, hatte Reichspräsident Paul v. Hindenburg bis zur Umbettung im zweiten Weltkriege seine letzte Ruhestätte gefunden. Das Reichsehrenmal wurde im Kriegsjahr 1945 zerstört. (V) *Mey*

Tapiau (Gwardeisk, Kr. Wehlau). Das Gebiet »Tapiow« gehört zu denen, die vom Kreuzfahrerheere Kg. Ottokars II. v. Böhmen im Januar 1255 durchzogen und unterworfen wurden. Im Winkel zwischen Pregel und dem Westufer der Deime lag an der Stelle der heutigen Stadt die Preußenburg Sugurbi. Sie kam 1265 an den Orden und wurde von ihm ausgebaut. Damals begann auch die Aufsiedlung der ländlichen Umgebung. Der offenbar dem samländischen Adel angehörige Zapel oder Sapelle erhielt zwischen 1263 und 69 vom Landmeister Ludwig v. Baldersheim im Gebiete T. wegen seiner Verdienste um den Orden fünf Bauernfamm. und vier Haken zu kulmischem Recht. 1299 wird er zusammen mit Azayme vom Königsberger Komtur Berthold v. Brühaven unter denen erwähnt, die dem Orden im großen Preußenaufstande treu geblieben waren. Zwischen 1280 und 90 wurde die Burg als Brückenkopf auf das Ostufer der Deime verlegt, während die Siedlung am Westufer verblieb. T. war, wie das weiter nördlich an der Deime gelegene → Labiau, ein wichtiger Nachschubort in den Litauerkriegen. Auch verkehrswirtschl. war die Lage an der Abzweigung vom Pregel zum Kurischen Haff und Memeldelta wichtig. Dem entsprach die Einrichtung einer Komturei: Es werden als Komture 1280 Ulrich Beier, 1290 Dietrich v. Speier gen. Schon 1297 aber scheint T. nur noch ein Pflegeamt gewesen zu sein. Später hieß es Waldamt T. und unterstand der Komturei zu Königsberg. Auch einen Stuthof unterhielt der Orden hier. 1436 hatte T. sechs Krüge, die noch 1731 bestanden. Die Bezeichnung Lischke für diese Niederlassung wird 1450 urk. erstm. gebraucht. Der Gottesdienst wurde anscheinend noch 1437 allein in der Kapelle der Burg abgehalten; die Pfarrkirche ist erst nach 1502 gebaut, 1661 und 1689 abgebrannt, aber 1694 neu errichtet und 1768 erweitert.

In der hzl. Zeit nach 1525 wurde T. ein Hauptamt. Der Hauptmann gehörte mit denen von → Fischhausen, → Schaaken und → Brandenburg zum obersten Landesrat. Die Ref. wurde 1527 eingeführt. Hz. Albrecht hat öfter, wie schon als Hochmeister, das Schloß bewohnt und ist hier am 20. März 1568 auch gestorben. Das Ordensarchiv ist nach dem Verlust der Marienburg, spätestens aber 1469, ebenfalls nach T. gebracht worden und hier bis 1722 aufbewahrt worden. – Die Stadt blieb klein. Der Ackerbau war wohl immer der bedeutendste Erwerbszweig; doch besaß T. schon im 16. Jh. einen Jahrmarkt, und die Bestätigung zweier solcher Märkte von 1662 beweist, daß T. immer noch für den Handel und das Gewerbe dieses Landstrichs wichtig war. 1708 erhielt es einen Wochenmarkt. 1668–1809 war es Hauptort eines steuerrätlichen Kreises. Kg. Friedrich Wilhelm I. verlieh am 6. April 1722 im Zuge seines »Retablissements« das Stadtrecht zusammen mit Stallupönen, Ragnit, Bialla und Nikolaiken. 1758 wurde T. von den Russen, 1807 von den Franzosen besetzt. 1782 hatte die Stadt 1200 Einw., 1910–25 etwa 6000. Die Ostbahn schloß T. zwar an das neuzeitliche Verkehrsnetz an, nahm ihm aber viel von seiner Bedeutung, da der Schiffahrtsweg über Deime und Haff nur noch wenig benutzt wurde. – In T. ist am 21. Juli 1858 der Maler Lovis Corinth geboren († 1925 zu Zandvoort in Holland), der ostpreuß. Wesen meisterhaft zu deuten verstand. Ein Triptychon von ihm mit einer Christusgestalt schmückte seit 1910 die Stadtkirche. – Die Deime war 1914 die westliche Grenze des Russeneinfalles; die Stadt wurde beschossen. Der Wiederaufbau gab ihr ein modernes Aussehen.

(III) W

WMachmüller, Aus T.s Vergangenheit, 1932 — LV 95, S. 528 — ThWinkler in: LV 50, S. 109

Tenkitten (Kr. Samland). Dicht am Meer, aber auch in Sichtweite des Haffs, 1 km südwestlich des Dorfes T., erhob sich bis 1945 das 8,78 m hohe, durchbrochene, eiserne Kreuz zum Gedächtnis an den Opfertod des Preußenmissionars Adalbert v. Prag am 23. April 997. Ob es jetzt noch steht, ist fraglich, da eine russ. Benennung des Ortes nicht bekannt ist. Die Heiligenlegenden bezeichnen diese Stelle keineswegs genau, so daß man den Todesort neuerdings auch anderswo, vor allem – sogar mit einleuchtenden Gründen – bei Truso im Weichseldelta gesucht hat; aber die alte Überlieferung, schon aus der Wikingerzeit, haftet an diesem Platz und will schon von einer Kapelle in den Jahren des Dänenkönigs Knuts d. Gr. († 1035) wissen. 1302 in der Gründungsurk. des samländischen Domkapitels betont Bf. Siegfried, daß der Patron St. Adalbert »das Gebiet seiner Diözese Samland bei der Predigt des chr. Glaubens durch sein Martyrium und das Vergießen seines kostbaren Blutes geheiligt habe«. Bf. Joh. Clare (1319–44) soll eine Kapelle erbaut haben; urk. belegt ist eine solche Gründung erst 1422–24, und zwar als Stiftung des obersten Marschalls und Komturs von Königsberg Ludwig v. Landsee, wobei nicht zu übersehen ist, daß seit 1422 der fromme einstige Hochmeister Heinrich v. Plauen seinen Sitz in Lochstädt hatte und vielleicht die Anregung dazu gegeben hat. Die Kapelle ist am 24. November 1669 bei schwerem Weststurm an einem Sonntage während des Gottesdienstes eingestürzt; doch war der

Pfarrer Heinrich Vasolt rechtzeitig gewarnt worden und hatte die Gemeinde gerettet. Der vom Hochmeister Friedrich v. Sachsen 1504 gestiftete dreiteilige Flügelaltar wurde zuerst nach Lochstädt, dann nach der Marienburg gebracht. Das Kreuz hat die poln. Gfn. Elisabeth Wielopolska 1831 errichten lassen, während sie sich als politischer Flüchtling in Fischhausen aufhielt. Die Ranke aus Wein- und Eichenblättern ist vom Grafen zu Dohna-Wundlacken gestiftet und vom Schlossermeister Bartlau gefertigt worden. Der ostpreuß. Dichter Zacharias Werner schrieb um diese Stätte sein »Kreuz an der Ostsee«, das E. T. A. Hoffmann in Musik gesetzt hat.

Etwa auf gleicher Höhe wird die Nehrung zwischen Lochstädt und Fischhausen von der »Gardine« durchschnitten, einer von hohen, alten Bäumen und dichtem Gesträuch, besonders Weißdorn, bewachsenen Aufschüttung mit flachem Graben auf der Binnenseite, eine Landwehr oder ein Hagen, schon aus altpreuß. Zeit, zur Kennzeichnung einer Grenze, wohl auch Schutz gegen Angriffe und Versandung. Eine »kleine Gardine« gab es zwischen Neuhäuser und Pillau. (III) W

RHennig, Die Missionsfahrt des Heil. Adalbert ins Preußenland (Forsch. z. Brandb. u. Pr. Gesch. 1935) — EBrachvogel, Die Todesstätte des hl. Adalbert (Ermländ. Hauskalender 1938) — EEisermann, Über Gardine und verwandte Örter (in: LV 23, 1937) — LV 78, Bd. 1, S. 227 — LV 126, Bd. 1, S. 102 — LV 162, $_1$, S. 129 — LV 164, S. 421

Tharau (Wladimirow, Kr. Preuß. Eylau). In dem Kirchdorf Th., das 1315 erstm. erwähnt wird, ist die Pfarrerstochter Anna Neander 1615 geboren, das volkstümliche »Annke von Tharau«. Nicht Simon Dach selbst, sondern ein Dichter aus seinem Kreise hat das Lied zu ihrer Hochzeit mit dem Pfarrer Joh. Partatius 1637 gedichtet. (III) *Gu*

Thorn (Toruń, Kr. Thorn). Im Frühjahr 1231 überschritt der Deutsche Ritterorden mit einer Schar von Kreuzfahrern auf der Höhe von Nessau die Weichsel und errichtete an der Stelle von Alt-Thorn eine. Befestigung, in deren Schutz sich noch in demselben Jahre Ansiedler niederließen. Diese Ansiedlung erhielt 1233 zusammen mit → Kulm die sog. Kulmer Handfeste, deren Bestimmungen später zum Grundgesetz aller Siedlungen des Ordensstaates werden sollten. 1236 sah man sich veranlaßt, die Stadt etwa 8 km stromaufwärts an ihre heutige Stelle zu verlegen, wo sie nicht so sehr den Überschwemmungen ausgesetzt war. Das Ordenshaus bei Alt-Thorn blieb bei der Verlegung der Stadt zunächst noch bestehen. Die verlegte Stadt entwickelte sich rasch zu einem ansehnlichen Handelsplatz, zur »Königin der Weichsel«, denn sie war die Sammelstelle für den Zuzug der Kreuzfahrer und der Waffenplatz für die Unternehmungen gegen das heidnische Preußenland in den ersten Jahrzehnten. Die Pfarrkirche war St. Johann geweiht. 1239 erschienen in Th., verm. aus Breslau kommend, die ersten Franziskanermönche, gründeten hier eine Niederlassung und begannen bald mit dem Bau ihrer St. Marienkirche in unmittelbarer Nähe des Altstädtischen Marktes. Um 1250 war die Bürgergemeinde soweit erstarkt, daß sie mit eigenen Mitteln und Kräften an den massiven Ausbau ihrer Stadtmauer gehen konnte. 1259 erhielt sie vom Deutschen Orden, dem sie dafür ihr Recht auf die Treppschmühle abtrat, die Erlaubnis zum Bau eines Kaufhauses. Dieses stand verm. genau in der Mitte des Marktplatzes und hatte vier Stockwerke; ihm wurde 1279 ein Bau für die öffentliche Waage angefügt. An der Stelle des jetzigen Ostflügels standen die vor 1274 vom Orden errichtete Krame und Brotbänke, die Verkaufsstellen für Krämer und Bäcker. Später sind noch Rathaus und Dinghaus (1309) sowie weitere Buden (1243) hinzugekommen. 1311 stiftete der Hochmeister das Benediktinernonnenkloster, das neben dem Hl. Geisthospital errichtet wurde.

Unmittelbar am Ostgraben der Altstadt auf der höchsten Stelle des Stadtgeländes lag die Ordensburg (seit 1250 gebaut), davor die Burgfreiheit. Auf dieser entstand die Neustadt Th., die bereits 1264 ihre Handfeste erhielt. Zu ihrer prächtigen Pfarrkirche (St. Jakob mit einem wundervollen Chorgiebel) wurde 1309 der Grundstein gelegt. Ungefähr gleichzeitig wurde das Kaufhaus auf dem Neustädt. Markt gebaut. Auf seinen Fundamenten wurde nach 1818 die neustädtische evg. Kirche errichtet. Vor Anlage der Neustadt hatte der Hochmeister den Nordwestwinkel den Dominikanern zur Gründung eines Kl. zugewiesen. Alt- und Neustadt bestanden, durch den Lauf der Bache und die Stadtmauer voneinander getrennt, selbständig nebeneinander bis zu ihrer Vereinigung im Jahre 1454. Die Neustadt blieb im wesentlichen eine Handwerkerstadt, die nie das äußere Ansehen der Altstadt, die zu den »großen Städten« des Landes zählte, erreichte. Bis gegen 1400 beherrschte Th. den Handel mit Polen nahezu konkurrenzlos. Seit der 2. H. 13. Jh. hatte es auch Anteil am Seehandel, der im 14. Jh. seine größte Bedeutung erreichte. Zu den Gründern des Bundes der »Städte von der deutschen Hanse« gehörten 1358 in Lübeck auch Th.er Ratsherren. Seit 1361 finden sich fast durchweg Th.er als Vorsteher der dt. Kaufleute in Brügge für das westf.-preuß. »Drittel«. 1396–98 war Albrecht Russe, ein angesehener Th.er Patrizier, Hauptmann des von den Hansen besetzten Stockholm. 1404 zogen 400 Th.er nach Gotland, um Wisby zu entsetzen. Indessen sank die Bedeutung Th.s mit dem Aufsteigen → Danzigs zur führenden Handelsstadt Preußens. Als Ersatz für mancherlei Einbußen seines Handels und zur Festigung seiner Wirtschaft erhielt Th. 1403 das Privileg der »Thorner Niederlage«. Damit wurde eine alte Gewohnheit zum Gesetz erhoben, daß alle fremden Kaufleute, die das Ordensland mit ihren Waren besuchten, nur auf der Th.er Straße einziehen, in Th. Halt machen und ihre Waren zum Kauf anbieten mußten. Trotzdem nahm der Th.er Handel seit Ausbruch des großen Krieges mit

Polen (1409) merklich ab. 1411 wurde auf der Bazarkämpe bei Th. der Erste Th.er Friede geschlossen, der nur eine kurze Ruhepause brachte. Häufige poln. Grenzsperren und hohe Steuern, die der Orden zur Deckung der Kriegsentschädigungen auferlegen mußte, drohten den Handel lahm zu legen.
1430—32 rief der Dominikaner Magister Pater Wichmann in Th. eine protestantische Bewegung gegen Stadtgeistliche und Ordensgebietiger ins Leben. Innerhalb des Preuß. Bundes rissen die Vertreter der Altstadt Th., vor allem der aus Westfalen zugewanderte, in seinem Haß gegen den Deutschen Orden unversöhnliche Bürgermeister Tilemann vom Wege, bald die Führung an sich, trieben mit Leidenschaft zum Abfall, rücksichtslos alle Verständigungsbereitschaft unterdrückend.

Nach dem Ausbruch des Aufstandes wurde das Ordensschloß zur Übergabe gezwungen (am 8. Februar 1454) und dann bis auf den *Danzker* und wenige Mauerreste zerstört. Die Neustadt, die zum Orden gehalten hatte, wurde gezwungen, sich der Altstadt unterzuordnen. Zu den Gesandten an den Kg. v. Polen im Februar 1454 gehörte auch der Th.er Bürgermeister Rotger v. Birken. Am 27. Mai 1454 zog der Kg. mit großem Gefolge in Th. ein, empfing auf dem altstädt. Markt die Huldigung der Stadt und des kulmerländischen Adels, schlug städt. Patrizier und Landjunker zu Rittern und versprach den Städten weitgehende Selbständigkeit. Der Unwille weiter Kreise, insbesondere der Handwerker, über die jämmerliche Lage des Landes und die fortwährenden Geldforderungen der Aufständischen führte im September 1456 zum Aufruhr, den der Rat mit Unterstützung von Danziger und poln. Söldnern grausam unterdrückte, indem er 65 Aufrührer ohne Gerichtsverhandlung auf dem altstädtischen Markt enthauptete, dazu fünf auf der Flucht ergriffene. Nun wurden die überlebenden Handwerker gezwungen, vor dem Rat von neuem dem Kg. Treue zu schwören. Mit dem großen Privileg von 1457 erhielten die Bürger endlich die ersehnten Freiheiten, um derentwillen sie den Orden verlassen hatten, nämlich als Territorium den größten Teil des Th.er Komtureigebiets und die Weichselinseln, ferner die Ordensmühle, die Bestätigung der »Thorner Niederlage«, die Hälfte des Ertrages aus der Fähre, die Münze und der Hälfte ihrer Erträge, das Patronat über die Kirchen der Stadt, ausgenommen die Pfarrkirche St. Johann. Als die Bürger mit ihren Söldnern die Burg Schwetz eingenommen hatten, verlieh ihnen der Kg. aus Freude über diesen Erfolg auch die Verwaltung von Burg und Schloßgebiet → Schwetz, ferner die Hälfte der Einkünfte aus den dazugehörigen Dörfern, Mühlen und im Walde.

Der zweite Thorner Friede vom 19. Oktober 1466 machte dem 13j. Kriege schließlich ein Ende, der das Preußenland bis aufs Mark ausgezehrt hatte. Zwar besserten sich in den nun folgenden Friedensjahren die wirtschl. Verhältnisse, doch war dieser neue Aufschwung nicht so anhaltend, wie man erwartet hatte, u. a. deshalb, weil das Th.er Niederlagerecht von Geistlichen und Adligen nicht respektiert wurde, wie der Kg. überhaupt die 1454 ausbedungenen Sonderrechte des Königlichen Preußen nicht beachtete, deren Schutz er als Schirmherr übernommen hatte. Th. gehörte vor 1569 nicht unmittelbar zum Reiche Polen und blieb eine dt. Stadt. Am 19. Februar 1473 ist hier der große Astronom Nikolaus Coppernicus als Sohn des dt. Bürgers Niklas Koppernik und der Barbara Watzenrode geboren. Es ist unhaltbar, Coppernicus als einen Polen zu bezeichnen.

Der Th.er Handel wurde durch hohe Zölle in Dibau und Fordon immer wieder behindert. In enger Verflechtung mit den geistigen und sozialen Strömungen der Ref. kam es nach dem Reiterkriege 1520/21, der hohe steuerliche Belastungen für die Bürger zur Folge hatte, ebenso wie in Danzig und Elbing auch in Th. zu Unruhen gegen das herrschende Patriziat, besonders unter den kleinen Kaufleuten und Handwerkern, die nun ein Mitspracherecht über Ein- und Ausgaben der Stadt verlangten. Zum Sprecher des »gemeinen Mannes« machte sich der aus der Gegend von Bamberg stammende Stadtsekretär Joh. Seyfrid, der jedoch kein lauterer Charakter war. Im März 1523 erzwangen die Zünfte mit bewaffneter Hand die Zusage des Rates, künftig bei wichtigen Angelegenheiten vier Vertreter der Gemeinde zu den Sitzungen hinzuzuziehen. Aus dieser Bewegung erwuchs 1525 in Th. ein Dreikammersystem des Stadtregiments, bestehend aus dem Rat, dem Schöffenkollegium und 60 Bürgervertretern. Bedeutsamer als diese Verfassungsänderung war die Forderung der Zünfte nach kirchl. Neuerungen und Beseitigung der ärgsten kirchl. Mißstände. 1520 erfolgte von Th. aus ein kgl. Verbot des Verkaufs luth. Schriften; aber 1521 wurde ein päpstlicher Legat, der in Gegenwart andrer Geistlicher und einer großen Volksmenge vor der Johanniskirche auf einem Scheiterhaufen Luthers Bild und Schriften verbrennen ließ, von empörten evgl. Gesinnten durch Steinwürfe vertrieben. Schließlich setzte sich hier die Ref. in den Jahren 1530–39 durch. 1558 erlangte Th. beim Kg. ein Religionsprivileg, das den Rat ermächtigte, in seinen Kirchen den Gottesdienst nach der Augsburgischen Konfession einzurichten. Nur die Nonnen, die Dominikaner und der Pfarrer in St. Johann blieben kath. 1568 wurde in den Räumen des Marienkl., das die beiden letzten Mönche samt der Kirche dem Rat übergeben hatten, ein evg. Gymnasium eingerichtet, das der verdiente Bürgermeister Heinrich Stroband (1548–1609) zu einem »Akademischen Gymnasium« umbaute. In dessen Zeit fällt auch der großartige Umbau des Rathauses. 1645 fand in Th. auf Betreiben des poln. Kg. das »liebreiche Religionsgespräch« statt, das eine Einigung der Konfessionen bringen sollte. 1655–59 war Th. von Schweden besetzt, seit dem Sommer 1658 von poln. und ksl. Truppen belagert. 1703 bombardierten und brandschatzten die Schweden Th., wobei u. a. das vor rund 100 Jahren prächtig ausgebaute Rathaus ausbrannte, und schleiften seine Befestigungen. Die nun schutzlos daliegende Stadt war bis 1718 fortwährenden Durchmärschen poln., sächs. und russ. Truppen, Einquartierungen, Plünderungen u. ä. ausgesetzt. Die seit Ansiedlung der Jesuiten in Th. auftretenden Religionsstreitigkeiten fanden 1724 in dem »Thorner Blutgericht«, das ganz Europa in Empörung versetzte, ihren traurigen Höhepunkt. Ein Warschauer Gerichtshof hatte die beiden Bürgermeister Rösner und Zernecke sowie zwölf Bürger wegen Aufruhrs und Gotteslästerung zum Tode verurteilt. Während des poln. Erbfolgekrieges mußte Th. von beiden Parteien Einquartierungen, Plünderungen, Erpressungen über sich ergehen lassen. Im 7j. Kriege war es 1758–62 von russ. Truppen besetzt. So hat sich die Stadt in den zunehmend unerträglicher werdenden Verhältnissen des zerfallenden poln. Staates nicht mehr erholen können. Als sie 1793 preuß. wurde, zählte sie nur noch 5570 Einw.; 1806 waren es bereits 8954, 1815 nach den Leiden und Lasten der Napoleonischen Kriege nur 7095. Dann erholte sich die Stadt unter der geordneten preuß. Verwaltung. Ihre Befestigungsanlagen verkaufte sie an den preuß. Staat, der Th. 1818–32 zu einer starken Grenzfestung ausbaute. Der Anschluß an das im Ausbau begriffene ostdt. Eisenbahnnetz (1861) ließ in der Handels- und Handwerkerstadt auch Industriebetriebe entstehen, die gegen E. 19. Jh. u. a. die berühmten »Thorner Pfefferkuchen« herstellten. 1828 zählte die Stadt 11 265, 1943: 78 224 Einw. (III) *B*

HMaercker, Gesch. d. ländlichen Ortschaften u. d. drei kleineren Städte des Kr. Th., 1899/1900 — RHeuer, Siebenhundert Jahre Th. 1231—1931, Danzig 1931 (Ostland-Darstellungen 1) — LV 50, 163, 7

Tiefenau (Tychnowy, Kr. Marienwerder). Am 29. Januar 1236 erhielt der niedersächs. Edelherr Dietrich v. Depenow von dem aus der Altmark stammenden Landmeister Hermann Balk die Burg Kl. Queden auf dem Unterberg nördlich Marienwerder als einer der ersten ritterlichen Neusiedler, um seinerseits in einem ausgedehnten Gebiet von 300 flämischen Hufen (rd. 5000 ha) Dorfsiedlungen anzulegen. Sein Stammsitz war die Burg Heeßel östlich von Hannover zwischen Burgdorf und Lehrte; aber sein niedersächs. Streubesitz hatte weit darüber hinaus von den Weserbergen bei Hameln bis zur Niederelbe im Alten Lande bei Stade gereicht. Seine Gattin war eine der beiden Erbtöchter Heinrichs v. Westen, die diese Gfsch. 1219 an Bf. Iso v. Verden verkauft hatten. Dietrich hat bis 1235 die meisten dieser Güter veräußert, um in das Neuland des Deutschen Ordens überzusiedeln, und ist damit das Muster sehr vieler anderer Ritter und Herren geworden, über deren Verhältnisse wir nicht so genau unterrichtet sind. Nach dem Ausbau nannte er seine Burg niederdeutsch Dypenowe, wie die Teilungsurk. von Pomesanien aus dem Jahre 1254 schreibt. Sie gehörte zum südlichen, bischl. Drittel. Schon 1294 heißt sie mittelhochdt. Tifenouwe (T.). Den gleichen Namen erhielt das von Dietrich östlich der Burg gegr. Dorf.

Nach weiteren Verleihungen reichte sein Besitz 1249 beim Frieden von Christburg wie eine geschlossene Herrschaft bis an den Sorgensee (nördlich Riesenburg, das es aber damals noch nicht gab) und umfaßte in seiner größten Ausdehnung elf Dörfer und außer der Burg T. noch ein zweites großes Gut. Zwischen 1243 und 1248 sind Dietrich und sein zweiter Sohn Heinrich im Kampfe gegen die Preußen gefallen. Der ältere Sohn Volrad kehrte nach Niedersachsen zurück und starb 1283, verarmt und von dem Wohlwollen der Verwandten lebend. Den großen preuß. Besitz kauften 1283 vornehmlich die Stanges, auch ein niedersächs. Geschlecht. Am 24. August 1288 wurde der Verkauf vom Landmeister bestätigt. Man hat die zerstörte Burg T. nach Grabungen zeichnerisch wiederhergestellt; sie glich dem Stammsitz Heeßel. Das Dorf T. wird 1288 als Gründung Dietrichs erwähnt und ist 1299 mit dt. Bauern besetzt. Damals wird ein Pfarrer Martin urk. bezeugt. Die Dorfkirche ist, wie die meisten Ordenskirchen, M. 14. Jh. erbaut worden. (II) *W*

MPerlbach, Zur Gesch. d. ältesten Großgrundbesitzers in Pr. (in: LV 10, 1902) — ChrKrollmann, Die Herkunft der deutschen Ansiedler in Pr. (in: LV 14, 1912) — EWernicke, T. (in: LV 13, Beihefte 1926 und 1928) — LV 164, S. 107) — ENadolny, Niedersachsen—Westpr./Ostpr., 1956, mit Karte der Besitzungen

Tiegenhof (Nowy Dwór, Kr. Marienburg). Der Ort entstand in der 2. H. 16. Jh. im Anschluß an den Dömänenhof der Danziger Kaufmannsfam. Loitze. Nach ihrem Konkurs 1572 entwickelte sich hier der Haupthof der Starostei (Tenute), die zu jener Zeit die Fam. Weiher innehatte. Allmählich entstand neben dem Haupthof, dem »Schloß«, eine Marktsiedlung, die 1664 zwölf Handwerker, einen Krüger, zwei Krämer, einige andere Gewerbetreibende sowie elf Gärtner (vor dem Kriege 22) zählte; ferner werden 1664 neben dem Vorwerk zwei Windmühlen und eine Brennerei erwähnt. In dem »Schloß« wurde 1784 eine evg. Kirche eingerichtet, auf den Grundmauern seines Hauptflügels 1831–33 der Kirchenneubau nach einem Entwurf von Schinkel ausgeführt. Die kath. Kirche ist 1848–50 erbaut worden. 1859 erhielt T. die Gemeindeordnung eines Marktfleckens, 1880 wurde es zur Stadt erhoben, 1881 erhielt es Eisenbahnanschluß. Neben der Stobbeschen Machandel- (Wacholderschnaps-) Fabrik (seit 1776) und der Bierbrauerei Stobbe (seit 1784) gab es in T. auch eine bedeutende Ölmühle. 1772 hatte T. etwa 960 Einw., 1817: 1694, 1943: 4295. (II) *B*

LV 50, 110, 112, 163, 14

Tilsit (russ. Sowjetsk, Kr. Tilsit-Ragnit). Der breite → Memelstrom ist die Lebensader der Stadt, die sich lang und schmal an seinem Südufer hinzieht. Sie hat sich nicht auf das Nordufer ausgedehnt, obgleich zwei Brücken bei T. die Memel überqueren: die Eisenbahnbrücke (1875) und die Luisenbrücke (1907), diese als Ersatz für eine Schiffsbrücke, die seit 1767 bestand. Nachdem

TILSIT

bereits → Splitter (auf heutigem Stadtgebiet von T.) seit 1365 als Burg des Deutschen Ordens bestanden hatte, wurde der Bau der Burg T. 1406–09 durchgeführt. In ihrem Schutze bildete sich bald eine Siedlung, die als Marktflecken Bedeutung gewann. Noch kurz vor der Ref., A. 16. Jh., ließen sich Franziskaner in T. nieder. Mit der Besiedlung der »Wildnis« im 15. und 16. Jh. wurde dieses ein wirtschl. Mittelpunkt für das nordöstliche Ostpreußen. In der langen Friedenszeit nach 1525 blühte der Handel mit dem benachbarten Litauen auf. Hz. Albrecht verlieh T. 1552 das Stadtrecht. Obgleich die ländliche Umgebung mit lit. Bauern besiedelt war, blieb die Bürgerschaft der Stadt fast rein dt. – Auch in den folgenden Jhh. konnte T. sich ständig weiterentwickeln und hat bis 1944/45 keine Zerstörung erlebt. An Baulichkeiten ist aus dem Ma. fast nichts erhalten. Die Ordensburg wurde im 19. Jh. abgerissen. Man besitzt über sie jedoch hist. Nachrichten, auch einzelne Bauzeichnungen und Abbildungen. Die Burg war zur Ordenszeit nicht so groß und bedeutend wie → Ragnit; sie unterstand dem Komtur von Ragnit und war nur Sitz eines Pflegers. In hzl. Zeit wurde T. der Sitz eines Amtshauptmannes. Die Stadt T. war keine Festung; sie wurde im N durch die Memel, im S durch den Mühlenteich, im O durch die Burg gedeckt. Im W wurde nach dem Schwedeneinfall von 1679 ein Wall aufgeworfen. Wegen der Grenzlage erhielt T. seit dem 18. Jh. eine ständige, zeitweise starke Garnison. Zeugnisse bürgerlichen Reichtums waren Bauten seit dem 16. Jh. Die *Lutherkirche* (Stadtkirche, erbaut 1598–1612, der Turm 1695–99) hatte bemerkenswerte Epitaphien und ein Altarbild von Friedrich Kessler (geb. in T. 1826, † in Düsseldorf 1906, Mitbegründer des Düsseldorfer Malkastens; er war wie sein Vater Christian Friedrich K. ein tüchtiger Landschaftsmaler; Bildnisse von T. und Umgebung). Die Landkirche, von 1757, war ein einfacher Rundbau, für die Bewohner der ländlichen Umgebung bestimmt und wurde auch »litauische Kirche« gen. Fremde Zuwanderer gründeten im 17. Jh. eine ref. und eine kath. Gemeinde. Weitere Kirchenbauten erfolgten im 19. und 20. Jh. Das *Rathaus* (1752–55) war ein schlichter und würdiger Bau, sein Turm, wie der Turm der Stadtkirche, ein Wahrzeichen der Stadt. Außer den öffentlichen Bauten besaß T. auch eine Anzahl schöner Bürgerhäuser des 16.–19. Jh., aber wegen der raschen Entwicklung keine Straße, die das Gesicht einer bestimmten Epoche zeigte. Das geistige Leben fand einen Mittelpunkt in der 1586 gegr. sog. Provinzialschule, die nicht von der Stadt, sondern vom Lande Preußen eingerichtet wurde. Dieser, später Gymnasium gen., Anstalt trat 1839 eine Realschule, später Realgymnasium, an die Seite. Auch durch sein Theater (19. Jh.) war T. ein kultureller Mittelpunkt für den Nordosten der Provinz.

Der Russeneinfall (1758–62) ließ T. unbeschädigt, desgleichen der Einmarsch der Franzosen 1807. Damals wurde T. ein weltgesch. Ort. Hier trafen sich die Verbündeten, Kg. Friedrich Wilhelm III. von Preußen und Zar Alexander I. von Rußland, Anfang Juni

1807 vor der für sie unglücklichen Schlacht bei Friedland (14. Juni). Am 19. Juni rückte Napoleon in T. ein. Ihn begleiteten u. a. die Generäle Murat und Berthier, später traf auch Talleyrand ein. Auf einem Floß in der → Memel (die Memel war Waffenstillstandsgrenze) trafen sich am 25. Juni Napoleon und Alexander I., am 26. Juni wurde auch Friedrich Wilhelm III. hinzugezogen. Am 7. Juli wurde zwischen Frankreich und Rußland, am 9. Juli zwi-

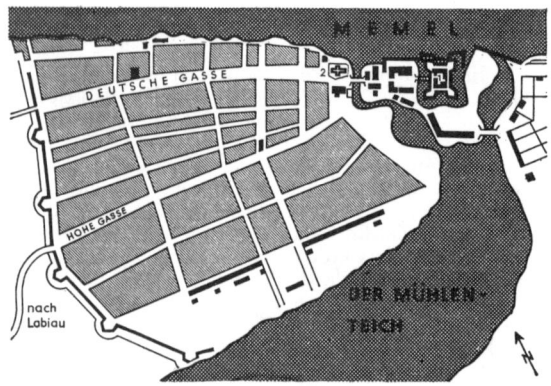

Tilsit im 18. Jh.
mit Schloß (1) und Deutscher Kirche (2)

schen Frankreich und Preußen der Friede abgeschlossen. Preußen verlor alle Gebiete westlich der Elbe und fast alle Erwerbungen aus den Teilungen Polens, doch blieb durch Westpreußen eine Landverbindung mit Berlin erhalten. Friedrich Wilhelm III. und Kgn. Luise, die herbeigeeilt war, um Napoleon zu beeinflussen, wurden rücksichtslos behandelt. Alexander I. wurde von Napoleon umworben, ging in das frz. Lager über und erhielt zur Belohnung aus der preuß. Beute ein Stück Polen (Bialystok). Dieses Geschäft hat sich für Rußland schlecht ausgezahlt, denn schon 1812 wurde Rußland von Napoleon überfallen, und Preußen trat 1813 zum Befreiungskampf an. Damit wurde der Friede von T. hinfällig. Die denkwürdigen Tage wurden in der Erinnerung festgehalten durch Gedenkstätten wie das »Napoleonhaus« (Deutsche Str. 24, klassizistisch) und das zum Museum umgestaltete »Luisenhäuschen«. Zum Gedächtnis der Kgn. Luise wurde 1900 ein Denkmal im Park Jakobsruhe errichtet, nach ihr wurde auch die Luisenbrücke (1907) benannt.

Das Jh. des Friedens war der weiteren Entwicklung von T. günstig (1815–1914). Die Holzflößerei fand seit dem Ma. in großem Ausmaße auf der Memel statt und gab dem Strom zeitweise ein eigenartiges Gesicht. T. wurde für ganz Dtschl. zu einem Zentrum von Holzhandel und Holzindustrie. An das Bahnnetz wurde T. 1865 (nach Insterburg) angeschlossen, die Bahn wurde 1875 nach Memel weitergeführt. Schon vorher war (1833) die Poststraße von Berlin nach St. Petersburg über T. gelegt worden (→ Kurische Nehrung). – Im Ersten Weltkrieg erlebte T. eine kurze Zeit der russ. Besetzung, ohne ernsthaften Schaden zu nehmen (August bis September 1914). Nach dem Kriege rückte die Grenze durch die Abtretung des → Memellandes noch näher an T. heran; der Memelstrom wurde Grenzlinie und T. verlor einen Teil seines Hinterlandes. Die Holzflößerei litt unter den neuen Grenzen auf dem ehem. einheitlichen russ. Wirtschaftsgebiet. Im Zweiten Weltkrieg wurde T. sehr schwer mitgenommen. Als im Oktober 1944 die Front bis zur Memel vorrückte, lag T. bis zu seiner Eroberung am 21. Januar 1945 in der Hauptkampflinie. Das Ausmaß der Zerstörungen, zumal an den hist. Gebäuden, ist noch nicht bekannt. In der Stadt, die im J. 1939 noch 59 105 fast durchweg dt. Bewohner zählte, gibt es nach den spärlichen Nachrichten, die uns erreichen, jetzt kaum noch Deutsche. (Einwohnerzahlen: im Jahre 1782: 7701, 1852: 13 748, 1890: 34 539, 1910: 47 667.) – T. ist Geburtsort des Dichters Max v. Schenkendorf (geb. 1783, † in Koblenz 1817). Sein Denkmal stand auf dem Schenkendorfplatz.

(IV) F

WThalmann, Bau- u. Kulturgesch. T.s., 3 Bde., T., 1923—27 — HKirrinis, T., T., 1935 — Deutschlands Städtebau: T., 1922 — KForstreuter (in: LV 50, S. 111)

Tolkemit (Tolkmicko, Kr. Elbing). An der Küste des Frischen Haffs, zu drei Seiten von den Armen des Mühlenbachs umflossen, südlich der späteren Stadt lag einst eine Preußenburg. Die Deutschordensburg wurde 1454 zerstört. Die Schloßfreiheit, die spätere Tolkemitsche Amtsgasse, war ein Dorf mit eigenem Schulzen. Der von einem Lokator angelegten Stadt gab der Elbinger Komtur (später Landmeister) Ludwig v. Schippen (1296 bis 1300) eine Gründungsurk. Bis 1466 war T. Sitz eines Waldmeisters des Deutschen Ordens, später Sitz eines Starosten; 1457 bis 1506 war es an die Fam. v. Baisen verpfändet, 1508–69 im Besitz des ermländischen Domkapitels, 1521–25 wieder in der Hand des Deutschen Ordens, 1626–60 von Schweden besetzt. In T. lebte der Dominikanermönch Simon Graunau, der 1529 seine »Preußische Chronik« beendete. Er hat als Bettelmönch viel volkstümliches Gedankengut sammeln können; doch sind seine Nachrichten sehr vorsichtig zu verwerten. 1772 hatte T. 156 Bürgerhäuser in und 27 vor der Stadt und insgesamt 996 Einw.; ihre Haupterwerbsquelle war der Ackerbau. 1862–64 wurde der neue Hafen gebaut, seit 1873 hat T. Chausseeverbindung, seit 1901 Eisenbahnanschluß durch die Haffuferbahn. Zu Beginn des 20. Jh. hatte neben Fischerei und Landwirtschaft die Böttcherei (Herstellung von Butterfässern, Heringsfässern u. ä.) eine gewisse Bedeutung, außerdem werden Töpferei, Brauerei, Ziegelei, Wasser- und Dampfmühle, Schiffbau gen. Ein Nebenerwerbszweig der Fischer war das Steinzangen (Heben von Felsblöcken vom Meeresgrund). 1840 hatte T. 1896 Einw., 1943: 3942. (II) *B*

EGKerstan, Die Gesch. d. Landkr. Elbing, Elbing 1925 — LV 50, 110, 163

Trakehnen (Jasnaja Poljana, Kr. Stallupönen). 1726—32 ließ Kg. Friedr. Wilhelm I. östlich von Gumbinnen eine ausgedehnte, von der Pissa durchflossenen Niederung durch einen 7 km langen Kanal entwässern und die benachbarten Domänenvorwerke so herrichten, daß die vorher zerstreuten Gestütsabteilungen der Staatsdomänen 1732 im »Kgl. Stutamt T« zu einheitlicher Zucht zusammengefaßt werden konnten. T. war urspr. als Hofgestüt gedacht, um dem Marstall in Berlin Wagen- und Reitpferde zu liefern. Der mit der Aufsicht über das Stutamt betreute Kammerpräsident v. Domhardt (1746–80) machte T. durch Abgabe entbehrlicher Hengste und Stuten an Züchter im Lande, besonders aber durch Angliederung eines Landgestütes 1779 der einheimischen Pferdezucht nutzbar. Oberlandstallmeister Gf. Karl Lindenau wählte 1787 die siebenzackige Elchschaufel als Brandzeichen. Das angegliederte Landgestüt wurde zum »Litauischen Landgestüt« mit mehreren Marställen in der Provinz erweitert. Aus ihnen gingen die seit 1877 selbständigen Landgestüte hervor. Unter dem vielseitigen, bedeutenden Landstallmeister F. W. v. Burgsdorf (1814–42) wurden u. a. die Remontedepots geschaffen, so daß ab 1832 die Armee aus heimischer Zucht voll versorgt werden konnte. Im Laufe der Zeit entstanden in T. für die Aufzucht und Auslese mustergültige Einrichtungen. Nach Vorläufern erschien 1878 der Band I des Stutbuches des Hauptgestütes T. 1911 war das erste v. d. Goltz-Querfeldeinrennen in T. abgehalten worden, aus dem sich nach dem Bau fester Anlagen ein alljährlicher Renntag im Rahmen der vom Insterburger Rennverein durchgeführten »Großen ostpreuß. Turnierwoche« entwickelte. In Zwion schuf man als erste derartige Einrichtung 1926 unweit von → Georgenburg eine Hengstprüfungsanstalt, für die als Beschäler vorgesehenen Junghengste. – Am 17. Oktober 1944 kam für T. überstürzt der Räumungsbefehl. Die nach Mitteldtschl. verladenen Gestütsabteilungen fielen später in russ. Hand, während mit den im winterlichen Treck 1944/45 geretteten Zuchtpferden neu begonnen und die 1888 gegr. Ostpreuß. Stutbuchgesellschaft für Warmblut T.er Abstammung als »Trakehner Verband« im W anerkannt wurde. Eigene Gestüte u. a. in Hunnesrück und Neuhaus im Solling sowie in Schmoel und Rantzau in Holstein sorgen für reine Weiterzucht. (IV) *Gr*

MHeling, T., München 1959

Trempen (Nowostrojewo, Kr. Darkehmen). Der Ort liegt an einer vorzeitl. Heerstraße, die von der Angerappfurt bei Medunischken »um den Altrumpen« zum Tal der Ilme nach W führt. Ein Gräberfeld aus spätheidnischer Zeit lieferte neben andern Funden sog. Totenkronen, Halsbergen aus spiralig gewundenem Bronzedraht. Bei der Verleihung des Gebietes → Gerdauen an den Söldnerführer Georg v. Schlieben wird T. als Grenzort erwähnt, ebenso in einem Streit mit dem Pfleger von Insterburg 1510 wegen der Beutnerei. Als die Fam. v. Schlieben ostwärts von Gerdauen neue Güter und Dörfer anlegte, wurde um 1550 in T. eine Kirche errichtet. Sie erhebt sich beherrschend auf einem Hügel, der aus dem Endmoränengebiet nach N vorgeschoben ist. Unter dem Patronat von Ernstburg ist 1582 als erster Prediger Joh. Tortilowius, ein Sohn des Insterburger Geistlichen der Reformationszeit, gen. Später wirkte in T. Joh. Partatius von 1633–41, der 1636 die Anke von → Tharau als seine Ehefrau heimführte. Partatius war Sprachgelehrter und hat auf die Ähnlichkeit des Litauischen mit dem Griechischen (Dualis) hingewiesen. Die jetzige Kirche mit ihren nach ma. Bauart noch sehr starken Mauern ist erst 1695 neu aufgeführt worden. (IV) *Gr*

AAhlemann, Geschichtstabelle d. Stadt Insterburg. S. 9, Insterburg 1926 — Ostermeyer, Hist. Nachrichten vom Trempenschen Kirchspiel (Pr. Archiv 1793, S. 521 u. 579) — KHaberland (in: LV 30, 1956, Folge 26, S. 6)

Treuburg (Marggrabowa, Oletzko, Olecko; Kr. Treuburg). Der Kreis T. mit ausgesprochenem Binnenklima war der Kältepol Ostpreußens. Er erreichte im N im Seesker Berg 309 m Meereshöhe. Östlich vom Seesker Höhenzug lag die sudauische Teillandschaft Merunisken, die in den Ordensurkk. vielfach gen. wird. In der späteren ausgedehnten »Wildnis« stand am Ausfluß der Lega aus dem 7 km langen Oletzkoer See eine 1559 zuerst erwähnte Jagdbude. Hier gründete am 1. Januar 1560 Hz. Albrecht eine Stadt auf 111 Hufen in regelmäßiger Anlage um den 7 ha großen Marktplatz, den größten Dtschl.s, unter dem Namen Marggrabowa, d. i. Markgrafenstadt. Der Ort lebte von dem vielseitigen Marktbetrieb der zunehmend bäuerl. besiedelten Umgebung. 1619 wurde die Amtshauptmannschaft von Stradaunen hierher verlegt und das Schloß Oletzko erbaut. Außer dem Tatareneinfall von 1656 hinderten im Laufe der Zeit sechs große Brände das Aufblühen der Stadt. Nach der Pest 1709/10 blieben von knapp 1000 Einw. nur 38 in T. Die Stadt erholte sich im 18. Jh. langsam. 1782 hatte sie 1620 Einw. 1818 ging der Name der Amtshauptmannschaft Oletzko auf den neugebildeten Landkreis über. Trotz vieler masurisch-poln. Familiennamen wurden 1867 in der Stadt 4149 dt. und 76 masurisch sprechende Einw. gezählt. 1937 zählte man 7200 Seelen. 1914/15 war T. vorübergehend von den Russen besetzt und arg mitgenommen, wurde jedoch noch während des Krieges wieder aufgebaut, wobei der Patenkreis Bergisch-Gladbach wertvolle Hilfe leistete. Der 20. Juli 1920 ergab in Stadt und Kreis bei 28 625 Stimmen für Dtschl. nur zwei Stimmen für Polen. Am Seeufer entstand 1926 der eindrucksvolle Rundbau des *Kreiskriegerdenkmals* neben vorbildlichen Sportanlagen. 1928 nahm die Stadt den Namen T. an; der Kreis folgte ihrem Beispiel 1933. Im zweiten Weltkrieg kam am 22. Oktober 1944 der Befehl zur Räumung des Kreises, während der Volkssturm die Stadt erst am 21. Januar 1945 verließ. *Gr*

JFrenzel, Beschreibung des Kr. Oletzko, Marggrabowa 1870 — Grannas, Aus der Gesch. d. Kr. Oletzko, Marggrabowa 1926 — HFrederichs in: LV 50, S. 113 — LV 30, 1953, Folge 15

Tuchel (Tuchola, Kr. Tuchel). 1287 zum ersten Male urk. gen., bildete T. 1307 mit einem festen Haus einen der Hauptstützpunkte des Gf. v. Neuenburg Peter Swenza, der im gleichen Jahre als Lehnsinhaber von T. von den Mgff. v. Brandenburg anerkannt wurde. 1330 ging T. in den Besitz des Deutschen Ordens über. In unmittelbarer Nähe des Schlosses leitete der erste Komtur von T., Dietrich v. Lichtenhain (1330–43), die Begründung einer deutsch-rechtlichen Stadt in die Wege; 1344 erscheint Nikolaus Meißner als Stadtvogt von T. 1346 erhielt die Bürgerschaft mit der Handfeste Kulmer Recht und einen bestimmten Landbesitz. T. hatte bei seiner Stadtwerdung die etwa 3000 preuß. Morgen große »Heide zwischen den Fließen« (Mühlen- und Kitschfließ) und der Brahe erhalten, deren Verzinsung in Honig festgesetzt wurde. Daneben wird noch Fischerei erwähnt. Der Aufstieg der jungen Stadt war also weitgehend von seiner günstigen Verkehrslage und der Entfaltung seines Gewerbes als Marktort abhängig. Die kath. Pfarrkirche wurde 1287 geweiht. Die Burg lag westlich der Stadt, durch das Kitschfließ und die Stadtmauer von der Bürgergemeinde getrennt, und gehörte zu den größeren Befestigungen des Ordensstaates. Nach dem großen Brande von 1781 durften die Bürger die Steine der Burg zum Wiederaufbau ihrer Häuser benutzen. Die evg. Kirche in der Konitzer Vorstadt wurde 1837/38 als einfacher Ziegelbau errichtet. 1772 gab es in der Stadt 108 Wohnplätze und 490 Einw., 1905: 3448 (davon 1965 mit deutscher Muttersprache), 1943: 7086. (I) *B*

RFrydrychowicz, Gesch. d. Stadt, der Komthurei und Starostei T., Berlin 1879 — PPanske (in: LV 14, H. 21, 1922) — LV 110, 163, 4

Tütz (Tuczno, Kr. Deutsch Krone). Am Berghang zwischen drei Seen an einer alten Straße gelegen, die bei Filehne die Netze überschreitet und in Richtung Kolberg der Ostsee zustrebt, bildete T. einst den Mittelpunkt der großen Grundherrschaft der Fam. v. Wedell, die ihr von den brandenburg. Mgff. verliehen worden war. T. erscheint schon 1306 als Stadt, seine Umwandlung zu einer Stadt im Rechtssinne mit »vollkommen Brandenborgsch recht« scheint 1331 mit der Ausstellung des in pommerschem Platt abgefaßten Stadtprivilegs durch die Brüder v. Wedell ihren Abschluß gefunden zu haben. Bald danach wurde die kath. Pfarrkirche »Assumptionis B. Mariae V.« in Stein errichtet, 1409 die nur mit Wall, Gräben und Plankenzäunen umgebene Stadt durch Michael Küchmeister, damals Vogt der Neumark, belagert. 1458 war das südlich vor der Stadt gelegene Schloß von Ordenssöldnern besetzt. Von dieser hufeisenförmigen, nach der Stadt zu geöffneten Anlage entstand 1338 der r. Seitenflügel, 1581 der Mittelbau, 1608–31 der l. Flügel. Das Schloß war 1821–27 Sitz der Apostolischen Administratur Tütz, die danach in Schneidemühl als Freie Prälatur existierte. Vor dem zweiten Weltkriege war T. ein Ackerbürgerstädtchen ohne Industrie und Luftkurort. 1939 hatte es 2748 Einw. (I) *B*

FWFSchmitt, Gesch. d. Dt. Croner Kr., 1867 — FSchultz, Gesch. d. Kr. Dt. Krone, 1902 — LV 50, 163, 4

Unterplehnen (Kr. Rastenburg). Hier wurde ein Gräberfeld mit Körperbestattungen gefunden, das nach den Beigaben bereits der Ordenszeit (13. Jh.) angehört; es handelt sich um einen der sehr seltenen Friedhöfe, die schon unter christlichem Einfluß stehen, aber noch heidnische Sitten erkennen lassen, denn sonst sind in der spätheidnischen Zeit bei den Altpreußen Brandgräber üblich.
(III) *Ba*

Upalten (Upałty, Kr. Angerburg). Ehemals Halbinsel, wurde U. durch den Aufstau des Mauersees im 16. Jh. zur Insel und von den Besitzern, den Gff. v. Lehndorff → Steinort, durch Alleen und ein Lusthaus verschönt. Bereits 1717 rühmt G. A. Helwing diesen Beweis frühzeitiger Landschaftspflege, der jahrhundertelang Besucher anzog. Seit 1856 verstärkten Dampfer den Verkehr. Im September 1914 diente die »Barbara« als Patrouillenschiff und brachte u. a. Geschütze nach U., von wo diese in die Schlacht an den masurischen Seen eingriffen. Auf U. ruht der Erforscher des Mauerseegebietes, Lehrer A. Quednau-Stobben.
(IV) *Gr*

AQuednau, Das eiszeitliche und das heutige Mauerseebecken, Langensalza, 1927.

Vandsburg (Więcbork, Kr. Flatow). 1384 wird V. erstm. als grundherrliche Stadt mit magdeburgischem Recht erwähnt. Urspr. soll sich die städt. Siedlung auf dem nahe bei der heutigen Stadt gelegenen Katharinenberg befunden haben, dort nach der Pest von 1602 gänzlich verödet und dann von neu ankommenden Siedlern in der Ebene angelegt worden, die Pfarrkirche 1405 gegr. worden sein. Das älteste Schloß soll auf einem Werder am See gelegen haben. 1556 wird vom Bau eines zweiten Schlosses berichtet, das abseits von der alten Stelle, von Wall und Graben umgeben, auf der Ostseite der Stadt lag; M. 18. Jh. war es anscheinend noch bewohnt. Nach 1772 überließ es Graf Potulicki den Evgl. zur Abhaltung der Gottesdienste. Von V. aus nahm das große Werk des Deutschen Evangelischen Gemeinschafts-Diakonieverbandes unter Pfarrer Theophil Krawielitzki seinen Anfang. Hier entstand i. J. 1900 das Stamm-Mutterhaus des Verbandes, das 1920 nach der Abtretung eines Teiles der Provinz Westpreußen an Polen ein zweites Mutterhaus in Elbingerode im Harz begründete. 1945 war der Verband gezwungen, das Werk in V. aufzugeben und gründete die Diakoniehäuser Neuvandsburg-West in der Bleibergquelle, Velbert im Rheinland und das Mutterhaus Altvandsburg in Lemförde (Hann.). 1910 hatte V. 3118 Einwohner (darunter 2336 Deutsche), 1921: 2588, 1943: 4102.

(I) *B*

FWFSchmitt, Der Kr. Flatow, 1867 — OGoerke, Der Kr. Flatow, 1918 — LV 110, 163, ₄

Vierbrüdersäule (Kr. Samland). Das gesch. Ereignis an dieser unweit Königsberg gelegenen Stätte läßt sich nicht genau bestimmen; doch hat sich älteste Überlieferung und beliebtes Sagengut mit dem Platz verwoben. Der Ordenschronist Peter v. Dusburg, der seine Arbeit zwischen 1324 und 31 abschloß, berichtet von dem chr., dt. Ansiedler Martin v. Golin, der einen wilden Haß gegen die Pr. hegte, weil er während des Aufstandes hatte mitansehen müssen, wie sie seine Schwester schändlich ermordet hatten. Man bringt Golin auch mit der Preußenburg Conowedit in Verbindung, die er bewohnt haben soll und die man bei Margen (knapp 2 km s.) gesucht hat. Dusburg bestimmt ihren Platz »am Haffufer, Brandenburg gegenüber« zum Jahre 1272. Es hat sich dort auch ein »Schloßberg« und ein ausgedehntes Gräberfeld nachweisen lassen. Der Stamm Wede (pr. Wayday, Wald) findet sich im benachbarten Widitten am gleichnamigen Fließ und ist auch im alten Namen Witland für das → Samland enthalten. Golin wurde Führer einer Partisanengruppe treu gebliebener Samländer, die vom Orden gegen die Sudauer und Litauer mit bestem Ergebnis eingesetzt wurde. Die Wegekundigen bei den Feldzügen nach Litauen sind noch lange meist Samländer gewesen. Dusburg nennt die Leute Golins latrunculi, später heißen solche »Parteigänger« in Pr. »Struter«. 1295 (damals war ein Sudaueraufstand in → Pobethen) soll an dieser Stelle Golins Gruppe überfallen worden sein. Golin, der entkam, hat vier gefallenen Gefährten ein schwarzes Kreuz errichtet. Der Landmeister Meinhard v. Querfurt (1288—99) ließ es durch eine hölzerne Säule ersetzen. Das würde er kaum getan haben, wenn es sich nicht um ein bedeutsames Ereignis gehandelt hätte. Die Säule wird noch 1673 beschrieben und 1700 abgebildet als ein Pfahl mit vier gebogenen Armen, deren jeder ein behelmtes Männerhaupt trug. Nach mehrfachen Erneuerungen wurde 1898 die bis in die neueste Zeit erhaltene Betonsäule errichtet, die den alten Zinkaufsatz trägt und über dem Ordensschild eine Tafel mit gereimtem Bericht, wonach es sich um vier Ordensbrüder gehandelt haben soll. Die Namen entsprechen, abgewandelt, denen der Gefährten Golins. Das »Schloß« Conowedit wird als in der Nähe liegend erwähnt. Auf der andern Seite der Landstraße liegt der Vierbrüderkrug, ein beliebtes Ausflugsziel der Königsberger, besonders, noch A. ds. Jh., für Schlittenfahrten durch den verschneiten Wald.

(III) *W*

LV 78, Bd. 10, S. 117, 125 und 139 — LV 126, Bd. 1, S. 343 — LV 162, ₁, S. 135

Wargen (Kr. Samland). Die Höhe südlich des jetzigen Stausees birgt im Walde Erdwälle und Gräben aus heidnischer Zeit. Weiter s., bei Warglitten, hat Gf. Heinrich v. Lehndorf 1824 »den Urbewohnern dieses Hains« ein Denkmal gesetzt, bestehend aus einer von Keule und Schwert flankierten Urne auf einem ansehnlichen Quader aus Granit. Das »Feld in Wargen« wird urk. erstm. 1281 erwähnt, als vier pr. Brüder dort angesiedelt wurden. 1299 werden acht im Aufstande treu gebliebene Samländer in W. aufgeführt. Damals wird auch das Haus W. erbaut sein, ein untergeordneter Amtshof mit einem niederen Ordensbeamten. Es lag am Knick des Flüßchens, das beim Bau des → Landgrabens zum See aufgestaut worden ist, auf einer vorspringenden Spitze. M. 14. Jh. wurde die Kirche, die stattlichste unter den dörflichen des Ordenslandes, als Burgkapelle in der Vorburg erbaut, offenbar zuerst der Chor mit prächtigen Sterngewölben. Wertvoll sind besonders die Tierfiguren auf den Schlußsteinen. Der Turm ist ein Wehrturm. 1388 wird die Burg als »flyhus« (Fliehhaus) benutzt. An der Stelle der eigentlichen Hauptburg steht heute das Pfarrhaus dicht am See. 1507 war die Burg nicht mehr verteidigungsfähig, 1780 hatten sich nur noch Reste erhalten, 1826 war nichts mehr vorhanden. W. war ein beliebtes Ausflugsziel der Königsberger, die gerne von dem alten Kruge aus den Blick über den See auf das turmgeschmückte, moderne Schloß Preyl, den Sitz der Gf. v. Lehndorf, genossen. (III) *W*

LV 162, $_1$, S. 135 — LV 164, S. 427

Warmhof (Kr. Marienwerder). Bei dem Gute W. (unweit von → Mewe), wo am l. Weichselufer eine Schlucht (Parowe) am Steilhang zur Weichsel hinabführt, wurden zahlreiche Gräber der Ostgermanen aus der späten Latènezeit (etwa 150 v. Chr.) und aus der römischen Kaiserzeit (1.–4. Jahrhundert. n. Chr.) aufgedeckt. Die männlichen Brandgräber der Latènezeit enthielten Schwerter, Lanzenspitzen, Schildbeschläge, Gürtelhaken u. a. m.; die gleichzeitigen Frauengräber Gewandnadeln und Frauengerät. Die kaiserzeitl. Männergräber sind waffenlos, aus den gleichzeitigen Frauengräbern stammen viele Schmucksachen (Hals- und Armringe, Gewandnadeln, Perlenketten, Spinnwirtel usw.) – Wesentlich jünger ist ein Gräberfeld mit Körper-(Skelett-)gräbern, das etwa 200 m ö. des Gutes W. gelegen ist. Eins davon ist das Grab eines Wikingers mit reichen Beigaben; der Griff des Schwertes, die Steigbügel und mehrere Beschläge sind durch sog. Tauschierung verziert (Silber mit Einlagen aus Kupfer und Messing). Von anderen Beigaben ist eine kleine Handwaage aus Bronze mit 10 Gewichten (zum Abwiegen des als Geld dienenden »Hacksilbers«) bemerkenswert. Das Grab des wikingischen Reiters gehört dem 9. Jh. n. Chr. an. (II) *B/Ba*

WLaBaume, Ostgermanen 1934 (in: LV 203; Vorröm. Zeit, S. 86) — Ders., Die Wikinger (in: Vorgesch. d. dt. Stämme, Bd. 3, S. 1277)

Wartenburg (Barczewo, Kr. Allenstein). Neben dem auf einer Anhöhe am N. Ufer des Wadangsees 1325 errichteten Wachthause wird bereits 1337 eine Stadt W. gen. Als sie im Winter 1353/54 durch die Litauer völlig vernichtet wurde (hier entstand später das Kirchdorf → Altwartenburg), verlegte sie Bf. Johannes Stryprock alsbald etwa eine Meile ostwärts an das Pissaflüßchen und erteilte dem Lokator Heinrich v. Layß (Bruder des → Allensteiner Lokators) am 6. Juli 1364 die Handfeste zu kulm. Recht für einen Grundbesitz von 180 Hufen (später auf 225 Hufen vergrößert), wozu 1482 noch das wüst gewordene Dorf Reuschhagen mit 45 Hufen als städt. Kämmereidorf hinzukam. In der Nordostecke der Stadt lag, auf drei Seiten durch Wasser geschützt, die bischl. Burg, die im letzten Drittel des 14. Jh. etwa gleichzeitig mit der Stadtbefestigung, dem Rathaus und der Pfarrkirche ihre massive Form erhielt. Nur zwei Flügel der Burg, die dem Burggrafen für das gleichnamige Kammeramt bis 1772 als Wohnung diente, waren voll ausgebaut; nach dem großen Brande von 1798 z. T. abgetragen, wurde das Haupthaus 1826 zur evg. Volksschule umgebaut. Die Stadtmauer wurde samt den drei Toren nach 1800 abgebrochen, nur geringe Reste an der Südseite sind in Häusern verbaut. Das Rathaus, in der Mitte des Marktplatzes als got. Backsteinbau errichtet und mit Hakenbuden umgeben, ist wiederholt dem Brand zum Opfer gefallen und im 19. Jh. in moderner Form auf den alten Fundamenten erneuert worden. Die Pfarrkirche zu St. Anna wurde als got., dreischiffige, chorlose Hallenkirche gegen 1400 vollendet, der mächtige Westturm mit eigentümlichen Strebenpfeilern war erst 100 Jahre später fertig und erhielt nach dem Brand von 1798, der auch das Kircheninnere völlig vernichtete, die jetzige welsche Haube mit einer Laterne; der Choranbau im O stammt erst von 1894.

Im Südosten der Stadt lag das Franziskanerkl., für das bereits in der Handfeste ein Raum vorgesehen war und das um 1380 tatsächlich errichtet wurde; es gehörte zur sächs. Ordensprovinz. Als sich in der Ref. die Mönche verliefen, stand das Kl. zunächst leer, bis der erml. Bf., Kardinal Andreas Bathory, es 1597 mit Observanten (Bernhardinern) der poln. Ordensprovinz neu einrichtete. Schon zu Lebzeiten ließ er in der Kl.-Kirche für seinen 1595 verstorbenen Bruder, den Grafen Balthasar B., und sich selbst ein Grabmal aus schwarzem und weißem Marmor aufstellen (wohl niederländisches Einfuhrgut). Das Kl. wurde 1810 säkularisiert, 1830 als Staatseigentum eingezogen und wird seit 1834 als Strafanstalt verwendet. Bei einem Brande 1846 wurde das alte dreiflügelige Kl.-Gebäude vernichtet, aber in moderner Form erneuert. Erhalten blieb damals die Kirche zu St. Andreas, eine der wenigen aus dem Ma. überkommenen Klosterkirchen des Ordenslandes; sie dient noch heute dem kath. Gottesdienst, erhielt unter Bf. Rudnicki um 1610 die jetzigen Gewölbe und weist nur einen Dachreiter am Ostende des einschiffigen Langhauses auf. Im Hungerkrieg 1414 wurden Schloß und Stadt einschließlich des

Kl. und seiner Kirche völlig eingeäschert, in den späteren Kriegen kam W. aber ziemlich glimpflich davon. 1872 erhielt es Eisenbahnanschluß durch die Linie Korschen-Allenstein. Die Bevölkerung, die 1772 nur 1434 Einwohner betrug, stieg langsam auf 1974 im J. 1822 und auf 3980 im J. 1871; mit 4822 erreichte sie 1895 einen gewissen Höhepunkt, sank dann aber bis auf 3729 im J. 1916 ab und betrug 1939 wiederum 5843 Einwohner. (V) *Sch*

LV 164, S. 250 — LV 172, Bd. 14, S. 683 — WKoppenhagen in: LV 50, S. 113

Wehlau (Snamensk, Kr. Wehlau). Im J. 1255, als der Orden mit Unterstützung des Böhmenkg. Ottokar die Burg Königsberg gründete, haben die Preußen auf einer Insel der (heute ausgetrockneten) Deltamündung der Alle in den Pregel eine Befestigung angelegt, die Wetau oder Wetalo hieß, woraus später Velowe, Wilaw gebildet worden ist. Heute liegt W. auf dem ö. Ufer der Alle. Der Orden hat die Preußenfeste jedoch schon bald besetzt, und 1258 wird »Velowe« bei der Teilung des → Samlandes zwischen Orden und Bf. mit aufgeführt. 1280 wurde die Ordensburg von den → Sudauern zerstört. 1336 erhielt der Unternehmer und Schulze Gottfried Hundertmark den Auftrag zur Stadtgründung nach kulmischem Recht. Etwa gleichzeitig begann in der Umgebung auch die Dorfsiedlung, deren Marktort die Stadt werden sollte. Von der Kirche erfahren wir, daß sie 1347 durch die Litauer zerstört worden ist. 1349 wurde das Franziskanerkl. an der Stelle der ehem. Burg erbaut. Erst 1380 erhielt die Stadt Mauerbefestigung, die Kirche wurde wiederhergetellt und die Kl.-Gebäude massiv errichtet. Ein Bernhardinerkl. ist 1447 gegründet worden. W. gehörte zur Komturei Königsberg und zum Waldamt → Tapiau. Beim Abfall des Preuß. Bundes 1445 zerstörten die Städter das Kl. an der alten Burgstelle; doch wurde es später wieder aufgebaut. 1520 sind beide Kll. aufgehoben worden. Im 13j. Kriege blieb W. zuerst in der Gewalt des Bundes, wurde aber 1460 vom Orden zurückerobert. – Der geistige Auftrieb nach der Ref. führte 1537 zur Gründung der Lateinschule, die unter Jakob Reese (1690 bis 1739) eine hohe Blüte als Vorbereitung für die Königsberger Universität erlebte, 1810 aber nicht mehr bestand. Im Vertrage zu W. am 19. September 1657 gewann der Große Kurfürst während des schwed.-poln. Krieges die 1525 verlorene Souveränität in Preußen vom Kg. v. Polen zurück. 1679 hatte W. eine schwed. Besatzung. 1757 besetzten es die Russen. Nach der Schlacht bei Friedland am 14. Juni 1807 zog Napoleon in W. ein und überließ die Stadt einer zweitägigen Plünderung. – Die Gründung von Insterburg 1680 tat dem Wirtschaftsleben W. starken Eintrag; doch blieben die Jahrmärkte gut besucht, und Getreidehandel, Mühlengewerbe und Brauerei, seit dem 19. Jh. auch ein Pferdemarkt, brachten gute Einkünfte, besonders seit W. 1860 an die Ostbahn angeschlossen war. Die Einwohnerzahl, die 1726 nur 250 betragen, sich aber bis 1782 bereits verzehnfacht hatte, betrug 1880–1925 ziemlich gleichbleibend rund 5400, im Jahre 1930, nach Eingemeindungen, 8079. (III) W

AAmbrassat, Bilder aus W.s Vergangenheit, 1898 — HFischer, Gesch. der Stadt W., 1936 — ThWinkler in: LV 50, S. 114

Weichsel. Der Hauptstrom Westpreußens ist 1068 km lang und hat ein Einzugsgebiet von rund 200 000 qkm, davon gehören etwa 32 500 qkm Stromgebiet und 225 km Flußlauf zu Westpreußen. Im 14.–16. Jh. war die W. ein häufig benutzter Wasserweg eines blühenden Handels; sie genügte den geringeren Anforderungen der früheren Zeit. In der Geschichte der Bewirtschaftung des Stromes begegnen daher zuerst Schutzbauten (Wurten, Dämme) für Menschen, Tiere und Boden. Mit der Einwanderung im Deichbau erfahrener Siedler setzte im 13. und 14. Jh. der kunstmäßige Deichbau ein. Zu den ältesten Anlagen dieser Art gehört wohl der »alte Weissel-Tham«, der unterhalb Stüblau den heutigen Weichseldamm zunächst nordwärts verläßt und dessen Spuren sich durch die Gemarkungen von Gemlitz, Gr. Langfelde, Gr. Zünder bis zur Höhe von Gottswalde noch heute verfolgen lassen, wo er sich nach Nordwesten auf Wesslinken zuwendet. Er ist verm. vor 1300 als ein Werk westpreuß. Kll. entstanden. Unter der planmäßigen Leitung des Deutschen Ritterordens scheint die Eindeichung des Großen und des Stüblauer Werders in der 1. H. 14. Jh. vor allem mit Hilfe holländischer Einwanderer vollendet worden zu sein. Auch die Nogatdeiche wurden in der 1. H. 14. Jh. erbaut. An der Elbinger Weichsel waren Eindeichungen im 14. Jh. nur am oberen Teil ihres Nordufers vorhanden; die Eindeichung des Nordufers am anschließenden Unterlauf erfolgte viel später. Auf der Südseite wurden die Deiche als Teile des Ringdeiches für das Marienburger Werder angelegt, einer jener großen zusammenhängenden Deichzüge, die während des 15.–17. Jh. entstanden. Die Einführung großer, mit Windkraft betriebener Schöpfwerke ergänzte das ma. Dammbauwerk und führte schließlich zur Trockenlegung weiter sumpfiger Niederungsflächen, die teilweise bis 5 m unter dem Meeresspiegel liegen.

Die Stromregulierung für die Schiffahrt spielte zunächst nur bei der Abzweigung der → Nogat bei Weißenberg eine Rolle. 1832 schritt man zur Durchführung umfassender Pläne für die Herstellung eines Mittelwasserbettes von Fordon bis zur Mündung. Neue Maßnahmen erforderte die mit dem Weichseldurchbruch bei Neufähr 1840 eingetretene veränderte Lage. Nach dem infolge starker Eisversetzungen 1888 entstandenen Deichbruch bei Jonasdorf an der Nogat ging man an die Verbesserung der Eisgang- und Abflußverhältnisse. So entstand 1895 als wichtigstes Bauwerk zwischen Siedlersfähre und Schwiewenhorst der Durchstich durch die Danziger Binnennehrung. Durch Schleusenanlagen von der Stromweichsel zur totgelegten Danziger Weichsel mit einem Flößerei- und einem Schiffahrtkanal wurde die Verbindung zum Danziger Hafen hergestellt. Mit der lange geplanten Abschließung der Nogat im Juli 1914 hatte ein großartiges Kulturwerk der Wasserwirtschaft zum Segen der Niederungen seinen Abschluß gefunden. 1919 wurde Polen durch die Entente verpflichtet, sich einem späteren Abkommen über die Rechtsstellung internationaler Flüsse zu unterwerfen. Die Durchführung der nach dem zweiten Weltkrieg aufgestellten weitreichenden Pläne zum Ausbau der W. in ihrem Mittel- und Oberlauf zu ihrer Einbeziehung in ein umfassendes ostmitteleuropäisches Wasserstraßennetz steckt noch in den Anfängen. (II) *B*

Die W. Ihre Bedeutung als Strom und Schiffahrtstraße und ihre Kulturaufgaben, hg. v. RWinkel, Leipzig 1939. (Deutschland u. d. Osten, 13)

Weichselmünde. Die Mündung der Weichsel in die Ostsee lag urspr. nur bei dem Ort W. Erst 1844 durchbrach bei einem Eisgang der Strom die Dünen bei Neufähr, 1895 wurde eine künstliche Mündung bei Schiewenhorst angelegt. Schon frühe befanden sich Befestigungen am r. Ufer der Mündung. Der Deutsche Orden erbaute dort 1396 ein Blockhaus, 1462 war eine Bastei und seit 1482 ein Turm vorhanden; 1563 wurde der »Kranz«, ein Mauerring, erbaut, in dessen Mitte 1721 ein neuer Turm errichtet wurde. Als der poln. Kg. Stephan Bathory 1577 → Danzig belagerte, fanden heftige Kämpfe um W. statt. Das Fort wurde 1587–1602 ausgebaut und 1624–26 durch die sog. Enveloppe, fünf sterförmige Bastionen, verstärkt; auch wurde gegenüber der Festung auf dem l. Ufer der Weichsel seit 1627 die Westschanze angelegt und später mehrmals vergrößert. Auch bei der Belagerung Danzigs durch die Russen 1734, durch die Franzosen 1807, durch die Preußen und Russen 1813 wurde W. umkämpft. Zur preuß. Zeit nach 1850 lagen dort Teile der Danziger Garnison, auch wurde dort eine Unterkunft für Festungshaft eingerichtet. Die *Anlagen* sind erhalten geblieben. (II) *K*

GKöhler, Gesch. d. Festungen Danzig u. W. bis z. J. 1817, 2 Bde., 1893

Willenberg (Wielbark, Kr. Ortelsburg). W. anfangs auch Wildenberg gen., wird urk. zum erstenmal 1361 bezeugt. Auf einer vom Omulefffluß gebildeten Insel errichtete der Orden ein »Wildhaus«, das bereits in diesem Jahr Sitz eines Pflegers war. In dem Raum zwischen Omulef und Sawitzfluß (damals Schefke gen.) und auch r. des Omulef siedelten Beutner und Jäger. Neben dem »Wildhaus« wurde ein Hammerwerk errichtet, in dem das in der näheren Umgebung reichlich vorhandene Rasensteinerz verarbeitet wurde. Die Gemeinde W. nahm im 15. Jh. eine günstige Entwicklung dank der Lage an der alten Durchgangsstraße Königsberg–Warschau, so daß Hz. Albrecht sich mit dem Gedanken trug, hier eine Stadt anzulegen. Der Plan wurde aus unbekannten Gründen nicht verwirklicht. In einer Verschreibung des Großen Kurfürsten vom 21. Juni 1643 wird W. zwar als »Städtlein« bezeichnet, die Stadtgerechtigkeit erhielt es jedoch erst am 21. Juli 1723 durch Kg. Friedrich Wilhelm I. Mit dieser Verleihung begann für die

Stadt, die im 17. Jh. vor allem durch den Tatareneinfall schwer gelitten hatte, eine Periode des Aufstiegs. Insbesondere entfaltete sich ein blühendes Tuchmachergewerbe, das durch die zollfreie Einfuhr der Wolle aus Polen sehr begünstigt wurde. Einen Rückschlag erfuhr diese Entwicklung im unglücklichen Kriege. 70 000 Franzosen durchzogen die Stadt. Napoleon hatte vom 21. Januar bis 2. Februar 1807 im Amtshaus der Domänenkammerverwaltung sein Hauptquartier aufgeschlagen. Die Stadt verlor in diesen Notzeiten ihr beträchtliches Grundvermögen. 1817 wurde W., das bis dahin dem Kreis Neidenburg angehörte, dem Kreis Ortelsburg zugeschlagen. – Die Eröffnung der Bahnstrecke Neidenburg–W.–Ortelsburg gab dem Wirtschaftsleben einen gewissen Auftrieb. 1914 war W. Brennpunkt der Schlacht bei → Tannenberg. Dreimal wurde die Stadt von den Russen besetzt. In einem Gefecht in der nächsten Nähe von W. wurden 16 100 Russen gefangen. Dicht bei der Försterei Karolinenhof erschoß sich der Kommandeur der Narewarmee Samsanow. Auf Veranlassung des Ortelsburger Landrats v. Poser wurde über dem Grab ein schlichtes Denkmal errichtet, das die Inschrift trug: »General Samsonow, der Gegner Hindenburgs in der Schlacht bei Tannenberg, gef. 30. August 1914.« Der Ausgang des Krieges brachte W. mit dem Fortfall des gewinnbringenden Grenzverkehrs schwere wirtschl. Nachteile. Nach dem Kriege war W. nur ein ländliches Marktzentrum und Wohnsitz von Zoll-, Bahn- und Postbeamten. Die Einwohnerschaft belief sich 1925 auf 2441 Seelen, gegen etwa 1100 im Jahr 1782. Der 11. Juli 1920 endete auch in W. mit einem dt. Abstimmungssiege: 1581 Stimmen wurden für Dtschl., 24 für Polen abgegeben. (V) *Mey*

EMerks, Gesch. der Stadt W. W. ohne Jahr — HFrederichs in: LV 50, S. 116

Windenburg (lit. Vente, Kr. Heydekrug). Die Burg des Deutschen Ordens wurde 1360 durch Henning Schindekop angelegt; sie unterstand zunächst dem Ordensmarschall in Königsberg, später, seit Ende 15. Jh., der Komturei, dann dem Hauptamte in Memel. W. diente als Etappe auf dem Wege nach Litauen, der über die → Kurische Nehrung nach → Rossitten, über das Kurische Haff nach W. und von hier die Memel aufwärts führte. Die Burg, an einer vorspringenden Spitze nördlich der Memelmündungen hart am Haff gelegen, ist im Wasser versunken, der Zeitpunkt nicht bekannt. Bereits 1422 wird gemeldet, sie sei vom Sturm fast überflutet. Die Kriegsordnung von 1507 nennt W. nicht mehr unter den Burgen, die zu halten seien. Noch im 19. Jh. glaubte man Mauerreste im Wasser zu erkennen: ein ostpreuß. Vineta. Die Kirche in W., die vielleicht auf eine Kapelle der Ordensburg zurückgeht, wurde nach Kinten verlegt. W. blieb ein Fischerdorf, merkwürdig durch den Leuchtturm, der die gefährliche Landspitze, die »Windenburger Ecke«, dem Schiffer kenntlich machte.
(IV) *F*

LV 162, ₅, 1895 — JSembritzki und ABittens, Gesch. d. Kr. Heydekrug, 1920

Wiskiauten (Kr. Samland). In dem unweit des Ostseebades Cranz gelegenen, zur Gemarkung W. gehörenden Wäldchen »Kaup« liegen zahlreiche niedrige Hügelgräber. Eins davon enthielt in der untersten Schicht zwei Skelette, die nach den Beigaben in die Jungsteinzeit (2. Jt. v. Chr.) zu setzen sind. In der Schicht darüber lag ein Skelettgrab der älteren Bronzezeit, und in den Hügelmantel war eine kleine Steinkammer mit Tongefäßen der vorröm. Zeit eingebaut. Dieser Grabhügel war also eine altpreuß. Nekropole (→ Rantau). — Um dieses uralte Grab herum liegen viele Hügel von etwa 4–6 m Durchmesser, die zu einem Wikingerfriedhof (9./10. Jh. n. Chr.) gehören, denn die darin enthaltenen Beigaben sind von denen der altpreuß. Gräberfelder völlig verschieden; sie entsprechen nordgerm. Funden der Wikingerzeit (reichverzierte Schwerter und Lanzenspitzen, Frauenschmuck typisch nordgerm. Art). Die Begräbnisstätte in der Kaup muß zu einer Wikinger-Siedlung gehört haben, deren Lage in der Nähe anzunehmen, bisher aber nicht entdeckt werden konnte. Wie bei Schleswig (»Haithabu«), Wollin (»Vineta«), → Elbing (»Truso«) und Grobin bei Libau an der lettischen Ostseeküste wird bei W. ein von skandinavischen Wikingern begründeter Handelsplatz gelegen haben, in dem auch samländische Altpreußen ansässig waren, denn eine altpreuß. Begräbnisstätte mit Brandgräbern (»Aschenplatz«) schließt sich unmittelbar an das Wikingergräberfeld bei W. an. (III) *Ba*

WLaBaume, Die Wikinger (in: Vorgesch. d. dt. Stämme, Bd. 3, 1940) — LV 205, S. 202—208 — LV 202, S. 350, Abb. 282 u. 283, Taf. 17, S. 385

Wöklitz (Weklice, Kr. Elbing). Die bei W. gelegene sog. Sehwedenschanze ist eine abgerundet viereckige Wehranlage, auf deren Wall urspr. eine »Holz-Erde-Mauer« mit Wehrgang gestanden hat. Die Burg ist nach zwei Seiten durch natürliche Steilhänge, nach den beiden anderen Seiten durch Wall und Graben geschützt. Der Burgwall von W. ist einer der wenigen, die durch Ausgrabung untersucht sind (Städt. Museum Elbing). Mehrere durch die Wälle gelegte Schnitte ließen Reste der Holzkonstruktion im Inneren erkennen. Es wurden auch Reste eines Holzturmes aufgedeckt. Drei Bauperioden konnten festgestellt werden: auf eine spätheidnisch-altpreuß. folgte eine dt.-ordenszeitliche (etwa 1235–75), zuletzt wieder eine altpreuß. Es handelt sich also um eine Wallburg, die von den Altpreußen erbaut, zeitweilig aber vom Deutschen Ritterorden besetzt war. Die in der Nähe gelegenen Burgwälle, »Großer« und Kleiner Schloßberg, gehören wahrscheinlich ebenfalls in die spätheidnische (altpreuß.) Zeit. Alle zusammen sind vielleicht mit dem in einer ma. Schriftquelle gen. »castrum Weclitze« identisch. (II) *B/Ba*

MEbert, Truso, Königsberg 1926

Woplauken (Wopławki, Kr. Rastenburg). Als der Litauerfürst Witen im Frühjahr 1311 das → Ermland plündernd durchstreift

hatte, trieb er eine reiche Beute vor sich her und machte in der »Wildnis« halt. Großkomtur Heinrich v. Plotzke hatte ihn mit seinem Ordensheer verfolgt und schlug das Litauerheer auf dem Felde von W. am 7. April. »König« Witen entkam nur mit genauer Not. Zum Andenken an den Sieg wurde in → Thorn ein Nonnenkloster gegr. Der Orden erbaute in W. eine Burg, die von einem Pfleger (1387–89 bekannt) verwaltet wurde. Ihre Stelle bezeichnet die »Alte Schanze« auf der Westseite des Gutes W.
LV 136, S. 218 (III) *Gu*

Wormditt (Orneta, Kr. Braunsberg). In der altpr. Landschaft Pogesanien an der Drewenz, etwa 1 Meile oberhalb ihrer Mündung in die Passarge, wurde W. an Stelle einer stammpreuß. Siedlung oder Marktstätte durch den ermländischen Bf. Eberhard v. Neiße in der typischen Form der ostdt. Siedlungsstadt angelegt und mit schlesischen Siedlern besetzt, von denen die bis in die Gegenwart gebrauchte mitteldt. Mundart, das sog. Breslauische, herrührt. Der Lokator Willus oder Wilhelm, ein Neißer Bürgersohn und wohl mit dem Bf. verwandt, erhielt wahrscheinlich 1312 die Handfeste, die der Stadt 121 Hufen zu kulmischem Recht verlieh. Später kamen noch mehr als 100 Hufen Waldland dazu, wovon ein weit entfernt liegender Teil als eigenes Stadtdorf (Bürgerwalde) ausgetan wurde. Aus dem altpreuß. Wort Wurmedythin leitete die Volksetymologie die Sage vom Lindwurm ab, den man ins Stadtwappen nahm. Am Westrand der Stadt lag die bischfl. Burg, in der Bf. Hermann v. Prag 1341–49 residierte (ungefähr 1806 abgebrochen bis auf die Fundamente, auf denen man um 1890 die städt. Volksschulen errichtete). Unter ihm begann der Massivbau der Stadtmauer, des Rathauses und der Pfarrkirche. Von der Stadtbefestigung, die samt den beiden Toren um 1800 abgebrochen wurde, steht nur noch ein kleiner Rest in der Nähe des ehem. Obertors. Das 1373 in got. Backsteinbau vollendete Rathaus in der Mitte des geräumigen Marktplatzes ist bis heute erhalten; es war ehemals zu ebener Erde Kaufhaus mit den Brot-, Fleischbänken u. a. m.; im Obergeschoß lagen an den beiden Giebelseiten die Ratsstube und die Gerichtsstube für das städt. Schöffengericht, der in der M. gelegene Rathausflur war bis weit in das 19. Jh. hinein der einzige große Versammlungsraum der Bürgerschaft. Ein Türmchen in der Mitte des hohen Daches bewahrt die älteste Glocke des → Ermlands von 1384, die als Ratsglocke, in neuerer Zeit als Uhrglocke dient. Auf der Spitze des staffelförmigen Westgiebels befindet sich mindestens seit dem 18. Jh. ein Storchennest. An beiden Längsseiten sind zu ebener Erde 13 Hakenbuden (kleine Geschäfts- und Wohnräume enthaltend) angebaut. Der rechteckige Marktplatz ist auch heute noch auf drei Seiten von Laubenhäusern umgeben, 1945 z. T. zerstört.

Die Pfarrkirche zu St. Johann (1379 vollendet) hat als einzige Kirche des Ermlandes die Form einer chorlosen, dreischiffigen, got. Basilika bewahrt; im 15. Jh. wurden die Seitenschiffe und der vor der Westfront gelegene massive Turm mit einer geschlossenen Reihe von Kapellen umbaut, deren Dächer quer zum Hauptbau gestellt sind (1494 vollendet). Im Innern (reiche Wandmalereien) wurde die got. Ausstattung vom 17. Jh. ab durch eine barocke ersetzt. Von dem reichen Gestühl ist bemerkenswert der in einer Seitenkapelle stehende Schöffenstuhl von 1570 mit einem Bildnis des damaligen Landesherrn, des Kardinals Stanislaus Hosius (im Renaissancestil). 1627 wurde die Stadt durch Gustav Adolf trotz hartnäckiger Gegenwehr im Sturm erobert.

An der Straße nach Wagten liegt die kleine Jerusalemkapelle (schon 1606 bezeugt, jetzige Form von 1829) gegenüber dem ma. Galgenberg. Auf dem Nordufer der Drewenz schuf sich die erst nach 1772 entstandene und 1830 selbständig gewordene evg. Pfarrgemeinde eine eigene Kirche mit Pfarr- und Schulhaus. Unweit davon wurde auf einer kleinen Anhöhe im N der Stadt 1901 die Heilstätte St. Andreasberg für Epileptiker und Schwachsinnige erbaut. Hier lag auch in der Nähe ehemals ein altes Preußendorf, bis zuletzt »die Pillau« genannt. – 1884 erhielt W. Eisenbahnanschluß, zunächst nach Guttstadt–Allenstein, 1885 nach Mehlsack, 1894 nach Mohrungen, 1905 nach Heilsberg und 1926 nach Schlobitten-Elbing; seitdem war es ein bedeutender Eisenbahnknotenpunkt. Infolge dieser günstigen Verkehrslage war hier die Zentrale des 1884 gegr. erml. Bauernvereins und seiner wirtschl. Organisationen. Die Stadtverwaltung richtete schon vor 1900 eine höhere Knabenschule ein, die nach mancherlei Wandlungen zur vollen Oberschule ausgebaut wurde. Im ersten Weltkrieg erreichte die russ. Njemenarmee August 1914 unmittelbar vor W. den westlichsten Punkt ihres Vormarsches, zog aber auf die Nachricht von der Schlacht bei → Tannenberg schleunigst ab. Die Einwohnerzahl der Stadt stieg von 1978 i. J. 1772 allmählich auf 5169 i. J. 1885 und erreichte 7817 i. J. 1939.

(III) *Sch*

FBuchholz, Bilder aus W.s Vergangenheit, W. 1931 — LV 164, S. 184 — FBuchholz in: LV 50, S. 116

Zantir. Burg und Siedlung lagen einst auf dem r. Weichselufer am oder auf dem Weißen Berge. Die Burg Z. ist vermutl. vor 1233 durch Bf. Christian v. Preußen mit Unterstützung der pommerell. Hzz. als Stützpunkt seiner Mission errichtet worden und ist die Schlüsselstellung für den Besitz des Werders und aller Unternehmungen gegen Preußen geblieben, bis → Marienburg diese Aufgabe übernahm. 1239/40 hatte Bf. Christian noch beim Papst u. a. auch darüber geklagt, daß der Deutsche Orden »Burg und Stadt« Z. feindlich betreten habe; 1243 aber wird neben der Insel Quidin (Marienwerder) vom päpstlichen Legaten Wilhelm v. Modena auch die Insel Z. zur neugebildeten Diözese → Pomesanien geschlagen. 1244 ist Z. im Besitze des im Bunde mit den aufständischen Preußen gegen den Orden kämpfenden Hz. Swantopolk v. Pommerellen, der hier eine neue Burg errichtete, die noch 1247 in seiner Hand war. Der Schiedsspruch von 1247 bestimmte die Stromrinne als Grenze zwischen dem Ritterorden und → Pommerellen, daher war Z. seit 1247 wieder im Besitz des Deutschen Ordens, der sie zum Sitz eines Komturs erhob, der von hier aus, wie später von Marienburg, vermutlich das Werder verwaltete. 1251 verzichtete auch Sambor II. v. → Dirschau, zu dessen Teilfürstentum das Werder eigentlich gehörte, auf die Insel Z. zu Gunsten des Ordens, behielt sich zunächst jedoch noch ein Stück von zwei Meilen im Quadrat vor. 1253 trat Sambor II. auch das gegenüber Z. liegende Werder Beru (Berwi), das wohl der Kücheninsel gleichzusetzen ist, dem Orden ab. 1277 erschienen in dem zweiten großen Preußenaufstand die Sudauer auch vor Z. 1280 wurde die Burg abgebrochen und das Material bei der im Bau befindlichen Marienburg verwandt. Dabei blieb der Ort Z. bestehen; 1399 wurde seine Kirche geweiht. 1466 richteten die Ordenssöldner Z. und auch die Kirche zur Verteidigung her, wo sie von den Bündischen und Polen belagert wurden. Beim Entsatz ließen die Abziehenden alles, wohl auch die Kirche, in Flammen aufgehen. Es blieb nur noch der Name, von Caspar Weinreich unter dem Jahr 1486 wohl nur als Geländebezeichnung verwandt.

EKeyser in: LV 20, H. 37, 1938 (II) *B*

Zedmar (Kr. Darkehmen). Im Zedmarbruch, dem 800 Morgen großen, erst im 17. Jh. endgültig verlandeten Astrawischker See, fand man im 19. Jh. beim Ziehen von Entwässerungsgräben kammkeramische Scherben und Geräte. Planmäßige Grabungen 1905–14 brachten drei urgeschl. Wohnplätze zu Tage, zwei Steinzeitdörfer (2300–1800 v. Chr.) und eine Fischersiedlung, die bis in die Eisenzeit (500 v. Chr.) bestanden hat. Neuere pollenanalytische Untersuchungen erhärteten die Bedeutung der Z. für die Kenntnis um die Kulturentwicklung im Nordostdeutschen Raum.

(IV) *Gr*

CEngel, Aus ostpr. Vorzeit, Kgb. 1935, S. 20—27 — KStadie, Die Steinzeitdörfer der Z. (in: Festschr. f. Bezzenberger 1921) — LV 102

Zempelburg (Sępolno, bis 1920 Kr. Flatow). Der Ort hatte bereits im 14. Jh. magdeburgisches Recht. Die Lage der kath. Pfarrkirche (1360 erwähnt) im Zempolnatale deutet darauf hin, daß die Stadt, jetzt vorwiegend auf dem hohen Ufer des Sees und des Flußtales gelegen, zur Zeit der Gründung im Tal gestanden hat. Das Schloß der Grundherrschaft soll der Sage nach in dem heutigen, durch Erweiterung des Sees von Dziechowo entstandenen Zempelburger See untergegangen sein. Ein zweites Schloß wird 1679 erwähnt; sein Standort ist unbekannt. Das auf dem Schulenberge gelegene evg. Bethaus wurde 1620 zerstört; 1857/58 wurde die evg. Kirche auf dem Marktplatz errichtet. 1764 hatte die Niederstadt 79, die Vorstadt 71 Häuser. 1773 hatte Z. 70 Handwerker, darunter acht Tuchmacher und zahlreiche Schuhmacher. 1910 wurden hier 3818 Einw. gezählt (darunter 3115 Deutsche, 637 Polen), 1943: 5207. (I) B

FWFSchmitt, Der Kr. Flatow, 1867 — OGoerke, Der Kr. Flatow, 1918 — LV 11, 163, 4

Zinten (Kornewo, Kr. Heiligenbeil). Die Stadt Z. ist wahrscheinlich an der Stelle einer preuß. Siedlung angelegt worden, die in der Flußgabel zwischen dem Stradick und dem in ihn mündenden Jäcknitzbach bestanden hat. Vermutlich trug sie den Namen Zinten (1325 Sinthyn), der auf einen preuß. Personennamen zurückgeht. Nach mehreren Chronisten ist Z. 1313 vom Balgaer Komtur gegr. worden. Die in der Südwestecke gelegene Kirche, die 1341 erstm. erwähnt wird, war den Hll. Nikolaus und Barbara geweiht. Hochmeister W. v. Kniprode erteilte der Stadt 1352 eine Handfeste. Im Hungerkriege von 1414 wurde Z. samt der Kirche von den Polen zerstört und beraubt, dabei 27 Bürger getötet. Die 1417 vorhandene Wassermühle hat sich bis in die jüngste Zeit zu einer bedeutenden Industrieanlage entwickelt. Zu dem 1437 erstm. gen. Z.er Stadtdorf gehörten 67 Hufen. 1343 wird zum ersten Mal ein Kammeramt Z. erwähnt, das zur Ordenszeit fast 80 Orte mit preuß. Bevölkerung umfaßte. 1440 schloß sich Z. dem Preuß. Bund an, trat aber im nächsten Jahr auf die Seite des Ordens. 1454 huldigte die Stadt dem Polenkg., ein Jahr darauf kehrte sie zum Orden zurück und wurde im 13j. Kriege mehrfach belagert. 1480 verpfändete der Hochmeister Z. an die Söldnerführer Anselm und Hans v. Tettau; 1496 löste es Bf. Johannes v. Pomesanien ein und blieb bis zu seinem Tode 1501 ihr Lehnsherr. 1520 nahmen die Polen die fast menschenleere Stadt ein und brannten sie bis auf die Kirche nieder. Nach der Ref. erhielt Z. den Beinamen »das Ausland«, weil Evg. aus dem der Krone Polen unterstehenden Ermland sich jedes Jahr im Ausland, d. h. in Z. aufhielten, um die gegenref. Anordnung des Bf. Ferber zu umgehen, nach der Andersgläubige nicht länger als ein Jahr im Ermland wohnen durften. 1593 und 1624 brannte die Stadt zu einem großen Teil ab. Vier Jahre darauf wurde sie von den Schweden besetzt. 1629 brannte die Vorstadt nieder. Das Tuchmachergewerbe, das zu den bedeutendsten in Ostpreußen gehörte, erlitt durch den Aufruhr der Tuchmachergesellen 1693 gegen Gewerk und Rat erheblichen Schaden. Der große Stadtbrand von 1716 zerstörte fast die ganze Stadt ohne Vorstadt und Scheunen. 1740 hatte sie schon wieder 1118 Einwohner.
Im 7j. Kriege besetzten die Russen die Stadt, 1807 die Franzosen. Für ein knappes Jahr wurde Z. 1818 Kreisstadt des gleichnamigen Kreises. 1831 forderte die Cholera 26 Opfer. Das Töpfertor, das als Stadtgefängnis gedient hatte, wurde 1847 abgebrochen; die beiden andern Tore waren früher beseitigt worden. Als 1885 die Walkmühle zerstört wurde, hörte das Tuchmachergewerbe auf. Innerhalb der Jahre 1898–1904 brannten alle vier Marktseiten ab; die Häuser mußten zwangsweise planmäßig erbaut werden.

Z. genoß durch seinen Stadtwald Damerau mit dem »Waldschloß« einen Ruf als Luftkurort, es lag an den Eisenbahnstrecken Königsberg–Allenstein, seit 1898 Königsberg–Heilsberg und seit 1938 Z.-Heiligenbeil. 1939 wurden 5800 Einw. gezählt. Bei den Kämpfen im Februar 1945 erlitt Z. große Schäden. Seitdem liegt es im sowjetisch verwalteten Teil Ostpreußens. (III) *Gu*

EJGuttzeit, Die erste urk. Erwähnung Z.s (in: Natanger Heimatkalender, 1939) — Ders., Die älteste Einwohnerliste der Stadt Z. von 1528 (in: LV 192, Bd. 2) — Ders., Die Einwohner der Städte Heiligenbeil und Z. in den Jahren 1539 und 1540 (in: LV 189, H. 1, 1927) — HLenz, Gesch. der Stadt Z., 1913 — Ders., Z. 600 Jahre Stadt (in: . . . bis an die Memel, hg. v. ENadolny, 1952) — ThWinkler, Z. in: LV 50, S. 117

Zoppot (Sopot, Stadtkreis). Im Gelände von Z., das zwischen dem Waldrande der Danziger Höhe und dem Strande der Danziger Bucht gelegen und 13 km von Danzig entfernt ist, befand sich am E. 1. Jt. ein Burgwall. Im 13. Jh. war an anderer Stelle eine kleine Ansiedlung von Bauernhöfen. Mestwin II., Hz. v. Pommerellen, übertrug 1283 den Ort an das Kl. → Oliva; er gehörte später zu dem Tafelgut des Abtes. Die Verwaltung wurde nach dt. Recht durch einen Schulzen an der Spitze eingerichtet; nach dem Zeugnis alter Quellen waren die Bewohner ausschließlich dt. Herkunft. Seit M. 16. Jh. wurden einige Bauernhöfe an Danziger reiche Bürger verpachtet, die sich dort Landhäuser erbauten. Während der Verhandlungen, die zum Frieden von Oliva am 3. Mai 1660 führten, wohnten der poln. Kg. Joh. Kasimir mit seiner Gemahlin und die schwed. Gesandten in Z. Bei der Belagerung Danzigs durch die Truppen Augusts III. 1734 wurden fast alle Häuser niedergebrannt. A. 18. Jh. ließen sich die ersten Fischer nieder. Seit 1823 wurden durch den Arzt Dr. Georg Haffner die Anlagen für ein Seebad mit Warmbad und einem Kursaal geschaffen. Die Zahl der Einw. nahm von 1204 i. J. 1869 auf 30 835 i. J. 1929 zu. Eine Gemeindeverwaltung wurde 1874 eingerichtet, mehrere neue Straßen wurden angelegt, das Kurhaus 1880 und 1910 neu erbaut; der Seesteg, der längste an der Küste der Ostsee, wurde bis auf 600 m verlängert. Die evg. Friedenskapelle am Strande wurde 1871 erbaut, ein Neubau erfolgte 1920. Im oberen Teil des Ortes entstand 1901 die evg. Erlöserkirche. Eine kath. Kapelle wurde 1868 errichtet und 1901 durch die Meeresstern-Pfarrkirche ersetzt. Die Gemeinde wurde 1902 zur Stadt erhoben und erhielt seitdem mehrere neue Schulen, ein Amtsgericht und ein Rathaus. Seit 1909 fanden fast jährlich auf einer Freilichtbühne Veranstaltungen der »Waldoper« statt, bei denen seit 1924 ausschließlich Werke von Richard Wagner aufgeführt wurden. Ein Spielkasino wurde 1920 eingerichtet. Der Pflege des Sportes diente die international besuchte »Sportwoche«. Z. gehörte von 1920–45 zum Gebiet der Freien Stadt Danzig.

(II) *K*

FSchultz, Chronik der Stadt Seebad Z., 1905 — HHübner, Z. in Vergangenheit und Gegenwart, 1935 [2]

Zuckau (Zukowo, Kr. Karthaus). 1201 bestätigte Papst Innozenz III. dem Prämonstratenserstift St. Vincenz zu Breslau u. a. den Besitz der Jakobikirche zu Z., 1209 wies Mestwin I. den Prämonstratensern in der Nähe des Ortes einen Platz zur Errichtung eines Kl. an und stattete diese Stiftung mit reichem Grundbesitz aus. Die erste Klosteranlage befand sich in der Nähe der Mündung des Stolpe-Flüßchens in die Radaune. Auf Veranlassung von Alardus, dem Abte am Breslauer St. Vinzenzstift (bis 1214), kamen die ersten Nonnen aus dem Kl. Strzelno (bei Hohensalza). 1224 wurde das Kl. beim Einfall der → Pomesanier zerstört und die Insassen getötet. Um diese Zeit ist das Kl. nach Z. selbst verlegt worden. In seiner unmittelbaren Nähe entstand E. 13. Jh. eine dt. Siedlung. Um 1260 verlieh Hz. Swantopolk II. dem Kl. die Marktgerechtsame und stellte ihm zugleich die Anlage einer Stadt anheim. Dazu ist es jedoch nicht gekommen. 1326 wurden die Bewohner von Z. zu einer dt. Gerichtsgemeinde zusammengefaßt; der Gerichtsbarkeit des Schulzen sollten auch die Bewohner der alten Ortschaft unterstehen. 1433 wurde Z. durch die Hussiten verwüstet. Neben Töchtern von pommerell. Adeligen und Danziger Patrizierfamm. haben in Z. mehrere Angehörige des pommerell. Herzogshauses Aufnahme gefunden. 1661 wird festgestellt, daß das Kl. »guter Leute Kinder«, sowohl adlige wie auch bürgerliche, »in die Lehre nahm«, denen es »neben der Furcht des Herrn Schreiben, Lesen und Nähen« beibrachte. Neben der Mädchenschule bestand eine Knabenschule. Um 1600 waren die Gebäude in allgemeinem Verfall; seit 1604 war eine umfassende Wiederherstellung eingeleitet. 1834 wurde das Kl. aufgehoben, 1836 die Klosterkirche zur Pfarrkirche bestimmt, 1863 ein Teil der Gebäude zum Abbruch verkauft. 1772 hatte Z. 306 Einw., 1910: 1379 (darunter 316 Deutsche, 2 Polen, 1037 Kaschuben), 1943: 2160. (II) *B*

LV 110, 163, $_1$, 179

DIE GROSSEN MASURISCHEN SEEN

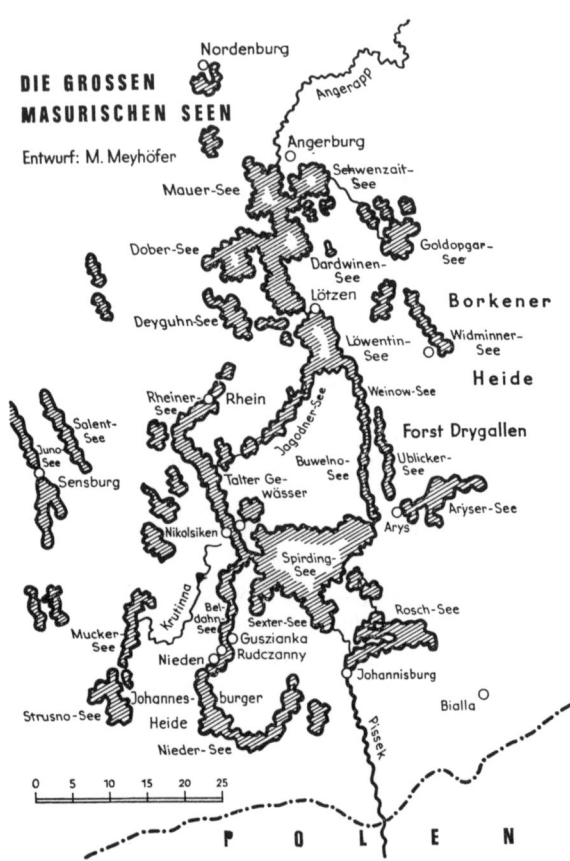

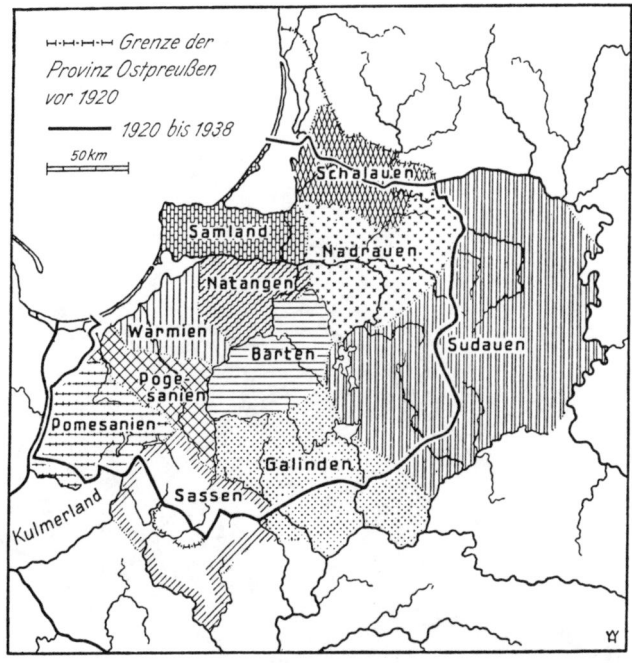

Die alten preußischen Landschaften (nach W. Horn ergänzt von E. Weise)
Sassen ist keine preußische Landschaft

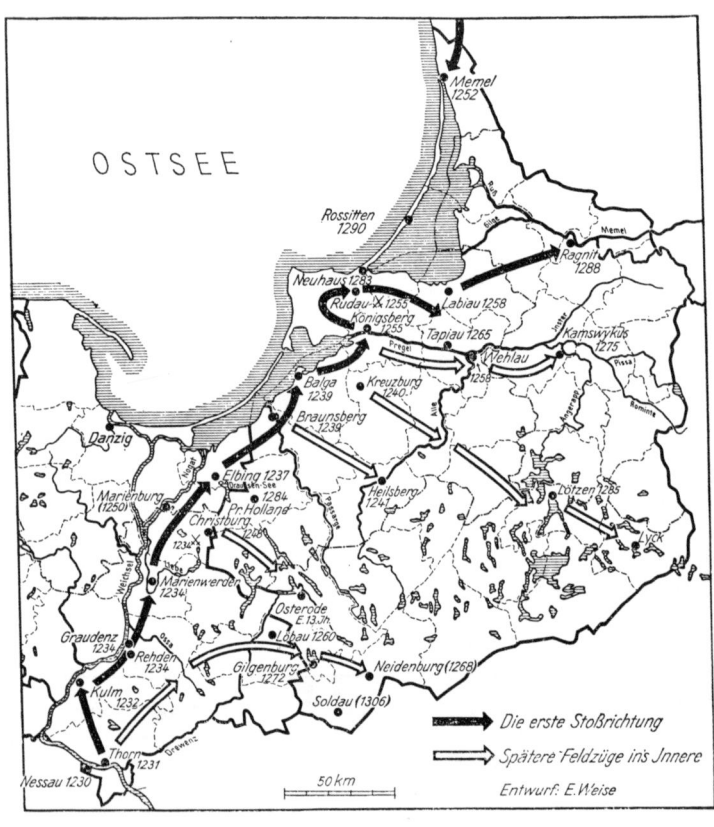

Gang der Besetzung von Preußen durch den Deutschen Orden 1231—1300

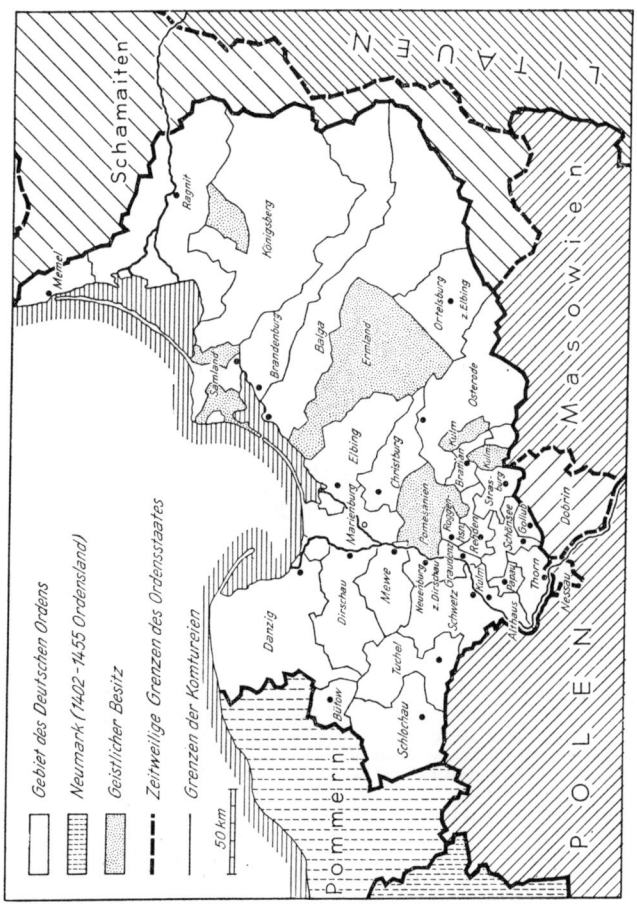

Der Ordensstaat von 1310—1466 (nach B. Schumacher)

GRUNDLEGENDE LITERATUR

Bibliographien

1 EWermke, Bibliographie der Geschichte von Ost- und Westpreußen (bis Ende 1929), 1933, Neudruck mit Nachtrag 1962
2 EWermke, Bibliographie der Geschichte von Ost- und Westpreußen für die Jahre 1930—38, in: Altpr. Forsch. Bd. 7—16, 1931—39; in einem Band zusammengearbeitet, 1964
3 EWermke, Bibliographie der Geschichte von Ost- und Westpreußen 1939—51 = Wissenschaftl. Beitr. z. Geschichte und Landeskunde Ost-Mitteleuropas Nr. 11, 1953; 1952—56 ebda. Nr. 37, 1958; 1957—61 ebda. Nr. 64, 1963
4 EWermke, Deutsche Arbeiten über Ost- und Westpreußen seit 1945, in. Jahrbuch d. Albertus-Universität 5, 1954, S. 334—353
4a EWermke, Schrifttum zur Geschichte von Ost- und Westpreußen 1962 (Zeitschr. f. Ostforschung 13. Jg., 1964, S. 585—600
5 RtenHaaf, Kurze Bibliographie zur Geschichte des Deutschen Ordens 1198—1561, 1949
6 MSzamaitat, Bibliographie des Memellandes = Ostdeutsche Beitr. aus dem Göttinger Arbeitskreis 7, 1957

Zeitschriften und Reihenveröffentlichungen

7 Erleutertes Preußen oder Anmerkungen über verschiedene zur preußischen Kirchen-, Civil- und Gelehrten-Historie gehörige besondere Dinge, 1724—1742 (5 Bde.)
8 Beiträge zur Kunde Preußens, 1818—25 (7 Bde.)
9 Preuß. Provinzial-Blätter, nebst Fortsetzung: Neue Preuß. Prov. Blätter, 1829—66
10 Altpreuß. Monatsschrift, 1864—1922 (59 Bde.)
11 Zeitschrift für die Geschichte und Altertumskunde Ermlands, 1860—1943 (28 Bde. oder 85 Hefte), fortgeführt mit Bd. 29 (1956)
12 Prussia. Zeitschrift der Altertums-Gesellschaft Prussia, 1875—1943 (35 Bde.)
13 Zeitschrift des Historischen Vereins f. d. Reg.-Bez. Marienwerder, 1876—1933 (69 Bde.)
14 Zeitschrift des Westpreußischen Geschichtsvereins, 1880—1941 (76 Bde.)
15 Mitteilungen d. Coppernicus-Vereins f. Wissenschaft und Kunst zu Thorn, 1878—1939 (47 Bde.)
16 Zeitschrift der Altertumsgesellschaft Insterburg, 1888—1939 (22 Bde.)
17 Mitteilungen der Litterarischen Gesellschaft Masovia, 1895—1928 (33 Bde.)
18 Oberländische Geschichtsblätter, 1899—1929 (21 Hefte)
19 Mitteilungen d. Westpreuß. Geschichts-Vereins, 1902—36 (35 Bde.). — Register zu Bd. 1—35 (1940)

20 Weichselland (Fortsetzung der Mitteilungen d. Westpr. Gesch.-Ver.), Bd. 36—42 (1937—43)
21 Elbinger Jahrbuch, 1920—41 (16 Bde.)
22 Ostdeutsche Monatshefte, begr. v. CLange, 1920—39 (20 Bde.), fortgeführt Jg. 21, 1952 ff.
23 Altpreuß. Forschungen, hg. von der Histor. Komm. f. ost- und westpreußische Landesforschung, 1924—43 (20 Bde.)
24 Mitteilungen d. Vereins f. d. Geschichte von Ost- und Westpreußen, 1926—44 (19 Bde.)
25 Nadrauen, Blätter für Heimatgeschichte und Familienkunde, 1935—40, Beilage zum „Ostpreußischen Tageblatt" Insterburg
26 Komunikaty Mazursko-Warmińskie, wyd. Stacja Naukowa Polskiego Towarzystwa Historycznego (Institut Mazurski) w Olsztynie, 1945 ff., mit Bibliographie
27 Wir Ostpreußen. Mitteilungsblatt der Landsmannschaft Ostpreußen, 1949 ff.
28 Der Westpreuße. Mitteilungsblatt der Landsmannschaft Westpreußen und ihrer Heimatkreise, 1949 ff.
29 Ermländischer Hauskalender, hg. von der Bischof-Kaller-Stiftung, 1950 ff.
30 Ostpreußenblatt. Organ der Landsmannschaft Ostpreußen, Hamburg 1950 ff.
31 Ostpreußen-Warte. Heimatblatt aller Ostpreußen, Göttingen 1950 ff.
32 Jahrbuch d. Albertus-Universität, begr. v. FHoffmann, mit Ostdeutscher Bibliographie, 1951 ff.
33 Zeitschrift f. Ostforschung. Länder und Völker im östlichen Mitteleuropa, i. A. d. Joh. Gottfr. Herder-Forschungsrates, 1952 ff.
34 Ostdeutsche Wissenschaft. Jahrbuch d. Ostdeutschen Kulturrates, 1954 ff.
35 Die Schicksalslinie. Probleme im östlichen Mitteleuropa, hg. von OSchreiber, 1954—55 (3 Hefte)
36 Preußenland. Mitteilungen der Histor. Komm. f. ost- und westpr. Landesforschung, Jg. 1, 1963 ff.
37 Preußische Sammlung allerley bisher ungedr. Urkk., Nachrichten und Abhandlungen, hg. MChrHanow, 1747—50 (3 Bde.)
38 Einzelschriften der Histor. Komm. f. ost- und westpr. Landesforschung, 1926—42 (9 Bde.)
39 Ostland-Forschungen, hg. vom Ostland-Institut in Danzig, 1932—34 (5 Bde.)
40 Preußenführer, hg. HKownatzki und EWeise, 1933—39 (8 Bde.)
41 Grenzmarkführer, hg. HJSchmitz und EWeise, 1937—38 (6 Bde.)
42 Elbinger Hefte. Eine kulturelle Schriftenreihe, hg. von ECarstenn und FPudor, 1949 ff. (bisher 29 Hefte)
43 Ostdeutsche Beiträge aus dem Göttinger Arbeitskreis, 1956 ff. (bis 1963 25 Bde.)
44 Studien zur Geschichte Preußens, hg. von WHubatsch, 1960 ff. (bis 1965 9 Bde.)

Kartenwerke, Topographien

45 CHennenberger, Kurtze und warhafftige Beschreibung des Landes zu Preussen, Königsberg 1584
46 CHennenberger, Erclerung der preussischen grössern Landtaffel, Königsberg 1595, mit Karte
47 MToeppen, Historisch-comparative Geographie von Preussen, Gotha 1858, mit Atlas

254 GRUNDLEGENDE LITERATUR

48 EKeyser, Verzeichnis d. ost- und westpr. Stadtpläne = Einzelschriften der Histor. Komm. f. ost- und westpr. Landesforschung H. 3, 1929
49 Atlas der ost- und westpr. Landesgeschichte, hg. von EKeyser, Teil I, Frühzeit, 1936
50 Deutsches Städtebuch. Handbuch städtischer Geschichte, hg. von EKeyser, Bd. I, Norddeutschland, Stuttgart/Berlin 1939
51 MZeiller, Topographia Prussiae et Pomerelliae, in: Topographia electoratus Brandenburgensis et ducatus Pomeraniae, Frankfurt 1652
52 JFGoldbeck, Vollständige Topographie des Königreichs Preußen, Königsberg und Leipzig 1785—89 (2 Bde.)
53 ACvHolsche, Geographie und Statistik von West-, Süd- und Neuostpreußen, Berlin 1800—07 (3 Bde.). Nebst einer kurzen Geschichte des Königreichs Polen
54 Gemeindelexikon f. d. Provinz Ostpreußen, hg. vom Statistischen Landesamt, Berlin 1907
55 Gemeindelexikon f. d. Provinz Westpreußen, hg. vom Statistischen Landesamt, Berlin 1908
56 Gemeindelexikon f. d. Freistaat Preußen, Bd. I, Provinz Ostpreußen, bearb. vom Statistischen Landesamt, Berlin 1931; Bd. V, Grenzmark Posen-Westpreußen, 1930
57 FGause, Neue Ortsnamen in Ostpreußen seit 1810. Verzeichnis der Änderungen im Ortsnamenbestand der Provinz Ostpreußen (alten Umfangs) = Einzelschriften d. Histor. Komm. f. ost- und westpr. Landesforschung, Heft 6, 1935
58 Amtliches Gemeinde- und Ortsnamenverzeichnis der Deutschen Ostgebiete unter fremder Verwaltung, Bd. II, Alphabetisches Ortsnamenverzeichnis nach dem Gebietsstand am 1. 9. 1939. Selbstverlag der Bundesanstalt für Landeskunde, 1955

Urkundliche und chronikalische Quellen

59 MHein, Das Staatsarchiv Königsberg und seine nationale Bedeutung, Elbing 1933 (Preußenführer 1); engl.: The Public Archives at Königsberg and their national importance, 1933
60 KForstreuter, Das Preußische Staatsarchiv in Königsberg. Ein geschichtlicher Überblick, mit einer Übersicht über seine Bestände, 1955 (Veröffentlichungen der Niedersächsischen Archivverwaltung 3)
61 Codex diplomaticus Prussiae, hg. JVoigt, Königsberg 1836—61 (6 Bde.)
62 Codex diplomaticus ordinis s. Mariae Teutonicorum. Urkundenbuch des DO, hg. JHHennes, 1845—61 (2 Bde.), für die Balleien in Deutschland
63 Codex diplomaticus Warmiensis oder Regesten und Urkunden zur Geschichte Ermlands, hg. von CPWoelky, JMSaager und HSchmauch, Bd. I—IV, Mainz und Braunsberg 1860—1935, = Monumenta historiae Warmiensis, Bd. I, II, V und IX, bis 1430
64 EStrehlke, Tabulae ordinis Teutonici. Ex tabularii regii Berolinensis codice potissimum editae, Berolini 1869
65 MPerlbach, Preußische Regesten bis zum Ausgange des 13. Jh., Königsberg 1876, auch in: Altpr. Monatsschr. 11/12, 1874/5
66 Pommerellisches Urkundenbuch, bearb. von MPerlbach, Danzig 1882
67 Preußisches Urkundenbuch. Politische Abteilung Bd. I, 1, hg. von RPhilippi und CPWoelky, Königsberg 1882; Bd. I, 2, hg. von ASeraphim, 1909; Bd. II, hg. von MHein und EMaschke, 1939, Neudruck 1962; Bd. III, hg. von MHein und HKoeppen, 1944 und 1958, Nachtrag

und Register 1961; Bd. IV, hg. von HKoeppen, 1960, Nachtrag und Register 1964
68 Neues Preußisches Urkundenbuch. Westpreußischer Teil, Abt. 2, 1: Urkundenbuch des Bistums Culm, 1243—1774, Danzig 1885—87 (2 Bde.)
69 Neues Preußisches Urkundenbuch. Ostpreußischer Teil, Abt. 2, 2: Urkundenbuch des Bistums Samland, 1243—1387, Leipzig 1891 bis 1905
70 MToeppen, Acten der Ständetage Preussens unter der Herrschaft des DO, Leipzig 1874—86 (5 Bde.)
71 FThunert, Acten der Ständetage Preussens Königl. Antheils (Westpreussen), Bd. I, 1466—79, Danzig 1896 (mehr nicht erschienen)
72 HKiewning und MLukat, Urkunden zur Geschichte des ehem. Hauptamts Insterburg, Insterburg 1895/97
73 EWeise, Die Staatsverträge des DO in Preußen im 15. Jh., Bd. I—II und Registerband, Königsberg, Marburg 1939—58. Bd. III erscheint demnächst
74 Regesta historico-diplomatica ordinis, s. Mariae Theutonicorum, 1198 bis 1525, bearb. von EJoachim, hg. von WHubatsch, Pars I Ordensbriefarchiv und Pars II Pergamenturkunden, Göttingen 1948—50
75 WHubatsch, Quellen z. Geschichte des DO, Göttingen 1954 (Quellensammlung zur Kulturgeschichte 5)
76 Akta stanów Prus Królewskich (Acta statuum terrarum Prussiae regalis), hg. KGórski und MBiskup, Thorn 1955—61 (3 Bde.), 1479—97
77 Monumenta Historiae Warmiensis oder Quellensammlung zur Geschichte Ermlands, Mainz 1860—1929 (11 Bde.), enthaltend Codex diplomaticus Warmiensis und Scriptores rerum Warmiensum
78 Scriptores rerum Prussicarum. Die Geschichtsquellen d. pr. Vorzeit bis zum Untergange der Ordensherrschaft, Leipzig 1861—74 (5 Bde.), Neudruck 1964
79 Die pr. Geschichtsschreiber des 16. und 17. Jh., hg. von dem Verein f. d. Geschichte von Ost- und Westpreußen, Leipzig 1875—96 (5 Bde.)
80 Quellen und Darstellungen zur Geschichte Westpreußens, hg. vom Westpr. Geschichtsverein, 1900—36 (19 Bde.)
81 EJoachim, Das Marienburger Treßlerbuch, Königsberg 1896
82 WZiesemer, Das Marienburger Ämterbuch, Danzig 1916
83 WZiesemer, Das große Ämterbuch, Danzig 1921
84 PGThielen, Das große Zinsbuch des Deutschen Ritterordens, Marburg 1958
85 Acta Borussica. Denkmäler der pr. Staatsverwaltung im 18. Jh. Die Behördenorganisation und die allgemeine Staatsverwaltung Pr. im 18. Jh. Bd. I: Akten, bearb. von GSchmoller und OKrauske, Berlin 1894
86 Urkunden und Aktenstücke z. Geschichte des Kurfürsten Friedrich Wilhelm von Brandenburg, bearb. von KBreysig und MSpahn, Bd. 15—16 = Ständische Verhandlungen III (Preußen), Berlin 1894—99
87 Protokolle und Relationen des Brandenburgischen Geh. Rats aus der Zeit des Kurfürsten Friedrich Wilhelm, bearb. von OMeinardus, Bd. 5—6, 1655—63, Leipzig 1907 und 1917 (Publikationen aus den Preußischen Staatsarchiven, Bd. 80 und 89)
88 Die Berichte des kaiserlichen Gesandten Freiherrn v. Lisola aus den Jahren 1655—60, hg. von AFPribram, Wien 1887, auch im: Archiv für Österreichische Geschichte Bd. 70

89 GWinter, Die Reorganisation des pr. Staates unter Stein und Hardenberg Teil I Bd. 1, Leipzig 1931 (Publikationen aus den Preußischen Staatsarchiven Bd. 93)

Landeskunde und Landesbeschreibung

90 Die Ostgebiete des Deutschen Reiches, Taschenbuch, hg. von GRhode, Würzburg 1955
91 OSchreiber, Erbe und Aufgabe des deutschen Ostens. Reden und Aufsätze, hg. von FGause, München 1955
92 HStieber, Schlösser und Herrensitze in Ost- und Westpreußen, Frankfurt 1958 (Burgen — Schlösser — Herrensitze 4)
93 Das östliche Deutschland. Ein Handbuch aus dem Göttinger Arbeitskreis, Würzburg 1959 (Veröffentlichung Nr. 200)
94 AAmbrassat, Die Provinz Ostpreußen. Ein Handbuch der Heimatkunde, Königsberg 1896, 1912 2
95 MToeppen, Über pr. Lischken, Flecken und Städte. Ein Beitrag zur Geschichte der Gemeindeverfassungen in Pr., in: Altpr. Monatsschr. 4, 1867, S. 511—536, 621—646
96 LWeber, Pr. vor 500 Jahren in culturhistorischer, statistischer und militärischer Beziehung, nebst Spezialgeographie, Danzig 1878
97 Ostpreußen, Land und Volk, Stuttgart 1898—1902 (5 Bde.)
    1. AZweck, Litauen, 1898
    2. AZweck, Masuren, 1900
    3. AZweck, Samland, Pregel- und Frischingtal, 1902
    4. ABludau, Oberland, Ermland, Natangen und Barten, 1902
    5. RArmstedt, Geschichte von Königsberg, 1899
98 MHoffmann, Heimatkunde der Provinz Ostpreußen, Halle 1906
99 HLettau, Kurze Heimatkunde der Provinz Ostpreußen, Leipzig 1906 7 (Dt. Landeskunden 1)
100 WObgartel, Der Regierungsbezirk Gumbinnen, Insterburg 1912
101 Ostpreußen. Seine Entwicklung und seine Zukunft. Ein Sammelwerk, hg. von EKöhrer und MWorgitzki, Berlin 1922 4 (Dt. Staat — dt. Land 1)
102 FGrigat, Aus grauer Vorzeit (Heimatforschung aus dem Mauerseegebiet 1), Langensalza 1927
103 Das malerische Ostpreußen, Königsberg 1927—37 (3 Bde.); FMagnus-Unzer, 192 Bilder einer da. Landschaft, 1940 2
104 ESiehr, Ostpreußen, Berlin 1928 (Reichszentrale für Heimatdienst, Richtlinien Nr. 173)
105 RGrieser, Lischke und Stadt. Ein Beitrag zur Geschichte der Städte im Lande des DO, in: Prussia 29, 1931
106 BHoffmann und ThHurtig, Ostpreußen, Land und Leute, Königsberg 1935
107 ANeumann, Ostpreußen unter polnischer und sowjetischer Verwaltung, in: Ostdeutschland unter fremder Verwaltung 1, Frankfurt/Main, Berlin 1955
108 Ostpreußen. Leistung und Schicksal, hg. von FGause, Essen 1959 (Dt. Landschaft 4)
109 AAmbrassat, Westpreußen. Ein Handbuch der Heimatkunde, Danzig 1906, 1912 2
110 MBär, Westpreußen unter Friedrich d. Gr., Leipzig 1909 (Publikationen a. d. pr. Staatsarchiven Bd. 83 und 84)
111 Polska XVI wieku pod względym geograficzno-statystycznym (Prusy

king (królewskie), Teil 1, hg. von ITBaranowski, Warschau 1911 (Źródła dziejowe Bd. 23)
112 Opis królewszczyzn w województwach chełmińskim, pomorskim i malborskim w roku 1664, hg. JPaczkowski, Thorn 1938 (Towarzystwo Naukowe w Toruniu, Societas Literarum Torunensis, Fontes 32 d)
113 JBender, Geschichte der philosophischen und theologischen Studien im Ermland, Breslau 1868
114 VRöhrich, Geschichte des Fürstbistums Ermland, Breslau 1925
115 MToeppen, Geschichte Masurens, Danzig 1870
116 EHollack, Die archäologische Erforschung Masurens in den Jahren 1899—1903, 1903 (Mitteilungen der Masovia 9)
117 ADöhring, Über die Herkunft der Masuren, mit besonderer Berücksichtigung der Kreise Osterode und Neidenburg. Ein Beitrag zur Besiedlungsgeschichte des Ordenslandes, Königsberg 1910 (Oberländische Geschichtsblätter 13)
118 HHeß von Wichdorf, Masuren. Skizzen und Bilder von Land und Leuten, Berlin 1915
119 FSkowronnek, Das Masurenbuch, Berlin 1916
120 LWittschell, Die völkischen Verhältnisse in Masuren und dem südlichen Ermland, Hamburg 1925 (Veröffentlichungen des Geographischen Instituts der Albertus-Universität zu Königsberg 5)
121 JGanß, Die völkischen Verhältnisse des Memellandes, Diss. Masch.-Schr. Königsberg 1923
122 RNaujok, Das Memelland in seiner Dichtung, 1935
123 HuGMortensen, Die Besiedlung des nordöstlichen Ostpreußens bis zum Beginn des 17. Jh. Teil I—II, 1937—38
124 KForstreuter, Memelland, Elbing 1939 (Preußenführer 8)
125 KEGebauer, Kunde des Samlandes oder Geschichte und topographisch-statistisches Bild der ostpreußischen Landschaft Samland, Königsberg 1844, mit Karte
126 OSchlicht, Das westliche Samland. Ein Heimatbuch des Kreises Fischhausen, Dresden 1922, 2 Bde.
127 HMortensen, Samland, Kurische Nehrung und Memelland, Königsberg 1926 [3] (Der Nordosten 1: Danzig-Ostpreußen)

Allgemeine Geschichte

128 Lucas David, Preußische Chronik, 1812—17 (8 Bde.)
129 Christoph Hartknoch, Alt- und Neues Preussen oder preussischer Historien zwei Theile, Frankfurt und Leipzig 1684
130 Christoph Hartknoch, Preußische Kirchen-Historia, Frankfurt und Leipzig 1686
131 LvBaczko, Geschichte Preußens, Königsberg 1792—1800 (6 Bde.)
132 JVoigt, Geschichte Preußens von den ältesten Zeiten bis zum Untergange der Herrschaft des DO, Königsberg 1827— 39 (9 Bde.)
133 HvTreitschke, Das deutsche Ordensland Preußen, 1862 (Preußische Jahrbücher 10), und in: Historische und politische Aufsätze II, 1867, 1921 [8], zuletzt: Kleine Vandenhoeck-Reihe 11, Göttingen 1955
134 LvRanke, Zwölf Bücher preußischer Geschichte, Leipzig 1874
135 AHarnoch, Chronik und Statistik der evangelischen Kirchen in den Provinzen Ost- und Westpreußen, Neidenburg 1890
136 KLohmeyer, Zur altpreußischen Geschichte, 1907
137 KLohmeyer, Geschichte von Ost- und Westpreußen, Gotha 1908 [3] (bis 1411)

138 Deutsche Staatenbildung und deutsche Kultur im Preußenlande, hg. vom Landeshauptmann der Provinz Ostpreußen (PBlunk), Königsberg 1931
139 ChrKrollmann, Politische Geschichte des DO, Königsberg 1932 (Ostpreußische Landeskunde in Einzeldarstellungen)
140 Altpreußische Beiträge. Festschrift zur Hauptversammlung des Gesamtvereins der deutschen Geschichts- und Altertumsvereine zu Königsberg Pr. vom 4. bis 7. September 1933, Königsberg 1933
141 GvSelle, Deutsches Geistesleben in Ostpreußen, Marburg 1948
142 EWeise, Das Widerstandsrecht im Ordenslande Preußen und das mittelalterliche Europa, Göttingen 1955 (Veröffentlichungen der Niedersächsischen Archivverwaltung 6)
143 BSchumacher, Geschichte von Ost- und Westpreußen, Würzburg 1957 ²
144 Preußenland und Deutscher Orden. Festschrift für Kurt Forstreuter, Würzburg 1958 (Ostdeutsche Beiträge 9)
144a EWeise, Entwicklungsstufen der Verfassungsgeschichte des Ordenslandes Preußen im 15. Jahrh. (Zeitschr. f. Ostforschung 7. Jg., 1958)
145 Studien zur Geschichte des Preußenlandes. Festschrift für Erich Keyser, Marburg 1963
146 ELüdicke, Der Rechtskampf des DO gegen den Bund der pr. Stände, in: Altpr. Forsch. 12, 1935
147 RGrieser, Hans von Baysen, ein Staatsmann aus der Zeit des Niederganges der Ordensherrschaft in Preußen, Leipzig 1936 (Deutschland und der Osten 4)
148 KEMurawski, Zwischen Tannenberg und Thorn, Göttingen 1953 (Bausteine zur Geschichtswissenschaft 10/11) (Hochmeister Konrad v. Erlichshausen)
149 KForstreuter, Vom Ordensstaat zum Fürstentum, Kitzingen 1952
150 PGThielen, Die Kultur am Hofe Herzog Albrechts von Preußen, 1525 bis 1568, Göttingen 1953 (Bausteine zur Geschichtswissenschaft 12)
151 WHubatsch, Albrecht von Brandenburg-Ansbach, DOHochmeister und Herzog in Preußen, Heidelberg 1960 (Studien zur Geschichte Pr. 8)
152 HFreiwald, Markgraf Albrecht von Ansbach-Kulmbach und seine landständische Politik als DOHochmeister und Herzog in Preußen während der Entscheidungsjahre 1521—1528, Kulmbach 1961 (Die Plassenburg. Schriften für Heimatforschung und Kulturpflege in Ostfranken 15)
153 RSeeberg-Elverfeldt, Die pr. Stände und Polen unter Kurfürst Georg Wilhelm, 1619—32, in: Altpr. Forsch. 13, 1936
154 HWischhöfer, Die ostpr. Stände im letzten Jahrzehnt vor dem Regierungsantritt des Gr. Kurf., 1632—40, Göttingen 1958 (Bausteine zur Geschichtswissenschaft 29)
155 AFPribram, Franz Paul Freiherr v. Lisola (1613—74) und die Politik seiner Zeit, Leipzig 1894
156 HRachel, Der Gr. Kurf. und die ostpr. Stände 1640—88, Leipzig 1905 (Staats- und sozialwissenschaftl. Forschungen 24)
157 FTerveen, Gesamtstaat und Retablissement. Der Wiederaufbau des nördlichen Ostpreußen unter Friedrich Wilhelm I., 1714—40, Göttingen 1954 (Bausteine 16)
158 RKlatt, Ostpreußen unter dem Reichskommissariat 1919/20, Heidelberg 1958 (Studien zur Geschichte Pr. 3), mit Bibliographie
158a EWeise, Der Heidenkampf des DO (Zeitschr. f. Ostforschung 12. u. 13. Jg., 1963—64)

Kunstgeschichte

159 CSteinbrecht, Die Baukunst des Deutschen Ritterordens in Preußen, Berlin 1885—1920, 4 Bde.
160 BSchmid, Die Ordensburgen Preußens im Lichte neuerer Forschungen, in: Altpr. Forsch. 6, 1929
161 KHClasen, Die mittelalterliche Kunst im Gebiete des DOStaates Preußen Bd. 1: Die Burgbauten, Königsberg 1927
162 ABoetticher, Die Bau- und Kunstdenkmäler der Provinz Ostpreußen, Königsberg 1891—99, 9 Bde.
   1. Samland, 1891, 1898[2]
   2. Natangen, 1892, 1898[2]
   3. Das Oberland, 1893, 1898[2]
   4. Das Ermland, 1894
   5. Litauen, 1895
   6. Masuren, 1896
   7. Königsberg, 1897
   8. Nachträge, 1898
   9. Namens- und Ortsverzeichnis
163 Die Bau- und Kunstdenkmäler der Provinz Westpreußens, bearb. von JHeise und BSchmid, Danzig 1884—1919, 14 Hefte (Bd. I—IV,1)
   Bd. I. Pommerellen ohne Danzig
      H. 1 Kreis Carthaus, Berent und Neustadt, 1885
      H. 2 Landkreis Danzig, 1885
      H. 3 Kreis Pr. Stargard, 1885
      H. 4 Kreis Marienwerder westl. der Weichsel, Schwetz, Konitz, Schlochau, Tuchel, Flatow, Dt. Krone, 1887
   Bd. II. Kulmer Land und Löbau
      H. 5 Kreis Kulm, 1887
      H. 6 Kreis Thorn, 1889
      H. 7 Stadt Thorn, 1889
      H. 8 Kreis Strasburg, 1891
      H. 9 Kreis Graudenz, 1894
      H. 10 Kreis Löbau, 1895
   Bd. III. Pomesanien
      H. 11 Kreis Marienwerder östl. der Weichsel, 1898
      H. 12 Kreis Rosenberg, 1906
      H. 13 Kreis Stuhm, 1909
   Bd. IV. Kreis Marienburg
      H. 14 Neuteich, Tiegenhof und die ländlichen Ortschaften, 1919
164 GDehio, Handbuch der deutschen Kunstdenkmäler, neu bearb. von EGall. Deutschordensland Preußen, unter Mitwirkung von BSchmid und Grete Tiemann, München 1952
165 CWünsch, Ostpreußen, München 1960 (Die Kunst im Deutschen Osten 3)

Sprache und Volkskunde

166 MPhilipp, Beiträge zur ermländischen Volkskunde, Greifswald 1906
167 WZiesemer, Die ostpr. Mundarten. Proben und Darstellung, Breslau 1924
168 ERiemann, Ostpr. Volkstum und die ermländische Nordostgrenze, Königsberg 1937

169 ONatau, Mundart und Siedlung im nordöstl. Ostpreußen (Kr. Pilkallen), 1937
170 ERiemann, Volkskunde des Preußenlandes, Kitzingen 1952
171 WGaerte, Volksglaube und Brauchtum Ostpreußens, Würzburg 1956

Sozial-, Wirtschafts- und Agrargeschichte

172 VRöhrich, Die Kolonisation des Ermlandes, in: Zeitschr. f. d. Geschichte und Altertumskunde Ermlands 12—22, 1899—1924
173 VRöhrich, Ein Bauernaufruhr im Ermlande 1440—42, in: Programm des Gymnasiums in Rößel 1894
174 EEngelbrecht, Die Agrarverfassung des Ermlandes und ihre historische Entwicklung, München, Leipzig 1913 (Staats- und Sozialwissenschaftliche Forschungen 169)
175 WSchulz, Siedlungsgeographie des deutschen Oberlandes, Königsberg 1925 (Mitteilungen d. Geographischen Gesellschaft in Königsberg 1925)
176 OBarkowski, Die Besiedlung des Hauptamts Insterburg, in: Prussia 28, 1928
177 FGrigat, Die Besiedlung des Mauerseegebiets, Königsberg 1930
178 KKasiske, Die Siedlungstätigkeit des DO im östlichen Preußen bis zum Jahre 1410, Königsberg 1934 (Einzelschriften der Histor. Komm. für ost- und westpr. Landesforschung 5)
179 KKasiske, Das deutsche Siedelwerk des Ma. in Pommerellen, Königsberg 1938 (Einzelschriften 7)
180 WvBrünneck, Zur Geschichte des Grundeigentums in Ost- und Westpreußen Bd. I—II, 2, Berlin 1891—96
181 GAubin, Zur Geschichte des gutsherrlich-bäuerlichen Verhältnisses in Ostpreußen, Leipzig 1910
182 JKopp, Beiträge zur Chronik des ostpreußischen Grundbesitzes, Königsberg 1913
183 JHansen, Die Landwirtschaft in Ostpreußen, Jena 1916 (Grundlagen des Wirtschaftslebens von Ostpreußen 2)
184 GWinter, Zur Entstehung des Oktoberedikts und der Verordnung vom 14. Februar 1808, Berlin 1929 (Forschungen zur brandenburgischen und pr. Geschichte 40)
185 EWeise, Bauernaufstand in Preußen, Königsberg 1935 (Preußenführer 5)
186 Zur pr. Agrargesetzgebung der Reformzeit, Kitzingen 1954 (Menschen und Staat in Recht und Geschichte)
187 FGHerrmann, Das ermländische Bauernvolk. Sein Erbe und sein Schicksal, Köln 1962
188 WKuhn, Der Haken in Altpreußen, in: Studien zur Geschichte des Preußenlandes, Marburg 1963, S. 164—194

Familien- und Personengeschichte

189 Altpreußische Geschlechterkunde: Blätter des Vereins für Familienforschung in Ost- und Westpreußen, Königsberg 1927—43 (17 Hefte), Neue Folge 1953 ff. (bisher 4 Hefte)
190 Ostpreußisches Geschlechterbuch, hg. von BKörner und KTiesler, Bd. 1 bis III, Görlitz 1928, 30, 43 (Dt. Geschlechterbuch 61, 68, 117)
191 Altpreußische Biographie, hg. im Auftrage der Histor. Komm f. Ost- u. westpr. Landesforschung von ChrKrollmann, Bd. I—II, Lfg. 1—3,

Königsberg 1941—44, von KForstreuter u. FGause, Bd. II, Lfg. 4—5, Marburg 1961—63
192 Ostdeutsche Familienkunde. Zeitschr. f. familiengeschichtliche Forschung im dt. Osten, 1953 ff.

Siegel, Wappen und Münzen

193 FAVoßberg, Münzen und Siegel der preußischen Städte Danzig, Elbing und Thorn sowie der Herzöge von Pommerellen im Ma., Berlin 1841
194 FAVoßberg, Geschichte der Preußischen Münzen und Siegel von frühester Zeit bis zum Ende der Herrschaft des DO, Berlin 1843
195 OHupp, Die Wappen und Siegel der deutschen Städte, Flecken und Dörfer, Bd. I, Heft 1: Ostpreußen, Westpreußen, Brandenburg, Frankfurt/Main 1896 (nicht immer zuverlässig)
196 ECBeckherrn, Die Wappen der Städte Altpreußens, in: Altpr. Monatsschrift 29, 1892
197 EBrachvogel, Die Wappen der ermländischen Städte, in: Zeitschr. für Geschichte Ermlands 19, 1916 (verbessert Hupp)
198 EvdOelsnitz, Herkunft und Wappen der Hochmeister des DO, 1198 bis 1525, Königsberg 1926 (Einzelschriften 1)
199 EWaschinski, Die Münz- und Währungspolitik des DO in Preußen, ihre historischen Probleme und seltenen Gepräge, Göttingen 1952
200 GMeinhardt, Die Münz- und Geldgeschichte des Herzogtums Preußen, 1569—1701, Heidelberg 1959 (Studien zur Geschichte Preußens 4)

Vorgeschichte

201 EHollack, Vorgeschichtliche Übersichtskarte von Ostpreußen und Erläuterungen dazu, Berlin-Glogau 1908, mit Bibliographie
202 WGaerte, Urgeschichte Ostpreußens, Königsberg 1929, mit Bibliographie
203 WLaBaume, Urgeschichte der Ostgermanen, Danzig 1934, mit Bibliographie
204 CEngel, Vorgeschichte der altpreußischen Stämme I, Königsberg 1935
205 CEngel und WLaBaume, Kulturen und Völker im Preußenlande, Königsberg 1937, mit Atlas zur Landesgesch. Ost- und Westpreußens I
206 GGerullis, Die altpreußischen Ortsnamen, Berlin 1922
207 RTrautmann, Die altpreußischen Personennamen, Göttingen 1925
208 EWeise, Die alten Preußen, Elbing 1934 (Preußenführer 3); engl.: The ancient Prussians, 1934
209 RHelwig, Kultur und Sitte der Preußen, Masch.-Schr., J. G. Herder-Institut, Marburg/Lahn, Bibliothek (mit ausführlichen Quellenangaben)
210 Altpreußen. Vierteljahrsschrift für Vorgesch. und Volkskunde, Jg. 2—5, Königsberg 1936—40

ERKLÄRUNG HISTORISCHER FACHAUSDRÜCKE

Abschoß, Abgabe von einer aus dem Lande gehenden Erbschaft.
Allod, Eigengut im Gegensatz zum Leihe- oder Lehengut.
Allodification, Überleitung lehnsrechtlichen Besitzes in freies Eigentum.
Amtshauptmann, im Hzt. Preußen Verwalter eines Hauptamtes (meist ehem. Komturei).
Ballei, mittellateinisch ballia oder balliva (Amtsbezirk), frz. bailli, engl. bailiff = Landvogt, Bezirk, dem ein Landktr. vorstand.
Bauernlegen, Verdrängen freier Bauern durch benachbarte Grundherren, um das Land selbst zu bewirtschaften oder aus dem Eigentümer einen gutsuntertänigen Bauern zu machen.
Bernstein, von mhd. bernen, brennen, ein Mineral aus fossilen Harzen, von Nadelbäumen des Tertiär, grch. elektron, wird durch Reiben elektrisch, findet sich in der »blauen Erde« besonders an der Samlandküste bei Palmnicken.
Beutner, auch Biener, kleinster Siedler, der Honig bei den Wildbienen sammelt.
Capitaneus s. Starost.
Castellanus, ursp. Hilfsbeamter des polnischen Woiwoden, mitunter auch Inhaber einer Starostei.
Danzker, Dansker, eine Wortbildung, die mit dem Stadtnamen Danzig zusammenhängt, vielleicht von dort übernommen, ist der turmartig auf hohen Wölbungen bis an das Flußufer oder den Burggraben hinausgebaute Abort der DO-Burgen.
Dienstgeld, Ablösung des Scharwerkes durch regelmäßige Zahlungen.
Dienstgut, Lehngut mit Verpflichtung zum Reiterdienst im Kriege.
Dormitorium, Schlafsaal der DO-Burgen.
Feld, lat. campus, ist Übersetzung des pr. moter, d. h. die Siedlungsfläche zerstreuter Höfe, wohl die übliche Siedlungsform der alten Preußen.
Gärtner, im Ma. in Preußen keine Berufsbezeichnung, sondern ein Besitzer von Haus, Hof und Garten, ohne Acker, eine Stelle, die ihren Mann allein nicht nährt, daher meist an Landarbeiter oder Handwerker vergeben wurde.
Gebietiger, höherer DO-Beamter, vorwiegend Sammelbezeichnung für die Komture.
Großgebietiger, fünf an der Zahl, ältester Rat des Hochmeisters: Großkomtur, oberster Spittler, oberster Marschall, oberster Trappier und Treßler.
Großkomtur, erster der fünf Großgebietiger, Vertreter des Hochmeisters und sein ständiger erster Ratgeber, gleichzeitig Komtur von Marienburg.
Hakelwerk, Fischersiedlung, in Danzig der Rest der älteren slawischen Siedlung.
Haken, altpr. ländliche Wirtschaftseinheit, später auch Maßeinheit, nach dem altpr. Hakenpflug im Gegensatz zum deutschen Scharenpflug. Im 14. Jh. ist 1½ Haken = 1 Hufe.
Hakenbude, kleines Geschäft in einem Wohnraum.
Handfeste, ursp. jede Art Urkunde, die durch Siegeln mit der Hand »gefestigt«, bestätigt, rechtskräftig gemacht wird, im Ordensland die Gründungsurkunde für Städte, Dörfer und Güter.
Hauptamt, seit 1525, eine ehem. Komturei.

Hofzins, Abgabe städtischer Bürger von ihrem Grundbesitz.

Hufe, deutsche ländliche Wirtschafts- und Maßeinheit, in der Größe vielfach wechselnd, seit der „Kulmer Handfeste" gewöhnlich nach vlämischem Maß, dann meist nach magdeburgischem. Eine Hufe = rd. 66 pr. Morgen = 16,5 ha.

Indigenatsrecht, das Recht, leitende Stellungen nur mit Einheimischen zu besetzen.

Inkorporation, in weltlichem Bezug, Einverleibung eines Lehnsgebietes unter die Krone des Stammlandes, nach böhmischem Muster Karls IV. auch in Polen angewandt.

Kölmer, Bezeichnung für freie Bauern im 18. Jh., die durch ihr Besitzrecht von den kgl. und adl. Bauern geschieden waren.

Kölmisch, volkstümlich für kulmisch.

Kommende, Niederlassung eines Ritterordens unter Leitung eines Komturs. Mehrere Kommenden werden zu einer Ballei zusammengefaßt.

Komtur, DO-Beamter, Befehlshaber einer Ordensburg und des dazu gehörigen Verwaltungsbezirkes, der Komturei, Leiter eines Konventes von gewöhnlich 12 DO-Brüdern, die verschiedene Unterämter hatten.

Konvent, die Gemeinschaft der normalerweise 12 DO-Brüder einer Ordensburg. Der Konvent des Gesamtordens war der Generalkonvent, der zum Generalkapitel zusammentrat.

Konventsstube, Tagesraum in den DO-Burgen.

„Alter Kulm", eine in fünf Bücher gegliederte, systematische Rechtsaufzeichnung im wesentlichen des magdeburgisch-breslauischen Schöffenrechts von M. 14. Jh., um 1394 auftauchend und im Ordenslande bei der Rechtsprechung rezipiert, keine amtliche Kodifikation des im Ordenslande geltenden Rechtsstoffes.

„Kulmische Handfeste", das den Städten Kulm und Thorn 1233 verliehene Stadtrecht.

Kulmisches Recht, ein aus dem magdeburgischen abgeleitetes Besitzrecht an Höfen und Gütern.

Kulmisches Stadtrecht, das der „Kulmischen Handfeste" entsprechende Stadtrecht der weitaus meisten Städte des Ordenslandes, mit dem Oberhof in Kulm, darüber hinaus in Magdeburg, im Ordensstaat nach 1466 bei der Altstadt Königsberg.

Landhofmeister, einer der vier Oberräte im Hzt. Preußen seit 1525.

Landkasten, ständische Steuerkasse im Hzt. Preußen.

Last, Gewicht = 48 Zentner.

Lieger, Handelsvertreter in den westd. Hansestädten.

Lischke, auch Liske, altpr. liskis, Lager, Nest, Korb ohne Henkel, noch im modernen, mundartlichen Gebrauch, entspricht dem westdt. Flecken, Weichbild, also kein Dorf, sondern eine Siedlung von Krügern und Handwerkern, auch Kaufleuten, z. T. nur vorübergehend während der Märkte, meist bei Ordensburgen entstehend. Sie erhalten einzelne städt. Rechte, besonders Marktrechte und werden später meist Städte.

Locator, Unternehmer,, der die Ansetzung der einzelnen Bürger oder ländlichen Siedler neuzugründender Städte oder Dörfer vom DO oder einem privaten Grundherrn übernimmt. Er erhält dafür die Handfeste, in der ihm das Schulzenamt, Freihufen und andere Rechte verliehen werden, aus deren Einkünften er das angelegte Kapital amortisieren kann.

Lübisches Stadtrecht, im Ordenslande nur vereinzelt: in Elbing, Frauenburg, Braunsberg und Memel, mit dem Oberhof in Elbing und darüber hinaus in Lübeck.

Magdeburgisches Recht, ein dem magdeburgischen entsprechendes Besitzrecht und Erbrecht der großen Dienstgüter mit dem Oberhof in Magdeburg.

Oberster **Marschall,** einer der fünf Großgebietiger, Ratgeber des Hochmeisters in Heeressachen und

Führer des militärischen Aufgebotes des Ordens, gleichzeitig Komtur von Königsberg.

Ministerialen, urspr. unfreie Dienstleute, seit dem 10. Jh. durch die Wichtigkeit ihrer Dienstleistungen an Fürsten- und Adelshöfen zum Berufsstand aufgestiegen. Seit dem 12. Jh. mit dem Adel zum Ritterstand verschmolzen.

Morgen, pr. = 0,25 ha.

Parcham, von pferchen, der Zwinger zwischen innerer und äußerer Ringmauer, besonders bei den DO-Burgen.

Oberburggraf, einer der vier Oberräte des Hzt. Preußen seit 1525.

Obermarschall, wie Oberburggraf.

Oberräte, oberste Beamte und engere Ratgeber des Herzogs seit 1525, aus den Großgebietigern hergeleitet: Landhofmeister, Oberburggraf, Kanzler und Obermarschall.

Ökonomie, in Westpreußen 1466 bis 1772, ehem. Ordensdomäne, die für den Unterhalt des königlichen Hofes ausgeschieden wurde.

Palatin s. Woiwode.

Palatinat s. Woiwodschaft.

Refektorium, Speisesaal in den DO-Burgen.

Reise, Feldzug nach Litauen, meist kurzer militärischer Vorstoß zum Zerschlagen von Aufmarschstellungen und Waffenplätzen, auch zur Anlegung vorgeschobener Burgen.

Säkularisation, Verweltlichung, Beschlagnahme geistlicher Güter durch weltliche Gewalten.

Schäffer, Speicherverwalter in den Handelsstädten, das gleiche Wort wie Schäfer, wie auch Hude, von hüten, = Niederlage, Speicher ist.

Schalwenkorn, Kornabgabe für den Unterhalt der DO-Burgen in Schalauen an der Memel; vgl. Wartgeld.

Scharwerk, vom ahd. skara = Schar, im fränk. sind die scaramanni die Klasse von kleinen Dienstleuten für untergeordnete Arbeiten, daher = Frondienst öffentlich-rechtlichen Charakters auf Ordens- und Staatsdomänen und privaten Gütern, urspr. nur bei den unfreien pr. Kriegsgefangenen oder zuletzt im Preußenaufstande von 1260 gewaltsam befriedeten pr. Bauern.

Scharwerksdorf, ein mit unfreien, meist pr. Bauern besetztes Dorf.

Schatulle, Einnahmestelle für die Einkünfte aus Eigenbesitz und hzl. Waldgebieten. Als später auf diesen Gebieten, besonders im O und S des Landes, Siedler angesetzt wurden, zinsten diese ebenfalls in die Schatulle. Sie hießen daher Schatullbauern.

Oberster **Spittler,** einer der fünf Großgebietiger, Ratgeber des Hochmeisters in bezug auf das Spitalwesen, gewöhnlich Ktr. von Elbing, wo das Hauptspital des Ordens lag.

Stapelrecht, Niederlage, Recht einer Stadt, vom Durchgangsverkehr Stapelung und Feilbieten der Waren zu verlangen.

Starost, capitaneus, Inhaber einer Starostei.

Starostei, capitaneatus, gelegentlich auch Hauptmannschaft genannt, in Westpreußen 1466—1772, meist ehem. Komturei des DO, aber auch ein größeres Staatsgut.

Steuerkasten, ständische Steuerkasse eines der drei Bezirke des Hzt.

Strandrecht bestimmt, daß gestrandete Schiffe mit ihrem Inhalt den Küstenbewohnern oder deren Obrigkeit verfallen, urspr. auch die Menschen, die dann unfrei werden, seit dem 13. Jh. nur die Waren.

Tagfahrt = Tagung.

Tief, eigentlich eine tiefere Fahrrinne, daher nds. auch balge = Wanne, ist die Verbindung zwischen Haff und Meer durch eine Öffnung in der Nehrung.

Tolk, pr. Dolmetscher.

Oberster **Trappier,** einer der fünf Großgebietiger, Ratgeber des Hochmeisters für das Bekleidungswesen, meist Ktr. von Christurg.

Treßler, einer der fünf Großgebietiger, ohne Zusatz von „oberster", Ratgeber des Hochmeisters in

Geldsachen, verwaltet die Einkünfte der Komturei Marienburg und die Überschüsse aus den anderen Komtureien.

Vitalienbrüder, urspr. die für die Verproviantierung des belagerten Stockholm 1389—92 mit Viktualien eingesetzten Schiffer, später Freibeuter, auch Likendeeler genannt, die untereinander zu gleichen Teilen die Beute verteilen.

Vitte, Handelsplatz, an dem während des Heringsfanges (Ende Juli bis Anfang Oktober) die Kaufleute und Gewerbetreibenden in „Buden" wohnten.

Vorwerk, bis ins 18. Jh. der Hauptwirtschaftshof eines Grundbesitzes.

Wartgeld, einzige echte Steuer im Ordenslande vor 1411, zur Unterhaltung der Grenzwarten gegen Litauen.

Wegeberichte, Aufzeichnungen über die Wegeverbindungen nach Litauen, aus Kundschaftermeldungen zusammengestellt, 100 an der Zahl, gedr. Script. rer. Pruus. II 662 ff.

Willkür, eigentlich Willkürrecht, eine von der Stadtgemeinde selbst gesetzte Verordnung, meist gewohnheitsrechtlicher Art, im Gegensatz oder in Ergänzung des vom Stadtherrn verliehenen Stadtrechts; entspricht modernen Polizeiverordnungen.

Woiwode, Palatin, Inhaber einer Woiwodschaft.

Woiwodschaft, palatinatus, größter polnischer Verwaltungsbezirk. In Westpreußen gab es drei Palazinate: Kulm, Marienburg und Pommerellen (Danzig).

Wildnis, im Sinne von Wild- und Jagdgebiet, ein breiter Urwaldgürtel im S und O Ostpreußens, bestand zur Ordenszeit bis zur Aufsiedlung im 15. Jh.

Witinge, urspr. begüterte, freie pr. Bauern, unter der Ordensherrschaft zu den sogen. Preußisch Freien geworden. Die Bezeichnung erhielt sich für Stammpreußen als Dienstleute auf den DO-Burgen, die besonders zu Botendiensten verwendet wurden.

Wüstung, verlassene Dorfstelle.

Zinsdorf, deutsches Dorf, dessen Einwohner nur Zins zahlen, aber kein Scharwerk leisten.

PERSONENREGISTER

Bürgerliche und Adlige bis zum Grafenstand sind unter ihren Familien- bzw. Geschlechternamen zu finden; weltliche Regenten sind unter ihren Vornamen verzeichnet. Die Bischöfe und Hochmeister stehen, falls bekannt, unter ihren Familien- bzw. Geschlechternamen, sonst unter ihren Vornamen.

Achenwall, Fam. 49
Ackermann, Conrad Ernst 105
Adalbert, Bf. v. Prag XVIII, LVII, 29, 220
Adam v. Bremen XVII
Ägidius, Bf. v. Tusculum 175
Alardus, Abt v. St. Vincenz in Breslau 247
Albert, Bf. v. Riga XX, 141
— Bf. v. Pomesanien 133, 189
— Heinrich XLV
Albrecht III., Erzhz. v. Österreich XXIX
—, Bruder Ks. Friedrichs III. XXXIV
— Friedrich, Hz. in Preußen XLII, 90
— Wilh. Eduard 50
Alexander I., Zar v. Rußland LIV, 13, 141, 144, 227
Altenburg, Dietr. v., Hochm. 5, 45, 89, 120, 125, 129
Ambrosius, Johanna LXI
Andersch, Pfarrer v. Judtschen 94
Andreas II., Kg. v. Ungarn XXIX
Anhalt-Dessau, Fürst Leopold v. L, 37
Anna Maria, Hzn. v. Braunschweig XLII, 155
— Sulkowska, Fürstin 110
Anselm, Bf. v. Ermland 24, 82, 84
Apel, Kanzler XLII
Apraxin, Feldmarsch. 64
Arentz, Isaac 90
Argelander, Friedr. 143
Arnheim, Friedr. v. 93
Arnim, v. Gen. 189
Auer, Hans Georg v. 5
Auerwald, Hans Jakob v. LVIII
August II, d. Starke, Kg. v. Polen XLVIII
— III., Kg. v. Polen 246
Aurifaber, Leibarzt XLII

Baczko, Ludw. v. LIV, 128
Baisen (Baysen) Fam. v. 13, 27, 229
— Gabriel 14, 27
— Hans 14, 27
— Lorenz 14
— Peter 14
— Sander 14
— Stibor 14

Baldersheim, Konr. v., ob. Spittler 168
— Ludw., Landm. 219
— Wigand, Pfleger zu Insterburg 90
Balk, Herm., Landm. XIV, 39, 45, 225
Barclay de Tolly, Fürst Michael Andreas 218
—, Gutsbesitzer 139
Barfus, Albr. v. 183
Bartholomäus, Bf. v. Samland 195
Barth, Bernh. v. 54
Bartlau, Schlosserm. 221
Bartsch, Jakob 14, 111
Bathory, Andreas, Kardinal 236
— Balthasar, Gf. 236
Batocki-Bledau, Adolf v. LXIII, LXV, LXVII
Baudissin (Baudis), Oberst v. 122
— Theodor, Gf. v. LXV
Bedeke, Hartwig 46
Beeck, Karl Benjamin, Dr. 88
Behring, Emil v. 80
Beier, Ulrich 219
Beilstein, Pfarrwitwe in Insterburg 91
Bela, Kg. v. Ungarn XVIII
Below, Alex. v. 88
Bercow, Joh. 18
Berg, Ritter v. 165
Bernadotte, Jean Baptiste, Marschall 149, 181, 205
Berthier, Alexandre, Marschall 228
Bertold, Bf. v. Pomesanien 134
Berwart, Blasius 95, 102, 119
Besser, Friedr. Wilh. 104
Bethmann-Hollweg, Theobald v. LXV
Bezzenberger, Adalbert 105
Bieber, Paul 194
Bienwald, Matthias 88
Birken, Rotger v. 223
Bischoff, Eduard 158
Bismarck, Fürst Otto v. 88
Blankenburg, Joachim v. 137
Blankensee, Heinr. v. 4
Blocke, Abraham vom 32
— Wilh. 32
Blücher von Wahlstatt, Gebhard Leberecht, Fürst 56
Bludau, Augustinus, Bf. v. Ermland 79

PERSONENREGISTER

Blume, Bartholomäus 132
Bodt, Jan de 204
Boleslaw Chobry, Kg. v. Polen XXII, 176
— III. Schiefmund, Hz. v. Polen 175
Bonse, Kämmerer 173
Borcke, Antonius v. 183
— Fabian 183
Boucicaut, Marschall XXIX
Boyen, Herm. v., Gen. LV, 110
Brandeisz, Dietr. v. 88
Brandenburg, Albrecht v., Hochm. XXXVII f., XLII, 11, 22, 64, 68, 74, 82, 88, 90, 92, 97, 99, 102, 104, 119, 122, 127, 148, 152, 155, 172, 173, 178, 201, 207, 211, 219, 227, 231, 239
Brandt, Hofjunker v. 214
Brauchitsch, Walther v., Generalfeldm. 102
Braun, Otto 106
Braun-Neucken, Frh. v. LXV
Braunschweig, Luther v., Hochm. 12, 28, 59, 67, 166, 199
Brühaven, Berthold v. 219
Brun v. Querfurt XVIII
Brunau, Andreas 105
Bülow v. Dennewitz, Feldmarschall, Gf. 76, 156
Burckhardt, Carl J. 35
Burdach, Ernst 104
Burgsdorf, Friedr. Wilh. v. 230
Busse, Oberst 21

Calovius, Abraham 149
Carlsson, Elisabeth 94
Chemnitius, Martin XLII
Chièze, Philipp v. 187
Chodowiecki, Daniel 32
Christian I., Kg. v. Dänemark XXXIV
—, Bf. v. Oliva XVIII, XX, 187, 243
Clare, Johs., Bf. v. Samland 62, 220
Clarene, David 94
Clausewitz, Karl v., Gen. LVI
Collas, Fam. IL
Comenius, Joh. Amos 49
Conradus, Pfarrer v. Kaimen 95
Constantius II., röm. Ks. 79
Coppernicus, Nikolaus XLI, 2, 53, 57, 58, 84, 224
Corinth, Lovis LXII, 220
Courbière, Guillaume René, Baron de l'Homme de LIV, 72
Črvenk, Ulrich XXXIV, 131

Dach, Simon LXI, 105, 221
Dahn, Felix XLI, 105
Dambrowitz, v., Kronfeldherr 180
Dantiscus, Johannes, Bf. v. Ermland XLI, 53, 189
David, Lucas XLII
Davoust, Jean Louis Nicolas, Marschall 64
Depenow (Tiefenau), Dietr. v. 133, 200, 225

Depenow (Tiefenau), Heinr. 226
— Volrad 226
Derby, Heinr. v. 90
Derfflinger, Frh. Georg v. 183
Dettmann, Ludw. 105
Diebitsch-Sabalkanskij, Iwan Iwanowitsch, Gf., Feldmarsch. 119
Diepolskirchen, Rud. v. 44
Dietrich gen. Stange, Ritter 62
Dobeneck, Hiob v., Bf. v. Pomesanien XLI, 134, 189
Dohna, Gff. XXXIX, 54, 204
— Alexander L, LVI, 94, 204
— Peter 148
— Wenzel 204
— -Lauk, Fabian v. 24
— -Schlobitten, Abraham zu 204
— - — Friedrich 204
— - — Friedr. Ferd. Alex. 204
— - — Julie 204
— - — Richard 204
— -Reichertswalde, Fabian 204
— -Wundlaken 221
Dönhoff-Friedrichstein, Gfn. 183
Domhardt, Joh. Friedr. LI f., 77, 230
Douglas, Archibald Gf. XXIX
— Wilhelm XXIX
Dusburg, Peter v. XVII, 42, 67, 124, 143, 161, 183, 197, 199, 202, 234
Dusemer, Heinr., Hochm. 23, 59, 92, 121, 202, 205

Ebel, Superintendent 179
Egloffstein, Fam. v. XXXIX
— Georg 123
— Konrad 41
Eichendorff, Jos. v. 132
Elner, Rüdiger v. 159
Eltester, Fam. IL
— Christian 76
Erasmus v. Rotterdam XLII
Erlichshausen, Konr. v., Hochm. XXXIII, 6, 158, 211
— Ludw., Hochm. XXXIV, 92, 132, 148
Ernst, Bf. v. Pomesanien 133
Ertly, Baumeister 81
L'Estocq, Ant. Wilh., Gen. LIV, 178
Estorff, v., Gen. LXV
Eulenburg, Fam. v. XXXIX
— Andreas 165, 168
— Botho zu 121

Fahrenheid, Fritz v. 16
Fahrenheit, Daniel 32
Fechter, Paul XXVII
Fellenstein, Nikolaus 130, 184
Ferber, Mauritius, Fürstbf. v. Ermland XLI, 6, 245
Ferdinand III., dt. Ks. (1637—57) 48
Fermor, Gen. 73
Feuchtwangen, Siegfr. v., Hochm. XXII, 129
Finck v. Finckenstein, Albr. Gf. 54
— Ernst 207
— Felix 68

PERSONENREGISTER

Fischer, Friedr., Kanzler XLII
Fleming, Albr. 13, 75
— Gerhard 56
— Joh. 24, 75
— Heinr., Bf. v. Ermland 13, 24, 75
Flotwell, Ed. Heinr. v. LIX
Forkenbeck, Max v. 94
Forster, Reinh. Joh. 40
Frey, Joh. Gottfr. LV
Freymut, Julius 158
Friccius, Major LVI
Fricke, Ulr. 92
Friedrich II., dt. Ks. (1215—50) XVIII
— III., dt. Ks. (1440—93) XXXIV
— I., Kg. in Preußen XLVIII, 9, 55, 65, 73, 107, 125, 135, 180
— II., d. Gr. XLVIII, LI, LIV, 2, 49, 72, 73, 91, 100, 113, 147, 153, 155, 171, 186, 187, 209, 214
— Mgf. v. Brandenburg XXXIV
— Kf. v. Sachsen XLII
— Hz. v. Schwaben XVIII
— Franz, Hz. v. Mecklenburg 94
— Karl, Prinz v. Preußen 190
— Wilhelm I., Kg. v. Preußen L, LXIII, 1, 6, 17, 22, 36, 37, 64, 73, 77, 87, 90, 107, 156, 158, 172, 184, 188, 190, 203, 204, 214, 220, 230, 239
— Wilhelm II., Kg. v. Preußen 171
— Wilhelm III., Kg. v. Preußen LIV, 13, 76, 110, 132, 144, 165, 166, 192, 227, 228
— Wilhelm IV., Kg. v. Preußen LVIII, LIX, 85, 203
— Wilhelm, der Gr. Kf. XLV ff., 1, 22, 24, 76, 82, 92, 95, 100, 102, 105, 116, 126, 128, 132, 164, 170, 181, 204, 213, 237
Friedrichstein → Dönhoff

Gablenz, Hans v. d. 68
Gall, Klaus 83
Garnmeister, Nikolaus 44
Gattenhofer, Fam. 160
Gayl, Wilh. Frh. v. LXV
Gebauer, Karl Emil 139
Gedimin, Großfürst v. Litauen XXX, 152
Gehr, Theod. IL
Geldern, Wilh. Gf. v. XXIX
Georg Friedrich, Mgf. v. Ansbach XLII, XLIII, XLVII, 90, 92, 102, 119, 127, 165
— Podiebrad, Kg. v. Böhmen 132
— Wilhelm, Kf. v. Brandenburg XLVI, 12, 22, 53, 55, 155, 194
Gericke, Hans 173, 201
Geritz, Ambrosius, Bf. v. Ermland 210
Giese, Joh. Michael 66
— Tiedemann, Bf. v. Ermland XLI
Glasow, Fam. v. 10
Gleichen, Hans Gf. v. 125

Glossa, Martin 92
Gneisenau, August Neithardt Gf. v. 62
Goebel, Orgelbauer 163
Goerdeler, Carl 106
Goethe, Joh. Wolfg. v. 184
Golin, Martin v. 234
Goltz, Bogumil LXI
Goltz, Colmar Frh. v. d. 102
Görne, Friedr. v. L
Gottsched, Christoph, Pfarrer 93
— Joh. Christoph 93
Götz, Herm. 107
Grabowski, Adam Stanislaus, Bf. v. Ermland 206
Gräusing, Söldnerführer 109
Gregor IX., Papst XIX
Gregorovius, Ferdinand LXI, 153
Grimislaw, Fürst v. Schwetz 122, 181, 208
Grimm, Rektor 149
Groeben, Otto Friedr. v. d. 89, 135, 201
Grudde, Hertha 15
Grunau, George 49
— Ignatz 49
— Simon 161, 229
Grünheid, Andreas 76
Grüningen, Dietr. v. 27
Guderian, Heinz, Gen. Oberst 113
Günther, Gen. v. 128
Gustav Adolf, Kg. v. Schweden XLIV, 4, 24, 49, 55, 79, 84, 90, 113, 122, 125, 128, 166, 170, 180, 183, 204, 243

Haase, Hugo 106
Haertel, Friedr. Wilh. 94
— George Wilh. 94
Haffner, Dr. Georg 246
Hagen, Aug. 104
— Carl Gottfr. 104
Halbe, Max LXI, 78
Hamann, Joh. Georg LIII, 62, 107
Händel, Georg Friedr. 49
Hansen, Johs. LXVIII
Hartknoch, Christoph XLV, 169
Hassenstein, Gotthold Cölestin 203
Hauke, Pfleger zu Eckersberg 43
Hecker, Herm. 149
Heidemann, Aug. Wilh. LVI
Heidenreich, Bf. v. Kulm 113
Heinrich VI., dt. Ks. (1190—97) XVIII
— VII., dt. Ks. (1308—13) XXII, 176
— IV., Kg. v. England XXIX, 90
— d. Erlauchte, Mgf. v. Meißen XX
— Bf. v. Samland 116, 138
— II. Wogenap, Bf. v. Ermland 4, 78, 218, 220
— III. Sorbom, Bf. v. Ermland 4, 18, 19, 192
— → v. Plauen, Hochm.
Helwing, Georg Andreas 5, 233
Hennegau, Joh. Gf. v. XXIX

PERSONENREGISTER

Hennenberger, Caspar XLIII, 41
Herbart, Joh. Friedr. 104
Herder, Gottfr. 148
— Joh. Gottfr. LIII, 104, 148, 149
Herken, Ertmar v. 112
Herkus Monte 109, 174
Hermann, Bf. v. Kulm 123
— Bf. v. Prag 24, 170, 242
— Pfarrer v. Quednau 182
— v., Oberst LIV, 171
Heselicht, Peter v. 14
Hessus, Eobanus XLI, 189
Hevelke, Johs. 32
Heydeck, Friedr. v. 201
Hindenburg, Paul v. Beneckendorf und v. LXII, 105, 167, 219
Hindersin, Joh. Kaspar 148, 204
Hippel, Theod. Gottfr. v. LVII, 62, 105, 136
Hirsch, Levin Samuel 94
Hirschhals, Ritter 174
Hirzberg, Gerh. v. 116
Hitler, Adolf LXVIII, 186
Hoffmann, E. Th. A. LVII, 107, 115, 221
— Herm. 117
Hohenlohe, Heinr. v., Hochm. 45
Hohenstein, Günter v. 22, 88, 166, 211
Hohenzollern-Hechingen, Josef v., Bf. v. Ermland 81, 164, 192
Höhn, Joh. 36
Holland, Wilh. Gf. v. XXIX
Hollant, Niclaus v. 157
Holstein-Beck, Friedr. Wilh., Prinz v. 73
Holz, Arno LXI
Horn, Carl v. LX
— Henrik v., schwed. Gen. 64, 90
Hosius, Stanislaus, Kardinal, Bf. v. Ermland XXXVII, 25, 53, 243
Hoßbach, Friedr., Gen. LXIX
Hoverbeck, Dietr. Frh. v. 88
— Joh. 88
— Ludw. 88
Humboldt, Alexander v. 114
Hundertmark, Gottfr. 194, 237

Ibute, Samländer 193
Innocenz II., Papst 175
— III., Papst 247
— IV., Papst XXI, 51, 63
Isenberg, Heinr. v. 44, 64
Iso, Bf. v. Verden 225

Jakob, Bf. v. Samland 63, 83, 121
— Lokator v. Saalfeld 196
Jacoby, Joh. 106
Jagiello → Wladislaus Jagiello
Janson, Fam. v. 65
Joachim II., Kf. v. Brandenburg XLII
— Friedr., Kf. v. Brandenburg XLIII, XLV

Johann, Kg. v. Böhmen XXIX, XXX
— I. Mgf. v. Brandenburg XXI
— Kasimir, Kg. v. Polen 246
— Sigismund, Kf. v. Brandenburg XLIII, XLV, 42, 119
Johannes, Lokator v. Heilsberg 84
— gen. vom Haine 120
Jordan, Wilh. 91
Jordanes 29
Jung, Frieda 91
Jungingen, Konrad v., Hochm. 1, 42, 65, 80, 210
— Ulrich, Hochm. XXXI, 127, 159, 210, 218
Jutta v. Sangershausen 113

Kalckreuth, Friedr. Adolf Gf. v. LIV
Kalckstein, Chr. Ludw. v. XLVII, 100, 141
Kaller, M., Bf. v. Ermland 53
Kalnein, Eckart Gf. 41
Kanitz, Fam. v. 1
Kant, Immanuel LII, LVII, 62, 94, 104, 186, 195
— Hans 195
— Joh. Georg 195
— Richard 195
Kantegerde, Preuße 83
Kapp, Wolfg. LXV
Karl IV., dt. Ks. (1347—78) XXVI, XXIX, 22
— V., dt. Ks. (1519—56) XXXVIII
— XII., Kg. v. Schweden 85
— X. Gustav, Kg. v. Schweden XLVI, 116, 132, 203
Kasimir d. Gr., Kg. v. Polen XXX, XXXIV, 30
— IV., Kg. v. Polen 47, 48, 131
Kaspar, Müller u. Rädelsführer 95
Katte, Regiment v. 5
Kerskorff, Walter 121
Kessler, Chrn. Friedr. 227
Keudell, v. 64
Keyserlingk, Gff. 186
Kittlitz, Heinr. v. 74
Kleist, Heinr. v. 107
Kluck, Alex. v., Gen. 102
Knauten, Christoph Wilh. v. 100
— Georg 100
— Ludw. Karl 100
Kniprode, Winrich v., Hochm. XXIII, XXX f., 10, 63, 82, 88, 130, 152, 187, 194, 202, 213, 245
Knobelsdorf, Johs. v. 136
— Nikolaus 136
Knut d. Gr., Kg. v. Dänemark 220
Koch, Erich LXVIII
Kollwitz, Käthe LXII
Komnick, Franz 50
Kondratjew, Gen. 21
Kongehl, Michael 105
Koniecpolski, poln. Feldherr 122
König, Ludolf, Hochm. 46, 149
Konrad, Hz. v. Oels 125
— Hz. v. Masovien XVIII ff., 39, 45, 111

PERSONENREGISTER

Koppernik, Niklas 224
Korff, v., Gen.Ltn. 125
Körte, Siegfr. 106
Kowalewski, Coelestin 158
Kramer, Hans 32
Krämer, Rochus 69
Krasicki, Fürstbf. v. Ermland 85
— Ignatz 206
Kraus, Chrn. Jakob LIII, LVII, 62, 167
Krawielitzki, Theophil, Pfarrer 233
Krementz, Philipp, Bf. v. Ermland 213
Kromer, Martin, Bf. v. Ermland 4
Küchmeister, Michael, Hochm. XXXII, 232
Kuhschmalz, Franz, Bf. v. Ermland 52, 79
Kulman, Ordensherr 157
Kunheim, Daniel v. 100
Kuskau, Lorenz 200
Kutscher, Wilh. LXVIII
Kynstut, Großfürst v. Litauen 4, 5, 43, 63, 92, 95, 125, 152, 164, 166, 194, 210

Labenyk, Heinr. v. 86
Ladislaus Postumus, Kg. v. Böhmen XXXIV
Lahrs, Friedr. 104, 105
Landsberg, Konr. v. 39
Landsee, Ludw. v. 220
Lannoy, Gilbert v. XXIX
Lasch, Otto, Gen. LXIX, 107
Lauterberg-Scharzfeld, Otto Gf. v. 199
Lavien, Pfarrer LXV
Layß, Heinr. v. 236
Lebendal, Rud. v. 38
Lehndorff, Gff. v. 215
— Fabian 178
— Heinr. 235
— Kaspar 178
— -Steinort, Gff. v. 233
— - — Carl LVI
Lehwaldt, Hans v. LI, 73
Lengnich, Gottfr. 32
Lentze, Geh. Oberbaurat 162
Leo, Johs. 210
Leszczynski, Wenzelaus, Bf. v. Ermland 18
Leszek, Hz. v. Kujawien 176
Leykot, Ordensbruder 179
Lichtenfeld, Dietr. v. 139
Lichtenhayn, Konr. v. 121
Lichtenstein, Dietr. v. 232
Lichtwark, Alfr. 158
Liebenzelle, Friedr. v. 4
Liedelau, Dietr. v. 143
Liek, Erwin 124
Lindenau, Karl, Gf. 230
Linke, Kaspar, Bf. v. Pomesanien 134
Lisola, Franz Paul Frh. v. XLVI
Livonius, Fam. v. 80
Lobeck, Chrn. Aug. 104

Löben, Georg v. 68
Logendorf, Paul v., Bf. v. Ermland XXXV, XXXVII, 52
Lohmeyer, Hans 106
Loitze, Kaufmannsfam. 226
Löns, Herm. 116
Loeser & Wolff, Tabakfabrik 50
Lossau, Joh. 215
Louis Ferdinand, Pz. v. Preußen 27
Lübeck, Alardus v. 39
Lucas (Lukas), Bf. v. Ermland 109
Luckner, Felix, Gf. 156
Ludeke Gyselbrecht 62
Ludeko, Bf. v. Pomesanien 189
Ludendorff, Erich, Gen. LXII, 167, 219
Ludwig, Kg. v. Ungarn XXIX, XXXVIII
— Mgf. v. Brandenburg XXIX
Luft, Hans XLII
Luise, Kgn. v. Preußen 93, 97, 114, 165, 166, 228
Lunkite (Leykaute), Kämmerer 66
Luther, Johs. 100
— Margarethe 100
— Martin XLII, 100
Lutter (Luter), Bruno v. 19
— Heinr. 52, 209
Lutterberg, Otto v. 119, 156
Lüttich, Jakob v. 28
Lysius, Heinr. LI

Maier, Joh. 6
Maletius, Hieron. 127
— Johs. 83, 127
Mansfeld, Gebh. v. 121
Maria Eleonore, Kgn. v. Schweden 90
Mathias Corvinus, Kg. v. Ungarn XXXVII, 3, 53, 216
Matkowski, russ. Gen. 59
Maximilian I., dt. Ks. (1486—1519) XXXVII
Megot, Paul 174
Meißen, Joh. v., Bf. v. Pomesanien 84, 134, 192, 245
Meißner, Nikolaus 232
Melanchthon, Phil. XLII
Meldungen, Beringer v. 67
Melen, Seiffridt v. 117
Menzel, Adolph v. 102
Mericke, Fam. v. 210
Merten, Jos. Friedr. 50
Mestwin I., Hz. v. Pommerellen 175, 247
— II., Hz. v. Pommerellen 65, 147, 169, 176, 246
Meurer, Andreas 168
Miegel, Agnes LXI
Miltitz, Heinr. v. 12
Mitscherlich, Ernst LXVIII
Mitzlaff, Werftbesitzer 49
Modena → Wilh. v. M.
Möller, Anton 32
Montau, Dorothea v. 134, 149
Mörlin, Joachim, Bf. 201

PERSONENREGISTER 271

Mühlhausen, Chrn., Bf. v. Samland 54
Müller, Heinr. 104
— Valerian 105
Murat, Joachim, Marschall 228
Muren, Heinr. v. 118

Nagel, Peter 74
Napoleon I., Ks. d. Franzosen LIV, LV, 23, 34, 54, 59, 77, 85, 102, 118, 119, 141, 144, 149, 171, 178, 204, 228, 237, 240
Naunyn, Bernh. 104
Neander, Anna 91, 143, 221
Nehring, Joh. Arnold IL, 73, 102
Neiße, Arnold v. 6
— Dietr. 6
— Eberhard, Bf. v. Ermland 6, 56, 78, 84, 86, 242
— Heinr. 6
Nernst, Walter 26
Neumann, Franz 104
Ney, Michel, Marschall 68
Nicolovius, Georg Heinr. Ludw. LV
Nikolaus, ermländ. Domherr 209
Nostiz, Fam. v. XXXIX
— Kaspar 64, 99, 107
Nullejus, Hannibal 200

Obbergen, Anthony van 32
Oelsnitz, Friedr. v. 68, 88
— Quirin 68
Oettingen, Herm. v. 148
Oldenburg-Januschau, Elard v. 15
Olfers, Fam. v. 182
Olgierd, Großfürst v. Litauen 4, 92, 152, 194
Oostervant, Wilh. Gf. v. XXIX
Opitz, Martin XLV
Ora, Alb. v. 163
Orseln, Werner v., Hochm. 134
Osiander, Andreas XXXVIII, XLI
Otter, Chn. 184
Otto III., Mgf. v. Brandenburg XXI, XXII, 22
— V. XXI
— d. Kind, Hz. zu Brschwg.-Lbg. XX, 8, 109
— Ludwig, Rheingf. 189
Ottokar II., Kg. v. Böhmen XXII, 95, 101, 138, 193, 197, 219, 237

Papen, Franz v. LXV
Panin, Gf. 174
Partatius, Joh., Pfarrer 221, 231
Partikel, Alfr. 158
Paul, Bf. v. Ermland → Logendorf
— Jean LVII
Pauli, Gottfr. Albr. 194
Pechstein, Max 158
Pein, Joh. 90
Peltz, Fam. 148
Peter I., d. Gr., Zar v. Rußland 34, 135

Pisanski, Christoph 93
Pius II., Papst 51
Plauen, Heinr. v., Hochm. XXXI, 11, 22, 47, 51, 119, 124, 130, 180, 187, 209, 218, 220
Plotzke, Heinr. v. XXII, 109, 243
Pohl, Julius 58
Polenz, Fam. v. 1
— Georg, Bf. v. Samland XXXVIII, 9, 55, 155
Polyphemus, Gnaphaeus XLII
— Rex XLII
Pokarben, Busse v. 174
— Hartwig 174
Ponitz, Nikolaus Gf. v. 205
Poser, v., Landrat 240
Potocki, Theod., Bf. v. Ermland 213
Potulicki, Gf. 233
Preuße, Lorenz 158
Prittwitz und Gaffron, Max v., Generaloberst LXII
Protmann, Regina 25
Przemyslaw II. v. Polen 176

Quednau-Stobben, A. 233
Queis, Erhard, Bf. v. Pomesanien 134, 207
Querfurt, Meinhard v. 28, 147, 159, 174, 234

Rabe, Mattis 79
Ramsey, Fam. 19
Ranke, Leop. v. LIII
Ratibor, Hz. v. Pommerellen 176
Räuber, Georg 47
Rauch, Chrn. Daniel 107
Raule, Benjamin XLVIII, 171
Rauschke, Anna Helene v. 1
Reese, Jakob 237
Regenstein, Siegfr. v., Bf. v. Samland 54
Rehwinkel, Johs., Bf. v. Samland 55
Reichermann, G. 110
Reiff, Oberförster 190
Reiffenstein, Joh. Friedr. 184
Reimers, Joh. Christoph 69, 111, 215
Rennenkampf, Paul, Edler v., Gen. LXII
Reppichau, Ecke (Eckhardt) v. 183
Reuß v. Plauen, Heinr., Hochm. XXXIV, 131, 148, 178
Reyder, v. 174
Reynher, Pfarrer v. Germau 66
Rheden, Konr. v. 147
Rhesa, Ludw. 115
Richelot, Friedr. Julius 104
Richtenberg, Heinr. v., Hochm. XXXVII
Richter, Weinhändler 93
Rickert, Heinr. 182
Riebensahm, Amtsrätin 178
Riesen, Jak. van 50
Rippe, Andreas 95
Robertin, Robert XLV

PERSONENREGISTER

Rochow, v., preuß. Innenminister 50
Röder, Christoph v. 146
— Erhard Ernst, Feldmarschall 147
Rosenkranz, Karl 104
Rösner, Bürgermeister v. Thorn 225
Roth, Hieron. XLVII
Roy, Aug. v. 94
Rubeanus, Crotus XLII
Rückerling, Hans 97
Rüdesheim, Rudolf v. XXXV
Rudnicki, Simon, Bf. v. Ermland 236
Rudolf, Bf. v. Pomesanien 20, 189
Rusdorf, Paul v., Hochm. XXXIII, 124, 127, 134
Russe, Albr. 222
Russen, Otto v. 79
Russoschin, Johs. v. 97
Ruß, Karl 8

Sabinus, Georg XLII, 105
Sachse, Fam. 200
Sachsen, Friedr. v., Hochm. XXXVII, 189, 221
Sadorski, Stephan 81
Sagan, Hans v. 194
Sallet, Fam. v. 201
Salza, Herm. v., Hochm. XVIII f.
Sambor, Fürst v. Pommerellen 29, 163
— II., Hz. v. Pommerellen 39, 65, 122, 147, 169, 176, 244
Samsanow, russ. Gen. 240
Saunsheim, Wolf v. 88
Schaumburg, Hans v. 125
— Oswald 125
Scharnhorst, Gerhard v., Gen. LIV f., 62, 178, 204
— Julie 204
Schasler, Max 38
Scheffner, Joh. George LVI, 62
Schenk zu Tautenberg, Fam. XXXIX
Schenkendorf, Max v. LVII, 132, 229
Schichau, Ferdinand LVIII, 49, 50, 94
Schimmelpfennig, Joh. 73
Schindekop, Henning 89, 185, 194, 240
Schindelmeißer, Balth. 93
Schinkel, K. Friedr. 19, 25, 55, 56, 85, 110, 140, 226
Schippen, Ludw. v. 229
Schlick, Quirin 166
Schlieben, Fam. v. 27, 64, 65, 231
— Christoph 160
— Georg 160, 231
Schlüter, Andreas IL, 32, 102
Schmid, Bernh. 132
Schmidt-Rottluff, Karl 158
Schnell, Johann, Rat 155
Schön, Heinr. Theod. v. LV, LVI f., 6, 77, 105, 132, 135
Schönberg, Herm. v. 4
Schönborn, Joach. 104
Schöning, Ulr. 38
Schroetter, Friedr. Leop. Frh. v. LIII, LV, LVIII

Schultheiß v. Unfried, Joach. Ludw. IL, 36, 77, 102, 172, 184, 203, 204, 214
Schultz, Daniel 32
— Franz Alb. LI
Schwabe, David 76
Schwanden, Burkhard v., Hochm. 45
Schwarzburg, Siegh. v. 196
Schwogerig, Simon 155
Scilder, Heinr. 39
Seeckt, Hans v., Generaloberst LXIII
Selebrikow, v., Oberst 93
Selle, Götz v. LIII
Seyfried, Joh. 224
Siegfried, Bf. v. Samland 220
Siegelvoith, Peter 42
Siehr, Ernst LXV, LXVII
Sigismund III., Kg. v. Polen XXXVIII, 72, 81
— August, Kg. v. Polen 32
Simonis, Kaspar 111
Simpson, Wilh. 64
Simson, Eduard v. LIX, 106, 107
Skalich, Paul 110, 155
Skomand, sudauischer Fürst 218
Smith, Adam LIII
Soult, Nicolas Jean de Dieu, Marschall 123
Speier, Dietr. v. 219
Speratus, Paul 135
Stägemann, Friedr. Aug. LV
Stange, Fam. 58, 226
— Heinr. 66
— Herm. 66
Stangenberg, Johs. v. 129
Stanislaus, Kardinal → Hosius
Steenke, Georg Jakob, Baurat 162
Stein, Karl Frhr. vom und zum LV, 166, 204
Steinbrecht, Konr. 132
Stenbock, Gen. v. 49
Stenzel v. Bentheim 174
Stephan Bathory, Kg. v. Polen XLIII, 239
Straubich, ermländ. Propst 196
Streifrock, Joh., Bf. v. Ermland 121, 192, 236
Strittberg, Heinr. v., Bf. v. Samland 54
Stroband, Heinr. 224
Strupperg, Jobst v. 17
Stubeck, Heinr. 138
Stüler, Friedr. Aug. 104
Suchenwirth, Peter XXIX
Sudermann, Herm. LXI, 87
Süvern, Joh. Wilh. LV
Swantopolk, Hz. v. Pomerellen 30, 65, 96, 175, 243, 247
Swarte, Willam 149
Swenza, Peter, Gf. v. Neuenburg 153, 232
Swidrigiello, Großfürst v. Litauen XXXIII
Sypaine, samländ. Adelsgeschlecht 193

PERSONENREGISTER

Szembeck (Schönbeck), Christoph, Bf. v. Ermland 215
Szyszkowski, Nikolaus, Bf. v. Ermland 213

Tacitus, Cornelius 41
Taege, Chrn. 174
Talleyrand, Charles Maurice, Hz. v. 228
Taubenheim, Nikolaus v. 118
Tettau, Fam. v. XXXIX, 109
— Anselm 245
— Hans 245
Thierberg, Konr. v. 83, 96, 128, 146, 160
Thymaw, Heinr. v. 99
Tiefen, Hans v., Hochm. XXXV, XXXVII
Tiefenau, v. → Depenow, v.
Tippelskirch, Rudolf v. 187
Tobold, Adalbert v. 56
Tortilowius, Joh. 231
Trenk, v. d., preuß. Kämmerer 95
Trescho, Pfarrer v. Mohrungen 149
Trier, Ortolf v. 178
Truchseß v. Wetzhausen, Martin, Hochm. 53
Truchseß zu Waldburg, Fam. XXXIX, 118
— Jakob 118
— Karl Heinr. L
— Luise Katharina 67, 186
Tüngen, Nikolaus v., Bf. v. Ermland XXXVII, 52

Ülzen (Ülsen), Fam. 200
Urban IV., Papst XXI, 112

Valentini, Fam. 178
Vasolt, Heinr., Pfarrer 221
Vogt v. Ammerthal, Albr. 121
Voigt, Johs. LVIII
Vollmerstein, Joh. 46
Volrad Mirabilis 120

Wach, Adolf 113
Wagner, Richard 246
Waiblingen, Adrian v. 125
— Faustin 125
Waldemar Atterdag, Kg. v. Dänemark XXX, 46
Waldmann, F., Söldnerführer 160
Waldstein (Wallenstein), gen. Schalski, Jan 82
Walewska, Gfn. 54
Wallenrodt, Martin v. XLV
Walpot v. Bassenheim, Siegfr. 168
Wartislaw, Hz. v. Pommerellen 176
Watzenrode, Lucas, Bf. v. Ermland 53, 84, 109
— Barbara 224
Wedell, Fam. v. 136, 232
Wege, Tilemann vom 223
Weiher, Fam. 156
Weinreich, Caspar 244
Weissel, Georg 41

Wendepfaffe, Heinr. 209
— Konr. 75
Wense, Fam. v. d. 200
Wenzel II., Kg. v. Böhmen XXII, 187
— III., Kg. v. Böhmen XXII
Wentz, Baumeister 170
Werner, Bf. v. Kulm 98
— Großkomtur 157
— Zacharias LVII, 221
Wernsdorf, Dietr. v. 88
— Wolf 88
Westen, Heinr. v. 225
Weyer, Hans v. 74
Wichert, Ernst 91
— Joh. 174
Wichmann, Peter 223
Wiechert, Ernst 158
Wielopolska, Elisabeth, Gfn. 221
Wida, Heinr. v. 88
Wigand v. Marburg 43, 210
Wildenberg, Nikolaus v. 65, 94
Wilhelm I., dt. Ks. (1871—88) 139
— II., dt. Ks. (1888—1918) 27, 190, 205
— Lokator v. Wormditt 78, 242
— v. Modena, Legat XXI, 51, 63, 197, 234
Wilko, Niklas 68
Will, Abel, Pfarrer 173
Willamow, Pfarrer v. Mohrungen 148
Wilmson, Fam. 49
Winckelmann, Joh. Joachim 184
Winnig, August LXIII, LXV, 106
Winter, Leop. v. 209
Wirsberg, Georg v. 187
Witen, Fürst v. Litauen 241
Witold, Großfürst v. Litauen XXXI f., 88
Wittenborg, Johs. v. 39
Wladislaus Jagiello II., Kg. v. Polen XXXI f., 68, 88
— IV., Kg. v. Polen XLV, 76
— Łokietek, Kg. v. Polen XXII, XXX, 30, 176
Wolff, Albert 16
Wölky, Carl Peter 79
Worgitzki, Max LXV
Wulff, Joh. 163
Wulfstan, Seefahrer 41, 197

York v. Wartenburg, Ludw. Gf. v. LV, 62, 93, 102, 119

Zeigermann, Michael 90
Zell, Kartograph XLII
Zeller, K. A. 97
Zernecke, Bürgerm. v. Thorn 225
Zickhardt, Badedirektor 94
Zieser, Ludw. 99
Zinnenberg, Bernh. v. 3, 112, 132, 216
Zölner v. Rothenstein, Konr., Hochm. 168
Zuckmayer, Carl 158

ORTSREGISTER

Ost- und westpreußische Orte, die keinen eigenen Artikel haben, aber in einem Stichwort-Artikel genannt werden.

Abalus, vorgeschichtl. Name für das Samland 197
Algemin, altpr. Gebiet, Kr. Marienburg 129
Aliem, altpr. Gebiet, Kr. Marienburg 128
Alt-Culm, Kr. Kulm 3
Altfelde, Kr. Stuhm 4
Alt Lappinen, Kr. Elchniederung 67
Altschlößchen, Kr. Marienwerder 133
Alt Ukta, Kr. Sensburg 176
Alkgebirge, Kr. Samland 61
Annafeld, Koschneiderei 108
Augusthof, Kr. Ortelsburg 164

Basilia, vorgeschichtl. Name für das Samland 197
Baysen, Feld, Kr. Braunsberg 13
Bergfriede, Kr. Allenstein 62
Bern, Ordenshof, Kr. Berent 16
Beselede, altpr. Burg, Kr. Pr. Eylau 15
Bertingen, Stadtkr. Allenstein 2
Bethen, Land, Kr. Samland 83, 173
Bienau, Land Sassen 199
Bischewo, Kloster, Krone a. d. B. 21
Blumfeld, Koschneiderei 108
Brandenburg, Waldamt, Kr. Königsberg 121
Büsterwalde, Kr. Heiligenbeil 27
Bulainen, Kr. Insterburg 37

Canthen, Kr. Pr. Holland 204
Capostete, Feste, Kr. Bartenstein 74
Carina, Fluß, Kr. Königsberg 201
Carwinden, Kr. Pr. Holland 204
Caustriten, Burg, Kr. Tilsit 213
Costrin, Kr. Berent 16
Cranskuhren, alter Name für Cranz, Kr. Samland 29

Darkehmen, Kr. Darkehmen 146
Davids, Kr. Pr. Holland 204
Deutsch, Koschneiderei 108
Döringsdorf, Koschneiderei 108
Dripsitten, Kr. Pr. Eylau 73
Dziergunkenmühle bei Kurken, Land Sassen 200

Eglischken, Kr. Memel 211
Eino, Landschaft, Kr. Samland 61

Ekritten, Kr. Samland 193
Eittkau bei Eydtkuhnen, Kr. Stallupönen 53
Ernstburg, Kr. Darkehmen 231

Fordon, Kr. Pomerellen 175
Frankenhagen, Koschneiderei 108
Friedeck, Kr. Briesen 26

Gaßowo, Kr. Karthaus 147
Gardine, Landwehr, Kr. Samland 124, 221
Gapowo, Kr. Karthaus 147
Gehlenburg (Bialla), Kr. Johannisburg 17
Germau, Kr. Samland 40
Grabau, Kr. Marienwerder 115
Granau, Koschneiderei 108
Gresonse, Gut, Kr. Flatow 56
Gr. Altenhagen, Land Sassen 199
Gr. Debnau, Kr. Samland 173
Gr. Wolla, Vorwerk, Kr. Pr. Eylau 15
Grumbkosfelde, Kr. Pillkallen 176
Grünwalde, Kr. Osterode 218
Gunelauken, Gau, Kr. Allenstein 4

Harmsdorf, Koschneiderei 108
Hausen, Kloster, Kr. Samland 62
Heinrichswalde, Kr. Ortelsburg 168
Henningsdorf, Koschneiderei 108
Hexenberg, Burg, Kr. Gerdau 159
Hexenberg b. Schmirtenau, Kr. Flatow 206
Honeda, Feste, Kr. Heiligenbeil 8
Hussehnen, Kr. Pr. Eylau 12

Jakobsdorf, Koschneiderei 108
Jelitken, Kr. Treuburg 12

Kahlholz, Kr. Heiligenbeil 8
Kamstigall, Kr. Samland 170
Karweiten, Kur. Nehrung 114
Kasebalg, Stadt Königsberg 73
Katzbach, Flüßchen, Kr. Fischhausen 117
Kaup, Wald, Kr. Samland 241
Kehrwalde, Kr. Pr. Eylau 71
Kiaulkehmen (Jungort) 91
Kiauten, Kr. Samland 193
Kinderweitschen, Kr. Stallupönen 53
Kinten, Kr. Heydekrug 240

ORTSREGISTER

Kirpehnen b. Geman, Kr. Samland 40
Kl. Queden, Burg, Kr. Marienwerder 225
Kobjeiten b. Rauschen, Kr. Samland 40
Könicken, Kr. Samland 174
Konitz, Koschneiderei 108
Korschenruh, Gut, Kr. Heiligenbeil 120
Koslau, Kr. Sensburg 158
Kraxtepellen, Kr. Samland 167
Kunzen, Kur. Nehrung 114

Lablacken, Kr. Labiau 61
Lärchwalde, Kr. Elbing 217
Lateinerberg, Kr. Heiligenbeil 76
Lauk, Kr. Pr. Holland 204
Leisuhnen, Kr. Heiligenbeil 27
Leslau (Włocławek), Diözese 21
Lichtnau, Koschneiderei 108
Liska-Schaaken, Kr. Königsberg 200
Liske, Wald, Kr. Samland 194
Lonk, Kloster, Kr. Stuhm 28

Mahnsfeld, Kr. Königsberg 121
Marienhof, Kr. Sensburg 211
Mattischkehmen, Kr. Gumbinnen 77
Matzieken, Kr. Heydekrug 87
Marin, See, Kr. Mohrungen 148
Meislatein (Drausensee) 41
Merunisken, Kr. Treuburg 231
Mierunsken, Landschaft, Kr. Goldapp 69
Mitteldorf, Kr. Mohrungen 176
Mollehnen, Kr. Samland 195
Moorbrücken, Kr. Stuhm 15
Mosnitz, Koschneiderei 108
Mülsen, Kr. Samland 194
Münsterwalde, Kr. Marienwerder 115

Niederhof, Gut, Kr. Rößel 18
Nikkelshagen, Land Sassen 199
Nakel, Burg, a. d. Netze 175
Negeln, Kur. Nehrung 114
Nemmersdorf, Kr. Darkehmen 36
Nemonien, Kr. Elchniederung 67, 89
Nessau, Burg, Kr. Thorn 39
Nettienen, Burg, Stadtkr. Insterburg 89
Neudorf, Kr. Johannisburg 6
Neudorf, Kr. Angerburg 5
Neuendorf, Kr. Gerdauen 65
Neuhaus, Burg, Kur. Nehrung 114
Neutief, Frische Nehrung 60

Obereißeln, Kr. Tilsit 184
Ochtolite, Féste, Kr. Bartenstein 7
Oletzko, Schloß, Kr. Treuburg 231
Osericta, Kr. Samland 197
Osterwick, Koschneiderei 108

Pallen, Kr. Heiligenbeil 45
Paskalwen, Kr. Tilsit 183
Patollen, Kr. Pr. Eylau 73
Partegal, Kr. Heiligenbeil 8

Petztin, Koschneiderei 108
Pfarrersfeldchen, Kr. Mohrungen 149
Piaten, Kr. Insterburg 37
Pillkoppen, Kr. Samland 198
Pirsna, Landschaft, Kr. Berent 15
Plettinenberg, Burg, Kr. Heiligenbeil 76
Podgorz, Kr. Thorn 39
Pogesanien, Gau 84, 86
Pojerstiten, Kr. Samland 62
Poscheruny, Mühle, Kr. Tilsit 118
Potterburg, Burg, Kr. Dirschau 147
Powunden, Schloß, Kr. Königsberg 200
Pr. Mark, Burg, Kr. Mohrungen 196
Puschdorf, Kr. Insterburg 37

Queden, Kr. Marienwerder 133

Raudnitz, Kr. Rosenberg 80
Raumonia, vorgeschichtl. Name für das Samland 197
Rauterskirch, Kr. Elchniederung 186
Reichertswalde, Kr. Pr. Holland 204
Rheinswein, Kr. Ortelsburg 164
Rinau, Kr. Samland 61, 62
Rohmanen, Kr. Ortelsburg 164
Rombinus, Burg, Kr. Tilsit 183
Romove, heiliger Hain, Nadrauen 151
Rosenberg, Kr. Heiligenbeil 83
Rossen, Kr. Heiligenbeil 79, 80
Rossitten, Kr. Samland 176
Ruhnenberg, Kr. Heiligenbeil 27
Ruschenhof, Natangen 151

Sandkrug, Kur. Nehrung 114
Sarkau, Kur. Nehrung 114
Sartowitz, Burg, Kr. Kulm 3
Sassenpils, Grenzwall, Land Sassen 199
Sassensee, See, Kr. Marienwerder 200
Schaakswitte, Kr. Königsberg 200
Schalmey, Kr. Braunsberg 76
Schalteik, Memelarm, Kr. Elchniederung 67
Schwarzau, Kr. Putzig 74
Schwarzort, Kur. Nehrung 114
Schileiten, Kr. Goldapp 70
Schlagentin, Koschneiderei 108
Schlodien, Kr. Pr. Holland 204
Schneckenberg, Kr. Heiligenbeil 8
Schönwarling, Kr. Danzig 177
Schönfließ, Kr. Rößel 19
Schrangenberg, Feste, Kr. Heiligenbeil 8
Schwägerau, Kr. Insterburg 37
Schwarzau, Kr. Putzig 74
Schwenzaitsee, Kr. Angerburg 5
Sergitten, Kr. Samland 194
St. Lorenz, Kr. Samland 83, 198
Stablacken, Kr. Insterburg 37
Stangenwalde, Kr. Rosenberg 20
Stärken, Kr. Stallupönen 53

Stendsitz, Kr. Karthaus 147
Stewitz, Gut, Kr. Flatow 56
Stowangen, Kr. Rößel 19
Stuhmsdorf, Kr. Stuhm 216
Sudauer Winkel, Kr. Samland 198

Tammow, Kr. Insterburg 97
Taubendorf, Kr. Neidenburg 75
Tawellningken, Kr. Elchniederung 89
Thierenberg, Kr. Samland 83
Tolkemit-Schweinelager, Kr. Elbing 217
Tramßau, Kr. Samland 194
Truntlack, Kr. Gerdauen 159
Truso, Kr. Elbing 41, 45, 220

Unterberg, Burg, Kr. Marienwerder 133, 225

Vogelsang, Burg, Kr. Thorn 39

Wachtbude, Kr. Heiligenbeil 27
Wandangsee, Kr. Allenstein 4
Warmien, Gau = Ermland 51, 95
Warschenko, Kr. Karthaus 147
Wenkisken, Burg, Kr. Heydekrug 195
Wensiorri, Kr. Karthaus 148
Werden, Kr. Heydekrug 87
Wewa, Gau, Kr. Braunsberg 86, 139
Wickauer Teich, Kr. Samland 117
Wieck-Luisenthal, Kr. Elbing 217
Wirballen, russ. Grenzort 53
Wirrgraben, Kr. Samland 117
Witland, Kr. Samland 197
Witlandsort, Kr. Samland 124
Wogram, Kr. Samland 170
Wolfsschanze, Kr. Rastenburg 186
Workitten, Kr. Insterburg 37

Zekzin, Koschneiderei 108
Zickelberg, Kr. Wehlau 1
Ziegenberg, Burg, Kr. Samland 139

ORTSNAMEN – UMBENENNUNGEN

Angerapp Stadt = Darkehmen
Bagrationowsk = Pr. Eylau
Baltijsk = Pillau, Kr. Samland
Barciany = Barten, Kr. Rastenburg
Barczewko = Altwartenburg, Kr. Allenstein
Barczowo = Wartenburg, Kr. Allenstein
Bartoszyce = Bartenstein
Bągart = Baumgarth, Kr. Stuhm
Bezledy = Beisleiden, Kr. Pr. Eylau
Biała Piska = Bialla, Kr. Johannisburg
Biały Bór = Baldenburg, Kr. Schlochau
Bierzgłowo = Birgelau, Kr. Thorn
Biskupiec = Bischofsburg, Kr. Rößel
Biskupiec = Bischofswerder, Kr. Rosenberg
Bisztynek = Bischofstein, Kr. Rößel
Braniewo = Braunsberg
Brodnica = Strasburg i. Westpr.

Chełmno = Kulm
Chełmża = Kulmsee, Kr. Thorn
Chojnice = Konitz
Chwalęcin = Stegmannsdorf, Kr. Braunsberg
Czarne = Hammerstein, Kr. Schlochau
Człopa = Schloppe, Kr. Deutsch Krone
Człuchów = Schlochau

Dąbrówno = Gilgenburg, Kr. Osterode
Debrzno = Pr. Friedland, Kr. Schlochau
Dobre Miasto = Guttstadt, Kr. Heilsberg
Dobrowolsk = Pillkallen
Domnowo = Domnau, Kr. Bartenstein
Drużba = Allenburg, Kr. Wehlau
Drwęca = Drewenz, Fluß
Drwęck = Dröbnitz, Kr. Osterode
Dybowo = Dibau, Kr. Thorn
Dzierzgoń = Christburg, Kr. Stuhm

Ebenrode = Stallupönen
Elbląg = Elbing
Ełk = Lyck
Eydtkau = Eydtkuhnen

Frombork = Frauenburg, Kr. Braunsberg

Gardeja = Garnsee, Kr. Marienwerder
Gdynia = Gdingen
Gehlenburg = Bialla, Kr. Johannisburg
Giżycko = Lötzen
Głotowo = Glottau, Kr. Heilsberg
Golau = Gollub
Gniew = Mewe, Kr. Dirschau
Gorzedziej = Gerdin, Kr. Dirschau
Gotenhafen = Gdingen
Górowo = Landsberg, Kr. Pr. Eylau
Gronkowo = Grunenberg, Kr. Braunsberg
Grudziądz = Graudenz
Gurjewsk = Neuhausen, Kr. Königsberg
Gussew = Gumbinnen
Gwardeisk = Tapiau, Kr. Wohlau
Gwardejskoje = Mühlhausen, Kr. Pr. Eylau

Hel = Hela, Kr. Putzig
Henrikowo = Heinrikau, Kr. Braunsberg

Iława = Deutsch Eylau, Kr. Rosenberg

Jantarny = Palmnicken, Kr. Samland
Jasnaja Poljana = Trakehnen, Kr. Stallupönen
Jastrowie = Jastrow, Kr. Deutsch Krone
Jesiorany = Seeburg, Kr. Rößel

Kadyny = Cadinen, Kr. Elbing
Kamensk = Saalau, Kr. Insterburg
Kamień Krajeński = Kamin i. Westpr., Kr. Flatow
Kanthausen = Judtschen
Kartuzy = Karthaus
Kętrzyn = Rastenburg
Kisielice = Freystadt, Kr. Rosenberg
Klejpeda = Memel, Stadt

Kornewo = Zinten, Kr. Heiligenbeil
Korzeniewo = Kurzebrack, Kr. Marienwerder
Kowalewo = Schönsee, Kr. Briesen
Koźliny = Güttland, Kr. Danzig
Krajenka = Krojanke, Kr. Flatow
Krasnotorowka = Heiligenkreuz, Kr. Samland
Krosno = Krossen, Kr. Braunsberg
Krylowo = Nordenburg, Kr. Gerdauen
Kurzętnik = Kauernick, Kr. Neumark
Kutusowo = Schirwindt, Kr. Pillkallen
Kwidzyn = Marienwerder
Kwitajny = Quittainen, Kr. Pr. Holland

Landwehr = Szieleitschen, Kr. Insterburg
Łasin = Lessen, Kr. Graudenz
Laski = Leske, Kr. Gr. Werder
Lauksargiai = Laugszargen, Memelland
Ławice = Hansdorf, Kr. Rosenberg
Lędyczek = Landeck, Kr. Schlochau
Lidzbark = Heilsberg
Lidzbark = Lautenburg, Kr. Löbau
Lipienek = Lippinken, Kr. Kulm
Logwino = Medenau, Kr. Samland
Lubawa = Löbau
Lubiszewo = Liebschau, Kr. Dirschau
Lubomino = Arnsdorf, Kr. Heilsberg
Luisenberg = Karalene bei Insterburg
Łysica = Kahlberg, Kr. Elbing

Malbork = Marienburg
Mamonowo = Heiligenbeil
Marggrabowa = Treuburg
Mątowy = Montau, Kr. Gr. Werder
Melnikow = Rudau, Kr. Samland
Meshduretschje = Norkitten, Kr. Insterburg
Mikołajki = Nikolaiken, Kr. Sensburg
Miłakowo = Liebstadt, K. Mohrungen
Miłomłyn = Liebemühl, Kr. Osterode
Mirosławiec = Märkisch Friedland, Kr. Deutsch Krone
Młoteczno = Hammersdorf, Kr. Heiligenbeil
Młynary = Mühlhausen, Kr. Pr. Holland
Morąg = Mohrungen
Mrągowo = Sensburg

Nesterow = Stallupönen
Nida = Nidden, Kurische Nehrung
Nidzica = Neidenburg
Niegocin = Boyen, Kr. Lötzen
Njeman = Ragnit, Stadt

Nowe = Neuenburg, Kr. Schwetz
Nowemiasto = Neumark, Kr. Löbau
Nowostrojewo = Trempen, Kr. Darkehmen
Nowy Staw = Neuteich, Kr. Marienburg

Ogrodzieniec = Neudeck, Kr. Rosenberg
Okartowo = Eckersberg, Kr. Johannisburg
Olecko, Oletzko = Treuburg
Olsztyn = Allenstein
Olsztynek = Hohenstein, Kr. Osterode
Orneta = Wormditt, Kr. Braunsberg
Orzysz = Arys
Ostróda = Osterode
Ozersk = Darkehmen

Pasłęk = Pr. Holland
Pasym = Passenheim, Kr. Ortelsburg
Pielgrzymowo = Pilgramsdorf, Kr. Neidenburg
Pieniężno = Mehlsack, Kr. Braunsberg
Pierzchały = Pettelkau, Kr. Braunsberg
Pisz = Johannisburg
Pokrzywno = Engelsburg, Kr. Graudenz
Polessk = Labiau
Prabuty = Riesenburg, Kr. Rosenberg
Prawdinsk = Friedland, Kr. Bartenstein
Primorsk = Fischhausen
Puck = Putzig

Radzyn = Rehden, Kr. Graudenz
Reszel = Rößel
Rogożno = Roggenhausen, Kr. Graudenz
Romanowo = Pobethen, Kr. Samland
Rusne = Ruß, Fluß und Dorf
Russkoje = Germau
Rybatschij = Rossitten, Kurische Nehrung
Ryn = Rhein, Kr. Lötzen

Saretschje = Kaimen, Kr. Labiau
Sątoczno = Leunenburg, Kr. Rastenburg
Schloßberg = Pillkallen
Selenogradsk = Cranz, Kr. Samland
Sepopol = Schippenbeil, Kr. Bartenstein
Sępolno = Zempelburg,, Kr. Flatow
Shelesnodoroshnyj = Gerdauen
Siedlisko = Einsiedel, Kr. Heiligenbeil
Silute = Heydekrug, Memelland
Skarszewy = Schöneck, Kr. Berent

Sławskoje = Kreuzburg,
  Kr. Pr. Eylau
Słobity = Schlobitten,
  Kr. Pr. Holland
Smolajny = Schmolainen,
  Kr. Heilsberg
Snamensk = Wehlau
Sowjetsk = Tilsit
Srokowo = Drengfurt
Ssaranskoje = Laukischken,
  Kr. Labiau
Starogród = Althausen, Kr. Kulm
Stary Targ = Altmark, Kr. Stuhm
Stębark = Tannenberg, Kr. Osterode
Stoczek Klasztorny = Springborn,
  Kr. Heilsberg
Susz = Rosenberg i. Westpr.
Świecie = Schwetz
Święta Lipka = Heiligelinde,
  Kr. Rastenburg
Szczytno = Ortelsburg
Szestno = Seehesten, Kr. Sensburg
Sztum = Stuhm
Sztynort = Steinort, Kr. Angerburg
Szymbark = Schönberg,
  Kr. Rosenberg

Tczew = Dirschau
Tischino = Abschwangen,
  Kr. Pr. Eylau
Toruń = Thorn
Tschernjachowsk = Insterburg
Tschernyschewskoje = Eydtkuhnen
Tschkalow = Eydtkuhnen
Tuchola = Tuchel
Tuczno = Tütz, Kr. Deutsch Krone

Tumiany = Daumen, Kr. Allenstein
Tychnowy = Tiefenau,
  Kr. Marienwerder

Upałty = Upalten, Kr. Angerburg
Uschakowo = Brandenburg,
  Kr. Heiligenbeil

Vente = Windenburg,
  Kr. Heydekrug

Wałcz = Deutsch Krone
Wąbrzeżno = Briesen
Wejherowo = Neustadt i. Westpr.
Weklice = Wöklitz, Kr. Elbing
Weselnoje = Balga
Węgorzewo = Angerburg
Wielbark = Willenberg,
  Kr. Ortelsburg
Więcbork = Vandsberg, Kr. Wirsitz
Wladimirow = Tharau,
  Kr. Pr. Eylau
Wojnowo = Eckertsdorf,
  Kr. Sensburg
Wopławki = Woplauken,
  Kr. Rastenburg
Wysoka = Hohendorf,
  Kr. Pr. Holland

Zalewo = Saalfeld, Kr. Mohrungen
Żelazna Góra = Eisenberg,
  Kr. Heiligenbeil
Zellmühle = Kiauten, Kr. Goldap
Zielenica = Grünwalde,
  Kr. Pr. Eylau
Złotów = Flotow

KARTE DER HISTORISCHEN STÄTTEN · BEZIRK I

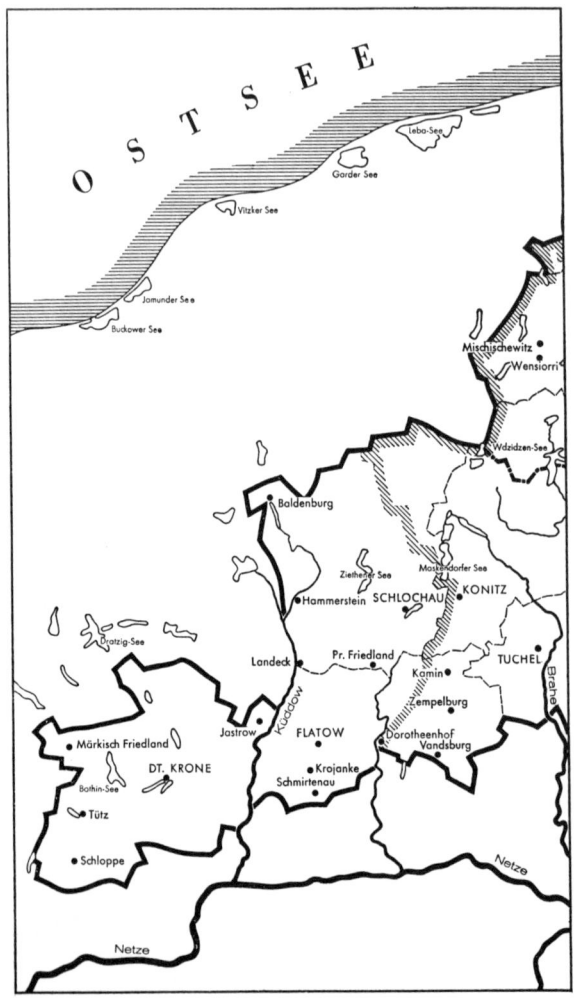

KARTE DER HISTORISCHEN STÄTTEN · BEZIRK II

KARTE DER HISTORISCHEN STÄTTEN · BEZIRK III

KARTE DER HISTORISCHEN STÄTTEN · BEZIRK IV 283

Reg.-Bez. Gumbinnen

links: Reg.-Bez. Königsberg

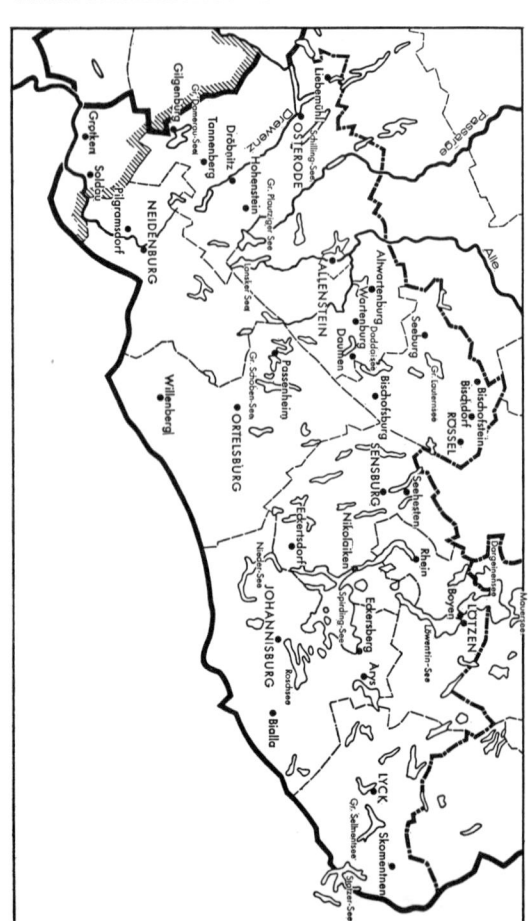